BATXILLERAT 2

Llengua catalana i Literatura

TEIDE

Advertiment
D'acord amb la llei, aquest llibre no és un material fungible. Per tant, els exercicis que s'hi proposen no s'han de resoldre in situ, sinó al quadern de l'alumnat. Si al llibre hi ha espais en blanc, requadres buits o línies de punts, és simplement perquè l'alumnat tingui un model o una pauta de resolució.

Disseny de la coberta
O. i P. Sallés

Disseny de la maqueta
Naono SL

Edició i maquetació
Naono SL

Il·lustracions
José María Casanovas

Fotografies
AGE Fotostock, Album, Arxiu Teide, Biblioteca de Catalunya, Jaume Canyameres, Toni Catany, Irene Coghene, Cordon Press, EFE, Fototeca.cat, Photoaisa, Josep Pla Narbona, Prisma, Shutterstock, Thinkstock

Agraïments
Bartramuria.cat, Biblioteca de Catalunya, Biblioteca Joan Maluquer i Viladot, Mireia Comas, Metges Sense Fronteres, Josep Piera, Rodolf Sirera

Primera edició
Segona impressió, 2019

ISBN: 978-84-307-5355-0
Dipòsit legal: B 14019-2016
Imprès a Índice SL - Carrer D, 36 (Sector C, Zona Franca) - 08040 Barcelona

BATXILLERAT 2

Llengua catalana i Literatura

Desenllaç

J. Macià, E. Jané, A. M. Muñoz, J. M. Ripoll

TEIDE

Índex

LITERATURA

Elements gràfics

- Glossari
- Pregunta d'autocomprovació
- Pregunta del milió
- Aforisme
- Qvè divs, ara! — Curiositats
- Quadre d'estudi
- Frase feta

Signes convencionals utilitzats

- Exercici de nivell baix, de reforç
- Exercici prioritari en aquest curs
- Exercici d'ampliació o no prioritari
- Text prescriptiu
- Tasca per parelles
- Tasca en grup
- Tasca oral
- Tasca escrita
- Vídeo al web
- Text al web
- Àudio al web

Amb l'activació de la llicència, accediràs als àudios, vídeos i textos imprescindibles per a l'execució de les tasques que es proposen en el llibre així com a altres materials complementaris, tan útils com necessaris.

A tall de presentació

«La poesia limita amb Déu, les matemàtiques i la música.»
George Steiner

«Parlar sobre nombres i sobre poesia invita [...] a tres menes de diàleg: el del nombre i la paraula com a penetració en la realitat del món; el de la sospita sobre la inefabilitat última del món; el de la relació entre els diversos llenguatges del món (matemàtic, religiós, estètic).»
David Jou

Aquest llibre és la continuació del llibre de primer, *Enllaç*, que vol ajudar a fer el pas de l'ESO al Batxillerat, tasca que trobarà aquí el seu *Desenllaç*, desenllaç en el sentit de final d'etapa educativa però també d'obertura a noves etapes personals, en què el bagatge adquirit serà de gran ajut.

En tots dos manuals, l'exigència en les explicacions es combina amb profusió de quadres didàctics (sense creure, però, que aquests les puguin substituir), amb propostes pràctiques i creatives, amb la potenciació de les competències de comprensió i de producció orals i escrites, incloent-hi el gust pel joc amb la llengua (una forma més de prendre'n consciència), el gaudi del text literari en si mateix, etc., i, no cal dir-ho, l'augment del bagatge cultural de què ha de disposar tota persona que es vulgui culta. S'hi treballa per donar resposta a usuaris diversos i per fomentar-ne l'autonomia, sobretot per la via de l'adquisició dels procediments, de la capacitat d'observació i de l'anàlisi crítica. I tot això amb una munió de textos de tota mena, essencials o complementaris, que van formant la trama de les diferents parts en què es divideixen les unitats, que comencen pel fotograma d'una pel·lícula que centra la temàtica del primer text i que acaben amb el desenllaç joiós d'una cançó i un test per a fer balanç dels continguts finalment apropiats.

A llarg de les set unitats d'aquest llibre, els estudiants també hi trobaran detalls llaminers com el repte de les «preguntes del milió» i les d'autocomprovació, que els permetran d'assegurar que van seguint les explicacions, com també se'ls reptarà a endevinar frases fetes i enigmes –un a cada peu de pàgina, signats gairebé tots per **Cesc Prat**–, que incrementen l'aspecte participatiu i d'autoaprenentatge (aquestes activitats tenen la **solució al final del llibre**, en què també s'ofereix la clau dels diferents tests de pronoms i de lèxic). Igual que en el primer curs, s'hi han disseminat aforismes i les curiositats titulades «Què dius, ara!» (de vegades signades per AR o per CR, que corresponen a Albert Rico i Carles Riera, respectivament), un contrapunt per a encuriosir, alhora que una via per a abordar aspectes complementaris, entre els quals dades d'història de la llengua i de sociolingüística, o detalls anecdòtics sobre les lletres de l'alfabet i, per tal d'esvair la distància «psicològica» entre disciplines (en la línia dels mots inicials de G. Steiner i de D. Jou), en aquest llibre, pensat per a alumnes de totes les modalitats de Batxillerat, també s'hi divulga l'etimologia del nom d'elements químics, en què sovint van de bracet mitologia clàssica i ciència. El llibre es tanca amb alguns annexos i, a part, se serveix un *Resum de butxaca* i altres materials complementaris penjats al web, entre els quals àudios.

Les unitats de llengua

Les quatre unitats completes i l'apartat «Arromaguem-nos-hi» d'exercicis complementaris els han escrit **Jaume Macià Guilà** i **Anna Maria Muñoz Morata**, autors d'una trentena de llibres de llengua per a Secundària. També signen els annexos lingüístics (entre els quals una original comparació entre el català i el castellà amb relació a alguns aspectes foneticoortogràfics), els dos tallers d'escriptura (per al treball pràctic de l'acabat textual: revisió, millora de l'estil...) i la resta del material complementari de llengua.

Com a primer de Batxillerat, les unitats estan dividides en apartats que parteixen de la didactització d'un text (A i D), que combinen teoria i pràctica (B i C) o que clouen la unitat (E). S'hi trobaran, a més dels continguts estrictament curriculars, alguns centres d'interès com el dedicat a la important contribució d'escriptors catalans procedents d'altres països (2D) o a l'humor, tan vinculat a les estratègies discursives (3D i Taller d'escriptura I). Havent progressat en l'aspecte teoricopràctic (apartats B i C), l'aprenent entra en la secció D, exclusivament pràctica, en la qual se'l convida a fer una repassada a fons de qüestions molt diverses de normativa corresponents sovint a cursos precedents, una manera també de preparar-lo per a futures proves selectives.

S'ha intentat donar sortida a aquesta tensió creixent entre, d'una banda, un marc teòric cada cop més ampli, i, de l'altra, la responsabilitat dels docents de facilitar una competència real de l'idioma als estudiants, que es veuen enfrontats, al llarg de l'escolarització, a especulacions teòriques que els allunyen sovint de l'assoliment d'aquell mínim de qualitat en la pràctica genuïna de l'idioma. Ara més que mai calen llibres que, en tancar les etapes educatives, contribueixin a fer usuaris veritablement competents en expressió i comprensió, orals i escrites, de manera que la teorització no resti ni espai ni temps a l'assoliment d'aquestes competències. La progressiva degradació en l'ús de l'idioma i en la lleialtat lingüística i cultural ens hauria de fer reflexionar molt com a docents de la llengua i de la literatura pròpies del país.

Les unitats de literatura

Les unitats de la part de literatura, l'annex sobre figures retòriques i la part literària del *Resum de butxaca* són signats per **Elisabet Jané Goset** i **Josep Maria Ripoll Peña**, autors amb un llarg recorregut en el món de la didàctica de la literatura i de la crítica literària. L'apartat de literatura d'aquest manual abraça des del moviment noucentista de principis del segle XX fins a les manifestacions més recents de la literatura catalana del segle XXI.

Per tal d'oferir una eina útil, completa i accessible a l'alumnat i al professorat en la pràctica quotidiana de l'estudi de la literatura catalana, s'ha continuat treballant per consolidar els objectius i la metodologia definits en el llibre anterior, procurant actualitzar els coneixements i oferint una síntesi rigorosa de la història de la literatura catalana fins a l'actualitat. Així, doncs, fomentar la inquietud cultural, l'hàbit de lectura i les habilitats lingüístiques que s'hi relacionen, contextualitzar moviments i períodes, aprofundir en la interpretació crítica dels textos –adquirir, en definitiva, una bona competència literària– són els reptes que han esperonat els autors en la planificació i redacció d'aquest manual.

Quant al contingut, les tres unitats de literatura d'aquest manual descriuen, de manera diacrònica, l'evolució de la literatura catalana des de principis del segle XX fins a l'actualitat. Des d'una perspectiva global en què el fet literari s'explica dins del marc temporal, es va teixint una història de les idees culturals a través d'uns models referencials, que mostren una antologia d'autors i textos significatius –**inclosos els poemes prescriptius**, didactitzats–, per tal de donar a conèixer els principals períodes i autors de la literatura en llengua catalana. Els textos són l'eix central de la competència literària: es presenten amb un ampli ventall d'activitats, que volen potenciar les habilitats productives i promoure la creativitat de l'alumnat.

Quant a l'estructuració del material, cadascuna de les tres unitats dedicades a la literatura es divideix en els apartats que ja vam conèixer en el llibre anterior:

- Un primer apartat introductori, que compta amb un pòrtic il·lustratiu, un text inicial divulgatiu, literari o historicocrític, que presenta una breu aproximació a les circumstàncies contextuals i, finalment, una graella amb els fets cronològics cabdals i una explicació sintètica de les conseqüències que van significar per a la cultura catalana.
- Un segon apartat, que s'endinsa en el contingut pròpiament literari. Comprèn entre quatre i onze temes, cadascun dels quals consta d'un text central amb la informació nuclear i, paral·lelament, d'altres textos, apunts biogràfics d'autors coetanis, etc.
- Un tercer apartat, que inclou el mostrari de lectures: un ventall representatiu dels autors i de les obres més significatives de cada període, amb unes activitats guiades i graduades segons la dificultat. Per a orientar en aquestes tasques, s'hi adjunten comentaris de text (i un annex de figures retòriques al final del llibre).
- Un apartat de cloenda, consistent en un test de recapitulació i una versió musicada d'un poema d'un escriptor del període en qüestió.

Els autors desitgen que el llibre sigui d'ajut tant als professors i professores (a qui deuen molt bones idees i a qui animen a fer-los arribar suggeriments de millora), com, sobretot, als estudiants, amb qui han experimentat aquest material i sense els quals el llibre no seria com és ni tindria raó de ser.[1]

1 Els autors volen manifestar el seu agraïment, en primer lloc, als mestres Albert Jané (Secció Filològica de l'IEC) i Josep Ruaix, que els han assessorat en tot moment; en l'apartat de fonètica, a Pilar Prieto (investigadora ICREA de la Universitat Pompeu Fabra); en el de dialectologia, al professor Manuel Monterde i a Irene Coghene (l'Alguer). També volen agrair el material proporcionat desinteressadament per Màrius Serra i pel grup *Verb i gràcia* (enigmes de les seccions 1C, 1D i 1E); per Florenci Crivillé, per David Jou, per David Vila i Ros, i pels cantautors Claudio Gabriel Sanna (l'Alguer) i Miquel Pujadó; com també els escrits fets a mida per al llibre per Albert Gil (assessor, d'altra banda, de tot el manual), Glòria Macià Muñoz (signant GMM) i Sergi Macià Muñoz (Annex IV, pàg. 362-367). I voldrien encara deixar constància de la seva gratitud a la infinita saviesa i paciència mostrada pel coordinador editorial, Francesc Ferran, i per l'equip tècnic de l'editorial, sense el qual el llibre no hauria assolit l'arrodoniment actual.

Els registres lingüístics. L'oració

UNITAT 1

En la imatge apareix una androide, de qui s'enamora un jove informàtic. Podran els robots sentir i pensar com els humans?

Ex Machina, Alex Garland, 2015.

1 A

Enfilem l'agulla

Robots socials

Fins no fa gaire la recerca en robòtica i l'evolució dels robots en la ciència-ficció havien seguit trajectòries amb escassa interconnexió. Els robots industrials de les cadenes de producció tenien poc a veure amb els androides* dels relats d'Isaac Asimov o de Philip K. Dick. En els darrers anys, però, els avenços espectaculars en disciplines com la mecànica, l'electrònica i la informàtica, juntament amb la necessitat d'obrir nous mercats, han portat al desenvolupament de robots hominoides*, ja no confinats* a les fàbriques, sinó pensats per a interactuar amb les persones en entorns assistencials, urbans o, en general, en el sector de serveis. Són els denominats genèricament *robots socials*.

Aquest desplaçament de la robòtica de l'àmbit industrial a l'àmbit social ha afavorit l'interès dels investigadors científics per l'especulació* literària de la ciència-ficció i, en conseqüència, han sorgit diverses iniciatives que busquen la **sinergia**[1] entre ambdues comunitats. [...]

La cooperació entre tecnòlegs i humanistes és essencial per a intentar predir la influència de la robòtica en l'evolució futura de la societat. [...]

A la Universitat Estatal d'Arizona es va crear el 2012 el Centre per la Ciència i la Imaginació. La idea va sorgir d'un provocador discurs que Neal Stephenson va fer davant del president de la universitat, en què l'escriptor va afirmar que els científics actuals havien perdut la capacitat de pensar i fer «coses grans», com quan havien impulsat el programa espacial *Apollo* o el microprocessador. El president va respondre que potser eren els escriptors de ciència-ficció els qui havien fallat, perquè no evocaven futurs ambiciosos que inspiressin els científics a fer-los realitat. Com a resultat, el centre acull actualment diversos grups de recerca que apleguen investigadors en ciències i en lletres per tal de dissenyar i provar d'assolir objectius ambiciosos que configurin el futur.

Entre els projectes del Centre per la Ciència i la Imaginació, hi ha la continuació d'una iniciativa engegada per l'empresa Intel, *The Tomorrow Project* ('El Projecte Demà'), en què es va demanar a quatre escriptors de ciència-ficció que escrivissin sengles relats sobre la utilització futura dels seus productes en fotònica, robòtica, telemàtica i sensors intel·ligents. El llibre amb els quatre relats és de lliure accés (Rushkoff i altres, *The Tomorrow Project*, 2012), com també ho és un segon volum aparegut recentment on, des de les arts plàstiques i l'escriptura i fruit del treball realitzat en aquest centre, es proposen solucions als grans reptes que afronta la humanitat avui dia. [...]

Gairebé tots els empleats de l'hotel japonès Henn-na són robots.

Als inicis del segle XXI, atesa la creixent necessitat de mà d'obra en el sector assistencial i de serveis –motivada en part per l'envelliment de la població en els països més desenvolupats–, el camp potencial d'aplicació dels robots s'amplia: en els propers anys veurem robots atenent discapacitats i gent gran, realitzant tasques a les llars, actuant com a mestres de reforç, com a dependents en centres comercials, com a recepcionistes, com a guies en fires i en museus i àdhuc* fent de mainaderes* i de companys de jocs.

Aquest gir de la robòtica industrial cap a la robòtica social obre un seguit de nous reptes per a la investigació tecnocientífica, alhora que, en posar l'èmfasi en les capacitats cognitives i d'interacció entre persones i robots, propicia la confluència amb les humanitats i, en particular, amb la psicologia, l'ètica i la literatura. [...]

És clar que els robots socials plantegen un ventall de qüestions ètiques més ampli que els seus predecessors industrials, i aquí rau en bona part l'origen del recent i creixent interès de la comunitat científica robòtica per les humanitats de què parlava al començament. Urgeix no sols anticipar possibles escenaris*, sinó també identificar els problemes morals que comportarà cadascun. [...]

Si els robots estan cridats a formar part de la comunitat educativa futura, és important que la societat en general es formi una opinió sobre per quin tipus de robot es vol deixar modelar*. Potser a mitjan segle passat era prematur iniciar un debat públic sobre les mainaderes robòtiques, però ara ha esdevingut del tot oportú, fins i tot necessari, atès el ràpid desenvolupament dels robots socials. Noves i actualitzades ficcions en la línia dels relats d'Asimov, Dick i Bradbury poden ajudar a obrir un debat fructífer en l'àmbit de l'educació, de la prospectiva* tecnològica i també en el de la investigació.

Carme Torras. *Mètode*, núm. 82

1 **sinergia:** acció combinada de diferents òrgans, moviments, etc., per a acomplir una funció.

«POT SER LUNAR, ROMÀ, GLACIAL O D'EN TORTELL POLTRONA»: _ _ _ _.

COMPRENSIÓ

1 Proveu, primer, d'inferir el **significat dels nou mots marcats** amb un asterisc en l'article (línies 5, 9, 10, 16, 55, 56, 68, 73, 79). Definiu-los de viva veu i, en acabat, assegureu-vos d'haver-ho fet bé consultant algun diccionari.

«La millor manera de predir el futur és creant-lo.»
Peter Ferdinand DRUCKER

2 **Llegiu** el text sense aturar-vos i, tot seguit, responeu les preguntes següents:

a) Quina és la **tesi** o idea bàsica que ens vol comunicar Carme Torras amb el seu escrit?
b) Què és, un ***robot social***? Quina mena de tasca executa? Per què representa una novetat?

A continuació passeu a enraonar sobre els aspectes següents (temps: 2-3 minuts per qüestió):

c) Teníeu constància de l'existència pràctica de robots socials? N'havíeu conegut presencialment o tan sols n'havíeu vist en reportatges?
d) Creieu que l'ús generalitzat dels robots socials és encara «ciència-ficció»?
e) En el text s'esmenten alguns **literats** de ciència-ficció. Quins? En coneixeu algun altre?

3 L'escrit comenta la cooperació entre humanitats i ciències, idea que ja apareix en el subtítol de l'article, no reproduït i que és el següent: «Robots socials. **Un punt de trobada entre ciència i ficció**». Quines de les disciplines que s'hi esmenten corresponen a l'àmbit científic i quines al de les humanitats?

Asimo, el robot creat per Honda, saluda els assistents de la seva presentació.

4 **Reescriu** aquests fragments de manera que diguin el mateix, canviant-ne tantes paraules de significat ple com puguis (noms, verbs, adjectius o adverbis) per altres de més entenedores:

a) «Aquest desplaçament de la robòtica de l'àmbit industrial a l'àmbit social ha afavorit l'interès dels investigadors científics per l'especulació literària de la ciència-ficció i, en conseqüència, han sorgit diverses iniciatives que busquen la sinergia entre ambdues comunitats.» (lín. 14-18)
b) «Si els robots estan cridats a formar part de la comunitat educativa futura, és important que la societat en general es formi una opinió sobre per quin tipus de robot es vol deixar modelar.» (lín. 70-73)

5 **Resumeix** en menys de 70 mots el contingut de l'article de Carme Torras.

6 Digues quin **tipus de text** predomina en l'article de Carme Torras. Argumenta la resposta basant-te en la finalitat pretesa i en el llenguatge utilitzat per l'autora. (Recordem els vuit tipus de text que distingíem a primer de Batxillerat: instrucció, predicció, argumentació, exposició, narració, descripció, conversa i text retòric.)

Què dius, ara!

La paraula *robot* aparegué per primera vegada el 1929 en l'obra teatral *RUR: Rossum's Universal Robots*, del dramaturg Karel Čapek. En txec, *robota* significa 'treball', i l'obra versa sobre l'empresa RUR, que, per tal d'alleugerir la feina dels homes, produeix androides que es poden fer passar per humans.

LÈXIC I SEMÀNTICA

7 Un dels mecanismes de formació de mots és la **composició**. A part dels **compostos populars** (formats a partir de mots o arrels catalanes hereditàries: *mata-rates*) i dels **cultes** (formats per elements cultes: *androide* < *andr-* + *-oide*), en tenim de sintagmàtics (es tracta de sintagmes fossilitzats, com *molí de vent* o *central nuclear*).

Troba un parell de **compostos sintagmàtics** en el 4t paràgraf del text.

AMPLIACIÓ

8 En el **llenguatge científic** i en el culte en general –com és el cas del nostre article– és habitual l'ús d'**elements procedents** directament **del llatí** i **del grec** clàssics (*androide* –lín. 4-5– es compon dels elements grecs *andr-* i *-oide*, que, combinats, signifiquen 'que té l'aparença d'un home').

Completa el quadre dient el significat de les paraules de la segona columna i emplena la tercera columna amb exemples aportats per tu.

«Si només llegeixes els llibres que tothom llegeix, només pots pensar el que els altres estan pensant.»
Haruki Murakami

Composició culta		
Elements grecs	**Què significa?**	**Cerca'n un exemple (fora del text)**
andr- (< *andrós* 'persona de sexe masculí')	*androide* 'que té l'aparença d'un home'	*misàndria* 'odi envers els homes'
gin- (< *gyné* 'dona')	*misogínia*	
antropo- (< *ánthropos* 'ésser humà')	*misantrop*	
-oide (< *eĩdos* 'aparença')	*humanoide* (= *hominoide*, lín. 9)	
miso- (< *miseîn* 'odiar')	*misantropia*	
-logia (< *lógos* 'paraula, discurs, tractat')	*biologia*	

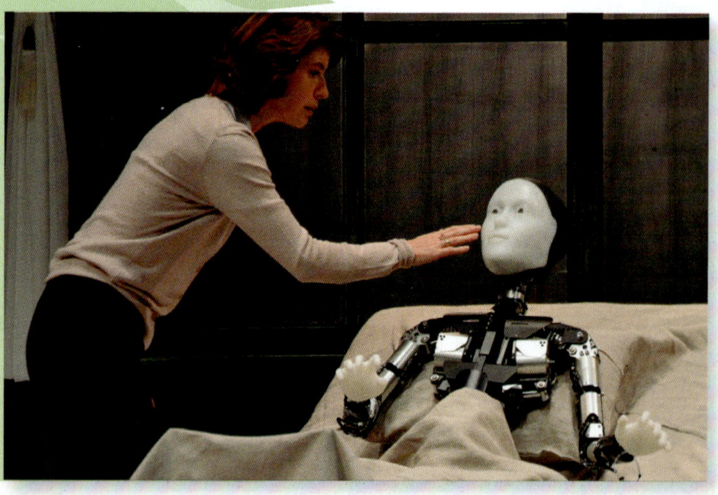

Un robot protagonitza aquesta adaptació de *La metamorfosi*, de Kafka, realitzada al Japó.

Què dius, ara!

La mitologia grega antiga ha donat origen a alguns noms d'elements químics. Així, dels titans –fills mascles d'Urà i Gea, i que també designen homes de gran potència física o intel·lectual– ve el nom de l'element titani (Ti). Per cert, el luxós transatlàntic britànic anomenat *Titanic* topà contra un iceberg al sud de l'illa de Terranova i s'enfonsà (abril de 1912), amb més de 1 515 víctimes. De Tàntal, protagonista d'un dels més divulgats mites grecs, en ve l'element químic de nom idèntic (Ta). Tàntal, submergit dins l'aigua, no podia calmar la set; semblantment, l'element químic, immers en àcid, no en pot ser saturat. El suplici de Tàntal fa referència a una situació turmentadora del qui té a l'abast de la mà allò que desitja sense poder-ho aconseguir. [CRF]

«FA POC QUE EXISTEIX I TÉ CLOSCA, AQUEST NOMBRE NATURAL»: ___ ___ ___.

9 **Completa** les parelles següents, constituïdes per sinònims cultes de procedència diferent:

Elements del llatí culte i mots patrimonials		Elements del grec clàssic
Model: *subcutani*	=	*hipodèrmic*
d _ _ _ _ _ _ a	=	odontòleg
oculista	=	o_ _ _ _ _ _ _ _ _
p_ _ _ _ _ _a	=	pneumònia
mu_ _ _ _ _ _ _ _ _ _ _e	=	poliglotisme
m_ _ _ _ _ _ _ _e	=	polimorf
abecedari	=	a_ _ _ _ _t

«Escrius per escapar del tedi, del guió que t'han escrit, per recuperar el "jo" perdut.»
Montserrat Roig

EXPRESSIÓ

10 **Text predictiu.** Suposant que es generalitzi l'ús de la robòtica en la nostra societat, digues com creus que serà el teu entorn quan siguis un avi o una àvia. Extensió: aproximadament 150 mots.

11 Un dels robots més estesos i polèmics avui dia és el **dron** (sigla de *dynamic remotely operated navigation equipment*), un vehicle aeri no tripulat utilitzat en camps tan diversos com l'extinció d'incendis, la inspecció de xemeneies o de tubs de seguretat, l'obtenció d'imatges des del cel per a reportatges i, sobretot, l'atac militar (de fet, seguint el model de *La guerra de les galàxies*, s'estan substituint soldats per robots).

Debateu els aspectes ètics que es deriven de la intrusió dels drons en la vida privada.

Què dius, ara!

I què direm de Níobe, la filla del rei libi Tàntal? Dona origen a l'element niobi (Nb), ja que es troba en minerals de tàntal, com ara el coltan, que conté tàntal i niobi, i és utilitzat en els dispositius electrònics, com els mòbils. La paraula *coltan* és una contracció de *columbi* (el nom antic del niobi) i *tàntal*. I què direm de Prometeu, que robà el foc a Zeus i aquest el castigà lligant-lo a una columna i enviant-li una àguila que li devorava el fetge? Doncs que dona origen a l'element prometi (Pm). I de Cadmos, fundador de la ciutat de Tebes? Que d'ell prové el nom de l'element cadmi (Cd). Al pintor impressionista Claude Monet li agradava molt el groc de cadmi, i, semblantment, el grup d'artistes catalans integrat per Isidre Nonell, Ricard Canals, Joaquim Mir, Ramon Pichot, Juli Vallmitjana i Adrià Gual era conegut amb el nom de la Colla del Safrà, perquè feien servir també molt el color groc. [CRF]

«DUC VI DE PORTUGAL»: _ _ _ _ _ _.

La variació lingüística (I): els registres

Les diverses situacions comunicatives donen com a resultat una gran varietat de textos. Quan, en un text, s'hi han reflectit els elements contextuals (tema, canal, intenció o grau de formalitat), diem que té la propietat anomenada **adequació textual**, que es manifesta en el **registre** (i en el tipus de text i de gènere que s'hagin triat).

«No hi ha llengües petites. Cada llengua conté, expressa i transmet no tan sols una singular càrrega de memòria de les coses viscudes, sinó també una energia evolutiva del seu futur, una potencialitat per a demà.»
Josep Maria Nadal Farreras

1. Factors que determinen el registre

En quines situacions creus que s'emetrien aquests missatges?

(1) *El Joan ha agafat una mona de ca l'ample i l'han hagut de portar corrents a l'hospital d'aquí.*

(2) *El Sr. Joan Pinyol ha estat ingressat d'urgència a l'hospital local com a conseqüència d'una intoxicació etílica aguda.*

Un text reflecteix la situació comunicativa que el genera, com també les característiques pròpies del grup al qual pertany el parlant que l'emet (en aquest darrer cas, parlem de variació dialectal –unitat 4, pàg. 163–). Els enunciats 1 i 2 de més amunt, perfectament correctes, tracten d'un mateix tema i amb una intenció comunicativa similar. Tanmateix, s'hi fa ús de registres diferents perquè els han originat situacions diferents: en **1** tenim un fragment d'una conversa entre interlocutors que es tenen confiança, mentre que l'enunciat **2** constitueix un fragment d'un informe mèdic escrit, amb una exigència més gran de fons i de forma.

Si els intercanviéssim i féssim servir l'enunciat **1** en un informe mèdic, posem per cas, el nostre text es consideraria poc **adequat**. I és que la recerca d'èxit comunicatiu o de credibilitat fa que anem variant de manera d'expressar-nos (de lèxic i de construcció), segons diversos elements del context, com el **tema**, el **canal**, la **intenció** o el **grau de formalitat**. Vegem aquests quatre factors:

a) **Tema.** Pot ser general o especialitzat. Així, per exemple, en el tractament especialitzat d'un tema mèdic no es parlarà de *mal de coll*, sinó de *faringitis* o *amigdalitis*.

b) **Canal.** N'hi ha dos de fonamentals: l'oral i l'escrit; però també podem considerar com a canals de comunicació el telèfon, la televisió, la missatgeria instantània, la videoconferència, etc., cadascun amb trets propis (la televisió, per exemple, permet combinar la llengua oral amb imatges, text escrit i música).

c) **Intenció comunicativa.** Les intencions (o funcions comunicatives) d'un missatge poden ser una munió: donar instruccions, convèncer, explicar, saludar, predir, preguntar, suggerir, divertir, criticar, agrair, lloar, etc. Doncs bé, el llenguatge també es tria en funció de les diferents intencions, que es poden classificar en subjectives i objectives.

«TENEN PER COSTUM PORTAR-NE CADA DIA, ELS MONJOS»: _ _ _ _ _ _.

d) **Grau de formalitat.** La relació més o menys distant entre els interlocutors és un nou factor en la tria del llenguatge. El grau de formalitat presenta una gradació que va des d'un grau molt formal fins a un de molt informal. Així, doncs, tenim el grau molt formal o solemne (el que s'utilitza en actes cerimoniosos, com la inauguració d'una legislatura al Parlament), el formal (el que es fa servir en la majoria de comunicacions públiques entre gent que no es coneix), l'informal i el molt informal (el que té lloc entre persones que es tenen molta confiança).

Factors de registre	Tipus
Tema	General o especialitzat.
Canal	Oral o escrit (però també televisió, Internet...).
Intencionalitat	Objectiva o subjectiva.
Grau de formalitat	Molt formal (o solemne), formal, informal, molt informal.

A partir de l'entrecreuament dels factors anteriors, podem distingir uns registres cultes (el cientificotècnic i el literari), uns de no formals (com el col·loquial o el vulgar) i, entremig, la llengua estàndard. Però si deixem de banda aquests registres prototípics (en trobaràs les característiques descrites en el quadre de la pàg. 16), en l'ús real trobarem sovint textos amb trets de més d'un d'aquests registres. Així, hi ha textos científics amb finalitat divulgadora i, doncs, amb un llenguatge més pròxim a l'estàndard que al cientificotècnic.

Si en un judici el magistrat s'adreça al públic i els diu «Els prego que abandonin la sala», quin és el canal i quin és el grau de formalitat?

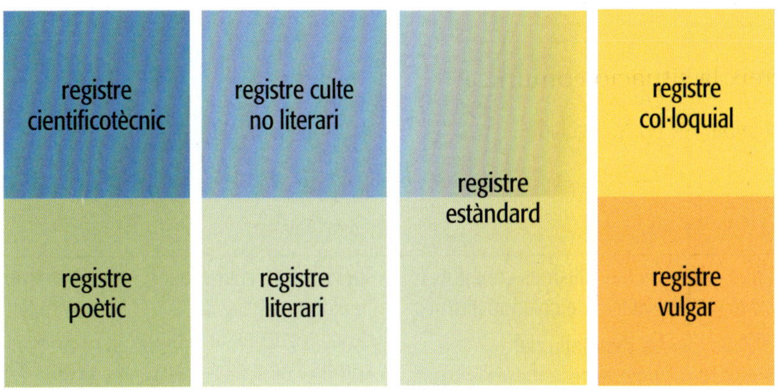

D'altra banda, la temàtica fa que també puguem considerar, dins del registre estàndard, els registres periodístic, comercial, publicitari, administratiu, etc. Però dins de cadascun d'aquests registres, encara hi trobem variacions importants: per exemple, dins del registre periodístic hi ha molta distància entre el llenguatge d'una transmissió futbolística oral i el d'un article d'opinió escrit.

La pregunta del milió

Hi ha alguna zona del domini lingüístic on la gent del carrer parli habitualment en català estàndard?

Què dius, ara!

Diccionaris i variació

La variació de registre queda sovint recollida en els diccionaris per mitjà d'indicacions d'ús com ara *poètic* (abreujat sovint *poèt.*) o *col·loquial* (*col·loq.*), o de variants d'aquest darrer registre: *familiar* (*fam.*) i *popular* (*pop.*). A la variació dialectal, per la seva banda, s'hi fa referència amb marques com *regional* (*reg.*), *antic* o *antigament* (*ant.*) o *obsolet* (*obs.*).

Els registres lingüístics

		REGISTRE INFORMAL	REGISTRE FORMAL		
		Col·loquial (i vulgar)	**Estàndard**	**Cientificotècnic**	**Literari**
FACTORS	**Tema**	General, quotidià.	General o específic.	Especialitzat.	General.
	Canal	Oral espontani (o la seva transcripció).	Escrit o oral.	Escrit (o oral no espontani).	Habitualment, escrit.
	Intencionalitat	Subjectiva.	Objectiva.	Objectiva.	Subjectiva.
	Grau de formalitat	Baix (si és molt baix, parlem de **registre vulgar**).	Mitjà (o mitjà alt).	Alt.	Normalment, alt.
CARACTERÍSTIQUES LINGÜÍSTIQUES	**En general**	• Primer registre que s'aprèn, el més utilitzat i base de les varietats dialectals. • Propi de la conversa oral espontània, generalment acompanyat de llenguatge no verbal. • Inclou qualsevol modalitat oracional (enunciativa, exclamativa, interrogativa...) i, per tant, té una gran riquesa entonativa. Gran expressivitat. • Sovint poc subjecte a la norma lingüística i social (presència sovint d'elements incorrectes o d'innovacions).	• Registre neutre i alhora varietat supradialectal comuna (per a la intercomprensió entre dialectes). • Coincideix força amb la llengua correcta o normativa. • Crea consciència d'unitat lingüística en els parlants dels diferents territoris.	• Neutre i objectiu (amb oracions impersonals: *Es calcula la mitjana...* (NO: *Et calculo...*). • Ús de llenguatges formalitzats i de codis propis (símbols algebraics, químics, fonètics...).	• Gran expressivitat. • La funció estètica és la més típica en el text literari (sobretot en el poètic[1]). • Artificiositat: explora les possibilitats textuals i lingüístiques. • Registre més ric i versàtil, de manera que una obra literària pot donar cabuda a altres registres i a tota mena de textos.
	Sintàctiques	• Construccions més aviat simples o poc elaborades, amb abundància de juxtaposicions. • Presència freqüent d'oracions inacabades.	• Construccions cultes però no recargolades.	• Ús gairebé absolut d'oracions enunciatives.	• Sintaxi sovint complexa.
	Lexicosemàntiques	• Lèxic sovint limitat, repetitiu i poc precís (*Tinc un dallonses per a tu*) amb col·loquialismes («volguer» per *voler*) i, de vegades, interferències d'altres llengües («bueno!» per *bé!*). • Abundància d'elements expressius (refranys i frases fetes, interjeccions, onomatopeies...), amb força connotació.	• Ús de cultismes coneguts i evitació de col·loquialismes. • Ús denotatiu del llenguatge.	• Tecnicismes, cultismes, neologismes. Sovint desconeguts en la llengua corrent i no inclosos en els diccionaris generals. • Ús exclusivament denotatiu del llenguatge. Monosèmia.	• Ús de mots cultes (però sovint també d'altres registres i, de vegades, propis d'altres varietats dialectals, àdhuc arcaismes). • Ús polisèmic, connotatiu, figuratiu, simbòlic, etc., del llenguatge.
CLASSES DE TEXT		• **Orals** (la majoria): conversa espontània. • **Escrits:** missatgeria instantània, notes personals, dietaris... O bé transcripció del registre oral: diàlegs teatrals, de pel·lícules...	• **Orals:** mitjans de comunicació (en els noticiaris o reportatges de la televisió o de la ràdio, per exemple), conferències... • **Escrits:** llibres de text, premsa, retolació i avisos públics en general, textos administratius, etc.	• **Orals:** ponències, conferències, comunicacions... • **Escrits:** articles en revistes especialitzades, informes tècnics, tesis doctorals, tractats...	• **Orals:** literatura popular (cançons de pandero, nadales...). • **Escrits** (la majoria): poesia, narrativa, teatre assaig, etc.

1. El gènere literari prototípic és la poesia més formalitzada, amb formes expressives pròpies (vers, mètrica, ritme, rima, estrofa, figures retòriques...), però no exclusives, ja que algunes es retroben en el registre col·loquial o en els textos publicitaris.

«SI TE LES TREUEN DEL FOC ÉS PER FER-TE LA FEINA MÉS FÀCIL»: C _ _ _ _ _ _ _ _ _ _.

1 L'existència de registres diferents també comporta l'existència de paraules i expressions més o menys sinònimes però amb un nivell de formalitat distint. **Ordena** els mots i les expressions següents de més a menys formal:

Model: *escapolir-se* (reg. culte), *escapar-se* (reg. estàndard o neutre), *tocar el dos* (reg. col·loquial o popular)

a) dinyar-la, finar, morir
b) insensat, tocat del bolet, boig
c) pegar, copejar, repartir llenya
d) còlic, cagarines, diarrea
e) mentida, bola, falsedat
f) menjar, ingerir, cruspir-se
g) nen, infant, xaval
h) la seva dona, la seva muller, la seva esposa
i) pispar, sostreure, prendre (la cartera a algú)
j) parlar, dissertar, fer-la petar

«La mort d'una llengua és irreparable: limita les possibilitats humanes.»
Josep Maria Nadal Farreras

2 Distribuïu-vos els personatges del text (A i B), prepareu-vos el paper i, tot seguit, llegiu-lo en veu alta centrant-vos en la varietat entonacional que presenta (modalitat exclamativa, interrogativa...). **Reemplaceu**, en acabat, les formes del verb ***fotre*** (< ll. vulg. *fŭttĕre* 'copular') per paraules o construccions sinònimes no vulgars tan variades i precises com pugueu. Torneu-lo a llegir intercanviant-vos els papers.

Anar-les-hi fotent...

A: Hola! Què fots per aquí, Pep?
B: Mira, fotent oli a la moto, que em fot el boig.
A: Però com t'has fotut les mans!
B: Sí, ja ho veus, les tinc fotudes una merda.
A: I el teu germà Tòfol, què fot? Ara que es va fotre una pinya amb el cotxe?
B: I fort que se la va fotre. Ara, que tot li anava bé i ja no es fotia de gana com abans...
A: No fotis! Tan fotut estava?
B: Molt. I el fotut és que ara, estant tan fotut per l'accident, ja no pot fotre res. Em fot molta pena!
A: Jo ja li ho deia: te la fotràs! Però a ell tant se li'n fotia, el que jo digués. Deia que amb el cotxe fotia el que volia... Ja saps que és un refotut milhomes...
B: No te'n fotis!
A: No me'n foto pas. I tu no et fotis així... Per cert, què has fotut avui que fots tan mala cara?
B: És que aquesta nit m'he fotut de fred, tant que m'he hagut de fotre dues mantes més al llit. Quan m'ha tocat el despertador, l'he fotut al calaix de la tauleta de nit per no sentir-lo... Per esmorzar m'he fotut un got de llet i he fotut el camp corrents de casa cap a la feina. Esperant l'autobús, m'he fotut nerviós. Un cop dins, un paio que hi havia m'ha fotut una mirada que fotia por: com que xiulava, s'ha pensat que me'n fotia... Però bé, no et vull fotre més la pallissa...
A: Sí, ja en parlarem un altre dia perquè se'm fot tard. Adeu!
B: Adeu!

[FMGr]

«PARLA UN ITALIÀ MOLT DEFECTUÓS, I AIXÒ QUE MENJA MOLTA PASTA»: M _ _ _ _ _ _ _ _ _ _ _.

3 Llegeix el poema. Quina és la intenció de l'autor? Digues ara si estàs d'acord amb aquesta afirmació: «La poesia pertany, per definició, al registre culte». En acabat, digues quins significats té el verb *fotre* al llarg del text.

Les virtuts del fotre

Si l'hom com cal cal que sigui agraït
amb el bressol i origen d'on prové,
sigui el fotre gloriós i beneït:
fotent és com tothom és conduït
a l'existir: del fotre l'home ve.

Anar fotent ahir, avui, demà,
això venim a fotre en aquest món.
Que et fotin poc, això cal procurar,
fotre's del mort i de qui el vol vetllar,
saber on vas, què fots, amb qui i a on.

Qui menja molt vol dir que tot s'ho fot.
Si a terra caus, t'hauràs fotut de nas.
Si viure vols sense fotre ni brot,
ho tens fotut: o et fotràs del tot,
o, si fas sort, dona amb dot trobaràs.

Hom, quan és vell, comença a estar fotut,
tot li fot mal, camina de gairell,
panteixa, i fot balanç del que ha viscut:
són els records i els anys que el vent s'ha endut,
fet i fotut, la seva pròpia pell.

Manuel Roig

«Per a Europa, no hi ha una amenaça més radical, en les seves pròpies arrels, que la marea exponencial de l'angloamericà i dels valors uniformes, i la imatge mundial que aquest esperanto devorador implica.»

Josep Maria Nadal Farreras

4 A continuació tens l'informe d'una pràctica de laboratori que s'ha fet en grup. Determina el **registre** que hi predomina i digues en quins moments **no es manté**. Busca les característiques dels registres que s'han utilitzat i regularitza el to del text.

Pràctica de laboratori: cultiu de bacteris en diferents condicions

S'han preparat 14 plaques de Petri amb medi de cultiu LB (Luria-Bertani) que conté agar per solidificar. Addicionalment, a 8 plaques s'hi ha afegit 0,07 μl d'antibiòtic a una concentració de 150 μg/ml.

En un tub de plàstic estèril amb 5 ml d'LB en estat líquid, s'ha cultivat una colònia bacteriana. D'aquesta manera, farem que els bacteris se'ns reprodueixin ben de pressa i així podrem utilitzar aquesta solució per a la sembra en les plaques. Aquest procediment s'ha portat a terme amb els dos tipus bacterians.

A partir dels tubs que contenen LB i una gran concentració bacteriana, s'ha fet la sembra a les plaques de Petri. En les 8 plaques que contenen antibiòtic, els bacteris s'han sembrat directament, sense cap dilució. En els 6 plats amb només LB, hom ha realitzat un banc de dilució abans de la sembra. Llavors ho hem deixat durant la nit a 37 °C i ens n'hem anat cap a casa. Demà ja veurem com està el tema.

Què dius, ara!

Sabies que hi ha noms d'elements químics en honor de déus de l'antiga religió romana? Mira: pal·ladi (Pd), del nom de la deessa de la saviesa Pal·las Atena (o Minerva), donat a un asteroide; ceri (Ce), del nom de la deessa de l'agricultura Ceres, donat a un altre asteroide; neptuni (Np), del nom del planeta Neptú, i aquest del déu de les aigües; plutoni (Pu), del déu dels inferns Plutó (germà de Júpiter i de Neptú). El pal·ladi s'utilitza en joieria per a imitar la plata. Les pólvores d'òxid de ceri s'utilitzen per a polir el vidre. No es coneixen minerals que continguin neptuni. Actualment els marcapassos fan servir bateries de liti, però alguns models antics funcionaven amb bateries de plutoni. [CRF]

«DE TANT TRAFICAR LI HAN APAREGUT UN PARELL DE GEPS»: __ __ __ __ __ __.

5 En el fragment que segueix, ens parla un avi músic que s'està a casa d'una filla (la Godiva), amb el seu gendre i tres nets de pares diferents (l'Ànec Mut, la Deportista i el Galifardeu). Com veuràs, el llenguatge que fa servir és molt col·loquial.

a) Troba dues **comparacions** i dues **frases fetes** en les línies 1-11 (fins a «m'aguanto més»). Digues-ne el significat.

b) Centrant-nos ara en mots concrets, detecta dos **vulgarismes** i dos **col·loquialismes** en les línies 11-26 (fins a «entenimentat»). No poden ser castellanismes. Digues-ne la forma estàndard.

c) Quins són els tres primers **castellanismes** que es troben en les lín. 26-39? Quina és la traducció de «la edad del pavo»?

Quina tranquil·litat! No sembla la mateixa casa. Quan no hi ha l'Ànec Mut això sembla una bassa d'oli, les parets no retrunyen i les persones, per lo menos jo, no tenim el cap com un timbal. L'Ànec Mut pràcticament només ve per clapar i, si no fos que el desperta la gana, no ens enteraríem gaire de que viu aquí. Com que fa uns horaris capgirats, quan es lleva i fot allò que ell en diu música a tota pastilla, jo no hi soc. Quan jo torno, al vespre, ja no hi és. Perfecte!

Amb els quartos que li van tocar del pis, la Godiva ha fet un cop de cap. A la millor no és tan paula com jo em pensava. Va plantar la feina i ha obert un bar de copes. Ella ho diu així, però l'Ànec Mut en diu bar musical. Quina barra! Quan ell parla de música només pot referir-se a terrabastalls de maquinària industrial i a brams d'ase amplificats. Cada vegada que diu la paraula *música* l'haurien de fotre a la presó. I fer-li beure oli de resina a galet. Abans jo callava com un mort, però ja no m'aguanto més. El tracto d'ignorant i de malfactor. Un dia li vaig plantar al davant una particel·la d'una sardana i li vaig dir: Això sí que és música! Aquí hi ha sensibilitat, bon gust, melodia! S'emprenya molt quan li dic que no en té ni puta ideia, de música. Allavores resulta que no és pas tan mut i et contesta de mala manera. Sort que sa mare ha tingut l'encert de fer-lo treballar amb ella al bar de copes. Per lo menos penca, que a la seva edat feia cosa veure'l tot lo dia sense fotre res que no fos halar i tenir el txunda-txunda a tot volum.

No sé què en sortirà, d'aquest bar de copes. Jo no n'esperaria res de bo, d'un negoci que portin a mitges la mare i el fill, una per bufanúvols i l'altre per tocacampanes. Però em sembla que el que talla el bacallà és el pare del nano, el de la cua de vaca, que també està ficat en el negoci. Jo per lo menos voldria que fos així, perquè aquest xicot té més salderi, toca més de peus a terra. Aviam si comença a fermar curt el nano. Fins ara era més gandul que el jeure, ara per lo menos penca i es guanya les garrofes, que és lo menos que se li pot exigir a la seva edat. Estic content. Ves per on he ajudat a reconstruir una família. Gràcies als diners del pis, la Godiva té una feina que li agrada –de moment, toquem ferro–, el net gran ja penca i el pare del nano li està a sobre com és la seva obligació. De tots els homes que li he conegut a la Godiva, el de la cua de vaca és el més entenimentat. Una mica hippy, com ella, però cada vegada menos, que, quan els anys apreten, ja no estàs per carallotades. Ell, el de la cueta, és l'únic de la família –almenos ell se sent de la família i jo últimament també ho veig així– que es va llegir amb interès les memòries que em van premiar. I va ser ell qui em va donar la ideia d'escriure lo que estic escrivint ara. Li estic agafant afecte. A vegades em venen ganes de dir-li: Pels quatre pèls que et queden, talla't aquesta merda de cueta i arregla't una mica. I, si no vols anar amb corbata, ves amb sense, però el dia que et posis una americana i uns pantalons decents, amb la ratlla planxada com Déu mana, el dia que vesteixis com un senyor i no vagis espellifat com un pòtol, veuràs amb quin respecte et tracta tothom. Et sentiràs més responsable, més pare. I de passo podries fer de pare de la Deportista i del Galifardeu, que està entrant en l'edat de la poca-solta i necessita algú que el faci passar per l'adreçador. Un pare ha de donar exemple en tot. Si tu t'arregles, t'afaites i et poses una americana, hasta conseguiries que l'Ànec Mut es traiés aquestes grapes de les orelles que foten tanta angúnia... No pot anar a treballar amb aquesta fatxa. I encara menos si té d'atendre el públic. És una qüestió de modos.

Ramon Solsona, *L'home de la maleta*

«NO PAGA LES PECES DE VESTIR»: __ __ __ __.

6 Analitza el **registre** d'aquests dos textos contestant les preguntes següents, referides als quatre factors que el determinen:

a) De quin **tema** parlen, aquests textos? El tracten d'una manera general o especialitzada? Per què l'un gairebé dobla l'extensió de l'altre?
b) De quin **canal** se serveixen?
c) Amb quina **intencionalitat** han estat escrits? És la mateixa?
d) Et sembla que van adreçats a uns mateixos **destinataris**?
e) Penses que cada text pressuposa un **grau de familiaritat** diferent entre l'emissor i el receptor?

Model:

Instrument cordòfon que produeix el so per fregament.	*Instrument de corda que es fa sonar fregant les cordes amb un arquet.*

Text núm. 1

Instrument cordòfon que produeix el so per fregament. La base acústica són quatre cordes, afinades per una successió de quintes: sol^2, re^3, la^3 i mi^4. La conformació del so, quant a timbre, amplitud i intensitat, depèn del maneig de l'arc, el qual, mitjançant una pressió, una velocitat de lliscament i un punt de contacte diferenciats, determina la dinàmica, el ritme, l'articulació i el fraseig. La modificació que exerceix la col·locació de la mà damunt les cordes en determina l'altura.

Text núm. 2

Instrument de corda que es fa sonar fregant les cordes amb un arquet. S'assembla a la viola, el violoncel i el contrabaix, però és més petit i, doncs, fa sons molt més alts. Té quatre cordes, que s'han d'afinar deixant entre elles distàncies de cinc notes. La corda més gruixuda és la que fa la nota més baixa, mentre que la més prima és la que sona més alta.

L'instrument et farà un so diferent segons la manera com freguis l'arquet. Així, segons la força que facis damunt de la corda, el punt on l'arquet fregui i la velocitat amb què vagi, aconseguiràs un so més fort o més fluix, una melodia més ràpida o més lenta i, alhora, més o menys personal. Que els sons et surtin més baixos o més alts depèn del punt de les cordes on posis la mà.

7 Esbrineu, primer, el significat de les abreviatures. Encercleu, tot seguit, quina de les tres abreviatures figuraria en un **diccionari** per a l'ús que es fa del mot destacat de cada oració.

Model: *Només fa el que li* ***rota****.*	poèt.	obs.	vulg.
a) Aquell dia **van pelar** el general.	fam.	tr.	poèt.
b) Una resposta **aspra**.	intr.	fam.	fig.
c) Els nuvis s'atansaven al **tàlem**.	desp.	lit.	pron.
d) Quin fracàs, m'he ben **lluït**...	tr.	iròn.	poèt.
e) No li agrada **pencar**.	fam.	adv.	fig.
f) Es **petava** de riure.	tr.	hiperb.	obs.
g) Amb aquell xou **al·lucinàvem**.	tr.	fig.	desp.
h) Treballa en aquella oficina de **pixatinters**.	fig.	desp.	poèt.
i) Va ser una pel·lícula **bestial**.	pron.	hiperb.	lit.

«INTERNACIONAL ARTISTA CATALÀ, DE NOM ANTONI, QUE PINTAVA MURS I PARETS»: _ _ _ _ _ _ _ _.

8 Relaciona els enunciats de **registre cientificomèdic** amb els enunciats de registre **col·loquial** (o bé estàndard), tots pertanyents al camp **mèdic**. Justifica oralment la resposta.

Registre cientificotècnic	Registre col·loquial
a) *Presenta una hipoacúsia bilateral.*	1. Té un mal de cap molt fort.
b) L'afligeix una intensa cefalea.	2. *És sord de totes dues orelles.*
c) S'ha fracturat la tíbia o el peroné.	3. És borni.
d) Destaca per l'acusada prominència del cartílag tiroide.	4. Li han tirat unes gotes als ulls.
e) S'ha de col·locar en decúbit supí i posteriorment en decúbit pron.	5. S'ha trencat la cama..
f) Ha patit la rubèola i la parotiditis.	6. S'ha de posar de panxa enlaire i després de bocaterrosa.
g) Pateix vertígens i rinorrea.	7. Té la nou del coll molt sortint.
h) Li han enucleat el globus ocular.	8. Té rodaments de cap i li raja molt el nas.
i) Té una amaurosi congènita.	9. Diu que té mal de panxa.
j) Li han instil·lat un col·liri.	10. És cec de naixement.
k) Refereix un dolor abdominal no irradiat.	11. Ha passat la rosa i les galteres.

9 Et presentem en fragments desordenats tres documents: una **citació judicial**, una **convocatòria de propietaris** i una **invitació d'excompanys**. Recompon-los, caracteritza'ls pel que fa al registre i busca-hi semblances i diferències.

a) C de prop

Li fem saber que, per correu postal, li hem tramès la convocatòria de la pròxima Junta General Ordinària, fixada per la presidenta de la Comunitat de Propietaris del carrer Poeta Folguera, núm. 13, de Sabadell, **per al dia 3 de març de 2016 a les 19.30 h** en primera i única convocatòria. 1.2

b)

Espero que no hi faltis, perquè la diversió està assegurada. Fes Respon aquest missatge i digues quants sereu de colla.

Apa, maco! Bon cap de setmana i llarga vida a les Tortugues! 2.3

Sergi

c)

Jutjat de Primera Instància núm. 4
de Barcelona
Via Laietana, 8-10
08003 Barcelona 3.1

Procediment: judici verbal núm. 94/2016
Cèdula de citació

d)

Recordes que et vaig comentar que estàvem muntant una calçotada del nostre grup de Tortugues? Doncs ja tenim dia, hora i lloc: serà diumenge 21 de febrer a les 12 del migdia a la barbacoa de ca la Maria. Sembla que no, però ja han volat 25 anyets des que vam acabar 6è de primària, eh?...
La idea és que puguem ser-hi tots amb les famílies respectives i que cadascú porti teca o beguda. Ja ens organitzarem per whatsap. 2.2

e)

D'acord amb el que avui ha disposat la magistrada jutgessa, us cito perquè compareguеu en aquest Jutjat el dia 19 de febrer de 2016, a les 10 hores, per tal que ratifiqueu l'informe emès i contesteu els aclariments que sol·licitin les parts. 3.2.

f)

Assumpte: Convocatòria a Junta General Ordinària

Benvolgut Sr. Martí Sirvent, 1.1

g)

Ens agradarà poder saludar-lo personalment. Recordi, tanmateix, que davant la impossibilitat d'assistir-hi, pot delegar veu i vot.

Atentament, 1.3
Maria Pau Cases
CIRERA - Administració de Finques

h)

Assumpte: Calçotada de la classe de les Tortugues

Hola, nano! 2.1

i)

Us faig saber que, d'acord amb l'article 292.1 de la Llei d'enjudiciament civil, com a pèrit teniu el deure de compareixer al judici per al qual heu estat citat; altrament us afectarà el perjudici que correspongui d'acord amb el dret.

Barcelona, 5 de febrer de 2016
El secretari judicial Just Jurado Justícia

Destinatari
Martí Sirvent Duran
C/ Pujades, 24
08003 Barcelona 3.3

«NO PARA DE PLORAR, AQUEST PASTISSET FET DE FARINA, LLEVAT, LLET, SUCRE, OU I OLI»: _ _ G _ _ _ _ _ _.

10 **Llegiu** en veu alta aquest diàleg entre una metgessa i un pacient seu a urgències d'un hospital. Caracteritzeu el **registre** d'ella i d'ell. En acabat, empleneu l'**informe mèdic** (pàg. 23) amb llenguatge no tècnic, tal com es desprèn de la conversa, però col·locant-hi els termes tècnics següents:

amigdalectomia, cervicàlgia, nàusees, otàlgia

METGESSA: Bon dia. Segui, segui.
PACIENT: Bon dia, doctora. Resulta que...
M: Perdoni, deixi'm que li comprovi les dades. Vejam, veig que es diu Gerard Grau Garcia, que viu a Manresa i que té vint-i-nou anys. És correcte?
P: Sí, doctora.
M: Bé, vostè dirà...
P: Doncs, miri, doctora, resulta que estic marejat, bé, la veritat: molt marejat! Tot em dona voltes, sap? Quan intento caminar, no puc: em tombo cap a la paret: segur que acabaria per terra! Ara m'han hagut d'acompanyar amb cotxe, sap?, i hem hagut de demanar una cadira de rodes a l'entrada. I jo no hi havia anat mai, amb cadira de rodes... A més, també em fa mal el clatell, sap?: no puc girar gaire el cap.
M: Quants dies fa que es troba així?
P: Des de diumenge, fa...
M: Tres dies, doncs, oi?
P: Això mateix.
M: Pateix cap altra malaltia? El mediquen per a alguna cosa?
P: Doncs no. Normalment, no.
M: De què treballa?
P: D'informàtic, a l'empresa Virex.
M: Fuma? Beu?
P: No, no fumo, i cada dia bec ben bé un litre i mig d'aigua.
M: Em refereixo a si pren alcohol.
P: Ah! Només faig alguna cerveseta el cap de setmana si no he de conduir...
M: Té al·lèrgia a algun medicament?
P: No, que jo sàpiga... Ara mateix, veu?, el pòster de darrere seu se'm belluga de mala manera... i també la finestra, tot, tot...
M: Ara ens ho mirarem, això. Ha estat operat d'alguna cosa?
P: Sí, de petit em van treure les glàndules, com a tants nens, però res més.
M: Té febre o ganes de vomitar?
P: Ganes de vomitar, sí. Ara mateix no tinc febre, però fa uns dies vaig estar bastant constipat, amb molts mocs i amb unes dècimes de febre.
M: Li fan mal les orelles ara mateix? O sent sorolls estranys?
P: No. Ni una cosa ni l'altra. Per sort, hi sento molt bé!
M: Hi veu bé? O bé hi veu doble, per exemple?
P: Hi veig com sempre de bé... o de malament: depèn de com es miri... De fet, porto ulleres, tinc un grapat de diòptries... Ui, perdoni, com em gira tot un altre cop...! Quin mareig, doctora...! Estic ben fumut, oi? Me'n sortiré aviat, d'això?
M: I tant! Acluqui els ulls!
P: Sí, així estic una mica millor...
M: S'ha donat algun cop al cap darrerament? Ha perdut el coneixement?
P: Doncs no... Res d'això.
M: Ara li faré una exploració... *(Li prem alguna vèrtebra cervical: el pacient reacciona amb un rictus de dolor.)* Vejam, segueixi'm el dit amb la mirada... *(La doctora li passa l'índex davant l'ull dret i després davant l'ull esquerre, sempre descrivint un moviment horitzontal. Les pupil·les haurien de seguir el dit, però giren sempre cap a l'esquerra. Segueixen més proves.)* Miri, vostè té un vertigen perifèric, probablement una neuronitis vestibular. Segurament causat pel refredat, juntament amb la contractura que té a nivell de cervicals per haver estat segurament molta estona en una mateixa posició davant l'ordinador. *(La doctora li escriu una recepta.)* Amb aquest medicament que ara li recepto hauria de notar millora d'aquí a dos o tres dies. Li recepto Serc en pastilles de 16 mg (però si no en troba d'aquesta marca, sàpiga que el nom genèric és betahistina). N'ha de prendre una cada 8 hores i, si nota millora, anirà abaixant-ne la dosi a partir del tercer dia. El mateix li dic pel que fa a aquest segon medicament que li recepto: es diu dexketoprofèn i li alleujarà el dolor de cervicals. Igualment un sobre de 21 mg cada 8 hores. El que té, senyor, pot ser dolorós i molest, però no és greu, cregui'm. En cas que no notés un progrés favorable, vagi, després del tercer dia, al seu centre de salut. No cal que torni aquí, a urgències.
P: Així vostè creu que em posaré bo aviat?
M: Home, tot fa pensar que sí! No pateixi, i que tingui un bon dia!
P: Bon dia, doctora, i moltes gràcies!

INFORME MÈDIC

Data: 22 de gener de 2016

Cognoms, nom: ....

Sexe: .... **Edat:** .... anys

1. Antecedents

No fuma ni .... No té ....
De petit, ... Visió: ....
(Professió: ....).

2. Motiu de la consulta

Primer cop que ve a .... Des de fa .... dies se sent insegur, ... i té .... No té .... però sí .... No té .... ni .... sorolls. No hi veu .... No s'ha donat cap .... de coneixement. Els dies previs ha tingut un .... important.

3. Exploració

Les ninetes ....
Li fan mal ....

4. Diagnòstic

....

5. Tractament

.... i ...., tots dos cada _____ hores.
Anar disminuint la dosi si nota .... millora.

Recomanació: sol·licitar .... si no millora al cap de 72 h.

Dra. Dolors Mata i Malet
CAP Manresa

«L'ordinador, la cultura populista i de comercialització a gran escala parlen angloamericà, des dels clubs nocturns de Portugal fins als grans locals de menjar ràpid de Vladivostok. Europa morirà, sens dubte, si no lluita a favor de les seves pròpies llengües, les seves tradicions locals i les seves autonomies socials.»

Josep Maria Nadal Farreras

«POLLASTRE INFÈRTIL QUE, EL COTXE, EL PORTA SEMPRE AL DAVANT»: _ _ _ _.

L'oració. Categories i funcions

En aquesta secció farem una repassada, sobretot, dels diferents constituents oracionals, de les seves funcions i de com es pronominalitzen.

1. Constituents, categories i funcions de l'oració

1.1. Del text al morfema

> «En un món cada cop més petit i intercomunicat hauria de ser possible mantenir una tensió lingüística difícil, però potser no impossible: potenciar cada llengua en el seu territori històric i oferir a la població la possibilitat de conèixer altres llengües.»
>
> Jesús Tuson

És sabut que ens comuniquem per mitjà de **textos** (orals i escrits), que es construeixen a partir d'un o més **paràgrafs**, i aquests, a partir d'una o més **oracions**, amb què ja podem expressar un pensament elemental. Les oracions poden ser simples si tenen un sol verb conjugat (*La nena estossega a causa d'un refredat*) o compostes si en tenen més d'un (*La nena estossega perquè està refredada*), que configuren les diferents **proposicions** que formen una oració composta. Les oracions contenen un o més **sintagmes** (*la nena, a causa d'un refredat*, etc.), formats per una o més **paraules** (o mots).

Les paraules poden estar constituïdes a partir d'un o més **morfemes**, que són les unitats més petites amb significat. Els morfemes poden ser de tres menes: radicals, flexius i derivatius. Als **morfemes radicals o arrels** (*-tos-*, *nen-*), hi afegim morfemes flexius i morfemes derivatius. Els **morfemes flexius** o gramaticals indiquen gènere, nombre, persona, mode, etc. (en *nena* el morfema *-a* indica femení singular); en canvi, els **morfemes derivatius** o afixos aporten unes altres informacions, de vegades molt precises (*-eda* 'bosc' en *pineda*), de vegades més vagues (com el prefix *es-* o l'infix *-eg-*, que afegim a l'arrel *-tos-* per poder formar, juntament amb el morfema flexiu d'infinitiu *-ar*, el verb derivat *estossegar*).

Quadre 1

Text o discurs

«Va quedar-se a l'atur perquè es lliurava a la feina amb massa amor. Mai més no li van permetre que tornés a fer de meuca.» Ramon Pinyol, *Glops* (adaptació)

Oració composta

[Ella] Va quedar-se a l'atur perquè es lliurava a la feina amb massa amor.

Oració simple

[Ella] **SN** [es lliurava a la feina amb massa amor] **SV**

Sintagma

[es lliurava a la feina amb massa amor] **SV**

Mot

lliurava

Morfemes

lliur- + -av- + -a

Fonemes

[ʎiwɾ] + [áβ] + [ə]

«PREN UN BROU DE NIT»: _ _ _ _.

1.2. De la categoria a la funció

Com saps, una oració prototípica mínima (*Maria balla, Convenen actrius*) recolza en dues funcions bàsiques, subjecte i predicat, que descansen al seu torn en dues categories de paraules: el nom i el verb. Per una banda, doncs, tenim **categories gramaticals**, com les diferents classes de paraules (el nom, el verb, l'adjectiu...); però, per l'altra, aquestes categories desenvolupen dins l'oració una **funció sintàctica** determinada: subjecte, predicat, complement directe, complement indirecte, etc.

Quina funció exerceixen els sintagmes subratllats?

(1) *a*) *Convenen actrius.*
b) *Convé una actriu.*
c) NO: **Convé actrius.*

El verb *convenen* fa la funció de predicat en *Convenen actrius* (oració **1*a***), mentre que el nom *actrius* hi porta a terme la funció de subjecte. Allò que prova que la forma *actrius* és subjecte (malgrat que aquest solgui precedir el verb, com en *Maria balla*) és la seva concordança amb el verb: els morfemes flexius de *convenen* i *actrius* estan tots dos en 3a persona plural, però no hi ha una simple coincidència de morfemes de persona i nombre, sinó una interdependència total: si canvies *convenen* per *convé*, també hauràs de passar *actrius* a *actriu* (**1*b***, no pas **1*c*** –amb l'asterisc assenyalem agramaticalitat o bé incorrecció–).

Les oracions que consten solament d'un nom i un verb són més aviat rares. El més habitual és que el nom i el verb s'expandeixin en forma de sintagma o d'oració (o proposició subordinada). És així que en **2** tenim *més bones actrius* (un sintagma nominal o SN, amb *actrius* fent-hi de nucli) i *Aquí ens convenen* (un sintagma verbal o SV; nucli: *convenen*). Semblantment, en l'oració **3** el predicat (*És convenient*) té com a subjecte un SN en **3*a*** (*la pau*) o tota l'estructura oracional en **3*b*** (*que els insurgents deposin les armes*, que, com a oració, té també el seu SN subjecte –*els insurgents*– i el seu SV predicat –*deposin les armes*–). Per mitjà de la conjunció *que* hem fet que una oració deixi de ser independent i esdevingui una proposició subordinada dins l'oració composta **3*b***.

Digues en quin cas no és veritat l'afirmació següent: «Un complement circumstancial no es pot construir amb un sintagma nominal». (Consulta el quadre 2, pàg. 26-27.)

	Predicat	Subjecte
(2)	*a*) *Convenen*	*actrius.*
	b) *Aquí ens convenen*	*més bones actrius.*
(3)	*a*) *És convenient*	*la pau.*
	b) *És convenient*	*que els insurgents deposin les armes.*

Què dius, ara!

Què tenen en comú els científics Alfred Nobel (1833-1896), Dmitri Mendeléiev (1834-1907), Albert Einstein (1879-1955), Ernest Lawrence (1901-1958) i Theodore Seaborg (1912-1999)? Potser moltes coses, sens dubte la passió per la ciència, però també una cosa molt concreta: en honor seu han estat donats els noms de quatre elements químics, que són el nobeli (No), el mendelevi (Md), l'einsteini (Es) i el lawrenci (Lr). Sols un nombre reduït de persones –n'hi ha unes quantes més– tenen l'honor que els hagin dedicat un element de la taula periòdica. Qui primer va concebre la taula periòdica fou el químic Dmitri Mendeléiev (el 1869), que era el fill petit de disset germans d'una família que va haver d'emigrar de Sibèria a Rússia. [CRF]

«EL MÚSIC QUE ACUMULA ENERGIA»: B _ _ _ _ _ _ _.

> «El perill no prové de l'adquisició de noves llengües. El problema es planteja en les situacions de bilingüisme forçat en què la llengua autòctona es veu obligada a coexistir, en condicions d'inferioritat, amb una llengua potent, avalada pel poder estatal.»
>
> Jesús TUSON

Quadre 2

De la categoria a la funció

	MOTS	
	Classe	**Característiques generals**
Variables	Verb	• Variable en mode, temps, persona i nombre: *canto*, *cantaves*. • Tipus: predicatius (*cantar*), atributius (*ser*, *estar*, *semblar* i similars)...
Variables	Nom (o substantiu)	• Variable en nombre i, de vegades, en gènere: *mentida – mentides*; *nen – nena – nens – nenes*.
Variables	Adjectiu	• Variable sovint en gènere i en nombre: *alt – alta – alts – altes*.
Variables	Determinant	• Variable sovint en gènere i nombre: *molt – molta – molts – moltes*. • Acompanya el nom i n'indica característiques diferents segons els subtipus següents: *a*) **Definits:** article definit (*el pou*, *en Jan*), demostratiu (*aquest pou*) i possessiu (*mon pare*). *b*) **Indefinits:** article indefinit (*un pou*), quantitatiu (*molts sous*), numeral (*dos ous*), indefinit (*cap ou*, *alguns ous*). *c*) **Altres:** exclamatiu (*quin pa!*), interrogatiu (*quin pa?*).
Variables	Pronom	• Variable sovint en gènere i nombre (els pronoms personals i els possessius ho són també en persona: *jo, tu, ella...*; *el meu, el teu, el seu...*). • Tipus: *a*) **Pronoms determinatius** (hi ha els mateixos subtipus que en el cas dels determinants, tret de l'article; hi ha, doncs, pronoms demostratius, possessius, quantitatius...: *Aquesta brusa és d'ell; la meva és aquella*). Els pronoms **relatius i interrogatius** fan alhora de nexe en les subordinades: *El xiquet que enraona es diu Jan. No sé què vols*. *b*) **Pronoms personals** (generalment, substitueixen un sintagma). Poden ser **forts** (*ell plora*) i **febles** (*em, et, es, li, ho...*). Els febles no tan sols reemplacen un SN, sinó també un SAdj (**1**), un SAdv (**2**) i un SPrep (**3**), o construccions equivalents.
Invariables	Adverbi	• Modifica el verb (*neda bé*, SV), l'adjectiu (*molt eixerit*, SAdj), un adverbi (*molt bé*, SAdv) o tota una oració (*Francament, és ben ximple!*). • Poden ser formes simples (*allà*) o locucions adverbials (*al voltant, a les palpentes*). • Tipus: de lloc (*era allà*), de temps (*ho feu aleshores*), de manera (*és així*), de quantitat (*menja molt*), de dubte (*potser ho vol*), d'afirmació (*sí*) i de negació (*no*).
Invariables	Preposició	• Enllaça un element sintàctic amb el seu complement (*pa amb tomàquet*; *l'he vist en sortir*). • Formes simples: *a*, *amb*, *contra*, *de*, *durant*, *en*, *entre*, *malgrat*, *per*, *segons*, *sense...* Formes compostes: *cap a*, *com a*, *des de*, *per a*. Locucions prepositives: *a fi de*, *per tal de...*
Invariables	Conjunció	• Uneix oracions (*No balla sinó que badalla. Ve perquè vol.*). La conjunció coordinant també uneix mots o sintagmes: *pa i tomàquet*. • Formes simples: *i, però, sinó, si...* Locucions conjuntives: *a fi que, en cas que, per tal que...* • Tipus: coordinants (*i, però, sinó...*) o subordinants (*si, a fi que, en cas que, per tal que...*).

Notes:
Cal advertir que, entre les parts invariables de l'oració, de vegades també s'hi classifiquen les interjeccions, que hem considerat equivalents a una oració, no pas a una part.
1. En negreta, el nucli dels sintagmes (el sintagma preposicional, però, no en té).

«TAN FASTIGUEJAT QUE HA LLANÇAT EL FELÍ A L'AIGUA»: A _ _ _ G _ _.

<table>
<tr><th>ESTRUCTURES EQUIVALENTS
(SINTAGMES O PROPOSICIONS)[1]</th><th>FUNCIÓ SINTÀCTICA[2]</th></tr>
<tr><td>→ Sintagma verbal (SV): Desa els llibres al calaix.</td><td>Predicat: Aquell nen desa els llibres al calaix.</td></tr>
<tr><td>→ Sintagma nominal (SN):
a) SN definit, introduït per un determinant definit: el disc, aquell bou (consulta «Determinant», pàg. 26).
b) SN indefinit, introduït per un determinant indefinit o sense determinant: un nen, algun nen, moltes nenes, Ø nenes.</td><td rowspan="2">Subjecte: Ha vingut un nen molt eixerit.
Atribut: És un noi eixerit.
Compl. directe (CD): He vist un nen molt eixerit.
Compl. circumstancial de temps (CC temps): Aquest matí no ha vingut ningú.[3]</td></tr>
<tr><td>Prop. subordinada substantiva: Diu que vindrà. (= Diu això.)</td></tr>
<tr><td>→ Sintagma adjectival (SAdj): molt alta.</td><td>Atribut: La Jana és molt alta.</td></tr>
<tr><td>Prop. subordinada adjectiva: El xiquet que enraona es diu Jan. (= El xiquet xerraire es diu Jan.)</td><td>Compl. predicatiu (CPred): He trobat la Jana molt alta.</td></tr>
<tr><td>
</td><td>Els pronoms determinatius i els pronoms personals poden fer les mateixes funcions que els SN. A més, els pronoms febles poden substituir:
1) un SAdj: És molt eixerit. → Ho és (atribut)
2) un SAdv: Es troba malament. → S'hi troba (CC manera)
3) un SPrep: Hem parlat del tema. → N'hem parlat (CRV)</td></tr>
<tr><td>→ Sintagma adverbial (SAdv): molt bé.</td><td rowspan="2">CC (de lloc, de temps, de manera, de quantitat, d'instrument, de companyia de causa, etc.): Neda molt bé. (CC manera).</td></tr>
<tr><td>Prop. subordinada adverbial: Ves on vulguis. (= Ves allà.)</td></tr>
<tr><td>Sintagma preposicional (SPrep): amb tomàquet.</td><td rowspan="2">Un SPrep pot fer de:
• Compl. indirecte (CI): Ho dona a l'Úrsula.
• Compl. de règim verbal (CRV): Hem parlat de la Isolda.
• CC: Hem passejat amb l'Íngrid. (CC companyia).
• Atribut: És d'Elx.
• CPred: Tracta la Rut de mentidera.
• Compl. agent (CAg): Les ordres són obeïdes pels soldats.</td></tr>
<tr><td>Proposicions:
a) Substantives: No sé de què parles. (= No sé això.)
b) Adjectives: La noia a qui m'adreço es diu Jana. (= La noia alta es diu Jana.)
c) Adverbials: L'he vist en sortir. (= L'he vist aleshores.)</td></tr>
<tr><td></td><td>(A diferència d'altres nexes, com els pronoms relatius o els pronoms interrogatius, les conjuncions no fan cap funció sintàctica dins l'oració.)</td></tr>
</table>

2. En aquesta columna figuren sols les funcions sintàctiques que duen a terme sintagmes sencers (o els seus nuclis: nom, verb, adjectiu i adverbi). Tret dels complements verbals, no hi consignem funcions intrasintagmàtiques, com les de complement del nom (*un got de vidre*, *un got molt delicat*), de l'adjectiu (*És contrari a la Irene.*), de l'adverbi (*Contràriament a les seves afirmacions, crec que no hi era.*) o la d'especificador (*aquest disc*, *molt bé*).
3. Però el SN pot exercir altres funcions precedit de preposició (vegeu «SPrep»).

2. Tipus de verbs

Sabries dir quines de les oracions (**4-6**) tenen verb predicatiu i quina té verb atributiu?

El verb és el nucli del sintagma verbal (el SV fa sempre la funció de predicat). El verb determina, més que cap altra classe de mots, de quin tipus és l'oració, quina mena de complements hi són obligatoris o possibles, etc. Distingirem dos grans tipus de verb: els atributius i els predicatius. Fixeu-vos en els complements dels verbs d'aquestes oracions:

(4) *La Núria és valenta.*

(5) *a*) *L'Oriol balla.*
b) *L'Oriol pentina sa filla.*

(6) *a*) *Jo em pentino. / Tu et pentines. / Ella es pentina...*
(Els pronoms *em, et, es*... fan de CD reflexiu.)
b) *Jo em faig la clenxa. / Tu et fas la clenxa. / Ella es fa la clenxa...*
(Els pronoms *em, et, es*... fan ara de CI reflexiu, perquè ja hi tenim el CD *la clenxa*.)
c) *Tu i jo ens pentinem. / La Magdalena i la Maria es pentinen.*
(Els pronoms *ens* i *es* fan de CD recíproc.)
d) *Tu i jo ens fem una trena. / La Magdalena i la Maria es fan una trena.*
(Els pronoms *ens* i *es* fan de CI recíproc.)

La pregunta del milió

Si tenim l'oració «En Jan i en Lluís-Anton s'envien missatges perquè tenen moltes coses a dir-se: es fan molt!», quin tipus de verbs tenim?

Els verbs **atributius** (o copulatius) són els verbs *ser, estar, semblar* o *parèixer* en construccions com la de **4**, en què tenim un verb més o menys buit de significat que es completa amb l'atribut, el qual atribueix al subjecte una qualitat (*valenta*). En canvi, en **5** tenim els verbs **predicatius** *ballar* i *pentinar*, que tenen un significat més ple. N'hi ha que poden formar oració sense cap complement (**5*a***), mentre que d'altres n'exigeixen algun (*pentinar* exigeix un CD: en **5*b*** és *sa filla*).

Segons que demanin o no un complement directe, els verbs predicatius poden ser **transitius** o bé **intransitius**. Un verb transitiu pot ser usat com a **reflexiu** quan la seva acció recau sobre el mateix subjecte (l'oració admet l'allargament *a mi mateix, a tu mateix*...): *em pentino, em dutxo, em rento, em grato*... (**6*a***, **6*b***). En canvi, l'utilitzem com a **recíproc** quan hi ha intercanvi de l'acció entre dos o més éssers inclosos en el subjecte (l'oració admet allargar-la amb *l'un a l'altre* o *mútuament*): *ens pentinem l'una a l'altra, ens enviem correus mútuament*, etc.

Quadre 3

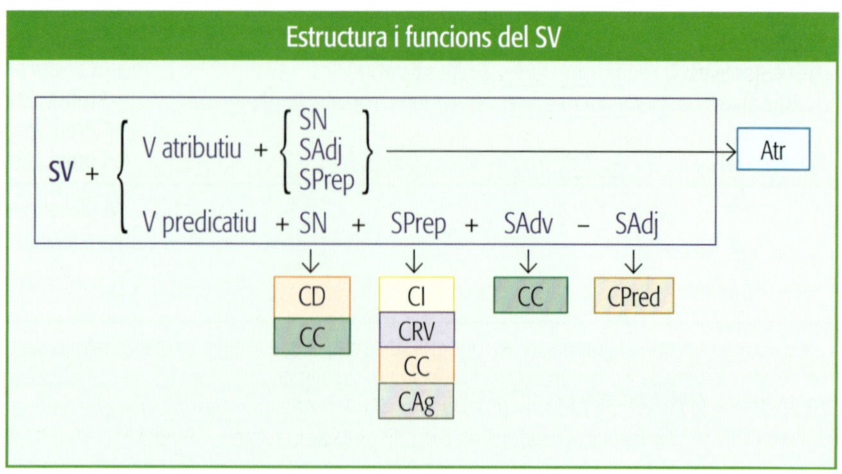

3. El subjecte. Posició respecte del verb

El subjecte és una funció bàsica de l'oració, llevat del cas de les oracions impersonals (com ara *Plou!*). No s'ha de confondre, però, no tenir subjecte amb el fet de tenir-lo sobreentès, com en *L'Esteve canta* i Ø *balla*, en què *balla* té sobreentès el subjecte *l'Esteve*).

Pel que fa a la posició que ocupa, generalment el subjecte va abans del verb (com en les oracions 4-6 de la pàg. 28), però ja hem constatat també que el subjecte pot anar després del verb, especialment amb verbs com els de **7** (que pots combinar amb qualsevol dels subjectes que oferim). La **concordança** amb el verb t'evitarà de confondre el subjecte amb un complement directe.

Predicat	Subjecte
(7) *a*) *Li agrada*	
b) *No li convé*	*aquest drama familiar.*
c) *El preocupa*	*que vinguis sola.*
d) *El satisfà*	*ballar el reggaeton.*
e) *No és convenient*	*això.*
f) *No és bo*	

Digues fins a quin punt és certa aquesta afirmació: «En l'oració *Aquest mes traurà la grossa, en Quim Nadal* tenim tres sintagmes nominals que concorden en gènere i nombre amb *traurà* i, doncs, tenim excepcionalment tres subjectes».

Així, doncs, tenim sovint subjectes postverbals amb verbs intransitius com *agradar* (*Li agrada ballar el reggaeton*, **7*a***), però també amb verbs transitius com *preocupar* (*El preocupa que vinguis sola*, **7*c***) o en construccions atributives com les dels exemples **7*e-f*** (*No és bo que vinguis sola*).

Observa que tots els subjectes que hem vist fins ara es poden deixar sobreentesos (en diem *subjectes el·líptics*) i no es poden substituir per cap pronom feble:

(8) *a*) *La Núria era valenta, però Ø ja no ho és.*
b) *L'Oriol balla molt bé; de petit, Ø ja ballava també molt bé.*
c) *No li agradaven els espinacs, però ara ja li agraden Ø.*
d) *El preocupava la teva actitud, però ara ja no el preocupa gens Ø.*

D'altra banda, també és sovint postverbal el subjecte de verbs com *arribar, entrar, passar, sortir, venir*, etc. (**9**). Si el subjecte és un SN definit, se sobreentén (*Arriben els camions! Ja arriben!*), com passava amb **8*c*** i **8*d***. Però si aquest subjecte és un SN indefinit, aleshores es comporta com si fos un CD i és substituït pel pronom *en* (recorda que els quantitatius no són mai inclosos en la pronominalització):

Predicat	Subjecte
(9) *a*) *Arriben*	*moltes propostes.*
b) *Surten*	*dos trens a les vuit del vespre.*
c) *Vindran*	*més clients a la tarda.*

(10) *a*) *Arriben moltes propostes.* → *N'arriben moltes.*
b) *Surten dos trens a les vuit del vespre.* → *En surten dos a les vuit del vespre.*
c) *Vindran més clients a la tarda.* → *En vindran més a la tarda.*

La pregunta del milió

Comenta la categoria i la funció de *beguda* en les dues oracions següents: 1. *Sembla beguda, però no ho és.* 2. *Sembla beguda, però no ho està.*

Quadre 4

Posició del subjecte
• Generalment, abans del verb: *El cotxe està espatllat.* NO: *~~Està~~ el cotxe espatllat.* • De vegades **després del verb**, sobretot amb verbs com: *a) convenir, fer falta, caldre, agradar...* (sovint amb complement indirecte). En aquest cas, el subjecte es pot sobreentendre: *Li agrada un noi de 2n B.* ⟶ *Sí, que li agrada Ø.* *b) ser / resultar...* + adjectiu (*convenient / essencial / important / possible...*), etc. El subjecte es pot sobreentendre. *És essencial que hi vagis tu!* ⟶ *Sí, Ø és essencial!* *c) arribar, passar, sortir, venir...* Si el subjecte és un SN definit, es pot sobreentendre; però si és un SN indefinit, ha de ser substituït pel pronom *en*. Compara: *Vindran els teus companys a la festa?* ⟶ *Vindran Ø?* *Vindran companys teus a la festa?* ⟶ ***En** vindran?*

Digues si és veritat l'afirmació següent: «El subjecte va sempre abans del verb».

4. Predicat i tipus d'oració

La pregunta del milió

Quina és la funció del segment subratllat en *Resulta desagradable estar tan incomunicats!*?

El verb fa de nucli del predicat i la seva naturalesa diferent dona lloc a diversos tipus d'oració: atributives i predicatives (que poden ser transitives, intransitives, impersonals, etc.). Anomenem **impersonals** les oracions que **no tenen subjecte gramatical possible** (el subjecte no hi està simplement sobreentès).

Les oracions impersonals poden ser-ho a conseqüència del tipus de verb (com els verbs meteorològics –*ploure*– o el verb *haver-hi*), però també per raó de la construcció.

4.1. Construccions impersonals

Deixant de banda casos com *M'han ficat virus a l'ordinador*, que, en una situació determinada, es poden dir sense cap possibilitat de trobar un subjecte per al verb en 3a persona plural (imaginem que ens és impossible determinar qui són els que han fet aquesta malifeta), ens fixarem ara en la construcció **pronom** *es* + **verb intransitiu**:

(11) *a) En aquest hotel, s'hi dorm molt bé.*
b) Es camina pitjor damunt la sorra.

Aquestes dues oracions són impersonals, és a dir, no tenen subjecte gramatical. En canvi, en les oracions equivalents amb els pronoms indefinits *un* o *hom*, sí que es considera que aquests pronoms hi fan de subjecte (*En aquest hotel, un hi dorm molt bé. Hom camina pitjor damunt la sorra.*), encara que aquests subjectes siguin igualment indeterminats i no tinguin tampoc un referent concret.

Què dius, ara!

Ytterby és un poblet de Suècia. Cap altre nom de poble no ha proporcionat tants noms d'elements de la taula periòdica; és a saber: els metalls itri (Y), terbi (Tb), erbi (Er) i iterbi (Yb). *Iterbi* és l'adaptació catalana, tal qual, del nom de la població. *Terbi* i *erbi* són, com es veu, formes escurçades, i *itri* és el resultat d'escollir quatre lletres del nom del poble (la *y* ⟶ *i*, la *t*, la *r* i la *y* ⟶ *i*) i ajuntar-les. Les ciutats de Berkeley (Califòrnia, EUA), Dubna (Rússia) i Darmstadt (Alemanya) donen nom, respectivament, als elements berkeli (Bk), dubni (Db) i darmstadti (Ds), que són unes curiositats de laboratori de vida molt curta. [CRF]

«DIFAMADOR DE LA MAQUINÀRIA AGRÍCOLA»: D E T _ _ _ _ _ _ _.

4.2. Construccions de sentit impersonal

Si els parlants no sabem qui és l'agent (és a dir, qui fa l'acció) o el volem silenciar per donar un to objectiu al discurs o un enfocament generalitzador, podem recórrer a usos impersonals com els que hem vist, però també a la **passiva** perifràstica (**12**) i la passiva pronominal (**13**):

(12) *a*) *Els assistents aplaudeixen l'artista.* (oració activa)

b) *L'artista és aplaudit pels assistents.* (oració passiva)

(13) Construcció de passiva pronominal (*es* + verb transitiu):

a) *S'aplaudeix l'artista amb entusiasme. / S'aplaudeixen els artistes amb entusiasme.*

b) *Es lloga un pis. / Es lloguen pisos.*

c) **S'aplaudeix els artistes. / *Es lloga pisos.*

d) *L'artista és aplaudit.*

e) *L'artista, l'aplaudeixen amb entusiasme.*

Traduir és una feina endimoniada, dificilíssima, però jo comprenc que és útil. Útil, sobretot, per a conèixer una mica la pròpia llengua.»
Josep Pla

En **12*a*** (oració activa) tenim un subjecte que designa algú actiu (*els assistents*, subjecte agent), és a dir, que fa una acció (*aplaudeixen*) que algú altre rep o «pateix» (*l'artista*, complement directe pacient). En canvi, en **12*b*** (oració passiva) s'ha invertit l'ordre d'aquests elements i també l'enfocament comunicatiu: el complement directe ha esdevingut subjecte (passiu o pacient), mentre que l'element que feia de subjecte agent ha passat a ser un complement anomenat *complement agent* (*pels assistents*), que és optatiu (per tant, podem silenciar-lo: *L'artista és aplaudit*).

La construcció de passiva amb *ser* + participi no és, ni de bon tros, tan habitual com la **passiva pronominal** (o passiva reflexa) amb el pronom ***es*** + **verb transitiu** en 3a persona. Observa que la concordança ens deixa clar que els subjectes oracionals són *l'artista* (o *els artistes*) en **13*a*** i *un pis* (o *pisos*) en **13*b***, i això pot estranyar a algú que cregui que els subjectes designen sempre éssers que fan accions, però ja hem vist que sovint no és així (consulta les oracions de 7 de la pàg. 29).

El mateix que aconseguim amb aquest pronom *es*, senyal alhora de passivització i d'impersonalització, ho podem obtenir no tan sols amb la veu passiva sense complement agent **13*d***, sinó també com en **13*e***, és a dir, posant **el verb transitiu en 3a persona plural i anteposant-hi el complement directe**, que deixa un «record» pronominal vora el seu verb. Amb totes tres construccions aconseguim els propòsits comunicatius de tematitzar el complement i ocultar l'agent, fet que dona un to més objectiu al que diem, cosa especialment útil en textos cientificotècnics.

Corregeix l'oració següent i justifica la resposta a partir del tipus de construcció: **Avui dia es ven pocs apartaments a la platja.*

Quadre 5

Silenciant qui fa l'acció
Verbs impersonals (sense subjecte possible): *Plou. Fa calor. És de dia.*
Pronom *es* + verb intransitiu (sense subjecte): *En aquest país no es corre per a res.*
Construccions passives (verbs transitius amb subjecte no agent): • **Passiva perifràstica:** *ser* + participi (sense complement agent si volem ometre qui fa l'acció): *Les seves ordres van ser desobeïdes.* • **Passiva pronominal** (o reflexa): pronom *es* + verb en 3a persona: *Es van desobeir les seves ordres.*

«AFANYEU-VOS, QUE VE EL CARTER!»: _ _ _ _ _ _.

5. L'ordre dels elements oracionals

Com saps, generalment el subjecte va abans del verb, però com hem d'analitzar la funció dels diferents sintagmes nominals d'oracions com les de **14**?

(14) *a*) *Aquest matí la veïna ajudarà la seva cosina.*
b) *Aquests matins la veïna ajudarà les seves cosines.*
c) *La veïna ajudarà la seva cosina aquest matí.*

Per la prova de la concordança, el SN *la veïna* de **14*a*** hi fa de subjecte: és l'únic que ha de passar a plural en posar el verb en plural (*Aquest matí les veïnes ajudaran la seva cosina*). El SN *la seva cosina* és CD perquè va després del verb i perquè pot esdevenir subjecte passiu (*Aquest matí la seva cosina serà ajudada per la veïna*). Observa també la mobilitat del CC de temps *aquest matí*.

Malgrat l'ordre típic subjecte + verb + complements del verb, factors diversos poden alterar-lo, com el tipus de verb (*Li desagrada el teu mocador*), la construcció emprada (*Es venen patates*, també amb subjecte postverbal) o la voluntat de tematitzar un element oracional, entre altres. Així, si vols convertir un complement directe en el tema d'una oració, el que pots fer és desplaçar-lo al capdavant de l'oració i deixar-ne una còpia pronominal vora el seu verb (**15*b***, com també en **13*e***). Semblantment, i per raons d'èmfasi, pots voler desplaçar tal complement després del verb, com en **15*c***.

(15) *a*) *Donarem el clavell al violoncel·lista.*
b) *El clavell(,) el donarem al violoncel·lista.*
c) *El donarem al violoncel·lista, el clavell.*

Generalment, aquests desplaçaments d'elements són indicats per comes i, sempre, per una certa inflexió entonacional. En **15*b***, per exemple, l'ús de coma hi és optatiu, però aquesta és obligatòria amb la posposició de l'element (**15*c***). També farem servir igualment la coma en altres casos de desplaçament, com els dels subjectes de **16*b*** i **17*b***:

(16) *a*) *En Pere fabrica torrons.*
b) *Què fabrica, en Pere?*

(17) *a*) *L'Eulàlia no hi és.*
b) *No hi és, l'Eulàlia.*

L'ordre dels elements oracionals no és tan lliure com en castellà. Si algú veu que tenim fred, pot manifestar sorpresa amb l'oració **18*a***, poc genuïna, en comptes de la **18*b***, més correcta. Si, tanmateix, raons comunicatives el porten a preferir posposar *la calefacció*, farà ben fet de dir **18*c*** (amb l'entonació –i la coma– que indica el canvi en l'ordre habitual), millor, **18*d***, en què s'ha canviat de verb.

(18) *a*) **Però si està la calefacció engegada!*
b) *Però si la calefacció està engegada!*
c) *Però si està engegada, la calefacció!*
d) *Però si hi ha la calefacció engegada!*

«Som humans perquè tenim paraules i podem parlar amb els altres i amb nosaltres mateixos.»
Emili TEIXIDOR

La pregunta del milió

Digues si és veritat l'afirmació següent: «Quan desplacem un complement directe es posa sempre coma entre aquest element desplaçat i la resta de l'oració».

«L'ÀPAT PREDILECTE DE LA MODISTA TARTAMUDA»: C _ _ _ C _ _ _.

COMPRENSIÓ

1 Indica els **subjectes** de les oracions i demostra que ho són per mitjà de la concordança (assenyala si estan sobreentesos).

a) La vostra melodia animava la festa.
b) Temo per la nostra terra.
c) La baronessa era a casa nostra.
d) L'artista va a casa per Pasqua.
e) Mentre una poetessa pensa, crea poesia.
f) L'altra finestra fa sempre pena.
g) Un concertista contemplava la natura: l'odiava?
h) La corda va per terra.
i) Dormo a casa, però ballo al bar.
j) Una violinista belga comprava una pistola: era l'assassina.
k) Un poeta animava la sala: era una cosa mai vista!
l) Mentre l'Alberta prepara la farina, la Roberta porta a casa la barca.

La pregunta del milió

Les oracions de l'exercici 1 són catalanes, però també pertanyen a una altra llengua, sense canviar-ne ni un sol mot. Quina?

2 Subratlla els verbs de les oracions següents i cerca'n el **subjecte** mitjançant la prova de la concordança. Digues si som davant una **oració simple** o **una oració composta**. Tingues en compte que els verbs poden estar constituïts per més d'una paraula (vegeu el quadre 6, més avall) i també que hi pot haver alguna oració impersonal. Raona oralment la resposta.

Model: *El vailet va arrencar a córrer.* → oració simple
Raonament: Encara que aparentment tenim tres formes verbals (*va, arrencar, córrer*), només hi ha un verb principal: *córrer*. Les altres formes són auxiliars, la primera per a poder formar el passat perifràstic (*va arrencar*) i la segona per a formar una perífrasi d'inici d'acció o incoativa (*arrencar a córrer*).

a) La zona ha estat declarada parc natural.
b) Hi ha molta gent desesperada.
c) En aquests camps es conreen mongetes del ganxet.
d) Aquest vespre trucaran als teus cosins de Sant Julià de Cerdanyola.
e) Resulta incoherent, la teva proposta!
f) Aviat arribaran alguns refugiats a la ciutat.
g) Li desagraden les pel·lícules violentes.
h) Amb aquestes tanques no se salta tan bé, diuen els atletes.
i) Els teus veïns m'han dit que estan a punt de fer obres.
j) La Carme m'ha dit que a les set ja clareja.

Quadre 6

Verb amb més d'un mot

De vegades el verb del predicat és format per més d'un mot. Així, d'una banda, podem tenir **verbs auxiliars** com el verb *haver* en els temps compostos (*ha vingut*) o el verb *ser* en les oracions passives (*és aplaudit*); de l'altra, també ens podem trobar davant una **perífrasi verbal**, en què verbs com *deure*, *anar*, *continuar*... van seguits d'una forma personal, de vegades amb una preposició entremig (*haver de* + infinitiu, *arrencar a* + infinitiu):

a) *He (o haig) de fer-ho avui mateix.* (perífrasi d'infinitiu d'**obligació**; forma verbal principal: *fer*)
b) *Deu estar malalta!* (perífrasi d'infinitiu de **probabilitat**; forma verbal principal: *estar*)
c) *Així que anava cantant pel carrer?* (perífrasi de gerundi de **duració** o continuïtat; forma verbal principal: *cantar*)
d) *Estava mirant-ho tot.* (perífrasi de gerundi de **duració** o continuïtat; forma verbal principal: *mirant*)
e) *Ja hi hauria d'estar anant...* (combinació de les perífrasis del tipus ***a*** i ***d***; forma verbal principal: *anant*)

«ELS PROFESSIONALS MÉS UNITS»: S _ _ _ _ T _.

3 A part de les perífrasis, de vegades també tenim grups de mots diferents dels sintagmes que formen una unitat. És el cas de les **locucions** (consulta el quadre 7, més avall). Detecta, en les oracions següents, locucions adverbials, prepositives o conjuntives. Raona la resposta.

Model: *Si a la fi van acudir-hi és a causa d'una amenaça que van rebre.*

Anàlisi: *a la fi*: loc. adv. (= *finalment*); *a causa de* (+ N): loc. prep. (= *per*)

a) En teoria no pagarà per mitjà d'un xec, ja que sap que els rebutgen tots.
b) A excepció d'ella, tots contesten l'enquesta a la babalà.
c) Tot seguit ell va entrar en companyia del seu cosí germà.
d) A fi d'acabar la discussió, li van lliurar un xec a canvi del seu silenci.
e) Amb prou feines dotze persones van acceptar d'agafar el tren que anava en direcció a Reus.
f) Veu de franc totes les pel·lícules, atès que és crític de cinema.
g) D'acord amb el testimoni, l'havien informat amb tots els ets i uts de l'embolic en què es ficava.

Quadre 7

Tipus de locucions

- **Locució verbal:** *haver-n'hi per llogar cadires, fer figa, girar cua...*
- **Locució adverbial:** [llevar-se] *a trenc d'alba*, [fer-ho] *en un tres i no res...*
- **Locució prepositiva:** *a fi de, per tal de, a causa de...*
- **Locució conjuntiva:** *a fi que, per tal que, encara que...*
- **Locució adjectiva:** *eixerit com un pèsol, passat per aigua, fluix de boca...*
- **Locució determinativa:** *una colla de, un feix de, un grapat de...*

A diferència dels sintagmes (construccions que creem lliurement), les **locucions** són conjunts de dues o més paraules que ja ens venen agrupades (sovint en sentit figurat) i que constitueixen part del lèxic que recullen els diccionaris. Quan equivalen a un verb, en diem *locucions verbals* (o, abusivament, **frases fetes**), com les il·lustrades en aquest llibre. A part dels altres tipus consignats en el quadre, es parla sovint de **locució nominal** (*posada en escena, paga i senyal, pell de gallina...*), molt pròxima als anomenats *compostos sintagmàtics* (com *molí de vent*); i també de **locució interjectiva** (*Déu n'hi do!, a reveure!...*).

D'altra banda, de vegades es reserva el terme *frase feta* per als casos en què tenim l'equivalent d'una oració que conté un verb que no es pot flexionar. Així, expressions com *Qui ho havia de dir* (indicant estranyesa), *A bodes em convides!* (indicant acceptació d'una proposició agradable) o *Demà m'afaitaràs!* (indicant incredulitat) serien frases fetes (no existeixen les expressions **Qui ho haurà de dir*, **A bodes em convidaves...*).

4 Detecta les **locucions** del text i digues-ne el significat i el tipus (consulta el quadre 7).

> De bat a bat se t'obren poques portes,
> de gom a gom se t'omplen pocs espais,
> de fit a fit t'esguarden certs esglais,
> de cap a cap les hores són ben mortes.
>
> A contracor m'enyoro de la dama,
> a gratcient empaito no sé qui,
> a dreta llei critico qui s'exclama,
> de trascantó enceto un nou camí.
>
> Albert Jané, *El contrapunt dels decasíl·labs* (adaptació)

5 Escriu oracions en què les formes de més avall pertanyin almenys a dues **classes de mots** diferents. Justifica oralment la resposta.

Model: *ésser*

Nom: *Una puça és un ésser molt petit.* (És un nom perquè és el nucli del SN *un ésser molt petit*, que fa la funció d'atribut. Té plural: *éssers*. Es pot intercanviar per altres noms: *insecte*.)

Verb: *Treballa per ésser un bon enginyer.* (És un verb en infinitiu, nucli del SV predicat *ésser un bon enginyer*, en què *un bon enginyer* fa d'atribut, i tot el conjunt d'aquests mots forma part d'una proposició final. Com a forma verbal no personal, però, no té flexió. Es pot intercanviar per altres verbs: *esdevenir*.)

• cap • viu • seu • encara • en • força • massa

6 **Tria l'opció** correcta i justifica-la oralment des d'un punt de vista gramatical (com hem fet en l'exercici precedent).

a) El servei que ofereix la companyia és molt (complet / complert).
b) S'ha escapat un altre (reclòs / reclús) de la presó de Quatre Camins.
c) Si li dius això, es (mort / mor) de l'espant...
d) Ja hem (resol / resolt) aquests encreuats.
e) El jutge ha (absol / absolt) el pres.
f) Va ser assistit per l'equip (metge / mèdic) de guàrdia.
g) En el (fons / fondo) tothom hi estava d'acord.
h) Si la porta grinyola, hauràs de posar (greix / grassa) a les frontisses.

7 Fes com en l'exercici anterior.

a) En aquests moments són al (soterrani / subterrani).
b) Primer, (escalfa / calenta) l'aigua fins que bulli.
c) Sempre s'asseu al (darrere / darrera) de l'aula.
d) No es pot anar (depenent / dependent) de tothom.
e) (Sol / Solament) van assistir a l'acte unes quaranta persones.
f) És tan vella, que ja es pot dir que té un peu a dins la (fossa / fosa).
g) Aquest pou no s'acaba mai: és molt (pregó / pregon).
h) L'he (confós / confús) amb ella: s'assemblen tant!

8 Per a distingir el **complement directe** d'altres funcions, et pots basar en les **transformacions** de passiva (el CD passa a ser subjecte passiu) o de pronominalització (*per el*, *la*, *els*, *les*; *en*; *ho*; i variants). Repassa-ho **completant la graella**, com es fa en el model.

Oració passiva (Subratlla-hi el subjecte.)	Oració activa (Subratlla-hi el CD.)	Substitució pronominal del CD
Model: *En Robert és observat per l'Anna.*	*L'Anna observa en Robert.*	*L'Anna l'observa.*
	Uns policies busquen l'Alfons.	
El Pol és acariciat per l'Aina.		
	Uns admiradors abracen el cantant.	
El Jordi és cridat per la mare.		
		Els estudiants l'escolten, el rector.
En Lluc és vigilat per la policia.		

«L'ESTADI DE FUTBOL QUE NECESSITA LA ROBA MÉS GRAN»: M _ _ _ _ _ _ _ _.

9 Després de repassar la informació del quadre 8 (més avall), substitueix només el **complement directe** de les oracions següents:

a) Si us plau, fareu propaganda de la nostra companyia?
b) No volien més ones electromagnètiques a la seva zona?
c) Ha renyat el malalt per impacient, la infermera, aquest migdia.
d) Amb detall, aquest llibre només hi descriu dos personatges.
e) Ja va pagar tot el que devia, aquell mes, la teva companya.
f) Ha insultat la periodista, l'entrevistada?
g) Aconsellem aquesta tarda el teu amic i triomfarà!
h) Felicitaran tants amics, aquest estiu!

Quadre 8

Tipus de SN	Pronom	Exemples	Observacions
1. SN definit Va introduït per: *a*) article definit (*el*, *la*...) *b*) demostratiu (*aquest*, *aquesta*...; *aquell*, *aquella*...)	***EL, LA, ELS, LES*** (i variants: *l'*, *'l*, *-lo*...)	• *Vols el pastís?* → *I tant que **el** vull.* • *Atén el nen!* → *Atén-**lo**!*	NO: *~~Ho~~ vull. ~~Lo~~ vull.* NO: *Atén-~~li~~.*
		• *Ens han demanat aquella regadora.* → *Ens **l'**han demanada.*	És molt recomanable fer la concordança del participi del temps compost amb el pronom de CD, sobretot si és femení. Així, parlant d'una regadora, és millor *Ens l'han demanada* que *Ens l'han demanat*, també correcte.
2. SN indefinit *a*) No va introduït per **cap determinant**. *b*) Va introduït per un **article indefinit** o per un **quantificador**.	***EN***	• *No vols xocolata?* → *Sí, que **en** vull.*	NO: **Sí, que vull.* El pronom *en* té **valor partitiu**. Per a indicar que volem un tros de xocolata, direm ***En** vull.* Per a indicar que la volem tota, direm ***La** vull.*
		• *Demana tres galetes!* → *Demana'**n** tres.* • *Colliu més llimones.* → *Colliu-**ne** més.*	El pronom té valor partitiu (*En vull*: vull un tros o una part del pastís).
3. Neutre oracional Constituït per: *a*) un pronom demostratiu neutre (***això***, ***allò***) *b*) una **oració substantiva**	***HO***	• *Endreça això!* → *Endreça-**ho**.*	NO: **Endreça'~~l~~. *Endreça-~~lo~~.*
		• *Ens han demanat que hi fóssim presents.* → *Ens **ho** han demanat.* • *Han acordat anar-hi avui.* → ***Ho** han acordat.*	

10 **Substitueix** l'element destacat per un d'aquests pronoms (o variants): *li*, *el*, *la*, *els* i *les*. Justifica oralment si es tracta d'un **complement directe o indirecte**.

a) Reuneix ara mateix **els teus col·laboradors**!
b) La mare ha dit **a la Carmeta** que fes bondat.
c) He llegit les instruccions **als nebots**.
d) Ha avisat **les veïnes** de la fuita de gas?
e) Vinc per donar l'avís **a les veïnes**.
f) Treu **el retolador** del calaix!
g) Atenguem **el client** amb delicadesa!
h) Ha esquitxat **el marbre** amb l'oli bullent de la paella.
i) Ha felicitat **les empresàries** pel seu coratge.

«EL LICOR QUE VAIG COMPRAR AL ROSEGADOR SENSE HAVER PAGAT»: R _ _ _ F _ _ .

11 **Completa** aquestes oracions amb l'article definit i, si cal, amb la preposició *a*, segons que els sintagmes facin de **complement directe** o de **complement indirecte**. Després, **substitueix aquests complements** pronominalment.

Models:
- Donarem els tiquets ***a les*** millors clientes. CI → ***Els*** *donarem els tiquets.*
- Ha descobert **Ø** les assassines. CD → ***Les*** *ha descobert* (o *descobertes*). (És CD perquè admet passar a subjecte passiu: *Les assassines han estat descobertes.*)

a) La presidenta donava un ram de flors ____ competidor.
b) Han corregit els originals ____ innocent escriptora hongaresa.
c) Elles han perdonat ____ seves veïnes.
d) La Núria ha maquillat ____ actors abans de la funció.
e) L'Esteve ha posat massa maquillatge ____ pallassos.
f) Per què han condecorat ____ oficials?
g) Els metges han mostrat ____ pacients més afectats per la sida la gravetat de la situació.
h) Què ha dit, l'advocat, ____ teu llogater?
i) Quines paraules més belles que han pronunciat ____ públic, els tutors de segon!

12 Digues quina categoria (classe de sintagma o de mot) substitueix el **pronom feble** (*li*, *ho*, *en*, *el*... i variants) que apareix en aquestes oracions. Fes la **reconstrucció** del sintagma substituït tal com veus en el model.

Model: *Si l'Arnau no ve avui, no* ***el*** *podré informar de l'afer.*
Reconstrucció: *Si l'Arnau no ve avui, no podré informar* ***l'Arnau*** *de l'afer.* (*el* = *l'Arnau*, SN, que fa de CD)

a) Ha renyat el seu fill i li ha dit que avui es quedaria sense televisió.
b) Sembla que estigui neguitosa, però assegura que no ho està.
c) Parla bé de tothom, i més encara de l'Engràcia (només en canta les excel·lències!).
d) Busca en Cintet per aquí; si no el veus, vol dir que ja ha plegat.
e) Són dos germans força sapastres: la Raquel escriu malament totes les cartes; el seu germà, hi escriu els informes.
f) En veure el seu germà amb una altra noia s'ha quedat parat; és clar que hi hauria quedat encara més abans-d'ahir, si l'arriba a veure amb la del cinquè primera.

13 Digues quina **funció** sintàctica tenen els elements destacats i substitueix-los pel pronom feble ***en*** (o les seves variants: *n'*, *-ne*, *'n*). Justifica oralment la resposta.

Model: *Ens calen dues grapadores.* → *Ens* ***en*** *calen dues.* (El SN *dues grapadores* és substituïble per *en* perquè és un subjecte indefinit (de *calen*). Concordança: *Ens cal una grapadora.* → *Ens calen dues grapadores.* El quantitatiu queda fora de l'abast del pronom feble.)

a) Sempre ocorren **moltes coses**.
b) Han plegat **roba** tot el matí.
c) Al cap de poc ja havien arribat **dos detectius**.
d) Han topat **dos trens** a la sortida de Terrassa.
e) En aquesta clínica neixen **trenta-dues criatures** cada setmana.
f) M'ha calgut **una estufa** suplementària.
g) Exigiran **tres certificats** als candidats.
h) Passaré **cables** per dins d'aquest tub.
i) Farien falta molts **més diners** per a eixugar totes les despeses.

«FALLES EN LES EXPECTATIVES AMB AQUEST PLAT DE BOLETS»: D E __ __ __ __.

14 Repreneu l'exercici anterior i **tematitzeu** oralment els elements destacats com es fa en el model (observeu que són encapçalats per la preposició *de*). Pronuncieu-ho en veu alta.

Model: *Ens calen dues grapadores.*
→ *De grapadores, ens en calen dues.* (dit amb èmfasi, amb coma)
→ *De grapadores me'n calen dues.* (dit sense èmfasi)
→ *Ens en calen dues, de grapadores.* (construcció emfàtica)

15 Llegeix el quadre de més avall i digues **quin tipus de complement** és l'element subratllat.

Models:
- *Contràriament al que es fa circular, ella és una mentidera compulsiva.* (complement de l'adverbi *contràriament*)
- *Les propostes no van ser ben rebudes pels estudiants.* (complement agent: complement del verb passiu *van ser*)

a) Deia que estava content amb els resultats, però no ho semblava.
b) Aquest esport no és adequat per a la gent diabètica.
c) El seu interès per la política és més aviat escàs.
d) El dictador era contrari a les associacions de veïns.
e) Han donat alguns locals a les entitats de voluntariat.
f) Han donat el vistiplau a les obres de la plaça.
g) Demà aniran a l'ajuntament.
h) Paral·lelament a la via diplomàtica, desplegaran la via militar.
i) L'ampolla és plena de ratafia de Rupit.

Complement del verb: • Complement directe: *Donava enciam als infants.* • Complement indirecte: *Donava enciam als infants.* • Complement de règim verbal: *Avui parlem de cinema.* • Complement circumstancial (temps, lloc, manera...): *Avui parlem de cinema.* • Complement predicatiu: *Caminem contents.* • Complement agent (verb en passiva): *Seran rebuts per la batllessa.* • Atribut: *Estan satisfets de la teva actitud.*
Complement del nom: *Ha regirat tots els racons de les golfes.*
Complement de l'adjectiu: *Estan satisfets de la teva actitud.*
Complement de l'adverbi: *Paral·lelament a aquest cas, se n'han produït d'altres de pitjors.*

16 **Substitueix** per un pronom el complement de **règim verbal** o el complement **circumstancial** de les oracions.

Models:
- *No es va atrevir a contradir-lo.* → *No s'hi va atrevir.* (CRV no introduït per *de*)
- *Ja no es recorda del seu millor amic.* → *Ja no se'n recorda.* (CRV introduït per *de*)
- *Treu els moniatos de la bossa.* → *Treu-ne els moniatos.* (CC de lloc introduït per *de*)
- *Ja no viuen al fons de la vall.* → *Ja no hi viuen.* (CC de lloc no introduït per *de*)

a) Eviteu que només juguin a futbol, els infants.
b) És millor que s'enfilin a la prunera?
c) Es conforma amb quatre rals.
d) El reu no es penedeix dels seus actes?
e) T'has fixat en el que han declarat?
f) Sempre vas a contracorrent.
g) Oblida't de tantes bestieses!
h) També s'emmotllarà a situacions com aquestes?

«ARBRE INCONSCIENT»: _ _ _ _ _ _ _.

17 **Substitueix** pronominalment els sintagmes preposicionals amb funció de **complement de règim verbal**.

Models: *El seu fill no pensa en l'herència.* → *El seu fill no **hi** pensa.*
SP (CRV)

a) Es riuen de les seves propostes!
b) No confiaven en la teva paraula.
c) Deuen aspirar a ser presidents.
d) Us burlàveu sempre del seu mal gust.
e) Sempre parlen de Castelló.
f) Ja s'han acostumat a les noves tecnologies.
g) Hem renunciat a guanyar la copa.
h) No participaràs en aquest concurs?
i) Comptava amb el nostre suport.
j) Em vaig negar a declarar.
k) Prefereixo no parlar més d'aquest tema.

18 **Substitueix** (parcialment o totalment) l'element destacat, d'acord amb la seva funció sintàctica, sia pel pronom d'**atribut** *ho*, sia pel pronom de **complement predicatiu** *hi* o per un dels de complement directe (*el*, *la*...; *en*; *ho*).

Models: *Aquesta noia està malalta.* → *Aquesta noia ho està.* (Atr)

a) Van deixar la safata de galetes **buida**.
b) Em feu **molt fàstic**!
c) La Sra. Sara és **rondinaire de mena**.
d) Em vaig sentir **perdut** quan la Núria em va dir que em deixava per un altre.
e) Agafa **tot el que hi ha sota el tamboret**!
f) L'Antònia també es torna **geperuda**?
g) Pel bell accent que té, en Pere sembla **de Sineu**.
h) Quan va tenir l'accident, anava **beguda**.
i) No passa dia que no estigui **de mal humor**, aquest conserge.
j) Els seus companys la consideren **molt bona persona**.
k) En Marc té un cosí que és **arquitecte**.

19 **Relaciona** amb fletxes les dues columnes i indica la funció dels sintagmes substituïts.

a) *Tornen de la Selva.* (CC lloc) → 2	1. Hi tornen.
b) Tornen satisfets. (____)	2. *En tornen.*
c) Tornen diners. (____)	3. El tornen.
d) Tornen rebregat el paper. (____)	4. Ho tornen.
e) Tornen el carnet. (____)	5. L'hi tornen.
f) Tornen el que deuen. (____)	6. En parla.
g) Tornen a casa seva. (____)	7. Hi parla.
h) Parla d'informàtica. (____)	8. Li parla.
i) Parla amb l'Agnès. (____)	
j) Parla en un to impertinent. (____)	
k) Parla de les seves coses. (____)	
l) Parla papissot. (____)	
m) Parla a l'empleat. (____)	
n) Parla amb indirectes. (____)	

«AFINA A L'HORA DE LES POSTRES»: _ _ _ _ C.

La mutació sentimental

La científica Carme Torras, l'autora del text que encapçala aquesta primera unitat del llibre, ha portat a la pràctica la necessitat de sinergia entre la ciència i les humanitats i ho ha fet escrivint una obra de ciència-ficció, de la qual t'oferim dos fragments. En el primer, la protagonista, una nena que es diu Cèlia, ens narra en 1a persona les sensacions d'entrar en un entorn escolar amb una gran presència de robots. En el segon, un narrador en 3a persona ens presenta una conversa entre la Cèlia i el seu robot ROBbie.

Fragment 1

Al final de la festa, la Lu m'ha regalat un robot per a mi sola. Sí, un robot, ja sé que et costarà d'imaginar. Perquè te'n facis una idea, és com els de la guerra de les galàxies, però, a més de cames, té quatre rodes per a quan vol anar més de pressa, i no té cara. Bé, té una mena de cap sense nas, boca, ni orelles, sols dues càmeres, i una pantalla incrustada al pit. Es diu ROBbie. Hauré d'aprendre a fer-lo funcionar, encara que per si sol ja fa moltes coses. M'acompanyarà a tot arreu; per començar, demà anirem plegats a l'escola. Jo no ho sabia, però tothom té el seu robot, aquí; és com si fos la cartera o l'agenda per a nosaltres, només que molt més sofisticat, perquè té molta memòria i pot solucionar-te problemes. [...]

Ai, mare, tot plegat sembla una comèdia on jo sigui l'únic personatge viu. Els altres són de cartró pedra... o mecànics, com en ROBbie. Què hi faig jo aquí, si no importo a ningú i m'ho passo fatal! Hi ha moments que em sento tan terriblement sola que em moro de por. Llavors em desespero i faria un disbarat. Si no ho faig, és per tu i pel pare. Potser no acabo d'entendre on soc, em dic, i procuro tranquil·litzar-me. [...]

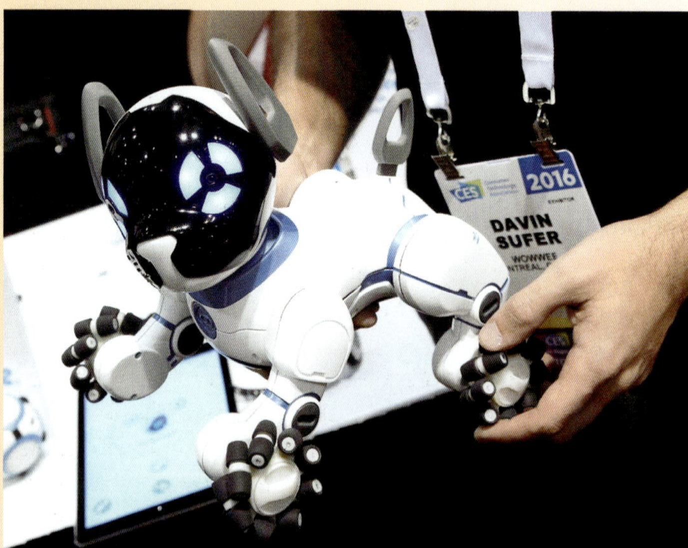

Fragment 2

La Cèlia s'atura un moment i, entendrida, busca els ulls al robot: mai cap company no li havia jurat fidelitat amb tant de convenciment. [...] Fa patxoca caminar al seu costat, se sent protegida; d'ell, se'n pot refiar. I tant se val que no tingui ulls, la gent d'ara tampoc no la miren.

–*Suggeriment:* Per què no em preguntes fins a quantes veus puc separar, o des de quina distància? O, senzillament, m'utilitzes per espiar algú que t'interessi? T'ho passaries millor.

–Els qui m'interessaria espiar són lluny. No hi arribaries.

–*Informo:* Tinc un abast de 450 metres. Ho intentem?

Un somriure trist es dibuixa al rostre de la Cèlia.

–Deixa-ho córrer, ROBbie. [...] ROBbie, amic, estic feliç de tenir-te, creu-me. És només que, des de petita, el pare va inculcar-me que m'havia de valer per mi mateixa, no dependre de res ni de ningú. [...]

–*Oferiment:* Tinc un zoom que amplifica gairebé tant com un telescopi. Qui vols que enfoqui?

–No està bé ficar-se en la intimitat dels altres.

–*Defensa:* És el que la gent ve a fer en aquestes festes; si no, es quedaria cadascú a casa seva.

–Vols dir que venen a tafanejar i deixar-se tafanejar?

–Correcte. [...] *Informo:* Els qui volen preservar-se de possibles escoltes, utilitzen la comunicació electrònica xifrada.

–I tu i jo ara, què?

–*Accepto:* pot ser que ens escoltin.

–Que ens escoltin? Qui? –Això sí que no s'ho esperava.

–*Accés denegat*: No puc saber-ho. Potser el mateix ROBul, si la Lu li ho ha encarregat.

Una sobtada sensació d'inseguretat l'**aclapara**[1].

–I, a tu, t'ha demanat mai que li contis de què parlem?

–Impossible: sap que només t'obeeixo a tu.

Carme Torras, *La mutació sentimental* (adaptació)

Un gos-robot presentat a l'edició de l'any 2016 de la Fira d'Electrònica de Consum de Las Vegas. Aquest gos reconeix el seu amo, juga a pilota i va tot sol a l'estació de recàrrega quan detecta un nivell d'energia baix.

1 **aclaparar:** fer sucumbir sota una càrrega excessiva.

COMPRENSIÓ

1 **A qui s'adreça** la narradora del primer fragment?

2 En el segon fragment: **qui enraona amb qui**? Per què certs mots de rèplica se'ns donen en **cursiva**?

LÈXIC I SEMÀNTICA

3 Reescriu les tres darreres ratlles del segon fragment (línies 49-51) canviant-ne per **sinònims** els mots de significat ple (és a dir, els noms, els verbs, els adjectius i els adverbis).

«El proverbi és la més gran unitat codificada del discurs i la més petita composició poètica.»
Roman Jakobson

Oposicions lèxiques

4 Completa els buits amb la paraula **correcta** (flexionant-la, si cal) i justifica oralment la resposta.

a) Quan vam obtenir la seva (adreça / direcció) electrònica, vam deixar d'enviar-los cartes a la seva (adreça / direcció) postal.
b) Els seus errors a la borsa ens han (advocat / alvocat / abocat) a la ruïna.
c) L'(advocat / alvocat / abocat) s'ha aficionat a menjar (advocat / alvocat / abocat) per postres.
d) De tant caminar se li han fet (ampolla / butllofa) als peus.
e) El pagès ens aconsella de tirar més (adob / abonament) als camps si volem augmentar la collita.
f) Després de dutxar-se, s'ha (assecar / eixugar) el cap amb la tovallola grisa.
g) Com a aperitiu, els van oferir tot un (assortiment / sortit) de formatges.
h) Van quedar (aterrat / aterrit) en saber que l'ebola s'estenia cap a l'indret on s'estaven.

FONÈTICA I ORTOGRAFIA

5 Posa-hi els **accents** i les **dièresis** que hi manquen.

Què té plomes, dues ales i quatre rodes?
Els científics presenten un robot teledirigit per a estudiar els pingüins

Als pinguins no els agraden els biolegs. Aixi que en veuen un que se'ls acosta, s'estressen, se'ls accelera el pols i proven d'apartar-se'n. Pero hi ha biolegs que insisteixen a estudiar els pinguins. Els volen coneixer mes be i avaluar els perills que els amenacen, per ajudar-los. Per poder estudiar les colonies de pinguins molestant-los tan poc com sigui possible, un equip cientific internacional ha creat un petit robot capaç de moure's entre els ocells sense que li facin gaire cas. Alguns fins i tot el saluden amb xiscles. Els investigadors que han dissenyat, construit i provat el robot, presentat ahir a la revista *Nature Methods*, afirmen que artefactes similars podrien facilitar l'estudi d'altres especies, com ara els elefants marins. [...]

A partir de l'experiencia adquirida, una campanya rere l'altra, els investigadors han perfeccionat el robot. En la versio mes sofisticada, l'han equipat amb una disfressa de cria de pingui que no ha disgustat els pinguins reals. «Acostar-se als pinguins amb un tot terreny pot reduir-ne l'impacte», conclouen a la revista *Nature Methods* els investigadors dirigits per Yvon Le Maho, de la Universitat d'Estrasburg (França). «La importancia d'aquesta tecnologia s'esten mes enlla de les poblacions terrestres d'ocells i mamifers, ja que els robots es podrien adaptar a entorns aquatics o aeris.»

La Vanguardia, 3 novembre 2014 (adaptació)

MORFOSINTAXI

6 Detecta els **pronoms personals forts** en el Fragment 1 de Carme Torras (pàg. 40) i digues a qui es refereixen. Després, centra't en els **pronoms febles de tercera persona** del segon fragment. Busca'n els antecedents (prescindeix de la forma *es* i variants: *s'*, *'s*, *se*).

Nota: Tingues en compte que els pronoms personals de 1a i 2a persones no tenen antecedent, perquè no substitueixen mai cap sintagma (tan sols assenyalen qui enraona o qui escolta). Els pronoms de 3a persona, en canvi, sí que en tenen, llevat dels que van amb verbs pronominals, com *haver-hi*, *passar-s'ho* (*bé*), *anar-se'n*, *queixar-se*, etc.

7 Centrant-te en el Fragment 2 de Carme Torras (pàg. 40), extreu-ne els verbs del primer paràgraf (des de «La Cèlia s'atura» fins a «no la miren») i de la darrera oració («Sap que només t'obeeixo a tu»). Digues-ne el **subjecte** (poden estar sobreentesos).

«Les imatges presenten el món com un objecte; les paraules, com una idea.»
Emili Teixidor

8 Els mots com **mai**, **res**, **ningú** o **enlloc** generalment els associem amb un significat negatiu («... no dependre de res ni de ningú», lín. 34-35, pàg. 40), però poden adquirir també un sentit positiu en contextos interrogatius o dins d'oracions condicionals (*No vindràs mai? = No vindràs algun cop?*; *Si mai passes per aquí, m'avises. = Si alguna vegada passes per aquí, m'avises*). Després de consultar el quadre de la pàg. 197, tria una o dues de les opcions.

a) Si (mai / alguna vegada) passes a veure'm, envia'm abans un whatsap.
b) És una noia tota decidida: (mai / alguna vegada) no he dubtat que ho era.
c) Heu passejat (mai / alguna vegada) per la Devesa de Girona?
d) Encara no has dit (res / alguna cosa / cap cosa) al teu sogre?
e) T'ha demanat (mai / cap vegada) que li contis de què parlem?
f) No has vist (algú / ningú / cap persona) per aquest circuit?
g) A aquestes hores no hi veuràs (algú / ningú / cap persona), per aquí.
h) Si veus (algú / ningú / cap persona) sospitós, truca a la policia.

Què dius, ara!

Una curiositat terminològica pel que fa als gasos nobles (elements de la taula periòdica que són en estat gasós a temperatura ambient) és que també han rebut el nom de *gasos inerts* i el de *gasos rars*. D'on venen aquestes denominacions, o, més exactament, per què es fan servir els adjectius *noble*, *inert* i *rar*? *Noble* els ve de l'analogia amb el terme *metalls nobles*, com ara l'or, que eren associats amb la riquesa i la noblesa d'aquests metalls, i amb una reactivitat baixa com la d'aquests gasos. *Inert* els ve de la dificultat de combinar-se amb ells mateixos o amb altres elements i de formar compostos. I *rar* ve del fet que es considerava que aquests gasos no eren abundants en l'atmosfera terrestre, però s'ha vist que, per exemple, l'argó constitueix una part força considerable de l'atmosfera. Els noms dels elements *neó*, *criptó* i *xenó* procedeixen, respectivament, de tres noms grecs que signifiquen 'nou', 'amagat' i 'desconegut'. [CRF]

«PEIXET QUE SERVEIX PER NO PERDRE ELS PAPERS»: C _ _ _ _ _ _ _ _.

Test de pronoms febles

9 **T** Encercla la resposta amb el pronom o combinació correcta o que s'adiu amb el context. Justifica-la de viva veu.

SOLUCIONS PÀG. 373

a) Aquest matí no sé si té visites o no ____.
1. té 2. ho té 3. les té 4. en té

b) Si no sap què fer de tants globus, ____ un a cada criatura.
1. doni'n 2. donin 3. doni'ls 4. doni'l

c) Que saps on són, la Teresa i el Jordi? No ____ sé pas.
1. en 2. el 3. ho 4. hi

d) Tot i que ens havia dit que tots aquests projectes li semblaven bons, no ____ agradat gens que s'hagi aprovat justament el nostre...
1. li 2. l'ha 3. li ha 4. l'

e) –Saps si el Bernat és de Sant Cugat? –No, no ____ és.
1. l' 2. hi 3. en 4. ho

f) M'han dit que el David és a Cardona, però no pot ser ____, perquè ens ha enviat un whatsap des de Súria.
1. -ne 2. -ho 3. -hi 4. -lo

g) En veure que el sopar encara no estava a punt i que els convidats ja arribaven, es van posar nerviosos: ____ van posar tant que se'ls van cremar les tallarines.
1. es 2. s'hi 3. se n'hi 4. s'ho

h) Com que aquell disc l'ha fascinat molt, ____ ha emportat.
1. s'ho 2. se n' 3. se l' 4. se'n

i) Per a la Roser, ells no fan res ben fet; només sap veure ____ els defectes.
1. -los 2. 'ls 3. -lis 4. 'ls-els

j) Les nenes tenen molta gana perquè el seu pare encara no ____ ha donat el berenar.
1. els hi 2. lis 3. els 4. les

k) Com que no estàvem satisfets amb el servei, vam demanar el llibre de reclamacions, però no ____ van voler donar.
1. us hi 2. te'ls 3. ens el 4. ens ho

TRANSFORMACIONS

10 **Transforma cada oració** en una altra de **sinònima** que inclogui l'element (o elements) entre parèntesis, flexionant-los si cal.

Model: *Aquest model de robot té un gran poder. (**poderós**) → Aquest model de robot és molt poderós.*

a) L'Esteve no acostuma a fer els deures. (soler) → L'Esteve no...
b) Aquesta xeringa es fa servir un sol cop. (ús) → Aquesta...
c) Vam sopar i, abans, vam parlar de l'acte. (Després de...) → Després de...
d) No hauríem de continuar amb el mateix mètode? (valer la pena) → No...
e) Aquests documents hauran de ser lliurats demà mateix. (caldre) → Demà mateix...
f) Potser per manca d'espai, l'autor no ha fet servir cap punt i a part. (deure) → L'autor no...
g) El dentista regalava caramels als nens. (obsequiar) → El dentista...
h) No poden entrar en aquesta piscina els menors de 10 anys. (fins que) → En aquesta piscina, els...
i) L'estany és un metall que es fon fàcilment. (fusible)→ L'estany és...

SIGNES DE PUNTUACIÓ

11 Completa les oracions amb els **signes de puntuació** que t'oferim (després de punt, has de posar amb majúscula la inicial del mot següent, tret que es tracti d'un punt final).

[.] × 8 [,] × 20 [:] × 2 [(] × 1 [)] × 2 [–] × 2

a) George Miller fou el director de *Viatge al centre de la Terra* film basat en l'obra homònima de Jules Verne gran visionari del segle XIX

b) Els EUA són un dels països del món en què s'aplica la pena de mort que pot afectar enguany prop de 3 000 persones aquest podria ser el cas de Pablo Ibar que fa més de vint anys que està empresonat a l'estat de Florida un dels 39 estats en què la pena capital és vigent

c) Damunt la cuina hi havia tot el que necessitàvem ganivets forquilles culleres i gots

d) Aquests torrons estan fets a base de cinc components ametlla 63,38 % sucres mel clara d'ou i oblea (fècula de patata estabilitzant emulgent i colorant

e) La gent de Nova Orleans presumeix jo diria que amb tota la raó del món de tenir els millors músics

f) El problema ve però de si podem donar crèdit a aquestes dades. I jo penso francament, que no. La font que s'ofereix no permet aquesta conclusió a més a més a base de sobredimensionar la qüestió el que s'aconsegueix no és més sensibilitat sinó que ben altrament el que hem obtingut és que la gent tingui més pell d'elefant

«Si un llibre val la pena de ser llegit, també mereix de ser comprat.»
John RUSKIN

TEXT DE CLOENDA

Màrius Serra és, sens dubte, el més gran ludolingüista de la llengua catalana. Amb l'enigma que ofereix diàriament als oients de Catalunya Ràdio des del 2006, ha aixecat una autèntica passió per aquest gènere en milers de catalanoparlants, que aconsegueixen punts en una lliga ben original. Màrius Serra, a part d'una extensa i reconeguda producció narrativa i de la seva participació en els mitjans de comunicació, ha tirat endavant tota mena d'iniciatives creatives, fins i tot jocs de taula. L'entrevista que segueix parla justament del joc *Enigmàrius*, creat juntament amb Oriol Comas.

Nota: Com has observat, al peu de cada pàgina, **et desafiem a resoldre enigmes** (variant de les endevinalles tradicionals), que trobaràs solucionats al final del manual. Tots són obra de Cesc Prat, col·laborador nostre i autor de gairebé dos mil enigmes; però s'han sumat a la nostra iniciativa altres ludolingüistes, com els del col·lectiu Verb i Gràcia, amb llibre publicat (a qui devem els enigmes de la secció C d'aquesta unitat), i Màrius Serra (jocs de les seccions D i E, també d'aquesta primera unitat).

L'equip Verb i Gràcia està format per: Joan Clotet, Miquel Àngel Gibert, Rosa Marill, Emma Rafecas, Joan Carles Orengo i Josep M. Sansalvador.

«LA LLETRA GREGA QUE ET FA FORA DELS CINEMES»: ___.

Entrevista a Màrius Serra

–En què consisteix el joc de taula de l'Enigmàrius?
–És com el joc del quinto, però en lloc de tenir cartrons amb xifres, hi ha cartrons amb lletres que formen paraules. L'objectiu del joc és completar el cartró amb totes les lletres que conté. I per anar guanyant lletres cal resoldre proves lingüístiques de tota mena. N'hi ha més de dues mil i són molt sucoses!

–Ens en podeu posar un exemple?
–Hi ha cinc menes de reptes lingüístics. El primer és un «enigmàrius» com els que faig a Catalunya Ràdio. Un exemple de la targeta del joc que tinc davant, a veure si el resoleu: «Idèntic a Jesucrist, de sis lletres».

–...
–*Clavat*! I ara, un cop encertat, segons la carta i més variables, es guanyen unes lletres o unes altres per omplir els cartrons. Un altre tipus de repte consisteix a resoldre un anagrama que provingui d'un topònim. Un altre exemple: *Tona*. Quines paraules en poden sorgir?

–Àton?
Exacte! I *nota*. *OTAN* no valdria, eh? Aquest és fàcil, però n'hi ha de força més difícils: *Barcelona*.

–...
–*Balconera*. Aquest no és tan obvi, oi? El tercer consisteix a encertar la definició correcta, entre tres possibilitats, de paraules força obscures. El quart repte és el més senzill: dir una paraula amb alguna condició. I el cinquè repte és la joia de la corona: consisteix a fer tu un enigmàrius. A qui li toqui, a la targeta, hi té la solució i ha de crear l'enigma a partir d'una petita guia que ofereix el mateix joc.

–Caram, obriu la vostra cuina de creació, doncs?
–Sí, aquesta ha estat la meva voluntat. Mireu, l'experiència és que després de tants anys de fer enigmes, tothom qui aprèn a resoldre'n, immediatament, per un virus contagiós de la potència del llenguatge, té ganes de fer-ne. [...]

–Juguem cada vegada més amb la llengua perquè ens la remenen i amenacen massa?
–Jugar amb la llengua és una de les millors maneres de reivindicar-la. I en aquest nostre país hi ha una consciència que no hi és en alguns altres que no tenen conflicte lingüístic. Aquí hi ha una consciència molt alta del valor de la llengua. Aquesta mateixa consciència és la que ens fa adonar que estimar-la equival molt a jugar-hi, a fer-la servir. Jugar amb la llengua és la millor manera de rebatre aquella idea que ens havien inscrit d'una manera perversa, segons la qual la nostra llengua era d'estar per casa, «un dialecto», que deien durant el franquisme. I quan hi jugues, descobreixes capes ocultes de la llengua, nous sentits, que fan xalar. I això té un valor que ultrapassa el discurs. Hi ha gent que s'enamora d'una llengua quan és capaç de fer-hi jocs de paraules o dobles sentits. I això en la nostra llengua ens passa.

–La nostra llengua ha estat especialment agredida recentment...
–Sí, i un dels grans ressorts que ha tingut la cultura catalana és el de reaccionar a les adversitats i a les amenaces amb el redescobriment del plaer per la llengua. Ho hem vist a les Illes aquests dies, amb la vaga de docents, al País Valencià, etc. Reaccionar exhibint el plaer per la llengua és una forma de lluita. I parlo d'un plaer gens excloent, un gust per totes les llengües, començant per la nostra. I això entronca d'una manera directa amb el joc. Perquè tot aprenentatge equival a jugar amb la llengua. Quan ens ataquen redescobrim aquest plaer ancestral i absolutament íntim i irrenunciable de gaudir amb la nostra llengua i, per tant, jugar-hi, mostrant-ne la riquesa. Amb el joc podem redescobrir aquest plaer magnífic.

Brodem-la

TEST

1 T Respon si és **veritable** (V) o **fals** (F), raonant oralment la resposta.

SOLUCIONS PÀG. 373

a) La parla familiar pertany al nivell col·loquial. V F

b) La llengua col·loquial té més component afectiu que el registre científic i tècnic. V F

c) L'ús de metàfores i altres figures estilístiques és exclusiu del registre literari. V F

d) És només a casa que hom aprèn a parlar en llengua estàndard. V F

e) El mot *literatura* ve de LĬTTĔRA (lletra) i, per tant, el registre literari utilitza sempre el canal escrit. V F

f) Tant el morfema com el fonema són signes lingüístics, perquè tenen significat i significant. V F

g) Hi ha oracions de només una paraula. V F

h) El subjecte postverbal es troba només en les construccions passives amb *es* (*Se celebren les festes*). V F

i) Després dels verbs *ser*, estar i *semblar* segueix un atribut, habitualment pronominalitzable amb *ho*. V F

j) Les úniques classes de paraula que accepten un complement són el nom i el verb (aquest darrer n'accepta de moltes menes: CD, CI, CRV...). V F

JOC VERBAL

2 **Joc de l'amputació.** Partint del mot proposat, formeu una cadena de mots traient, a cada baula, una lletra del mot precedent fins a quedar-vos amb una vocal.

Model: *canviar* → *caviar* → *aviar* 'deixar anar (els coloms)' → *àvia* → *avi* → *vi* → *i*

a) corall	*b*) botxí	*c*) altres	*d*) avariat
e) beina	*f*) cansat	*g*) fruita	*h*) aplomes

CANÇÓ

3 Comenteu el contingut i el to del text.

Salvem els pronoms febles

...Però hem viscut per salvar-vos els mots,
per retornar-vos el nom de cada cosa... (Salvador ESPRIU)

A la franja litoral
de la costa occidental
mediterrània,
hi ha una espècie natural.

El pronom feble esdevé
una autòctona variant
que va aparèixer-hi
fa prop de mil anys.

Alguns pronoms
de què avui us fem esment
tenen problemes
d'aparellament.

«Salveu els mots»,
ens va encarregar l'Espriu,
però, ull viu,
salvem-los tots.

A mercè del predador
i sense cap protecció
el pronom feble
està en perill d'extinció.

La irrupció
d'espècimens aliens
té molt a veure
amb la situació.

Els entesos
recomanen atenció:
no menystenir-los,
fer-los lloc.

Brams, *Oferta de diàleg*

Amors inesborrables

En Roc estava bojament enamorat de la Mar, de Lloret. Ella enyorava les aventures oceàniques i va exigir que ell, com tants «pirates», es tatués el braç dret amb el nom d'ella, amb lletres grosses i separades. Però, coses de la vida, en Roc va ser seduït després per una tal Mari, i la pobra Mar va romandre en l'oblit. En Roc va córrer a fer-se afegir una *i* al tatuatge: la Mari en restà orgullosa, enamoradíssima. Però va durar poc perquè ella va fugir amb un músic de ska, argumentant que en Roc no evolucionava en matèria de gustos musicals. Sol de nou, en Roc va caure poc després en braços de la Maria i, d'amagatotis, va comprovar que podia encara actualitzar el seu tatuatge, afegint-hi una *a*. Però en assabentar-se ella de la llarga història de desamors d'en Roc, no va voler ser plat de tercera taula i el va deixar a l'estacada. Angoixat com estava pel seu comprometedor tatuatge, en Roc no va parar fins a trobar la noia que li havia de permetre actualitzar-lo fàcilment, aprofitant l'espai entre lletres: es deia Marina. Però avui la Marina ha desaparegut talment cridada per les ones del mar, malgrat els esforços inútils de les socorristes per rescatar-la. Al dolor, però, s'hi ha afegit la sorpresa: les socorristes es diuen Mariona i Martina...

«EL TIPUS DE MÚSICA QUE MÉS CONSUMEIXEN ELS GALLECS»: __ __ __.

TALLER D'ESCRIPTURA (I)

Com puc millorar el meu escrit?

Aquí et donarem alguns consells i farem pràctiques per a millorar els teus esborranys amb relació a les propietats textuals de coherència, cohesió, adequació i correcció.

En cursos precedents, has après a generar idees, a classificar-les, a fer esborranys i a revisar-los. Has après com és d'important tenir clar el context comunicatiu, a preguntar-te: què vull dir?, a qui?, per què?, quina informació té i quina li falta saber?, quin tipus de text i gènere encaixa millor amb els meus propòsits?, etc. Aquí insistirem en la **revisió del text** amb relació a les diferents propietats textuals. Et proposem que revisis els teus esborranys amb la guia del quadre següent:

Guia per a millorar el meu text

Adequació
- Hi he tingut prou en compte la situació comunicativa, especialment el destinatari i la intencionalitat?
- Hi he respectat les exigències del registre lingüístic (formal / informal), del gènere textual (carta, poema, correu electrònic, etc.) i del to?

Coherència
- Hi he deixat ben clar el missatge que vull transmetre? Què hi podria afegir o suprimir per a reforçar-lo?
- Està ben estructurat en paràgrafs?
- (Sobretot en textos literaris i argumentatius) Què puc fer perquè el text vagi creixent en interès? Té un títol prou suggeridor? I un començament i un final bons? Milloraria si posés en relació el que dic al principi amb el que dic al final?

Cohesió
- Soc concís? Hi ha oracions massa llargues, repetitives o mal formulades?
- Hi queden clars els referents dels pronoms?
- Hi utilitzo com cal els signes de puntuació?
- Hauria d'afegir-hi encara algun connector textual per a orientar millor la lectura del text (*d'entrada...*; *d'una banda... de l'altra*; *finalment...*)?

Correcció
- **sintàctica:** Hi faig servir bé els pronoms febles? I els nexes (relatius, conjuncions, preposicions, etc.)? [Recorda: Els conjunts *el que*, *la que*, *els que* i *les que* no equivalen a *el qual*, *la qual*, *els quals* i *les quals*. NO: *La reunió ~~a la que~~ hem anat ha estat molt constructiva.* → *La reunió a la qual hem anat ha estat*... O bé: *La reunió a què hem*...]
- **morfològica:** Els verbs hi estan ben conjugats? Els femenins i els plurals hi estan ben flexionats?
- **lèxica i semàntica:** El vocabulari: és apropiat, precís i genuí?
- **ortogràfica:** Hi he utilitzat correctament l'accentuació (recorda l'accent distintiu en *és*, *són*, *té*...), la dièresi i l'apòstrof? Hi he confós homòfons (*ha* / *a*, *hem* / *em*, etc.)? Hi he passat el corrector ortogràfic? (si escau).
- **tipogràfica:** Hi utilitzo bé les majúscules i minúscules, la cursiva, etc.?

Presentació
- L'aspecte formal (interlineat, marges, pulcritud del conjunt): facilita la lectura i fa ressaltar alguns continguts determinats de l'escrit?

Estil
- Hi podria utilitzar uns mots o unes construccions que s'adiguessin més amb la meva intenció (potser més directes, més elegants, etc.)?

1 És probable que repetim unes mateixes errades si, d'un escrit a un altre, no hem dedicat un mínim de temps a entendre el perquè dels nostres errors i a assimilar-ne la forma correcta. Per això, és essencial processar les errades que s'hagin comès amb una pauta com la de més avall.

Esmena les errades de les oracions de la primera columna (**1 sol error** per oració), que el corrector informàtic no ha detectat. Busca'n la justificació corresponent entre les que donem més avall (n'hi ha una de falsa, però!).

Errada (copiada amb context)	**Esmena**	**Justificació**
⚠ 1. *«... Encara que tenia gana, la Tània no havia portat ~~esmorzà~~.»*	*esmorzar*	*d*
⚠ 2. «... El primer que es fa en entrar a l'empresa es fitxar.»		
⚠ 3. «... A en Joan, aquest estil de ball mai no l'ha agradat.»		
⚠ 4. «... Quin èxit de festa! Hi havia una multitud. També hi era una noia rossa, companya d'Erasmus.»		
⚠ 5. «... La vida de la Mònica va transcorre tranquil·la, ja que cap detectiu no l'havia localitzada en aquella illa del Pacífic.»		
⚠ 6. «... Des del balcó es veia una àmplia terrassa a la que es podia accedir pel saló d'honor, segons les explicacions del majordom.»		
⚠ 7. «... Tots els nadius de l'illa ballaven al son del tam-tam. Nosaltres, però, no gosàvem fer-ho, de tan esporuguits com estàvem.»		
⚠ 8. «... No es va adonar de que duia la samarreta ensangonada. Li ho va haver de dir un amic seu.»		
⚠ 9. «... La primera en servir-se les postres va ser la Maria Antònia; els segons, la Laia i en Ramon.»		
⚠ 10. «... Les obres amb que ens presentem al concurs són ben variades!»		

Justificació (descripció de l'error)
a) La preposició *de* cau davant la conjunció *que*.
b) En el passat perifràstic, la segona forma és un infinitiu (s'ha escrit la forma homòfona de present d'indicatiu).
c) Si el conjunt *el que* equival a *el qual*, vol dir que és incorrecte.
d) Aquí hi va un nom (intercanviable per *diners* o per *entrepà*), que és una substantivació d'un infinitiu (igual que *dinar*: *El dinar* [N] *és bo. Vindré per dinar* [V]. Les formes *dinà*, *sopà*... són passats simples).
e) Aquesta paraula és incorrecta perquè vol dir 'fet o ganes de dormir' i amb aquest sentit no hi lliga. Hi sobre la *n*.
f) La construcció *en* + infinitiu és correcta quan és CC de temps, però incorrecta quan és exigida per un element precedent (en l'exemple és un numeral, però generalment és un verb: *No ha trigat a anar-hi.* NO: *No ha trigat ~~en~~ anar-hi.*)
g) Aquesta forma del verb *ser* duu accent distintiu per distingir-la del pronom *es*.
h) La forma *li* no apostrofa mai.
i) La forma *la* no apostrofa davant *(h)i* o *(h)u* àtones.
j) Tenim un pronom relatiu i, per tant, després de preposició el relatiu ha de dur accent: *amb què* (= *amb les quals*).
k) El SN que designa l'ésser localitzat s'anteposa al verb *ser-hi*. Però si el volguéssim posar després, cal usar *haver-hi*.

«LLETRA DE L'ALFABET GREC QUE ACUMULA SEDIMENTS»: _ _ _ _ _ _.

2 Esmena les **errades de correcció** de les oracions que hi ha a continuació (dues per oració), situa-les dins una graella com la de la pàgina anterior i justifica-les. Canvia les oracions tan poc com sigui possible (sense retocar-ne l'estil, per millorable que sigui).

- ⚠ *a*) «En aquesta empresa no passa dia que no hi hagi més d'una baixa laboral: uns dies hi ha sis; uns altres hi ha set!»
- ⚠ *b*) «El gerro del racó no l'agradat gens.»
- ⚠ *c*) «Aquest cop l'operació no ha estat malament coordinada, perquè ell, a les sis, si que estava a punt per a atendre les trucades telefòniques.»
- ⚠ *d*) «Els nivells de la capa d'ozó depèn, en certa mida, de l'estació de l'any, de les condicions climàtiques i d'altres factors atmosfèrics.»
- ⚠ *e*) «Un camió ha sortit de la carretera, perquè el conductor s'ha dormit. Com a conseqüència, hi ha hagut un segon vehicle sinistrat, amb un total de tres persones mortes i dues ferides.»
- ⚠ *f*) «La seva actitud cap les altres opinions és la pròpia d'una persona molt oberta i tolerable.»
- ⚠ *g*) «Aquesta jove pateix d'anorèxia de l'any passat ençà. Tanmateix, si ella posa molta força de voluntat, ben segur que acabarà sortint-se.»

«Si algú ara ens reescrivís les grans obres de la literatura universal d'acord amb aquest llenguatge suposadament no sexista, no ens semblaria una profanació? Ens podem imaginar les obres del futur amb aquest allau de concordances?»

Carme Junyent

3 Empleneu els buits d'aquest text sobre el **sexisme lingüístic** amb algun dels connectors textuals de més avall (n'hi ha un de fals!) i amb els signes de puntuació corresponents.

- a tall de cloenda
- primer de tot
- per consegüent
- per això
- d'una banda
- en tot cas
- doncs
- tanmateix

La llengua: instrument de lluita?

Diguem _____ que en moltes llengües, entre elles el català, el masculí és el gènere no marcat, de manera que, a manca d'un gènere neutre, aquest és el gènere en què es posa l'adjectiu atribuït a molts pronoms invariables o a les subordinades: *Ningú no està convençut que tot sigui bo. Això és injust! Que ho faci la Sílvia és dolent. Cantar és bonic.*

No és estrany _____ que tinguem un masculí genèric (*els fills* tant pot equivaler a *les filles i els fills* com tenir un sentit exclusivament masculí), fet que ha contribuït, en una certa mesura, a fer menys visible el paper de la dona en els textos, sobretot quan tal masculí genèric s'ha utilitzat en singular (*El suís és molt treballador*) o s'han triat certs mots (*L'home és mortal*). _____ s'han anat cercant fórmules no discriminatòries, amb el benentès que llengües com les romàniques no faciliten tal comesa: com milloraríem, buscant de no discriminar, una oració com la següent? Heus-la ací: *Els professors van dir que, en cas que els estudiants no estiguessin satisfets amb l'horari de les pràctiques, aquests haurien de passar a visitar-los pel despatx i se'ls oferiria una alternativa sempre que els afectats fossin pocs.*

Cal advertir que no sembla gaire pràctic dir o escriure una alternativa no sexista com és ara *Els professors/es van dir als i a les estudiants que, en cas que no estiguessin satisfets/es amb l'horari de les pràctiques, aquestes i aquests haurien de passar a visitar-los/les pel despatx i se'ls oferiria una alternativa si els afectats i afectades eren pocs i poques.* És cert que, si n'hi ha, és preferible l'ús de termes més generals, però tampoc no sembla gaire reeixida aquesta alternativa: *El professorat va dir a l'alumnat* (o *a l'estudiantat*) *que, en cas de mostrar aquest la seva insatisfacció amb l'horari de les pràctiques, hauria de passar pel despatx d'aquell i se li oferiria una alternativa sempre que l'afectació fos baixa.*

Cal aclarir que, a hores d'ara, en utilitzar el masculí genèric amb noms que designen éssers sexuats, ja no s'hi atribueix generalment un referent mascle, sinó que, contràriament al que passava no fa gaires dècades, a tothom li sol quedar clar que tal utilització no és excloent. _____ és obvi que el combat ha de començar per evitar qualsevol discriminació en l'àmbit social, laboral, etc., i és sobretot, avançant per aquí, que la llengua anirà reflectint la nova realitat, de manera que qui parla no pressuposarà usos discriminatoris.

_____ no és menys cert que, parlant més en general, mitjançant la llengua se'ns pot fer percebre la realitat d'una manera deformada, embellint-la hipòcritament (cas dels eufemismes: dir *reajustar els preus* per no dir *apujar els preus*), enlletgint-la amb to burleta (cas dels disfemismes: dir *pixatinters* a un *administratiu*) o amagant-ne col·lectius (com anomenar *americans* només els *estatunidencs*).

Diguem _____ que cal evitar que, per mitjà de l'ús poc conscient del llenguatge (certs mots, alguns refranys, etc.), ens puguem fer còmplices de discriminacions molt diverses: per raó del sexe, però també per raó del color de la pell, de la raça, de l'edat, del nivell econòmic, de les creences, de l'orientació sexual, etc. Són moltes ____ les diferents menes de discriminació que cal bandejar en la llengua i, sobretot, en la vida de cada dia.

4 **Gèneres textuals: correu de presentació i currículum.** El teu amic Toni Perarnau busca feina. Quan llegeixes el correu i el currículum amb què pensa respondre a l'anunci adjunt publicat en un periòdic local d'Aiguafreda, t'adones que, per la manera com estan redactats, no té cap possibilitat d'èxit. Decideixes, doncs, donar-li un cop de mà. Analitza'ls amb la pauta «Guia per a millorar el meu text» (pàg. 47) i, tot seguit, millora'ls tenint en compte que es respectin les propietats textuals. Recorda que a l'annex final del llibre hi ha un model de currículum.

Necessitem estudiant/a de Batxillerat per a impartir classes de repàs (de llengua catalana, matemàtiques i anglès) a la nostra filla, que estudia 2n d'ESO a Aiguafreda.

Interessats envieu escrit de presentació i currículum a *jfontpicany@gmail.cat* (Josep Font Picany).

Crea un missatge

Fitxer Edició Visualització Insereix Formatació Eines Missatge Ajuda

Envia Retalla Copia Enganxa Desfés Verifica Ortografia Adjunta Prioritat Signa

Per a: tperarnau@gmail.cat

a/c:

Tema: classes particulars

Estimada família,
Els adjunto el meu currículum perquè m'aniria molt rebé guanyar algun caleró fent classes del que sigui a la seva filla. Com que tinc molta paciència, segur que la nana ens acabarà aprovant: no se'm resisteixen els casos difícils!!!!!! 😂 😂 😂

Pel nom els he reconegut i sé que viuen a prop de casa meva. Això és un avantatge important. D'aquesta manera podré estalviar temps i per poder-me preparar millor la Selectivitat. 😂 😂

M'agraden els animals i tinc les tardes lliures. Si teniu gos, us el puc passejar. Puc estar per tots dos: per la nana i pel gos..... Així mateix, puc oferir-vos tota mena d'altres serveis. Espero que em contracteu, doncs. No us en penedireu! Ja em direu el què. D'acord???

Aprofito l'avinentesa per a testimoniar-los la meva més sincera gratitud. Ben atentament,

Toni
Post D.: Truca'm de seguida al tel. 93844 23 00 (de 16 de la tarda a les vuit del vespre) o bé al mòbil.

«PAGÈS, PATRÓ D'ANGLATERRA»: _ _ _ _ _ _.

Currículum

- Em dic Toni Perarnau Jiménez.
- Tinc vint anys i mig.
- Visc també a Aiguafreda,però al passatge Tagamanent, nº 9,3er. 1a. (És possible que ens coneguem de vista i tot).
- Tinc dos germans i una gossa santbernat.
- DNI: 5588297
- Soc moreno, però blau d'ulls i no especialment alt (faig 1'72 d'alçada), però de bon veure (causo sensació entre les noies).
- He acabat el 2n de Batxillerat. Actualment estic preparant la selectivitat (a veure si tinc sort,aquest cop!).
- Vaig estudiar la Primària a l'Escola Sta. Caterina,d'aquí al barri,ja fa un munt d'anys.
- Estudis d'anglès durant la Primària,la Secundària i a la Universitat d'Oxford (va ser un estiu apassionant!).
- Estudis de windows.
- Ja fa quinze dies que va a alemany.
- Va fer Ofimàtica i va passar models de perruqueria a la Disco *Bell home* d'Oxford.
- Té en curs un curs de submarinisme i un altre de fotografia submarina.
- Només havia treballat a Barna com a repartidor de pizzes,però em van despatxar de seguida perquè m'embolicava tornant el canvi.
- Trec a passejar la nostra gossa i també la veïna (una *fox terrier*) i així em faig un sobresou. El meu lema: "Com més conec les persones, més m'estimo els animals."

5 Enquadrats més avall, teniu uns divertits comentaris espontanis caçats al vol pel col·lectiu Al Carrer (aplegats i editats per Enric Gomà). Digueu, primer, de paraula d'on en prové la gràcia. Tot seguit, expliqueu oralment alguna **anècdota** o, simplement, un **comentari graciós** de què hàgiu estat testimonis. Planifiqueu el que direu.

1. [Sentit al carrer Consell de Cent de Barcelona, a la sortida d'una guarderia.] Una mare diu a una altra:
   –Demà el Pau no vindrà, que el porto a vacunar.
   –I on el vacunen: al CAP?
   –Noooo...! A la cuixa...!
2. [Sentit als estudis de TV3 de Sant Joan Despí.] Un treballador de la casa es troba amb algú que feia temps que no veia i exclama amb gran alegria:
   –Ostres, no et reconeixia: estàs igual que sempre!
3. [Sentit en una òptica del Barri Gòtic de Barcelona.] Un noi jovenet demana unes ulleres de sol a la seva mare i ella li respon:
   –Només et faltarien unes ulleres de sol, a tu. La vida ja és prou fosca!
4. [Sentit a Calaceit, dit per un pagès, sobre un poblat ibèric que hi ha en un turó.] L'home precisa amb exactitud:
   –No és un poblat ibèric, és un despoblat ibèric, perquè no hi viu ningú.

Enric Gomà, *La vida pública (Els millors comentaris de la gent del carrer)*

«L'èxit d'un acudit no depèn de qui l'explica sinó de qui l'escolta.»
William Shakespeare

> «Si és possible, s'ha de fer riure fins i tot els morts.»
> Leonardo da VINCI

6 Les **lleis de Murphy** són formulacions gracioses de «lleis» pessimistes, la primera de les quals és: «Si alguna cosa pot sortir malament, hi sortirà». Es diuen així perquè qui va formular les primeres lleis, a la fi dels anys quaranta del segle passat, era l'enginyer estatunidenc Edward A. Murphy.

a) Formuleu oralment en forma de lleis de Murphy el contingut del fragment de la cançó de més avall, afegint-hi algun element de context al principi i algun de cloenda al final.
Model: *Sempre que vols imprimir un document urgent, et trobes que no hi ha tinta a la impressora. Això sí que és estar de pega!*

b) Formuleu –en registre molt formal– dues noves lleis de Murphy que siguin fruit de la vostra experiència personal.

Som tots uns desgraciats

No hi ha tinta a la impressora.
Em pica l'etiqueta del jersei
i el meu *bicing* sempre està buit.
Les preguntes del meu grup de Trivial són més difícils
i el Joan s'ha acabat els *crispies* bons.
El meu peix sempre té espines
i el carro del súper mai em va recte
i no veig bé la pissarra, *profe*,
la fruitera em diu «senyor» i la veïna em diu «nen». [...]

Estanislau VERDET (dins l'àlbum *L'all ho és tot pels anglesos*)

Algunes lleis de Murphy

1. «Quan s'intenta demostrar a algú que una màquina no funciona, aquesta comença a funcionar.»
2. «La intensitat de la picor és inversament proporcional a la facilitat d'accés al punt en què es produeix.»
3. «Sempre et picarà el nas quan tinguis les mans plenes de greix.»
4. «Qui ronca és qui s'adorm primer.»
5. «El plat que més t'ha cridat l'atenció en el moment de posar-te a la cua, se l'endurà qui va just davant teu.»
6. «La distància a la porta d'embarcament és inversament proporcional al temps de què es disposa per a no perdre el vol.»
7. «En un vestidor buit, dos individus qualssevol tenen armaris contigus.»
8. «La gent s'especialitza en el camp que menys domina.»

Extret de: Arthur BLOCH, *La llei de Murphy* (traducció)

7 Les anècdotes són fets reals curiosos, sovint tan divertits com els acudits inventats, o fins i tot més per l'espontaneïtat amb què sorgeixen. **Escriu una anècdota** que hagis protagonitzat o que hagi viscut algú pròxim i que hagi nascut a partir d'algun fet relacionat amb el llenguatge (una errada d'expressió o d'impremta, un malentès, per exemple). Extensió: 125-150 mots.

«L'ARBRE DEL MATEMÀTIC QUE MIRA L'INFINIT»: ___ ___.

Els sons vocàlics. Tipus de verbs

UNITAT 2

Quina problemàtica es presenta en arribar a un nou país amb l'objectiu d'aconseguir «una vida millor»?

A Better Life, Chris Weitz, 2011.

2 A

Enfilem l'agulla

Olors i sensacions

En aquesta unitat presentem alguns autors catalans nascuts fora de la nostra àrea lingüística. El text inicial pertany a una autora revelació: Najat El Hachmi (Nador, Marroc, 1979). Ha obtingut diversos guardons nacionals i internacionals i, amb *La filla estrangera*, el premi Sant Joan. El fragment comença quan dues immigrants preparen el pa i les pastes del Ramadà.

La mare fa *xebbakia* i a mi se m'omplen els narius amb els ingredients de la massa. L'aigua de flor de taronger té una capacitat de penetració que em domina sense que hi pugui fer res. L'ensumo fins que noto aquell estremiment del fons dels narius que se me'n va al cervell i em fa embogir. La canyella la noto més a la llengua, quan l'oloro, que em va més a la gola que al cap, seca. L'anís se m'escampa pertot arreu d'una manera més suau però persistent. Fins i tot la imperceptible olor del sèsam torrat i molt m'arriba i em fa salivejar. Tot em fa venir salivera, excitació, gairebé soc capaç d'orgasmar amb aquestes aromes. Una exageració, és clar. Sovint em pregunto si no deu ser que tinc els sentits histèrics. [...]

Quan feia poc temps que vivíem aquí, aquests productes eren molt difícils d'obtenir, impossible si no era perquè algú venia del poble i els avis ens els enviaven a través de tal persona, juntament amb una cinta de casset on gravaven les veus [...]. A més, teníem un problema important: que no sabíem com es deien les coses, i fins ara no hi ha hagut cap diccionari de la llengua de la mare a la llengua d'aquí. Ni a cap altra llengua del món, que jo sàpiga. Com el farien, si la seva llengua només vola per l'aire i només ha quedat fixada en la pell de les dones? Un diccionari en casset, hauria de ser. [...] Jo, en aquells temps, era ocurrent i creativa i, en veure que a la mare li faltaven tants ingredients per cuinar com feia abans del nostre trasllat, vaig pensar agafar una mostra de cada espècie que teníem i dur-la a l'herbolari de la plaça del Pes. Me la posava al palmell de la mà, hi tancava els dits al damunt per no perdre-la i corria cap a la botiga. En entrar obria la mà i preguntava: això com es diu? Així vam anar completant el nostre propi diccionari: comí, cúrcuma, canyella, gingebre, pebre negre, pebre verd, safrà.

Ara les espècies que jo mateixa vaig ajudar a rescatar de l'oblit semàntic se'm giren en contra. Olorar els ingredients de la *xebbakia* em fa venir una gana incontrolable. [...] Se'm fa tan insuportable la temptació que decideixo deixar la mare amb la feina i li dic que he de sortir un moment. No té ni temps de preguntar-me res perquè jo ja soc fora i corro amb totes les forces. [...] Corro tant com puc fins que em sento del tot esgotada. Llavors aspiro la pudor de purins dels camps i em noto menys estimulada.

L'aspiro tant, aquesta acritud* dels pixats de porcs, que el cor comença a bategar-me amb menys intensitat. Em quedo aquí, aturada al començament de la carretera. Una carretera de voral* tan estret que, quan hi caminàvem, la meva mare i jo, per anar a la granja de conills, ho havíem de fer l'una darrere l'altra. [...] Caminant per aquella carretera, de tant en tant se sentia el gruny mig humà de les truges*. Just abans d'entrar al poble, trencàvem per un camí de terra que a la primavera estava voltat de ginesta i **gallarets**[1]. Els mateixos gallarets que s'escampaven pels camps del voltant de la casa «d'allà baix» totes les primaveres. ¿Hi devia pensar, en aquestes coses, la mare quan compassava el pas cadenciós que duia les seves formes ondulades cap a la nau on l'esperaven centenars de conills i els seus excrements per treure? ¿L'alleujava* veure els gallarets aquí, donat que des que havíem arribat ella ja no podia viure una primavera a «casa seva», l'única època de l'any en què el seu paisatge original verdejava i no era un assedegat conjunt de diferents tons de l'ocre? No ho sé, perquè la meva mare i jo no en parlem mai, de l'enyor, i perquè llavors encara no teníem assegurada la supervivència. La nostra sort, la meva sort, és que la mare sempre ha tingut una capacitat de treball inesgotable. [...] Quan arribava a la granja de conills, s'apujava la faldilla del vestit, *abhruar* (també és una paraula tan específica per descriure aquesta part més llarga de la roba, que penja i a vegades s'arrossega, que no puc deixar de sentir que traeixo la realitat si no la dic en la llengua de la mare), se l'agafava al cinturó de cordó i així tenia les cames lliures de genolls en avall. Seguia fidel a la seva vestimenta tradicional encara que fóssim en terra de cristians. [...] No es posava guants, la mare, i només arribar a l'enorme sala plena de gàbies on els conills feien un soroll somort* engrapava la pala i començava a buidar els excrements que s'havien anat acumulant a terra, arran de paret. No ho diríeu mai, que aquests animals de tacte suau i caràcter més aviat tímid tinguin la capacitat de produir tanta merda.

Soc davant la carretera, i en recordar la mare anant a la granja també penso que l'he deixada sola amb tota la feina. Una feina que li escau*, per més que la seva versatilitat* ens hagi salvat de la més absoluta misèria, com un home, que dirien al nostre poble d'origen, com si això fos un gran compliment. [...] De tota manera, fer *xebbakia* i pa i feines a dins de les cases li escau més a la mare que no pas encarregar-se de les granges dels cristians.

Najat El Hachmi, *La filla estrangera* (adaptació)

1 **gallaret**: rosella (*Papaver rhoeas*), planta de flors vermelles que es fa als camps.

«FINS I TOT AQUEST SIGNE D'ACCENTUACIÓ POT TENIR UN MAL DIA!»: _ _ _ _ _ _ _ _ _ _ _ _.

COMPRENSIÓ

1. Digues el **significat** de les paraules amb asterisc: *acritud* (lín. 42), *voral* (lín. 45), *truja* (lín. 48), *alleujar* (lín. 56), *somort* (lín. 73), *escaure* (lín. 80) i *versatilitat* (lín. 80).

2. Contesta si és **veritable** o **fals** (sempre segons la informació que s'ofereix en el fragment):
   a) En el fragment apareixen dues dones i qui narra és la mare de l'altra.
   b) La filla ja va néixer al país d'adopció.
   c) Mare i filla van trencar amb els seus parents en arribar aquí.
   d) La mare continua més lligada que la filla als costums de la seva terra natal.
   e) La terra d'on provenen és sempre verda.
   f) Entre elles dues no parlen gairebé mai de com troben a faltar la seva terra.
   g) Al país d'acollida, la vida els hauria anat millor si no s'haguessin especialitzat tant des d'un punt de vista laboral.

3. **Cohesió lèxica.** Centra't en el quart paràgraf i digues amb quin terme (o termes) s'anomenen en el text la terra d'acollida i la terra natal.

Najat El Hachmi.

LÈXIC I SEMÀNTICA

4. Detecta en els paràgrafs primer i quart algun mot o expressió que faci referència a cadascun dels **cinc sentits**.

5. En algun moment l'autora provoca un contrast de **registres**. Localitza'n algun exemple en el paràgraf quart. Quina creus que és la intenció de l'autora?

6. Completa el quadre amb mots relacionats amb els sentits (amb paraules del text o de collita pròpia); posa-hi els més precisos que trobis. Com a model, et donem emplenat el sentit de la vista.

Nom del sentit	Adjectius relacionats amb el sentit	Verb corresponent	Òrgan
vista	*cansada, miop, aguda...*	*veure / veure-hi / mirar*	*ulls*
oïda			
olfacte			
gust			
tacte			

7. La **sinestèsia** és un recurs literari que consisteix a barrejar sentits, com quan parlem d'*una melodia dolça*. Busca'n, fora del text, algun exemple.

«Jo lamento molt el menyspreu per la llengua. És dramàtic, perquè qui no sap fer una oració amb relatiu no pot tenir un pensament complex.»
Josep-Maria Terricabras

8 Classifica les paraules segons que es relacionin amb una **percepció olfactiva** agradable o desagradable.

- una olor
- la ferum
- la bravada
- la fragància
- el tuf
- el perfum
- una aroma
- la pudor

9 Canvia el segment subratllat per un altre de **sinònim** que contingui un **derivat** del mot en negreta.

Model: *Aquest guisat té molt bon **gust**. → Aquest guisat és molt gustós.*

a) El líquid fa molta **pudor**.
b) Aquest pastisset té molt **sabor**.
c) L'àvia és **sorda** de l'orella dreta.
d) Té els nervis del **tacte** atrofiats.
e) Els camps ja comencen a veure's **verds**.
f) El vestit és d'un color que tira a **gris**.
g) Ja han pintat de **blanc** les parets de l'habitació.
h) Es va tornar **roig** de vergonya.
i) A les golfes, els papers s'hi han anat fent **grocs**.

«La gramàtica governa àdhuc els reis / i els obliga, fins i tot, a obeir les seves lleis.»
MOLIÈRE

AMPLIACIÓ

10 Llegeix el fragment de l'escriptora i traductora txeca Monika Zgustova i fes el següent:

a) Busca-hi expressions relatives als sentits de l'olfacte, del gust i de l'oïda.
b) Torna a escriure el primer paràgraf començant-lo així: *Estava entaulada prenent xocolata calenta.*

Monika Zgustova, autora d'una colla de novel·les originals en català i traductora del txec i del rus al català.

Esperant a l'estació de Praga

Estic entaulada prenent xocolata calenta. L'escalfor s'escampa pel meu cos fins a la punta dels dits. Fa temps que he après a ignorar el fum dels cigarrets i dels cigars, i la fortor dels cendrers plens a vessar dels cafès de Praga. La qüestió del soroll és més complicada: els homes asseguts amb una gerra de cervesa als dits criden a cor què vols; només les parelles d'enamorats que s'acomiaden aquí al cafè parlen en veu baixa. I, a més de tot aquest batibull, el ritme boig de la música; de fet, el soroll del cafè és tan eixordador que no reconec quina peça toquen. Torno a assaborir el bàlsam càlid i una mica amarg. [...]

El local del cafè és ple com el meu cap, on pul·lulen fragments de frases i bocins de sensacions i trossos d'imatges de les escenes de la meva vida, que ha durat mil anys, i dues jovenetes s'asseuen a la meva taula i, xiu-xiu, es parlen a cau d'orella. [...]

Aquest cafè modernista és tan vell com jo mateixa. Potser de tots dos jo soc la més gran. Mosaics gegantins de l'època de la secessió, que representen flors i noies. Aquesta jove d'aquí és la primavera. I aquella? No, no és l'estiu: és Fedra. Fedra, l'enigmàtica, com aquestes dues jovenetes, com ho havia estat jo, i com potser encara ho soc per a aquell home que, mentre jo, en un cafè, paladejo una xocolata calenta i escolto els secrets del cor de dues noies, es precipita cap a Praga en un tren exprés.

Monika ZGUSTOVA, *La dona silenciosa*

«MENTRE EL SALAVEN I ASSECAVEN, AQUEST PEIX NO VA DIR RES»: _ _ _ _ _ _ _ _.

11 En el text de Najat El Hachmi s'esmenten les *truges* (lín. 48), nom amb què es designen els porcs femella. Per a algunes espècies, el nom del mascle i el de la femella tenen arrels diferents (*porc – truja*, *home – dona*), fenomen que també té lloc amb alguns termes de parentiu. Digues el **femení** o el **masculí** dels mots següents:

a) ovella
b) cabra
c) cavall
d) ase
e) bou
f) marit
g) amo
h) oncle

12 En el fragment inicial es diu que les truges *grunyen* (lín. 48; també es podria haver dit que *gardenyen* o *esgüellen*). Relaciona el nom dels animals amb el verb o locució verbal que designa el **crit** que produeixen (n'hi ha un de sobrer, però: a quina bestiola correspon?).

a) cavall	1. udolar
b) cadernera, rossinyol	2. parrupar o parrupejar
c) tórtora, colom	3. renillar
d) llop	4. cantar o fer quiquiriquic
e) granota	5. refilar
f) cabra	6. xiular
g) gall	7. bordar
h) gat	8. raucar
i) bou	9. belar
j) serp	10. bramular
	11. miolar

13 Omple cada buit amb el mot que hi manca, que és:

- Una **preposició**:
  a) Aquesta botifarra té gust ___ xoriço.
  b) ___ entrar a ca l'herbolari, obria la mà i preguntava: aquesta espècie com es diu?
  c) Aquella coca feia olor ___ anís.
  d) Sentíeu pudor ___ escombraries i ___ purins?
- Un **article definit** (si cal, contraient-lo amb una preposició):
  e) Es despulla molt fàcilment: no té cap sentit de ___ pudor.
  f) Els marroquins fan servir molt ___ pebre per a cuinar.
  g) El seu nas té ___ narius més grossos de la família, que ja és dir!
  h) ___ costums culinaris dels països mediterranis presenten molts trets en comú.
- Un **adjectiu** (primer terme d'una **comparació**):
  i) Aquesta beguda és ___ com la mel.
  j) La cova era ___ com una gola de llop.
  k) Aquell seient era molt còmode. Era ___ com una esponja.
  l) L'Eloi s'ha posat ___ com un perdigot.
  m) Té un caràcter ___ com el paper de vidre.
  n) El seu avi és ___ com una campana.
  o) Aquesta ametlla és ___ com el fel.
  p) Porta les mans ___ com el sutge.
  q) Té una pell ___ com el vellut.

14 **Tradueix** del castellà al català:

a) «Este campo huele mal. ¿Será el estiércol que le han echado los campesinos?»
b) «Para comer, quizás te apetezca una trucha.»
c) «Prefiero un yogur con sabor a fresa que uno natural.»
d) «Solo con ver aquel pastel, se me ha hecho la boca agua.»
e) «Con tanta luz, habéis quedado deslumbrados y no veis, ¿verdad?»

«En castellà les catalanades ofenen, mentre que en català les castellanades ens les hem de menjar amb patates.»
Ramon Solsona

EXPRESSIÓ

15 En el text apareix l'expressió «casa seva» (lín. 58), en què el **possessiu** va després del nom (i no abans, que és la seva posició típica). Fes una frase amb cadascuna de les expressions següents, però **canviant el nombre del possessiu** (mantenint-ne la persona, l'has de posar en singular).

Model: *en benefici vostre* (2a pl.) → *Aquest esforç redundarà en benefici teu* (2a sing.)

a) a càrrec nostre
b) a favor vostre
c) a parer nostre
d) de part vostra
e) en honor vostre
f) per culpa nostra
g) en nom vostre

16 De les llengües esmentades més avall, quina deu parlar la mare de la narradora (pàg. 54)? Què fa pensar que té un **ús social anòmal**? Quina de les llengües llistades és artificial? De quins continents són naturals les llengües restants? Quines dues són romàniques? Quina és autòctona a Catalunya?

a) tagal
b) quítxua
c) xinès mandarí
d) amazic
e) esperanto
f) aimara
g) retoromànic
h) occità
i) samoà
j) gaèlic

17 Escriu a l'autora, Najat El Hachmi, per mitjà d'un **comentari** en un fòrum que reculli les teves impressions sobre el fragment de la pàg. 54 que has llegit. Extensió: aproximadament, 100 mots.

18 Escriu una **narració** en què et posis dins la pell d'una emigrant que ha de sortir del seu país a la recerca de feina o de menjar (podria ser una de les nostres compatriotes). Extensió: aproximadament, 150 mots.

19 Imagina't ara que ets un refugiat o refugiada que es veu obligat a emigrar a la recerca de pau. Explica les vicissituds que passes en un **diari personal**. Extensió: aproximadament, 150 mots.

«TÉ UN BON RECORD DE QUAN VA BATRE EL MILLOR RESULTAT»: _ _ _ _ _ _ _.

Els sons vocàlics

En aquest apartat veurem algunes nocions bàsiques de fonètica i ens centrarem en els sons vocàlics.

1. La caracterització dels sons vocàlics

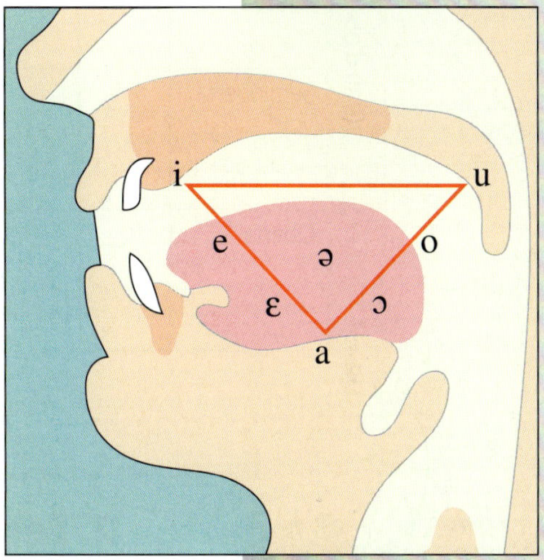

En l'oració, la unitat mínima sense significat és el **fonema**. És una abstracció que es fa realitat en els **sons** concrets de la parla (i s'escriu mitjançant grafies o lletres). Per a transcriure fonemes i sons, es recorre als símbols de l'alfabet fonètic internacional, que escrivim entre barres obliqües en cas de transcriure fonemes i, entre claudàtors, si volem transcriure sons. Així, tenim el so [d] en el mot *dard* (precedit de pausa), però [ð] en *moda* (que sona com *mother*, de l'anglès), [t] en *dard* i [Ø] (consonant muda) en *profund*. Però cal dir que el parlant associa aquests quatre casos a una mateixa unitat abstracta: el fonema /d/. De les variants contextuals (quatre en aquest cas), se'n diuen **al·lòfons**. Així, en context de final absolut de mot, una *-d* sona [t]: *dard* acaba com *art*, amb [t], malgrat que la grafia reflecteix fonemes diferents (com es veu en els derivats *dardada* 'ferida de dard' i *artístic*).

Cada llengua estableix el seu repertori de fonemes a partir de la capacitat d'aquests de distingir paraules. En català –i ens centrem en les vocals– tenim la *e* oberta, /ɛ/ (*deu*, *desprès* 'participi de *desprendre*'), que distingim de la *e* tancada, /e/ (*Déu*, *després* 'més tard'); igualment, oposem paraules amb *o* oberta, /ɔ/ (*son*, *llavors* 'aleshores'), i paraules amb *o* tancada, /o/ (*són*, *llavors* 'sements'). En català, doncs, tenim quatre fonemes vocàlics on en castellà en tenen dos (i és que en aquesta darrera llengua no hi ha mots que es distingeixin entre ells per una manera diferent de pronunciar les *es* o les *os*). En total, doncs, i afegint-hi la vocal neutra, tenim els vuit sons vocàlics del quadre 1 (pàg. 60).

La vocal és el nucli de la síl·laba. Si rep l'èmfasi accentual, és tònica; en cas contrari, àtona. No tots els sons vocàlics apareixen indistintament en posició àtona i tònica. En català oriental, per exemple, en posició àtona tan sols apareixen els sons [ə], [i] i [u], com veus en els quadres de la pàg. 60.

La vocal neutra [ə], pròpia del català oriental (vegeu el mapa de la pàg. 166), és la vocal amb què es pronuncien els sons [a], [ɛ] i [e] quan esdevenen àtons, de manera que *pelet* (diminutiu de *pèl*) sona igual que *palet* (diminutiu de *pal*), i el diminutiu *Peret* (de *Pere*, amb *e* tancada) sona igual que *paret*. Paral·lelament, els sons [ɔ], [o] i [u] coincideixen en [u] en posició àtona: *pontet* (de *pont*, amb *o* oberta) es diu igual que *puntet* (de *punt*), i *follet* (de *foll*, amb *o* tancada) sona igual que *fullet* (diminutiu de *full*). Del fenomen pel qual dos o més fonemes perden la capacitat distintiva per motius contextuals, en diem **neutralització**. És una característica de tots els parlars catalans tenir un vocalisme àton més reduït que el tònic (en els parlars occidentals també es produeix neutralització: [ɛ] i [e] es neutralitzen en [e] en posició àtona, mentre que [ɔ] i [o] es neutralitzen en [o] en posició àtona).

La caracterització de les vuit vocals catalanes és més simple que la de les consonants. Com que totes són sonores (és a dir, es pronuncien totes fent vibrar les cordes vocals), n'hi ha prou de tenir en compte el **grau d'obertura** i el **grau d'avançament** (o lloc d'articulació).

Tenim el mateix nombre de sons vocàlics que de vocals gràfiques?

La pregunta del milió

Quina diferència hi ha entre *bucal* i *vocal*?

Quadre 1

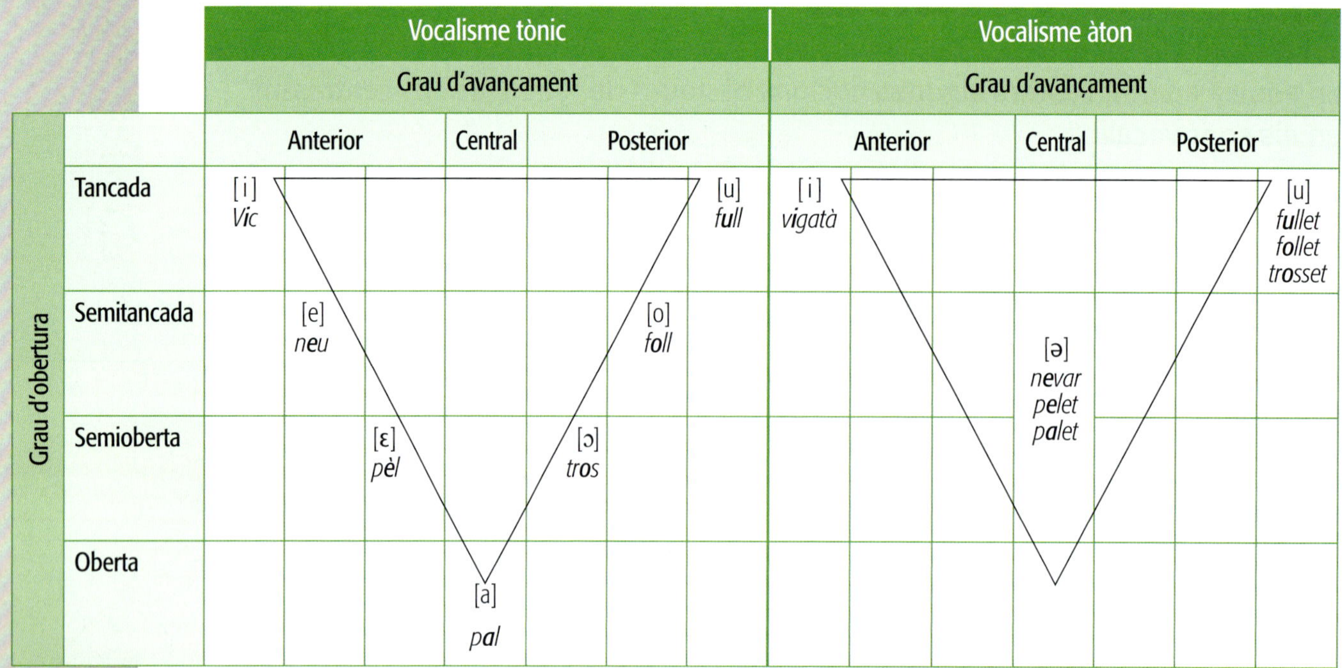

És possible escriure un text llarg amb una sola vocal gràfica? Quina o quines? I escriure'n un sense fer servir una de les cinc vocals gràfiques? Quina? Raona la resposta.

2. Fenòmens de contacte vocàlic

2.1. Contacte de vocals dins d'un mateix mot

Observa com es divideixen en síl·labes aquests mots i justifica per què és així:

(1) *pla/ent*

(2) *des/mai, he/reu*

(3) *a) quan/ti/tat, se/güent*
b) des/ma/iat; he/re/uet
c) ian/qui, hie/na

(4) *a) guai/tar*
b) fe/ieu

En aquests casos, tenim dues –o més– vocals gràfiques de costat. En **1** ens trobem davant un hiat, és a dir, les dues vocals gràfiques es llegeixen amb so vocàlic i, per tant, el mot *plaent* té dues síl·labes, articulades cadascuna entorn d'una vocal, que n'és el nucli sil·làbic. En canvi, en els altres exemples hi ha grups de vocals que es pronuncien dins d'una mateixa síl·laba o cop de veu, constituint un diftong (en **2** i **3**) o bé un triftong (en **4**), segons que siguin dues o tres les vocals gràfiques dites en una sola glopada d'aire. I és que, a diferència dels altres fonemes vocàlics, els fonemes /i/ i /u/, els més tancats, tenen la particularitat de poder fer tant de nucli com de marge sil·làbic. En el primer cas, es realitzen [i] i [u], amb so vocàlic (*vi; tu*); en el segon cas, es realitzen [j] i [w], considerats sons consonàntics. Ho veurem, esquemàticament, en el quadre 2, de la pàgina següent.

«DETERMINANT POSSESSIU QUE GAUDEIX DE BONA SALUT»: ___ ___.

Quadre 2

Fonema	Al·lòfons	Exemples
/i/	[i]	*vi/la, ra/ïm, ve/í*
	[j]	*des/mai, des/ma/iat; guai/tar*
/u/	[u]	*su/ro, pe/üc, nin/gú*
	[w]	*he/reu, he/re/uet; fè/ieu*

Perquè hi hagi un **diftong**, cal que apareguin els al·lòfons [j] i [w] en contacte amb un so vocàlic. Si aquest es troba en primer lloc, parlem de diftong **decreixent** (anomenat així perquè decreix l'obertura del canal de l'aire en passar d'un so més o menys obert a un de més tancat): *ram/**poi**/na, **gau**/di* (i els exemples de **2**). En canvi, si el so vocàlic apareix en segon lloc, tenim un diftong **creixent** (creix l'obertura del canal d'aire en passar d'un so tancat a un de més obert): ***ia**/**ia**, Mi/re/**ia*** (i els exemples de **3**). Contràriament al que ocorre en castellà, en català és més freqüent el diftong decreixent que no pas el creixent.

Digues quin tipus de diftongs hi ha a *En Pau feia ioga a les quatre.*

Quadre 3

Diftong	Triftong	Hiat
Decreixent vocal + *i*, *u* àtones *peu, bei/na*		*pe/üc, ve/ï/na, ve/í, a/gra/ir*
Creixent *i*, *u* àtones + vocal, però només és correcte en els tres casos següents:		
Cas 1: *i*, *u* àtones entre vocals *no/ia, fe/ia, re/ien; ca/uen, di/uen*	*dè/ieu, cre/ueu*	*co/i/a, o/be/i/a*
Cas 2: *i*, *u* àtones a principi de mot (començat, o no, amb *h* muda) *io/ga, hie/na, ian/qui; ua/di*	*hioi/de*	*vi/at/ge, Vi/e/na,*
Cas 3: *qu* [kw] + vocal; o bé *gu* [gw] + vocal *qua/tre, quo/ta, fre/qüent; gua/nya/dor, se/güent, pin/güí*	*o/bli/qüeu, Pa/ra/guai*	*cu/o/ta*

Només la separació correcta en síl·labes ens permetrà entendre per què mots com *supèrbia, història, àrdua, ràdio, sèrie*, etc., són esdrúixols (i, per tant, s'accentuen gràficament), ja que el conjunt format per consonant + *i*/*u* + vocal de la terminació d'aquests mots no constitueix cap dels tres casos anteriors de diftong creixent.

En el cas dels triftongs, rars en català, els sons [j] i [w] han de flanquejar el so vocàlic nuclear (com per exemple en *guai/tar* o *fè/ieu*). Es podria dir que el triftong és la superposició d'un diftong creixent i un de decreixent. No s'ha de confondre el triftong amb el cas **1** de diftong creixent[1].

1. Tradicionalment, es considera que els al·lòfons asil·làbics de /i/, /u/ poden ser:
   a) les **semivocals** [j] i [w], pròpies dels diftongs decreixents (*rei/na; rau/car*);
   b) la **semiconsonant** [w], que es troba en diftongs creixents constituïts per *qu-* [kw] o *gu-* [gw] més vocal: (*quo/ta; se/güent*).

   En canvi, les *i*, *u* de casos com els de *io/gurt, ua/di* o *je/ia, ri/ua/da* corresponen a sons clarament més consonàntics. Com que les diferències entre aquests tres casos són molt subtils, en tots utilitzarem els símbols [j] i [w] i, des del punt de vista didàctic, en tots tres considerarem que es forma un diftong.

Què dius, ara!

Sabies que durant la pubertat es modifiquen les cordes vocals en els nois i en les noies? Les masculines es fan un centímetre més llargues, mentre que les femenines creixen només tres o quatre mil·límetres. Això fa que el canvi de veu sigui més notable en els nois, amb una extensió vocal més àmplia i aproximadament una octava més baixa. En les noies, l'augment de l'extensió vocal és més petita i baixa només un terç d'octava.

«SEGONS ELS ANGLESOS, AQUESTA TORRE AMB LLANTERNA AL CIM SEMPRE QUEDA LLUNY»: ___ ___ ___.

2.2. Contacte entre vocals de mots consecutius

Quan parlem no diem paraules aïllades, sinó cadenes de sons més o menys llargues. El contacte del so final d'un mot amb l'inicial del mot següent dona lloc a fenòmens curiosos estudiats per la fonètica sintàctica.

Pronuncia aquests grups fònics i observa què passa en la zona de contacte entre paraules:

(5) *a*) *pa integral* [pàjntəɣɾál]
b) *rei elegant* [rèjələɣán]

(6) *farà hípica* [fəɾàípikə]

(7) *a*) *Una aixeta oberta* [ùnəʃɛ́tuβɛ́ɾtə]
b) *Quina hora és?* [kinɔ̀ɾés]

(8) *porta ulleres* [pɔ̀ɾtəwʎéɾəs] / [pɔ̀ɾtuʎéɾəs]

«L'eufemisme és ja, en si, una mentida.»
Joan Fuster

Així, en produir-se el contacte de vocals pertanyents a mots consecutius, es poden produir fenòmens de redistribució sil·làbica, tendents a reduir el nombre de síl·labes, com és el cas de la sinalefa i l'elisió.

En els grups de **5** tenim un exemple de **sinalefa** o diftong sintàctic. Aquest diftong és decreixent en **5*a*** (*pain/te/gral*) i creixent en **5*b*** (*re/ie/le/gant*). En canvi, en **6** apareix un hiat perquè el so [i] inicial és tònic (recorda que, per a formar diftong, és condició sine qua non que tinguem *i*, *u* àtones).

D'altra banda, en els exemples de **7** es produeix un nou fenomen: l'**elisió** o desaparició d'una de les vocals en contacte. En **7*a***, com que es tracta de la mateixa vocal (dues *as*), hi ha la simple fusió dels dos sons (dues vocals neutres en català oriental). En **7*b***, en canvi, desapareix la *a* (vocal neutra). La presència constant d'elisions (més freqüents com més informal és el registre) és un dels trets idiosincràtics de la fonètica catalana. En casos com **8** és possible tant l'elisió com la sinalefa. En una elocució culta convindria decantar-se per la sinalefa, ja que aconseguim els mateixos avantatges que amb l'elisió (és a dir, més agilitat en estalviar-nos una síl·laba), però sense perdre-hi en claredat.

2.3. La representació gràfica de l'elisió vocàlica

La pregunta del milió

L'escriptor valencià Francesc Bodí té una novel·la titulada *L'infidel*. A què creus que fa al·lusió el títol: a un home o a una dona?

Encara que la majoria d'elisions no s'indiquen gràficament (d'aquesta manera, per exemple, *que es veu* i *trenta anys* es pronuncien «quesveu» i «trentanys»), n'hi ha algunes que es marquen amb la **contracció** (*a* + *el* → *al*, *de* + *els* → *dels*, etc.) o per mitjà de **l'apòstrof** (*la* + *amanida* → *l'amanida*).

No s'apostrofen les formes *la*, *na* seguides d'un mot començat amb [i], [u] àtones, ja que es recomana de fer-hi sinalefa: *la història*, *la universitat*; *la hi dona*; *na Irene*; *la untava* (= untava la llesca), *la hissava* (= hissava la bandera), etc., enfront de *l'hípica*, *l'ungla*; *n'Úrsula*; *l'unta*, *l'hissa*, etc. Recorda també que, en cas que es pugui fer ús tant de la contracció com de l'apòstrof, optarem per aquest últim: *de* + *el* + *estadi* → *de l'estadi* (NO: ~~*del*~~ *estadi*). I és que la consonant de l'article forma síl·laba amb la vocal següent (no amb l'anterior). Per això mateix, també escriurem *se n'anava*, i no pas ~~*s'en anava*~~ ni ~~*se'n anava*~~.

«NO LI AGRADEN EN ABSOLUT, AQUESTS FRAGMENTS DE CROMOSOMA»: _ _ _ _.

1 **Intercanvia** (o commuta) el so vocàlic d'aquests mots i **obtén mots nous** (les formes gràfiques que s'obtenen poden canviar força):

Model:

[a]	[ɛ] e oberta	[e] e tancada	[ə] vocal neutra (cat. oriental)	[i]	[ɔ] o oberta	[o] o tancada	[u]
t'ha	*te* (infusió)	*té* (v. *tenir*)	*te* (pronom: *te la dono*)	–	*to* (musical)	–	*tu* (pronom)

- tens
- ras
- boc ('mascle de la cabra')
- pors
- esquela
- sic (llatinisme: 'així')

«El que s'ha de fer amb els immigrants és tractar-los bé i, per començar a tractar-los bé, cal parlar-los en català, ensenyar-los el català i integrar-los a la vida catalana.»

Joan Triadú

2 **Separa en síl·labes** les paraules destacades.

> Magdalena **visqué** a Faió fins als **setze anys** com un petit animal **salvatge**, ple de força i de vitalitat, trescant, amb els **peus** nus, per les senderes i els **corriols** de cabres. A vegades, **baixava** al **riu** i es **banyava**. Per un **atzar** miraculós, l'avi de Tomàs, que feia, per **compte** d'una **companyia** estrangera, uns estudis del traçat d'un canal que **hauria** de regar les **assedegades comarques** de les **Garrigues**, sojornà a Faió. A l'hostal **feu coneixença** amb la petita Magdalena, que hi anava regularment a vendre **formatge** d'**ovella**.
>
> Joan Perucho, «El captiveri». A: *Llibre de cavalleries*

3 Subratlla i indica quins **diftongs** creixents (DC), quins diftongs decreixents (DD) i quins **hiats** (H) hi ha en els mots de les oracions següents:

a) L'aigua feia balancejar el iot de la tia Eufràsia.
b) «El següent ianqui!», deia la vídua amb joia.
c) La iaia reia quan jo duia aquells guants de cuiro.
d) La hiena i la iguana seien plegades en companyia d'un lleial pingüí.
e) Com a conseqüència de la caiguda de natges, la Mireia no seia enlloc.
f) Al trau de l'Eulàlia, Mariona, hi has de posar iode amb una certa freqüència.
g) –Quantes iardes que recorreguéreu! –responia somrient la Laia.
h) En Dalmau feia ioga fins a quarts de dues, i no queia de son!

Què dius, ara!

L'alfabet o abecedari català consta de vint-i-sis lletres, de la *a* a la *zeta*. Observa que la paraula *alfabet* ve del nom de les dues primeres lletres gregues, l'alfa i la beta, mentre que la paraula *abecedari* és formada a partir dels noms de les quatre primeres lletres *a*, *be*, *ce* i *de*. En català també tenim el mot *beceroles* (o *abeceroles*), derivat de *abecé*, que tant significa la sèrie ordenada de les lletres d'una llengua, és a dir, l'alfabet, com el primer llibre on s'aprèn a llegir i a confegir les lletres, com també els primers rudiments d'una ciència o d'un art. D'altra banda, les llengües semítiques, com l'hebreu i l'àrab, tenen característiques semblants pel que fa a l'alfabet (que en àrab s'anomena *alifat*, de *àlif*, el nom de la primera lletra). [CRF]

«NO L'ENCERTA PAS!, I ACABA COM A FOGUERA VALENCIANA»: _ _ _ _ _.

4 **Separa en síl·labes** els mots següents indicant-ne els **diftongs** o els **hiats**, com es mostra en els models, i posa-hi **accent gràfic** o **dièresi**, si cal.

Models:
- *sequencia* → *se-qüèn-ci-a* [wɛ]
- *iodic* → *iò-dic* [jɔ]
- *perdua* → *pèr-du-a* (hiat)

- qualsevol
- iarda
- deien (v.)
- grua
- decauen (v.)
- Maria
- Antonia
- col·legial
- tortuosos
- guineu
- portaveu (n.)
- Suïssa
- quocient
- joia
- cacatua
- continuacio
- Guinea Bissau
- autobiografia
- guardiola
- enrenou

	Mots acabats en diftong decreixent	
	Aguts (sense accent)	Plans (amb accent)
	heroi, cacau	*còncau*
Formes verbals	*cantareu* (futur) *canteu, serviu*	*cantàreu* (passat simple) *cantàveu, servíssiu*

Què dius, ara!

Quan en català fem servir mots d'altres llengües (mots estrangers), manllevem lletres que no usem en mots pròpiament catalans. Les principals són la *k* (ca), la *w* (ve doble) i la *y* (*i* grega), anomenada així perquè correspon a la lletra ípsilon del grec (υ) passada al llatí. Així, per exemple, hem importat *karate* del japonès, *wagnerià* de l'alemany i *whisky* de l'anglès. Val a dir, però, que la *i* grega forma part del dígraf (conjunt de dues lletres que representa un sol fonema) *ny*, que trobem en paraules ben catalanes (*Catalunya*, *muntanya*, *nyap*). En català antic s'utilitzava la *i* grega en els diftongs, com veiem encara en alguns cognoms: Layret, Puyal, Ruyra. Afegim-hi que alguns mots estrangers ja es grafien amb *i* llatina: *ioga*, *iogurt*, etc. [CRF]

5 **Accentua** quan calgui els mots següents:

- acid
- automatic
- avid
- cinema
- circuit
- clarinet
- comic
- cost
- detergent
- emigrant
- exotic
- exuberant
- intrepid
- licit
- logic
- lucid
- merit
- mode
- modern
- notes (nom pl.)
- organ
- paper
- peculiar
- recent
- reticent
- romantic
- solid
- sordid
- supersonic
- titanic
- torrid
- violent

Escrits així (sense accent gràfic), a quina altra llengua creus que pertanyen els mots d'aquest exercici?

«AQUESTA COMPANYIA AMERICANA PRODUEIX UNS FILMS D'ANIMACIÓ DIGITAL QUE FAN ORINAR DE RIURE»: _ _ _ _ _ _.

6 Posa-hi els **accents** gràfics i les **dièresis**.

a) Un permis d'armes sera gratuit a partir de novembre.
b) Les prunes grosses, les figues tendres, les roses d'or, les herbes aquatiques, les plantes en general: un luxe de gitanes, un petit paradis?
c) Elles? Les quatre filles que mon elegant oncle perdra!
d) Si tu passes un examen, ton parent en sortira content.
e) Un circuit de visites? Un centre de vacances? Questions simplement horribles!
f) Perdre un instant de danses fantastiques, magnifiques, magiques?
g) Les passions de l'adolescent? Les terrasses, les ombres...
h) La dent perdra les forces si tu devores un bon cuir de porc?
i) Si tu detestes les arts, les natures mortes, ton avis sera important.
j) L'oncle? Ton gendre? Un duel fascinant, interessant!

Aquestes oracions, a quina altra llengua pertanyerien si hi afegíssim una desena d'accents gràfics?

7 Desplaça la síl·laba tònica de cada mot i obtén-ne un de nou: **accentua**'l gràficament, si cal. Explica'n oralment el significat i la categoria gramatical.

Model: *mato* → *mato* (mot pla, verb, 1a sing. present ind. de *matar*)
→ *mató* (mot agut, nom, 'derivat de la llet')

a) torro
b) escurço
c) pati
d) cantareu
e) angles
f) canvies
g) empres
h) marques
i) compren
j) genis

8 Fes com en l'exercici anterior, però ara desplaça dos cops la síl·laba tònica de cada mot i n'obtindràs dos de nous per a cadascun.

a) copies
b) denuncies
c) amplia
d) contraria
e) sentencies
f) continua
g) perpetues
h) evidencia

9 Digues deu **noms de persona** acabats en *-ia* que siguin esdrúixols. Separa'ls en síl·labes.

Model: *Eugènia* → *Eu/gè/ni/a*.

«Les portes de la gramàtica són aquelles per on s'entra a les altres ciències.»
Miguel de Cervantes

Compara:	
Català	**Castellà**
• *La Maria Antònia llegia la història de la cacatua de Lituània.* • *La Lluïsa sofria cadena perpètua a Romania?*	• *«María Antonia leía la historia de la cacatúa de Lituania.»* • *«¿Luisa sufría cadena perpetua en Rumanía?»*

10 Justifica l'ús (o absència) de l'**accent gràfic** o de la **dièresi** en els mots següents, tot agrupant els casos similars:

a) record / rècord
b) canons / cànons
c) àlbum / volum
d) respon / responia
e) atén / atenia
f) Camerun / Berlín
g) origen / orígens
h) misogin / misògins
i) bilbaí / bilbaïna
j) Maria / Marià / Marian
k) contínua / continua / continuà
l) (jo) agraís / (tu) agraïssis

«AGRUPACIÓ DE CANTAIRES SENSE PROBLEMES CARDIOVASCULARS»: ___ ___.

11 Afegeix-hi les vocals que hi faltin, si cal, amb l'**accent** o la **dièresi**.

a) Enguany hem produ__t més ra__m i, com a conseq___ncia, hem abaixat el preu del vi.
b) Aquesta és una de les lleng__es amb més textos tradu__ts al xin__s, al japon__s i al core__.
c) Hi ha qui conf__n el su__cidi amb un acte hero__c, ple d'hero__citat.
d) Aquests fen__mens antropol__gics no tenen soluci__ de continu__tat malgrat que travessen dinou pa__sos.
e) En aquestes q__estions en Ra__l hi t__ la m__ trencada.
f) Fru__a molt tradu__nt textos de l'hongar__s a l'ucra__n__s.
g) L'hero__na que ha sortit al telenot__cies va n__ixer a Su__ssa i a vint anys ja va començar a rec__rrer el m__n a peu.
h) No us dir__ on __rem nosaltres quan ens heu cridat, per__ jo s__ que s__ on __reu vosaltres: a la secci__ de producci__ atenent el tel__fon m__bil i el correu electr__nic.
i) La ve__na del meu padr__ __s ling__ista.
j) Mentre era a la m__quina de caf__ i em fe__a un tallat desafe__nat, he notat com en Llu__s em mirava de re__ll.

«Quan una persona fa seva la llengua catalana, deixa de ser forastera a Catalunya.»
Joan Tudela

12 Escriu la **forma verbal** escaient dels verbs que estan entre parèntesis, posant-hi l'**accent** o la **dièresi** quan calgui.

a) Aquesta cimera s'ha convocat amb l'objectiu que es (reduir) el nivell de pol·lució de l'atmosfera.
b) Després d'aquesta feta li (atribuir) poders meravellosos i el faran ídol seu.
c) Fent-ho així (reduir) els residus i contribuiríem a la preservació del medi ambient.
d) Escolteu: primer, (traduir) el poema literalment i, després, el poliu.
e) Nosaltres us (agrair) que us endug‌uéssiu els vostres patracols.
f) Aquest matí (succeir) uns fets estranys i han acudit persones molt misterioses.
g) No estic segur que encara ara l'Aina (estudiar) a la universitat.
h) Hem (constituir) una nova colla castellera i ens diem els Minyons d'Ultramort.
i) Com que no hi cabíem, estem (redistribuir) les taules d'una altra manera.
j) No m'agrada que tu sempre (desconfiar) dels clients.
k) Recorda-ho: no (esquiar) mai sense les ulleres de sol posades; et pots cremar els ulls.

13 **Reescriu** les oracions substituint el mot destacat per un de significat similar d'entre els que tens a continuació (n'hi ha un de fals!), parant atenció a l'ús de l'**apòstrof** i la **concordança.**

- anàlisi
- engany
- esquema
- il·lustració
- instrument
- origen
- assumpte
- entendre
- hostal
- immens
- invenció
- univers
- empresa
- espantar
- idea
- immoble
- opinió
- usuari
- enguany
- equip
- ignorància
- inici
- orador

a) L'alberg era la casa més alta de la vila.
b) El parer dels components del grup estranyava tothom.
c) El dibuix de la pàgina dotze reflecteix molt bé el concepte que ens han explicat.
d) He de comprendre la procedència de la mentida.
e) Em feia por reconèixer el desconeixement que teníem del tema.
f) El ponent ha sortit del guió pactat al començament de la sessió.
g) L'invent procedia de l'estudi més ambiciós mai emprès sobre el cosmos.
h) L'ús de l'eina era complex per a la gran majoria de clients de la companyia.

«PER POSTRES, NYAPS DE QUARESMA!»: _ _ _ _ _ _ _ _ _.

Tipus de verbs

En aquesta unitat ens fixarem sobretot en alguns verbs, que es construeixen d'una manera diferent dels verbs castellans corresponents.

1. Verbs pronominals: «A les fosques, no m'hi veig!»

Observa ara què passa quan traiem o posem un pronom als verbs de les oracions següents:

(1) *a) Aquest conserge es queixa per tot.*
b) NO: *Aquest conserge ~~queixa~~ per tot.*

(2) *a) El veïnat s'ocupa del casal.*
b) El veïnat ocupa el casal.

Quina diferència de significat hi ha entre *ocupar-se* i *ocupar* (oracions de **2**)?

Hi ha verbs que van amb un pronom feble que, en contra del que és habitual, té la particularitat de no substituir cap element: es tracta de **verbs pronominals** (van sempre amb un pronom de la mateixa persona i nombre que el seu subjecte). Com veus, en l'oració **1** el verb *queixar-se* és sempre pronominal; en canvi, el verb *ocupar* pot ser pronominal (**2*a***), però també transitiu (fixa't que en **2*b*** té complement directe: *el casal*). El fet de ser pronominal fa que en canviï el significat, però també la construcció: amb ús pronominal (*ocupar-se*), el verb demana un complement de règim verbal (*del casal* en **2*a***).

La pregunta del milió

Explica quina diferència hi ha entre aquestes dues oracions:
a) Se m'escolta, però no se'm sent.
b) Se'm sent, però no se m'escolta.

Digues què passa ara quan afegim el pronom feble *hi* a verbs com *veure* o *sentir*:

(3) *a) No veia els actors.*
b) Després de l'operació de cataractes, hi veia molt millor.
c) A les fosques no m'hi veig.
(NO: *Després de l'operació de cataractes, ~~veia~~ molt millor.*)

(4) *a) No sentia res.*
b) L'avi no hi sentia.
(NO: *L'avi no ~~sentia~~.*)

Amb verbs de sentit com ***veure*** i ***sentir***, la presència del pronom feble *hi* fa que s'usin **intransitivament** (és a dir, sense CD) i es refereixin al fet de tenir funcionals el sentit de la vista (**3*b***) o de l'oïda (**4*b***). D'altra banda, existeix *veure-s'hi* (doblement pronominal: **3*c***), amb el significat de 'tenir prou claror per a veure-hi' (*Surt de la finestra, que em fas ombra i no m'hi veig per a cosir*).

2. Verbs no pronominals: «No riguis i calla!»

Comparant-ho amb el castellà, què observes en la manera de construir el verb *riure*?

(5) *a*) *Tot el dia estàs rient! Para de riure!*
b) *No et riguis del meu dibuix!*

Un cop d'ull al diccionari et mostrarà que hi ha molts verbs que tenen tant usos pronominals, com no pronominals. És el cas de *ocupar / ocupar-se* (oracions de **2**) o de *recordar / recordar-se*: *Recordo bé el viatge, però no em recordo de l'any en què el vam fer*. El verb *riure* és d'aquests: quan diem el tema de què ens burlem el fem servir com a pronominal (**5*b***), però no en casos com **5*a***, a diferència del que fa la llengua castellana.

En castellà hi ha més verbs pronominals que en català (en què diem *Aquest nen no calla: sempre riu*, sense pronoms). Si bé és cert que, entre els verbs de moviment, tenim el pronominal *anar-se'n* (al costat de *anar*, no pas de *anar-~~se~~*), no són pronominals molts altres verbs: diem que algú ***passa*** pel garatge (no *~~es~~ passa pel garatge*) per agafar la moto. Que ***puja*** a la moto (no *~~es~~ puja o ~~es~~ munta a la moto*) i ***ve*** cap a casa (no *~~es~~ ve*), però malauradament la moto ***surt*** de la carretera (no *~~se~~ surt de la carretera*) i ***xoca*** contra una barrera d'un pont (no *~~es~~ xoca*), la qual cedeix i el motorista ***cau*** daltabaix (no *~~es~~ cau*)...

3. Verbs transitius, intransitius o pronominals

3.1. «L'hipnotitzador vol adormir la noia, però ella no s'adorm...»

Observa bé les oracions següents i dedueix quan posem prefix a aquests verbs:

(6) *a*) *L'hipnotitzador adorm la noia.*
b) *La noia s'adorm.*
c) *La noia dorm.*
d) *La noia està adormida.*

(7) *a*) *El pare asseu la nena a la trona.*
b) *La nena s'asseu a la trona.*
c) *La nena seu a la trona.*
d) *La nena està asseguda a la trona.*

(8) *a*) *La infermera ajeu la malalta al llit.*
b) *La malalta s'ajeu al llit.*
c) *La malalta jeu al llit.*
d) *La malalta està ajaguda al llit.*

Què dius, ara!

Tenim unes quantes expressions relacionades d'una manera o d'una altra amb les lletres. Per exemple, *al peu de la lletra*: diem *complir una ordre al peu de la lletra* volent significar «exactament, sense afegir ni treure res»; *a poc a poc i bona lletra* es fa servir per a indicar que les coses s'han de fer amb calma i correctament; *estar a les beceroles* significa, figuradament, «estar al principi d'algun projecte, treball o activitat»; *no saber ni la a* vol dir «no saber ni els rudiments d'una cosa, ser un analfabet». L'expressió *l'any xeix* equival a *mai* (*xeix* és una altra manera d'anomenar la *ics*). Vegeu finalment aquest refrany: *Si les beceroles fossin vi, tothom sabria llegir*. [CRF]

«UNEIXES EN MATRIMONI DOS HABITATGES»: _ _ _ _ _.

Els verbs *dormir*, *seure* i *jeure* ('estar estirat') són intransitius (**6***c*, **7***c* i **8***c*), però amb el prefix *a-* esdevenen transitius (amb el significat de 'fer dormir', 'fer seure' i 'fer jeure': oracions **6***a*, **7***a* i **8***a*). És a dir, diem *La noia dorm*, sense complement directe, però no és correcte *L'hipnotitzador ~~dorm~~ la noia*: cal dir *L'hipnotitzador adorm la noia*. I el seu ús pronominal, que indica procés, també exigeix el prefix (**6***b*, **7***b* i **8***b*) i, doncs, no són correctes *La noia ~~es dorm~~*, *El nen ~~es seu~~ a la trona* o *La malalta ~~es jeu~~ al llit*. Com que aquest procés desemboca en un estat final, farem servir *adormida*, *asseguda* i *ajaguda* no solament amb funció d'atribut (**6***d*, **7***d* i **8***d*), sinó també amb altres funcions:

Quina funció sintàctica exerceixen els participis destacats en les oracions **9-11**?

(9) *a*) *Les noies adormides no s'han adonat de res.*
b) *És perillós que cuinis adormit.*

(10) *a*) *Les nenes assegudes han seguit millor l'espectacle de titelles.*
b) *Josepa, si culls les maduixes asseguda, no tindràs després mal d'esquena.*

(11) *a*) *Als malalts ajaguts, no els podreu donar berenar.*
b) *Si llegeixes ajagut, et faran mal els braços.*

La pregunta del milió

Digues la diferència que hi ha entre:
a) *Podries baixar els auriculars?*
b) *Podries abaixar els auriculars?*

3.2. «Si tu l'apuges, pujarà»

Comença per observar si el comportament dels verbs *pujar* / *apujar* i *baixar* / *abaixar* és com el dels verbs de la secció precedent:

(12) *a*) *En Jan apuja la persiana a les vuit.*
b) *La persiana s'apuja a les vuit.*
c) *La persiana puja.*
d) *La persiana està apujada.*

(13) *a*) *Si abaixes el volum del televisor, podrem enraonar sense cridar.*
b) *El volum s'abaixa quan la gent conversa.*
c) *El volum baixa.*
d) *Si el volum està abaixat, no sentirem bé el telenotícies.*

En les oracions anteriors, podem observar que el funcionament d'aquests verbs segueix unes pautes semblants a *dormir* / *adormir* / *adormir-se*, *seure* / *asseure* / *asseure's*, etc. També coincideixen en el fet que els seus participis poden exercir, a més de la funció d'atribut (**12***d* i **13***d*), altres funcions típiques dels adjectius, com la de complement del nom o la de complement predicatiu: *Tenien les persianes abaixades per a fer veure que feien vacances. Ha passat la moda de dur una mica abaixats els pantalons. Amb el volum abaixat, no sentirem res. Porto abaixats els mitjons.* Tanmateix, hi ha alguna diferència, com per exemple que és possible emprar-los transitivament en casos com *Pujaré el televisor al segon pis* o *Baixarem els esglaons de les escales de dos en dos.* Observa que no és el mateix *Pujaré el televisor* que *Apujaré el televisor*: en el primer exemple, és tot l'aparell que portem amunt (per exemple, traslladant-lo a un pis superior de l'edifici); en el segon exemple, en canvi, l'aparell en conjunt no es belluga del lloc on és, només augmentem els valors d'algun dels seus paràmetres, com el volum, la brillantor o el contrast.

Quadre 1

Verbs que pateixen la interferència del castellà		
Verb	**Exemple** ☺	**Ús incorrecte** ☹
Són intransitius		
Verbs d'àpat: ***esmorzar*** ***dinar*** ***berenar*** ***sopar***	*Sempre menjo galetes per esmorzar.* *Hi ha dies que no sopa.*	⚠ *Sempre ~~esmorzo~~ galetes.* ⚠ *Hi ha dies que no sopa ~~res~~.*
No són pronominals		
caure	*Ha caigut baixant per les escales.*	⚠ *~~S'~~ha caigut...*
marxar	*Encara és aquí, i no vol marxar.*	⚠ *... no vol marxar~~-se~~.*
relliscar	*He relliscat amb una pela de plàtan.*	⚠ *~~M'~~he relliscat...*
pujar	*Puja a la moto i marxem!*	⚠ *Puja~~'t~~ a la moto.*
baixar	*Baixa de la bici!*	⚠ *Baixa~~'t~~ de la bici.*
passar	*Passaré per casa seva a la tarda.* En sentit figurat: *Està enfadat: ja li passarà.*	⚠ *~~Em~~ passaré per casa seva a la tarda.* ⚠ *... ja ~~se~~ li passarà.*
callar	*Calla d'un cop!*	⚠ *Calla~~'t~~ d'un cop!*
riure	*No riguis tant!* Però amb pronom quan diem el tema de la burla: *No et riguis del meu barret!*	⚠ *No ~~et~~ riguis tant!*
Són pronominals i intransitius		
assemblar-se	*Els bessons s'assemblen com dues gotes d'aigua.* *Aquest noi s'assembla molt a la seva àvia.*	⚠ *Els bessons ~~se semblen~~ com...* ⚠ *Aquest noi ~~se sembla~~ molt a...*
anar-se'n	*Encara no se n'ha anat?*	⚠ *... no ~~s'ha anat~~?* (Dos pronoms)
sentir-hi	*Amb l'orella esquerra, no hi sent.*	⚠ *... no ~~sent~~.*
veure-hi	*Amb l'ull dret, hi veig poc.*	⚠ *... dret, ~~veig~~ poc.*
haver-hi	*Si hi hagués hagut pop i rap a taula, hi hauria hagut més alegria.*	⚠ *Si ~~hagués hagut~~ pop i rap a taula, ~~hauria~~ hagut...*

Què dius, ara!

Quan escrivim a mà, amb un llapis, amb un bolígraf o amb una ploma estilogràfica, podem fer-ho en lletres majúscules o en lletres minúscules. Originàriament els alfabets grec i llatí només tenien una única forma per a cada una de les lletres, corresponent a les actuals majúscules. ¿Sabies que l'escriptura en lletra minúscula no va aparèixer fins a l'edat mitjana com a conseqüència de l'evolució experimentada per les majúscules en escriure amb tinta sobre pergamí o paper? [CRF]

«FIGURA GEOMÈTRICA REPLETA DE NAUS INDUSTRIALS»: _ _ _ _ _ _ _ _.

Verb	Exemple ☺	Ús incorrecte ☹
	Són pronominals o transitius	
entrenar-se	*Ens entrenem el dissabte al matí.*	⚠ *~~Entrenem~~ el dissabte...*
espavilar-se	*Espavila't! Ja cal que t'espavilis si vols fer res de profit.*	⚠ *~~Espavila~~! Ja cal que ~~espavilis~~ si...*
despertar-se	*Es desperta d'un son molt profund, oi?*	⚠ *~~Desperta~~ d'un son molt profund, oi?*
aprimar-se 'tornar-se prim'	*Amb aquesta dieta m'he aprimat sis quilos.*	⚠ *... ~~he aprimat~~ sis quilos.*
engreixar-se 'tornar-se gras'	*Si menges tants dolços, t'engreixaràs.*	⚠ *Si menges dolços, ~~engreixaràs~~.*

transitius en *Entrenem els cadets. Espavileu el noi, que està molt encantat. Desperteu la canalla! He aprimat el llistó de fusta. Has engreixat les truges?*

Verb	Exemple ☺	Ús incorrecte ☹
[amb prefix *a*-]	**Ús pronominal, reflexiu, impersonal...**	
adormir-se	*El nen s'ha adormit durant el trajecte.*	⚠ *El nen s'ha ~~dormit~~...*
asseure's	*Asseu-te aquí una estona, noia.*	⚠ *~~Seu~~-te aquí... (Seu aquí...)*
NO: *~~dormir-se~~*, *~~seure's~~*	**Ús transitiu**	
	He adormit el pacient.	⚠ *He ~~dormit~~ el pacient.*
	Asseiem el nen a la trona.	⚠ *~~Seiem~~ el nen a la trona.*
[amb prefix *a*-]	**Amb pronom**	
apujar-se *abaixar-se*	*S'ha apujat els pantalons, que li queien.* *Abaixa't les màniques de la camisa.*	⚠ *S'ha ~~pujat~~ els pantalons...* ⚠ *~~Baixat't~~ les màniques...*
NO: *~~pujar-se~~*, *~~baixar-se~~*	**Ús transitiu**	
	Apujo la persiana perquè ens entri més claror?	⚠ *~~Pujo~~ la persiana perquè ens entri...?*
	Abaixa els braços!	⚠ *~~Baixa~~ els braços!*

Nota 1:
Però són transitius ***pujar*** i ***baixar*** amb un sentit diferent: *Pujo la persiana* voldria dir, per exemple, que m'enduc la persiana a un pis superior; i amb l'oració *Baixa la ràdio!* demanaríem de dur l'aparell al soterrani, posem per cas. Tanmateix es diu *baixar / pujar les escales*. En canvi, **quan *apugem* (o *abaixem*) un objecte, aquest no es mou de cap lloc**, sinó que el que va amunt (o avall) tan sols n'és una part o paràmetre (per exemple, el nivell de les làmines de la persiana o el volum de la ràdio).

Observem el procés:

Ús transitiu	Ús pronominal	*estar* + atribut	Ús intransitiu
El pare adorm el nen.	→ *El nen s'adorm.*	→ *El nen està adormit.*	= *El nen dorm.*
El pare asseu el nen a la trona.	→ *El nen s'asseu a la trona.*	→ *El nen està assegut a la trona.*	= *El nen seu a la trona.*
L'Iu apuja la persiana.	→ *S'apuja la persiana.*	→ *La persiana està apujada.*	*La persiana puja.*
El govern abaixa els sous.	→ *S'abaixen els sous.*	→ *Els sous estan abaixats.*	*Els preus baixen.*

Els adjectius corresponents van sempre amb prefix *a*-: *Has despertat els nens adormits!? Les noies assegudes hauran de posar-se dretes. Se'n van anar deixant les persianes apujades. Va sempre amb els mitjons abaixats.*

«S'ESCAPOLEIX DE LA VAGA, EL MOLT ANIMAL!»: _ _ Q _ _ _ _ _.

4. Verbs de localització o de presentació: *ser, estar* i *haver-hi*

4.1. «Hi havia un porter, però ell no era mai a la porteria...»

Quan hem de fer servir *haver-hi* o bé *ser* i quan no?

(14) *a)* *–Que hi ha l'abric al guarda-roba?*
b) NO: *–L'abric no ~~hi ha~~ al guarda-roba!*
c) *–No hi ha l'abric al guarda-roba!*
d) *–L'abric no és al guarda-roba!* (NO: *L'abric no ~~està~~ al guarda-roba!*)
e) *–Al guarda-roba, l'abric no hi és.*

Com veus, per indicar l'existència o la presència en un lloc d'algú o d'alguna cosa (designats per mitjà d'un sintagma nominal o equivalent), en català alternem el verb impersonal *haver-hi* amb el verb *ser* (s'entén amb valor predicatiu, no pas atributiu). Quan el SN que designa la persona o cosa presentada es diu **després del verb**, aquest és ***haver-hi***, tant si tal SN és indefinit (*Hi ha un abric al guarda-roba*) o com si és definit (*l'abric* en **14*a***, *el Sr. Edgar Pou* en **15*a***, més avall). En canvi, si aquest SN va **abans del verb**, s'ha d'utilitzar *ser* (**14*d***, **14*e***). Per això, quan es demana per algú, se sol produir l'alternança dels dos verbs:

(15) *a)* *–Que hi ha el Sr. Edgar Pou?*
b) *–Sí, el Sr. Edgar Pou és ara al magatzem.*
c) *–No, ell no hi és.*
d) NO: *~~Està~~ el Sr. Edgar Pou? –No, ell no ~~està~~ aquí: ell ~~està~~ al magatzem.*

Per tant, alternem aquests dos verbs segons la posició de l'element que es presenta: si aquest és postverbal, usem *haver-hi* (**15*a***); però si és preverbal, recorrerem a *ser* amb la indicació del lloc (**15*b***) o, si aquest no s'expressa, el pronom *hi* (**15*c***). El castellà, en canvi, utilitza *estar* per a tots dos casos (**15*d***).

Per la seva banda, el desplaçament del subjecte de **16*a*** comporta una coma i la pausa i la inflexió entonativa corresponents, com pots veure en **16*b*** i **16*c***. Aquests canvis no tenen lloc en la traducció castellana (**16*d***), i justament són un tret diferencial del català tant aquest ús de la coma (amb la característica entonació en dues parts), com aquesta alternança entre *ser(-hi)* i *haver-hi*.

(16) *a)* *L'Edgar no hi és.*
b) *No hi és, l'Edgar?*
c) *On és, l'Edgar?*
d) (en castellà:) *–«¿Está el Sr. Edgar Pou?»*
–«Sí, el Sr. Edgar Pou está ahora en el almacén.»
–«No, el Sr. Edgar Pou no está.»

I el que diem també val per al que no són persones (17*a-c*) i, per analogia, en molts altres casos (17*d-h*):

(17) *a*) *Els ganivets són al calaix de dalt.*
b) *Els ganivets no hi són, al calaix de dalt.*
c) *El teu nom no és a la llista.*
d) *Ja som dijous!* (en castellà: *«¡Ya estamos a jueves!»*)
e) *Soc amb la Maria: estem fent els deures de física.*
f) *Et truco des d'Alacant. Som en una ball de disfresses.*
g) *Enllestit el buidatge de l'enquesta, ja serem a la recta final del treball de recerca.*
h) *Al nostre equip d'handbol, ningú no hi és de més.* (NO: *... no ~~està~~ de més.*)

4.2. «És millor ser a l'hospital que estar-s'hi!»

Per què en les oracions de **18** no fem servir el verb *ser* i quins significats hi té el verb *estar*?

(18) *a*) *La Mireia estarà dues hores seguides al magatzem, endreçant-lo.*
b) *Aquest any la Mireia està al magatzem; l'any passat, estava a recepció.*
c) *La Mireia està a Saragossa: la hi van destinar com a delegada de l'empresa.*
d) *La Mireia s'està a Saragossa i viu al carrer del Rei en Jaume I.*

L'ús del verb *estar* porta explícita (**18***a*) o implícita (**18***b-d*) la idea de **durada**. L'oració **18***b* ens fa saber que enguany la Mireia treballa al magatzem d'una empresa, mentre que amb **18***c* podem pensar que no solament treballa a Saragossa, sinó que potser també hi viu (o hi fa *estada*). Amb aquest darrer significat, és preferible l'ús pronominal (**18***d*): *S'està a Saragossa* vol dir que hi resideix. El verb *estar*, doncs, destaca la permanència més o menys llarga d'algú en un indret (mentre que **el verb *ser* simplement constata la presència en un lloc**).

La pregunta del milió

Quina diferència de significat hi ha, entre aquestes dues oracions? Justifica la resposta.
a) *La Cesca és a l'hospital.*
b) *La Cesca està a l'hospital.*

Quadre 2

Ser? Estar? Haver-hi? + LLOC	
Per a indicar la presència d'algú o d'una cosa en un lloc, usem:	
haver-hi + SN:	*Hi havia una bici espatllada al garatge.* *Hi havia la teva bici a davant de consergeria.* *Hi havia la teva companya a segon A.*
SN + ***ser(-hi)***:	*La bici no hi és.* *La bici és a davant de consergeria.* *La teva companya no hi era.* *La teva companya era a segon A.*
SN + ***estar***:	*En Josep està a l'institut Pau Vila.* (→ hi estudia, hi treballa) *Està (o s'està) a les Escaldes.* (→ hi resideix)

Què dius, ara!

En àmbits de la ciència experimental o teòrica es fan servir signes gràfics que són lletres. Així, en àlgebra elemental (una de les branques de les matemàtiques), els nombres es representen per símbols corresponents a lletres (*a*, *x*, *y*, *z*). Diverses lletres de l'alfabet grec designen unitats en matemàtiques, física, astronomia, etc. El nombre pi (π) és la lletra grega adoptada per a representar la raó constant que hi ha entre la longitud de la circumferència i el seu diàmetre (3,141592...); aquesta notació prové de la inicial de les paraules d'origen grec ***p**erifèria* i ***p**erímetre* d'un cercle. Podem concloure, doncs, que en les ciències experimentals també es fan servir moltes lletres... [CRF]

5. Verbs *anar* / *venir*, *portar* / *emportar-se*

5.1. «Si tu no pots venir a veure'm, vindré jo a veure't»

La pregunta del milió

Digues què implica cada pregunta:
a) *Que aneu al teatre?*
b) *Que veniu al teatre?*

Dedueix quan es fa servir el verb *venir* i quan *anar* en aquestes oracions:

(19) *a*) [Un alumne a un professor] *Ara no podré venir a la teva classe perquè tenim reunió de delegats.*
b) [El professor a l'alumne] *D'acord, però vine tan bon punt l'acabeu.*
c) *Demà, després del teu recital, vindré a saludar-te.*
d) *Vols venir amb mi al cinema?*
e) *Estàs molt refredada: hauries d'anar a cal metge.*
f) *Estàs molt refredada: hauries d'anar-te'n.*

En molts casos l'ús dels verbs *anar* i *venir* en català no coincideix amb el castellà (però sí amb altres llengües: italià, francès, alemany, danès, anglès...). En català **s'utilitza *venir* tant per al desplaçament de l'emissor cap al receptor (19*a*, 19*c*), com per al desplaçament del receptor envers l'emissor (19*b*)**. Aquest ús de *venir* té lloc encara que s'anunciï per a un moment diferent de l'actual (19*c*), o encara que el desplaçament dels interlocutors sigui conjunt (19*d*, en què *venir* vol dir 'acompanyar').

El verb *anar*, en canvi, es reserva per a quan hi ha un desplaçament cap a un lloc diferent del de l'emissor o del receptor (19*e*). Si s'indica el lloc de destinació, s'empra tant *anar* com *anar-se'n* (*Estàs molt refredada: hauries d'anar-te'n a cal metge*). Si no s'indica el punt d'arribada, però, només és possible *anar-se'n*: *Me'n vaig!* (NO: ~~*Em*~~ *vaig!*); en aquest cas el punt de partença sobreentès és *aquí*; si es tracta d'un altre punt de partença, s'ha d'especificar: *Se'n va anar de l'estació traient foc pels queixals*.

Què dius, ara!

Des que Johannes Gutenberg va inventar la impremta de tipus mòbils, cap al 1450 (tot i que ja es feia servir al segle XI a l'Extrem Orient), el ventall de tipografies és molt ampli. Una família tipogràfica bàsica és la de les lletres sans serif o de pal sec, sense ornamentacions en les terminacions dels traços. Pel que fa al caràcter de la lletra d'impremta, un text sol anar redactat en lletra rodona (vertical), la qual es distingeix de la *cursiva* o *itàlica* (inclinada a la dreta), que se sol fer servir per a escriure títols de llibres, pel·lícules, obres teatrals, mots estrangers, etc. La lletra **negreta**, de traç notablement més gruixut, serveix per a destacar determinades paraules o frases. La VERSALETA és la lletra d'impremta majúscula que té la mateixa alçada que la minúscula (hi van, per exemple, els segles expressats en xifres romanes). Els ordinadors disposen de moltes famílies tipogràfiques (Arial, Times New Roman, Calibri, Verdana...). [CRF]

5.2. «He portat el disc, però no us l'emporteu, si us plau!»

Dedueix l'ús dels verbs destacats en els exemples:

(20) a) *Joan, vols que et porti* (o *dugui*) *les claus al despatx?*
b) *–No, gràcies, no cal que me les portis* (o *duguis*) *al despatx.*
c) *–No, gràcies, porta-les* (o *du-les*) *a la conserge.*
d) *He deixat les claus damunt la taula, i ja no hi són: algú se les ha emportades* (o *se les ha endutes*)*!*
e) [A l'aula] *Tothom s'emportarà* (o *s'endurà*) *tots els llibres cap a casa.* (NO: *Tothom ~~es~~ portarà tots els llibres cap a casa.*)

De vegades, més que el nostre desplaçament, el que volem destacar és el desplaçament d'allò que transportem. Caldrà saber distingir bé *portar* i *emportar-se* (que tenen un ús idèntic als seus sinònims *dur* i *endur-se*, respectivament).

Observa com, contràriament al que vèiem amb *anar* i *venir*, l'ús del verb *portar* no depèn de la situació dels interlocutors: és el mateix verb tant quan el moviment és de *mi* cap a *tu* (**20*a***), com de *tu* cap a *mi* (**20*b***) o cap a una tercera persona (**20*c***), a diferència del castellà, que té el verb *traer* per al cas de **20*a*** i **20*b***).

En canvi, quan precisem o sobreentenem l'**origen** d'allò que transportem, aleshores fem servir ***emportar-se***, es parteixi d'on es parteixi (en **20*d*** se sobreentén *algú se les ha emportades de damunt la taula*; en **20*e***, *Tothom s'emportarà tots els llibres d'aquí, de l'aula*...).

«La bona educació és més important que la pròpia identitat? O vol dir que acceptarem de deixar desaparèixer una llengua per por de molestar?»
Joan-Lluís Lluís

Quadre 3

Anar o *venir*?		*Portar* o *emportar-se*? (= *dur* o *endur-se*?)	
anar* / *anar-se'n 'desplaçar-se cap a un lloc en què **no** hi ha ni l'emissor ni el receptor'	***venir*** 'desplaçar-se cap a un lloc en què hi ha l'emissor o el receptor'	***portar*** (= ***dur***) 'anar amb una cosa al damunt per deixar-la en un altre lloc; etc.'	***emportar-se*** (= ***endur-se***) 'portar amb si mateix sortint d'un lloc, traient-ho d'un lloc' (No cal dir el lloc d'arribada, però sí la procedència, excepte que sigui *aquí*.)
Vaig a Ontinyent. = *Me'n vaig a Ontinyent.* [Tu no hi ets.] • *Anar* 'partir cap a un lloc'. Cal la destinació: *Demà vaig a Eivissa.* *Demà hi vaig.* (NO: *Demà ~~vaig~~.*) • *Anar-se'n* 'partir d'un lloc'. No cal dir la destinació: *Adeu, me'n vaig!* (S'entén *d'aquí*.) *Me n'he anat de l'estadi a les vuit.* (Origen: *de l'estadi*.)	Dos casos, segons que el moviment sigui: 1. Del receptor cap a l'emissor (*jo*, *nosaltres*): *Eulàlia, vine, que et vull ensenyar un vídeo.* 2. De l'emissor cap al receptor (*tu*, *vosaltres*, *vostè/s*): *Mònica, espera'm, que vinc!*	*Portaré* (o *duré*) *aquest paper a l'oficina.* [Solem dir el punt d'arribada, però no el de partida.] *Per a l'excursió, cal portar binocles.* 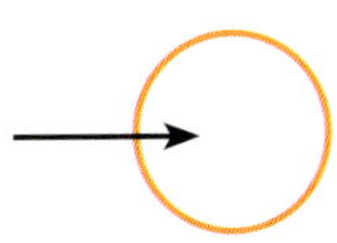	*M'emporto* (o *m'enduc*) *aquest paper.* [= El trec d'aquí.] *Els lladres es van emportar* (o *endur*) *els ordinadors de l'oficina.* NO: *... es van ~~portar~~ els ordinadors de l'oficina.* / *... ~~se'n~~ van portar els ordinadors.* 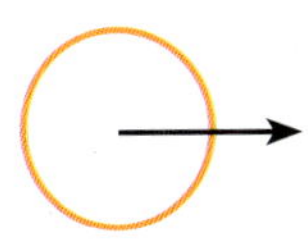

COMPRENSIÓ

1 Els verbs estructuren el seu predicat d'una certa manera. Determina quina de les **estructures de predicat** següents tenen lloc en les oracions de més avall. Raoneu oralment la resposta.

Estr. 1: V + Atr: *La Roser està* *contrariada.*
Estr. 2: V + CC lloc: *Els retoladors són* *al calaix.*
Estr. 3: V + CD + CI: *Hem dit* *mots de coratge* *als alumnes.*
Estr. 4: V + CD + CRV: *Hem animat* *els nois* *a fer-ho.*
Estr. 5: V + CD + CPred (referit al CD): *He trobat* *les sabates* *ben xopes.*
Estr. 6: V + CPred (referit al Subj): *L'aigua baixa* *tèrbola.*
Estr. 7: V + CD + CC lloc: *Hem trobat* *les sabates* *dins una capsa de sabates.*

Model: *Han advertit els pares de la dislèxia del nen.*
Estructura 4: V *advertir* + CD *els pares* + CRV *de la dislèxia del nen.*
Raonament (oral): Reconeixem el CD per la passiva (el CD esdevé subjecte passiu: *Els pares són advertits de la dislèxia del nen*) i per la pronominalització amb *els* i singular *el* (*Els adverteixen de la dislèxia...*; en singular *el*: *L'adverteixen de la dislèxia...*). Reconeixem el CRV perquè és un complement obligatori i per la pronominalització amb *en* quan comença amb la preposició *de* (*N'adverteixen els pares*).

a) L'Esteve sembla poc convençut.
b) Han baixat molt cansades.
c) S'estava a la secció d'embalatges, la meva cap.
d) Hem vist molt cansades les teves cosines.
e) Hem informat els concursants de les normes del joc.
f) He aparcat la moto al carrer de casa teva.
g) La seva mare dormia intranquil·la.
h) És tan poca-solta, aquella noia!
i) Han convençut els socis de l'error.
j) Ha cordat les sabates a la fillola.
k) Han induït el presoner al suïcidi.
l) Van localitzar els documents secrets en una caixa de cabals.
m) Han iniciat els alumnes de primer en la mediació de conflictes.

2 Fes com en l'exercici anterior, però tingues en compte que una de les funcions sintàctiques pot estar exercida per un pronom feble. Inventa't un possible antecedent per a aquest pronom.

Model: *L'exposaràs a un ridícul espantós!*
Es tracta de l'estructura 4: [Subj: *tu*] V *exposaràs* + CD (*l'* = *la teva companya*, p. ex.) + + CRV (*a un ridícul espantós*).

a) Sempre la veuràs enfadada.
b) No hi eren pas, els teus amics.
c) La jutgessa va rebaixar la pena als acusats.
d) El pare hi va encoratjar la seva companya.
e) Viu feliç, aquell amic teu?
f) No en van informar els professors.
g) El van obligar a escalar!
h) Hi seran, al cinema, les teves companyes?
i) Ho semblava, aquell home d'allà.
j) Hi vam portar els paquets.
k) El van alliberar de fer treballs forçats.
l) A la Teresa, n'hi he cuinat un quilo, de bledes.
m) No l'en van assabentar.

«EL SOU DE JUBILAT NO LI PERMET NI PAGAR LA FONDA»: _ _ _ _ _ _.

3 **Corregeix** aquests greus calcs del castellà. En cada oració hi ha **dues errades** en l'**ús** d'alguns **verbs** concrets (llegeix primer el quadre 1, a les pàg. 70-71, «Verbs que pateixen la interferència del castellà»).

⚠ *a*) No et pugis a l'estàtua, que és incívic; a més, et pots caure.
⚠ *b*) Com que no veu gens ni mica, serà millor que deixem córrer això de buscar bolets i que ens anem tots plegats cap a casa.
⚠ *c*) Em preguntes què ha dinat, el teu amic? Doncs espaguetis picants: en això, cada dia es sembla més al seu avi napolità.
⚠ *d*) Si entrenes fins tan tard, no podràs passar-te per casa seva, perquè ja serà a dormir.
⚠ *e*) No sé què va dir, perquè últimament sento molt malament: hauré d'anar-me a l'otorrinolaringòleg.
⚠ *f*) Quan he vist que no feien altra cosa que riure's, m'he marxat.
⚠ *g*) El petitó corria per la platja amb el banyador mig baixat i anava trepitjant tots els turistes dormits.

«És sa paraula s'ànima d'un poble. Si canviam de paraules canviam de món.»
Toni Gomila

4 **Tradueix** del castellà al català, després d'estudiar el quadre 1, a les pàg. 70-71, «Verbs que pateixen la interferència del castellà».

a) Sube el volumen de la radio, por favor.
b) Tienes que bajar tu ritmo de vida.
c) Daos prisa, que solo tenemos una hora, y una hora se pasa volando.
d) –¡Vente para mi casa! –Sí, claro, ¡voy ya mismo!
e) Se ha ido porque el asunto huele ya a podrido.
f) Se ha resbalado con una piel de plátano mientras entrenaba y se ha caído al suelo.
g) Esta mañana, antes de que se fuera para su casa, se pasó por aquí.
h) Mercedes no oye bien: está medio sorda.
i) Ni siquiera se me había pasado por la cabeza que ella pudiera estar aún dormida.
j) Me he subido al tejado porque estaba rota una teja.
k) Os han visto bajándoos de un tren en marcha.

La pregunta del milió

Si és incorrecte «Ell ~~es~~ calla massa sovint», per què, en canvi, és correcte: «En aquest país es calla massa sovint»?

5 **Completa** la graella amb les construccions que permeten alguns dels verbs que hem estudiat.

Fer + CD (= *que* SN + V...)	V + CD (= SN)	SN + V	SN + *estar* + V (en participi)
Faig que els ferits jeguin.	= *Ajec els ferits.*	*Els ferits jeuen.*	*Els ferits estan ajaguts.*
Fem que els avis seguin.	=		
Feu que la malalta dormi.	=		
Fas que el volum del televisor pugi.		*El volum del televisor puja.*	*El volum del televisor està apujat.*
El ministre fa que els preus baixin.		*Els preus baixen.*	

> «Sembla mentida però és així: cada llengua és el reflex de tot un univers, com una biblioteca.»
> Jaume Cabré

6 Tria l'**opció correcta** (flexionant-la, si cal) i justifica-la des d'un punt de vista gramatical.

a) No desperteu el lleó mentre (dormir / adormir). (proverbi anglès)
b) La doctora diu que cal que (dormir / adormir) la pacient com més aviat millor; si no, se'ns retardaran les intervencions següents.
c) Es van (jeure / ajeure) damunt l'herba i contemplaven els estels.
d) El professor demana sovint als alumnes que (abaixar / baixar) el to de veu.
e) Quan l'aigua bulli, hauràs (d'abaixar / de baixar) una mica el foc.
f) No aconseguiràs (dormir / adormir) la criatura si no (baixar / abaixar) primer la persiana.
g) El conseller ha (pujat / apujat) molt el cànon de l'aigua.
h) Com que la pantalla l'enlluernava, va (baixar / abaixar)-ne la brillantor.

7 Digues en quines oracions els verbs ***ser*** i ***estar*** són **predicatius** i en quines són **atributius**. Pronominalitza el complement circumstancial i els atributs.

Models: • *La Núria és un nervi.* → *La Núria ho és.* (*ser*, verb atributiu; *ho*: atribut)
• *La Núria és al casal d'estiu.* → *La Núria hi és.* (*ser*, verb predicatiu; *hi*: CC de lloc)

a) D'ençà que viu aquí és feliç.
b) La Isabel està contenta de veure't.
c) La Lucrècia s'està a la plaça de l'Àngel des de menuda.
d) Aquella nit els nostres gossos eren tots al jardí del davant.
e) Aquella noieta semblava malaltissa.
f Encara és viu, el teu besavi?
g) Aquest formatge no és bo: té gust de ranci i fa pudor de podrit!
h) La botiguera estava amoïnada perquè no li sortien els comptes.

Quadre 4

***Ser* i *estar* predicatius**
Els verbs *ser* i *estar* són **predicatius** (i no atributius o copulatius) quan signifiquen **'trobar-se en un lloc'**. *No el busquis a la cuina perquè és al jardí.* *Aquests tres darrers anys estava a Tarragona.* (= hi treballava, o hi vivia)

8 Escriu en les oracions de sota la forma correcta del verb ***haver-hi*** (de vegades t'indiquem entre parèntesis que ha d'anar acompanyat d'un verb auxiliar).

Models: • *No ___ segones oportunitats?* → *No hi haurà segones oportunitats?*
• *Si passés això, ___ (poder + haver-hi) encara alguna possibilitat molt remota de remuntar l'empresa.* → *Si passés això, hi podria haver (o podria haver-hi) encara alguna possibilitat...*

a) Volíem parar taula, però no ___ coberts enlloc...
b) No s'imaginava que, al rebedor, encara ___ les seves companyes esperant-lo!
c) ___ un guardó molt sucós i essent, d'altra banda, un certamen poc especialitzat, segur que molts candidats que s'hi presentaran!
d) En aquest centre s'ha cregut en el projecte i sempre ___ instint de superació!
e) De cartolines verdes, aquest matí no n' ___ , però en tindrem demà.
f) No sabem quina serà la previsió, però estigues-ne segura: si ___ (haver de + haver-hi) més demanda, augmentaríem la producció del producte.
g) Vam adonar-nos que no ___ (poder + haver-hi) posicions ambigües!
h) Només van rebre tres trucades en un matí? No ___ (deure + haver-hi) ganes d'enraonar!

«EMOCIÓ FORTA A CERVERA, OLESA O ESPARREGUERA»: _ _ _ _ _ _.

Quadre 5

Verb *haver-hi* ('existir')	
☺	☹
Sempre en 3a singular. També quan es construeix amb verbs auxiliars: • *Segur que hi havia més articles a l'aparador.* • *A l'època no hi devia haver tants recursos.*	• NO: *Segur que Ø ~~havia~~ més articles a l'aparador.* • NO: *Segur que hi havi~~en~~ més articles a l'aparador.* • NO: *A l'època no Ø devi~~en~~ haver tants recursos.*
El pronom *hi* del verb *haver-hi* no substitueix res. Per tant, no hi ha repetició de funció sintàctica en l'oració següent: • *Era la plaça on hi havia més nens patinant.*	• NO: *Era la plaça ~~on havia~~ més nens patinant.* (Però sí que hi ha repetició amb altres verbs: *Era la plaça on ~~hi~~ van plantar més arbres.*)

9 Digues si ens trobem davant el **verb *haver-hi*** ('existir'), o bé davant el contacte «casual» del pronom feble *hi* amb el verb *haver* (part d'un temps compost d'un altre verb). En aquest darrer cas, digues què substitueix el pronom *hi*.

Models:
- *No hi havia cap tren fins a les vuit del vespre, senyora Carme.*
  → verb *haver-hi* (= *No existia cap tren...* La forma *hi* no substitueix res.)
- *Havia anat a l'estació i s'hi havia esperat un parell d'horetes.*
  → pronom *hi* + verb *esperar-se* en plusquamperfet d'indicatiu (= *... s'havia esperat a l'estació un parell d'horetes.* El pronom feble *hi* = *a l'estació.*)

a) El meus germans han dit al pare que serien a casa per dinar, però ell no hi havia comptat i, per tant, no els havia posat el plat a taula.
b) Vam preguntar si tenien ordinadors d'aquella marca, però no n'hi havia cap a tota la botiga.
c) Hi ha tants concursos apassionants! En aquest, encara no hi ha participat cap estudiant de segon.
d) Tant dir-nos que passaria pel pont penjant i, a última hora, no hi ha passat.
e) Abans de decidir-se a invertir en aquest negoci, s'hi havia rumiat gaire?
f) Si no hi hagués tants diners en joc, no m'hi hauria pensat pas gaire, a enviar-vos a pastar fang.
g) Si jo m'he quedat bocabadat, ella encara s'hi ha quedat més.
h) Si li haguessin dit que se li havia cremat la torrada, ell no hi hauria donat gaire importància.

Cartell de la campanya de conscienciació *Ser humà salva vides*, de Metges Sense Fronteres. Hi veiem l'ús del verb *ser* amb el significat de 'existir'.

10 Emplena els buits amb un d'aquests verbs, que indiquen la situació d'algú o d'alguna cosa: ***ser(-hi)***, ***estar(-se)*** o ***haver-hi***. Posa els verbs en **imperfet d'indicatiu** (*era*, *estava*, *hi havia...*).

a) Damunt la taula ___ les tisores de podar.
b) Ja ___ la meva pizza al microones?
c) La meva pizza ja ___ al microones?
d) He passat llista al grup de segon A i avui aquesta alumna no ___.
e) A la manifestació ___ molta gent, però els representants sindicals no ___.
f) Els representants sindicals no ___, a la manifestació?
g) No els has trobat a casa, perquè ja ___ a la feina.
h) –Que ___ en Martí? –No, no ___.
i) –Que ___, en Martí? –No, no ___.
j) Quedava poc temps per a redreçar el resultat del partit, però ells encara ___ a temps.
k) Teníem molta feina i no ___ aquí per a perdre el temps!

«DONÉS A LLUM A LA CAPITAL DE L'ILLA DE FRANÇA»: _ _ _ _ _.

11 *Ser(-hi)*, *estar(-se)* o *haver-hi*. Fes com en l'exercici anterior (però ara has de posar els verbs en present d'indicatiu).

a) En aquests moments la Maria i en Marià ____ a la discoteca PopRap.
b) Per què ____, nosaltres, en aquest estand, sinó per a informar els participants?
c) Al rebedor, no ____ les teves cosines?
d) El batlle ____ a la presentació del nou model de cotxe elèctric.
e) Jo ara ____ a la cua d'informació, però no ____ la noia que atén el públic.
f) Dins el magatzem, ____ la Maria Josep, mentre el Josep Maria ____ a l'oficina.
g) En aquests moments en Ricard ____ davant el monestir de Sant Cugat del Vallès i n'examina les característiques arquitectòniques.
h) Els teus fills no _____ a casa: ningú no sabia on ____!

12 Completa els buits amb una forma dels verbs ***anar*** (***anar-se'n***) o ***venir***.

a) Fora! No t'hi vull, aquí! ____ immediatament!
b) Ja veuràs com he encertat el mig de la diana. ____ amb mi a comprovar-ho!
c) Abans ens visitava cada setmana. Ara, però, només ____ a veure'ns un cop el mes.
d) No van ____ a donar-nos un cop de mà, sinó a fer-nos la guitza!
e) Sé que has ____ un cop a casa seva, però no recordo si has ____ mai a casa meva.
f) M'han convidat a una passada de models, però no sé pas si hi ____: m'avorreixen d'allò més.
g) Voleu ____ avui a la tarda amb els meus amics i farem petar la xerrada?
h) No puc ____ a la teva festa de comiat de soltera perquè aquell dia ja m'he compromès a un comiat de casada.
i) D'on ____ tan acalorades? Que heu ____ a córrer a la cursa popular?
j) Ha acabat la feina al despatx, però no vol ____.
k) –Sabies que aquest vespre fan una pel·lícula molt interessant al Cinema Paradís? L'Anna i jo hi pensem ____. I tu: per què no ____ amb nosaltres?
–No puc; sortiré amb uns amics i ____ a sopar a Can Torrades.
l) Vicenç: Roser, ____ un moment, que tinc un problema dels grossos!
Roser: No pateixis, que ara ____ i te'l soluciono.
Vicenç: Tenia por que no te n'haguessis ____ i no poguessis ____ a donar-me un cop de mà.

13 Tria l'opció correcta (flexionant-la, si cal) i justifica-la.

a) Han sortit esquerdes al sostre perquè els fonaments de l'edifici s'han (asseure / assentar / seure).
b) Aquesta reunió servirà per a (asseure / assentar / seure) les bases de futurs acords bilaterals.
c) Com que no tenien cap cadira li van dir que (asseure / assentar / seure) damunt un bagul.
d) Li agrada (riure / riure's), però no pas (riure / riure's) dels altres sinó amb els altres.
e) Aquell estafador ja (estar / ser) en llibertat provisional i el pots veure passejant per la Rambla.
f) Van (estar / ser) deu setmanes en el número 2 del rànquing.
g) Si cada dia menges cansalada, (engreixar / engreixar-se / greixar) com un garrí!
h) Hem hagut (d'engreixar / d'engreixar-se / de greixar) de nou les frontisses de les portes.
i) Podeu (portar / emportar-se) aquestes tasses de damunt la taula i deixar-les al rentaplats?
j) Caldrà (dur / endur-se) més capses del magatzem.
k) Els lladres van entrar en aquell xalet i van (dur / endur-se) tot el que hi van trobar.
l) Aquesta ventada s'ha (portat / emportat) molts objectes de les façanes de les cases.
m) La mestra va dir a la mainada de parvulari que havia de (portar-se / emportar-se) bé.
n) Són molt bons amics: tota la vida s'han (portat bé / avingut), tot i que no fan gens de bondat. [Hi ha dues opcions correctes.]
o) –Creus que vindrà a escoltar-te? –No (ho crec / crec / hi crec).

«PITGI EL BOTÓ I REBRÀ EL SEU GUARDÓ»: _ _ _ _ _ _.

14 En les oracions següents el castellà faria servir *dar* en casos en què l'equivalent català és de vegades *fer*, de vegades *donar*. Posa-hi ***fer*** o ***donar***, segons convingui.

a) Els grans reptes no ens han ____ mai por.
b) És tan orgullós: no el veuràs mai que ____ la raó a ningú!
c) Aquestes imatges han ____ peu a molts comentaris.
d) No hauria de ____ vergonya a un home plorar en públic.
e) Li ha ____ una bona plantofada, el pocavergonya!
f) Sempre li ha ____ tanta ràbia, la gent despresa! Ell, per no ____, ni les gràcies et vol ____.
g) La criatura es va ____ un bon cop de cap amb la porta de l'armari i es va fer un bony al front.
h) «És saludable____ una bona passejada cada vespre», deia l'avi Ignasi.
i) En l'acta s'ha anat ____ compte de totes les incidències ocorregudes durant els comicis.
j) Per passar a l'altra banda del rierol, haurem de ____ un bon salt.
k) Us puc ____ fe que l'accident ha tingut lloc tal com us ha explicat aquesta testimoni.
l) Amb tanta demanda com teníem no vam poder ____ l'abast.

«Vivim en el llenguatge, productor de sentit, i les nostres ments s'extroverteixen gràcies a la música verbal que ens lliga i que ens permet, alhora, ser com som i ser amb tots els altres.»
Jesús Tuson

Quadre 6

Equivalents del castellà *dar*

Fer

S'ha d'usar *fer* (i no pas *donar*) en les locucions:

- *fer fàstic*
- *fer la impressió*
- *fer llàstima*
- *fer pena*
- *fer petons*
- *fer por*
- *fer ràbia*
- *fer un pas*
- *fer un pessic*
- *fer un salt*
- *fer una abraçada*
- *fer una passejada*
- *fer una tombarella*
- *fer vergonya*

Altres:

- *fer calor* (= fer venir calor): *Aquesta brusa em fa calor.*
- *fer set* (= fer venir set): *El bacallà esqueixat em fa set.*
- *fer l'efecte* (cast. «*dar la impresión*»): *Em fa l'efecte que avui plourà.*
- *fer pensar* (cast. «*dar que pensar*»): *El que han dit farà pensar molt.*

Altres equivalències

Castellà	Català
«Le daba el sol en la cara.» *«A esta habitación no le da el sol.»*	***tocar*** *Li tocava el sol a la cara.* *En aquesta habitació, no hi toca el sol.*
«No des con el martillo contra la pared.»	***picar, donar un cop, clavar*** *No piquis amb el martell contra la paret.* *No donis cops* (o *clavis cops*) *de martell a la paret.* **Més exemples:** *Donar* (o *clavar*) *un cop de peu, donar un cop de puny, donar una guitza* (o *coça*), *donar un clatellot*, etc.
«Tienes que darle a esta tecla / a este botón.»	***pitjar, prémer, tocar*** *Has de pitjar/prémer/tocar aquesta tecla/aquest botó.*
«¿Cuándo darás la calefacción?»	***engegar*** *Quan engegaràs la calefacció?*
«¡No me dará tiempo de hacerlo!»	***tenir*** *No tindré temps de fer-ho!*
«Si continúan así, me dará un ataque.» *«Me dio por salir de madrugada.»*	***agafar*** *Si continuen així, m'agafarà un atac.* *Em va agafar* (o *picar*) *per sortir de matinada.*

No tot són flors i violes

Laila Karrouch (Nador, Marroc, 1977) va ser la primera escriptora marroquina que va publicar una novel·la originàriament en català. En el fragment que hem triat de la novel·la autobiogràfica *Petjades de Nador,* la narradora protagonista, que ja viu a Catalunya, ens explica com una estada al Marroc desperta en ella sentiments ambigus, a cavall de dos mons.

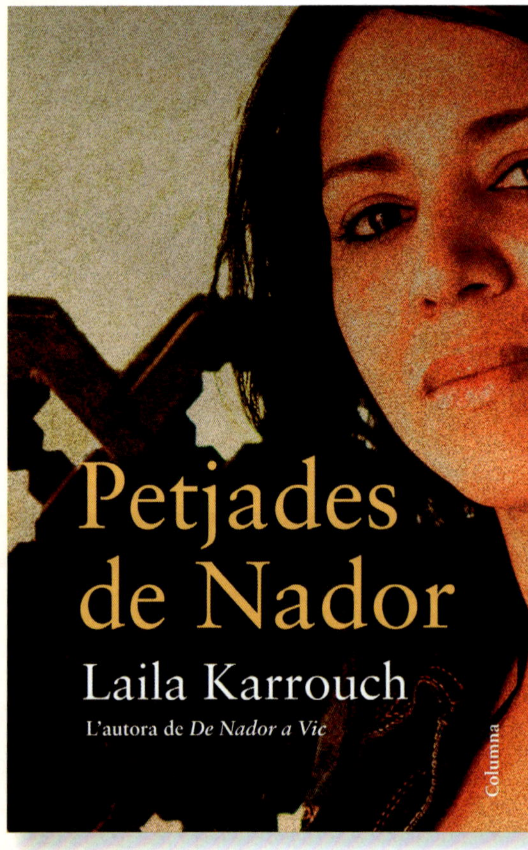

Coberta del llibre de Laila Karrouch *Petjades de Nador*.

Mai no m'hauria arribat a imaginar que trobaria tant a faltar la meva terra. Vaig ser molt ingènua pensant que, amb els anys i la distància, els records de la infantesa anirien perdent força. Al contrari: jo creixia i l'enyorança també. Des d'aquell famós agost del 1985, l'any que vam deixar el nostre país amb les motxilles carregades de somnis i d'esperança, l'any que les nostres vides van deixar de ser les que eren per ser unes altres; des de llavors, vam seguir mantenint relació amb la nostra terra càlida i amb la gent senzilla i humil. Els pares ens hi portaven sempre que podien perquè no volien perdre el que era nostre: la cultura i la religió i, sobretot, la família. Cada any ens encongíem de tants nervis previs al viatge. Al llarg del temps, però, els pares van deixar d'anar-hi perquè ja érem grans, tots cinc, i van pensar que potser hauríem de començar a fer la nostra.

Jo havia mantingut una relació molt forta amb la branca paterna, que era la que s'havia quedat al Marroc. Quan em vaig casar amb el meu cosí Alí, vaig continuar anant-hi amb les nenes, el marit, el cotxe... Deixava enrere els crèdits, una hipoteca que acabaria de pagar als seixanta i tants anys, préstecs personals i altres deutes que no gosava explicar a la meva família. Per a ells, nosaltres érem els herois que vivíem al país de la glòria. Però, de fet, els luxes eren contradictoris: nosaltres érem uns africans rics i alhora uns europeus pobres que havíem provocat aquell miratge meravellós, temptador i perillós.

Vaig decidir posar fi a aquella farsa*. La vida de «nourics» m'havia deixat sense dormir més d'una nit quan pensava en tot aquell jovent que havia perdut la vida enfonsant els seus somnis, en el millor dels casos, i deixant-hi la vida en el pitjor, sota les gèlides aigües del Mediterrani. Vaig dir que mai més compraria roba per estrenar durant les vacances ni deixaria estrenar sabates noves a les meves filles com havien fet els pares amb nosaltres quan érem petits amb tota la bona fe. Tot i així, durant el darrer viatge que vam fer es va plantejar el tema amb un dels meus cosins, que somiava ser un heroi. Ell m'havia dit que ens envejava, que tant de bo el seu pare fos com el meu. Va deixar de mirar-me als ulls per perdre l'esguard* en la sorra de la platja. El vaig agafar pel braç i el vaig sacsejar fort. El vaig renyar com una mare i li vaig dir que no ho tornés a dir.

Les coses no són com semblen: quan arribes a Europa, no ets ningú. Ningú. Amb el temps, molt de temps, pots arribar a ser un codi de barres o un número més entre milers de números. Hauràs de tenir un carnet que en diuen NIF*, però no un de qualsevol, no. Ha de ser un que digui *autorizado a trabajar en España*. Perquè te'l donin, has de tenir feina; però per treballar has de tenir el carnet...

Mentre parlava girava la mirada cap al cel per pensar amb claredat, però ell em va apartar la mà amb brusquedat:

–I això m'ho dius tu, que tens una feina i una família, m'ho dius tu, oi, cosina?

Havent dit això, va marxar deixant-me amb la boca tremolosa i amb llàgrimes als ulls. Tenia raó: què li havia de dir jo, a un noi deu anys més jove que treballava dia i nit per mantenir els seus pares i els seus germans? Què li podia dir, jo, que havia plorat tant i tant perquè enganyava la meva gent, dia sí i dia també, però que tenia un sostre i un plat a taula? Què li havia de dir, jo!

Laila Karrouch, *Petjades de Nador* (adaptació)

«AQUEST TIGRE ES PASSEJA PER TOTES LES REVETLLES DE SANT JOAN»: B _ _ _ _ _ _ _.

COMPRENSIÓ

1 Digues el **significat** dels mots amb asterisc.

2 Llegeix atentament el text i contesta les qüestions següents:

a) Quin és «el tema» a què s'al·ludeix en la línia 37?
b) Quins **dos mons es contraposen** en el text? Quins aspectes positius i quins aspectes negatius s'hi destaquen?
c) A partir de les referències que ofereix el text, **reformula** el fragment següent canviant-ne els adjectius per altres de sinònims:

> «[...] nosaltres érem uns africans rics i alhora uns europeus pobres que havíem provocat aquell miratge meravellós, temptador i perillós.»

«La paraula *aeròbic* va sorgir quan es van reunir una pila d'instructors físics i es van dir: «Si cobrem a algú tants dòlars per hora, no podem anomenar-ho *fer salts amunt i avall*.»
Rita Rudner

LÈXIC I SEMÀNTICA

3 Què significa el compost «nou-rics» (lín. 28-29)? Per què apareix entre cometes?

4 Centra't en el primer paràgraf (fins a «la cultura i la religió i, sobretot, la família», lín. 12) i detecta-hi les diferents maneres emprades per a referir-se a la regió natal de la narradora.

5 Digues el **gentilici** corresponent al nom d'aquests països o continents:

a) Marroc
b) Aràbia Saudita
c) Rússia
d) Romania
e) Escòcia
f) Estats Units
g) Àfrica
h) Algèria
i) Alemanya
j) Brasil
k) Irlanda
l) Àsia
m) Egipte
n) Israel
o) Suïssa
p) Anglaterra
q) Gran Bretanya
r) Amèrica
s) Tunísia
t) Turquia
u) Hongria
v) Gal·les
w) Puerto Rico
x) Austràlia

6 Busca dos **noms de països** que acabin com *Turquia* (*i* tònica + *a*), sense **accent**, i quatre que acabin com *Colòmbia* (mots esdrúixols acabats en *i* àtona + *a*), amb accent.

La pregunta del milió

Quina diferència hi ha entre *Alemanya* i *alemanya*? I entre *suís* i *suïs*?

7 Digues el **gentilici** corresponent al nom de les poblacions següents. Quins són els quatre sufixos que hem utilitzat per a construir aquests gentilicis? Digues gentilicis acabats en altres terminacions. (Recorda que, en català, els gentilicis comencen sempre en minúscula.)

a) Alcoi
b) Andorra
c) Girona
d) l'Alguer
e) Mallorca
f) Tarragona
g) Castelló de la Plana
h) Menorca
i) Perpinyà
j) Alacant
k) Eivissa
l) Lleida

«POTS TROBAR EL SENYAL AL REVÉS; ALESHORES, ATURA'T»: _ _ _ _ _.

8 **Oposicions lèxiques.** Completa els buits amb la paraula correcta (flexionant-la i fent ús de l'apòstrof, si cal). Justifica oralment la resposta.

a) Escolta, Pol, et proposo que el pastís, el (provar / tastar / emprovar[-se]) de fer amb la nova recepta. I, sobretot, no el (provar / tastar / emprovar[-se]) fins que no s'hagi refredat, que t'escaldaries la llengua.
b) Pots (provar / tastar / emprovar[-se]) d'engegar el cotxe, si et plau!
c) Quan la parella surt a comprar, ell passa l'estona (provar / tastar / emprovar[-se]) roba i sabates, mentre que ella no perd l'ocasió de (provar / tastar / emprovar[-se]) tota mena de vins i caves.
d) Avui el (tràfic / trànsit) és poc fluid perquè els Mossos d'Esquadra han tallat la carretera per fer un control de (tràfic / trànsit) de drogues.
e) En la fitxa del malfactor, hi va quedar (escorcollar / registrar) que l'havien hagut (d'escorcollar / de registrar) i que li havien trobat un mòbil robat.
f) Tan bon punt va néixer el Manel, la seva mare el va anar a (escorcollar / registrar) al registre civil dels jutjats de l'Hospitalet.
g) Els passatgers estaven (aterrar / aterrir) en constatar la impossibilitat del pilot per a (aterrar / aterrir): el tren havia marxat volant!
h) El meu veí ha (estavellat / estrellat) el cotxe contra una paret; per sort, n'ha sortit il·lès.
i) Un avió s'ha (estavellat / estrellat) a la serralada de l'Atles, al Marroc.
j) Un dels petits plaers de l'avi és (sucar / mullar) galetes en un bol de xocolata desfeta.

FONÈTICA I ORTOGRAFIA

9 Posa els **accents** que falten en aquest fragment de *La neta d'Adam*, de Patrícia Gabancho (Buenos Aires, Argentina, 1952).

Patrícia Gabancho.

Buenos Aires estava preciosa: acabava de celebrar la gran festa del bicentenari de la independencia –un pais de nomes dos-cents anys– i tot era ple de banderes. No es que aixo li fes cap gracia especial, a Angelica, pero tampoc rebuig perque en el banderam hi batega una mena d'energia alegre i irrellevant, com son els fastos dels argentins: borratxeres que deixen fora la realitat. La gent, es va dir, te dret a ser feliç ni que sigui sota un engany. No sap per que ho va pensar. Tots els anuncis publicitaris, els grans cartells de l'Avenida 9 de Julio, feien referencia al Mundial. *Vamos*, Argentina.

10 **Pronuncia** els mots en veu alta. Classifica els sons consonàntics corresponents a la lletra o lletres subratllades. (Atenció: en el grup *ex-* inicial de mot, la *x* es pronuncia [gz] si va seguida de so vocàlic: *exacte*.)

- panxa
- sorgir
- taxa
- tassa
- besar
- vessar
- èxode
- música
- axial
- cervesa
- boxa
- examen
- exili
- eixugar
- índex

[s]	[z]	[ks]	[gz]	[ʃ]
sac	*casa*	*taxi*	*exèrcit*	*gruix, xàfec*

11 Hi ha un paral·lelisme entre l'ortografia dels sons de la **erra múltiple** [r] i de la **essa sorda** [s], també pel que fa a doblar la lletra quan va entre vocals, però no després de determinats prefixos o arrels cultes. Pronuncia els mots següents i, fixant-te en la grafia subratllada, classifica'ls en la casella corresponent:

- torrada
- ultrasò
- dansa
- teleradar
- enredaire
- autosuggestió
- antireligiós
- telesèrie
- safrà
- suprarenal
- contrasentit
- neorealisme
- antisocial
- contrarestar
- arrossar
- folro
- risc
- ecosistema

		Paral·lelisme entre	
		erra múltiple [r]	essa sorda [s]
Entre vocals	En mots simples	*parra* (però amb una sola -*r*- és simple → [ɾ] *pare*)	*passa* (però amb una sola -*s*- és sonora → [z] *casa*)
	Amb prefixos cultes	*multiracial*	*multisectorial*
Resta de casos		*roca, conreu*	*soca, consell*

«No cal ser gaire perspicaç per entendre la tragèdia de la nostra època: en un món ultracomunicat les persones estan més aïllades que mai.»
Albert Sánchez Piñol

12 Fes com en l'exercici anterior (però ara hi hem afegit el so [t͡ʃ]).

- esmorzar
- baixada
- zero
- exuberant
- clàxon
- accelerar
- celíac
- onze
- accent
- escabetx
- dièresi
- passeig
- exquisit
- entrecuix
- desig
- esquitxar
- exagerar
- Mercè
- executar
- exhaurir
- desembre
- fuig (v. *fugir*)
- exigir
- quinze

[s]	[z]	[ks]	[gz]	[ʃ]	[t͡ʃ]
persona	*per zona*	*occident* *mixt*	*exòtic*	*rodanxa* *guix*	*despatx* *faig*

«TÉ PER VICI EL VELOCÍPEDE DE DUES RODES»: _ _ _ _.

13 Fes com en l'exercici anterior. (Atenció: tingues en compte que la *-s-* intervocàlica es manté sorda en compostos com *antisocial* o *antesala*, tal com hem vist en l'exercici de més amunt.)

- sobresortir
- hexagonal
- matx
- boix
- xec
- Andratx
- èczema
- acceptar
- gasosa
- fitxar
- sacsó
- aixecar
- simpàtics
- aixella
- anglosaxó
- tetrasíl·lab
- lleig
- maig
- bisulfat
- axil·la

[s]	[z]	[ks]	[gz]	[ʃ]	[t͡ʃ]
sempre	*desembre*	*fixar*	*exhaust*	*clenxa* *guixot*	*txec* *boig*

«No hi ha millor nau que un llibre per viatjar lluny.»
Emily Dickinson

MORFOSINTAXI

14 Tornant al text de Laila Karrouch (pàg. 82), fes les activitats següents:

a) Descriu morfològicament les **formes verbals** subratllades del fragment de més avall i justifica'n l'ús.

Model: (*Jo*) *xiulava* (1a pers. sing. de l'imperfet d'indicatiu del v. *xiular*; indica una acció imperfectiva, és a dir, que es presenta com a inacabada en el passat).

Mai no m'hauria arribat a imaginar que trobaria tant a faltar la meva terra. Vaig ser molt ingènua pensant que, amb els anys i la distància, els records de la infantesa anirien perdent força. Al contrari: jo creixia i l'enyorança també. Des d'aquell famós agost del 1985, l'any que vam deixar el nostre país amb les motxilles carregades de somnis i d'esperança, l'any que les nostres vides van deixar de ser les que eren per ser unes altres [...].

b) Detecta en el primer paràgraf (pàg. 82) les construccions verbals que contenen una forma no personal. Indica si són –o no– **perífrasis**, i de quin tipus són (digues si són d'infinitiu, de gerundi, etc.) i quin valor significatiu tenen.

c) Digues la **classe** (nom, verb...) a què pertanyen els mots continguts en el segment «nosaltres érem uns africans rics i alhora uns europeus pobres» (lín. 25-26). Escriu oracions en què els adjectius que hi figuren es facin servir com a noms, i els noms, com a adjectius.

15 Reemplaça un element del SN pel que es proposa entre parèntesis, tenint en compte que el **gènere** pot canviar.

Model: *el focus esquerre* (bombeta) → *la bombeta esquerra*

a) cert barri pobre (*barriada*)
b) massa poder simultani (*respostes*)
c) el sisè resultat nul (*anàlisis*)
d) molta farina rància (*pebre*)
e) força son profunda (*olors*)
f) ambdós amics ateus (*amigues*)
g) aquelles baixades perilloses (*pendents*)
h) dos cactus genuïns (*un*)

«UNEIX FILS TOTA DESPULLADA»: ___ ___ ___.

16 Reemplaça un element del SN pel que es proposa entre parèntesis, tenint en compte que el **gènere** pot canviar.

Model: *un explorador valent (una) → una exploradora valenta*

a) una mar serena (*un*)
b) algun paisatge pictòric (*afores*)
c) bastants errors desagradables (*dubtes*)
d) ton oncle hebreu (*ties*)
e) un altre reflex auri (*resplendor*)
f) qualsevol líquid gris (*substàncies*)
g) el teu eficient ginecòleg (*la*)
h) dos cogombres amargants (*ametlles*)
i) prou llops europeus (*llobes*)
j) seixanta-dos cavalls rebels (*dues*)

17 Posa en **plural** els mots en **singular**, i en singular els mots en plural (si n'hi ha dos, posa'ls-hi tots dos).

a) índex
b) hongarès infeliç
c) poeta famós
d) rus trist
e) pobre cavall bretó!
f) anàlisis
g) beduïns cultes
h) els sons de les aigües
i) el risc del desig
j) comte prudent
k) cactus esgarrifosos
l) bombardeig nefast
m) els trons de les tempestes
n) matalassos polonesos
o) marquès covard
p) raig lluminós

18 Completa la **flexió de l'adjectiu** i busca'n el **nom derivat** corresponent.

Flexió				Nom derivat
escàs	*escassa*	*escassos*	*escasses*	*escassetat*
	loquaç			
		veloços		
	homogènia			
	boja			
			lletges	

Què dius, ara!

Els alfabets de les llengües modernes deriven en darrer terme del dels fenicis, que apareix uns 1 500 anys abans de Crist, sembla que com a evolució d'un tipus d'escriptura ideogràfica egípcia. L'alfabet és un invent que ajuda a simplificar l'art de la comunicació escrita: ja no cal haver de memoritzar pictogrames (dibuix que representa o expressa una idea) o jeroglífics. De l'alfabet fenici en derivaran l'escriptura de l'hebreu i l'àrab per un costat, i del grec i el llatí per l'altre. La majoria de llengües del món utilitzen l'alfabet llatí, però llengües eslaves com el rus (o no eslaves de l'antiga òrbita soviètica, com el txetxè o el mongol) fan servir l'alfabet ciríl·lic, una adaptació de l'alfabet grec deguda als sants Ciril i Metodi, de Tessalònica, que van cristianitzar els pobles eslaus al segle XI.

«MUNTS DE BATERIES»: _ _ _ _ _.

Test de pronoms febles

19 Encercla la resposta correcta i justifica-la oralment.

T

SOLUCIONS PÀG. 373

a) Que aquests panellets no són boníssims? Cruspiu_____ uns quants i ho comprovareu!
1. -vos-los 2. -vos-els 3. -vos-en 4. -us-els

b) Com que jo _____ he dit que ella feia ximpleries, s'ha enfadat com una mona.
1. li 2. l'hi 3. li hi 4. l'

c) El nostre sobre s'hauria d'enviar aquesta mateixa tarda: podríeu enviar_____ ?
1. -nos-lo 2. -us-el 3. -nos-el 4. 'ls-el

d) (A l'aeroport) Quan vegis que surt la nostra maleta, _____ de seguida.
1. agafan's-la 2. agafen-se-la 3. agafa-nos-la 4. agafa'ns-la

e) Li hem dit que no volíem entrepans i resulta que ha acabat preparant_____ dos per a cadascú.
1. -vos 2. -nos 3. -los-hi 4. -nos-en

f) Abans que vostè prengui cap decisió, _____ assessorar per professionals independents.
1. deixi'ns 2. deixis 3. deixi's 4. deixi-s'ho

g) Perdoneu-me, però m'he descuidat el vostre paquet a la feina: ja vindré a portar _____ demà passat.
1. -vos-lo 2. -vos-el 3. -us-lo 4. -us-el

h) Ens pensàvem que amb el nou vestit faria fàstic, però la veritat és que no _____.
1. el fa 2. en fa 3. ho fa 4. fa

Què dius, ara!

Alguns dels escriptors catalans nascuts fora de l'àrea catalanoparlant:
- Pius Alibek (Kurdistan iraquià, 1955)
- Sam Abrams (Estats Units, 1952)
- Flavia Company (Argentina, 1963)
- Najat El Hachmi (Marroc, 1979)
- Patrícia Gabancho (Argentina, 1952)
- Salah Jamal (Palestina, 1951)
- Laila Karrouch (Marroc, 1977)
- Simona Škrabec (Eslovènia, 1968)
- Matthew Tree (Gran Bretanya, 1958)
- Monika Zgustova (Txèquia, 1957)

TRANSFORMACIONS

20 A partir del nom derivat del mot primitiu destacat, **transforma** les dues oracions que et donem en una de sola.

Model: *En Rossend es va **morir**. Això va comportar una crisi familiar.*
*→ La **mort** d'en Rossend va comportar una crisi familiar.*

a) El seu comentari era molt **ingenu**. Això va fer riure molt els contertulians.
b) Aquell plantejament era **ambigu**. Això va causar molt malestar.
c) Calia **presentar** el carnet. Això endarreria l'entrada al recinte.
d) El partit polític es **va escindir**. Això en va provocar la derrota electoral.
e) El metall es **va fondre** gràcies a aquest aparell. Això va permetre treballar-lo millor.

SIGNES DE PUNTUACIÓ

21 Després de llegir el quadre (pàg. 89), posa punts i coma i algunes comes a les oracions.

a) «A fàbrica fem pintallavis en els anuncis venem esperança.» (Charles REVSON)
b) «M'odien i això no té importància però m'obliguen a odiar-los i això sí que en té.» (Joan FUSTER)
c) «Si quelcom et fa nosa compta fins a deu si alguna cosa encara et fa molta nosa comença a renegar.» (Mark TWAIN)
d) «Quan el treball és un plaer la vida és bella quan ens és imposat però és un esclavatge.» (Màxim GORKI)
e) «M'ho van explicar i ho vaig oblidar ho vaig veure i no ho vaig entendre ho vaig fer i ho vaig aprendre.» (CONFUCI)
f) «Creu en els que cerquen la veritat dubta dels qui l'han trobada.» (André GIDE)
g) «L'enginyós es burla d'altres persones el satíric del món l'humorista d'ell mateix.» (James THURBER)

«PRESCRIU CADA HIVERN, AQUESTA FULLA»: _ _ _ _ _ _.

El punt i coma

És un signe de puntuació una mica difícil d'usar correctament. De fet, la majoria de vegades és substituïble pel punt (de vegades pels dos punts), si bé no és cert el contrari: en la majoria de casos en què s'empra un punt, no s'hi pot posar un punt i coma. Aquest signe ve a ser com una «coma grossa», especialment indicada quan volem delimitar segments de text que ja contenen comes i, doncs, necessitem una «separació» més gran (però no tant com la que implicaria posar-hi el punt). En aquest manual, en destacarem dos usos bàsics:

1. Remarcar el paral·lelisme o el contrast entre dues o més proposicions (aquest és l'ús que treballarem en aquest exercici): *En Joan juga a handbol; l'Esteve, a bàsquet.* [Es tracta de dues proposicions juxtaposades. En la segona, amb la coma se sobreentén el verb *juga*: *En Joan juga a handbol, mentre que l'Esteve juga a bàsquet.*]
2. Delimitar elements complexos (que ja contenen comes) dins d'una estructura enumerativa: *Els seus matins són una autèntica marató: es lleva a les set, quan encara és fosc com una gola de llop; es pren un got de llet, si pot ser sucant-hi galetes, cosa no sempre possible per falta d'existències; es prepara l'esmorzar de mig matí, intentant de no fer-lo igual que el dia abans; arriba a l'institut a l'hora en punt, més aviat tard que d'hora...*

TEXT DE CLOENDA

Pius Alibek (Ankawa, Kurdistan iraquià, 1955) i la seva amiga Tònia són convidats a un àpat de Nadal. ¿Hi ha cap aspecte de la manera de ser dels iraquians (o dels seus oncles cristians, en concret) que et sorprengui?

Els oncles van fer de perfectes amfitrions: els aperitius amb una copa de vi dolç, que per a l'amiga representava el primer alcohol que tastava: la taula curulla de tota mena de plats tradicionals, amb els oncles rondant pel voltant i servint-nos directament amb la mà, en gest de cordialitat familiar. Després de l'àpat, vam passar a la sala d'estar per gaudir dels dolços, de la fruita, del te o el cafè amb un cigarret que normalment ofereixen els amfitrions. L'amiga ho va agrair i va dir que no fumava.

–Com! Una europea que no fuma!

El fet que una jove fumés era signe d'alliberament i, per tant, apropiat per a una jove europea. Així que va haver de claudicar i fumar-se aquell cigarret com va poder. L'oncle Hanna no parava de moure's d'un costat a l'altre amb l'agilitat i l'alegria d'un infant engrescat en un joc que l'estimulava. Reia, feia bromes, explicava acudits que ens demanava traduir a l'amiga i insistia que tastéssim aquell dolç o aquella fruita. Ens va oferir una copa d'*araq*. Li ho vam agrair i li vam dir que no teníem temps. Que havíem quedat amb uns amics a dos quarts de sis i se'ns feia tard.

–Tranquils. Us portaré personalment amb el cotxe allà on em digueu i no s'admeten discussions.

Per tant, encara teníem temps per fer una copa.

Li vam dir que a cap dels tres ens agradava l'*araq*. Va respondre que prepararia una copa per a Tònia, perquè li havíem d'ensenyar les nostres tradicions. Mentre afegia l'aigua glaçada i el gel, li va dir tot orgullós:

–És *araq* del nostre poble, Ankawa. El millor del país.

L'amiga, que mai hauria imaginat que algun dia prendria *araq*, en va xarrupar una mica a desgana i va dir que el trobava deliciós. L'oncle ens va deixar a la porta de casa. Es va oferir a tornar l'endemà al matí per ensenyar Bagdad a Tònia amb el cotxe. Vam dir que no podia ser, inventant-nos una excusa. Em va dir, en to confidencial, que ell i el seu cotxe estaven a la nostra disposició en qualsevol moment i per al que fos. Li vaig agrair l'oferiment, el dinar i tot el que havia fet.

Pius ALIBEK, *Arrels nòmades* (adaptació)

Pius Alibek.

«La prosa és una representació del que s'ha pensat; la poesia, del que s'ha viscut.»
Friedrich HEBBEL

2 E Brodem-la

TEST

1 Respon si és **veritable** (V) o **fals** (F), raonant oralment la resposta.

SOLUCIONS PÀG. 373

a) En català hi ha molts sons consonàntics, però només cinc de vocàlics. V F

b) No sempre que hi ha una neutralització de sons apareix la vocal neutra. V F

c) De vegades es pronuncien diftongs no reconeguts per la normativa. V F

d) L'apòstrof no és altra cosa que la representació d'una elisió vocàlica. V F

e) Els verbs *dormir*, *jeure* i *seure* són transitius. V F

f) El CD és incompatible amb el CRV. V F

g) El sintagma que segueix els verbs *ser*, *estar* i *semblar* fa d'atribut. V F

h) El SN que segueix el verb *haver-hi* en *Hi ha massa calçots* fa de CD. V F

i) No és possible trobar accent i dièresi en una mateixa paraula. V F

j) Igual que per a accentuar, per a posar dièresi sobre una vocal és condició necessària (però no suficient) que aquesta sigui tònica. V F

k) En mots quasi idèntics, a una vocal amb dièresi del català pot correspondre una vocal amb accent gràfic en castellà. V F

l) El sintagma *l'innocent artista* es pot referir tant a homes com a dones perquè *artista* és morfològicament invariable. V F

m) Les síl·labes dels mots *cel·la* i *cella* se separen exactament igual. V F

JOC VERBAL

2 **Joc de la paronomàsia.** Guanyarà l'equip que obtindrà el màxim nombre de mots nous correctes (amb el DIEC com a referència) canviant la lletra destacada en les paraules que oferim. Temps: 5 minuts.

Models: *pala → pela, pila*

pom → tom, com...

- papa
- mal
- pit
- sac
- pal
- pala
- bany
- beca

CANÇÓ

3 En el text el cantautor Miquel Pujadó (Madrid, 1959) esmenta una colla d'oficis imaginaris. Te'n sabries inventar algun altre?

El fabricant d'oficis

De petit, si em preguntaven
«Què vols ser, quan siguis gran?»,
deia allò que s'esperaven
els adults del meu voltant:
bomber, metge, economista,
astronauta, professor,
funcionari, periodista
o pilot d'aviació.

I ells em feien bona cara,
em donaven un caramel
i li deien a la mare:
«Aquest nen és tot un cel!».
Però m'importava un rave
l'opinió d'aquells cretins
i en secret acaronava
mil oficis clandestins:

sodomitzador de puces,
caçador d'aigua corrent,
seductor de nines russes,
embotellador de vent,
venedor d'esgarrifances,
alçador de baixos fons,
desarrugador de panses,
distribuïdor de petons,
conductor de calaixeres,
polidor d'escuradents,
domador de calaveres,
bressador de sols ponents,
psicoanalista de vaques,
amplificador de crits,
provador de llits i hamaques,
detector de malparits.

El món és tan depriment,
tan gris, tan convencional...
Si vols anar a contracorrent,
pots prendre mal.

[...]

Miquel Pujadó, *A contraveu* (adaptació)

«FINALMENT HI VA CABRE, AQUEST MAMÍFER REMUGANT»: _ _ _ _ _.

TALLER D'ESCRIPTURA (II)

La darrera revisió del text

Aquí t'oferirem alguns consells pràctics per a millorar els teus escrits, sobretot quan ja són en la fase final de revisió.

Imaginem que ja has obtingut un escrit adequat a la situació comunicativa (has fet una bona tria pel que fa al registre o al gènere), un text escrit ben coherent (no hi ha contradiccions, la informació progressa, etc.), prou cohesionat (ben travat gràcies al bon ús de pronoms, de connectors, etc.) i del tot correcte (sense «faltes»). En fi, imaginem que te'l mires amb la satisfacció de l'obra acabada. I, tanmateix, quan el fas llegir a algú de confiança, et fa saber que troba el contingut bo, però no el llenguatge: peca d'insípid, a estones és pobre, amb construccions repetitives i fins i tot confuses... En definitiva, que el teu text no posa prou en relleu ni la teva intenció ni la teva personalitat ni la teva vàlua comunicativa... Què hi pots fer? Les recomanacions i els exercicis següents et volen donar un cop de mà en qüestions d'adequació i d'estil.

Revisió final del text	
1. És prou clar?	✓ He prescindit de paraules poc entenedores i d'oracions artificioses? ✓ Hi ha expressions ambigües? ✓ He dosificat les oracions passives i he evitat les dobles negacions?
2. És prou precís?	✓ He trobat els mots justos per al que volia dir? ✓ He controlat les connotacions dels mots? ✓ He estat prou concís?
3. És prou variat?	✓ He mirat de no repetir mots canviant-los per sinònims? ✓ He alternat oracions llargues amb oracions curtes? ✓ He fugit de les cacofonies?

1. Busca la claredat

1.1. He prescindit de paraules poc entenedores i d'oracions artificioses?

(1) *La presidenta ha manifestat la seva voluntat d'un compromís més gran amb el país mitjançant la seva assumpció de noves responsabilitats que redundin en la millora del benestar social.*

Fes que l'oració 1 sigui sintàcticament més simple!

És clar que, segons el registre que pertoqui a cada situació comunicativa, el llenguatge esdevindrà més formal i, doncs, més complex; però qui ha escrit l'oració **1**, més que voler fer-se comprensible a un màxim nombre de persones, sembla haver buscat ser obscur o grandiloqüent. Encara que aquí ens centrarem en la redacció en català estàndard i, per tant, en una llengua de formalitat mitjana alta, tampoc en aquest registre no s'ha d'abusar de les nominalitzacions (*voluntat, compromís, assumpció, millora*) o de les construccions ampul·loses.

1.2. Hi ha expressions ambigües?

(2) *a*) *Vaig veure el jutge actuant en una discoteca.*
b) *Avui faran classe de física i química.*

Fes que les oracions de 2 no siguin tan confuses.

Es tracta de dues oracions ambigües, que el context no sempre aclareix. Quant a **2***a*, la forma *actuant* hi resulta doblement ambigua: des d'un punt de vista sintàctic, perquè no sabem si el seu subjecte és *jo* o bé *el jutge*; des d'un punt de vista lèxic, perquè no queda clar si l'actuació del jutge consisteix, posem per cas, a ballar o cantar, o bé a tirar endavant una actuació judicial.

Pel que fa a **2*b***, no queda clar si en el temari de l'assignatura hi ha física i també química, o bé si es tracta de dues classes, l'una de física i l'altra de química. D'altra banda, si bé habitualment en oracions com la de **2*b*** el verb *fer* s'interpreta amb el valor de 'impartir' (*dar* en castellà), no és menys cert que hauria quedat més clar dient *Avui impartiran classe de*...(si són professors) i *Avui aniran a classe de*...(si són alumnes).

1.3. He dosificat les oracions passives i he evitat les dobles negacions?

Com faries més comprensible la construcció de l'oració 3?

(3) *No és improbable que, a la fi, la Sra. Josepa Suades sigui pròximament nomenada presidenta de la comissió, però que ho sigui no sense alguna vacil·lació.*

En cas de saber tal dada, hauria estat preferible especificar qui nomenarà la Sra. Josepa Suades i defugir la forma passiva *sigui nomenada*, construcció més aviat estranya al geni de la llengua. La veu activa faria que el text cobrés vida, perquè és més directa. D'altra banda, les dobles negacions (*no... improbable, no... sense*) donen peu a confusió.

2. Busca la precisió

2.1. He trobat els mots justos per al que volia dir?

Fes que l'oració 4 doni una informació més concreta!

(4) *En Pep no ha vingut a bàsquet. Deu tenir alguna cosa!*

Cal eludir l'ús de mots tan genèrics com *cosa* (mots anomenats *jòquer* o *òmnibus*, és a dir, que serveixen per a dir-ho gairebé tot). Igualment, també cal mirar d'evitar adjectius ponderatius tan vagues com ara *meravellós* o *fantàstic*. S'aconsella també reemplaçar verbs com *fer* o *tenir* per altres amb més contingut, llevat que formin part d'expressions (*fer fàstic* o *tenir en compte*).

«Tinguem respecte
a la paraula que malda per
ser exacta,
com acròbata
quan pendula a l'espai
en busca del punt just
i la xarxa
no l'eximeix de caure.
És meteorit balder, camí
d'extinció,
el pensament
que no sap trobar nom.»

Gabriel Guasch, *Poble*

2.2. He controlat les connotacions dels mots?

Digues quina diferència de matís semàntic hi ha entre aquestes dues oracions:

(5) *a*) *Han servit el seu plat preferit a la presidenta: que oportuns que són!*
b) *Han servit el seu plat preferit a la presidenta: que oportunistes que són!*

Aquestes oracions no són sinònimes com poden semblar a algú, ja que *oportuns* és un terme positiu, mentre que *oportunistes* és negatiu i, per tant, inclou una crítica (ells són uns «aprofitats», ja que cal suposar que s'han mogut per un interès hipòcrita envers la presidenta). Per tant, el parlant ha de tenir clar què vol dir, però també com dir-ho sense crear malentesos enutjosos, i això vol dir conèixer les connotacions que van adquirint els mots (així, una expressió inicialment positiva com *cobrir-se de glòria* ha adquirit un sentit negatiu de tant utilitzar-la irònicament).

2.3. He estat prou concís?

Com escurçaries l'oració 6 sense perdre'n informació?

(6) *El gerent va donar a conèixer la seva decisió consistent en la presentació de la suspensió de pagaments de la seva empresa.*

Certament, l'expressió «va donar a conèixer la seva decisió» es pot dir d'una manera més directa i planera. Cal evitar els circumloquis feixucs, sense caure en un estil telegràfic, que podria resultar críptic. En la solució que proposis, evita-hi de passada la cacofonia consistent a fer servir tres mots gairebé seguits acabats en *-ió*.

3. Busca la variació

3.1. He mirat de no repetir mots canviant-los per sinònims?

(7) *Acabada la primera part del partit, es feia evident que els jugadors acabarien esgotats molt abans que acabés el partit amb el xiulet d'acabament de l'àrbitre.*

Canvia els mots repetits de l'oració 7.

És evident que desconcentra veure repetits el mot *partit* i l'arrel *acab-* (*acabada, acabarien, acabés*...). Introdueix-hi sinònims! Per cert, en quin cas podries reemplaçar *acabar* per *quedar*?

3.2. He alternat oracions llargues amb oracions curtes?

No es pot pas dir que els fragments 8 i 9 estiguin mal redactats; tanmateix, creus que són adequats en les mateixes situacions?

(8) *La noia que va baixar de l'autobús que procedia de les Escaldes i Engordany i a la qual em vaig acostar amb la intenció de saludar-la, ja que em pensava que era una amiga meva, va resultar que no era ella sinó la seva germana bessona.*

(9) *Un autobús procedia d'Escaldes i Engordany. Una noia va baixar de l'autobús. M'hi vaig acostar. La vaig saludar. Em pensava que era una amiga meva. Va resultar que no era ella. Era la seva germana bessona.*

Redacta de nou la informació de 8 i 9, construint un paràgraf amb una sintaxi no tan travada com la de 8, ni tan deslligada com la de 9.

El fragment 8 està molt més cohesionat que el 9. Diem que **8** té un **estil molt cohesionat** (amb molta subordinació, per exemple), mentre que **9** té un **estil segmentat** (construït a base de moltes oracions senzilles i curtes). L'estil cohesionat és molt adequat en registres alts i en l'assaig (com el filosòfic o l'històric), o en textos legals, sovint ben farcits de matisos i en què es vol facilitar el lector a relacionar bé les idees transmeses. En canvi, l'estil segmentat pot ser molt adient per a imprimir un bon ritme a una narració o una descripció, com si una càmera anés alternant diferents plans de l'escena. En general, però, cal tendir a un estil intermedi; però, en cas de poder triar, és millor mirar d'escriure oracions breus i senzilles, amb poca subordinació.

3.3. He fugit de les cacofonies?

(10) *En Climent diu que, generalment, tot va malament quan es fa esment del finançament de l'ajuntament.*

Què hi detectes, en la fonètica de l'oració 10?

Es fa avorrit llegir un text en què es repeteix un mateix mot de significat ple (ens referim a noms, adjectius, verbs i la majoria d'adverbis). I també causa un cert tedi trobar repetida una terminació: alleugereix, doncs, de finals en *-ment* l'oració **10**!

1 El domini de la sintaxi d'una llengua implica saber utilitzar un estil cohesionat quan aquest ús és l'opció més adequada. Una estratègia per a evitar de perdre'ns per les branques oracionals, és esporgar el text (ni que sigui mentalment) de complements del nom, d'incisos o d'altres elements perifèrics que hi hàgim escrit. Així veurem si l'estructura de les teves oracions és ferma o bé «fa aigües»...

Digues si més avall tenim **oracions completes** o bé **fragments d'oració** (en aquest últim cas, converteix-los en oracions). Detecta si hi ha ruptures sintàctiques mitjançant l'esporgada dels complements del nom.

Model: *En Joan, quan va sortir de casa seva, es va recordar que havia de dir a la seva dona, que justament aquell dia estava molt atrafegada, ja que enregistrava uns programes per a la televisió.* ***(Incorrecte: és un fragment d'oració, no una oració completa.)***

- **Correcció:** *En Joan, quan va sortir de casa seva, va recordar-se que havia de dir a la seva dona (que justament aquell dia* [...] *televisió)* ***que demanés hora a cal dentista.***
- **Comentari:** El fragment inicial no constitueix una oració completa, ja que hi apareix un SN subjecte (*En Joan*) sense el corresponent SV predicat (observeu com la corba entonativa de l'oració queda en suspens pel fet de mancar-hi el predicat). Diem que s'hi produeix una **ruptura sintàctica**. Per a detectar aquests **errors de cohesió**, ens seran sovint molt útils tècniques com ara l'esporgada tant de complements del nom com d'incisos o de circumstancials. Així, si esporgues els complements del nom i els incisos de l'oració precedent (model), et quedarà: *En Joan va recordar-se que havia de dir a la seva dona*, seqüència que no és, òbviament, cap oració ben acabada.

a) La recuperació de les restes que hi ha, en gran quantitat, sota les aigües dels mars i dels rius, com a conseqüència de naufragis, accidents i combats navals.

b) La sal, substància cristal·lina, de color blanc i gust picant, formada per clorur sòdic, es troba especialment, en estat sòlid o bé en dissolució, a l'aigua del mar.

c) Lector atent dels poemes de l'escriptor sarrianenc i també de la bibliografia que ha generat i que, cada vegada més i amb més intensitat, continua generant l'anàlisi d'un dels autors més complexos de la literatura catalana del segle XX.

d) Com cada primavera, les gràcils orenetes procedents del continent africà s'han instal·lat a casa nostra tot anunciant-nos l'esperada primavera, però també deixant-nos ben atabalats amb els seus crits eixordadors, capaços d'esfereir més d'un gat domèstic, poruc i descastat, que no sap on amagar-se davant una invasió tan sorollosa.

e) El cocodril, amb la seva llarga mandíbula (armada de fortes dents), un dels animals més originals i característics del planeta, però que està en perill d'extinció, ja que és perseguit implacablement per tal d'obtenir-ne la pell, molt estimada.

f) El primer ministre d'aquell país, segons les darreres enquestes de popularitat, pensa tirar endavant una reforma econòmica de tanta envergadura que, en cas de resultar un fracàs, provocaria que tot el prestigi que s'ha anat guanyant durant les dues últimes legislatures, en què ha dut a terme una gestió digna dels millors elogis.

g) Els sioux, indis d'una gran valentia que habitaven a les praderies centrals de l'Amèrica del Nord, als dos costats del riu Missouri, des del Canadà fins a Arkansas, i que oposaren una forta resistència a l'home blanc, han reclamat fa poc el retorn de les Black Hills, les muntanyes sagrades, escarpades i cobertes de neu, on els búfals i els ants, animals molt característics de la zona, però que també es troben en altres indrets del planeta.

2 Un cop les hagis corregides, **reescriu** les quatre darreres oracions de l'exercici anterior en un estil no tan cohesionat.

3 En la micronarració següent, L. Davis ha apostat per l'estil segmentat. Passa-la a un estil més cohesionat (redueix-la a només tres o quatre oracions).

El pèl del gos

El gos ja no hi és. El trobem a faltar. Quan truquen a la porta, no hi ha ningú que bordi. Quan tornem tard a casa, no hi ha ningú que ens hi esperi. Encara trobem pèls blancs pertot arreu de casa i a la roba. Els arrepleguem. Els hauríem de llençar. Però és l'última cosa que ens en queda. No els llencem pas. No perdem mai l'esperança, per petita que sigui, que si, en recollim prou, un dia sabrem recompondre el gos sencer.

Lydia DAVIS, *Ni puc ni vull*

«És més suggeridor el rostre d'una persona que un paisatge.»
Carme RIERA

4 Deixant de banda l'ús necessari del **verb *fer*** en moltes locucions verbals o frases fetes (*fer petons, fer fàstic*...), ús que cal potenciar per la seva genuïnitat i expressivitat, aquest verb esdevé massa imprecís en molts altres casos. **Millora** les oracions següents:

a) És el primer discurs que faig davant l'assemblea.
b) Tenim aquest lluç per a dinar. El pots fer en aquella paella mateix.
c) Els alemanys han fet un cotxe que no pol·lueix?
d) Els reis francs van fer la Marca Hispànica al segle IX.
e) Ahir es va fer la inauguració de l'exposició dels seus quadres.
f) Aquesta casa, la van fer l'any 1927.
g) La Glòria ha fet un programa informàtic per a la localització de robots.
h) El Parlament ha fet una modificació de la llei sobre els desnonaments.

5 Corregiu les oracions **ambigües** següents:

a) Es venen llits per a matrimonis de ferro.
b) L'Atlètic de Mallorca ha fitxat Puig i Pagès.
c) La Joana va trobar l'Enric quan baixava Rambla avall.
d) La Mariona s'estima més la tortugueta que el seu germà.
e) Ens apugen el sou perquè treballem més.
f) La Marina els va comentar els detalls de l'assassinat del seu veí.
g) Aquesta escriptora es considera la millor narradora actual.

6 Les oracions següents són correctes, però tenen defectes que les fan inadequades o insatisfactòries (mots repetits, ambigüitats, sintaxi recargolada, expressió poc directa, etc.). **Millora'n la redacció.**

a) En Bernat Gimbernat s'ha expressat amb llibertat sobre un tema determinat i en un ambient relaxat.
b) Ahir va dir que sí i després va dir que no. Però és que resulta que dies abans, abans-d'ahir l'altre, també havia dit que sí i després també va tornar a dir que no.
c) L'Elx va jugar amb l'Espòrting de Catalunya al seu camp.
d) El greix, tal com hem dit, no és dolent, almenys no ho és per definició i, només si se n'abusa, pot provocar, a llarg termini, en alguns organismes, greus problemes.
e) Tothom que estigui en possessió d'una bicicleta tindrà l'obligatorietat de dur a terme la contractació d'una assegurança.
f) Li va formular una pregunta sobre si ell continuava mantenint relacions d'amistat amb en Roc.

«TESTICLES VEGETALS»: _ _ _ _ O _ _.

7 La notícia següent parla d'un accident ocorregut el dia abans (aclariment: és inventat). **Detecta les redundàncies** que hi ha i elimina'n els elements semànticament sobrers (en el model, pots veure que hem eliminat el mot *imprevista* perquè conté una idea que ja va implícita en la de *casualitat*: totes les casualitats han de ser imprevistes!).

Tres joves de Riudecanyissars (M. C., J. H. i R. N.) anaven cap a Vilada quan, per ~~una~~ casualitat ~~imprevista~~, van patir ahir un accident fortuït cap a les dues del migdia aproximadament: el seu cotxe va topar amb una barrera de la carretera i es va precipitar a l'embassament de la Baells. Una part del cotxe va quedar submergida, de manera que aquest romangué parcialment sota les aigües. Les noies van intentar sortir-ne, però, tanmateix, només dues d'elles (M. C. i J. H.), després de diversos i reiterats intents d'evacuació, van aconseguir amb èxit sortir a fora, a l'exterior del vehicle. Afortunadament, van tenir posteriorment la sort de poder després aferrar-se ben fort a una planxa de fusta que surava per damunt l'aigua i assolir la ribera.

Pel que fa a la tercera noia restant (R. N.), un membre de l'equip de salvament de Cercs, un noi de potser uns dinou anys d'edat (V. H.), que probablement devia saber per les supervivents que quedava encara una noia més dins l'automòbil, va acostar-s'hi nedant per salvar amb vida la tercera ocupant. Ell, però, també hi va quedar atrapat, ja que, havent penetrat dins el vehicle per la porta del copilot, se li van bloquejar totes les portes i no va trobar a temps una altra alternativa per a sortir-ne.

Malauradament, quan altres membres de l'equip de socors van arribar al lloc dels fets, els van trobar ja morts i sense vida. El metge de guàrdia de l'hospital de Berga va certificar que havien mort a causa d'una forta hemorràgia de sang, de resultes de cops traumàtics soferts contra l'acer metàl·lic del motor del cotxe, sense descartar que haguessin mort directament per asfíxia a causa de no tenir prou aire per a respirar.

Mentrestant, les altres dues noies es recuperen favorablement en un petit llogarret proper, on reben atenció mèdica i psicològica. Ho han aprofitat per a difondre una nota en què agraeixen a totes les persones humanes que van acudir al lloc dels fets l'esforç comú de tots per a evitar més morts, així com també manifestar el sentiment ambigu que experimenten per haver estat, per sort per a elles, les afortunades.

Els Mossos d'Esquadra han obert una investigació per a esbrinar el perquè de les causes del que ha passat, sense descartar qualsevol minúcia sense importància ni cap descuit involuntari que es pogués haver produït a l'automòbil. Van assegurar que, amb tota certesa, qualsevol dada proporcionada pels testimonis seria útil per a explicar el desenllaç final. Val a dir que no passa any que no s'hagi de lamentar que, malauradament, tingui lloc alguna tragèdia funesta com aquesta als embassaments catalans.

8 Els elements lèxics que segueixen tenen una **connotació negativa** (pel seu valor pejoratiu o despectiu). Cerca'n un de sinònim amb **connotació positiva**.

Model: *Hi han insistit fins a aconseguir-ho: són molt tossuts!* (terme negatiu)
→ *Hi han insistit fins a aconseguir-ho: són molt tenaços!* (terme positiu)

- tafaner
- temerari
- xarlatà
- parlotejar
- xusma
- vell
- urpes
- pamflet
- servil
- *-astre* (*medicastre*, *poetastre*...)

«LA PATRONA DE TARRAGONA LES TOCA TOTES»: _ _ _ _ _.

L'oració composta. L'expressió de lloc, temps, manera i quantitat

UNITAT 3

Creus que és ètic que un reporter es lucri amb el dolor dels altres?

Nightcrawler, Dan Gilroy, 2014.

Enfilem l'agulla

Foment de la creativitat

La setmana passada van venir a casa, d'una cadena de televisió, una periodista i un càmera a fer-me una entrevista per a un informatiu en què, un dia d'aquestes festes, parlaran dels canvis que pateixen les tradicions nadalenques. Tant la periodista com el càmera eren la mar de simpàtics. Vam mirar on ens podíem situar i vam optar per la taula de la sala. Em vaig quedar a peu dret, segons em van dir, i la periodista m'anava fent preguntes.

Quan contestava la primera em vaig fixar que el càmera evolucionava per damunt de la taula, fent un tràveling amb tota una sèrie de filigranes. No diré que va acabar fent la vertical, perquè no és veritat, però gairebé. I aleshores em vaig adonar que jo contestava la pregunta de manera **desmanegada**[1], sense fixar-me gaire en què deia, perquè bona part del meu cervell estava dedicada a intentar deduir què coi enregistrava el càmera. No és fàcil contestar amb normalitat quan veus que, davant teu, un tipus es contorsiona. Què enregistrava exactament? Passava l'objectiu de la càmera arran de la cartera de pell i d'un parell d'estotjos d'ulleres que hi havia damunt la taula i, de sobte, des d'aquell lent vol rasant elevava la càmera fins a arribar –suposo– a la meva cara. O potser no. I els estotjos de les ulleres, sortiran en primer pla?, rumiava jo mentre provava de deixar de pensar-hi per reprendre el fil de les preguntes de la periodista.

Quim Monzó.

Avui és d'allò més normal que t'entrevistin pujant les escales de la Sagrada Família, escollint mitjons en un hipermercat o preparant uns ous ferrats. Sobretot, diuen, cal donar preferència al que és visual, i si pot ser amb la càmera cap per avall, millor. Hi ha entrevistats als quals aquesta actuació forçada els desconcentra, per molt que els diguin: «Tu actua natural, com si nosaltres no hi fóssim: ves fregint els ous mentre ens expliques el pas del barroc al neoclassicisme». I no és que la gent no accepti posar en situacions pintoresques. Però és que una cosa és posar i una altra encadenar pensaments. A mi, mentre no m'obliguin a somriure i dir «Lluís...», m'encanta fotografiar-me en un gronxador, de genolls en un passadís d'uns grans magatzems, amb un guàrdia jurat en braços o crucificat al cim del turó de la Peira. Però, quan intentes trobar les paraules exactes per explicar el que sigui que estiguis explicant, fregir ous no hi ajuda. En aquesta circumstància, no hi ha res com la calma i una càmera potser no immòbil però sí discreta. I vet aquí el problema: a qui li importa que trobis o no les paraules exactes? Crescuts en un món que els ha portat directament de la plastilina de la guarderia a les *múltiples possibilitats* de l'audiovisual, a ben pocs responsables de les nostres televisions els importa res que no sigui allò que ells en diuen la *creativitat*.

Cap càmera no gosaria fer tombarelles davant dels presentadors dels informatius. No els fan escombrades arran de taula, entre el llapis, els papers i l'ordinador portàtil. Per què a ells no els enquadren torts i amb la càmera pujant en espiral des de terra? I, en canvi, això sí que de debò seria original i creatiu.

Quim Monzó, *Esplendor i glòria de la Internacional Papanates* (adaptació)

1 **desmanegat -ada:** desorganitzat, descurat, desendreçat.

«EXPLOTACIÓ RAMADERA AMERICANA ON DEVOREN EL PLAT TÍPIC DEL SOLDAT, EL PRES O EL MARINER»: _ _ _ _ _ _.

COMPRENSIÓ

1 **Resumeix** el contingut del text en menys de cent paraules.

2 En l'article, Quim Monzó posa en contrast dues maneres d'entendre l'**entrevista televisiva**. Quines? Quina és la seva **tesi**? En quins arguments la fonamenta?

3 Quina **visió** ofereix de la posició contrària a la seva? De quins recursos es val?

«A la televisió les coses no són com són: són com sembla que són; a la vida, sovint, també.»
Joaquim M. Puyal

LÈXIC I SEMÀNTICA

4 Detecta en el text elements pertanyents a dues varietats lingüístiques: la corresponent al registre **col·loquial** i la corresponent al lèxic tècnic propi del **món audiovisual**.

5 Parlem de mots que indiquen un **ofici** i fixem-nos especialment en el **gènere**.

a) Deixant de banda la designació femenina dels oficis, quina diferència hi ha entre:
- *el càmera* (línies 5, 10, 17) / *la càmera* (línies 20, 22, 31, 56)
- *un guia* / *una guia*
- *el músic, el físic, el químic*... / *la música, la física, la química*...

b) Completa.

Matèria o objecte	Ofici en *-er*	Lloc en *-eria*
matalàs	*matalasser*	*matalasseria*
pastís		
	pelleter	
		peixateria
carn		
	llibreter	

6 *a*) Utilitza un sufix sempre diferent (*-ador*, *-edor*, *-idor*...) per a indicar qui fa l'activitat que correspon als mots següents:
- fotografia
- massatge
- bolet
- enginy
- biologia
- guardar
- córrer
- conduir
- decorar
- vigilar
- jutjar
- piratejar
- aprendre
- teixir

b) Com en altres llengües, molts **cognoms** catalans designen **oficis** o **activitats**. Sovint, però, la grafia actual en desfigura l'origen. Escriu-los com els noms comuns corresponents.

Model: *Baqués → vaquers*
- Caballé
- Taulé
- Cusidó
- Pellicé
- Bobé
- Flaqué
- Muliné
- Carnicé
- Bossé
- Farrés
- Fusté
- Ferraté

> «Si t'ofega alguna pena, escup-la pel raig d'una ploma i veuràs com et sentiràs més descansat.»
>
> Ramon SOLSONA

AMPLIACIÓ

7 Escriu la forma escaient:

a) ***gairebé / gaire bé***
1. No diré que el càmera acabés fent la vertical, però ____.
2. Aquests dies he parlat ____ de tot.
3. La Mercè no parla ____ el noruec.

b) ***aleshores / a les hores***
4. Va ser ____ que em vaig adonar que contestava la pregunta d'una manera desmanegada.
5. Els autobusos interurbans passen per aquesta parada ____ en punt.

c) ***alhora / a l'hora***
6. El càmera filmava i es contorsionava ____.
7. ____ de l'esbarjo voldria enraonar amb tu un momentet.
8. Està tan torrat que de vegades es posa a plorar i riure ____.

d) **perquè / per què**
9. ____ als presentadors de telenotícies els enfoquen com cal i a mi, en canvi, m'enquadren tort?
10. Contestava de qualsevol manera ____ no em podia concentrar en la resposta.
11. –Encara no sé ____ vas abandonar la cursa tan aviat. Contesta'm: ____ ho vas fer?
–Doncs ____ em vaig sentir esgotat!

e) ***potser / pot ser***
12. Quan t'entrevisten no hi ha res com una càmera ____ no immòbil però sí discreta.
13. No ____ que menystinguin el que diem!
14. Aquest vespre ____ farà vent, però no____ que plogui: no hi ha cap núvol!

f) ***si no / sinó***
15. ____ ve ella ____ el seu marit, tu fas com ____ el coneguessis.
16. ________ fos el fill de l'amo, ja l'hauria enviat a pastar fang.
17. Sort que no ho ha fet la Neus ____ en Roc; ____ encara hauria sortit pitjor.

g) ***només / no més***
18. Espera't un segon: això ho enllestim amb ____ de dos minutets!
19. ____ ella sap la recepta d'aquestes postres!

EXPRESSIÓ

8 Escriu un breu **assaig** d'aproximadament 100 mots en què reflexionis sobre la relació entre el fons i la forma en la comunicació oral, escrita, audiovisual... Creus que la presentació o el disseny s'ha de supeditar necessàriament al contingut o a la funcionalitat?

Què dius, ara!

Els primers testimonis escrits d'una llengua permeten datar-ne el naixement, encara que són el reflex d'una llengua parlada més antiga. Les primeres mostres de llengües romàniques són dels segles VIII, IX o X i pertanyen a l'àmbit religiós o jurídic. Els primers documents íntegrament escrits en català són del segle XI: el *Jurament de Radulf Oriol* (entre el 1028 i el 1047) i els *Greuges de Guitard Isarn, senyor de Caboet* (entre el 1080 i el 1095).

Però els més coneguts són el *Liber iudiciorum* (Llibre dels judicis), de la primera meitat del segle XII, i les *Homilies d'Organyà*, del final del segle XII o de principi del XIII, abans considerat el primer text en català. [AR]

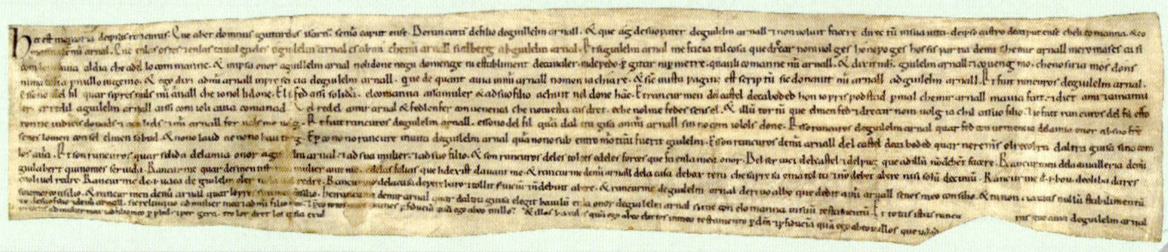

Fragment dels *Greuges de Guitard Isarn.*

«CORRUA DE RULOTS FENT CUA A L'AUTOPISTA»: _ _ _ _ V _ _ _.

L'oració composta

En aquest apartat reconeixerem els tres tipus d'oracions compostes: les formades per coordinació, per subordinació i per juxtaposició; i ens centrarem en l'estudi de les tres menes d'oracions subordinades: les adjectives, les substantives i les adverbials.

1. Tipus d'oracions compostes

Les oracions compostes poden ser-ho per **coordinació,** per **subordinació** o per **juxtaposició**. Així, en l'oració **1*a*** la conjunció subordinant *que* converteix el segment oracional *tinguin fama de busca-raons* en el complement del nom *amics*; en canvi, en **1*b*** la conjunció coordinant *i* uneix, sense que l'una sigui complement d'algun element de l'altra, dues proposicions completes: *S'ha enfilat a la teulada + Ha caigut daltabaix.*

(1) *a) No vol amics que tinguin fama de busca-raons.* (oració composta per subordinació)
b) S'ha enfilat a la teulada i ha caigut daltabaix. (oració composta per coordinació)

Per a formar oracions compostes, solem recórrer a nexes (*que, i*...), però de vegades unim directament les proposicions i allò que les cohesiona és el sentit i l'entonació (o la puntuació en la llengua escrita). En aquest cas, parlem d'oracions **juxtaposades** (etimològicament, vol dir 'posades de costat'). En **2*a*** les comes que delimiten les tres proposicions de l'enumeració equivalen a la conjunció *i* (per això en **1*b*** no n'hi hem escrit cap abans de *i*); en **2*b*,** en canvi, es pot sobreentendre la conjunció *perquè* causal en comptes dels dos punts. La connexió semàntica entre les proposicions **juxtaposades** l'estableixen mentalment els interlocutors.

(2) *a) Hem anat al Túnel del Terror, hi hem entrat, n'hem sortit cames ajudeu-me.*
b) No t'hi fiquis: te'n penediràs!

«A París, se'm quedaven mirant quan els parlava en francès: mai no vaig aconseguir que aquells idiotes entenguessin el seu propi idioma.»
Mark Twain

Quadre 1

Oració composta					
Tipus	**Subtipus**	**Estructura sintàctica**			**Comentari**
1. Coordinació	copulatives, disjuntives, distributives, adversatives, explicatives i il·latives (Consulta el quadre 2, pàg. 102.)	**Proposició 1**	**Nexe**	**Proposició 2**	
		No ha sortit	*sinó que*	*s'ha quedat a casa.*	Proposicions del mateix rang sintàctic.
		Anàlisi: oració composta per coordinació adversativa.			
2. Subordinació	*a)* **adjectives** (*que, què, qui, el qual*...) *b)* **substantives** (*que, què*...) *c)* **adverbials** (*sempre que, encara que*...)	**Proposició 1 (principal)**	**Nexe**	**Proposició 2 (subordinada)**	
		Triaré l'escombra	*que*	*sigui més lleugera.*	La subordinada fa de complement d'un element oracional (la proposició *que sigui més lleugera* és complement del nom *escombra*).
		Anàlisi: oració composta per subordinació adjectiva de relatiu.			
3. Juxtaposició		**Proposició 1**	**Ø**	**Proposició 2**	
		No surtis	*:*	*et refredaràs!*	Sense nexe.
		Anàlisi: oració composta per juxtaposició.			
Nota: Dins una mateixa oració composta hi pot haver, és clar, més de dues proposicions, que poden mantenir entre elles qualsevol dels tres tipus de relació esmentats.					

1.1. Coordinació de proposicions

En la coordinació apareix un nexe que uneix dos elements sense fer que l'un depengui de l'altre (en el mot *coordinació* el prefix *co-* significa 'conjuntament i al mateix nivell'). Tant podem coordinar sintagmes (*Conrea* ***bledes i espinacs***) com proposicions (**1***b*), i és en aquest darrer cas que formem una oració composta.

Quadre 2

Oracions compostes per coordinació		
Classes	**Nexes**	**Exemples**
copulatives (addició)	*i, ni*	• *No ha berenat* ***ni*** *ha sopat.*
disjuntives (tria)	*o, o bé*	• *Quedem-nos a la biblioteca,* ***o bé*** *anem a l'aula 32.*
distributives (alternança)	*ara... ara, no solament... sinó (que)*	• ***No solament*** *no porta bolígrafs,* ***sinó que*** *tampoc no té cap llapis.*
adversatives (oposició)	*però, sinó (que)*	• *Ha fet arreglar l'ordinador vell,* ***però*** *se'n comprarà un de nou el mes vinent.*
explicatives (aclariment)	*és a dir, o sigui, això és*	• *Treballa a temps parcial,* ***és a dir,*** *li queda força temps lliure.*
il·latives (deducció)	*doncs, per tant, per consegüent*	• *En Pere se n'ha anat;* ***doncs*** *no podrem comptar amb ell!*

1.2. Subordinació de proposicions

En una oració composta per **subordinació**, tenim una proposició que exerceix una determinada funció sintàctica respecte d'un element oracional (*sub-ordinar* significa 'ordenar per sota'). Detecta en aquesta oració composta els nexes subordinants:

(3)

a) Quan arribi l'hora de l'esbarjo	*demanaré als companys*	*amb qui treballo*	*on han amagat l'àcid clorhídric.*
sub. adverbial de temps (CC temps)	v. principal + SPrep (CI)	sub. adjectiva (CN)	sub. substantiva (CD)
b) Llavors (adv. temps)		*polonesos* (adj.)	*això.* (pron.)

L'oració **3***a* es compon de quatre proposicions, cadascuna amb el seu verb (verbs subratllats en **3**). Els nexes *quan*, *qui* i *on* fan que els verbs que introdueixen (*arribi*, *treballo* i *han amagat*) quedin subordinats, mentre que *demanaré* –no introduït per cap nexe– és el verb principal de l'oració composta. En aquesta oració composta, la proposició subordinada *quan arribi l'hora de l'esbarjo* fa de complement circumstancial de *demanaré*, mentre que la subordinada *on han amagat l'àcid clorhídric* n'és el complement directe. Aquestes anàlisis es fan evidents en canviar les dues proposicions esmentades, respectivament, per l'adverbi de temps *llavors* i pel pronom demostratiu neutre *això* (**3***b*). Per la seva banda, el complement indirecte del verb principal, *als companys*, té un complement de nom, *amb qui treballo*, que és una proposició subordinada adjectiva (la podríem canviar per un adjectiu gentilici: *polonesos*, *kurds*...). Direm que una **subordinada** és **adjectiva**, **substantiva** o **adverbial** segons la classe de mot per la qual la podem canviar (un adjectiu, un substantiu i un adverbi, respectivament). Tot seguit tractarem, primer, de les subordinades adjectives i, després, de les substantives i de les adverbials.

«MANUFACTURA ON ES FABRICÀ I ES FABRICA»: _ _ _ _ _ _ _ _.

2. Les subordinades adjectives de relatiu

Les subordinades adjectives són les que es poden canviar per adjectius (*vermella* en **4**) o participis (*envernissada*), intercanvi o commutació que en prova l'equivalència funcional (en **4** tots aquests elements fan de complement del nom). Tant se val que s'assemblin o no quant al significat, l'important és que, després del canvi, l'oració sigui viable, gramatical. De l'oració introduïda pel pronom relatiu *que*, en diem **subordinada adjectiva de relatiu** i, com a tal adjectiva, fa la funció de complement del nom antecedent (*columna* en **4**).

(4) *La columna <u>que sosté l'escultura</u> s'ha corcat.*
vermella
envernissada
(compl. del nom *columna*)

Quadre 3

Característiques dels pronoms relatius
• Són nexes (uneixen proposicions): *La columna s'ha corcat + La columna sosté l'escultura. → La columna **<u>que</u>** <u>sosté l'escultura</u> s'ha corcat.* (sub. relativa adjectiva)
• Són pronoms: amb un antecedent concret (*que → la columna* en l'exemple), o bé genèric en el cas de les sub. substantives de relatiu: ***<u>Qui</u>*** *<u>no sap riure</u> no sap viure.* (*qui = la persona que, les persones que*)
• Exerceixen una determinada funció dins la subordinada (*qui* és el subjecte del verb *sap* de l'oració precedent; que és el subjecte de *sosté* en l'oració 4 de més amunt).

Quadre 4

Subordinades adjectives de relatiu			
Pronom	**Antecedent**	**Exemple**	**Observacions**
que	qualsevol	*Aquell conte **que** estava tan ben escrit ha estat premiat.*	• Mai precedit de preposició.
què	no persona	*El pot en **què** hi havia les galetes s'ha trencat.*	• Sempre precedit de preposició (*a*, *de*, *en*, *amb*...).
qui	persona	*El soci amb **qui** vam fundar l'empresa és un pocavergonya.*	• Sempre precedit de preposició en les sub. adjectives de relatiu. • [Però pot anar sense preposició amb les sub. substantives de relatiu: *Qui molt abraça poc estreny.*]
on	lloc	*El bar **on** queden a les tardes ofereix tota mena de tes.*	• Fa sempre la funció de CC de lloc (no de temps: NO: *Era una època ~~on~~ existia l'esclavatge. → Era una època en què existia l'esclavatge.*).
el qual *la qual* *els quals* *les quals*	qualsevol	*Aquell conte, **el qual** estava molt ben escrit, ha estat premiat.* *El pot en **el qual** hi havia les galetes s'ha trencat.* *El soci amb **el qual** vam fundar l'empresa és un pocavergonya.* *El bar en **el qual** queden a les tardes ofereix tota mena de tes.*	• És més aviat propi del registre formal. • Amb preposició o sense (aquest darrer cas en les relatives explicatives). • **Relatiu possessiu** (N + *del qual*, *de la qual*...) (cast. *cuyo -a*..., anglès *whose*) *El veí la filla **del qual** és a Istanbul es diu Alí.* • **Relatiu neutre** El conjunt *la qual cosa* té com a antecedent l'oració precedent: *No ha jugat net, per **la qual cosa** ha quedat desqualificat.* També pot anar encapçalat per *cosa que*, *fet que*, substantiu + *que* (el substantiu ha de designar l'acció del verb precedent: *<u>Van decidir</u> que ho farien ells mateixos, **decisió que** fou més aviat desafortunada.*).

Centra't en els exemples amb *el qual*... de la columna «Exemple» del quadre 4 i digues les funcions d'aquest relatiu compost. Subratlla'n les subordinades adjectives, digues si són especificatives o explicatives i si totes les d'un tipus podrien ser convertides en l'altre tipus.

«HI POTS PENJAR AVISOS, ANUNCIS I EDICTES O BÉ JUGAR A ESCACS, A DAMES O AL PARXÍS»: _ _ _ _ _ _.

3. Les subordinades substantives

3.1. Les subordinades substantives de relatiu

Intenta canviar les proposicions destacades de les oracions compostes següents per elements nominals (per un nom, per un SN o per un pronom), de manera que puguis esbrinar si són –o no– proposicions subordinades substantives:

(5) *a*) *El noi que canta és bo, però el que dansa és millor.*
b) *L'escalada és un dels esports més perillosos: el que escala s'arrisca a caure daltabaix.*
c) *El qui / Aquell qui dansa ha de tenir molt d'equilibri.*
d) *Qui dansa ha de tenir molt d'equilibri.*

(6) *a*) *Agafa aquest préssec, no pas el préssec que hi ha damunt la taula.*
b) *Aquí hi ha de tot: agafa el que et vingui més de gust.*
c) *Agafa allò que et vingui de gust.*
d) *Això que dius és una veritat com una casa de pagès.*

En efecte, les proposicions destacades són substantives perquè es poden canviar pel pronom personal *ell* en **5** o pel demostratiu *això* en **6**. En cada grup de proposicions, però, el grau de «substantivitat» va en augment. Si les proposicions de **5*a*** i **6*a*** permeten sobreentendre clarament un nom entre *el* i *que* (*el noi que dansa, el préssec que hi ha*...), les oracions **5*b*** i **6*b*** són ja casos clars de substantivació (ja saps que un adjectiu es pot substantivar per l'efecte d'un determinant: *M'agrada el color blau* [adj.] → *M'agrada el blau* [nom]).

D'altra banda, podem introduir subordinades substantives de relatiu amb mots genèrics, que poden referir-se a persones en general, com *qui, el qui, aquell qui*, o que poden referir-se a coses en abstracte, com *allò que, això que* (**5*c*-*d*** i **6*c*-*d***). En qualsevol cas, hem de considerar que les combinacions *el que, la que*... només introdueixen subordinades substantives o substantivades de relatiu (**5**, **6**, **7*a***), no pas subordinades adjectives de relatiu (**7*b***). I és que en les adjectives cal fer ús dels relatius compostos *el qual, la qual*... (*Les màquines de les quals disposaran*...) o dels seus equivalents simples (*Les màquines de què disposaran*...). **És incorrecte fer servir *el que, la que, els que* i *les que* com a equivalents a *el qual, la qual, els quals* i *les quals*,** respectivament.

(7) *a*) SÍ: *Disposaran d'aquesta màquina i de les màquines que els convinguin.*
(sub. substantiva = *Disposaran d'aquesta màquina i d'això.*)
b) NO: *Les màquines de ~~les que~~ disposaran estan rovellades.*
(sub. adjectiva = *Les màquines franceses estan rovellades.*)
→ *Les màquines de **les quals** disposaran estan rovellades.*
→ *Les màquines de **què** disposaran estan rovellades.*

3.2. Subordinades substantives completives i d'infinitiu

A part de les subordinades substantives de relatiu, hi ha tres tipus més de subordinades substantives: les completives, les d'infinitiu i les interrogatives. Observa com totes les proposicions subratllades en el quadre **5** (pàgina següent) es poden canviar pel pronom demostratiu neutre *això* (Ex.: *Crec que els diners són en algun paradís fiscal.* → *Crec això.*).

Quadre 5

Proposicions subordinades substantives			
Tipus	**Element introductor**	**Exemple**	**Observacions**
completives	*que*	*Crec* ***que*** *els diners són en algun paradís fiscal.*	• No es pot suprimir *que*. NO: *Crec Ø els diners són...* • Consulta més avall: caiguda de preposició davant *que* (**8*a*-*c***).
d'infinitiu	un infinitiu	*Li convé* ***ser-hi*** *aviat.*	• Consulta més avall: canvi de la preposició *en* davant infinitiu (**9*d***).
interrogatives	*quin/a/s/es; què; qui; com; quan; on; quant/a/s/es*	*Vols saber* ***quin*** *paper representaràs en l'obra.*	• Es tracta de subordinades interrogatives indirectes amb funció de CD.
substantives de relatiu	*el que, allò que, (el) qui, (la) qui...*	*Ha entès* ***el que*** *li has dit.*	• *Lo* neutre és incorrecte. NO: *Ha entès ~~lo~~* ***que*** *li has dit.*

Les subordinades substantives completives són introduïdes per la conjunció *que*, mentre que les d'infinitiu van encapçalades per aquesta mateixa forma no personal, emprada sovint quan coincideix el subjecte de la proposició principal amb el de la subordinada: *Desitgem venir* (NO: *Desitgem que ~~vinguem~~*), en què *nosaltres* és el subjecte de tots dos verbs.

Una particularitat de les subordinades completives és que la conjunció *que* no admet anar precedida de preposició: diem que es produeix la **caiguda de qualsevol preposició davant la conjunció *que***. Podem dir *Quedem en això*, però no pas *Quedem ~~en~~ que vindràs*: cal dir *Quedem que vindràs*. Més exemples:

(8) *a)* *Han accedit* ***a*** *la petició.* Però: *Han accedit Ø que ho facis tu.*
b) *Ja ens hem adonat* ***de*** *la badada.* Però: *Ja ens hem adonat Ø que hem badat.*
c) *Pensa* ***en*** *la comanda!* Però: *Pensa Ø que cal fer la comanda!*

D'altra banda, existeix un altre fenomen sintàctic remarcable: l'anomenat **canvi de preposició**. Aquest canvi afecta només la preposició *en* quan va seguida de l'infinitiu d'una subordinada substantiva. Si bé, la preposició *en* pot anar seguida d'un nom o SN (*en una solució consensuada* en **9*a***) o d'un pronom (*en això* en **9*b***), però s'ha de canviar per *a* o *de* quan la segueix una subordinada substantiva d'infinitiu (*Tenen interès a/de consensuar una solució*, **9*d***). Però: ¿no és mai possible tenir la combinació *en* + infinitiu en llengua correcta? Sí, ho és en casos com *En clarejar, en Quim sortia cap a la feina*, en què la construcció *en clarejar* és una subordinada adverbial de temps, no exigida per cap mot precedent (de fet, aquí és inici d'oració, però la podríem situar al final: *En Quim sortia cap a la feina en clarejar*). En síntesi: d'una banda, cal saber que les preposicions cauen davant la conjunció *que*; de l'altra, que la preposició *en* s'ha de canviar per *a* o per *de* quan encapçala un infinitiu regit que no fa de CC de temps.

(9) *a)* *Tenen interès en una solució consensuada.*
b) *Tenen interès en això.*
c) *Tenen interès Ø* ***que*** *es consensuï una solució.*
(NO: *Tenen interès ~~en~~* ***que*** *es consensuï una solució.*)
d) *Tenen interès* ***a*** *consensuar una solució.*
Tenen interès ***de*** *consensuar una solució.*
(NO: *Tenen interès ~~en~~ consensuar una solució.*)

Quadre 6

	Canvi i caiguda de preposicions					
V + CRV	Verb + preposició regida	V + prep. + SN	V + *a*/*de* + sub. infinitiu)		V + Ø + *que*...	
Exemples	*advertir* **de**	*L'advertim dels perills.*	*L'advertim de no fer-ho?*		*L'advertim Ø que no ho faci.*	CAIGUDA DE PREPOSICIÓ
	negar-se **a**	*Em nego a l'evidència?*	*Em nego a perdre-ho tot!*		*Em nego Ø que em tractin així.*	
	insistir **en**	*Insistiu en la proposta?*	*Insistiu* ***a*/*de*** *fer-ho així?*	CANVI DE PREPOSICIÓ	*Insistiu Ø que ho fem així?*	
			També canvi en CAdj i CN: *L'últim* ***a*/*d'****arribar. La insistència* ***a*/*de*** *fer-ho així...*		També caiguda en: – locucions conj.: *a fi que, des que, després que...* – CAdj i CN: *Soc conscient Ø que... Tinc el convenciment Ø que...*	
			Però *en* + infinitiu és adequat (formal) introduint una sub. temporal: *En acabar el partit, farem l'aperitiu. (= Quan acabi...)*			

3.3. Subordinades substantives interrogatives

Les interrogatives directes (amb interrogant final: *Vindràs a veure'm?*) es corresponen amb les interrogatives indirectes, que són subordinades introduïdes per una partícula interrogativa (*què, qui, quan, on, quant*...) precedides de verbs com *preguntar, saber, ignorar*, etc. Observa (quadre 7) que les interrogatives indirectes són subordinades substantives perquè les podem substituir pel pronom demostratiu *això* (o per qualsevol altre element nominal, com el sintagma *una cosa*, per exemple) o pronominalitzar amb *ho*. Amb algunes oracions interrogatives preguntem sobre tot el contingut oracional (i, per tant, se'ns respon amb *sí* o amb *no*): són les interrogatives totals (*–Ho farem? –Sí*). Quan l'oració interrogativa depèn d'un verb com *preguntar-se*, aleshores parlem de subordinada interrogativa indirecta i, si és total, va introduïda per la partícula *si* (*Em pregunto si ho farem*). Sovint, però, la informació que volem conèixer afecta tan sols un element oracional, representat pel pronom interrogatiu: en aquest cas parlem d'oració interrogativa parcial (directa: *Què menjaràs?*; o indirecta: *No sé què menjaràs*).

Quadre 7

	Interrogatives directes (oració simple)	Interrogatives indirectes (subordinada substantiva)	Observacions Les proposicions interrogatives indirectes es poden canviar per *això* o pel pronom *ho*.
Totals	*Ho farem?* →	*Em pregunto* ***si*** *ho farem.*	*Em pregunto això.* *M'ho pregunto.*
Parcials	*Què menjaràs avui per sopar?* →	*No sé* ***què*** *menjaràs avui per sopar.*	*No sé això.* *No ho sé.*
	Amb qui ha quedat? →	*No he esbrinat amb* ***qui*** *ha quedat.*	*No he esbrinat això.* *No ho he esbrinat.*

4. Les subordinades adverbials

4.1. Subordinades adverbials pròpies i impròpies

Començarem per esbrinar quantes proposicions conté l'oració composta següent (tantes com verbs) i de quin tipus són:

(10) *Han tapat la mercaderia com han pogut, perquè s'ha posat a ploure.*

El primer que hem de fer és detectar-hi els verbs (n'hi ha tres: *han tapat, han pogut* i la forma perifràstica *s'ha posat a ploure*) i, tot seguit, assenyalar-hi els nexes (els subordinants *com* i *perquè*). Aquests fan que dos dels elements verbals (*han pogut* i *s'ha posat a ploure*) esdevinguin part d'unes subordinades dependents del verb principal *han tapat*. Si les canviem per mots més manejables, podrem delimitar-les i esbrinar de quina mena són:

(10)

Han tapat la mercaderia	***com** han pogut,*	***perquè** s'ha posat a ploure.*
	proposició subordinada adverbial de manera	proposició subordinada adverbial de causa
	així (adv., CC manera)	*a causa de la pluja* (SPrep, CC causa)

El fet que la subordinada *com han pogut* es pugui canviar per *així* ens indica que és de tipus adverbial (recorda que *així* és adverbi de manera); tanmateix, no podem canviar per un sol element la subordinada *perquè s'ha posat a ploure*: cal buscar una construcció del tipus *a causa de la pluja* (no existeixen els adverbis de causa). Es tractaria de dues subordinades amb funció de complement circumstancial, la primera de manera i la segona de causa.

Hi ha dues menes de subordinades adverbials: d'una banda, les anomenades **subordinades adverbials pròpies**, que es caracteritzen perquè es poden canviar per un adverbi (per *allà* si són de lloc, per *aleshores* si són de temps, o per *així* si són de manera); de l'altra, les denominades **subordinades adverbials impròpies**, que expressen relacions lògiques de causa, conseqüència, condició...

Què dius, ara!

Abans de l'any 1000, els primers comtats catalans medievals estaven sota la protecció del rei de França. Però el 985 el cabdill àrab Almansor va saquejar Barcelona i la ciutat no rebé l'ajuda del rei de França, malgrat la petició del comte Borrell II. Per això Borrell no va renovar el pacte de vassallatge amb el rei francès (988) i això va donar lloc al naixement del Principat de Catalunya. El sentiment d'identitat col·lectiva va anar creixent amb l'expansió catalana cap al sud. El 1118 Ramon Berenguer III arribà a Tarragona i entre els anys 1148 i 1149 Ramon Berenguer IV conquerí Tortosa, Lleida i Fraga. L'expansió cap a l'est i cap al sud es consolidà durant el regnat de Jaume I, que conquerí Mallorca, Eivissa i el regne de València (1228-1245), i així s'anaren definint els territoris de parla catalana. [AR]

Estàtua de Jaume I a la plaça d'Espanya de Palma de Mallorca.

«AMFIBI SALTADOR VESTIT DE MECÀNIC»: _ _ _ _ _ _ A.

Quadre 8

Proposicions subordinades adverbials			
Tipus	**Significat** (respecte del verb subordinant)	**Nexes**	**Exemples**
1. Pròpies			
temporals	temps	• **d'anterioritat:** *abans que* (no) • **de simultaneïtat:** *quan, mentre (que)* • **de posterioritat:** _______ (1), *fins que, d'ençà que, des que* • **de reiteració:** _______ (2), *cada vegada que*	*El felicitaré **quan** farà divuit anys.* ***Mentre** em necessiti, li faré costat.*
locatives	lloc	*on*	*Aniré **on** em diguis.*
modals	manera	*com,* _______ (3), *segons (que), tal com*	*Adobaré els cactus **com** m'has dit.*
2. Impròpies			
causals	causa	*perquè* (+ v. en indicatiu), _______ (4), *com que, atès que, vist que, per tal com, puix que*	***Com que** menjava moltes llaminadures, ara té càries.* NO: ~~*Com*~~ *menjava moltes llaminadures, ara té càries.*
consecutives	conseqüència	*tan(t)... que, massa / prou... perquè*	*Menjava tantes llaminadures que ara té càries.*
finals	finalitat	*perquè* (+ v. en subjuntiu), _______ (5), *per tal que*	*Dona fluor a sa filla **perquè** no tingui les dents corcades.*
concessives	oposició	*encara que,* _______ (6), *per bé que, tot i que, per més que...*	***Encara que** menja molts dolços, no se li ha corcat cap queixal.*
condicionals	condició	*si, en cas que, posat que,* _______ (7), *fora que, llevat que, tret que*	
			***Si** fa més esport, s'aprimarà.*
			***Si** fes més esport, s'aprimaria.*
			***Si** hagués fet més esport, s'hauria aprimat.*
comparatives	comparació de quantitats o de qualitats	• **de superioritat:** *més... que*	*Balla **més** bé **que** (no) (pas) canta*
		• **d'igualtat:** *tan(t)... com*	*No balla **tant com** tu.*
		• **d'inferioritat:** *menys... que, no tan(t)... com*	*No balla **tan** bé **com** tu.*
		• **de proporcionalitat:** *com més / menys... més / menys*	*Com **més** balla, **menys** badalla.*

Completa el quadre 8 amb les locucions conjuntives següents:
- *a fi que*
- *com si*
- *ja que*
- *malgrat que*
- *després que*
- *a condició que*
- *sempre que*

«LES DE PORC SÓN MOLT DESVERGONYIDES I TENEN MOLTA BARRA»: __ A _ _ _ _ _.

Implicacions		Observacions
Es poden canviar per adverbis.		
→ *El felicitaré llavors.* → *Llavors li faré costat.*		Caiguda de preposició en *des que, després que, abans que* (NO: *des ~~de~~ que, abans ~~de~~ que...*). L'adverbi corresponent a la conjunció temporal *mentre* és *mentrestant*: *Tu cantes i, mentrestant, ella balla.* (NO: *Tu cantes i, ~~mentre(s)~~, ella balla*).
→ *Aniré allà.*		
→ *Adobaré els cactus així.*		
Hi ha implicació de causa → conseqüència.		
Implicació real: CONSEQÜÈNCIA, *ja que* CAUSA. (O bé *Com que* CAUSA, aleshores CONSEQÜÈNCIA.)		El *doncs* causal és incorrecte: NO: *Ha emigrat, ~~doncs~~ no trobava feina aquí.* → *Ha emigrat, ja que no trobava feina aquí.*
Implicació real: *Tan(t)* CAUSA... *que* CONSEQÜÈNCIA.		Relació amb les coordinades il·latives: *Plou? Doncs no anirem d'excursió.* NO: *Era massa evident ~~com~~ perquè...*
Implicació possible: CAUSA *a fi que* CONSEQÜÈNCIA.		*perquè* + mode subjuntiu → final Però: *perquè* + mode indicatiu → Causal. Incorrecte *per a que*. [Existeix, però, l'aplec *per a què* en casos com: *Per a què serveix? No sé per a què ho vol.* (oracions interrogatives)]
Implicació impossible: *Encara que* CAUSA, CONSEQÜÈNCIA.		Tenen força relació amb les coordinades adversatives: *Menja molts dolços, però no se li ha corcat cap queixal.*
Si CAUSA, (llavors) CONSEQÜÈNCIA. La implicació es presenta en tres graus:		
1r grau	implicació real	V sub. en present d'indicatiu (*fa*) → V principal en futur (*s'aprimarà*)
2n grau	implicació possible	V sub. en imperfet de subjuntiu (*fes*) → V principal en condicional (*s'aprimaria*)
3r grau	implicació impossible	V sub. en plusquamperfet de subjuntiu (*hagués fet*) → V principal en condicional perfet (*s'hauria aprimat*) (NO: ***Si** hagués fet més esport, s'~~hagués~~ aprimat.*).
Sense cap tipus d'implicació.		Generalment, la subordinada es presenta a la segona part d'una correlació. Hi pot haver elements sobreentesos (més sovint que en altres proposicions): *Balla tan bé com tu. = Balla tan bé com tu **balles bé**.* No s'ha de confondre la correlació comparativa d'igualtat (*Avui jo he corregut **tan de pressa com** tu ahir.*) amb la correlació consecutiva (*Avui he corregut **tan** de pressa(,) **que** he guanyat la cursa.*).

«INFANT DE CAP A PEUS, I DELS PEUS AL CAP»: ___ ___ ___.

4.2. Les subordinades introduïdes per formes no personals

Comencem per recordar, d'una banda, que les formes no personals (infinitiu, gerundi i participi) apareixen en construccions com les perífrasis (*Deuen ser les dotze*) i, de l'altra, es poden habilitar en altres classes de mots: així, és freqüent que un infinitiu s'habiliti com a nom (*un ésser vivent*) o que un participi s'habiliti com a adjectiu (*és molt cregut*), cosa que es pot relacionar amb l'existència de subordinades substantives d'infinitiu (*És agradable veure'l*) o les subordinades adjectives de participi (*Són articles comprats als encants*). Tanmateix, les formes no personals també serveixen per a construir subordinades adverbials.

4.2.1. Subordinades adverbials d'infinitiu

Amb l'ajut d'una preposició, els infinitius poden també introduir subordinades adverbials (**11***a*), que, com a tals, són equivalents d'adverbis (**11***b*) o d'altres subordinades adverbials (com la d'**11***c*, de temps). Vegem-ho:

«Escriure és llegir:
els llibres surten
dels llibres.»
Mercè Ibarz

(11) *a) Ens descarregarem l'aplicació en* ***arribar*** *al cibercafè.*
b) Ens descarregarem l'aplicació llavors.
c) Ens descarregarem l'aplicació quan arribarem al cibercafè.

Com veus, la proposició *en arribar al cibercafè* fa de CC de temps (equivalent a *llavors*, **11***b*): és **l'únic cas correcte de *en* + infinitiu** i equival a la col·loquial *al* + infinitiu (*a l'arribar al cibercafè*). Fora d'aquest cas, la preposició *en* es canvia per *a* o per *de* davant d'un infinitiu: *Consisteix* ~~*en*~~ *fer sonar el clàxon.* → *Consisteix* ***a*/*de*** *fer sonar el clàxon*).

4.2.2. Les subordinades de gerundi

Assenyala ara les subordinades de gerundi de **12** i de **13** i canvia-les tant per un adverbi com per una subordinada.

(12) *Hem vist els teus cosins bessons badant pels aparadors.*

(13) *Actuant malament, et despatxaran de la feina.*

El paral·lelisme entre les diverses oracions de **14**, per una banda, i entre les de **15**, per l'altra, ens fa veure que, mentre que en **12** tenim una subordinada adverbial pròpia de manera o mode (que es pot canviar per l'adverbi *així* en **14***b* o per una altra subordinada modal en **14***c*), en **13** tenim una subordinada adverbial impròpia de tipus condicional (és a dir, entesa com a equivalent de **15***b*) i no és possible canviar-la per un adverbi.

(14) *a) Hem vist els teus cosins bessons badant pels aparadors.*
b) Hem vist els teus cosins bessons així.
c) Hem vist els teus cosins bessons com si estiguessin hipnotitzats.

(15) *a) Actuant malament, et despatxaran de la feina.*
b) Si actues malament, et despatxaran de la feina.

Sabries dir per què la proposició de gerundi de **16** és ambigua i la de **17** és incorrecta?

(16) *Me'l vaig trobar baixant les escales.*

(17) *L'Elisenda va caure* ~~*ingressant*~~*-la a l'hospital.*

L'**ambigüitat** de l'oració **16** prové del fet que el subjecte de les formes no personals es deixa habitualment sobreentès. Deixa de ser ambigua, explicitant-lo, o canviant de construcció:

(18) *Me'l vaig trobar baixant **jo/ell** les escales.* (= *mentre jo/ell baixava les escales*)

L'**error** de l'oració **17** és que **els gerundis de posterioritat són incorrectes** (també en castellà), és a dir, no són vàlids els gerundis que expressen una acció posterior a la del verb de què depenen: l'acció ha de ser anterior o simultània. Perquè l'oració **17** fos admissible, hauríem d'entendre que just quan l'Elisenda estava sent ingressada a l'hospital, va patir una caiguda... Però en realitat el que es volia dir és *L'Elisenda va caure i la van ingressar a l'hospital* (observa l'ús de la conjunció coordinant copulativa *i*: és per això que, d'aquest gerundi **incorrecte**, se'n diu gerundi copulatiu). Sí que són correctes, en canvi, les subordinades de temps amb un gerundi que denota una acció simultània (**19***b*) o anterior (**19***c*).

(19) *a*) NO: *L'Elisenda va caure ~~ingressant~~-la a l'hospital.*
→ *L'Elisenda va caure i la van ingressar a l'hospital.*
b) *Baixo les escales xiulant.*
c) *El van operar anestesiant-lo.*

4.2.3. Les subordinades de participi

Digues si els participis de **20** són verbs o adjectius i si formen proposicions subordinades:

(20) *a*) *La seva neboda és una noia molt animada.*
b) *La vetllada va ser animada per la seva neboda.*
c) *La vetllada animada ahir per la seva neboda va ser tot un èxit.*

El mot *animada* de **20***a* és clarament un adjectiu (que es pot canviar per adjectius inqüestionables com *hàbil*, *traçuda*, *sagaç*, *intel·ligent*, etc.) i és també clarament un verb en **20***b* (concretament un verb en veu passiva). Però en les llengües hi ha sovint casos fronterers, com el participi *animada* de **20***c*, que «participa» –com diu el seu nom– de les característiques d'un adjectiu (perquè concorda amb *vetllada*) però també de les d'un verb (perquè té el CC de temps *ahir* i el complement agent *per la seva neboda*, propi d'un verb passiu). En exemples com **20***c* podem parlar de **subordinada adjectiva de participi** (un altre tipus d'adjectiva, equivalent a un adjectiva de relatiu: *La vetllada* que va ser animada ahir per la seva neboda *va ser tot un èxit*). Compara ara la proposició adjectiva de **20***c* amb les de **21** (observa-hi la posició del participi respecte del nom amb què concorda):

(21) *a*) *Inaugurada la sessió del parlament, les diputades i els diputats van aplaudir.*
b) *Restaurades les parets del palau, l'edifici tornaria a fer goig*
c) *Els soldats, (un cop) estudiada l'estratègia, van assetjar el castell.*

(22) *a*) *Quan van haver inaugurat la sessió del parlament, les diputades i els diputats van aplaudir.*
b) *Si es restauressin les parets del palau, l'edifici tornaria a fer goig.*
c) *Els soldats, després d'estudiar l'estratègia, van assetjar el castell.*

Com veus, en **21** els participis no concorden amb un nom precedent, sinó amb un nom que els segueix. Es tracta ara de **subordinades adverbials de participi**. L'equivalència amb les corresponents oracions de **22** ens assenyala que **21***a* i **21***c* són subordinades adverbials de temps, mentre que **21***b* és adverbial condicional. De les construccions de **21**, se'n diu tradicionalment de participi absolut i el nom amb què concorda el participi és un subjecte passiu (*La sessió fou inaugurada*, *Les parets serien restaurades*, *L'estratègia fou estudiada*).

«SE SOL AGAFAR PER LES FULLES, AQUESTA HORTALISSA»: _ _ _ _.

1 Posa en les oracions juxtaposades següents nexes coordinants o subordinants sempre diferents:

Model: *No pinta la casa; l'embruta i prou.* → *No pinta la casa, sinó que l'embruta i prou.*

a) Li ho vaig advertir; no em va fer cas.
b) Li ho vaig advertir; em va fer cas.
c) Aquesta noia no menja; devora tot el que li posen al plat.
d) No van poder acudir a la cita: els trens no circulaven aquell vespre.
e) No ens vol ajudar?; no ho farem!
f) No t'hi amoïnis: ja no hi podem fer res.

2 Esbrina si es tracta d'una subordinada substantiva, adjectiva o bé adverbial (en els exemples, les subordinades substantives es poden intercanviar per *això*; les adjectives, per un adjectiu com *groc*; i les adverbials, per *llavors, allà* o *així*, segons el tipus de circumstància en qüestió).

Model: *Quan va sortir per la televisió, va saludar emocionadament els seus familiars.*
Sub. adverbial de temps
→ *Llavors va saludar emocionadament els seus familiars.*

a) Anirà on li farà més gràcia.
b) Hem trobat un tresor extraordinari mentre buscàvem el gos pel bosc de Can Deu.
c) Ho farem com ens dicten les normes legals.
d) L'insecte que hi ha sota les tovalles és un lepidòpter.
e) Abans que Hamlet recités el famós monòleg, li va caure el teló al damunt.
f) Desconec què s'espera de mi.
g) Tothom demanava a l'Antònia que es quedés més temps aquí.
h) L'Arnau no vol pas enutjar ningú.
i) Alguns no confien en els qui administren els nostres diners.
j) Hem endreçat la calaixera i el que hi havia als prestatges.

3 ●● Com la resta de complements del nom, les subordinades adjectives poden ser **especificatives** (o restrictives) o bé **explicatives**. Identifica aquests dos tipus en les subordinades que tens a continuació. Quina de les dues primeres oracions correspon al dibuix? En quina de les quatre oracions no podem canviar el pronom relatiu simple pel compost *el qual, la qual...*?

a) 1. Els turistes que havien comprat el tiquet per internet van poder visitar la Sagrada Família.
2. Els turistes, que havien comprat el tiquet per internet, van poder visitar la Sagrada Família.

b) 1. Els cambrers, a qui donava propina per endavant, l'atenien bé.
2. Els cambrers a qui donava propina per endavant l'atenien bé.

4 Assenyala les subordinades adjectives de relatiu i canvia'n el pronom relatiu compost per un de simple (o per dos si expressen lloc). Consulta el quadre 9 de la pàg. 114.

Model: *Aquell parc era l'únic indret de la vila en* ***el qual*** *es podia gaudir de silenci.*
→ *...* ***on*** *es podia gaudir del silenci* (També: *...* ***en què*** *es podia gaudir de silenci.*)
→ NO: *... en ~~el que~~ es podia gaudir de silenci.*

a) La pressió a la qual ella està sotmesa és insuportable.
b) Les noies amb les quals simpatitzem són d'Alacant.
c) Aquestes són les viles per les quals passarem en l'etapa d'avui.
d) Els països en els quals ha viscut són tots francòfons.
e) La resolució a la qual feien referència és força desconeguda.
f) La companya per la qual sospirava nit i dia es diu Míriam.
g) Coneixeu alguna altra persona a la qual atribueixin poders màgics?
h) S'ha posat malalta la jugadora amb la qual comptàvem per al partit d'aquest vespre.
i) L'escola en la qual es va celebrar el campionat l'any passat l'acollirà també enguany.

> «Els mots, formats per un determinat nombre de lletres, són com les pedres: cal triar-les bé i polir-les abans de posar-te a fer paret.»
> Pep COLL

5 Emplena els buits amb una preposició + *què* / *qui*.

Models:
- *El to ___ l'amenaçava el va fer recular.* → ***amb què***
- *L'empresària ___ tinc relació és polonesa.* → ***amb qui***

a) Els companys ___ han estafat ja pugen a mitja dotzena.
b) És un joc de rol ___ ella no pensa participar.
c) Aquestes són les qüestions ___ s'ocupa durant el matí.
d) Els esports ___ jugo més sovint són l'hoquei i l'handbol.
e) Es va negar a rebre les persones ___ s'havia associat el seu ex.
f) No vam entendre quin era el tema ___ s'havia de centrar la sessió d'aquell dia.
g) Li van parlar molt bé d'un festival ___ gairebé tots els seus amics ja havien assistit.
h) L'home ___ es va separar era un maltractador i un bevedor empedreït.
i) La notícia ___ heu parlat tant ha resultat ser un muntatge publicitari.

6 **Insereix** la segona oració en la primera fent servir tots els relatius que siguin possibles (els simples i el compost *el qual*, *la qual*...). Fixa't bé en el model. Consulta el quadre 9 de la pàg. 114.

Model: *L'herència era una misèria.* ***La Roser va renunciar a l'herència.***
→ *L'herència* ***a què va renunciar la Roser*** *era una misèria. = L'herència* ***a la qual va renunciar la Roser*** *era una misèria.*

Observa-hi:
- La substitució pronominal i la preposició: ***a l'herència*** = ***a què*** = ***a la qual***.
- Els canvis d'ordre.

a) Totes les empreses han fet fallida. L'Oleguer havia treballat en totes aquestes empreses.
b) M'han fet una petició. No puc accedir a la petició.
c) Aquest advocat ha de defensar uns casos. Hi ha gat amagat en els casos.
d) La paga no t'arribarà ni per a comprar-te una bicicleta. T'has de conformar amb la paga.
e) L'incident es produí ahir a la nit. A hores d'ara tothom parla de l'incident.
f) Els projectes han resultat un fracàs. Va donar el seu consentiment als projectes.
g) Aquestes campanyes publicitàries no han proporcionat gaires guanys. Heu participat en aquestes campanyes.
h) Ara veureu els cinc automòbils. D'ençà que és ministra d'Hisenda, disposa dels cinc automòbils.

«TREBALLES DE VALENT PERQUÈ NO ET DIGUIN QUE TENS MOLTA BARRA»: _ _ _ Q _ _ _.

Quadre 9

Quan és correcte *el que, la que, els que, les que?*	
☺ Sí	NO! ☹
Aquests combinacions són **correctes** en subordinades substantives, és a dir, quan... 1. Se sobreentén un nom entre l'article i el relatiu *que*: *Treballarem amb aquest aparell i amb* ***el que*** *hi ha al racó.* (= ... *i amb l'aparell que hi ha al racó*).	Aquestes combinacions són **incorrectes** en subordinades adjectives, és a dir, quan equivalen a *el qual, la qual, els quals, les quals*: NO: *Els cordons amb ~~els que~~ et lligues les sabates estan esfilagarsats.* → *Els cordons* ***amb els quals*** *et lligues les sabates estan...* (o *Els cordons* ***amb què*** *et lligues les sabates estan...*).
	NO: *La noia de ~~la que~~ / de ~~la~~ qui tothom parla és cosina nostra.* → *La noia* ***de la qual*** *tothom...* (o *La noia de* ***qui*** *tothom parla és cosina nostra*).
2. El conjunt ***el que*** equival a *allò que*: *El publicista ha aconseguit* ***el que*** *pretenia.* (***el que*** = ***allò que***)	El conjunt *el que* no equival a *la qual cosa*: NO: *El ponent va criticar la Junta, ~~el que~~ no va agradar als presents.* → *El ponent va criticar la Junta,* ***la qual cosa*** / ***cosa que*** *no va agradar als presents.*
En síntesi	
preposició + el qual, la qual... *= preposició + què / qui* *≠ preposició + el que, la que...*	

7 Reprèn de nou les frases de l'exercici anterior, però ara **insereix** la primera oració en la segona.

Model: ***L'herència era una misèria.*** *La Roser va renunciar a l'herència.*
→ *La Roser va renunciar a l'herència,* ***que era una misèria*** / ... *a l'herència,* ***la qual era una misèria.***

Observa que el fet que el SN *l'herència* sigui del tot identificable, fa que la subordinada adjectiva de relatiu hagi de ser explicativa i, doncs, vagi entre pauses.

8 Digues si es tracta d'un ***que*** **conjunció** o d'un ***que*** **relatiu**. Raona oralment la resposta.

Model: *L'home que hi ha al racó us prega que tanqueu la finestra.*
que (pron. rel.) … *que* (conj.)

Raonament:

- ***Que*** **relatiu**. La forma *que* de la subordinada *que hi ha al racó* és un relatiu perquè:
  1. Té antecedent (*l'home*).
  2. La seva subordinada es pot canviar per un adjectiu (*L'home alt*).
  3. Es pot canviar per *el qual* (en subordinades explicatives).
- ***Que*** **conjunció**. La forma *que* de la subordinada *que tanqueu la finestra* és una conjunció completiva perquè:
  1. La subordinada es pot canviar per un SN o pronom (*Us prega això*).
  2. No s'hi compleix cap de les tres propietats del *que* relatiu.

a) La noia **que** vaig saludar l'altre dia diu **que** és veïna teva.
b) L'article **que** publica aquesta revista exigeix **que** s'aclareixin certes afirmacions **que** va fer un conseller.
c) Ja m'han dit **que** les úniques persones **que** m'aplaudien en el recital éreu tu i el teu xicot.
d) La dona **que** ens porta els comptes creu **que** tenim la situació molt magra.
e) És probable **que** l'autocar no pugui fer els serveis **que** tenia contractats.
f) Ha dimitit la representant dels sindicats **que** va assegurar **que** els acords **que** s'havien pactat amb el govern no s'arribarien a complir mai.

«LA MÉS FLEUMA DE L'HORT»: B _ _ _ _ _.

9 Omple els buits amb una **preposició** (si cal) i amb *que* o *què*, assenyalant si es tracta d'una conjunció (*que*) o d'un pronom relatiu (*que*, *què*). Raona oralment les respostes. **Recorda** que podem anteposar una preposició al relatiu ***què***, però no a la conjunció ***que***, perquè aquesta la fa caure.

Models:

- *L'assumpte* ***de què*** *parlarem és aquest.* (prep. + pronom relatiu)
- *No t'adones* **Ø que** *tothom es riu de tu?* (conj.)

a) Són canvis ___ s'ha hagut d'anar habituant. (___)
b) Si no hi posem remei, ens exposem ___ tot surti un bunyol. (___)
c) Estem convençuts ___ pot ser una idea brillant. (___)
d) Les proeses ___ presumeix tant no són res de l'altre món. (___)
e) Tinc por ___ la Carmesina es faci enrere. (___)
f) Aquest és un error ___ s'incorre sovint. (___)
g) Estan tips ___ se'ls tracti com criatures de bolquers. (___)
h) Hem de ser conscients ___ quedaran molts aspectes per millorar. (___)
i) Que no vam quedar ___ aquest diumenge pujaríem a la pica d'Estats? (___)
j) Si continuen discutint així, estic segur ___ hi haurà pinyes, bolets i castanyes per a tothom... (___)

10 Digues en quines de les subordinades substantives següents hi ha hagut caiguda de preposició i en quines no. Indica quina funció fa la subordinada i raona oralment la resposta.

Models:

- *S'entesta* ***que li donin els diners en metàl·lic.*** → Caiguda de *en*.

Raonament: La construcció de base és *Entestar-se en això*. Per tant, hi ha caiguda de la preposició *en* davant de la conjunció *que*. La subordinada substantiva *que li donin els diners en metàl·lic* fa de CRV de *s'entesta* (*S'hi entesta*).

- *Ha contestat* ***que ho farà demà.*** → No hi ha caiguda de preposició: el verb no demana cap preposició.

Raonament: La construcció és *Ha contestat això*, sense preposició (verb transitiu). La subordinada *que ho farà demà* actua de CD (*Ho ha contestat*).

a) Ens obliguen que els informem dels nostres moviments cada vespre.
b) No acceptarem que ens canviïn la data del judici.
c) L'expresident ha alertat que el país està perdent autonomia respecte de les grans potències.
d) No heu defensat mai que tinguem bones infraestructures.
e) Vam insistir que ens emboliquessin el pom de flors.
f) Van predir que l'any que ve hi hauria crisi en el ram de la construcció.
g) Tot apunta que els comicis els guanyarà el Partit Verd.
h) No ens hem adonat que el venedor ambulant ens estava ensarronant de mala manera.

Què dius, ara!

Els segles XIII i XIV van ser molt pròspers, amb creixement del comerç i la població, i la política reial s'aplicà a l'expansió mediterrània. Pere el Gran conquerí Sicília (1282) i Roger de Flor i les companyies d'almogàvers s'endinsaren en la Mediterrània oriental, que van arribar a dominar durant uns quants anys (ducats d'Atenes i Neopàtria): a la cort d'Atenes es va parlar català! I també a Sardenya, conquerida per Jaume el Just entre 1323 i 1326. Al nord d'aquesta illa, la ciutat de l'Alguer fou repoblada per catalans i hi perviu la llengua. El català també es parlava a la cort papal (amb dos pontífexs provinents de la família Borja, de Xàtiva: Calixt III i Alexandre VI). D'altra banda, l'estructura política que es formà entorn de les Corts Reials Catalanes (1276-1285) i la diputació permanent o Generalitat (1289) requeria una documentació unificada. D'això se n'encarregà la Cancelleria Reial, que vehiculava un mateix model lingüístic per a tot el territori. [AR]

▲ Calixt III retratat per Sano di Pietro (segle XV).

11 Omple els buits, si cal, amb les preposicions *a*, *en* o bé *de*, indicant davant de quin element nominal es troben (SN, pronom, oració subordinada completiva –amb *que* conjunció– o bé oració subordinada d'infinitiu). Indica si hi ha **caiguda o canvi de preposició**.

Models: *Confiem*	***en*** *la teva discreció.*	Prep. + SN
	en *ella.*	Prep. + Pronom
	Ø *que no ho comentaràs a ningú.*	Sub. completiva (caiguda de prep.)
	a/de *ser-hi a les nou en punt.*	Sub. d'infinitiu (canvi de prep.)
a) En Jordi té por	____ aquella figureta de fusta	____
	____ quedar-se tot sol a casa.	____
	____ que el deixin tot sol.	____
b) Es resigna	____ la seva sort.	____
	____ haver-se de quedar aquí.	____
	____ que no li reconeguin cap mèrit.	____
c) Vam quedar	____ allò.	____
	____ que hi tornaríem l'estiu vinent.	____
	____ tornar-hi al cap d'un any.	____
d) El jurat dubta	____ aquest punt.	____
	____ mereixin el guardó.	____
	____ atorgar-los el guardó.	____

12 Omple els buits, si cal, amb les preposicions *a*, *de*, *en* o bé *de*, tenint en compte que hi ha casos de **canvi i caiguda de preposició**.

a) Diu que el joc consistia ____ fer punts abans ____ que els contrincants comencessin a jugar!

b) Col·laboreu ____ embellir la vida! Participeu ____ les tasques de neteja! No us resigneu ____ que tot quedi tal com està!

c) No t'emboliquis ____ fer de mecenes d'aquesta mossa; ja saps que no és constant ____ res...

d) «En ocasió del nostre enllaç matrimonial, ens complaem ____ invitar-vos que ens feu uns quants entranyables obsequis. Com que estem segurs ____ que voldreu que els millors presents siguin els vostres, gosem insistir ____ que no vacil·leu ____ ser els primers ____ acudir a la sempre acollidora Comercial Casori's.»

13 Subratlla la **subordinada adverbial** i digues de quin tipus és.

a) Quan el gat dorm, les rates ballen. (refrany)
b) Si el part va bé, només s'haurà d'estar tres dies a la clínica.
c) Per més que hi insisteixis, em nego a comprar-te un cocodril.
d) Sempre escriu tal com raja.
e) Com més gran et fas, més ximple et tornes.
f) Una bicicleta et durà on vulguis.
g) Vist que has decidit comprar-te un cotxe, he pensat que et faria servei aquest gat hidràulic.
h) Hi ha més dies que llonganisses. (refrany)
i) La Pilar durà la moixa a Ciutadella així que arribin les vacances d'estiu.
j) En Ramon treballarà a Catalunya Ràdio a fi d'experimentar la part pràctica del grau en Ciències de la Informació.

«AQUELL SERGENT PRACTICA MOLTS ESPORTS»: P _ _ _ _ _ _ _ _ _ _ _ _ _ _.

14 Respectant l'ordre en què les oferim, uneix les dues oracions per mitjà d'una **conjunció subordinant adverbial** sempre diferent (quadre 8, pàg. 108-109) i pronominalitza els elements repetits.

Model: *El gos té <u>tanta</u> por <u>que</u> prenguin l'os al gos! El gos ha enterrat l'os al jardí.*
→ *El gos té tanta por que li prenguin l'os que l'ha enterrat al jardí.* (sub. adv. consecutiva)

a) El més menut de la colla encara no té dents per a mastegar la carn. Els seus pares trinxen la carn al més menut de la colla.
b) El noi s'ha fet un forat als pantalons. El seu pare ha apedaçat els pantalons al noi.
c) En Jordi ja no aparca la bicicleta davant el mercat. Té por que prenguin la bicicleta a en Jordi.
d) La teva germana t'ha dit que vol aquest insecte per a la seva col·lecció. No entenc per què esclafes aquest insecte a la teva germana.
e) Diu que cada vespre l'esperava un plat calent a taula. És evident que no estava acostumada a tenir cap plat calent a taula.
f) Us fa molta gràcia donar el biberó als bessons. Doneu el biberó als bessons vosaltres mateixos.

15 Omple els buits amb ***per què*** o ***perquè***, indicant de quin dels cinc casos del quadre que tens a sota es tracta.

Models: • *La Cristina vindrà a veure't* ***perquè*** *no estiguis tan sola.* (4)
• *M'agradaria saber* ***per què*** *vas comprar aquesta andròmina!* (2)

a) Li van dir que sí __ callés. (____)
b) Volem saber el __ de totes les coses. (__)
c) Aquests són els ideals __ lluitem. (__)
d) No vindré __ estic convidat a un altre sopar. (__)
e) Ens agradaria entendre __ ens han fet això! (__)
f) Vam obrir les finestres __ ens passés una mica d'aire. (__)
g) Heus ací el __ de tanta pressa...! (__)
h) Aquesta és la causa __ s'amoïnava tant. (__)
i) Digueu-me __ us heu de barallar cada dia. (__)
j) Aquestes són les raons __ us han contractat. (__)
k) Greixa la porta __ no grinyoli. (__)
l) Encara no han descobert __ es va enfadar tant ni saben el __ de tantes cares llargues... (__)
m) Encara no han descobert el ___ del seu enuig ni saben ___ els fa aquest paperot. (__)

Quadre 10

per què	perquè
Preposició *per* + *què* relatiu / interrogatiu 1. *Què* relatiu (= *el qual, la qual...*): *Les qüestions per què s'interessa són molt variades.* 2. *Què* interrogatiu (= *quin motiu*): *Per què hi heu votat a favor?* (oració interrogativa directa) *Aviat entendrem per què hi han votat en contra.* (oració composta, amb subordinada interrogativa indirecta)	Conjunció causal o final 3. *perquè* **causal** (= *ja que*) + verb en indicatiu: *L'avi llegeix amb una lupa perquè s'hi veu poc.* 4. *perquè* **final** (= *a fi que*) + verb en subjuntiu (cast. «para que»): *Ha comprat al seu fill unes botes noves perquè vagi més ben equipat.* 5. *perquè* **substantiu** (= motiu): *Estem investigant el perquè de tanta mala maror.* **Nota:** La conjunció *perquè* té valor consecutiu en les correlacions: *prou / massa... perquè...* Exemple: *Pesa massa perquè ho puguem carretejar.*

«AMB TANTA TECNOLOGIA DE LA INFORMACIÓ I COMUNICACIÓ, ARA TÉ UN MOVIMENT CONVULSIU A LA CARA»: __ __ __.

16 **Esmena** les oracions (excepte quatre, que són del tot correctes) aplicant-hi el **canvi de la preposició** *en* per *a* o *de*.

Models:
- *Tothom se n'ha anat a casa en fer-se fosc.* (Correcte: *en fer-se fosc = quan s'ha fet fosc*)
- *La criatura no ha tardat ni una hora ~~en~~ cansar-se'n.* (Incorrecte. Cal dir: *... a cansar-se'n*)

a) Hem tingut dificultats en encaixar totes les peces d'aquest sorprenent trencaclosques.
b) En retirar l'embolcall, ens vam trobar davant uns bombons que estaven més que caducats.
c) L'han trobat en fer els llits, en un racó del dormitori.
d) Hi va haver acusacions de tupinada en saber-se els resultats electorals.
e) Aquesta científica era molt constant en supervisar els resultats de cada experiment.
f) No hem sabut què dir-li en trobar-nos-el de cop i volta en tombar la cantonada.
g) És evident que, en arribar els darrers, també sereu els últims en berenar.
h) Confiaves en fer-ho tot sol, però en trobar-te tan desemparat en aquella sala no te n'has sortit, oi?
i) Si us plau, no dubtéssiu en aturar-me si hi ha qualsevol punt del temari que, en explicar-lo, no us quedés prou clar.

Quadre 11

en + infinitiu	
Correcte (en subordinades temporals)	**Incorrecte** (en subordinades substantives)
Tot s'ha espatllat en parlar ell. És correcte perquè... 1. La subordinada pot canviar de posició: *En parlar ell, tot s'ha espatllat.* 2. La subordinada es pot canviar per altres subordinades de temps: *Tot s'ha espatllat quan ha parlat ell.*	NO: *S'entossudeix ~~en~~ parlar ell primer.* → *S'entossudeix a / de parlar ell primer.* [No són possibles les transformacions 1 i 2 perquè la preposició *en* introdueix un complement necessari.]

17 Emplena les oracions següents amb la forma verbal escaient (segueix el quadre de sota pel que fa a les correlacions entre el temps del verb principal i el de la subordinada condicional):

Model: *Si m'haguessin ofert feina, l'(acceptar).*
→ *Si m'haguessin ofert feina, l'**hauria acceptada**.*

a) Si us ho expliqués bé, segur que tots ho (entendre).
b) Què (ocórrer) si no hi anés.
c) Si no me l'haguessis presentada abans, no l'(reconèixer).
d) Ens ho prendríem molt malament, si algú ens (perdre) la càmera.
e) Creieu que hauríeu estat contentes si nosaltres us ho (fer) a vosaltres?
f) Si no l'haguéssiu esperada, (quedar-se) sense sopar.
g) Si s'(vendre) aquesta casa i no l'altra, n'hauria tret més diners.
h) Si la fàbrica plegués, molta gent es (quedar) sense feina.
i) Si ens hagués deixat els diners que li demanàvem, ens (sorprendre) moltíssim.

Quadre 12

Subordinades adverbials condicionals		
Tipus	**Exemple**	**Correlació de temps**
condicional real	*Si el veig, l'avisaré.*	present d'indicatiu → futur
condicional possible	*Si el veiés, l'avisaria.* *Si el veia, l'avisaria.*	imperfet d'indicatiu / subjuntiu → condicional
condicional impossible	*Si l'hagués vist, l'hauria avisat.*	plusquamperfet de subjuntiu → condicional perfet

• «AQUESTS TALLEN EL BLAT TOT CANTANT L'HIMNE NACIONAL DE CATALUNYA»: _ _ _ _ _ _ _ _.

L'expressió de lloc, temps, manera i quantitat

Aquí ens centrarem en alguns usos a què recorrem per a expressar les coordenades contextuals bàsiques d'espai-temps, com també nocions tan freqüents en els missatges com les de manera i quantitat.

La pregunta del milió

Quina diferència hi ha entre:
a) *Ella és darrera.*
b) *Ella és darrere.*

1. Els circumstancials de lloc

Amb la funció de complement circumstancial de lloc, tenim unes quantes formes o estructures possibles:

a) **adverbis o locucions adverbials:** *Viu aquí. Viu al darrere.*

b) **sintagmes preposicionals:** *Arribarem al cim? Anem cap a casa!*

c) **subordinades adverbials de lloc:** *Anirem on hi ha el teu fill.*

d) **els pronoms adverbials** ***on*** (= *a quin lloc*), ***en*** (= *d'allà*) i ***hi*** (= *allà, cap allà*...): *No sé on són* (*on*, pronom interrogatiu); *Ara en vinc. Ja hi vaig* (*en* i *hi*, pronoms febles).

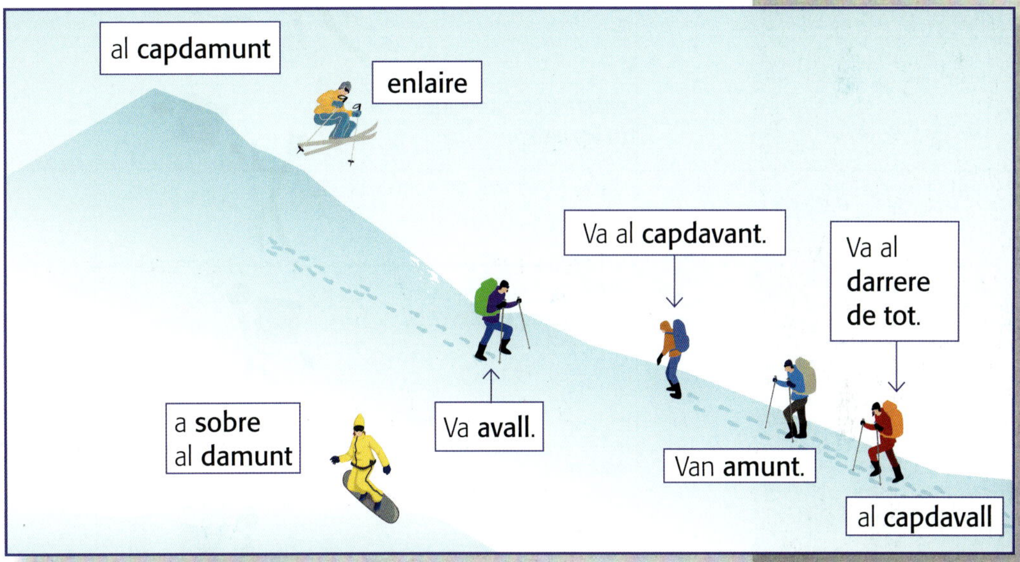

1.1. «Quan arribarem a dalt, ens tocarà anar avall.»

Observa la manera diferent de significar dels dos adverbis destacats:

(1) *a*) *Van dir de trobar-se a baix, a l'andana.*
b) *Es va entrebancar i va rodolar avall, per les escales.*

L'adverbi és la classe de mot especialitzada a fer la funció de complement circumstancial. Com has vist, hi ha alguns adverbis (o locucions adverbials) que indiquen una situació fixa (*a baix*, **1***a*), que es poden aparellar amb d'altres que impliquen moviment (*avall*, **1***b*). Aquests darrers, anomenats *adverbis direccionals*, aporten un sentit dinàmic, que es pot recollir posant-los després d'alguns noms (*escales* en **2***a*) o dels quantitatius (*una mica més* en **2***b*).

(2) *a*) *Ha caigut* ***escales*** *avall.*
b) *No s'han trobat a la boca del metro, sinó* ***una mica més*** *avall.*

«ÉS TAN HUMIL, AQUEST HOME, QUE FINS I TOT HO PORTA ESCRIT AL NOM»: M_ _ _ _ _ _.

Quadre 1

Adverbis direccionals i de situació fixa	
Direccionals (impliquen moviment) (després d'alguns verbs, de quantitatius i de certs noms)	**De situació fixa** (després d'alguns verbs)
endavant *He de seguir endavant.* 	***davant*** *L'he posada al davant.* 
enrere (o ***endarrere***) *No m'agrada fer marxa enrere.* 	***darrere*** *L'he deixada al darrere.* 
amunt *Me l'enduc amunt.* 	***dalt*** *La tinc a dalt.* 
enlaire (sense contacte) *La tiro enlaire.* 	
avall *La caixa cau escales avall.* 	***baix*** *La caixa és a baix.* 
endins *La fico ben endins.* 	***dins*** *Dins la caseta hi ha la caixa.* 
enfora *La trec enfora.* 	***fora*** *La tinc a fora.* 
ençà *La poso més ençà.* 	***aquí*** *La deixo aquí.* 
enllà *La porto un tros enllà.* 	***allà*** *La veig allà.* 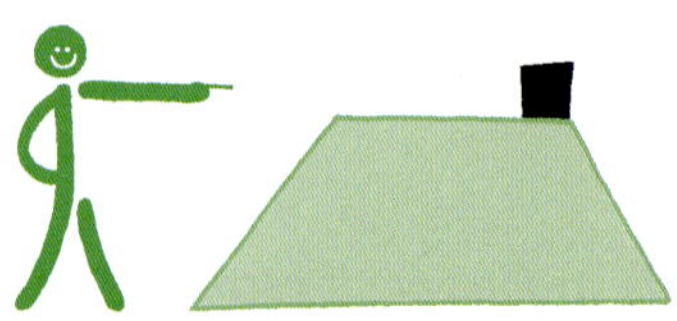

«POT SER MAGNÈTICA O SONORA, I TAMBÉ FER REFERÈNCIA A UN GRUP DE MALFACTORS O DE MÚSICS»: ______.

1.2. «No són al davant de la casa, sinó al darrere.»

Molts dels adverbis situacionals que hem vist admeten l'anteposició de la preposició *a*, que s'escriu separadament: tant podem dir *Soc a dalt* com *Soc dalt, Soc a dins* com *Soc dins*. Més exemples: *Se situen a damunt, a davant, a darrere* (NO: ~~*aprop*~~, ~~*adalt*~~...). Però tenim un sol mot en els adverbis *amunt* i *avall*. Distingirem entre *enlaire* 'amunt sense contacte' (*El meu estel vola més enlaire que el teu*) i el SPrep *en l'aire*: *Hi ha molta pols en l'aire de la nostra vila*. Si el situacional és seguit per un nom, és optatiu posar-hi una preposició *de* entremig: tant podem dir *Soc (a) davant la fleca* com *Soc (a) davant de la fleca*. En molts d'ells, s'hi pot afegir l'article definit: *al davant, al damunt*... (*Viu al davant.* = *Viu davant.* = *Viu a davant.*), però amb ús prepositiu aquesta combinació exigeix la preposició *de*: *Viu al davant de la fleca.* NO: *Viu* ~~*al davant la*~~ *fleca.*

2. Els circumstancials de temps

Per a construir un complement circumstancial de temps, podem fer ús dels recursos gramaticals següents:

a) **adverbis i locucions adverbials:** *Demà et vindré a veure. Vine demà passat.*

b) **sintagmes preposicionals:** *Tot va ocórrer en aquest període.*

c) **sintagmes nominals:** *Aquest matí hem fet bugada.*

d) **subordinades adverbials:** *Tan bon punt arribis a casa, fes-nos un truc.*

e) **el pronom adverbial interrogatiu *quan*** (= en quin moment): *Quan fas dissabte, tu?*

Els complements de temps no són substituïts per pronoms febles (tret d'algun que adquireixi un sentit modal: *Avui m'he llevat tard.* → *Sí, Ø m'hi he llevat*, en què hem pogut pronominalitzar *tard* però no *avui*, que podem elidir).

2.1. «A l'estiu faig migdiada a la tarda.»

Observa l'ús de les preposicions segons el sentit del nom:

(3) *A la primavera, a l'abril, treballo a la nit: m'hi poso a les cinc!*

Com veus, s'hi fa servir la preposició *a* per a designar una hora (*a les* cinc), una part del dia (*a la nit*), un mes (*a l'abril*) i una estació de l'any (*a la primavera*). La preposició *a* es fa servir en tots aquests casos. Només alterna amb la preposició *per* introduint mesos: *Per l'abril cada gota val per mil* o *A l'abril cada gota val per mil*.

Localitza els complements circumstancials de temps de 3 i digues en quin únic cas podríem intercanviar les preposicions *a* i *per*.

2.2. «L'acte tindrà lloc dilluns, és a dir, el dilluns 8 de març.»

Quina diferència hi ha entre aquestes dues oracions?

(4) *a*) *El Nàstic s'entrena dimecres.*
b) *El Nàstic s'entrena el dimecres.*

«POT CONDUIR UN MUNT DE MITJANS DE TRANSPORT, SI NO POSA L'AUTOMÀTIC»: _ _ _ _ _.

En **4*a***, el mot *dimecres* vol dir *aquest dimecres* (dimecres vinent), mentre que en **4*b*** vol dir *cada dimecres*. En el primer exemple, doncs, el mot *dimecres* s'utilitza adverbialment, és a dir, com si diguéssim *S'entrena demà*. Per a indicar el **dia de la setmana** en què té lloc un esdeveniment, doncs, no usem article; però si volem indicar una **acció habitual**, aleshores fem servir l'article definit *el*, com en **5*c***:

(5) *a*) *Vindré dilluns.* (= *aquest dilluns*, l'immediatament posterior)
b) *Jo et vaig venir a veure dimecres.* (= *aquest dimecres*, l'immediatament anterior)
c) *Va a ioga el dimarts.* (= *cada dimarts*. Millor que: ... *els dimarts*, ... *tots els dimarts*)

2.2.1. «El diumenge 14 de maig de 2016...»

La pregunta del milió

Quina diferència hi ha entre:
a) *El drac va ser mort per sant Jordi.*
b) *El drac va ser mort per Sant Jordi.*

Observem ara l'ús de l'article definit i de les preposicions per a expressar temps en les oracions següents:

(6) *a*) *El pont va ser inaugurat el dijous 12 de setembre del 2017* (o *de l'any 2017*, o *de 2017...*).
b) *Els fets es van esdevenir el diumenge en què es van celebrar les eleccions autonòmiques.*
c) *La comissió fallera es reuní el dimarts anterior a Sant Josep.*

(7) [en una carta]
a) *Alcoi, 7 d'agost de / del 2017*
b) NO: *~~A~~ Alcoi, ~~a~~ 7 d'agost del 2017*

(8) *a*) *Per Nadal, cada ovella al seu corral; per Sant Esteve, cadascú a casa seva.*
b) *Per Tots Sants vendrem castanyes a la cantonada de l'institut.*

L'article definit sí que es fa servir quan el nom del dia de la setmana queda especificat dins una referència temporal més completa (6). En el cas concret de la **datació** de cartes, sol·licituds, etc., però, no hem de posar article (ni la preposició *a*, com fa el castellà, **7*b***). Observa, per cert, que no es posa punt ni al final de la datació, ni separant els milers en l'interior de la xifra que expressa l'any. D'altra banda, quan la data té un nom específic (*Nadal*, *Tots Sants*, *Sant Jordi*), es fa servir la preposició *per* (fins i tot per a períodes del tipus *per Setmana Santa* o *per* [*les*] *vacances*).

Què dius, ara!

Els romans, seguint la cultura babilònica, tenien la setmana de set dies, perquè set, a més de considerar-se xifra màgica, era la quantitat de planetes que aconseguien veure a ull nu. El nom dels planetes corresponia a déus i cada dia en tenia un: *dies Lunae* (dia de la Lluna), *dies Martis* (dia de Mart), *dies Mercurii* (dia de Mercuri), *dies Iovis* (dia de Júpiter), *dies Veneris* (dia de Venus), *dies Saturni* (dia de Saturn) i *dies Solis* (dia del Sol). Les llengües romàniques van assumir aquesta tradició, però amb un parell de canvis: *dies Saturni* passà a ser *dies Sabbati* (dissabte, d'origen hebreu) i *dies Solis*, per influència del cristianisme, *a dies Dominicus* (dia del Senyor, diumenge). Com que en llatí es podia posar la paraula *dies* indistintament al davant o al darrere del nom, ens trobem que el català i l'occità la tenen al principi (*dilluns*, *dimarts*; *dillus*, *dimarts*), mentre que el francès i l'italià, l'han fusionada al final (*lundi*, *mardi*; *lunedì*, *martedì*), excepte en el francès *dimanche*; el castellà i el romanès l'han eliminada (*lunes*, *martes*; *luni*, *marti*), tot i que en alguns països de Sud-amèrica diuen *día lunes*, *día martes*. El portuguès és un cas a part: manté *domingo* i *sábado*, però la resta són *segunda-feira* (dilluns), *terça-feira*, *quarta-feira*, *quinta feira* i *sexta-feira* (divendres), en què *feira* significa 'fira' i, per tant, dia de mercat, de comprar, de vendre, de treballar. Les llengües anglogermàniques, com l'anglès i l'alemany, van adoptar la mateixa idea: així *Monday*, *Sunday*; *Montag*, *Sonntag* són 'el dia de la lluna' i 'el dia del sol', mentre que altres dies van dedicats a déus, més o menys equivalents als romans: *Tuesday*, *Thursday*, *Friday*; *Dienstag*, *Donnerstag*, *Freitag* són dedicats a Tyr, Thor i Freya, déus de la guerra, de les tempestes i deessa de l'amor, respectivament (igual que Mart, Júpiter i Venus). [AGC]

«HA ORDENAT QUE LI CULLIN UN RAMET D'HERBES»: _ _ _ _ _ _.

2.3. «No ha plogut més de l'octubre ençà.»

Observa ara aquestes oracions pel que fa al punt en què s'inicia l'acció verbal:

(9) *a)* *Ens hem anat trobant des del juny fins al setembre.*
b) *Ens hem escrit molt del juny ençà.* (= *des del juny*)
c) *D'aleshores ençà ens escrivim* sovint. (= *des d'aleshores, a partir d'aleshores*)
d) *De la festa de graduació ençà, que no ens hem vist més, ella i jo.* (= *D'ençà de la festa de graduació... = Des de la festa de graduació...*)

(10) *a)* *Endreçaré l'habitació d'aquí a una hora.* (= *Ho faré passada una hora.*)
b) *Va dir que endreçaria l'habitació al cap d'una hora.* (= *Va dir que ho faria una hora després.*)

És usual recórrer a la preposició composta *des de* per a delimitar l'inici d'un període (i *fins a* per a indicar-ne l'acabament). Si aquest comença en el passat i acaba ara, podem fer ús de la construcció *de... ençà* (**9*b*-*d***). En cas que, situats en el present, vulguem indicar que una acció comença en un moment posterior, utilitzarem *d'aquí a* + mot temporal (**10*a***). Però hem de fer servir *al cap de* si ens situem totalment en el passat o en el futur (**10*b***).

☺ Correcte	☹ Incorrecte
(11*a*) *La classe comença d'aquí a una hora.*	NO: (11*b*) *La classe comença ~~dintre~~ d'una hora.* NO: (11*c*) *La classe comença ~~en~~ una hora.*

No s'ha d'emprar *dintre* + mot temporal (**11*b***) ni *en* + mot temporal (**11*c***) amb el valor de *d'aquí a*. En català correcte, només es construeixen amb la preposició *dins* (o *dintre*) expressions de temps en què indiquem el temps durant el qual es realitza l'acció (l'oració **12** seria correcta si l'acció es realitza en el temps comprès entre 0-60 minuts). En canvi, la construcció *en* + mot temporal **(13)** assenyala la durada de l'acció:

(12) *La classe començarà dintre* (o *dins*) *d'una hora.*
(Temps d'espera: 0-60 minuts.)

(13) *Ja us he promès que ho faré en una hora.*
(= Trigaré una hora a fer-ho. Temps de realització: 60 minuts.)

La pregunta del milió

Què vol dir «Vindrà la setmana dels tres dijous» o que tal andròmina «és de l'any de la picor»? Digues una expressió sinònima de cada.

Quadre 2

CC de temps	
Ens veurem	***a** les deu*
	***al** matí*
	aquesta setmana
	dilluns (= dilluns vinent)
	el dilluns (= cada dilluns)
	el dijous 4 de febrer
	***per** Carnestoltes*
	***a** l'abril*
	***a** l'hivern*
	el 2020
	***al / en el** segle* XXII

3. L'expressió de la manera

El complement circumstancial de manera es presenta sota les formes següents:

a) **adverbis i locucions adverbials:** *Canta així!, Balla bé; Actua a la babalà* ('irreflexivament').

b) **sintagmes preposicionals:** *amb covardia (= covardament).*

c) **subordinades adverbials modals** (introduïdes per *com, com si*, etc.): *Canta com sap. (com sap = així).*

d) **els pronoms adverbials** ***com*** (= de quina manera) **i** ***hi*:**

- **pronom adverbial interrogatiu** ***com*:** *Com ha actuat? No sé com ha actuat.* El CC de manera és desenvolupat pel pronom *com* en totes dues oracions (*com ha actuat = així ha actuat*), però no pas pel conjunt de la subordinada *com ha actuat*, que és una proposició substantiva amb funció de CD del verb *sé*: *No sé com ha actuat. = No sé això.*

- **pronom feble** ***hi*:** *Ha actuat a la babalà. → Hi ha actuat.*

Digues ara com substituiries pronominalment els CC de manera de les oracions següents:

(14) *a*) *Has recitat el poema amb bona dicció.*
b) *Has recitat el poema remarcant les pauses.*
c) *Has recitat el poema a correcuita.*

En totes tres oracions el segment que fa de CC de manera pronominalitza amb *hi* (**15*a***), que és el pronom de tots els circumstancials substituïbles (llevat dels de lloc començats per *de*: *Vaig al recital → Hi vaig*; però *Vinc del recital. → En vinc.*). Substituirem, doncs, per *hi* qualsevol CC de manera, tant si són sintagmes preposicionals (**14*a***), com si són proposicions de gerundi (**14*b***) o locucions adverbials (**14*c***), fins i tot les locucions començades per la preposició *de* (**15*b***).

(15) *a*) *Hi has recitat el poema.*
b) *Has recitat el poema d'amagat / d'esma / de memòria / de cap a cap / de pressa... a la babalà / en dejú / per força...*

La pregunta del milió

Digues quina diferència hi ha en l'ús de l'adverbi entre:
a) *Ho va dir sincerament?*
b) *Sincerament, ho va dir?*

Què dius, ara!

Escena de l'adaptació cinematogràfica de *Tirant lo Blanc* (2006).

Els segles XIII i XIV la llengua catalana viu una època d'esplendor. Amb Ramon Llull (1232-1316), el romanç català adquireix categoria literària. Aquest filòsof i teòleg mallorquí fou el primer escriptor europeu que se serví d'una llengua romànica per a la filosofia o la novel·la i es considera el pare del català literari. Més endavant, el valencià Joanot Martorell (1413/15-1468) escrigué la primera novel·la moderna: *Tirant lo Blanc*. Va ser traduïda a l'italià, el castellà, el francès i l'anglès, i elogiada per Cervantes al *Quixot*. Nascut també a Gandia, Ausiàs March (c. 1400-1459) és, potser, el més gran poeta català de tots els temps. Influí en la poesia catalana de l'època i en la posterior, i en autors castellans com Garcilaso o Quevedo. [AR]

«POSA FIL A L'AGULLA SENSE SORTIR DE LA RENGLERA»: _ _ _ _ _ _ _.

4. L'expressió de la quantitat

4.1. Com a complement circumstancial de quantitat

Aquest complement pot adoptar les formes següents:

a) **adverbi** o **locució adverbial:** *Treballa molt. No hem ballat gens ni mica.*

b) **sintagma preposicional:** *Treballa amb molta intensitat.*

c) **subordinada adverbial:**
- **comparativa:** *Té més resistència que tu.* (= ... *que resistència tens tu.*)
- **consecutiva:** *Ell balla tan bé, que és l'enveja de tothom.*

d) **pronom adverbial** ***quant*** (= en quina quantitat): *Quant costa?* (oració simple interrogativa); *Ja esbrinarem quant costa.* (oració composta, amb la sub. subst. interrogativa: *quant costa* = *això*)

> «El que hem de fer és treballar amb la gran majoria de la societat que és indiferent. El que mata el català és la indiferència, no els hostils.»
> Carme Junyent

4.2. Com a modificador quantificador

Els quantificadors són uns elements que ens diuen en quina mesura o grau es dona alguna cosa, tal com vèiem en els adverbis o locucions de més amunt (*Treballa molt.*). Sense fer la funció de circumstancial d'un verb, sinó la de modificador, tenim quantificadors pertanyents a diferents classes de mots:

a) **adverbis:** *És molt bo. Dorm molt bé. Que bo! Que bé!* (en què els adverbis de quantitat *molt* i *que* modifiquen l'adjectiu *bo* o un altre adverbi: *bé*).

b) **determinant:** *Té moltes virtuts. Ve amb alguns veïns. Viu amb tres fills.*

c) **pronoms:** *Molts a aconsellar però pocs a ajudar.*

Digues quan es fan servir els elements subratllats i si són intercanviables:

(16) *a*) *No té cap entrepà.*
b) *No té gens de pa.*

En tots dos casos, tenim els quantificadors *cap* o *gens de*, que modifiquen, respectivament, els noms *entrepà* o *pa*, i ens assenyalen que tenim una quantitat nul·la d'allò que aquests noms designen. Tanmateix, els esmentats quantificadors no són intercanviables, ja que el determinant ***cap*** **va amb noms comptables** (*un entrepà, dos entrepans, tres entrepans...*), mentre que ***gens de*** **va amb noms no comptables**: *pa, aigua, llet, xocolata, carn...* Així, direm: *No hi ha gens de pa, gens d'aigua, gens de llet, gens de xocolata...* (NO: *No hi ha ~~res~~ de pa / res d'aigua...*). Tanmateix, sí que podrem usar *cap* si aquests darrers noms van precedits d'altres de comptables en casos com *cap barra de pa, cap litre d'aigua, cap ampolla de llet, cap rajola de xocolata, cap presa de xocolata...*

Els quantificadors poden denotar una quantitat precisa o bé imprecisa: expressen una **quantitat precisa**, els numerals (*Té tres cadires.*); expressen una **quantitat imprecisa**, els anomenats quantitatius (consulta el quadre 3, pàg. 126), però també els indefinits (*No té cap taula.* = *Té «zero» taules.*), si bé aquesta darrera subclasse és més aviat un calaix de sastre que inclou mots amb altres valors semàntics (com *mateix* o *altre*).

Quadre 3

Alguns determinants quantitatius					
Quantitat excessiva	**Quantitat elevada**	**Quantitat no elevada**	**Quantitat suficient**	**Quantitat insuficient**	**Quantitat nul·la**
massa *massa ous* *massa oli*	*molt (de)* *molts ous* *molt oli* *bastant (de) = força* *bastants ous = força ous* *bastant oli = força oli*	*uns quants (de)* *uns quants ous*	*prou (de)* *prou ous* *prou oli*	*poc (de) = (no) gaire (de)* *pocs ous* *poc oli* *no gaires ous* *no gaire oli*	*gens de* *gens d'oli*

Flexió dels determinants quantitatius
Quatre formes (masc. sing. -Ø / fem. sing. *-a* / masc. plur. *-s* / fem. plur. *-es*): *molt* (*molta, molts, moltes*); *poc* (*poca, pocs, poques*); etc. També: *tant* (*tanta...*), *quant* (*quanta...*).
Dues formes (singular -Ø / plural *-s*): *gaire, gaires*; *bastant, bastants* [Secundàriament, s'admeten, per analogia amb *tant*, els femenins *bastanta* i *bastantes*.]
Invariables: *massa, força, gens* (*de*), *prou* (*de*). Altres: *més* (*de*), *menys* (*de*), l'indefinit *cap*.
Remarques: • Tots els elements del quadre poden ser també adverbis, excepte *uns quants*, que és sempre determinant i que, a més, se sol usar en plural: *T'esperen unes quantes persones* (= *T'esperen algunes persones / diverses persones.*). Però en singular en l'expressió *un quant temps*. • Amb els exemples, es pot veure si els determinants van amb noms **comptables** (com *ou, ous*) o bé amb **no comptables** (com *oli* o *temps*). • Els determinants quantitatius *massa* i *força* no van seguits de la preposició *de* i no tenen plural (contràriament als seus homònims substantius): *Tinc massa coques.* (det.) / *Tinc masses de pizza.* (N) *Té força seguidors.* (det.) / *Les forces de seguretat hi acudiren.* (N) *No té cap llapis.* (det.) / *Els caps de les agulles s'han despuntat.* (N)

Et diuen que el Jofre té pocs discos, que el Llorenç en té molts, que l'Eulàlia en té bastants i que l'Ona en té força. Ordena aquestes persones per ordre decreixent de discos posseïts.

4.2.1. Els numerals

Els numerals expressen quantitats exactes. N'hi ha de diversos tipus:

a) **cardinals:** expressen la quantitat de persones, de coses, etc.
un / una artista, dos / dues coristes..., dotze ous..., trenta-un espàrrecs...

b) **ordinals:** expressen l'ordre en què se situen les persones o coses dins una sèrie.
primer partit, cinquena divisió..., vint-i-unena sessió..., trenta-unens jocs...

c) **col·lectius:** designen un grup format per un determinat nombre d'elements. Les seves formes coincideixen generalment amb les dels ordinals (*una dotzena d'ous*), llevat d'algunes com *parell, parella; duo, duet; centenar, miler...*

d) **partitius (o fraccionaris):** assenyalen el nombre de vegades per les quals una quantitat és dividida: *Té mitja jornada lliure*. En principi, la seva forma coincideix amb els ordinals, *la desena part del públic*, llevat de *mig* i *meitat, terç, centèsim, mil·lèsim*, etc. En les fraccions, 6/22: *sis vint-i-dosens*. NO: *sis vint-i-do~~saus~~*.

e) **múltiples:** indiquen el nombre de vegades per les quals es multiplica una quantitat. La seva forma no coincideix amb les anteriors: *doble, triple/a, quàdruple/a, quíntuple/a...*

La pregunta del milió

Quines són les dues expressions correctes:
a) pàgina trenta-u;
b) pàgina trenta-una;
c) trenta-una pàgina;
d) trenta-una pàgines.

1 Llegiu el text i comenteu-ne el sentit. Localitzeu-hi tots els complements **circumstancials de lloc**. Assenyaleu-hi dos adverbis, l'un díctic (en aquest cas assenyalen el lloc on es troba l'emissor) i l'altre amb valor pronominal (digueu-ne l'antecedent).

Respostes al caminant

El caminant arriba al poble i s'adreça a un vell que està assegut en un porxo sense fer res.

–Escolteu, bon home –pregunta el caminant–. Sabeu cap a on va aquesta carretera?

–No he vist que vagi mai enlloc –respon el vell–. Cada matí, quan em llevo, miro per la finestra i encara hi és.

–El que jo vull saber és si l'he d'agafar per anar a Fortsmith.

–No té cap sentit que l'agafeu: allà ja en tenen una, de carretera.

–Suposo que heu viscut aquí tota la vida –comenta el caminant, i el vell respon:

–Encara no.

Anònim. A: Francesc Miralles, *365 idees per canviar la teva vida*

2 Emplena els buits amb un d'aquests **adverbis de lloc**: *daltabaix*, *amunt*, *avall*, *(a) baix*, *(a) dalt*.

Quan l'Enric va haver pujat al darrer pis del gratacel, es va adonar que encara podia pujar més ___: a la terrassa. I ho va fer. Des d'allà ___ veia als seus peus tota l'urbs. No veia edificis que pugessin tan ___ com el seu. ___ de tot, al nivell del carrer, els seus companys, talment formigues, l'esperaven amb ànsia. Si mirava més ___ , només l'antena de televisió era més elevada. Va voler-s'hi enfilar, però s'adonà que relliscava ___. S'hi esforçà de nou i anava i ___. Des de ___ els seus companys creien que queia ___. Ho deixà córrer i decidí anar escales ___, que no deixava de ser una altra proesa. Els seus seguidors encara miraven ___ quan ell arribà ___. L'havien fotografiat i ja havien penjat la seva heroïcitat al Facebook.

3 Omple les oracions amb la **preposició de lloc** adient (llegeix el quadre 4, pàg. 128).

a) No hi cap ningú més, (a / en) aquest cotxe.
b) Això ho hem après (a / en) un programa de televisió.
c) (A / En) Girona hi ha un museu del cinema molt important.
d) (Fins el / Fins al) final de la cursa no es va saber qui era la guanyadora.
e) Després de suor i llàgrimes hem arribat (fins / fins a) aquí.
f) Rebaixen (fins el / fins al) cinquanta per cent el preu de tots els articles.
g) No anunciarem res (fins / fins a) que la notícia no estigui confirmada.
h) Per a arribar-hi, hauries d'anar (fins el / fins al) final del passadís i trencar a la dreta.
i) Es van acomiadar d'ells (fins / fins a) l'endemà.
j) Hem de mirar (cap / cap a) endavant; altrament, no farem res de bo.
k) Per a anar (cap / cap a) la frontera, hauríeu d'agafar l'autopista AP-7.
l) Si ens desplacem (cap / cap a) allà, ho veurem tot amb més perspectiva.

«TÉ NASSOS, COM SÓN DE FERMS I PERSEVERANTS, AQUESTS»: T _ _ _ Ç _ _.

Quadre 4

Cap a (en direcció a)

- Generalment, són dos mots:
  Baixàrem cap a l'estació. S'adreçaren cap a una estació de la perifèria.
- Però la *a* cau davant adverbis: *Anem cap allà, cap endavant...*

Fins a (expressa el punt final o d'arribada)

- Generalment, són dos mots:
  Vam anar fins a un magatzem de llana. Vam arribar fins a l'aeroport.
- Però la *a* cau davant adverbis:
  Arribarem fins allà. No pararem fins més endavant.
- Forma part de la correlació emfàtica ***des de*** (punt de partença)... ***fins a***:
  Vam córrer des de la cuina fins al balcó.
- Equival a la correlació no emfàtica ***de... a***:
  Vam córrer de la cuina al balcó. (NO: *Vam córrer de la cuina ~~fins~~ al balcó*).
- Les locucions conjuntives són *des que* i *fins que*, sense preposició entremig, igual que ocorre amb *abans que*, *després que*, *a fi que*...

Atenció: Existeix l'adverbi *fins* en el sentit de 'fins i tot, i tot, àdhuc': *Fins el seu enemic l'admirava!* (= *L'admirava el seu enemic i tot!*)

4 Detecta-hi la preposició o locució prepositiva **de lloc** i digues-ne un **sinònim**:

a) Ho hem deixat tot sobre l'escriptori.
b) Als encontorns d'aquesta vila hi ha moltes cases de pagès escampades.
c) Al capdavall de les escales hi ha un dormitori amb mobles renaixentistes.
d) La Francesca anava al darrere de tot.
e) Contemplàvem l'escena des del menjador.
f) Han estat a dalt de tot del gratacel.
g) Al principi del local, hi apilaven sacs de farina i d'ordi.
h) La claror passa a través de les cortines.
i) Enmig de la multitud em va resultar impossible trobar-la.

5 Després de consultar el quadre 1 (pàg. 120), reescriu aquestes oracions canviant l'element gramatical que denota **lloc** (preposició, adverbi o locucions equivalents) per un de significat **contrari** (de vegades cal introduir alguna modificació en l'oració).

Model: *La vida és així: cal saber tirar endavant.* → *La vida és així: cal saber tirar* ***enrere.***

a) Han posat un calefactor sota la taula.
b) Va anar escales amunt.
c) Estan contents perquè han pogut arribar més endins.
d) Al capdamunt de la llista hi havia el seu nom.
e) Els lladregots ja deuen ser lluny.
f) Van arribar fins a dalt de tot del pou.
g) D'aquesta mena de plantes, se'n fan pertot arreu.
h) El van trobar al capdavall del carrer.
i) Les empreses valencianes miren cap enfora.
j) Es van posar al capdavant de la cua.
k) Els vam demanar que ens esperessin a fora.
l) Aquest noi ha arribat l'últim i ha passat al davant de tothom.

«PARA L'ORELLA, QUE ARA XERRA L'*SCOUT*!»: _ _ _ _ _ _ _ _.

6 Completa, si cal, les expressions de **temps** amb el mot o mots adients (amb preposició, article o Ø), després de consultar el quadre 5 de més avall.

a) Demà passat ____ tarda ens trobarem amb una colla d'escriptors.
b) ____ vespre desplegava una activitat frenètica i no parava ____ dues de la nit.
c) El raïm, es cull ____ tardor, no pas ____ estiu.
d) Si no pots venir demà, vine ____ dijous: resolguem-ho aquesta setmana mateix.
e) La Carme va viure a l'estranger des del 2016 ____ 2018.
f) Les guerres carlines van tenir lloc ____ segle XIX.
g) Aquesta activitat començarà ____ vespre, en concret, ____ quarts de nou.
h) Ens hi vam estar ______ gener: i quin fred més viu que hi feia, en aquella contrada, ____ hivern!

Quadre 5

L'expressió del temps: anys i segles
Anys
Generalment es designen amb un SN: *El poeta mallorquí Josep Maria Llompart va néixer l'any 1925 i va morir el 1993.* No és correcte *Va morir ~~a~~ l'any 2011 / ~~al~~ 2011 / ~~en~~ l'any 2011 / ~~en~~ el 2011*. En un registre molt culte, però, és possible la preposició *en*: *Traspassà en 2011.*
Segles o períodes llargs
Es construeixen amb les preposicions *a* o *en*: *Al segle XX van esclatar dues guerres mundials.* (També: *En el segle XX van esclatar...*) *Al Renaixement es revalorà la cultura clàssica grecollatina.* (També: *En el Renaixement...*)

«En l'idioma hi ha l'arbre genealògic d'una nació.»
Samuel JOHNSON

7 Digues un adverbi (o locució adverbial) que sigui **sinònim** dels circumstancials de **temps** que contenen aquestes oracions:

a) No hi van anar fins llavors.
b) Finalment van aconseguir el que s'havien proposat.
c) Ho farem més tard.
d) La màquina s'engegarà immediatament.
e) Es prenia el xarop un cop al dia.
f) El nen sap menjar i cantar simultàniament: no sé pas com no se'ns ennuega!
g) Hi imparteix una lliçó magistral cada sis mesos.
h) No es fien de nosaltres i ens obliguen a pagar a la bestreta.

8 Reescriu aquestes oracions convertint l'expressió de **temps** que contenen en una de significat **contrari** (introdueix en l'oració els canvis que facin al cas):

Model: *Fins ara no hi ha hagut protestes. → A partir d'ara hi haurà protestes.*
a) Van arribar dos dies després.
b) Sempre deia bestieses.
c) Aquest tren ha arribat tard a l'estació.
d) Rarament se'l veu content.
e) Antany hi va haver una mala collita.
f) A final de mes cobrarem?
g) La intenció és que l'actuació comenci com més aviat millor.

9 **Expressió del temps.** Emplena els buits amb la forma adient.

a) Què farem tu i jo (mentre/mentrestant) esperem que arribin?
b) La sortida del vol es va retardar molt; però nosaltres, (mentre/mentrestant), ens vam anar posant al dia consultant les pàgines d'actualitat.
c) (Mentre/Mentrestant) tu descanses, jo surto al terreny de joc.
d) Havien dit que arribarien a casa a mitja tarda, però han arribat a les vuit (de la nit/del vespre).
e) Són les 13.30 h, és a dir, són (dos quarts de dues del migdia/dos quarts d'una del migdia/dos quarts d'una de la tarda).
f) S'ha atabalat quan han trucat a la porta i, (alhora / a l'hora), ha sonat el mòbil.
g) (Alhora/A l'hora) de la veritat, la Quitèria no era capaç de fer dues feines (alhora/a l'hora).
h) Ja veuràs que (alhora/a l'hora) de l'aperitiu tothom serà aquí.
i) Aquesta emissora de ràdio emet un senyal acústic (aleshores/a les hores) i als dos quarts.
j) El magatzem obria només (aleshores/a les hores) d'oficina.
k) (Aleshores/A les hores) es va sentir un enorme terrabastall: alguna cosa feixuga havia caigut daltabaix.

Part del dia	matí	migdia	tarda	vespre	nit	matinada
Horari Estiu Hivern						

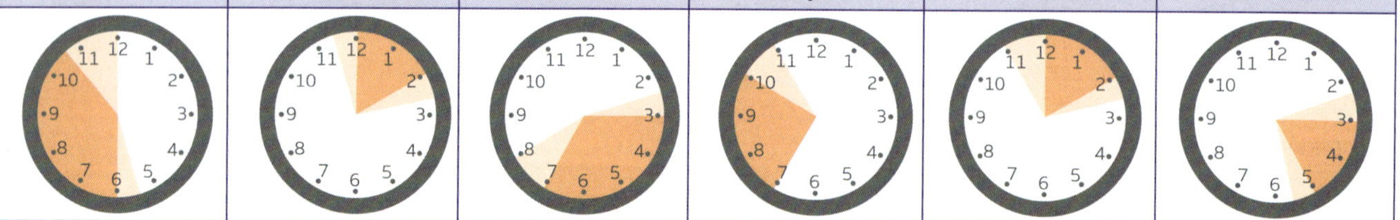

La relació entre les parts del dia i les hores presenta vacil·lacions per raó de la variació de les hores de claror de cada època de l'any.

Quadre 6

mentrestant = entretant	*mentre*
És adverbi. Va entre pauses. *Tu cantes i jo, mentrestant, ballo.* NO: *Tu cantes i jo, ~~mentre~~, ballo.*	És conjunció: *mentre* + V (NO: ~~*mentres*~~). *Tu cantes mentre jo ballo.* Però la locució *mentre que* expressa contraposició. *Mentre que l'un planxa i frega, l'altre es grata el ventrell i es toca el clatell.*

10 Recorda que els **adverbis en *-ment***, habitualment de manera, es formen a partir d'adjectius femenins (*òbvia* + *-ment* → *òbviament*) i, per tant, no s'han de confondre amb els substantius en *-ment*, derivats de verbs (*casar* → *casament*).

Canvia en les oracions els adverbis en *-ment*, que les enfarfeguen, per mots o locucions sinònimes. Dels adverbis en *-ment* que contenen, digues quins no són de **manera**.

a) Probablement les arques de l'Ajuntament no estan suficientment plenes per a fer front a un increment salarial com aquest.
b) Inicialment els inversors van confiar excessivament en aquest element tan conjuntural.
c) Amb el finançament que han rebut, podran pròximament obrir un restaurant on et serviran els plats encara més ràpidament.
d) Seguidament tindran l'ocasió de conèixer una situació sensiblement diferent de la que acabem de veure o es veu freqüentment aquí.
e) L'Esteve vivia solament per la seva xicota, permanentment al seu servei; però no va poder evitar l'abandonament d'ella, fet que el sumí en un enfonsament total.
f) No pots fer flexions i salts simultàniament: aquests exercicis, obligatòriament, s'han de fer més lentament.
g) Com que no va ser possible de donar l'ordre anteriorment a la cita, es va haver de fer posteriorment.

Si després dels determinants *massa* i *força* no hi pot anar la preposició *de*, ¿per què és perfectament correcte dir *N'ha menjat massa, de pa* o *En té força, de diners*?

Quadre 7

Res	*Gens*	*Cap*
(= cap cosa) ↔ ***tot***	↔ ***massa***	↔ ***molts...***
Pronom: *No li agrada res. (subj.)* *No ens ha enviat res. (CD)*	Determinant (*gens de* + N no comptable) Amb líquids, substàncies, sentiments, qualitats: *No té gens de benzina, gens de sucre.* ↔ *Té massa benzina.* NO: *No té ~~res~~ de benzina...*	Determinant + N comptable: *No tenim cap correu per enviar.* ↔ *Tenim molts correus per enviar.* NO: *No tenim ~~ningú(n)~~ correu...*
	Adverbi (modifica un verb, un adjectiu o un altre adverbi): *No ha caminat gens.* *No és gens creatiu.* *No ha actuat gens honestament.*	

11 Després d'estudiar el quadre 7, **tria** les opcions correctes (una i, algun cop, dues per oració). Raona oralment la resposta.

Model: *No van trobar (res/cap/gens) damunt la taula.* → *No van trobar res damunt la taula.*

Raonament:
- **res:** solució correcta, perquè es pot canviar pel SN equivalent *cap cosa*. Fa de complement directe del verb transitiu *trobar*.
- **cap:** incorrecte. Aquest mot és determinant i, doncs, l'ha de seguir un nom (*No van trobar cap disc*) o aquest ha d'estar pronominalitzat (*No en van trobar cap damunt la taula*).
- **gens:** incorrecte. Com a adverbi, l'ús de *gens* seria una quantificació impossible per a un verb com *trobar* (una cosa, o es troba o no es troba: no hi ha graus intermedis).

a) No tenien (algú / ningú / cap) operari disponible.
b) (Cap / Ningú / Algú) dibuix dels escollits pel jurat no és de prou qualitat.
c) Hi havia (molta / molta de / molt de) gent que ballava en aquella pista.
d) Com que no hi havia (gens / cap / res) a la nevera, van haver de sortir a comprar.
e) Hi ha (gens / cap / res) millor que celebrar les victòries amb un àpat?
f) El manyà no munta (gens / cap / res) que no sigui cobrant.
g) Aquesta frontissa de la porta no és (gens / cap / res) barata.
h) De frontissa, si no en tens (gens / cap / res), n'hauràs de comprar una a la ferreteria.
i) Tot i que ha pujat corrent al pis de dalt de tot del gratacel, diu que no s'ha cansat (cap / gens / res).
j) Has vist (ningú / cap / algun / algú) per aquí?

12 **Corregeix** l'error que conté cada oració.

a) Era un noi tan amable que n'estaven enamorades vàries companyes.
b) Li van donar una lliçó de modals, però sembla que encara no en va tenir bastant.
c) Que de gent que hi havia aquell dia en la presentació del teu disc!
d) No he vingut a l'assemblea perquè no em trobava massa bé.
e) Has fet masses entrepans per als pocs convidats que vindran aquesta tarda: preveig que ens en quedaran força per a l'hora de sopar!
f) Els vas prometre seixanta mil euros, però te'n vas desdir i, dels euros, no van veure cap.

La pregunta del milió

Digues quina diferència hi ha entre:
a) *Darrerament, el seu fill no estudia res.*
b) *Darrerament, el seu fill no estudia gens.*

«TANT SI ÉS DE PARET, DE SORRA, DE SOL O DIGITAL, MAI NO PERD EL TEMPS»: _ _ _ _ _ _ _ _ _ _.

13 Tria la forma correcta (si cal, fes-la concordar).

a) (Tan / Tant) homes com dones acudien a la cita teatral (tan / tant) d'hora com podien per seure (tan / tant) endavant com els fos possible. I és que aquella actriu agradava (tan / tant) a tothom!
b) No crec que, havent pencat (tan / tant) poc, pugui arribar (tan / tant) lluny com tu. (Tan / Tant) de bo fos així!
c) (Quan / Quant) sàpigues si hi ha entrades i (quan / quant) em costarà cadascuna, fes-me un truc.
d) Que no se t'escapi el riure (quan / quant) li preguntis (quan / quant) val.
e) No està gaire motivat amb la feina; per això, no té (prou / molt) ganes de treballar.
f) Sempre diu que en té poc: jo penso que no en té mai (prou / bastant).
g) Hi havia (forces / força) persones que no hi estaven d'acord.
h) Aquesta pel·lícula és un (tant / xic) atrevida?
i) L'aparell que hem encarregat ja hauria d'haver arribat al magatzem. Ja fa (prou / suficients) dies de tot plegat.
j) L'opció proposada per la Júlia era (més bé / més aviat) arriscada.
k) En Julià creu que ara ho he fet (més bé / més aviat) que abans.
l) Tenia una jaqueta negra i una altra que era (més bé / més aviat) blava.
m) No són (prou / prous / proutes) obrers per a enllestir la feina en un matí!
n) Hi havia (vàries / unes quantes / masses) amigues que l'esperaven a la sortida.

«Quan no es té res a dir, la conseqüència natural és el silenci o la mentida.»
RAIMON

14 Emplena el xec escrivint amb lletres la quantitat de 67 504 302 euros.

BANC Pispanc

ENTITAT	OFICINA	DC	NÚM. DE COMPTE
3054	1234	69	0000000000

EUROS ____________________

Pagueu per aquest xec a ____________________

Euros ____________________

__________de__________de20__
(la data ha de consignar-se en lletres)

SÈRIE 0000000000

15 Substitueix la xifra pel determinant **ordinal**, **col·lectiu**, **múltiple** o **partitiu** corresponent.

a) Vam assistir a la 63 edició de la Fira del Disc. (*ordinal*)
b) Al recital de rock hi havia un 100 de persones. (*col·lectiu*)
c) Aquest 3 musical té molt renom. (*col·lectiu*)
d) S'ha quedat a vint-i-dues/100 de segon del podi. (*partitiu*)
e) Aquesta cartolina és el 4 de gran. (*múltiple*)
f) A ella li ha tocat 1/62 part de l'herència. (*partitiu*)
g) Un 1 000 de persones es van quedar sense entrada. (*col·lectiu*)
h) El saló és dues vegades més gran que l'habitació. (*múltiple*)
i) Vaig anar a plaça a comprar 12 ous. (*col·lectiu*)

«TÉ MOLTES PENQUES, L'AMO DEL BAR RUT»: _ _ _ _ _ _ _.

Quadre 8

***Lo* neutre** (valor intensiu)	
NO! ☹	**Equivalents correctes** ☺
NO: *Vine ~~lo~~ més aviat possible / millor.*	*Vine com més aviat millor.* *Vine al més aviat possible / millor!*
NO: *Juga tot ~~lo~~ bé que sàpigues!*	*Juga tan bé com sàpigues!*
NO: *No deia ni piu de ~~lo~~ espantat que estava!*	*No deia ni piu, de tan espantat que / com estava!*
NO: *No saps prou ~~lo~~ bèstia que és!*	*No saps prou que bèstia que és!* *No saps prou com és de bèstia!* *No saps prou com n'és, de bèstia!*
NO: *Amb ~~lo~~ bo que és aquest formatge!*	*Si n'és de bo, aquest formatge!* *Tan bo que és aquest formatge!*

Nota: L'intensiu és tan sols un dels valors incorrectes de *lo* neutre. Recorda que, en parlar de les proposicions substantives, vèiem que tampoc no és correcte (NO: *És ~~lo~~ que havíem somiat.* → *És el que havíem somiat*). En l'Arromanguem-nos-hi, pàg. 205, en veurem nous casos.

16 En català no existeix un mot com l'article neutre *lo* del castellà, que alguns calquen tant en el sentit abstractiu (*M'agrada lo bell.* → *M'agraden les coses belles.*) com en el valor intensiu o ponderatiu, idea lligada a la de quantificació que estudiem (*Fes-ho tot lo bé que puguis!* → *Fes-ho tan bé com puguis!*). Existeix, això sí, el pronom feble masculí *lo* (*Vol desar el prospecte.* → *Vol desar-lo.*) i, en zones del català nord-occidental, l'article masculí *lo* (*lo pare, lo riu*).

Llegeix el quadre 8 de més amunt i corregeix l'ús que es fa de *lo* neutre en les oracions següents:

a) Van fer una crítica lo més objectiva possible.
b) Tan grossos com són els elefants i lo petits que semblen vistos de lluny.
c) No pensa lo més mínim en els seus compromisos.
d) Això és lo mínim que podem fer per ella.
e) A la concentració assistiren tot lo més un miler de manifestants.
f) Aquesta comèdia és de lo més divertit que s'ha escrit mai!
g) No pots imaginar-te lo poc observador que era.
h) No tens ni idea de lo bo que era aquell número de pallassos!
i) L'estat de la mar no era lo suficientment bo per a navegar.

Què dius, ara!

Amb la dinastia dels Trastàmara i la posterior unió dinàstica de les corones de Castella i Aragó, els països catalans encara conservaven lleis i constitucions pròpies, però la cort era a Castella i es nota la influència de la cultura castellana i un cert canvi en els usos lingüístics. Els escriptors anaven perdent consciència de la tradició literària comuna i la llengua rebia noms diferents: català, valencià, mallorquí, menorquí... Aquest període (segles XVI-XVIII) es coneix amb el nom de «Decadència», des d'una visió contemporània i per comparació amb l'esplendor dels segles anteriors (segles XIII-XV). Hi havia escriptors bilingües, sobretot a València, que s'emmirallaven en els models barrocs castellans. La noblesa de les grans ciutats (Barcelona i València) començà a fer servir el castellà com a símbol de proximitat al poder. Però el poble continuava parlant en català i la producció de literatura popular (rondalles, auques, goigs, sermons) es va mantenir. També es continuà cultivant la literatura científica, didàctica i eclesiàstica. Els decrets de Nova Planta i la supressió de les institucions polítiques i administratives de la corona d'Aragó van expulsar el català de qualsevol ús oficial. Només es mantingué a Menorca –sota domini anglès fins el 1802– i a Andorra. [AR]

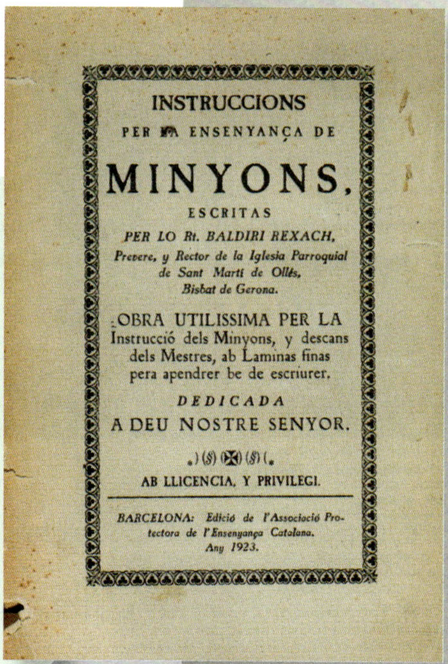

▶ L'obra *Instruccions per a l'ensenyança de minyons*, del pedagog Baldiri i Reixach (1703-1781), és considerada un clàssic de la pedagogia.

El sentit de l'humor

El sentit de l'humor és el terme mitjà entre la frivolitat, per a la qual res no té sentit, i la seriositat, per a la qual tot té un sentit. El frívol es riu de tot, és insípid i molest, i sovint no s'amoïna si fereix altres persones amb el seu humor; el seriós, en canvi, creu que res ni ningú han de ser objectes de burla, mai no té res de graciós per a dir i s'incomoda si es burlen d'ell. L'humor revela així la frivolitat del que és seriós i la seriositat del que és frívol. [...]

Qui té humor sol ser més estimable que qui no en posseeix. L'humor és una eina crítica de gran eficàcia. «Vaig llegir *Guerra i pau* en vint minuts: va sobre Rússia», deia Woody Allen en aquells temps en què eren moda els mètodes de lectura veloç. L'humor és un instrument adequat per a promoure la tolerància, cosa que va dur **Georg Christoph Lichtenberg** a escriure: «Res no determina més el caràcter d'una persona que la broma que l'ofèn». L'humor permet de veure el que els altres no perceben, de ser conscient de la relativitat de totes les coses i de revelar, amb una lògica subtil, el que hi ha de seriós en la ximpleria i el que hi ha de ximple en la seriositat. De vegades, el millor consell és el que prové d'un acudit, i no pas d'una formulació teòrica. [...]

Té límits, l'humor? És possible de fer humor amb el tema de l'**Holocaust**[1]? Hi ha una línia divisòria ben prima entre la possibilitat de «riure's de» i la de «riure's amb». Charles Chaplin posava, com a condició de l'humor, la necessitat que l'acudit estigui a favor del feble i no del fort. Per la seva banda, **André Comte-Sponville** escriu: «Es pot fer broma sobre tot: el fracàs, la mort, la guerra, l'amor, la malaltia, la tortura. L'important és que el riure afegeixi una mica d'alegria, de dolcesa o de lleugeresa a la misèria del món, i no més odi, sofriment o menyspreu. Es pot fer broma amb tot, però no de qualsevol manera. Un acudit jueu mai no serà humorístic en boca d'un antisemita. La ironia fereix, l'humor cura. La ironia pot matar, l'humor ajuda a viure. La ironia vol dominar, l'humor allibera. La ironia és despietada, l'humor és misericordiós. La ironia és humiliant, l'humor és humil».

Un moment del rodatge de la pel·lícula *Vicky Cristina Barcelona*, de Woody Allen.

Tanmateix, no tota ironia és cruel. La ironia és una figura retòrica que consisteix a donar entenent el contrari del que es vol dir. No em sembla pas que aquesta idea d'ironia impliqui necessàriament una manera despietada de fer humor. Més aviat diria que hi ha un humor feridor, esteticista*, que no repara* en criteris ètics mentre faci riure. Si la ironia es fa servir, en canvi, com a instrument de resistència, l'humor adquireix un biaix* alliberador.

Les virtuts de riure i de fer riure no sempre van de bracet. L'Alcorà jutja que qui fa riure el proïsme* mereix el paradís, però no diu res de qui sap riure. Conec gent poc hàbil fent riure, però que té un riure deliciosament oportú i encomanadís. Ells també mereixen el paradís. El riure apareix com la distància més curta entre dues persones. No és un mal començament per a l'amistat. No és un mal recurs per a acceptar –o retardar– la pròpia mort i la dels altres. Hi ha cultures que enterren els seus morts amb alegria. Prefereixen recordar-los amb rialles i somriures, no pas amb llàgrimes i tristesa. Recordar amb filosofia, o «prendre's les coses amb filosofia», equival a prendre's les coses amb joia, amb un dels sentiments més seriosos, gratuïts* i paradoxals amb què podem desenteranyinar-nos* l'ànima.

Roxana Kreimer, *Arts del bon viure* (traducció adaptada)

1 **Holocaust:** genocidi dut a terme pel règim nazi, especialment contra els jueus, entre 1933 i 1945.

G. C. Lichtenberg (1742-1799), catedràtic alemany de física experimental.

A. Comte-Sponville (1952), filòsof francès.

COMPRENSIÓ

1 Digues el **significat** de les paraules amb asterisc: esteticista (lín. 45), reparar (lín. 45), biaix (lín. 47), proïsme (lín. 50), gratuïts (lín. 62) i desenteranyinar (lín. 63). Defineix què és, segons R. Kreimer, la *frivolitat*.

2 **Resumeix** el contingut del text en uns 100 mots.

3 **Escriu un assaig** (text argumentatiu) sobre un d'aquests dos temes: 1) Discuteix sobre si és ètic fer humor sobre qualsevol tema, persona, símbol, etc.; 2) Comenta el contingut d'un dels aforismes del llibre. Extensió: uns 100 mots.

«No hi ha pitjor indigència que la falta de cultura.»
Joan Brossa

LÈXIC I SEMÀNTICA

4 Relaciona amb la seva definició aquests termes relacionats amb l'**humor o la burla**:

a) comèdia
b) caricatura
c) cinisme
d) doble sentit
e) epigrama
f) gag
g) ironia
h) paròdia
i) sarcasme
j) sàtira

1. Enunciat que té un significat literal oposat al que es pretén.
2. Composició poètica breu i enginyosa, de to satíric.
3. Desvergonyiment de qui fa gala de menysprear els valors morals.
4. En el teatre, el cinema, etc., efecte còmic que sobta l'espectador.
5. Humor agressiu que ridiculitza els costums d'una època o situacions determinades (sovint apunta a institucions socials o polítiques).
6. Gènere teatral o cinematogràfic d'humor.
7. Humor cruel i desagradable (sol apuntar a un individu més que a una institució).
8. Imitació que es fa d'una persona o d'una cosa per a fer-ne burla o per a fer riure.
9. Retrat (verbal i, sobretot, gràfic) d'una persona en què s'han exagerat les seves característiques per a fer riure.
10. Ús d'una paraula que n'evoca una altra, que té un sentit prou diferent.

5 Emplena els buits amb les expressions següents relacionades amb **riure's o ridiculitzar**. Digues un sinònim de l'expressió *cargolar-se de riure*.

- riure per sota el nas
- de per riure
- cargolar-se de riure
- ser de la broma
- estar de broma
- fer fila
- fer befa (de)
- ser la riota (de)
- fer el préssec

a) Després del que va dir, tothom es reia d'ella: era ___ tothom.
b) No tenen respecte per res: de tot en ___.
c) Aquest noi ___: amb ell t'ho passes la mar de bé!
d) No t'ho prenguis malament, que no ho deia de debò: ho deia ___!
e) Els gags eren tan bons que tothom ___.
f) El gerent es va ficar de peus a la galleda, però ningú no va riure, fora de la secretària, que ___: n'està tan tipa i recuita, d'ell!
g) Si ens posem aquest barret tan estrafolari, em sembla que ___.
h) Amb aquella colla xales molt, però hi penques més aviat poc: sempre estan___!
i) Quina ___ que fas amb aquest vestit de pedaços de color!

«AQUEST OCELLOT ROSAT, AIRÓS I EIXERIT, VE DE FLANDES, EL MOLT *CANTAOR*»: _ _ _ _ _ _ _ _.

6 Completa els **refranys** següents unint les dues columnes (compte!: a la segona columna hi ha un element intrús) i digues-ne el significat:

a) Com més serem...
b) Més val riure...
c) No et riguis dels meus dols...
d) Qui et vol mal et farà riure...
e) Qui no sap riure...
f) Rient rient...
g) Riu bé...
h) Val més morir d'un tip de riure...

1. ... es va morint la gent.
2. ... que d'un tip de ràbia.
3. ... i qui et vol bé et farà plorar.
4. ... més riurem.
5. ... sense ser lliure.
6. ... que fer riure.
7. ... no sap viure.
8. ... qui riu darrer.
9. ... que quan els meus seran vells els teus seran nous.

7 Completa amb la paraula adient, relacionada amb el **camp semàntic de *riure***:

a) Aquest aparell, l'han trobat a internet baratíssim, a un preu i r_ _ _ _ _ _ _.
b) Que no t'ho he dit de debò, sinó _ _ b_ _ _ _.
c) El moment que l'enxampen a la dutxa és un dels més h_ _ _ _ _ _ _ _ _ de la comèdia.
d) Quan el director no era present, els seus empleats l'e s_ _ _ _ _ _ _ _ i estrafeien la seva veu.
e) Era molt envejós i, quan l'Eulàlia li va dir que era doctora en musicologia, ell se li adreçava amb un to b_ _ _ _ _ _ a, com si no hi donés importància o li fes ràbia.
f) De *Tirant lo Blanc*, en valorava especialment la c_ _ _ _ _ _ _ _ de les escenes de palau.
g) Té una r_ _ _ _ _ molt encomanadissa: riu d'una manera tan franca i sorollosa que tothom esclafeix a riure també.
h) La situació era d'una serietat extrema, però elles no van poder evitar d'e n_ _ o_ _ _-se.
i) Aquesta criatura és tan r_ _ _ _ _ _ _, que és un goig tenir-la al costat.
j) És una dona més aviat seriosa: més que riure, el que fa, a tot estirar, és s_ _ _ _ _ _ _.

«Com que tothom fa servir la llengua per a parlar, tothom creu que pot opinar sobre llengua.»
Johann Wolfgang Goethe

Què dius, ara!

Els decrets de Nova Planta (1707-1716), promulgats per Felip V arran de la guerra de Successió, abolien l'organització constitucional dels països de la corona d'Aragó i establien una estructura institucional similar a la castellana. Desapareixien les Corts, la Generalitat i el Consell de Cent, i se suprimia l'ús oficial del català als tribunals de justícia i al sistema educatiu. A Catalunya es tancaren les universitats i es creà la de Cervera per a substituir-les. La construcció de l'Estat espanyol modern (segle XIX), accentuà la uniformització, alhora que aparegueren moviments reivindicatius de la llengua i la cultura catalanes, plasmats en manifestos com el Memorial de Greuges (1885) o les Bases de Manresa (1892). A principis del segle XX, es consolida el catalanisme com a primera força política del Principat, un procés que culminarà amb l'Estatut del 1932 i que es veurà estroncat per la Guerra Civil (1936-1939). [AR]

La Universitat de Cervera en un gravat del segle XIX.

8 L'**efecte humorístic** dels acudits es pot aconseguir de moltes maneres, sovint recorrent a idees estereotipades o a prejudicis contra determinats col·lectius, impulsats pels grups socialment dominants. Centrant-nos en la forma del missatge, direm que, a part dels elements paralingüístics (i de l'habilitat histriònica de qui explica els acudits), són una bona font d'humor fenòmens com l'**ambigüitat** (o el malentès), sovint deguda a la polisèmia dels mots (com en el model).

Expliqueu què produeix l'efecte còmic dels següents acudits, redacteu-ne un i llegiu-lo als companys:

Model: *–Conec un home amb un ull de vidre que es diu Garcés.*
–I com es diu l'altre ull?

Explicació: L'efecte hilarant neix quan es pot entendre que qui respon ha entès que Garcés és el nom de l'ull de vidre, no de l'home, deducció en si prou xocant. Gramaticalment, l'ambigüitat és possible pel fet de poder atribuir un antecedent erroni al pronom relatiu *que* (*ull de vidre* en comptes de *home*).

a) A un home l'aturen pel carrer per fer-li una pregunta:
–A vostè li agraden els animals?
–Molt!
–I quin animal li agrada més?
–Les gambes!

b) Un mariner diu al capità:
–Capità, vénen moltes naus per proa!
–Una flota?
–No, capità, floten totes!

c) El Sr. Josep passa per la Rambla i un amic seu li diu, acostant-s'hi:
–Caram, Josep, passes pel meu costat sense dir-me res.
–Perdona'm, Ramon; soc tan curt de vista que no veig un burro a quatre passes.

d) Una persona va entrar en un cafè i... xof!

e) Un home va a cal dentista. Li arrenquen un queixal i paga 10 euros.
–Perdoni –diu el dentista–, però són 70 euros.
–No, senyor, no, són 10 euros: miri-se'ls bé!

> «El ric riu amb el bufó, i el bufó es riu del ric, perquè aquest creu les seves llagoteries.»
> Francisco de QUEVEDO

9 Hi ha **acudits** basats en determinades estructures, com les subordinades **comparatives** o les **consecutives** (com en el model), sovint de caràcter hiperbòlic. Troba'n o inventa-te'n un de cada mena.

Model: *Era tan amnèsic que, quan es va morir, van erigir un monument a la seva memòria.*

10 Entre els **acudits hiperbòlics**, hi ha els d'«el súmmum de...». Troba'n o inventa-te'n un d'aquesta mena.

Model: *El súmmum d'un astronauta és tenir una dona... llunàtica.*

11 Emplena els buits amb l'opció lèxica adequada, flexionant-la, si cal.

a) Sobre aquesta qüestió, hi va haver un malentès considerable i va caldre temps per a (aclarir-se / esbandir-se)-ho tot.
b) Ara sortirà de la dutxa: només li falta (aclarir / esbandir)-se els cabells.
c) Quan escriu a l'ordinador, al gos li agrada posar-se-li a la (falda / faldilla).
d) Abans érem molt amigues; però, ves per on!, vam (renyar / renyir) per culpa d'un noi i hem perdut el contacte.
e) La directora el va (renyar / renyir) per no haver estat a l'altura de les circumstàncies.
f) Quan els pares (renyar / renyir) els fills, els avis sortien sempre en defensa seva.
g) ([El] destí / [La] destinació) ha fet que ara tu i jo ens enlairem plegats amb (destí / destinació) al pol Nord.
h) D'aquell (pic / bec) estant, podíem contemplar com, en un relleix de la roca, les àligues donaven menjar als seus polls amb el (pic / bec).
i) La (closca / clofolla) d'una tortuga no és tan fràgil com la d'un cargol.
j) Han passat la tarda menjant cacauets i me n'han deixat totes les (closca / clofolla) escampades pel pati.

«La facilitat per a citar amaga l'absència de pensament original.»
Dorothy L. Sayers

FONÈTICA I ORTOGRAFIA

12 Pronuncia els mots en veu alta. Classifica'ls segons si contenen essa sorda [s] o bé essa sonora [z]. Tingues en compte la informació del quadre.

- rosa
- rossa
- deessa
- transhumant
- marquesa
- digressió
- desembre
- esmorzar
- resistir
- repressor
- enfonsament
- opressor
- dimissió
- estesa
- extensió
- endinsament
- suscitar
- impresos
- impressió
- princesa

Essa sorda [s]
Els acabats en ***-missió***, ***-gressió*** i ***-pressió***, ***-missor***, ***-gressor*** i ***-pressor***: *submissió*, *agressió*, *supressió*; *emissor*, *agressor*, *depressor*.

Essa sonora [z]
Els mots que contenen les arrels ***trans***, ***dins*** i ***fons*** seguides de vocal: *transitar*, *endinsar*, *enfonsar*.

13 La **ela palatal**, [ʎ], es pot trobar en moltes posicions de mot: inicial (*llapis*), entre vocals (*callar*), final (*bull*), etc. També es pot trobar doblada (o geminada), fet que pot tenir un reflex gràfic (*Vall-llobrega*) o no, com és el cas de la pronunciació [ʎʎ] de l'aplec *tll* (*espatlla, ratlla*).

Pronuncia aquests mots, focalitzant l'atenció a diferenciar [ʎ] i [j] (*seient*):

- ui! / ull
- molla / motlle
- Moià / mullar
- iot / llot
- veies / veges / velles / vetlles
- maia / malla
- baieta / velleta
- boia / bolla / boja
- batlle / balla (v. *ballar*)
- seia (v. *seure*) / sella / cella

«AQUEST GRAN RIU EUROPEU DANSA VESTIT DE NUVI»: _ _ _ _ _ _ _.

14 Pronuncia els mots en veu alta. Classifica els sons consonàntics corresponents a la lletra o lletres subratllades.

- gec
- xec
- txec
- jec (v. *jeure*)
- llauna
- fixar
- fitxar
- gall
- gai
- inexistent
- excedir
- rampoina
- marxar
- marxista
- coll
- botxí
- exhalar
- raig
- rajolí
- desig
- desitjar
- guix
- Flix
- jaqueta
- tòxic

[ks]	[gz]	[ʃ]	[t͡ʃ]	[ʒ]	[d͡ʒ]	[ʎ]	[j]
sexe	*exhumar*	*panxa*	*boig* *cartutx*	*jove*	*lletja*	*Llull*	*mai* *maia*

15 Pronuncia en veu alta les paraules de més avall. Classifica els sons consonàntics corresponents a la lletra o lletres subratllades. Tingues en compte que les lletres *b, d* i *g* en posició final absoluta de mot s'ensordeixen [p], [t] i [k], respectivament.

- maig
- matx
- sord
- alberg
- exuberant
- sud
- eixerit
- exclamar
- llarg
- corretja
- exasperar
- solitud
- rauxa
- rogenc
- roig
- adob
- ximple
- fred
- corregir
- vexar

[ks]	[gz]	[ʃ]	[t͡ʃ]	[ʒ]	[d͡ʒ]	[p]	[t]	[k]
extorsió	*exhibició*	*Xàtiva*	*mig*	*jaqueta*	*fetge*	*pi* *serp* *verb*	*tu* *fart* *tard*	*cas* *arc* *amarg*

MORFOSINTAXI

16 Formula ordres (en **imperatiu**) i prohibicions (en subjuntiu) en segona persona del plural. Consulta el quadre de la pàg. 140.

Model: *escriure la carta → Escriviu la carta! / No escrigueu la carta!*

a) ometre aquests noms
b) acollir les propostes
c) admetre els errors
d) distreure el personal
e) atendre la petició
f) dissoldre el polsim
g) coure la verdura
h) combatre l'incendi
i) treure la paella
j) vendre's la moto

Què dius, ara!

La Renaixença és un moviment de reivindicació de la llengua i la cultura catalanes. Al Principat són importants les figures de Rubió i Ors (1818-1899) i de dramaturgs com Frederic Soler (conegut com a *Serafí Pitarra*). Altres fites foren l'aparició de la primera publicació periòdica íntegrament escrita en català, *Lo Vertader Català* (1843), i *L'orfeneta de Menargues* (1862), la primera novel·la moderna en català. Amb la restauració dels Jocs Florals de Barcelona (1859), es consolida el moviment, que el 1877 guardonà l'obra poètica de Jacint Verdaguer i d'Àngel Guimerà, candidat al premi Nobel i que esdevingué l'autor dramàtic més important del teatre català. En novel·la excel·lí Narcís Oller, creador de la novel·la moderna. A València va destacar Teodor Llorente; a Mallorca, Marià Aguiló. D'altra banda, a finals del XIX la revista *L'Avenç* i Pompeu Fabra enceten el moviment de normativització del català. [AR]

Retrat de Pompeu Fabra, en un dibuix al carbó de Ramon Casas.

Imperatiu: presència o absència de velar (*-gu-*)

Tingues en compte que la 2a del singular determina la 2a del plural, i que la 3a del singular determina la 1a i la 3a persones del plural.

	Singular	Plural
1a pers.	–	*enceng**u**em foc!*
2a pers.	*encé**n** foc!*	*ence**n**eu foc!*
3a pers.	*enceng**u**i foc!*	*enceng**u**in foc!*

		SÍ	NO!
2a pers. sing. → 2a plur.	*encén!* →	*enceneu!*	*enceng~~ueu~~!*
	aprèn! →	*apreneu!*	*apreng~~ueu~~!*
	digues! →	*digueu!*	*~~dieu~~!*
3a pers. sing. → 1a i 3a plur.	*begui!* →	*beguem!*	*~~bevem~~!*
	begui! →	*beguin!*	

17 Digues la 2a persona del singular i del plural de l'**imperatiu** dels verbs següents:

Model: *creure: creu (tu)! → creieu (vosaltres)!*

- valdre
- coure
- resoldre
- viure
- riure
- respondre
- dir
- créixer
- fondre
- escriure

18 Com en l'exercici precedent, digues la 2a persona del singular i del plural de l'**imperatiu** dels verbs següents:

- ser
- beure
- venir
- cosir
- estar
- entendre
- incloure
- fugir
- anar
- comprendre
- fer
- ofendre
- collir
- atendre
- omplir
- prometre
- veure
- tenir
- córrer
- rebre

> «En donar a la gent el poder de compartir [per les xarxes], estem fent que el món sigui més transparent.»
> Mark Zuckerberg

19 **Prohibició.** Reprèn les formes resultants en els dos exercicis anteriors (17 i 18) i digues-ne la forma negativa (en subjuntiu).

Models: *Creu* (tu)! *– No creguis* (tu)! / *Creieu* (vosaltres)! *– No cregueu* (vosaltres)!

20 Posa el verb de la proposició principal en el temps que s'indica entre parèntesis, i el verb de la subordinada també et canviarà (entre els dos verbs existeix el que s'anomena **correlació de temps verbals**, que és un tipus de concordança).

Model: *La Rosa ens ha preguntat si hem entès la pel·lícula.* (→ passat perifràstic)
→ La Rosa ens va preguntar si havíem entès la pel·lícula.

a) No veig clar per què voleu venir a veure aquesta obra si ja l'heu vista deu cops. (→ imperfet d'indicatiu)
b) M'agrada que vosaltres compteu amb mi. (→ imperfet d'indicatiu)
c) Sempre ens diuen que conduïu molt bé. (→ plusquamperfet d'indicatiu)
d) Us ha promès que vindrà a veure-us sovint. (→ passat perifràstic)
e) Val més que se'n vagi. (→ imperfet d'indicatiu)
f) Prefereixo que se'n torni. (→ condicional perfet)

21 **Emplena** l'espai curt amb una **lletra o més**, i l'espai llarg amb una **paraula o més**. El quadratí □ pot correspondre a un d'aquests signes de **puntuació** (però, en un cas, no correspon a cap signe!):

[,] [:] [(] [)] [.]

La i_mersió lingüística permet l'assoliment d'una competència bàsica essencial □ parlar perfectament català i castellà en acabar l'ensenyament obligatori. A més a més □ aporta més competències □ com ara la millora del coneixement de l'alfabet fonètic internacional i □ doncs □ una millor capacitat d'aprendre a pronunciar correctament els sons d'altres llengües. Us posaré un exemple del que dic a través de la llengua russa □ si busqueu la paraula *dona* en un diccionari bilingüe català-rus □ veureu que la grafia amb qu_ apareix escrita difícilment la podrem identificar □ женщина □ perqu_ utilitzen un alfabet diferent del nostr_; en canvi, s_ que podrem llegir-_ perfectament □ sense cap mena d'entre_anc □ la transcripció fonètica corresponent □ un jove que conegui la fonètica bàsica del català □ pronunciarà sense problemes els dos sons fricatius palatals del mot, un de sord i un altre _ sonor □ i □ a més □ també _ podrà pronunciar la vocal neutra final □ que equival a la pron_ncia de «gènxina» [ʒɛnʃinə]. El català posse_ix un grup de sons consonàntics que permet que tots els nostres joves □ parlin català a casa seva o no) puguin tenir accés a una fonètica més bona en altres llengües. Aquesta competència □ potser no bàsica però s_ fabulosa) del nostre jove_ és gràcies a la i_mersió lingüística.

Puri Pinto Fernàndez, *Amb Q de formatge* (adaptació)

Test de pronoms febles

22 T Encercla la resposta amb el pronom o combinació correcta o que s'adiu amb el context de l'oració. Justifica-la de viva veu.

SOLUCIONS PÀG. 373

a) –Creus que la competència d'altres empreses pot fer-nos mal? –No, no pot fer ___ de cap de les maneres: ben al contrari!
1. -se'n 2. -nos-en 3. -nos 4. -li

b) Aquest aparell que t'han venut està espatllat. Torna-te'n a la botiga i digues que ___ canviïn per un altre.
1. t'ho 2. te'l 3. te'n 4. t'en

c) Que no va dir que aquest llibre li agradava tant? Però si ni ___ mirat la tapa!
1. s'ho ha 2. s'el ha 3. se l'ha 4. se n'ha

d) Aquest noi no li ha deixat veure bé la pel·lícula: tota l'estona ___ ha posat al davant.
1. se li 2. se l' 3. se'l 4. l'hi

e) Quan la noia va quedar òrfena, uns oncles ___.
1. van fer-se càrrec 2. es van fer càrrec 3. se'n van fer càrrec 4. en van fer-se càrrec

f) El president va inaugurar el congrés i, en acabat, va parlar amb alguns dels que havien de presentar ___.
1. -ne ponències 2. ponències en el mateix 3 -hi ponències 4 -n'hi ponències

g) De bolets, aquí no se'n fan gaires. Potser és la zona on menys ___.
1. se'n fan 2. se n'hi fan 3. se n'hi fa 4. s'hi fan

h) L'Esteve no vol malacostumar les seves filles; per això, no sol comprar ___ llaminadures.
1. -los 2. -lis 3. -els 4. -les

i) L'alcalde espera que els vilatans tornin a votar ___ en els pròxims comicis.
1. -el 2. -ho 3. -lo 4. -li

j) Li han demanat la càmera tants cops, que al final ___ ha deixada.
1. els hi 2. els la 3. els l' 4. se l'

TRANSFORMACIONS

23 El **tema** d'un text se sol expressar amb una **nominalització**. Transforma les oracions en sintagmes nominals començats pel nom derivat de l'element destacat (hauràs d'eliminar elements de les oracions i canviar-ne d'altres).

Models:

- *El llibre ens ensenya com certs homes* ***reaccionen*** *covardament davant les situacions difícils, contràriament a la imatge que volen transmetre d'ells mateixos.*
  → ***Tema del llibre: Reacció*** *covarda de certs homes davant les situacions difícils, contràriament a la imatge que volen transmetre d'ells mateixos.*
- *El drama ens vol indicar que, com que els dos protagonistes* ***no es poden comunicar, apareixen*** *entre ells malentesos difícils de superar.*
  → ***Tema del drama: Impossibilitat de comunicació*** *entre els protagonistes com a conseqüència de* ***l'aparició*** *entre ells de malentesos difícils de superar.*

a) El llibre ens ensenya com certs homes reaccionen **covardament** davant les situacions difícils, contràriament a la imatge que volen transmetre d'ells mateixos.

b) El missatge del conte és que les persones que sempre estan elogiant els altres són **hipòcrites**.

c) En l'assaig l'autor **critica** l'abús que el Primer Món fa dels recursos del Tercer Món.

d) El poema dona a entendre que **contemplar** el mar ens porta fàcilment a pensaments metafísics.

e) En aquest sonet el poeta està **desil·lusionat** perquè ha descobert que la seva estimada tenia un altre amant.

f) El pas del temps **deteriora** la bellesa física i moral de la protagonista.

g) En la novel·la se'ns presenten dos germans que havien estat enemistats, però que es **reconcilien** en retrobar-se davant llur pare agònic.

h) En el conte veiem com l'Arnau, el protagonista, **no és correspost** per l'Alba, i això el porta a una situació desesperada.

i) En el poema veiem com el presoner està **trist i sol** a la presó i com això contrasta amb la primavera naixent.

SIGNES DE PUNTUACIÓ

24 Amb aquestes oracions repassarem el punt i coma, que delimita elements complexos (que ja tenen coma) dins una estructura enumerativa. Completa les oracions amb aquests signes (i només aquests):

[,] [;] [:]

Model: *Els saharians cada dia prenen tres tes: el primer és el de la vida; el segon, el de l'amor; el tercer, el de la mort.*

a) El món més que per cultures està dividit per cereals Àsia cultiva sobretot arròs Àfrica mill Amèrica blat de moro Europa blat.

b) Per a endreçar aquella nau industrial, hauria calgut fer el següent contactar amb temps moltes més persones especialment joves donar-los instruccions clares sobre què s'havia de fer tant a la planta baixa com al primer pis i dotar-los de material.

c) A l'encreuament trobaràs tres camins el de més a l'esquerra porta cap a Sant Jaume de Viladoms que és una ermita romànica el del mig baixa cap a la riera i el de l'esquerra és el que has d'agafar.

d) Enfilat dalt d'aquest cim podràs veure una panoràmica immensa en primer terme camps de blat i de gira-sols en segon terme prats costeruts que s'enfilen muntanya amunt i en darrer terme roquissars altívols coberts de neu.

> «[...] i són àngels i arcàngels amb cabells de sedalina groga, que lluiten entre ells i cauen (o pugen) pels espais intergalàctics, ensopegant amb estels i cometes, i punts i parèntesis i lletres de tota mena.»
> Quim MONZÓ

e) La seva dimissió com a presidenta de l'associació em resulta incomprensible per tres motius en primer lloc perquè era una persona amb molt carisma molt estimada per tothom en segon lloc perquè la seva gestió era impecable sense fissures i en tercer lloc perquè justament ara havia dut l'entitat a la cota més alta imaginable.

f) L'acord va ser signat per totes les parts per la Sra. Roser Vives presidenta de l'entitat pel Sr. Vicenç Viusà nomenat fa poc en el càrrec de director del departament de producció i per Xavier Benassar en representació del departament de màrqueting i vendes.

g) La guerra de Successió 1702-1714 s'ha d'analitzar des d'aquesta triple perspectiva en primer lloc com un problema successori de la monarquia hispànica conseqüència de la incapacitat de Carles II de deixar descendència després de dos matrimonis en segon lloc com una qüestió internacional per la difícil recerca de l'equilibri polític entre les potències europees i finalment com la definició de Catalunya davant el model polític de la corona hispànica. (Miquel Solé, *Fineixi la nació amb glòria*.)

TEXT DE CLOENDA

Més de 200 alumnes participen en la final del Dictat nacional

La setena edició del Dictat nacional es clourà diumenge amb la celebració de la final. Després de la primera fase, en què van prendre part tots els alumnes de tercer i quart de segona ensenyança dels tres sistemes educatius (1400), els tres estudiants de cada classe que van fer els millors dictats (201) estan convocats al Centre de Congressos d'Andorra la Vella per disputar-se els tres primers premis de cada categoria, 1900 euros en total.

Els participants es divideixen en dues categories: d'una banda, 3r de segona ensenyança de l'Escola Andorrana, *3ème* del sistema francès i 3r d'ESO del sistema espanyol, i de l'altra, 4t de segona ensenyança, *2nde* i 4t d'ESO. A les 9.50 hores tindrà lloc el dictat per als alumnes de tercer i a les 10.50 arribarà el torn dels de quart. La locució, que es farà en directe, serà a càrrec de l'actor Xavier Fernández.

Un jurat compost per tècnics del Servei de Política Lingüística i professors de català corregirà els textos al llarg del matí i pels volts de la una del migdia ja se sabran els noms dels guanyadors.

Premis diversos / Els premis consisteixen en xecs de 500, 300 i 150 euros per als tres primers de cada categoria i els lliuraran el ministre de Cultura, Albert Esteve; la consellera de Cultura del Comú d'Andorra la Vella, Meritxell Rabadà, i la directora de Promoció Cultural i Política Lingüística del Ministeri de Cultura, Montserrat Planelles. Tots els finalistes rebran com a obsequi una de les novel·les que s'han triat per a aquest Dictat nacional, gràcies a la col·laboració de l'Àrea de Lectura Pública i Biblioteques del Ministeri de Cultura. A més, aquest any es comptarà amb la presència dels autors, que signaran els llibres.

El Dictat nacional compta amb el suport dels centres educatius, de Ràdio i Televisió d'Andorra i del Comú d'Andorra la Vella. Com en les edicions anteriors, la primera fase del dictat es va fer simultàniament a totes les escoles.

El Periòdic d'Andorra
< http://www.elperiodic.ad/>

«EN CONEC UN, DE SASTRE, QUE ÉS UNA CALAMITAT»: _ E _ _ _ _ _ _.

3 E Brodem-la

TEST

1 Respon si és **veritable** (V) o **fals** (F), raonant oralment la resposta.

SOLUCIONS PÀG. 373

a) Una oració composta conté dues proposicions unides per un nexe. ☐V ☐F

b) No sempre un pronom relatiu simple (*que*, *què*, *qui*...) es pot intercanviar per *el qual* (o flexió). ☐V ☐F

c) Hi ha una correlació perfecta entre tipus d'adverbi, de circumstancials i de subordinades adverbials (és a dir, si hi ha adverbis de temps, també hi ha circumstancials de temps i subordinades de temps, i així successivament). ☐V ☐F

d) En la llengua escrita, les subordinades interrogatives es reconeixen pel signe interrogatiu final. ☐V ☐F

e) Les subordinades encapçalades pel nexe *perquè* són causals. ☐V ☐F

f) En registres formals, la construcció *en* + infinitiu no és adequada si tal preposició depèn d'un verb (com *confiar* o *consistir*). ☐V ☐F

g) La preposició *a* cau davant la conjunció *que* i es canvia davant d'infinitiu. ☐V ☐F

h) Les formes no personals són invariables i, per tant, no tenen subjecte possible (no hi podrien concordar). ☐V ☐F

i) Si algú et diu que «Juga a bàsquet el dilluns» i algú altre que «Juga a bàsquet dilluns», el primer juga més sovint a bàsquet que el segon. ☐V ☐F

JOC VERBAL

2 Passa d'una paraula a l'altra, canviant a cada pas una lletra.

Model (anirem del Segre a la Pobla):

S	E	G	R	E
S	O	G	R	E
S	O	B	R	E
P	O	B	R	E
P	O	B	L	E
P	O	B	L	A

- gat → col
- mort → vida
- blau → groc
- mocar → salut

CANÇÓ

3 Llegiu en veu alta la cançó següent, transcrita fonèticament.

əməɣáðə pɾiməβéɾə

əβíəm kəðát | | ə kwáɾs ðə kwátɾə lə plásə fəlíb nɛ́ɾi
ón əls kəréz jəβókən ləŋkəntɛ́ɾi
əsəɣúðə lə fɔ́n | | sótə lómbɾə ðʊlz árbɾʊs
ʒá məspəɾáβəs | | əmb um bəstít də flɔ́s

kəβúj | | pəls kəréz ðə βərsəlónə
é βízd màldéstɾəs tɾəfikáns | | kəmbiá ʎíβɾəs pəɾɔ́zəs | |
də tánt ən tán

éɾə βərsəlónə | | kɔ́m kɔ́m kɔ́m
mítʃ pɾiməβéɾə | | no fluɾɛ́ʃ pəɾ tutɔ́m kɔ́m kɔ́m | | səspéɾə

təm báz ðə lə siwtát | | mwán dit | | jawzé
pɾɔ́ əβəʃán əl káp əm díws | | əβúj fém kɔ́m si ɾɛ́s
jən un səɣón | | i dóz i tɾɛ́s | | tód bá pəɾá | |
tód bá ðɛsférsə
kwán um pətó sénsə pərmís | | bá təʎá lə kumbɛ́ɾsə

kəβúj | | pəls kəréz ðə βərsəlónə
é βízd màldéstɾəs tɾəfikáns | | kəmbiá ʎíβɾəs pəɾɔ́zəs | |
də tán ən tán

əməɣáðə pɾiməβéɾə | | kə tá purtád ʒitánə | |
káðə ðɔ́nə wnə flɔ́
lə siwtát kə nó təspéɾə | | díə ðíə səpáɣə | | rɔ́zə rɔ́zə mɔ́r
bèmβiŋɣúðəj pəsədʒéɾə | | kə tá purtád ʒitánə | |
káðə ðɔ́nə wnə flɔ́
bèmbulɣúðə βiədʒéɾə | | kə ðúz ə lə sáŋ gɛ́ɾə | |
kə ðúz lə ʎánsəl kɔ́r

Txarango, *Benvinguts al llarg viatge*

«DE CADA 10 ANYS EN FAIG UN FEIX»: _ _ _ _ _ _ _.

Els sons consonàntics. La variació lingüística: els dialectes

UNITAT 4

Creus que per a les dones és més difícil aconseguir l'accés i la igualtat en el món laboral? Has sentit a parlar del «sostre de vidre»?

Coco, de la rebel·lia a la llegenda de Chanel, Anne Fontaine, 2009.

La competència

Contextualització: La protagonista d'aquest text, la Margarida, és propietària d'una florent botiga de teixits. Però a tocar s'hi instal·larà Cisquella Confecció (CC), que oferirà millor sou i més bones condicions a les empleades de la Margarida, entre les quals l'Elvira, que en el fragment enraona amb la Margarida sobre la seva continuïtat a l'empresa.

El dia que va venir l'Elvira a dir-me que li havien ofert una feina a CC, perquè ara ja es deia així, fins i tot abans que obrissin, em vaig quedar de pedra. Després de dir-m'ho, es va quedar callada, com si jo hagués de dir alguna cosa, com si em toqués a mi parlar, dir alguna cosa més, i jo no sabia què dir, o, més ben dit, jo esperava que ella em digués si l'havia acceptada, la feina; de fet el més lògic era que m'ho acabés de dir tot, li tocava a ella parlar, explicar-se. Però ella no parlava, només em mirava amb aquells ulls, aquells que, maleït sigui, m'atreien i m'espantaven a parts iguals, perquè deien una cosa que no es podia dir amb paraules, encara que no sé exactament què. Vaig fer un gest amb les mans que volia ser un, molt bé, i què. I va ser llavors que ella em va dir, senyora, si ho vol, jo em quedo amb vostè i l'ajudo, i busquem gent nova i fem que aquesta botiga sigui la millor. Parlava amb entusiasme i passió, com si la botiga fos seva, parlava com mai no havia sentit parlar ningú, s'estimava la botiga com me l'estimava jo, hi estava a gust, volia treballar amb mi. Vaig obrir la boca, sense estar gaire segura d'haver-la entès, i vaig acabar dient, molt bé, però tindrem força feina. Vaig fer-li un petit somriure, un regal delicat que no acostumava a fer a ningú, no era dona de somriures, jo, però ella no marxava, semblava que hi faltava alguna cosa més, que no estava tot dit. Al final li vaig demanar directament què li passava, perquè m'estava posant nerviosa. Ella va abaixar la mirada, llavors sí. Doncs senyora, passa que a CC paguen molt bé, que jo cobraria més perquè em posarien d'encarregada i que tindria festa dijous a la tarda.

Jo no estava acostumada al llenguatge del regateig, de l'**estira-i-arronsa**[1], als puja-i-baixa de l'oferta i la demanda. Jo havia muntat una botiga després de la guerra, havia ofert un sou concret a unes noies, una de les quals era l'Elvira, un sou igual per a totes, que havia anat incrementant a poc a poc perquè no es digués que no era humanitària. I mai ningú no me les havia vingut a prendre, fins que no va aparèixer la mala pècora* de la cantonada. Allò era nou per a mi i no sabia gaire com reaccionar. Torna a la tarda, li vaig dir finalment per guanyar temps. Ella va dubtar un moment per acabar dient com sempre, sí, senyora. I se'n va anar i va tornar a la tarda. [...]

A l'Elvira també li vaig somriure quan va tornar a la tarda. Aquell dia vaig decidir que no permetria que ningú m'humiliés. Ni l'Elvira. Així que li vaig dir, si vols anar a can CC, ves-hi. No m'agrada la gent que treballa per diners. No la vaig mirar quan vaig parlar així. La vaig notar, això sí, parada, immòbil, dreta al meu davant, incapaç de bellugar-se, com si un llamp l'acabés de travessar de dalt a baix, com si l'hagués cremada tota. Vaig veure després com feia un gest amb una mà, un gest que acompanyava una paraula, un d'acord, que no expressava res, cap mena d'emoció, cap mena de sentiment, un d'acord sec i fred, sense ni un senyora al darrere. Vaig aixecar el cap, però ella ja se n'anava. Mai més no em va tornar a mirar als ulls.

Blanca Busquets, *Tren a Puigcerdà*

Imatge de la pel·lícula *El diable es vesteix de Prada*, dirigida per David Frankel (2006).

1 **estira-i-arronsa:** en una negociació, alternança d'exigències i concessions.

COMPRENSIÓ

1 Digues el **significat** de la paraula amb asterisc: *pècora* (lín. 36).

2 Quina és l'**actitud** inicial de l'Elvira envers l'empresa de la Margarida? A què condiciona la seva continuïtat? Quina és la **reacció** de la Margarida?

3 •• A partir de les dades que us proporciona el fragment de Blanca Busquets, discutiu quins dels **adjectius** dels de més avall penseu que descriuen millor la **manera de ser** de la narradora.

- solidari -ària
- eixelebrat -ada
- trempat -ada
- delicat -ada
- tímid -a
- vergonyós -osa
- orgullós -osa
- afable
- fantasiós -osa
- tibat -ada
- esplèndid -a
- dur -a
- humil
- cínic -a
- garrepa
- mandrós -osa
- abúlic -a
- sentimental
- inflexible
- taxatiu -iva
- apassionat -ada
- desprès -esa
- generós -osa
- gasiu -iva
- conciliador -a
- comprensiu -iva
- fred -a
- optimista

«La gent jove està convençuda que posseeix la veritat. Malauradament, quan aconsegueixen imposar-la ja ni són joves ni és veritat.»
Jaume Perich

4 En el text es reconeix que hi ha coses que no es poden dir amb paraules (línia 11). En efecte, en les converses cara a cara és molt important la **comunicació no verbal** (els gestos, les mirades, el somriure, la distància a què se situen els interlocutors...) i altres elements paralingüístics (el to, certes vocalitzacions *–ehem–*, els silencis...). Detecta en el primer paràgraf del text quins segments fan referència a comunicació no lingüística i quin significat hi atorga la narradora.

Model:

Element no verbal	Interpretació
«es va quedar callada» (línia 4)	Aquest silenci és interpretat així: «com si jo hagués de dir alguna cosa, com si em toqués a mi parlar, dir alguna cosa més» (línia 4-5)

LÈXIC I SEMÀNTICA

5 En el text apareixen **frases fetes**, com *quedar-se de pedra* (línia 3). Dominar una llengua és també conèixer-ne la fraseologia. Relaciona cada frase feta de la primera columna amb una segona frase feta sinònima i amb el significat de totes dues.

Frase feta 1	Frase feta 2 (sinònima de 1)	Significat
a) Sentir-se al setè cel.	1. Estar a l'aguait.	*u*) Apallissar.
b) Inflar els morros.	2. Amb tots els ets i uts.	*v*) Celebrar.
c) *Quedar de pedra.*	3. Fer un ull de vellut a algú.	*w*) Manifestar felicitat.
d) Matar el vedell gras.	4. No veure-hi de cap ull.	*x*) *Sorprendre's molt.*
e) Fer l'ull viu.	5. *Caure de cul.*	*y*) Posar-hi atenció.
f) Fil per randa.	6. Llançar les campanes al vol.	*z*) Amb detall.

6 El procés de creació de mots i de frases fetes no s'ha pas aturat. En l'exposició permanent del Museu Etnogràfic de Ripoll hi ha un recull de **frases fetes modernes** amb una possible equivalència tradicional. Relaciona les dues columnes.

Frase feta tradicional	Expressió moderna
a) Qui fa un cove, fa un cistell.	1. Posar la directa.
b) Fer Pasqua abans de Rams.	2. Ser del Juràssic.
c) Posar mans a l'obra.	3. Anar a cent per hora.
d) Anar per feina.	4. Ser un tot terreny.
e) Fer combregar amb rodes de molí.	5. No carburar bé.
f) Ser més vell que l'anar a peu.	6. Casar-se de penal.
g) Faltar un bull (a algú).	7. Vendre la moto.
h) Tornem-hi, que no ha estat res.	8. No em ratllis.
i) Anar com un esperitat.	9. Posar-se les piles.
j) No em vinguis amb romanços.	10. Fem un *reset*.

Per a enriquir el teu parlar amb expressions idiomàtiques, pots recórrer a llibres com els de Maria Banús i Josep M. Calbet (foto), o a webs com *http://www.refranys.com*, de Víctor Pàmies, entre d'altres.

AMPLIACIÓ

7 Centra't en la primera oració (composta) del text («El dia... de pedra») i fes el següent:

a) Identifica-hi el **verb principal**.
b) Digues a quina **classe de mot** pertanyen els diferents ***que***.
c) Determina **quins tipus de proposicions** hi ha.

8 Centra't en la segona oració del text («Després de dir-m'ho... explicar-se»), extreu-ne les **subordinades substantives** que hi ha i digues de quin tipus són.

9 Amb relació a la tercera oració (composta) del text («Però ella... exactament què»), identifica-hi els diferents **nexes conjuntius** i indica si són coordinants o subordinants.

10 Completa els buits amb la **paraula més precisa** o correcta (flexionant-la, si cal) i justifica oralment la resposta.

a) Té una (botiga / tenda) de confecció en un xamfrà situat a l'encreuament entre els carrers de Viladomat i de París.
b) Per la finestra, s'hi veien obrers que carretejaven un (tauler / taulell / tauló) per a aixecar una bastida.
c) Al costat del (tauler / taulell / tauló) on despatxaven les begudes, hi havia penjat un (tauler / taulell / tauló) d'escacs per als clients i, més enllà, un (tauler / taulell / tauló) d'anuncis breus.
d) La clienta ha pagat amb un xec sense (fons / fondo)!
e) L'assumpte no quedarà així: hem d'anar fins al (fondo / fons) de la qüestió.
f) A la platja la mainada feia uns clots molt (fondo / fons) i s'hi ficaven a dins!
g) Ens van dir que el jersei era (rendible / rentable), però hem pogut constatar que no: se'ns ha encongit dues talles!
h) Realment no és (rendible / rentable) comprar aquesta marca de roba, encara que estigui d'oferta.
i) A (mesura / mida) que es va fent fosc, baixa molt la temperatura del saló, tot i que la (mesura / mida) de la caldera hauria de ser suficient per a escalfar-lo.
j) Fes seure els convidats a (mesura / mida) que vagin arribant.

«El problema del periodisme avui és que les pautes que donen les empreses mediàtiques són tan instrumentals que els periodistes es converteixen en màquines de generar productes clònics.»
Mònica Terribas

11 En les oracions compostes (i en els textos com a conjunts) els temps verbals estan correlacionats. **Reescriu** el fragment que va des de «Parlava amb entusiasme...» (línia 16) fins al final del primer paràgraf. Situa't en l'eix temporal del **present d'indicatiu** (com si visquessis l'acció en directe).

Model: «*Parlava amb entusiasme i passió, com si la botiga fos seva, parlava com...*» → «*Parla amb entusiasme i passió, com si la botiga fos seva, parla com...*» (Observa que no cal canviar l'imperfet de subjuntiu *fos*, atès el seu valor irreal.)

> «Los Angeles no es desempallega de les seves escombraries: les converteix en programes televisius.»
> Woody Allen

EXPRESSIÓ

12 En la conversa transcrita en el text de Blanca Busquets, hi ha pocs torns de paraula i l'autora s'atorga la llicència de no assenyalar-los tipogràficament. **Reescriu** les intervencions seguint els codis del **diàleg teatral**, però oferint-hi només els mots (per a simplificar-ho, prescindeix gairebé de totes les acotacions que donarien les dades contextuals o els elements gestuals, ja que el fet de recollir-les implicaria incorporar-hi gairebé la resta de text de l'autora).

Model (darrer paràgraf):
Margarida: Si vols anar a can CC, ves-hi. No m'agrada la gent que treballa per diners.
Elvira: D'acord.

13 Per parelles, **representeu l'escena** que heu reescrit. Heu de seguir aquests passos:

a) Distribuïu-vos els dos papers. Individualment, prepareu-vos-en la **lectura expressiva en veu alta**, tenint en compte els aspectes que indiquem en el requadre de més avall.
Model:
Margarida: Si vols anar a can CC, ves-hi. No m'agrada / la gent que treballa per diners.

b) Per parelles, assageu la lectura en veu alta incorporant-hi, en paral·lel al text que dieu, tots els **elements gestuals** i paralingüístics que s'esmenten en el fragment (o que cregueu que són necessaris). Amb aquests elements, posareu en relleu l'evolució dels sentiments de l'una i de l'altra.

c) Feu la representació al grup-classe.

14 Rellegiu el text de Blanca Busquets i **escriviu** una pàgina del **diari** o dietari personal en què es transcrigui la conversa, un de vosaltres des del punt de vista de l'empleada (l'Elvira) i l'altre des de l'òptica de la mestressa (la Margarida). Recordeu que, per a parlar d'accions del mateix dia, es fa servir el perfet (*he enraonat*), no el passat (*vaig enraonar*). Extensió: uns 150 mots.

Començament: «[datació] Avui he enraonat amb...»

15 En el text s'esmenta el «llenguatge del regateig» (línia 29). Escriu un **diàleg** teatral en què es regategi per algun motiu (per exemple, voleu comprar un portàtil de segona mà). Extensió: aproximadament 150 mots.

Com puc planificar una bona lectura en veu alta

1. Subratlla els mots que vols **emfasitzar** segons la teva intenció comunicativa.
2. A part de respectar els signes de puntuació, marca amb una barra inclinada (/) o amb una barra inclinada doble (//) altres **pauses breus o llargues**, respectivament, que creguis convenient de fer-hi.
3. Analitza quins sons o mots et poden fer entrebancar (**dicció**).
4. Assaja la pronunciació correcta (**ortoèpia**), tenint cura de les esses sonores, les sonoritzacions, les *es* i *os* obertes, etc.
5. Practica amb el company o companya diverses vegades la lectura per a anar millorant la fluïdesa i aplicar-hi la **gestualitat** adequada.

4 B

Els sons consonàntics

En aquest apartat ens centrarem en els sons consonàntics i en els fenòmens que tenen lloc en determinats contextos.

1. La caracterització dels sons consonàntics

Com saps, l'aire que surt dels pulmons es converteix en so articulat gràcies a una sèrie de moviments fisiològics, com la **vibració** (o no) de les cordes vocals que produeix sonoritat (o no), el **mode** com s'acosten o entren en contacte determinats òrgans articuladors (així, en els sons oclusius [p], [t] o [k], el pas de l'aire es tanca) o el **punt** de la boca on es produeix aquesta aproximació o contacte (en la majoria dels casos, és la llengua l'òrgan que entra en contacte amb un altre òrgan bucal o s'hi apropa; per exemple: si l'àpex lingual toca les dents incisives, s'articula una consonant amb punt d'articulació dental).

Són, per tant, tres els factors que intervenen en l'articulació dels sons consonàntics. Aquests factors ens serviran per a classificar-los (segons que siguin sords o sonors, segons el seu mode d'articulació i segons el punt d'articulació). Vegem-ho.

1.1. So sord / so sonor (sonoritat)

Esquema de l'aparell fonatori

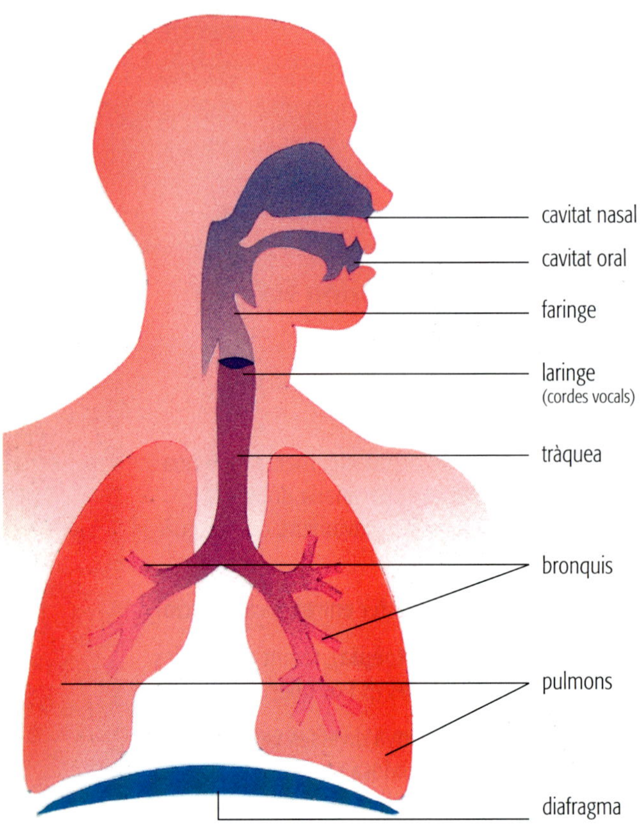

Que un so sigui sord o sonor depèn de com actuïn les cordes vocals, uns músculs membranosos i elàstics allotjats a la laringe.

Si l'aire que puja dels pulmons troba les cordes vocals relaxades, es produeix un so **sord**: les cordes no vibren. En canvi, si les cordes estan tenses, l'aire vibra i, per tant, produeix un so **sonor**. Si et toques la nou del coll o et tapes les orelles, podràs comprovar que aquesta vibració té lloc en pronunciar, per exemple, el so [z] (essa sonora: *casa*) i que no té lloc en pronunciar [s] (essa sorda: *caça*).

Quadre 1

Sons sords (sense vibració de les cordes vocals)	[p] *pe*	[t] *ta*	[k] *ca*	[f] *fe*	[ʃ] *ix*	[s] *os*	[t͡ʃ] *metxes*	[t͡s] *potser*
Sons sonors (amb vibració)	[b] *bo*	[d] *de*	[g] *ga*	[v] *ve*	[ʒ] *ge*	[z] *s-ho*	[d͡ʒ] *metges*	[d͡z] *dotze*
	• La resta de consonants. • Totes les vocals.							

Nota: L'alineació vertical assenyala les parelles sord-sonor. Així, el so [p] és igual en tot al so [b], excepte en la sonoritat.

«DESPRÉS RESULTA QUE N'ÉS MOLT, DE GENERÓS»: ________.

1.2. Mode d'articulació

En el cas de les consonants orals, el mode d'articulació s'acostuma a relacionar amb el grau d'obertura que adopten els òrgans de fonació en un punt determinat de la boca a l'hora de produir un so. En el cas de les nasals, però, té a veure amb el fet que l'úvula (o campaneta) estigui abaixada, i això fa que una part del flux d'aire que procedeix dels pulmons se'n vagi cap a les fosses nasals i hi ressoni, com en el cas de [m] (si et tapes els narius, notaràs que l'aire pressiona per sortir). Segons la manera d'articular-los, distingim diferents classes de sons consonàntics:

- **Oclusius.** En articular-los, es produeix una oclusió (o tancament) de la sortida de l'aire.

  [p] [t] [k]: *pe ta ca* (oclusius sords)
  [b] [d] [g]: *bo de ga* (oclusius sonors)

- **Fricatius.** En articular-los, l'aire passa fregant perquè es produeix una estretor en el canal de l'aire.

  [f] [ʃ] [s]: *fe ixos* (fricatius sords)
  [v] [ʒ] [z]: *ve ges-ho* (fricatius sonors)

Cal aclarir que el so [v] es pronuncia labiodental. Aquest so és ben viu a les Illes Balears, al País Valencià, a l'Alguer o, entre la gent gran, al Camp de Tarragona. Val a dir, però, que en tot el domini lingüístic es pronuncia [v] en casos d'assimilació de sonoritat: *Afganistan*. D'altra banda, en *veges-ho* (imperatiu de *veure* + pronom *ho*) tenim [z] per sonorització.

- **Aproximants.** En articular-los, es produeix un acostament de dos òrgans articuladors, que crea una constricció menor que en el cas de les consonants fricatives i que no provoca, per tant, turbulència. Els sons aproximants estan integrats per dues subclasses diferents: [j] i [w], que són les variants consonàntiques de les vocals /i/ i /u/, respectivament; i els sons [β], [ð] i [ɣ], que són, respectivament, variants dels fonemes oclusius orals sonors /b/, /d/ i /g/ quan es troben en posició intervocàlica i després de consonants com /r/ o /s/.

  [β] [ɣ] [ð]: *obligades* [w] [j]: *guaitar*

- **Africats.** S'articulen en dues fases: es comença per una interrupció del pas de l'aire (com en els sons oclusius), que es resol en una estretor semblant a la dels sons fricatius:

  [t͡s] [t͡ʃ]: *tsar, metxa* (africats sords)
  [d͡z] [d͡ʒ]: *atzar, metge* (africats sonors)

- **Laterals.** En emetre'ls, l'aire s'escapa pels costats.

  [l] [ʎ]: *l'olla*

- **Vibrants.** En articular-los, es fa vibrar la punta de la llengua.

  [r] [ɾ]: *rara*

- **Nasals.** En articular-los, una part de l'aire surt per la cavitat del nas, on es produeix ressonància.

  [m] [ɲ] [n]: *minyona*

Què dius, ara!

La capacitat auditiva dels éssers humans se situa entre 20 i 20 000 hertzs (un hertz és la unitat de freqüència del sistema internacional, igual a 1 cicle per segon), mentre que la d'alguns animals pot ser molt més gran. Hi ha gossos que poden arribar a percebre freqüències de fins a 60 000 hertzs, i els elefants poden detectar freqüències de fins a 12 hertzs. Per això, quan es va produir el tsunami que va arrasar l'illa de Sumatra, l'any 2004, els elefants i altres animals es van salvar fugint terra endins, abans que les ones arribessin a les platges. [AR]

«PLANTES VIOLÀCIES QUE TENEN MOLTES IDEES»: P _ _ _ _ _ _ _ _ _ _ _ _.

1.3. El punt d'articulació de les consonants

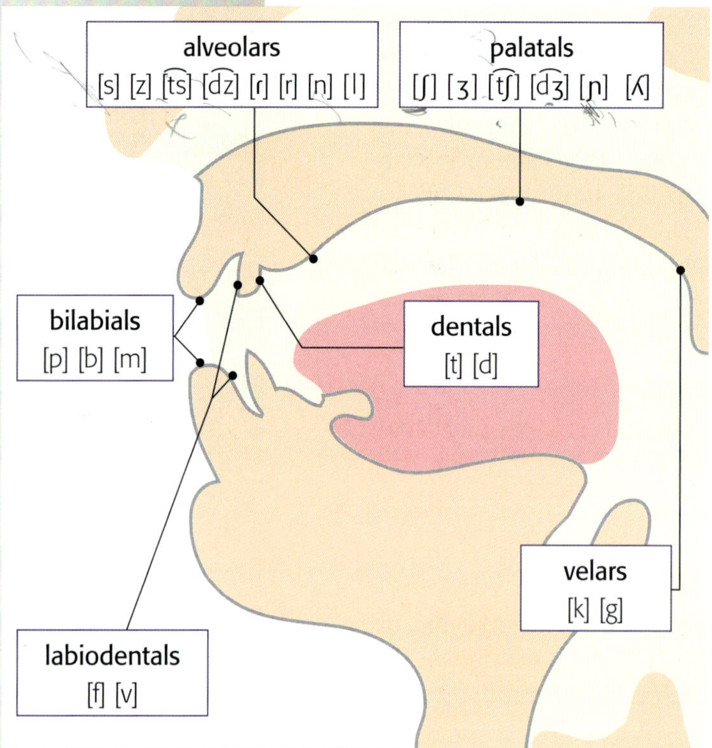

El punt anatòmic on el canal d'aire troba l'obstacle, en la cavitat oral, en produir-se el so s'anomena *punt d'articulació*. Així, en un so bilabial, posem en contacte els dos llavis; si el so és alveolar, la punta de la llengua s'apropa molt als alvèols (o els toca); etc. Existeixen sis punts d'articulació, que donen origen a sons consonàntics bilabials, labiodentals, dentals, alveolars, palatals i velars. Vegem-ho esquemàticament.

Quadre 2

Punt d'articulació	En pronunciar el so, hi ha contacte o proximitat entre:
bilabials	els dos llavis [p], [b], [ ].
labiodentals	les dents ____ i el llavi ____: [f], [v].
dentals	la llengua i les incisives ____: [ ], [ ].
alveolars	la llengua i els alvèols ____: [s], [z], [t͡s], [d͡z], [l], [ɾ], [ ], [ ].
palatals	la llengua i el paladar dur: [ʃ], [ʒ], [t͡ʃ], [d͡ʒ], [ ], [ ]
velars	la llengua i el vel del paladar: [k], [ ]

Completa el quadre 2 amb els signes fonètics corresponents i amb les expressions «de dalt» o «de baix».

Quadre 3

PUNT D'ARTICULACIÓ	Els sons consonàntics — MODE D'ARTICULACIÓ: Oclusius		Fricatius		Africats		Aproximants		Laterals	Vibrants		Nasals
							Espirants	De tipus vocàlic		Simple	Múltiple	
	Sords	Sonors	Sords	Sonors	Sords	Sonors	Sonors		Sonors	Sonors		Sonors
Bilabials	[p] pal	[b] bata					[β] sabata					[m] mel
Labiodentals			[f] fum	[v] vall								[ɱ] inflar
Dentals	[t] temps	[d] dit					[ð] acudit					
Alveolars			[s] sal	[z] casal	[t͡s] potser	[d͡z] tretze			[l] licor	[ɾ] pare	[r] parra	[n] neu
Palatals			[ʃ] peix	[ʒ] joc	[t͡ʃ] despatx	[d͡ʒ] metge		[j] iaia	[ʎ] lloc			[ɲ] nyap
Velars	[k] cua	[g] gola					[ɣ] farigola	[w] quan				[ŋ] sang

2. Fenòmens de contacte consonàntic

Si ens fixem en la manera com pronunciem en una dicció ràpida el sintagma *un gos*, ens adonarem que la *n* es pronuncia [ŋ], *n* velar, com en el mot *angúnia* (el fenomen que hi té lloc s'anomena *assimilació de velar* o *velarització*).

Per a transcriure un so, doncs, caldrà tenir en compte el context fònic (constituït pels sons contigus, pertanyents al mateix mot o a un altre mot), però també el tipus d'elocució (nosaltres suposem una elocució natural, més aviat ràpida); altrament, la *n* de *un gos* es podria haver pronunciat [n] si el grup fònic es pronunciés lentament o amb èmfasi. La **fonètica sintàctica** estudia aquest tipus d'alteracions que presenten els sons per influència dels sons veïns, és a dir, per influència del context fònic.

Els fenòmens que ara comentarem no afecten totes les consonants en bloc: cada fenomen s'aplica a unes consonants en particular i no a unes altres.

«Hi ha notícies que no es publiquen perquè no fan vendre. Ni que les regalis, te les publiquen. La felicitat o la tendresa no són rendibles.»
Montserrat Roig

2.1. L'emmudiment

De vegades certes consonants deixen de pronunciar-se en determinades posicions. En aquest cas parlem d'*emmudiment* (o *realització amb al·lòfon zero*: [ø]). Considerarem dos grups de consonants **finals de mot** que s'emmudeixen (donem la transcripció en català central).

- Oclusives:

(1) *camp* [kám] *tomb* [tóm] *president* [pɾəziðén] *sang* [sáŋ] *cranc* [kɾáŋ]

- Vibrants:

(2) *desar* [dəzá] *regidor* [rəʒiðó]

Com pots veure, les consonants oclusives o vibrants es poden emmudir en contextos com els dels exemples: una oclusiva final és muda després de [m] o [n]; la *-r* final dels infinitius, de certes terminacions i sufixos, etc., també s'emmudeix (però en la varietat valenciana no té lloc l'emmudiment). No cal dir que la consonant es recupera en la derivació o en la flexió: *camperol*, *tombet*, *presidenta*, *sangonera*, *cranca* (cabra de mar); *desaré* (futur de *desar*), *regidoria*.

Amb relació a la pronunciació de *-nc* i *-ng*, però, convé advertir que l'oclusiva velar se sol emmudir, però queda latent en la nasal precedent, que esdevé [ŋ], so anomenat *ena velar*. Així, sonen diferent *vint/vinc*, *sant/sang*, etc., malgrat que en tots aquests exemples es produeixi l'emmudiment de l'oclusiva final:

(3) *a)* *vint* [bín] *vinc* [bíŋ] *b)* *sant* [sán] *sang* [sáŋ]

Hi ha altres casos d'emmudiment, com el de la *-s* plural de *-igs*, *-nxs*, *-xs*, *-çs* (*enuigs*, *esfinxs*, *índexs*, *falçs*) o en el demostratiu masculí *aquest* seguit de pausa o de mot que comenci amb consonant: *aquest noi* [əkɛ̀dnɔ́j].

Què dius, ara!

Prat de la Riba (al mig de la fotografia) amb els seus consellers.

La incipient recuperació de l'autogovern català, amb el reconeixement de la Mancomunitat de Catalunya (1914), dirigida per Prat de la Riba, es veié estroncada pel cop militar de Primo de Rivera, que instaurà una dictadura (1923-1930). El nou règim va suprimir la Mancomunitat (1924) i va perseguir el catalanisme polític i la llengua i la cultura catalanes. En va prohibir qualsevol manifestació pública: l'ús de la llengua en actes oficials, cantar *Els segadors* o ballar sardanes, parlar per telèfon en català, anunciar-se en català... Va perseguir entitats culturals i socials, ateneus i biblioteques populars... Es podien suspendre de sou i feina els mestres que ensenyessin en català. [AR]

«ESPORGUI LA PLATAFORMA ON ELS GUANYADORS REBEN LA MEDALLA, SI LI PLAU»: _ _ _ _.

2.2. La sensibilització

Podríem dir que la sensibilització és el fenomen contrari a l'emmudiment. Consisteix a pronunciar determinades consonants que, en contextos similars, serien mudes. Té lloc en aquests casos:

- *-t* de *vint* i *cent* seguida de certs mots iniciats amb so vocàlic:

  (4) *a) cent anys, cent un*
  b) vint anys; vint-i-un, vint-i-dos... vint-i-nou

- *-t* de *sant* + el nom d'un sant començat amb so vocàlic:

  (5) *sant Antoni, sant Esteve, sant Andreu, sant Hilari...*

- *-t* dels gerundis i *-r* dels infinitius, seguits de pronom feble (començat amb vocal en el cas dels gerundis):

  (6) *a)* *fent-ho* [féntu] *fent-hi* [fénti] *b)* *fer-la* [férlə] *fer-hi* [féɾi]

- la *-b* final de la preposició *amb* i la *s* del determinant demostratiu *aquest* se sensibilitzen quan segueix qualsevol mot començat amb so vocàlic:

  (7) *a)* *amb ella* [əmbéʎə] *b)* *aquest home* [əkɛ́stɔ́mə]

2.3. Ensordiment/sonorització

Transcriu el so de la lletra final d'aquests mots: *àrab, sord, amarg, Molotov, mig.*

Observa què ocorre en aquestes oclusives en posició final absoluta:

(8) *verb* || [bɛ́rp] *fred* || [fɾɛ́t] *llarg* || [ʎárk]

Aquests mots acaben en els fonemes /b/, /d/ i /g/, respectivament, tal com ho proven els seus derivats (*verbal, fredor, llargarut*...). Resulta, però, que seguits de pausa absoluta (fet que el símbol || assenyala), aquests fonemes es realitzen com a sons sords: apareixen, doncs, els seus al·lòfons [p], [t] i [k], respectivament. D'aquest fenomen se'n diu **ensordiment**. Es tracta d'un cas de neutralització fonològica, ja que en posició final de mot (seguit de pausa) desapareix l'oposició sord/sonor. Això no tan sols passa amb les oclusives, sinó també amb les fricatives i africades:

(9) *gas* || [gás] *lleig* || [ʎétʃ]

Observa com els fonemes finals dels exemples precedents, és a dir, /z/ i /d͡ʒ/ (que són sonors ho demostra la seva flexió o derivació: *gasos, lletja; gasós, lletjor*) es realitzen com a sords. Les consonants fricatives i africades, però, es realitzen sonores si van a final d'un mot immediatament seguit d'un altre començat amb vocal. Observa la **sonorització** que es produeix en:

(10) *els homes* [zɔ́] *peix al forn* [ʒə] *tuf horrible* [vu] *lleig i covard* [d͡ʒi]

«AQUEST CAPITÀ TÉ MOLT DE GANXO»: G _ _ _ _.

2.4. Assimilació

Acabem de veure com els sons reben la influència del context de la cadena fònica en què estan ubicats. Això fa que, tot sovint, la consonant en què acaba una síl·laba tendeixi a fer-se similar (és a dir, a *assimilar-se*) a la consonant amb què comença la síl·laba següent. Vegem-ho:

Assimilació del tret sord/sonor

(11) a) *dissabte* [p] — *un pis càlid* [s] b) *subjectar* [b] — *les dones* [z]

Assimilació del punt d'articulació

(12) *tanmateix* [m] — *en Pau* [m]

(13) *encant,* [ŋ] — *quin gol!* [ŋ]

(14) *infant* [ɱ] — *em fan nosa* [ɱ]

En tots els exemples anteriors apareix el fenomen de l'**assimilació**, pel qual dues consonants veïnes esdevenen similars fonèticament, bé pel que fa a la sonoritat (**11**), bé pel que fa al punt d'articulació (**12-14**). Així, en **11*a*** es produeix l'ensordiment de la consonant destacada, mentre que en **11*b*** tenim dos exemples del contrari, de sonorització. Segons quin sigui el punt d'articulació del so consonàntic assimilador (que, dels dos en contacte, és el segon, inicial de síl·laba) parlem de bilabialització (**12**), de velarització (**13**) o de labiodentalització (**14**).

Aquestes consonants veïnes, pertanyents a síl·labes diferents, tant poden formar part d'un mateix mot com de mots contigus, tal com veiem en els exemples **11-14**. Continuant amb els casos de neutralització de la pàgina anterior, en **11** veiem com la realització [p] o [b], [s] o [z] és determinada per la sordesa o sonoritat de la consonant següent.

Ben mirat, podríem dir que de casos d'assimilació del tret sord/sonor, ja n'havíem vistos en transcriure els sons africats, [t͡s], [d͡z], [t͡ʃ] i [d͡ʒ], inclosos en mots com ara *potser, tretze, metxa, metge*, respectivament. Fixa't com la *t* d'aquests mots és transcrita [t] o [d] en funció de si la consonant que segueix és sorda o sonora. Semblantment, havíem vist que teníem dues consonants sordes o bé dues de sonores en transcriure els sons compostos de la *x*: [ks] en *ta<u>x</u>i*, però [gz] en mots començats per *ex-* + vocal: *e<u>x</u>altar, e<u>x</u>haust*.

En els casos **12-14** el fonema assimilat (el de l'esquerra: /n/) perd el tret distintiu corresponent al seu punt d'articulació, i en pronunciar-lo ja avancem el punt articulatori de la consonant que el segueix. Així, en **12** el fonema /n/ es realitza [m] en assimilar-se al tret bilabial del fonema /m/ que el segueix; mentre que en **13** el fonema /n/ es realitza com a velar, ja que ho són els fonemes /k/ i /g/ subsegüents, que «estiren» el punt d'articulació de /n/ cap a la zona velar i originen el so [ŋ], anomenat *ena velar*. D'altra banda, el so nasal labiodental [ɱ] apareix com a variant tant del fonema /m/ com del fonema /n/, tal com veiem en **14**.

Què dius, ara!

Amb la Segona República (1931), Catalunya obtingué un Estatut d'Autonomia (1932), en què el català fou llengua oficial. S'amplià la presència social de la llengua (mitjans de comunicació, escola, universitat) i l'Institut d'Estudis Catalans pogué desplegar la seva tasca normativitzadora. Però el cop d'estat i la posterior victòria de les tropes franquistes l'any 1939 va comportar l'exili de la majoria d'intel·lectuals catalans i la prohibició de l'ús públic del català, que va desaparèixer de la premsa, de la ràdio, de l'escola, del comerç, etc. La llengua es transmetia en les famílies, i a l'escola només s'impartia en castellà. La immigració peninsular dels anys cinquanta i seixanta quedaria sovint al marge del català. A partir dels seixanta, els moviments de resistència comencen a donar fruits: aparició del setmanari *Tele/Estel*, de la Nova Cançó o de campanyes en què es demana el català a l'escola. Amb el restabliment de la democràcia i el retorn del president Tarradellas (amb el famós «Ja soc aquí»), s'aprovà el 1979 l'Estatut d'Autonomia, que reconeixia l'oficialitat del català. El català també fou reconegut com a llengua oficial a l'Estatut de la Comunitat Valenciana (1982) i al de les Balears (1983). [AR]

Josep Tarradellas al balcó del Palau de la Generalitat, el dia de la seva tornada a Barcelona, l'any 1977.

«SABIA QUE ELLA ERA INSTRUÏDA, SABERUDA, ERUDITA»: _ _ _ _ _ _.

2.5. La geminació

Segurament, el mot *geminació* et deu fer pensar en la ela geminada. Efectivament, *geminar* vol dir «doblar», i una ela geminada és una ela doble. Cal aclarir, però, que sovint les geminacions gràfiques se simplifiquen en la pronunciació col·loquial (*col·legi, annex, addicte*...). Tanmateix, també n'hi apareixen d'altres, com l'exemple de **12** o les de **15** i **16**. En aquests darrers casos tenim geminacions fonètiques no visibles gràficament, perquè són el resultat d'assimilacions (d'assimilacions de mode d'articulació en el cas de **15**). D'altra banda, en els grups *-bl-* i *-gl-* precedits de vocal tònica també geminem l'oclusiva, tal com veus en **16**.

(15) *batlle* [ʎʎ] *vetlla* [ʎʎ] *setmana* [mm]

(16) *noble* [bb] *segle* [gg]

2.6. Fenòmens fonètics i variació lingüística

Cal advertir que algunes de les descripcions que hem donat s'han de matisar d'acord amb la varietat dialectal o el registre considerat. Així, la geminació de *noble* o *segle* no té lloc en valencià; la *-r* final es pronuncia sempre en el català de gairebé tot el País Valencià (on no s'emmudeixen les *-r* de *fuster, clar*...), contràriament al que ocorre en el català de les Illes Balears (on fins i tot s'emmudeixen les *-r* de *mar, cor*...). En canvi, en totes dues zones pronuncien les oclusives finals de *camp, pont* o *alt*.

Semblantment, els fenòmens fonètics estan subjectes a variacions estilístiques. En el registre col·loquial pot augmentar molt el nombre d'assimilacions. Així, mots com *futbol* i *submergir* es pronuncien espontàniament [fubbɔ́l] i [summəɾʒí], però en una pronúncia emfàtica es pronunciarien [fudbɔ́l] i [subməɾʒí].

3.

Què dius, ara!

Pel que fa a la presència de la llengua catalana als mitjans de comunicació de Catalunya, en primer lloc cal dir que el català té un pes important en les emissions radiofòniques, en les quals els programes del grup de la Corporació Catalana de Mitjans Audiovisuals (CCMA) i els del Grup Godó (privat) ocupen els primers llocs en els rànquings d'audiència. D'altra banda, els diversos canals de la CCMA (TV3...), es mantenen en un bon lloc, i també hi ha una xarxa molt densa de televisions locals. Pel que fa a la premsa escrita exclusivament en català, destaquen els diaris *Ara* i *El Punt Avui*, d'àmbit general. També hi ha una abundant premsa local a tot l'àmbit lingüístic. Els diaris de més tiratge en l'actualitat editen simultàniament una versió castellana i una versió catalana (*El Periódico de Catalunya* des de l'any 1997 i *La Vanguardia* des del 2011; pel que fa al primer, a Andorra se n'edita exclusivament la versió catalana: *El Periòdic d'Andorra*). Quant a les revistes, cal dir que n'hi ha tot un grup que estan molt consolidades i que cobreixen un ampli ventall de temes, registres i edats: *L'Avenç* i *Sàpiens* (cultura i història), *Serra d'Or* (humanitats), *Enderrock* (música moderna), *Cavall Fort* i *Súpers!* (infantils), etc. Aquest panorama contrasta amb el del País Valencià, molt castellanitzat, tot i que hi destaquen les revistes d'informació general *El Temps* i *Saó*, i la de divulgació científica *Mètode*. A les Balears, hi ha el canal de televisió IB3, diverses emissores radiofòniques i el diari *Ara Balears*. [AR]

Portades de *Súpers!* i *Cavall Fort*.

«BEN POQUES VEGADES HOM TROBA TAN RARA MENT»: __________.

Correspondència grafia-so

En el quadre adjunt pots veure la correspondència grafia-so.

Quadre 4

Correspondència grafia → so (en el mot)				
Grafies	**Sons**	**Exemples**	**Transcripció**	**Observacions**
a	[á]	*ll**a**rg*	[ʎárk]	▸ en síl·laba tònica
	[ə]	*llargad**a***	[ʎəɾɣáðə]	▸ en síl·laba àtona
b	[b]	***b**ata*	[bátə]	
	[β]	*sa**b**ata*	[səβátə]	▸ entre vocals, aproximant [β]
	[p]	*ver**b***	[bɛ́rp]	▸ ensordiment a fi de mot
	[ø]	*tom**b***	[tóm]	▸ emmudiment a fi de mot, després de *m*
c	[s]	***C**e**c**ília*	[səsíliə]	▸ *c* abans de *e* i de *i*; *ç* abans de *a*, *o*, *u* (*força*, *forço*, *forçut*) i a fi de mot (*braç*)
		*abra**c**es*	[əβɾásəs]	
	[k]	***c**u**c***	[kúk]	
		***c**o**c**a*	[kókə]	
	[ø]	*blan**c***	[bláŋ]	▸ emmudiment a fi de mot, després de *n*, pronunciada [ŋ]
cc	[ks]	*a**cc**ent*	[əksén]	
d	[d]	***d**ir*	[dí]	
	[t]	*fre**d***	[fɾɛ́t]	▸ ensordiment a fi de mot
	[ø]	*heral**d***	[əɾál]	▸ emmudiment a fi de mot, després de *l* i de *n*
	[ð]	*ca**d**a*	[káðə]	▸ entre vocals, aproximant [ð]
e	[ɛ́]	*m**e**l*	[mɛ́l]	▸ en síl·laba tònica
	[é]	*cr**e**ma*	[kɾémə]	▸ íd.
	[ə]	*m**e**lós*	[məlós]	▸ en síl·laba àtona
		*cr**e**mós*	[kɾəmós]	
f	[f]	*bu**f***	[búf]	
g	[g]	***g**rec*	[grék]	▸ ***gu*** + e, *i*: ***gu**erra*, ***gu**ia* ▸ ***gü*** + e, *i* (la u sona): *se**gü**ent*, *pin**gü**í*
	[ɣ]	*da**g**a*	[dáɣə]	▸ entre vocals, aproximant [ɣ]
	[ʒ]	***g**eor**g**ià*	[ʒəurʒiá]	▸ abans de e i de *i*
	[k]	*llar**g***	[ʎárk]	▸ ensordiment a fi de mot
	[ø]	*san**g***	[sáŋ]	▸ emmudiment a fi de mot, després de *n*, que esdevé [ŋ]
-(i)g	[t͡ʃ]	*ra**ig***	[rátʃ]	▸ a fi de mot. Alterna amb ***g/j*** o ***tg/tj***: *rajar*, *mitja*
		*mi**g***	[mítʃ]	
-tg/tj	[d͡ʒ]	*mi**tg**es*	[mídʒəs]	▸ ***tg*** abans de *e*, *i*; ***tj*** abans de *a*, *o*, *u*
		*mi**tj**a*	[mídʒə]	
h	[ø]	***h**armonia*	[əɾmuníə]	▸ lletra muda
i	[i]	*c**i**r**i***	[síɾi]	
	[j]	*ma**i***	[máj]	▸ en diftongs i triftongs (*fèieu*)
		***i**ode*	[jɔ́ðə]	
j	[ʒ]	*pu**j**a*	[púʒə]	
l	[l]	***l**itre*	[lítɾə]	▸ ***l·l*** per a indicar geminació: *til·la*
ll	[ʎ]	*motxi**ll**a*	[mutʃíʎə]	
m	[m]	***m**à*	[má]	
	[ɱ]	*à**m**fora*	[áɱfuɾə]	▸ abans de labiodental

Correspondència grafia → so (en el mot)				
Grafies	**Sons**	**Exemples**	**Transcripció**	**Observacions**
n	[n] [ŋ] [ɱ] [m]	***n**as* *ba**n**cari* *sa**n**gonós* *e**n**fadat* *ca**n**vi*	[nás] [baŋkáɾi] [səŋgunós] [əɱfəðát] [kámbi]	▸ abans de [k], [g] (encara que aquests sons s'emmudeixin a fi de mot: *banc*, *sang*) ▸ abans de labiodental ▸ abans de bilabial ([p], [b], [m])
ny	[ɲ]	***ny**a**ny**o*	[ɲáɲu]	
o	[ɔ́] [ó] [u]	*s**o**l* *f**o**sc* *ass**o**lellat* *f**o**scor*	[sɔ́l] [fósk] [əsuləʎát] [fuskó]	▸ en síl·laba tònica ▸ íd. ▸ en síl·laba àtona
p	[p] [ø]	*ra**p*** *cam**p*** *com**p**te*	[ráp] [kám] [kómtə]	▸ emmudiment a fi de mot o de síl·laba, després de *m*
qu	[k] [kw]	***qu**in**qu**ennal* ***qu**an* ***qu**ota*	[kiŋkənnál] [kwán] [kwɔ́tə]	▸ abans de *e* i de *i* ▸ abans de *a*, *o*; *qü* abans de *e*, *i*: *seqüència*
r	[ɾ] [r] [ø]	*mi**r**a* ***r**esa* (v. *resar*) *Man**r**esa* *pesca**r*** *pescado**r***	[míɾə] [rézə] [mənrɛ́zə] [pəská] [pəskəðó]	▸ *rr* entre vocals: *mirra*; excepte en compostos com *multiracial*, *autoretrat*... ▸ emmudiment a fi de mot. Però sona en molts casos: *mar*, *amor*, *honor*, etc.
s	[s] [z]	***s**a**s**tre* *pen**s**e**s*** *mú**s**ica*	[sástɾə] [pɛ́nsəs] [múzikə]	▸ *ss* entre vocals: *tassa*; excepte en compostos com *multisecular*, *antisocial*... ▸ entre vocals, però també en mots derivats de *dins*, *fons* i amb *trans-*: *endinsar*, *enfonsar*, *transitiu*
t	[t] [ø] [ʎ]	***t**ros* *mol**t*** *cantan**t*** *ra**t**lla*	[tɾɔ́s] [mól] [kəntán] [ráʎʎə]	▸ emmudiment a fi de mot, després de *l* o de *n* ▸ geminació abans de *ll*
u	[u] [w]	*ning**ú*** *co**u**re* *q**u**an*	[niŋgú] [kɔ́wɾə] [kwán]	▸ en diftongs i triftongs (*guaitar*, *adequeu*)
v	[v] [b]	***v**i* *a**v**inagrar*	[bí] [əβinəɣɾá]	▸ El fonema /v/ és viu a les Balears, al País Valencià, al Camp de Tarragona (en recessió) i a l'Alguer.
x	[ʃ] [ks] [gz]	***x**ec* *gui**x*** *ta**x**i* *comple**x*** *e**x**amen* *e**x**halar*	[ʃɛ́k] [gíʃ] [táksi] [kumplɛ́ks] [əgzámən] [əgzəlá]	▸ *ix* després de vocal diferent de *i*: *compleixes*, *compleix*; *guix*, *Flix* *x* en la resta de casos: *xàfec*, *panxa*, *ponx*; també: *rauxa* ▸ *tx* [tʃ]: despatx ▸ en mots començats amb *ex* + so vocàlic
z	[z]	***z**oo*	[zóo]	▸ *tz* [dz]: *atzar* [ədzár]

«AQUESTA CIUTAT GREGA TÉ NOM DE PANSA»: C _ _ _ _ _ _ _.

1 Pronuncieu correctament aquests mots (corregint-vos l'un a l'altre, si escau) i **transcriviu** en català estàndard els sons que tenen les grafies destacades. Assegureu-vos que compreneu el significat dels mots.

Model: *desassossec*
[z] [s] [s]

- taxa
- extingir
- aixella
- enquesta
- senzillesa
- llapis
- assetjar
- puguem
- zoològic
- pugem
- distingir
- dissuasiu

Quadre 5

Remarques sobre ortoèpia

- Es pronuncia [gz] la ***x*** de tots els mots començats amb ***ex*** + vocal (no hi fa res la presència de hacs mudes).

  exercici [gz] — *hexagonal* [gz] — *exhumar* [gz] — *(in)existent* [gz]

- Els grups ***-tz-*** i ***-tj-*** (o ***-tg-***) es pronuncien [d͡z] i [d͡ʒ], respectivament. Per tant, *atzembla* 'bèstia de càrrega' sona diferent del sintagma *et sembla*, com també *metge* sona diferent de *metxa.*

  dotze [dódzə] — *metge* [médʒə] — *metxa* [métʃə]

- Els grups ***-tx-*** i ***-ig*** final es pronuncien [tʃ]. Els mots *maig* i *matx* 'partit (en esports)' sonen igual: [mátʃ].

- Es diuen excepcionalment amb [z], tot i que s'escriuen amb **s**, els derivats de ***dins*** i ***fons***, com també els mots amb ***trans-*** + so vocàlic.

  endinsament [z] — *enfonsada* [z] — *transatlàntic* [z]

- Els mots començats amb ***s*** o ***r*** no doblen aquestes lletres quan van precedides de prefix com els dels exemples:

  sobresortir [s] — *ultrasò* [s]
  suprarenal [r] — *termoregulador* [r]

2 Feu les activitats següents:

a) Pronuncieu i **transcriviu** les grafies destacades dels mots següents amb el símbol fonètic corresponent:

- platja
- fix
- motxilla
- passeig
- comtessa
- jutges
- guix
- aixafar
- migpartir
- seguesa
- distingir
- exercir
- aixecar
- pròdig
- anàlisi
- llegeix
- converteixen
- exigència
- acceptar
- realitzar

b) Cerqueu ara dos mots acabats en cadascuna de les terminacions subratllades següents: *realitzar*, *comtessa*, *seguesa*, *anàlisi*, *holandesos*, *famosos*. Pronuncieu-los correctament.

c) Esbrineu quan s'empren els **sufixos *-essa*** i ***-esa***. Com es pronuncien els mots *marquesa* i *princesa*: amb essa sorda o sonora? Per què no acaben amb *-essa*?

> «La meva rialla és la meva espasa i la meva alegria, el meu escut.»
>
> Martí Luter

3 Fes les tasques següents:

a) Pronuncia els mots següents i **transcriu** fonèticament les grafies destacades (tan sols donaràs la transcripció completa dels mots de la darrera columna):

• marxar [ ]	• fitxatge [ ] [ ]	• motxilla [ ]	• **Puigpunyent** [ ]
• Marx [ ]	• monosíl·lab [ ] [ ]	• iogurt [ ]	• **quèieu** [ ]
• marxista [ ]	• transició [ ][ ]	• beduí [ ]	• **euro** [ ]
• marcs [ ]	• decisió [ ][ ]	• beguí [ ]	• **llavors** (*adv.*) [ ]
• Ausiàs March [ ]	• fotosíntesi [ ] [ ]	• pingüí [ ]	• **llavors** (*nom*) [ ]

b) Quina relació guarden entre ells els dos mots *llavors* de la darrera columna? Digues què signifiquen. Escriu una oració per a il·lustrar cadascun d'aquests valors.

4 Pronuncia i **transcriu** fonèticament les grafies subratllades. Digues quin fenomen fonètic té lloc en cada cas.

- vint-i-tres
- verb
- llei oberta
- vaig anar-hi
- amb ella
- verd
- sis hores
- nord-americà
- prendre-les-hi
- deix amarg
- pateix ell
- escalfar-se

5 Pronuncia en veu alta aquests mots i assenyala en quins es produeix **emmudiment** en el teu parlar:

- carrer
- futur
- llamp
- impost
- làser
- or
- bosc
- jòquer
- llest
- elegant
- adherent
- mar
- clar
- absurd
- temps
- cost
- estudiant
- estàrter
- doctor
- superb

Quadre 6

Remarques sobre l'emmudiment

- L'emmudiment té lloc amb la consonant final de certs sufixos, com *-ar*, *-er*, *-or*, *-dor*, *-and*, *-ant*, *-end*, *-ment*...:

  oliverar, *sabater*, *espessor*, *venedor*, *patidor*, *multiplicand*, *viatjant*, *dividend*, *coneixement*, *bullent*

- Tampoc no es diu la consonant final dels infinitius i gerundis (*desar*, *desant*). Però la *-r* dels infinitius sí que es pronuncia quan segueix pronom feble, mentre que la *-t* dels gerundis només es fa audible si segueix *-hi* o *-ho*:

  desar-la, *desar-ne*, *desar-hi*, *desar-ho*...; *desant-hi*, *desant-ho*...

- No hi ha emmudiment en paraules acabades en *-rt*, *-rd*, *-st*, *-xt*, *-sc*, entre d'altres. Cal diferenciar clarament *verb / verd*, *Mar / Marc / Mart*, *francès / Francesc*, etc.

  ensurt, *inert*, *manifest*

- Tampoc no n'hi ha en molts mots cultes o estrangers: *fèmur*, *dípter*, *fòsfor*, *búnquer*, *revòlver*; *adult*, *insult* (però la consonant és muda en plural: *adults*, *insults*, que sona igual que *insuls*).

«EN AQUEST ESTAT EUROPEU BARREGEN FRUITES A TORT I A DRET»: M _ _ _ _ _ _ _ _.

6 Pronuncia en veu alta aquests mots i, tot seguit, **transcriu** el so de les grafies en negreta:

Model: *fu**ig**, fu**ig** també / fu**ig** ara, fu**ig** d'aquí* (sonorització)

[t͡ʃ] [t͡ʃ] [d͡ʒ] [d͡ʒ]

Nota: Observa que, si bé *fuig* en posició final absoluta acaba en el so [t͡ʃ], aquest so palatal se sonoritza quan és seguit d'una consonant sonora o del so vocàlic amb què comença el mot següent.

- dues
- dues perdius
- dues àligues
- dues dones
- baf humit
- Baix Empordà
- creix poc
- creix a poc a poc
- mig
- mitja
- mig tancat
- mig obert
- vaig anar-hi
- vaig tastar-la
- vaig passar-hi
- vaig escoltar-la
- maig alegre
- maig plujós
- matx avorrit
- desig ocult

7 Les sèries de mots que hi ha tot seguit tenen en comú una consonant. Llegeix-los i digues en quin dels tres mots **la lletra es llegeix diferent**. (Et pot ser útil consultar el quadre 4 de les pàg. 157-158 sobre la correspondència grafia-so.)

- música, contrasegell, bisulfat
- ràbia, antireumàtic, xarampió
- gos, girafa, extingir
- mig, pròdig, desig
- exercici, nexe, exhumar
- ablanir, poble, temible
- mixeta, exhaurir, exercir
- previst, fart, punt
- ponx, índex, Elx
- fix, guix, Flix

8 Mirant el quadre 3 de la pàg. 152, digues quins **trets fonètics** caracteritzen els sons de més avall i digues dos mots que els continguin.

Models: • [s]: consonant fricativa, alveolar i sorda. Ex.: *dolcíssim*, *suec*.
• [e]: vocal semitancada i anterior. Ex.: *crema*, *meva*.

- [m]:
- [t]:
- [u]:
- [ʒ]:
- [z]:
- [a]:

9 De cadascun dels mots primitius que et donem a continuació, cerca'n un **derivat** i situa'l al lloc corresponent del quadre. Observaràs que la darrera consonant del mot primitiu experimentarà algun canvi de grafia en el derivat, tot i mantenir el mateix so.

- *ruc*
- figa
- taronja
- raça
- llengua
- tranquil
- tros

Model:

Primitiu		Derivat
ric	→	*riquíssim*
botiga	→	*botiguer*
plaça	→	*placeta*
monja	→	*mongívol*
aigua	→	*aigüera*
gos	→	*gossada*
nul	→	*nul·litat*

Primitiu		Derivat	So igual	Grafia diferent
a) ruc	→	*ruquet*	[k]	*c → qu*
b) ______	→	______	[ɣ]	*g → gu*
c) ______	→	______	[s]	*ç → c*
d) ______	→	______	[ʒ]	*j → g*
e) ______	→	______	[ɣʷ]	*gu → gü*
f) ______	→	______	[s]	*s → ss*
g) ______	→	______	[l]	*l → l·l*

Millorar la pronunciació

Per a **millorar la pronunciació dels sons del català**, pots fer ús d'algun dels materials amb suport auditiu que hi ha disponibles al mercat o a Internet:

- BAU, Montserrat; PUJOL, Montserrat; RIUS, Agnès. *Curs de pronunciació. Exercicis de correcció fonètica* [amb CD inclòs]. Barcelona: Publicacions de l'Abadia de Montserrat, 2007.
- *Guies de pronunciació del català*. Eina web interactiva d'aprenentatge dels sons i de l'entonació del català.
- <http://www.ub.edu/guiesdepronunciacio/exercicis/catala-espanyol/z/dites-o-refranys>.

«VINE, GRETA, I TASTA AQUESTA SALSA»: _ _ _ _ _ _ _ _ _ _ _.

10 De cada derivat que t'oferim, busca'n el mot primitiu i situa'l al lloc corresponent del quadre. Observaràs que la darrera consonant del mot primitiu conserva la **mateixa grafia** en el derivat, tot i produir-s'hi **un canvi de so**. Tingues present que els fenòmens fonètics que consten en el model fan referència als que tenen lloc en el mot primitiu (seguit de pausa).

- *plasticitat*
- corbera
- clarejar
- immundícia
- gasificar
- llampegar
- arrumbar
- màgia
- santedat
- llargària
- retardar
- banqueta

Model:

Primitiu	Derivat
elèctric	→ *electricitat*
pedagog	→ *pedagogia*
Emmudiment	
fuster	→ *fusteria*
camp	→ *camperol*
tomb	→ *tombar*
profund	→ *aprofundir*
alt	→ *altitud*
sang	→ *sangonós*
tanc	→ *tanqueta*
Ensordiment	
verb	→ *verbal*
verd	→ *verdor*
càstig	→ *castigar*
gris	→ *grisor*

Primitiu	Derivat	So diferent	Grafia idèntica
a) plàstic	→ *plasticitat*	[k] → [s]	*c*
b) _______	→ _______	[k] → [ʒ]	*g*
c) _______	→ _______	[ø] → [r]	*r*
d) _______	→ _______	[ø] → [p]	*p*
e) _______	→ _______	[ø] → [b]	*b*
f) _______	→ _______	[ø] → [d]	*d*
g) _______	→ _______	[ø] → [t]	*t*
h) _______	→ _______	[ø] → [ŋ]	*g/gu*
			c/qu
i) _______	→ _______	[p] → [β]	*b*
j) _______	→ _______	[t] → [ð]	*d*
k) _______	→ _______	[k] → [ɣ]	*g(u)*
l) _______	→ _______	[s] → [z]	*s*

11 Opera com en l'exercici anterior, però tingues en compte que ara es produirà el **canvi de grafia i també de so**.

- *cabota*
- desitjar
- rogenc
- buidor
- oportunista
- clavar
- grogós
- elegància

Model:

Primitiu	Derivat
Ensordiment	
llop	→ *llobató*
mut	→ *emmudiment*
fàstic	→ *fastiguejar*
lleig	→ *lletgesa*
Ensordiment i africació	
boig	→ *bogeria*
Alternança de -u i v	
nou	→ *novetat*
Alternança de t i c	
dependent	→ *dependència*
Caiguda d'una -n- etimològica	
dejú	→ *dejunar*

Primitiu	Derivat	So diferent	Grafia diferent
a) cap	→ *cabota*	[p] → [β]	*p → b*
b) _______	→ _______	[t] → [ð]	*t → d*
c) _______	→ _______	[k] → [ɣ]	*c → g(u)*
d) _______	→ _______	[t͡ʃ] → [d͡ʒ]	*-ig → tg o tj*
e) _______	→ _______	[t͡ʃ] → [ʒ]	*-ig → g o j*
f) _______	→ _______	[w] → [β]/[v]	*v*
g) _______	→ _______	[ø] → [s]	*t → c*
h) _______	→ _______	[ø] → [n]	*ø → n*

«És terrible voler moblar el silenci a base de frases buides.»
Miquel Adrover

La variació lingüística (i II): els dialectes

L'ús que es fa de la llengua no és uniforme, sinó que varia segons la situació comunicativa (i això origina els diversos registres, que ja hem vist a la unitat 1, pàg. 14) i, alhora, segons els grups de parlants, cas en què parlem de *varietats dialectals*. En aquesta unitat ens centrarem en les varietats dialectals, que poden ser històriques, socials i geogràfiques.

1. Concepte de varietat dialectal

En parlar o escriure, fem servir un determinat registre (unitat 1, pàg. 14) que identifica la situació comunicativa, però, alhora, posem de manifest uns trets dialectals, és a dir, unes característiques que identifiquen el grup al qual pertanyem, que viu en un espai i un moment històric concrets i que té una determinada ubicació social. Per tant, la diferenciació dialectal no tan sols té a veure amb la variació territorial (**varietats geogràfiques**), sinó també amb la que ocasiona el pas del temps (**varietats històriques o generacionals**) i amb la que caracteritza el grup social a què pertanyen els parlants (**varietats socials**). La procedència geogràfica, històrica o social comporta, doncs, sobretot en la llengua col·loquial, l'aparició conjunta de trets dialectals, més o menys marcats, manifestats en una fonètica o prosòdia (un «accent») i en l'ús d'uns o unes construccions peculiars.

Val a dir que l'escola i els mitjans de comunicació de massa exerceixen arreu del món un paper anivellador, ja que difonen la varietat estàndard (que assegura la unitat de la llengua i l'eficàcia en les comunicacions interdialectals), de manera que moltes matisacions dialectals tendeixen a minvar. El nombre de registres, en canvi, tendeix a augmentar perquè van apareixent nous àmbits d'ús (com la missatgeria instantània, per exemple, que demana un determinat ús del llenguatge: abreujaments, emoticones, etc.).

Núvol, revista digital.

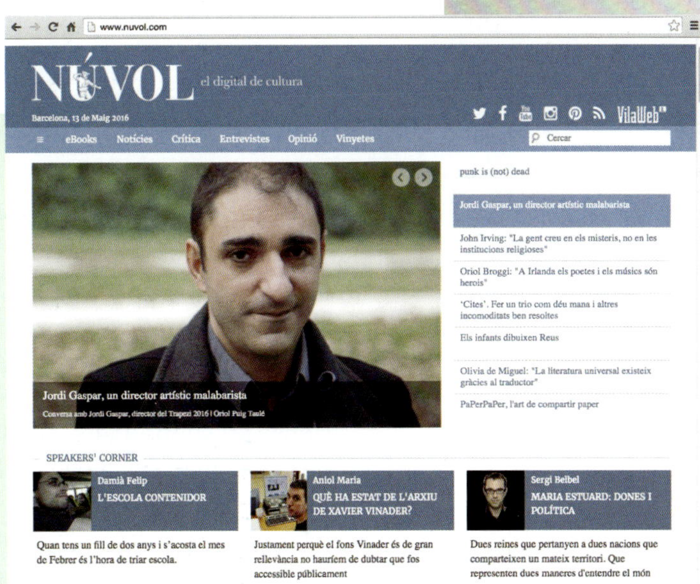

Què dius, ara!

El català té una presència molt rellevant en la xarxa digital. El 16 de març del 2001 es va iniciar la versió catalana de la Viquipèdia, amb la singularitat que, durant dos mesos, només n'existiren les versions catalana i anglesa. Actualment s'hi han publicat uns 500 000 articles en la nostra llengua, fet que la situa en 17a posició a escala mundial, i en primer lloc entre les llengües sense estat. El 2006 van entrar en funcionament els primers dominis *.cat* (actualment n'hi ha uns 100 000). A la premsa escrita en català, també s'hi pot accedir en format digital, i hi ha alguns diaris que només es poden consultar a internet, com *Vilaweb* (des del 1995), amb nombroses edicions locals, blogs i producció audiovisual, o *e-Notícies* (2000), tots dos d'informació general, i *Núvol* (2012), de divulgació cultural. També hi trobem les versions digitals de publicacions especialitzades, com *Mètode* (1992) i *Enderrock* (1993). A més, disposem de l'Agència Catalana de Notícies (1999), de caràcter públic i multimèdia. [AR]

1.1. Les varietats històriques i generacionals

És evident que tota llengua evoluciona al llarg de la història. Ho podràs constatar comparant, per exemple, un poema actual amb un d'Ausiàs March (segle XV) o amb un del Rector de Vallfogona (segle XVII). A petita escala, ja s'aprecien canvis entre les diverses generacions (en aquest cas escau més parlar de varietats **generacionals**), ja que la gent gran tendeix a ser conservadora en el parlar, mentre que el jovent se sent atret per la innovació. Sorprendria, posem per cas, que un octogenari digués *No em ratllis!* o *Passo de tu, col·lega!* I no cal dir que els qui ara són joves fan servir expressions que, d'aquí a uns quants anys, es trobaran passades de moda o lligades a una certa edat. Al llarg de la vida, doncs, podrem constatar com neixen alguns mots (**neologismes**) i se n'arraconen d'altres (que esdevindran **arcaismes**).

La pregunta del milió

Digues si és veritat o fals, raonant la resposta: «Sempre que parlem, manifestem alguna de les tres varietats dialectals i, alhora, un registre».

1.2. Les varietats socials

Les **varietats socials** (o varietats diastràtiques, o sociolectes) són els usos amb què s'identifiquen determinats sectors socials (estudiants, metges, advocats, presoners, jugadors de borsa, etc.). Les classes altes solen diferenciar-se de les baixes en la manera d'enraonar. La gran interrelació de la vida moderna o l'educació universal, en canvi, fa que altres diferències en la manera de parlar (camp/ciutat, dones/homes, etc.) vagin desapareixent.

Anomenem **argot** el llenguatge en principi hermètic, propi de sectors situats al marge de la societat (per exemple, la parla dels drogoaddictes, dels delinqüents, etc.), que no volen ser entesos pels situats fora del grup. Cal aclarir, però, que moltes formes argòtiques acaben incorporades a la llengua col·loquial més popular: *pispar* ('robar'), *dinyar-la* ('morir') o *calés* ('diners'), provinents del caló gitano; *tio*, *guai* o *carrossa* 'de massa edat', provinents d'argots castellans, etc. Més exemples: *birra* ('cervesa'), *bollicao* ('adolescent'), *haver-hi marro* ('un assumpte fosc'), etc.

Val a dir que, per extensió, també s'anomena **argot** la varietat social dels diferents grups professionals, que no s'ha de confondre amb el registre tècnic. Així, en un hospital pots sentir que *L'otorrina li farà una placa* en lloc de l'expressió més tècnica *L'otorrinolaringòloga li encarregarà una radiografia*; o entre els cantants, *fer un palau* significa actuar al Palau de la Música Catalana. Igualment podem parlar de l'argot dels diferents esports (amb expressions com *el míster* o *guanyar per golejada* i metàfores militars com *afusellar* o *xutar una canonada*) o el dels castellers (*haver-hi llenya* 'haver-hi força caigudes', *donar pit* 'empènyer amb el pit per compactar la pinya', etc.).

«Cada generació, cada època, posa en relleu uns noms, uns valors i en deixa d'altres en l'oblit.»
Josep Palau i Fabre

1.3. Les varietats geogràfiques

El català no és pas un idioma gaire diferenciat internament des del punt de vista de la variació geogràfica, sobretot comparat amb llengües com l'italià, l'alemany o l'anglès, per exemple, que inclouen varietats geogràfiques molt més distants entre elles, mútuament inintel·ligibles (quan, a la televisió alemanya, hi parla un suís germanoparlant, les declaracions van subtitulades en alemany estàndard, sense que per això ningú qüestioni la unitat de la llengua). Cal afegir-hi que la diversitat interna del català és sovint el resultat de canvis relativament moderns, propiciats freqüentment per una situació sociolingüística anòmala. La separació progressiva en estats, províncies o comunitats autònomes diferents contribueix, és clar, a allunyar els catalanoparlants de les diferents terres i a afeblir la consciència d'unitat lingüística i cultural.

«CIUTAT SUÏSSA BANYADA D'AIGUARDENT»: _ _ _ E _ _ _.

Aquest fet també afavoreix la dialectalització i la interferència d'altres llengües (castellà, francès o italià, segons les zones). A més, la manca d'una unitat administrativa impossibilita també la consolidació d'una llengua estàndard que hauria de vertebrar espais de comunicació comuns als parlants de totes les terres del domini lingüístic; en l'actual panorama legal, però, no tan sols aquesta intercomunicació és precària, sinó que, a més, algun sector polític potencia el distanciament (lingüístic, cultural, etc.) i àdhuc l'enfrontament entre les terres catalanoparlants de l'antiga corona d'Aragó.

Les variacions dialectals actuals són, tanmateix, poc diferenciades. Les variacions geogràfiques més sistemàtiques no es donen seguint una divisió política o administrativa, sinó que delimiten verticalment el domini lingüístic en dos grans blocs: el **català oriental** i l'**occidental** (mapa 1, pàg. 166). Aquesta partició es basa sobretot en trets fonètics i gramaticals (més estables i identificadors de l'idioma que els lèxics). Val a dir que, ja el 1861, el filòleg Manuel Milà i Fontanals proposà la divisió en dues grans zones dialectals a partir de trets com ara la neutralització de les *a*/*e* àtones en [ə] i de les *o*/*u* àtones en [u], fenòmens que tenen lloc en català oriental, però no en català occidental, tal com veiem en els mapes 2 i 3. En cadascun d'aquests mapes apareix una **isoglossa**[1] que divideix verticalment el domini lingüístic en dues àrees força coincidents, similars també a les establertes per les isoglosses corresponents a la pronunciació de la *i* del dígraf *ix* o a l'aparició de *e*/*i* en la desinència dels verbs incoatius (*partesqui* o *parteixi* en català oriental; *partisca* o *partixca* en català occidental).

Dins de cada bloc dialectal, es poden considerar alguns dialectes, subdialectes i parlars, propis de zones més o menys extenses on els parlants comparteixen uns trets lingüístics idiosincràtics. El català occidental inclou dos dialectes: d'una banda, el nord-occidental, amb els subdialectes pallarès, ribagorçà (de transició cap a l'aragonès) i tortosí (de transició cap al valencià però que arriba fins als ports de Morella i el Baix Maestrat, ja dins terres valencianes); i de l'altra, el valencià (amb els subdialectes septentrional, apitxat i meridional). Per la seva banda, en el català oriental, hi podem distingir el rossellonès (propi de la Catalunya Nord, dins l'Estat francès); el català central (dit així perquè és al bell mig de la geografia catalanoparlant), inclou els subdialectes barceloní i tarragoní); el balear (amb els subdialectes menorquí, mallorquí i eivissenc), i l'alguerès, circumscrit a la ciutat sarda de l'Alguer.

1 **isoglossa** (del grec *ísos* 'igual' i *glossa* 'llengua') és una línia imaginària que, damunt un mapa dialectal, assenyala els límits entre la presència i l'absència d'un tret lingüístic determinat.

Què dius, ara!

La cançó moderna en català va néixer amb Els Setze Jutges el 1961, promogut, entre d'altres, per l'escriptor Josep Maria Espinàs, coautor de l'himne del Barça. El moviment es proposava normalitzar la cançó davant les prohibicions de la dictadura. Si bé l'objectiu inicial era modest (arribar a setze cantants), el moviment constituí un autèntic revulsiu i ben aviat foren unes quantes desenes, els cantants. A partir d'aquells anys, triomfen artistes de la talla de Lluís Llach o Joan Manuel Serrat al Principat, de Raimon o Ovidi Montllor al País Valencià, de Maria del Mar Bonet a les Illes o Jordi Barre a la Catalunya Nord, juntament amb molts altres cantants i grups d'èxit, com La Trinca o la Companyia Elèctrica Dharma, amb aportacions a la música de cobla (la música de sardanes o d'havaneres també rep un fort impuls en aquests anys, com també el món coral). N'apareixeran molts més per a tots els públics, amb trobades multitudinàries com el Festival Canet Rock (represès el 2014). A partir dels anys noranta, s'assistí a una primera època daurada, formada sobretot per grups de pop-rock, com Els Pets, Sau, Lax'n'busto, Sangtraït o Sopa de Cabra, mentre al País Valencià triomfava Al Tall i, a les Illes, Tomeu Penya. És impossible anomenar tots els grups o artistes actuals. Si consultes el web *http://www.viasona.cat/grups-mapes*, et faràs una idea de la riquesa d'artistes i grups, que interpreten tota mena de gèneres i que procedeixen d'arreu de la geografia. Destaquem-ne Feliu Ventura, Joan Amèric o Obrint Pas, al País Valencià; Projecte Mut, Cris Juanico o Joan Miquel Oliver, a les Illes; Blues de Picolat, a la Catalunya Nord; Àngel Soro, a la Franja de Ponent; Claudio Gabriel Sanna, a l'Alguer; etc. La llista d'artistes del Principat seria inacabable, amb grups com Manel, Txarango, Gossos, Blaumut, Els Amics de les Arts o Els Catarres, cantants com Gerard Quintana, Joan Dausà, Anna Roig, Pep Sala, Cesk Freixas, Beth o Miquel Pujadó (aquest darrer autor del *Diccionari de la Cançó Catalana*, amb més de 700 noms). I no es pot deixar d'esmentar una companyia teatral com Dagoll Dagom, que ha produït una vintena de musicals de gran ressò.

Els premis Enderrock són la gran gala de la música catalana. El 2016 van assolir la seva divuitena edició, una cursa ascendent d'èxits en la promoció de la cançó en català.

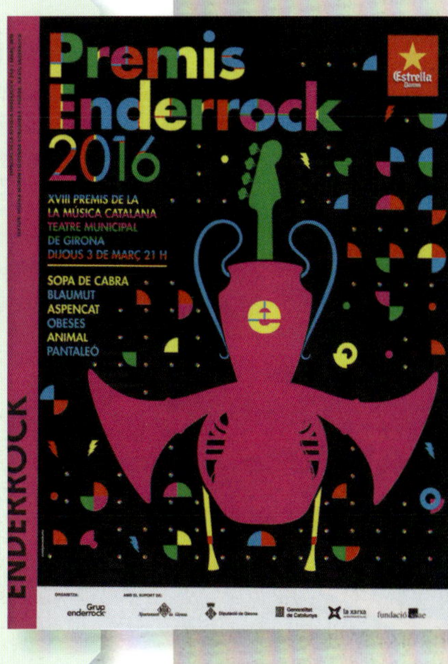

Mapa 1
Els dialectes catalans

Digues si és veritable o falsa l'afirmació següent: les varietats dialectals estan lligades a la geografia.

Mapa 2
Canvi de *a*/*e* àtones en [e] en posició final

Mapa 3
Tancament de *o* àtona en [u]

«BARREJA CARN PICADA, CEBA I TOMÀQUET, AQUESTA ITALIANA»: B _ _ _ _ _ _ _ _ _ _ _.

Es distingeix entre dialectes constitutius i dialectes consecutius, els segons són conseqüència del repoblament dut a terme per parlants dels primers. Els **dialectes constitutius** del català són el resultat de l'evolució del llatí vulgar en una àrea geogràfica concreta, en el nostre cas a la Catalunya Vella, situada a cavall dels Pirineus. Són constitutius, doncs, el rossellonès, el català central, i el català nord-occidental, ja formats als segles VII-VIII a la part nord del territori. Els dialectes constitutius foren trasplantats cap al sud i originaren els **dialectes consecutius** (balear, valencià i alguerès), arran de la conquesta de les illes Balears i el País Valencià –sobretot per part del rei Jaume I el Conqueridor al segle XIII– i a la repoblació de la vila sarda de l'Alguer, ordenada per Pere III el Cerimoniós el 1354. Les Balears i l'Alguer foren repoblats per parlants de català oriental.

El repoblament del País Valencià, però, fou més complex: la zona costanera –on viu actualment el 95 % de la població valenciana– fou repoblada per gent de Catalunya i esdevingué catalanooccidental; la zona interior (vegeu el mapa 1), en canvi, l'ocupà població de parla aragonesa, llengua diferent del castellà i oficial a la corona dels comtes-reis catalanoaragonesos, però que hi acabà sent substituïda pel castellà durant el segle XV. L'actual País Valencià, doncs, té dues llengües pròpies territorialment delimitades: el català i, a les comarques interiors, el castellà (un castellà amb influència catalana conegut com a *xurro*).

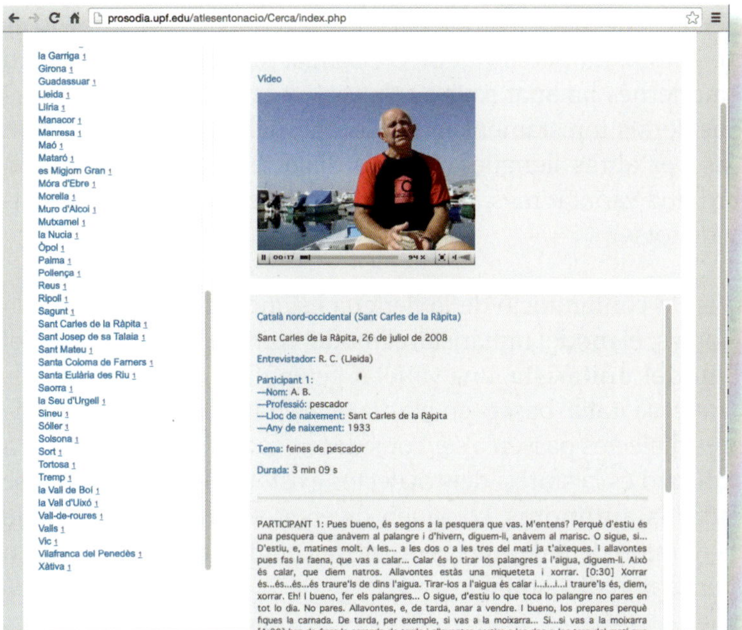

L'*Atles interactiu de l'entonació del català*, és un web de valor incalculable. Aquest treball, coordinat per Pilar Prieto Vives i Teresa Cabré Munné, conté entrevistes en vídeo (i transcrites) i en àudio per a l'estudi de l'entonació a parlants d'una setantena de localitats d'arreu del domini lingüístic. A la imatge, l'entrevista a un pescador de Sant Carles de la Ràpita.

Què dius, ara!

A la ciutat de l'Alguer (anomenada «Barceloneta» pels seus habitants), a l'illa de Sardenya, s'hi parla català des del segle XIV. El rei Pere III el Cerimoniós la va ocupar el 1354, en el període d'expansió de la corona d'Aragó per la Mediterrània i la va repoblar amb súbdits fidels, gent provinent del Penedès i del Camp de Tarragona, principalment. A partir de l'any 1718, arran de la guerra de Successió, l'illa de Sardenya va passar a mans de la casa de Savoia, però tot i la influència de la llengua oficial, l'italià, i del sard, que es parla a la resta de l'illa, la població de l'Alguer (actualment uns 40 000 habitants) s'ha mantingut fidel a la llengua catalana. La situació oficial de l'alguerès ha millorat amb el reconeixement del Consell Regional de Sardenya, en la llei de *Promozione e valorizzazione della cultura e della lingua della Sardegna* (1997). Hi ha diferents entitats que promouen l'idioma, que s'ensenya i té una mínima presència als mitjans de comunicació.

Cartell de les populars festes de moros i cristians d'Alcoi.

1.4. Varietat estàndard i dialectes

Si els dialectes constitueixen un element diversificador de la llengua, la varietat lingüística anomenada *estàndard* (vegeu la unitat 1, pàg. 15-16) representa un factor de cohesió de la comunitat lingüística. L'estàndard, com a varietat comuna, simbolitza la unitat de la llengua. Amb el seu ús, els parlants prenen consciència de pertànyer a una comunitat lingüística única. Els usuaris d'una llengua normalitzada s'identifiquen amb el seu estàndard, que adopten com a model de referència. L'estàndard té, doncs, una funció unificadora de les diferències internes, alhora que separadora respecte a altres comunitats lingüístiques (un estàndard que no marqui distàncies amb una llengua veïna acaba subordinant-s'hi, dissolent-s'hi). El fet que l'estàndard sigui una varietat lingüística elaborada comporta en els parlants actituds de lleialtat (d'estima, de respecte envers les seves normes, de compromís en la seva utilització), ja que l'aptitud de l'estàndard per a una àmplia gamma de funcions comunicatives li confereix prestigi, alhora que dona seguretat als usuaris.

Una llengua és una entitat abstracta que es concreta forçosament a través de les varietats dialectals que la integren. Qualsevol sistema de comunicació és llengua i dialecte alhora. La necessitat de consolidar les varietats estàndard en les societats modernes ha anat sovint acompanyada de prejudicis envers els dialectes, considerats injustament inferiors. Tret del cas que estiguessin molt contaminats per altres llengües, tots els dialectes d'una llengua són igualment bons, sent l'estàndard una varietat més, per bé que sense restriccions funcionals ni geogràfiques (és «el dialecte de tots»).

Podem considerar tres models en la configuració de la llengua estàndard amb relació a la participació de les varietats regionals: el model unitarista, el model composicional i el model d'estàndards autònoms. En el **model unitarista**, una varietat geogràfica s'imposa a les altres (és el cas dels estàndards francès i italià, basats en els dialectes francià i toscà, respectivament), de manera que els altres dialectes passen a ser considerats socialment inferiors. En el **model composicional**, l'estàndard és la síntesi dels dialectes existents (és el cas del basc unificat). En el **model d'estàndards autònoms**, conviuen diversos estàndards sense que això entrebanqui la consciència d'unitat de l'idioma (és el cas de l'anglès, en què cohabiten un estàndard britànic, un d'americà i un d'australià).

«Una metàfora és un procés pel qual entenem i estructurem un camp de l'experiència en els termes d'un altre camp de diferent tipus.»
Mark Johnson

Què dius, ara!

En els anys de govern autònom conservador, s'ha promogut que el gallec se separés del portuguès impulsant un model de llengua híbrida (el *castrapo*), supeditat al castellà. Tal com diu el sociolingüista valencià Toni Mollà: «La desconnexió del gallec respecte del portuguès –més notòria a partir del 1980 amb les dites *Normas del 80* i, sobretot, del 1982 amb el *decret Filgueira*– és el cas més espectacular d'aparició i funcionament recent d'una proposta d'hibridació. Amb l'excusa d'un cert particularisme històric, lingüístic i onomàstic, els interessats a esquarterar la comunitat lingüística lusòfona van promoure un *gallec intermedi*, de fet tan semblant al castellà que gairebé no recorda el portuguès» (Toni Mollà, *Política i planificació lingüístiques*. Bromera, Alzira, 1997, pàg. 23). Referint-se al País Valencià, continua dient, a la mateixa obra: «M'afanye a dir que el problema de la regionalització progressiva del País Valencià respecte de la resta de la comunitat lingüística catalana i la possible hibridació del català del país amb el castellà no és un problema científic, ni passa per cap dictamen de cap acadèmia. Ben lluny d'això, es tracta d'un problema social amb implicacions polítiques de primera magnitud».

«ELS MÉS PETITS DELS CASTELLERS DE VALLS»: X _ _ _ _ _ _ _.

Pel que fa al català, cal dir que, encara que la codificació del català hagi seguit un model composicional (possible gràcies a la poca distància interdialectal), no és menys cert que la participació dels diferents dialectes s'ha fet en un grau diferent, per tal com també són diferents el seu grau de protagonisme històric o cultural, el seu pes demogràfic, la seva presència en els mitjans de comunicació, etc. Aquests factors han fet que els elements del català central tinguin més representació en l'estàndard, però sense que aquesta varietat i l'estàndard siguin pas una mateixa cosa, ni de bon tros. Els dialectes occidentals també han contribuït molt a la llengua comuna: en l'ortografia de les vocals (*cantaves, tauletes, beure; canto, mesos*...), en la conjugació de certs verbs de doble arrel (*naixem, trauré, jaient*... escrits amb *a*, com els infinitius occidentals *nàixer, traure* i *jaure*, no pas com els orientals: *néixer, treure, jeure*). El mateix podem dir de la presència de la *-r* final (*fuster*), avui exclusiva del valencià, i de la distinció *b/v* (*ballava*), caracteritzadora actualment del valencià (però també del balear o de l'alguerès).

D'altra banda, el català estàndard no constitueix un model monolític de llengua, sinó que acull modulacions regionals. Així, tan correcte és dir *al·lot*, com *noi* o *xic* (o els derivats *xiquet* i *xicot*). El mateix diccionari de l'Institut d'Estudis Catalans (IEC) recull aquests mots en peu d'igualtat, i aquesta institució considera igualment correctes certes variacions morfològiques: *jo estimo / jo estime / jo estim*.

L'article salat

L'article salat, actualment tan característic de la varietat balear, pervivia fins no fa gaire entre els pescadors de la Costa Brava. És així que parlen els pescadors de Joaquim Ruyra, de principis del segle XX. Resten, això sí, una munió de topònims d'aquesta llenca costanera que el contenen, però també se'n troben en altres zones de Catalunya: *Sant Climent Sescebes*, *Sant Joan Despí*, *Sant Esteve Sesrovires*, *Sant Llorenç Savall*, *Collserola*... Hi fou prou viu, com ho prova el fet que va ser aquest l'article portat al segle XIII a les illes Balears.

Què dius, ara!

Amb la restauració democràtica (1977) es consolida un procés de redreçament interromput durant els anys de la dictadura franquista. El català passa a ser cooficial (Estatut de 1979) i se'n generalitza progressivament l'ensenyament a les escoles i universitats. També apareix, però, algun moviment secessionista, com el blaverisme valencià, que obstaculitza la recuperació del català afavorint la divisió interna i la penetració del castellà. Les emissores de ràdio i televisió en català troben obstacles administratius per arribar a tot el domini lingüístic, fet que dificulta el sentiment de pertinença a una mateixa comunitat i la creació d'un marc comunicatiu comú. Tanmateix, progressivament es va superant aquest marc discriminatori i s'amplia el coneixement i l'ús de la llengua. [AR]

«La literatura pot ajudar els joves a distanciar-se dels seus sentiments, de manera que els poden observar, els poden comprendre i s'hi poden adaptar.»
Emili Teixidor

«VAS TARD, FILL IL·LEGÍTIM»: _ _ _ _ _ _ _ _.

El català occidental

Trets generals

Fonètica

1. Distinció entre *a*/*e* i *o*/*u* àtones: *taulada* i *pontet* es pronuncien diferent de *teulada* i *puntet*.
2. Les *es* tancades del llatí vulgar es pronuncien tancades: *net*, *fred*, *ceba*, *pera*, *cabells*.
3. [ʃ] intervocàlica o final es realitza precedida de [j], d'acord amb la grafia: *coix* [kójʃ].

Vegeu la transcripció fonètica de la pàg. 186.

Morfosintaxi

4. Conservació de la *-n-* etimològica en el plural d'alguns noms plans acabats en *-e*: *hòmens*, *màrgens*, *vèrgens*, *térmens*, etc.
5. Formes plenes dels pronoms febles: *me*, *te*, *se*, etc.: *La meua xiqueta me demana quants ne volem.*
6. Desinències del present de subjuntiu amb [e] o [a], amb variants: *cante*, *cantes*, *cante*...; *perda*, *perdes*, *perda*...; etc.
7. Verbs incoatius amb *i*: *servisc*, *servisca*; *servix*...

Lèxic i semàntica

8. Mots característics: *melic*, *espill*, *arena*, *corder*, *xiquet*/*a*, etc.

Nord-occidental

Fonètica

- Sistema vocàlic tònic amb 7 sons; sistema àton amb 5: [i], [e], [a], [o], [u]. Al Segrià, la Noguera, les Garrigues i Fraga, el sistema vocàlic àton s'incrementa amb [ɛ] final: *rose*, *taule*.
- Tendència a articular [a] les *es* inicials travades: *anciam* (enciam), *antendre* (entendre).
- Tancament de les *es* en [i] per influència d'una consonant palatal: *ginoll* (genoll), *minjar* (menjar), *sinyor* (senyor).
- Palatalització del grup vocal + *in*, com en tarragoní: *fenya* (feina), *cunya* (cuina).
- Emmudiment dels sons oclusius finals en els grups *-mp*, *-mb*, *-nt*, *-lt*, etc.: *tomb* (es pronuncia igual que *tom*), *estant* (com *estan*), *salt* (com *sal*).

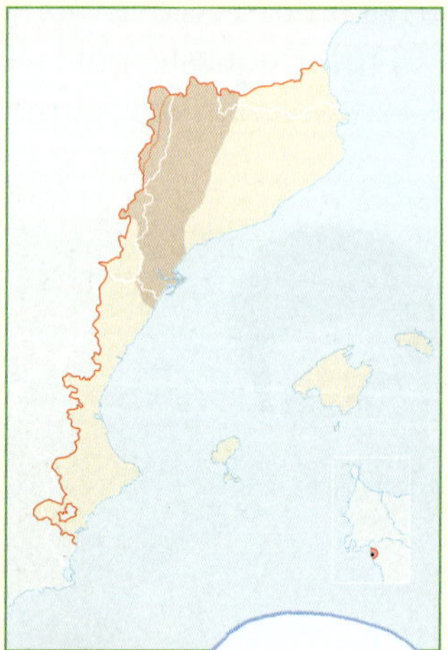

Morfosintaxi

- Desinència [o] de la 1a pers. sing. del present d'indicatiu: *canto*. En certes zones [o] és també la marca de subjuntiu: *canto* (canti), *cantos* (cantis)...
- Pronunciació [e] en la desinència de la 3a pers. del sing. d'alguns temps verbals: *cante*, *patie*...
- Caiguda de la *-v-* i de la *-i-* en la desinència de l'imperfet d'indicatiu: *cantae*, *fee* (cantava, feia). En pallarès, però, es manté en totes les conjugacions: *cantave*, *correve*, *dormive*.
- Pervivència de l'article definit masculí: *lo*/*los*.

Lèxic i semàntica

- Mots característics: *atansar*, *amollar*, *escatxigar* (esquitxar), *mixó* (ocell), *padrí* (avi), *sangardilla* (sargantana), *silló* (càntir).

Valencià

Fonètica

- Sistema vocàlic tònic amb set sons; sistema àton amb cinc.
- Pronunciació de la *-r* final (però s'emmudeix en la zona septentrional i en l'extrem meridional): *cantar*; *fuster*.
- Caiguda freqüent, sobretot en el subdialecte meridional, de la *-d-* intervocàlica: *llauraor*, *mocaor*, *vesprà* (vesprada 'tarda'), *cremà* (cremada), *fideuà* (fideuada).
- Articulació labiodental de [v], com en balear. Es distingeix, doncs, entre *ball*/*vall*, *bena*/*vena*..., excepte en el subdialecte apitxat, parlat a l'àrea de la capital (en què, a més, s'ensordeixen les fricatives i africades sonores).
- No emmudiment dels sons oclusius finals, com en balear: *camp*, *difunt*, *salt*...

Morfosintaxi

- Desinència en [e] en la 1a pers. sing. del present d'indicatiu dels verbs de la 1a conjugació; però en la 2a i 3a conjugacions la desinència és [ø] (com en balear i alguerès): *cante*; *perd*, *tem*, *sent*, *patisc*.
- En l'apitxat, ús del passat simple en la llengua oral: *jo cantí*, *tu cantares*...
- Triple gradació díctica: en els demostratius *est(e)*/*eixe*/*aquell*, *açò*/*això*/*allò*; en els adverbis *ací* / *aquí* (*ahí*) / *allí*.
- Ús més viu que en altres varietats dels possessius àtons *mon*, *ton*, *son*; *ma*, *ta*, *sa*; etc. (emprats sobretot davant noms de parentiu: *mon pare*, *ma mare*).
- En la combinació de pronoms febles, l'ordre és sempre CI + CD (com que *li* no passa a *hi*, no es produeix la inversió): *li'l*, *li la*, *li'ls*, *li les* (= l'hi, la hi, els hi, les hi).

Lèxic i semàntica

- Ús molt freqüent de diminutius: *gens ni miqueta*, *nuet*.
- Mots característics: *agranar*, *atzucac*, *banyar* (mullar), *calces* (mitges), *colp*, *calbot*, *creïlla*, *meló d'Alger* (síndria), *eixir*, *gitar-se*, *llevar*, *llavar*, *rentar* (esbandir la roba), *escurar* (rentar els plats), *volta* (vegada).

«AQUESTS ANIMALS SEMPRE ES MOREN ENTRE APLAUDIMENTS»: M _ _ _ _ _ _ _ _.

El català oriental

Trets generals

Fonètica

1. Neutralització de *a*/*e*, *o*/*u* àtones: *taulada* i *pontet* es pronuncien igual que *teulada* i *puntet*.
2. Les *es* tancades del llatí vulgar s'obriren (passant per un estadi intermedi de vocal neutra tònica, viu encara en el balear): *net*, *fred*, *ceba*, *pera*, *cabells*.
3. [ʃ] intervocàlica o final s'articula no precedida de [j]: *coix* [kóʃ].

Vegeu la transcripció fonètica de la pàg. 144.

Morfosintaxi

4. Pèrdua d'una *-n-* etimològica en el plural d'alguns noms plans acabats en *-e*: *homes*, *marges*, *verges*, *termes*, etc.
5. Ús força generalitzat de les formes reforçades dels pronoms febles: *em*, *et*, *es*, etc.: *La meva nena em demana quants en volem.*
6. Desinències del present de subjuntiu amb [i]: *canti*, *cantis*; *perdi*, etc.
7. Verbs incoatius amb e: *serveixo* / *servesc*; *serveixi* / *servesqui*; *serveixis* / *servesquis*; etc.

Lèxic i semàntica

8. Mots característics: *llombrígol*, *mirall*, *sorra*, etc.

Central

Fonètica

- Sistema vocàlic tònic amb set vocals; sistema àton amb tres: [i], [ə], [u].
- En certes zones (Osona, Berguedà, etc.) es produeix encara iodització (ieisme en l'evolució de només certs grups llatins, els mateixos que en castellà donen normalment *j*): *Ella té un bri de paia entre l'ui i la ceia*; *Aquella veia trebaia taiant cabeis plens de pois.* Fora d'aquests grups, es distingeix [j] de [ʎ]: *ceia* / *sella*, *poi* / *poll*, *veia* / *bella*...
- En part del subdialecte tarragoní, cert manteniment de [v].
- Emmudiment dels sons oclusius finals en els grups *-mp*, *-mb*, *-nt*, *-lt*, etc.: *camp*, *tomb*, *estant*, *salt*.

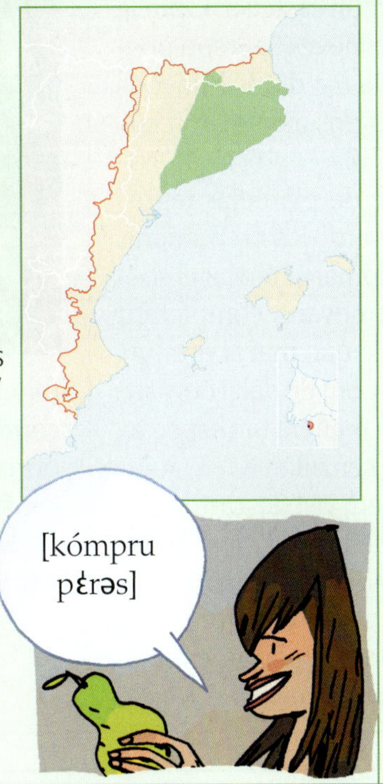

Morfosintaxi

- Desinències de subjuntiu amb [i]: *canti*, *cantis*; *cantessis*...
- Desinència [u] en la 1a pers. sing. del present d'indicatiu: *cantu* (canto). En els parlars gironins pot rebre un reforç oclusiu: jo *càntuc* o *càntut*.
- Utilització del numeral femení *dugues* (dues).
- En tarragoní, s'usa *deix* (deixa) en la 2a sing. de l'imperatiu.

Lèxic i semàntica

- Mots característics: *noi*, *nano* (infant), *blat de moro*, *sorra*, *xai*, *escombra*, *cotó fluix* (cotó en pèl), *esperit* o *esperit de vi* (alcohol etílic), *micaco* (nesprer), *cargol* (caragol), *carbassa* (carabassa), *fonoll* (fenoll).

Balear

Fonètica

- Sistema tònic de vuit sons vocàlics, amb la vocal neutra tònica: *net*, *fred*, *ceba*, *pera*. L'àton en té tres a Menorca i a les Pitiüses (com en central o rossellonès: [i], [ə], [u]); però quatre a l'illa de Mallorca, on predomina la no neutralització en [u] de la *o* àtona.
- Caiguda de la vocal neutra en mots esdrúixols acabats en *-ia*: *gabi* (gàbia), *gracis*, com en rossellonès.
- Iodització (ieisme): *paia*, *fuia*, *cabeis*. En alguns indrets, la *-i-* intervocàlica cau: *paa*, *fua*.
- Assimilacions freqüents: [pɔppá] (poc pa).
- Articulació labiodental de [v], com en valencià, tarragoní i alguerès: *visita* [vizítə].
- No emmudiment dels sons oclusius finals, com en valencià: *camp*, *difunt*, *salt*.

Morfosintaxi

- Desinència [ø] en la 1a pers. del present d'indicatiu: *cant*, *perd*, *sent*.
- Desinències *-am* i *-au* en la 1a i 2a pers. pl. del present d'indicatiu (1a conjugació): *cantam*, *cantau*. Compareu: *Vos paga perquè cantau* (sub. causal, v. en ind.) / *Vos paga perquè canteu* (sub. final, v. en subj.).
- Article salat generalitzat: *es*/*sa*/*es* (*ets* + vocal) / *ses*. Després de la preposició *amb*, l'article masculí és *so*, pl. *sos* (*amb sos peus en terra*).
  Val a dir que l'article estàndard *el*/*la*/*els*/*les* s'usa davant certs noms (*el món*, *el cel*, *la mar*...); en frases fetes (*a la fresca*); etc.
- Ús regular de l'article personal: *en Biel*, *na Margalida*.

Lèxic i semàntica

- Mots característics: *al·lot* (noi, xicot), *ca* (gos), *cercar* (buscar), *morro* (llavi), *calces* (mitges), *calçons* (pantalons), *capell* (barret), *colgar-se* (allitar-se), *és ver* (és veritat), *forqueta* (forquilla), *faldeta* (faldilla).
- Peculiaritats semàntiques: *berenar* (esmorzar), *trempar* (amanir).

«POT FER LA VOLTA AL MÓN SENSE MOURE'S DEL SEU RACONET»: S _ _ _ _ _ _.

1 Llegiu la notícia castellera i la cançó. Expliqueu què n'heu comprès. Detecteu-hi elements propis de l'**argot casteller**.

Torna la revolució malva

Feia molt de temps que una diada castellera no aixecava tanta polseguera mediàtica si no tenim en compte el Concurs de Castells. El 4 de10 amb folre i manilles dels Minyons de Terrassa no només era una proesa improbable ara fa unes quantes setmanes, sinó un regal al món casteller, que veu com els malves han esmicolat el sostre casteller deu anys després del primer 2 de 9 amb folre. El 4de10fm de diumenge és una mica de tothom, de tots aquells i aquelles que gaudeixen amb els castells, ja sigui des de la rivalitat, amb calculadora a mà, o des d'una òptica totalment diferent, on els de Guillem Comas continuen essent els màxims exponents.

Paradoxalment, els Minyons van aconseguir diumenge –probablement sense voler-ho– que els punts quedessin en segon terme per a gairebé tothom. La gesta que van assolir a la plaça Vella de Terrassa és equiparable a la del 21 de novembre de 1993, quan van carregar per primer cop en la història dels castells el 2de9fm, o el 22 de novembre de 1998, quan descarregaven per primer cop un castell de deu pisos. Hi podríem sumar la torre de vuit sense folre completada el 2010 pels Verds o el 4de9 sense folre dels malves el 1998.

El que és evident és que el quatre de deu emmanillat marca un abans i un després en el món casteller. Obre la porta a somiar que noves fites són possibles i ho fan de la mà d'uns Minyons que en els darrers dos anys han recuperat el seu relat i la condició de colla pionera, capaç de plantejar reptes impossibles i convertir-los en humans. Els Minyons han tornat a trencar el sostre dels castells innovant, completant aquella construcció que mai abans havia vist col·locar el pom de dalt i domant les manilles d'una manera tan espectacular, que sembla senzill.

Aquest 2015 hem vist descarregar el 4de9 sense folre, la torre de vuit sense folre i el 3de10 amb folre i manilles. Per a molts, les tres grans construccions que es poden portar a plaça avui dia. Ara, hi hem de sumar un 4de10 amb folre i manilles que de ben segur tindrà continuïtat la temporada vinent i que obre les portes a imaginar-se noves construccions. Els Minyons han tornat a revolucionar el panorama casteller i només podem estar-los agraïts.

Guillem Bargalló. *Diari Casteller.cat* (24 novembre 2015)

Tocant el cel amb la mà

Sortint de casa a mig matí,
pantalons blancs i camisa,
amb la faixa sota el braç
i a la cara un somriure.

Arribo al mig de la plaça,
l'emoció que ja m'abraça,
i busco el meu color,
tothom s'enfaixa,
s'està muntant la pinya,
em poso al meu lloc.

I un dels més petits
és el més alt del món.
I toca el cel amb la mà.
Finets i pel mig
tornaran a baixar.
I toca el cel amb la mà.
Amb pit i collons,
el farem descarregar.
Som amics de la terra,
de les gralles i les festes populars.
Ningú ens n'arrencarà si fem pinya,
fem folres, manilles,
abraçats ens trobaràs. (× 2)

El tronc puja de pressa,
va bé, està ben quadrat,
es col·loquen dosos,
la canalla arriba a dalt.
L'acotxador s'ajup,
tres passes de l'enxaneta,
s'encavalca (tenim aleta).
I ara ve el millor, on es nota l'assaig,
on la colla es fa gran,
això arreplega enmig de suor,
castell descarregat!

I un dels més petits...

Els castells són força,
equilibri, valor i seny.
Els castells són rauxa
quan els descarreguem.
Patrimoni de la humanitat.

Strombers, *Jrujenjúnjel* [sic] (adaptació)

«FELÍ DE POLLENÇA EN ESTAT D'ABATIMENT»: M____.

2 Classifica les poblacions següents segons la **varietat dialectal** que s'hi parla. Situa-les posant el seu número en el punt corresponent del mapa.

1. Sagunt	8. Xixona
2. Ciutadella	9. Andratx
3. Vall-de-roures	10. Mequinensa
4. Alcoi	11. Montlluís
5. Benidorm	12. Tamarit de Llitera
6. Elx	13. Andorra la Vella
7. Fraga	14. Eivissa

3 Classifica els següents **escriptors actuals** en llengua catalana segons la població de naixença (i, doncs, el seu dialecte geogràfic). Situa'ls en un punt numerat del mapa anterior o en el més pròxim que hi trobis.

a) Albert Villaró i Boix (la Seu d'Urgell)
b) Ferran Torrent (Sedaví, Horta)
c) Francesc Serés (Saidí, Baix Cinca)
d) Mercè Ibarz (Saidí, Baix Cinca)
e) Joan Francesc Mira (València)
f) Joan-Daniel Bezsonoff (Perpinyà)
g) Joan-Lluís Lluís (Perpinyà)
h) Josep Maria Espinàs (Barcelona)
i) Maria Antònia Oliver (Manacor)
j) Maria Barbal (Tremp)
k) Pep Coll (Pessonada, Pallars Jussà)
l) Sebastià Alzamora (Llucmajor)
m) Sílvia Alcàntara (Puig-reig, Berguedà)

4 Completa els buits amb les dades que, sobre l'**alguerès**, es poden espigolar en el quadre de les pàg. 170-171.

Alguerès (trets principals)

- Realització de [v] labiodental (*visita*), com en ___.
  [Àrea o àrees dialectals que comparteixen aquest tret]
- Articulació de les consonants oclusives finals (*difunt*, *camp*, *salt*...), com en ___.
- Desinència en [Ø] en la 1a pers. del singular del present d'indicatiu en totes les conjugacions (*cant*, *perd*, *dorm*), com en ___.
- Els articles definits són: *lo*, *la*, *los*, *les*, com en ___.
- Ús de mots com *emprar*, *llumí*, *eixir*. Coincideix amb la varietat ___ en la utilització de paraules (sovint arcaismes) com *colgar-se* (allitar-se), *ver* (veritat), *morro* (llavi), *manco* (menys) o *forqueta* (forquilla).

Cartell anunciador de les Estrenes, una antiga tradició d'Alguer que se celebra el dia de Reis.

5 **Determina la varietat dialectal** de les sis cançons següents, indicant en quins trets lingüístics t'has basat (consulta: quadre de les pàg. 170-171; per a l'alguerès, pàg. 173; per al rossellonès, pàg. 175).

a) algueres | *c*) central | *e*) rossellonès
b) balear | *d*) nord-occidental | *f*) valencià

1. L'allioli

Amb un poc de paciència,
amb un poc de voluntat,
un poc de demagògia
i un poc de pebre picat.
Amb un poc de fantasia
i la força d'un ramat.

Muntarà, muntarà,
l'allioli, l'allioli.
Muntarà, muntarà,
l'allioli muntarà.

Amb guitarres matineres
per un cant recuperat,
amb idees camineres
i espectacles de mercat.
Amb **xirments**[1] i costelles
i intel·lectuals pesats.

Muntarà, muntarà...

Amb el vi que se ven pas
i cançons que venen bé,
amb treballs desgraciats
i jocs que valen pas res.
Una cultura pel cap
i els peus dins del merder.

Muntarà, muntarà...

Eleccions de quant en quant,
tornar mai, cal anar a votar,
comencem d'en ser farts
de nos fer representar.
El Pare Noel **ven**[2] pas
/d'amunt,
cada un l'hem de fer muntar.

Muntarà, muntarà...

Llamp te Frigui[3], *Cal poca cosa* (adaptació)

2. L'home de goma

De plàstic, el meu cos el trob
/fantàstic,
m'han dit que és molt pràctic.
Desig que em miri tot el món,
vull ser l'enveja de tothom.
Estàtics, els meus llavis, ara
/sintètics,
que no et facin fàstic:
no són per jo, són per sa gent;
si em veuen bé, ja estic
/content.

Autèntics desordres
/emocionals,
lògic sentir que no som
/normal.
De *sa* front fins a n'es cul
no hi ha res meu, tot és per
/a tu.

Silicona, de New York a
/Barcelona,
presumint la bossa em sona,
orgullós la lluiré,
jo som l'home de goma.

Ja estic pensant quin serà el
/pròxim canvi,
que encara puc fer-ne més.
Com no m'agrada fer-me vell
em seguiré estirant sa pell.
Ja ho entenc, no puc parar el
/pas del temps:
ja ho sé, això no té cap remei.
Cent anys jo no els compliré,
però ben guapo me n'aniré.

Silicona, de New York a
Barcelona...

Projecte Mut, *Idò* (adaptació)

3. Parlant de sirenes

Molt probablement va ser
/l'atzar
qui ens convidà en aquell
/Café
fa un any; i en el seu paper
/de Celestina
ens va posar en un temps i
/un decorat.
El meu got està tan buit
i els teus llavis tan humits...

Quina pena que no puga creure
que ets una sirena fins que
a tot arreu del món no
/hàgem canviat
per aigua tanta sequera.

Ja veig com dibuixes un
/somriure compassiu
quan jo pare de parlar
i amb l'excusa que ja no et
/queda tabac
has marxat. Fins demà.
Sé que penses que és el vi
el que em fa parlar així.

Ai!, quina pena que no puga
/creure
que ets una sirena,
perquè sé que les sirenes
se n'anaren, fugiren, nedaren
buscant el món de la
/humitat suprema.

Molt probablement va ser
/l'atzar
qui ens convidà en aquell
/Café...
Quina pena que no puga
/creure
que ets una sirena...

Joan Amèric, *Directament*

1 **xirment:** sarment (branca de cep).

2 **ven** (v. *venir*): ve (ell).

3 **llamp te frigui:** que el llamp et fregui (renec).

«AQUEST ÉS L'ÚNIC ESTAT DEL MÓN ON TOTHOM ÉS IMMIGRANT»: _ _ _ _ _ À.

4. Truca'm

Truca'm, si un dia perds un vol
i l'aeroport és fred i mort.
Truca'm, si algú que estimes
/mor
o si el motor del cotxe no et
/respon.
Truca'm, si mai fas un trasllat,
i abans que pengis
seré a baix saludant-te
/arremangat.
I truca'm si cal, i explica'm que
/no escrius
que ja fa temps que la vida
/no et sorprèn.

Però no em truquis si una nit
sents que voldries dormir al
/meu llit,
o marxar lluny, o viure junts
en un pis petit.

Truca'm, com si fos qualsevol,
i abraça'm fort amb l'excusa
/d'algun gol.
I truca'm quan trobis la cançó
que t'he amagat aquest matí
/sota el llençol.

Però no em truquis si una nit
sents que voldries dormir al
/meu llit
o marxar lluny, o viure junts
en un pis petit.
Però no em truquis:
simplement vine a la platja,
que ja ens coneix.
M'hi trobaràs potser llegint,
/potser dormint,
potser esperant amb el
/telèfon apagat.

Joan Dausà i Els Tipus d'Interès, *Jo mai mai*

5. Perdut

Als 15 anys de la primavera,
olor de **frèsies**[1] i de xiprès,
les hormones fent «bum bum»,
has coneixut el primer amor
i no sabives **arrés**[2] de la vida:
vivives sempre a la casa gran,
però somniaves de te n'anar,
d'ésser un cavaller medieval.

Perdut, amic,
tu te sentives perdut,
perdut en aquell món petit,
petit en aquell món menut,
menut en aquell món **paorós**[3],
paorós en aquell món estrany.

[...]

Ara que **sés**[4] un home gran,
sés estat un bon cavaller
i no has fet ninguna guerra,
les cançons són de quatre sous.
Ara un tren s'és **fermat**[5] en
/aquí,
aquell tren ja no l'has perdut,
i quan penses a la sua mirada
te senteixes un poc més perdut.

[...]

Perdut, amic,
pel seu somrís perdut,
pels seus ulls petit,
en les sues mans menut,
pel seu perfum perdut,
perdut.

Claudi Gabriel Sanna, *Altres paraules*

6. Junts

Quan arriben hores baixes,
quan de sobte se fa fosc
i la vida vol que tastes
lo seu calze d'amargor.

Domés[6] parlen les mirades,
abraçades de calor.
Són tan buides les paraules
quan de cop ve la tristor.

Jo domés vull que m'abraces
i m'agafes de la mà.
No cal que bades boca:
domés seus al meu costat.
Lo meu món torna més clar.

Junts,
la vida és més lleugera, junts,
la pena passatgera, junts,
res no ens farà més forts si
estem junts.

Pepet i Marieta, *Junts*

1 **frèsia:** tipus de flor.
2 **arrés:** res.
3 **paorós:** que fa por.
4 **sés** (v. *ser*): ets (tu).
5 **fermar:** aturar.
6 **domés:** només.

Rossellonès (trets principals)

- Desinència [i] en la 1a persona del present d'indicatiu *canti* (canto), que per analogia passa a altres temps: *cantavi* (cantava), *cantarïi* (cantaria).
- Conservació del possessiu *llur*, dels indefinits *qualque*, *qualcú*, *quelcom* i de la conjunció *mes* (però).
- Ús de *pas* com a adverbi de negació (en comptes de *no*): *vinrà pas* (no vindrà).
- El verb *sere* (ser) té una flexió especial: *sun*, *ets*, *ès*, *sem*, *seu*, *sun*. Ús com a auxiliar, *Sem pas anats a Cotlliure* (No hem anat a Cotlliure), com en els parlars gironins.
- Lèxic característic: *oir, espiar* (mirar), *muntar* (pujar), *sàller* o *eixir*, *pallago* (noi), *mainatge* (mainada, xicalla). Sovint coincideix amb el de les Balears: *ca*, *cercar*, *morro* (llavi). Molts gal·licismes: *canart* (ànec), *trotuart* (vorera)...

Què dius, ara!

La presència del català a la xarxa també es manifesta en els webs que permeten consultar dubtes, ampliar coneixements o aprendre la llengua. Les principals obres lexicogràfiques es poden consultar en línia: el *Diccionari de la llengua catalana* (DIEC), el *Gran diccionari de la llengua catalana* (GDLC), la Gran enciclopèdia catalana (GEC), el *Diccionari català-valencià-balear* (DCVB), etc.; cal dir que des del web del DIEC es pot accedir a la resta de diccionaris de l'Institut d'Estudis Catalans. Són especialment recomanables els portals Optimot (consultes de llengua, diccionaris bilingües, etc.), Termcat (neologismes i terminologia), Ésadir (portal lingüístic de la Corporació Catalana de Mitjans Audiovisuals), Diccionaris.cat (conjunt de diccionaris monolingües i bilingües en català) i Softcatalà (proporciona programari en català). [AR]

«ELS BRITÀNICS HI BEUEN, ELS CATALANS EL BUIDEM I ELS OCELLS HI MACEREN EL DINAR»: ___ ___ ___.

6 Per a dir el mateix, de vegades es fan servir expressions diferents segons la zona dialectal. Es tracta de sinònims territorials o **geosinònims**. Observant la manera com estan agrupats els geosinònims de més avall, t'adonaràs que no hi ha un parlar que discrepi de tots els altres en bloc, sinó que les afinitats lèxiques ens permeten agrupar els dialectes de diverses maneres.

Relaciona amb fletxes les dues columnes de geosinònims.

A Central i nord-occidental
1. *foscos, tristos...*
2. cordill
3. faldilla
4. mitges (f.)
5. escombraries
6. gerro
7. barrejar

Valencià i balear
a) calces
b) fems
c) *foscs, trists...*
d) cordell
e) faldeta
f) mesclar
g) pitxer

1c, __, __, __, __, __, __.

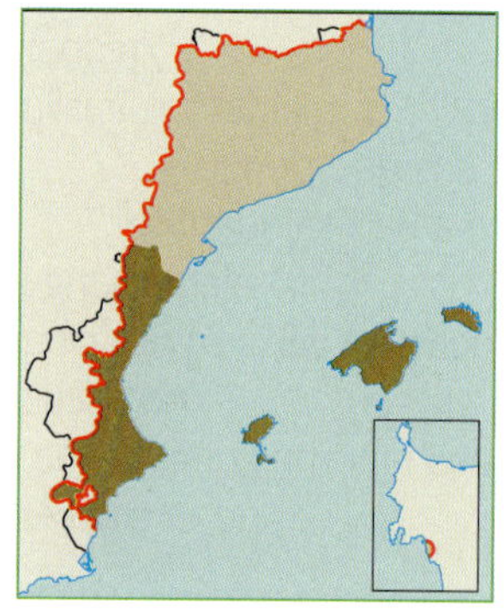

Valencià i balear.

B Central i baleàric
1. mirall
2. treure
3. néixer
4. vermell
5. meva, teva, seva
6. joves, homes

Valencià i nord-occidental
a) jóvens, hòmens
b) traure
c) espill
d) nàixer
e) meua, teua, seua
f) roig

__, __, __, __, __, __.

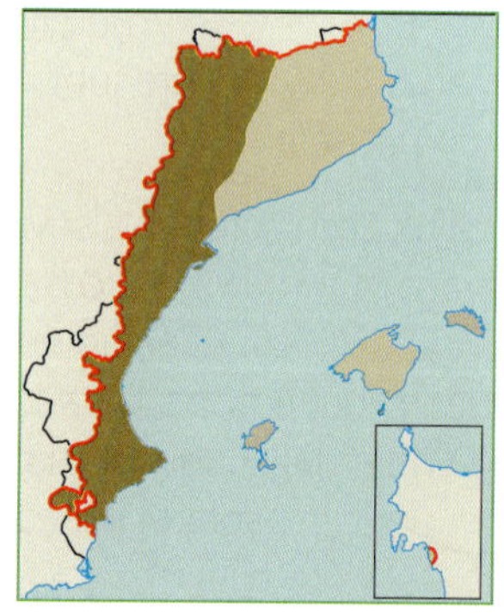

Valencià i nord-occidental.

C Nord-occidental i central
1. gos
2. gat, gata
3. got
4. diners
5. potser
6. alguna cosa
7. algú
8. el, la, els, les

Balear
a) moix, moixa
b) es, sa, es, ses
c) tassó
d) ca
e) qualque cosa
f) per ventura
g) doblers
h) qualcú

__, __, __, __, __, __, __, __.

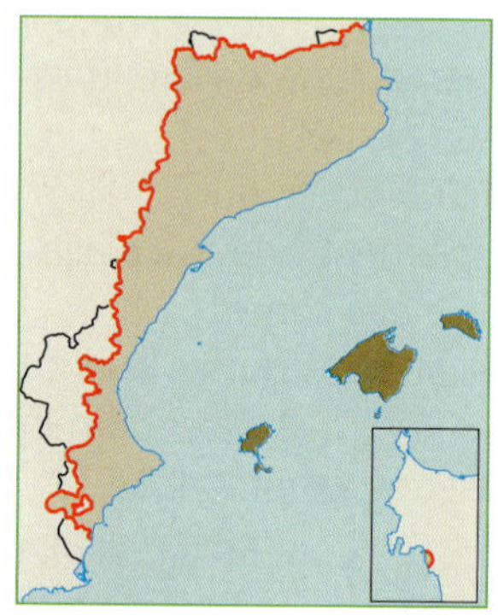

Balear.

D Central
1. mandra
2. escombra
3. abans-d'ahir
4. rodó

Occidental i balear
a) redó
b) despús-ahir
c) peresa
d) granera

__, __, __, __.

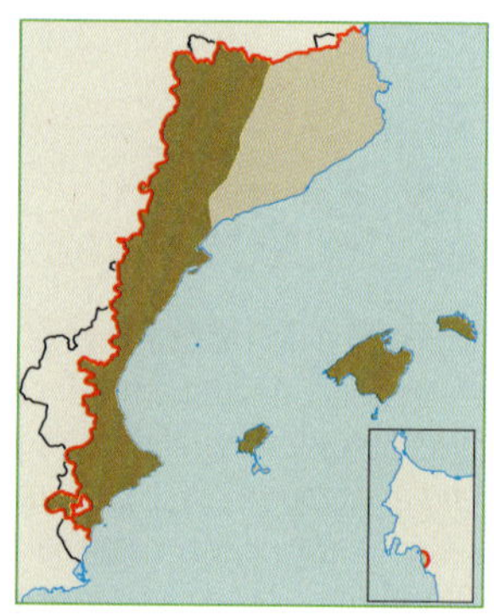

Occidental i balear.

Què dius, ara!

El *Diccionari català-valencià-balear* es va poder elaborar gràcies a la col·laboració desinteressada de dotzenes de persones que van arreplegar informació, arreu dels Països Catalans. L'empresa va començar amb una «Lletra de convit a tots els amics de la llengua catalana» que el canonge Antoni Maria Alcover va enviar per sol·licitar la col·laboració de tots els catalans en la replega de dades. Aquests col·laboradors anaven enviant les seves fitxes amb els mots que recollien i el context corresponent, i aquests milers de fitxes eren classificats en un moble fabricat expressament, que era conegut com «la calaixera». L'any 1926 aparegué el primer fascicle del *Diccionari*, i se n'arribà a publicar el primer volum, però les vicissituds polítiques van interrompre la feina, que no es va reprendre fins als anys cinquanta, sota la direcció de Francesc de Borja Moll, deixeble d'Alcover, que havia mort l'any 1932. El darrer dels deu volums va sortir el 1962 i posava fi a la publicació d'una obra inigualable, que té més de 160000 articles i recull, entre altres dades, la pronunciació del lèxic comú en les principals poblacions dels Països Catalans. [AR]

«D'AQUESTA TORRE ESTANT, LA TEVA ESTIMADA EULÀLIA TOT S'HO MIRA»: T __ L __ __ __.

La por de ser aïllat

En el món animal, els caçadors intenten aïllar la seva presa o buscar-ne de solitàries. El grup és la gran defensa. En els éssers humans passa el mateix.

[...] Els estudis sobre violència de gènere demostren que una de les tàctiques del violent, del qui pretén la submissió de l'altra persona, és aïllar-la, obligar-la a trencar els vincles amb la seva família, anul·lar-li la possibilitat de comunicar-se amb els altres, obligar-la a prescindir de tots els sistemes de suport social que la podrien ajudar.

El procés sovint comença amb crítiques a la família de la víctima, prohibició de visites, reclusió a casa, gelosia... Tàctiques d'aïllament, en dues paraules. Una nociva* mitologia* femenina que converteix en tabú parlar dels «secrets de família» facilita l'èxit d'aquestes tècniques d'aïllament. La mateixa víctima vol impedir que se sàpiga el que passa. Passa el mateix amb els incestos* o les agressions sexuals. S'amaguen perquè es consideren deshonrosos. «La roba bruta es renta a casa» és una creença que acaba facilitant l'acció del malànima.

Patrícia Villavicencio indica les raons per les quals tan poques dones denuncien els maltractaments, i entre elles ens presenta un terrible compendi de pors: por de les represàlies, por que no les creguin, por que les acusin de ser les culpables, vergonya i sentiment de culpa, tendència de les víctimes a minimitzar la situació, dubtes sobre la seva capacitat per a escollir bé la parella. I encara altres motius: por del canvi, incapacitat per tirar endavant els fills, i més pors: por de l'enfrontament, por dels conflictes, por de prendre decisions, por d'afirmar els propis drets.

Fins aquí hem parlat de violència contra les dones. Hi ha també violència de les dones contra l'home, molt menys freqüent, i que utilitza procediments d'intimidació* diferents. Fonamentalment la fúria, la ridiculització, la crítica destructiva.

I és que hi ha persones amb una habilitat especial per a manipular els sentiments dels altres, artistes a l'hora d'aprofitar-se de les debilitats del proïsme*. Intimiden amb suavitat. Una pregunta que comença dient: «Vostè no serà d'aquells que...» intenta, sens dubte, coaccionar. L'afalac* pot convertir-se en l'antecedent de la vergonya. En una conversa, una persona n'elogia **abrandadament**[1] una altra –que per aquesta raó se sent d'alguna manera en deute afectiu amb ella– i, a continuació, li atribueix una opinió que és del qui parla, però no de l'elogiat. El manipulador vol forçar-lo així a corroborar* el seu punt de vista. El manipulat ha de dir: «No, jo no penso això que m'estàs atribuint», amb la qual cosa s'ha d'enfrontar doblement a l'altra persona. En primer lloc, dient-li que s'ha equivocat; en segon lloc, fent-la canviar d'idea sobre ell. D'altres són molt hàbils a suscitar sentiments injustos de culpabilitat, o de pietat perillosa, o de dependència amorosa. O emeten missatges contradictoris –d'amor i desamor, d'apropament i de llunyania– que atueixen* la víctima, que té por d'equivocar-se, de ser injusta, de fer mal, i aquesta por de ser botxí la condemna a ser víctima. Tot seductor o seductora és un manipulador afectiu.

El talent per a ridiculitzar és un altre gran poder intimidador, perquè la por de la vergonya és poderosíssima. Ridiculitzar, avergonyir, humiliar, és un càstig terrible.

José Antonio Marina, *Anatomia de la por* (adaptació)

El filòsof i pedagog José Antonio Marina.

G

1 **abrandadament:** amb mots inflamats, apassionats.

«CRUSTACI DE COLOR ROSAT, TÍPIC DE PALAMÓS I AMANT DE LA VIOLA D'EN SAVALL»: __ __ M __ __.

COMPRENSIÓ

1 Digues el **significat** dels mots marcats amb asterisc: nociva (lín. 12), mitologia (lín. 12-13), incestos (lín. 16), intimidació (lín. 32), proïsme (lín. 37), afalac (lín. 40), corroborar (lín. 45), atueixen (lín. 53).

2 Digues quina és la **tesi** del text.

3 En conflictes com els esmentats en el text tenim un **assetjador** (o perjudicador) i un **assetjat** (o perjudicat). Detecta les diferents maneres de fer referència a l'un o l'altre que apareixen en el fragment «En una conversa... canviar d'idea sobre ell» (lín. 41-49).

Assetjador	Assetjat
Model: *n' = persona* (pronom feble que remet a la persona que perjudica)	*n' ... una altra = una altra persona* (en: pronom feble)

«Des del moment en què vaig agafar el seu llibre fins al moment en què el vaig deixar, no vaig aconseguir parar de riure. Algun dia espero tenir l'oportunitat de llegir-me'l.»
Mark Twain

LÈXIC I SEMÀNTICA

4 Completa el quadre següent amb mots que denoten **emocions**, com la por (model). Digues també si són generalment considerades positives (+), negatives (–) o si la seva valoració és variable.

Nom	Adjectiu (en masc. i fem. sing.)	Verb	Emoció (+ o –)
por f.	*poruc poruga*	*esporuguir-se*	–
		avorrir	
ràbia *f.*			
	curiós		
fàstic *m.*			
sorpresa *f.*			
	gelós		
		angoixar-se	
culpa *f.*			
vergonya *f.*			
	trist		
ira *f.*			
	alegre		
		decebre	
	orgullós		

5 Fes l'**adverbi en *-ment*** dels cinc adjectius que figuren ja escrits en l'exercici anterior.

Model: *poruga → porugament.*

→ Extreu tot seguit del text d'A. Marina els adverbis en *-ment* continguts en el fragment que va des de «Fins aquí hem parlat de violència...» (línia 30) fins al final.

→ Quina diferència hi ha entre *doblement* (línia 47-48) i *doblament*?

6 Després de llegir el quadre, digues quin creus que és el **significat** dels cultismes de més avall (recorda que, després de mots com *por* segueix la preposició *de*). Detecta-hi alguna parella de **contraris**.

Fòbies i fílies

El sufix *-fòbia* (derivat del terme grec *phóbos* 'terror, espant') significa 'aversió o por patològica' envers una cosa. Així, *aerofòbia* significa 'por morbosa dels corrents d'aire'. El podríem considerar oposat al sufix *-fília* (derivat del grec *philía* 'amistat, afecció'), que significa 'amor, simpatia, tendència' envers una cosa. Per a fer l'exercici, recordem el significat d'alguns termes grecs:

- *ákros* 'extremitat' → prefix *acro-* 'situat a l'extremitat, al cim', 'el més alt'.
- *nekrós* 'cos mort' → prefix *necro-* (mateix significat).
- *thánatos* '(la) mort' → prefix *tanato-* (mateix significat).

Por o atracció envers...			
Espais	Persones (vives o mortes)	Objectes	Altres
acrofòbia: 'por dels llocs alts'			

- *acrofòbia*
- agorafòbia
- androfòbia
- anglofília
- antropofòbia
- autofòbia
- bibliofília
- bibliofòbia
- claustrofòbia
- fotofòbia
- hidrofília
- hidrofòbia
- homofòbia
- necrofília
- necrofòbia
- anglofòbia
- pedofília
- tanatofòbia
- xenofília
- xenofòbia

Procediments de creació de mots

1. **Derivació** (afegim afixos a un radical): *enriquiment, globalització.*
2. **Composició** (ajuntem dos o més radicals):
   a) composició patrimonial: *escanyapobres.*
   b) composició culta (construïm mots a partir d'elements grecs o llatins, que no formen mots independents en català): *russòfil* 'amant de Rússia', *russòfob* 'enemic de Rússia' (en català, no existeix el mot *fob*, ni tampoc el mot *fil* amb aquest significat).
3. **Recategorització o habilitació** (canviem la categoria o subcategoria gramatical d'un mot, sense modificar-ne la forma): *un ésser* (un verb en infinitiu esdevé nom).
4. **Abreviació** (escurcem els mots): TAC és l'abreviatura de *tomografia axial computada.*
5. **Manlleu o préstec** (prenem mots a una altra llengua): *new look.* Cal limitar aquest procediment als mots sense equivalent català.

7 Llegiu el text sobre les tecnomalalties i el quadre de la pàgina anterior sobre procediments per a la formació de mots. A continuació, feu el que se us indica.

Tecnomalalties

Heu sentit mai parlar de la síndrome de la pantalla visual, de la nomofòbia, de la hipersensibilitat electromagnètica i de les «e-drugs»? Són les malalties del segle XXI, les que han nascut en l'era de la informàtica i dels *gadgets*. Són les tecnomalalties. [...]

Més enllà de l'impacte visual o traumatològic a què ens sotmet aquest món tan tecnificat, hi ha també un impacte psicològic. I en aquest sentit, es parla de la **nomofòbia**, que no es refereix estrictament a una malaltia, sinó que és un terme encunyat al Regne Unit (*no mobile phone phobia*) «per definir la por o l'angoixa que presenten determinats individus quan se senten desprotegits en no disposar del telèfon mòbil o en preveure una disfunció d'aquest», explica Javier Montero Jiménez. Segons la seva opinió, «el terme ha gaudit d'un èxit apreciable tenint en compte que es va crear el 2011, propiciat per les xarxes socials i l'autoreflexió que tots els usuaris de mòbils ens fem sobre el grau de dependència o d'addicció a les noves tecnologies».

Aquest expert afegeix que «l'origen del terme cal buscar-lo en un entorn no sanitari. L'oficina postal del Regne Unit va encarregar el 2011 un estudi a un institut demoscòpic, el qual, després d'entrevistar més de 2000 usuaris de telèfons mòbils, va revelar que més del 50 % presenta un grau d'ansietat quan no està protegit pel telèfon mòbil, sigui perquè se l'ha descuidat, per falta de bateria o per absència de cobertura». [...]

Margarida Puig. *LaVanguardia.es*, 18 agost 2012 (adaptació)

a) Coneixeu persones que pateixin *nomofòbia*?

b) Detecteu en el fragment que va des de l'inici fins a «... explica Javier Montero Jiménez» (línia 10) un exemple de:

1. derivat: *malaltia*, ____.
2. compost culte: *tecnomalaltia*, ____.
3. manlleu: *e-drugs*, ____.
4. abreujament: *nomofòbia* (és abreujament i, alhora, un compost culte), ____.

c) Identifiqueu en el text la categoria gramatical (conjunció o pronom relatiu) de les formes ***que*** i ***què***. Digueu si, en algun cas, forma part d'una locució.

8 **Oposicions lèxiques.** Completa els buits amb la paraula correcta (flexionant-la, si cal) i justifica oralment la resposta.

a) Em (donar/fer) molta por sortir de viatge si no duc el telèfon mòbil al damunt.
b) Se m'ha (posar/ficar) un gra de sorra l'ull, i no vulguis saber com m'arriba a fer la guitza!
c) Primer, hem (posar/ficar) l'olla al foc i, després, hem (posar/ficar) els macarrons al forn perquè es gratinessin.
d) Les joies de l'àvia sí que les has de (desar/llençar); al cofre; però aquestes rampoines és clar que les has de (desar/llençar) a les escombraries.
e) Ja que he de dormir en llitera, m'estimo més fer-ho a (baix/sota) que a dalt.
f) Sempre deixa les sabates (baix/sota) el llit: diu que així es veu tot més endreçat.
g) Tinc una gossa (gros/gruixut), amb un pèl negre i (gros/gruixut).
h) La Maria és una dona (consegüent/conseqüent) i, per (consegüent/conseqüent), és fidel als seus principis.

«NAU TRANSVERSAL D'UNA ESGLÉSIA AVESADA A VIATJAR PEL NIL»: _ _ _ U _ _.

9 Fes precedir els noms següents de ***fer*** o, en tres exemples, de ***donar***. (No oblidis que en català sovint –no sempre!– cal «fer» allò que en castellà cal «donar».)

- por
- salts
- crits
- llàstima
- petons
- badalls
- carícies
- dejuni
- gràcies
- una passejada
- una abraçada
- empentes
- bufetades
- sospirs
- un pessic

FONÈTICA I ORTOGRAFIA

«L'art només fa versos; solament el cor és poeta.»
André-Marie CHENIER

10 Fes el següent:

a) Emplena la ratlla curta i simple amb **una o més lletres** (integrants d'una mateixa paraula).
b) Omple les ratlles llargues i dobles amb **una o més paraules** fent servir, si cal, l'**apòstrof**.
c) Cerca un **mot o expressió sinònims** dels mots subratllats (i numerats).

Els paraigües

Potser (1) perquè qualsevol senyora ja porta __ complement permanent del seu vestuari la bossa reglamentària, el paraigua ha tingut una presència més substancial en l'abillament (2) masculí. En català l'estri en qüestió es relaciona estrictament amb la pluja, però en altres lleng_s i latitu_s l'*umbrella* ha estat també (3) perceb_da com una defensa eficient contra el sol. Ens ve al cap __ imatge entranyable del mestre Pau Casals, fotografiat d'esquen_, tot passejant amb el barret (4) en una mà i a l'altra un enorme paraig_ desplegat que __ protegeix __ calor en alguna assole_ada platja del llarg exili.

Ara, on el paraig_ s'ha manifestat amb tota la seva respectabilitat ha estat a __nglaterra. De fet, __ ha que afirmen que el paraig_ ha fet __ _nglesos com són. Un escoc_, Stevenson, l'autor de __ *illa del tresor*, ho veia com una marca (5) de civilització i argumentava (6) que el fet que Robinson Crusoe, seguida que va arri_ar a __ illa de_erta, es proveís d'una gran fulla per fer funcions d'*umbrella* era el sí_toma indiscutible (7) d'una personalitat superior. Un Robinson Crusoe armat amb un paraig_ havia de simbolitzar, per força, la seva hegemonia davant les races inferiors o les condicions adverses (8). A la metròpolis, però, a la *city* de Londres, un autèntic (9) ca_aller no desplega mai el seu paraig_. __ porta sempre (10), però no __ obr_ mai. Un senyor com cal, en aquest cas un militar, explicava que només __ va obrir una vegada (11) a la seva vida i va ser per posar-__ una inscripció que deia: «Aquest paraig_, __ van robar (12) al t_nent coronel A. D. Wintle». Convindran (13) __ mi que el paraig_ del t_nent coronel Wintle hauria d'estar exposat en algun museu important. És cert que una de les contingències més habituals (14) que poden patir (15) els nostres paraig_s és que siguin abandonats o que ens els robin (sovint sense voler). Això explica aquell grafit famós al despatx d'un *master* d'Eton, el col·legi més emblemàtic del sistema educatiu _ngl_s: «No jutgis mai __ un home pel seu paraig_: és probable (16) que no sigui el seu».

Miquel BERGA. *El Punt Avui* (adaptació)

11 **Transcriu** el so de les grafies destacades en les oracions següents i llegeix-les en veu alta:

a) Ells exigeixen justícia a l'exèrcit xinès.
b) S'ha apujat ell mateix el lloguer de l'habitatge a la Garrotxa?
c) No veig un avantatge prou clar optant per aquest trasllat.
d) Tu, Marc, vols anar fins a Mart amb ella, la Mar?
e) En Gerard també ha mort per amor? Oh, quants morts!

12 **Transcriu el so** que correspongui a la grafia destacada i digues el fenomen que hi té lloc (sonorització o ensordiment).

- tub [ ]
- sud-africà [ ]
- Baix Empordà [ ]
- mag amable [ ]
- nord-americà [ ]
- llarg [ ]
- subalpí [ ]
- subaquàtic [ ]
- quietud absoluta [ ]
- càstig exemplar [ ]
- dard [ ]
- braços i peus [ ]
- verd i blau [ ]
- àrab acollidor [ ]
- veig enciams [ ]

«La millor manera d'aprendre a escriure és llegir.»
Eva Piquer

13 Transcriu el so que correspongui a la grafia destacada i digues el fenomen que hi té lloc (sonorització, ensordiment, emmudiment o sensibilització).

- sant baró [ ]
- vint euros [ ]
- sud-oest [ ]
- sant Esteve [ ]
- nord-occidental [ ]
- vint dòlars [ ]
- subarbust [ ]
- segueix aquí [ ]
- despatx obert [ ]
- greix animal [ ]
- sant Andreu [ ]
- els herbeis [ ]
- els avis [ ]
- passeig abandonat [ ]
- vaig anar-hi [ ] [ ]

Què dius, ara!

Actualment el domini lingüístic català es distribueix entre quatre estats europeus: Andorra, Espanya (Catalunya, País Valencià, Illes Balears, Franja de Ponent a l'Aragó i el Carxe a Múrcia), França (l'anomenada Catalunya Nord) i Itàlia (ciutat de l'Alguer, a Sardenya). Aquest conjunt de territoris tenen uns 13 milions d'habitants, la major part a l'Estat espanyol, dels quals uns 10 milions parlen català. El català ocupa el novè lloc, per nombre de parlants, entre les llengües europees. Els drets lingüístics dels catalanoparlants depenen de la legislació de les diferents demarcacions polítiques. El català és cooficial a Catalunya, a la Comunitat Valenciana (amb el nom de «valencià») i a les Balears, i és l'única llengua oficial al Principat d'Andorra. [AR]

El palau del rei de Mallorca, a Perpinyà.

«CREMES AQUESTS BASTONETS PERQUÈ DESPRENGUIN UNA OLOR AROMÀTICA»: _ _ C _ _ _.

MORFOSINTAXI

14 **Passa els presents a imperfets** (d'indicatiu o de subjuntiu, segons la construcció), com veus en el model (tal canvi pot comportar altres temps verbals).

Model: *Sé perfectament que esteu enfadades i teniu raó d'estar-ho.*
→ *Sabia perfectament que estàveu enfadades i teníeu raó d'estar-ho.*

a) Riu perquè és l'única que sap la resposta.
b) Que jo conegui la resposta no vol dir que us l'hagi de dir.
c) Com que som metges, ho veiem amb uns altres ulls.
d) Però que no voleu que jo corri per la pista gran?
e) No deu diners a ningú o, si més no, ningú no li'n reclama.
f) Ens ofèn que ens tracti com si no en sapiguem gens, de fer anar aquest programari.
g) En aquesta clínica, molt abans que neixi una criatura, ja ho tenim tot a punt perquè el part vagi com una seda.
h) Em diu que no m'ha traït mai i que li fa mal que jo hagi pensat que ell és capaç d'una tal vilesa.
i) En Manel no entén que actuem d'aquesta manera perquè volem el millor per a ell.

Test de pronoms febles

15 **T** SOLUCIONS PÀG. 373

Encercla la resposta amb el **pronom o combinació pronominal** escaient. Justifica-ho de viva veu.

a) A ella li sabíem tots els defectes i amb el temps havíem après a tolerar _____.
1. 'ls-hi 2. -los-hi 3. -los-la 4. -se'ls

b) No te'l creguis. Sempre fa comèdia i és impossible de saber quan deixa de _____.
1. fer-la 2. fer 3. fer-ne 4. fer-te-la

c) El disbarat ja estava fet! Era inútil penedir _______.
1. -ho 2. -se'n 3. -lo 4. -s'hi

d) La Núria veu difícil aconseguir la copa. Diu que les probabilitats que _____ d'aconseguir-la són molt baixes.
1. hi pot haver 2. n'hi pot haver 3. n'hi podent haver 4. n'hi poden haver

e) Que no són tan amics, l'Esteve i la Meritxell? No entenc per què avui ella no ha volgut saludar- _____.
1. -el 2. -li 3. -lo 4. -l'hi

f) Van assegurar que li donarien les notes, però veig que encara no ______ han donades.
1. les hi 2. lis 3. se les 4. se'ls

g) Si havia anat a comprar el pa, no és pas perquè fos una noia servicial sinó perquè son pare _____ havia manat.
1. la hi 2. li ho 3. s'ho 4. n'

h) Els amenaçà dient que els estriparia el carnet i, davant l'astorament de tothom, va estripar _____.
1. -los-ho 2. -ho-els 3. -los-lo 4. -los-el

i) Aquell avi es desvivia per les noies del poble i els escrivia poemes. Es tancava totes les tardes per escriure _____.
1. 'ls-en 2. -los-els 3. -los-en 4. -les-en

j) L'Eugènia va comprar-se unes unes sabates noves, però a l'hora de posar- _____ va comprovar que li anaven petites.
1. les-en 2. me-les 3. s'ho 4. se-les

«EL DOCUMENT IMPRÈS, LLEGEIX EL FOLLET»: _ _ _ _ _ _ _.

TRANSFORMACIONS

16 Per definir noms que indiquen acció o efecte, recorrem sovint a les **nominalitzacions**. Fes la **definició** dels noms destacats (escriu-la en **registre culte** i fent ús només de la informació que se t'ofereix).

Models:

- *Parlem d'**horripilació** quan els músculs erectors dels pèls es contreuen bruscament i sobtada.*

→ **horripilació:** *contracció brusca i sobtada dels músculs erectors dels pèls.*

- *Si la pell se'ns endureix a conseqüència del frec o la compressió és que tenim una **durícia**.*

→ **durícia:** *enduriment de la pell a conseqüència del frec o la compressió.*

a) Parlem d'**hipertèrmia** quan la temperatura corporal augmenta.
b) Si la temperatura corporal descendeix es parla d'**hipotèrmia**.
c) La **hidròlisi** es produeix quan una substància química es descompon per l'acció de l'aigua.
d) Es parla d'**estiatge** quan el cabal d'un riu disminueix en una època determinada de l'any.
e) Quan s'encadenen conceptes que condueixen a una demostració diem que tenim un **raonament**.
f) Si se t'inflama el recte és que tens **rectitis**.
g) Sempre que es destrueixen màquines o mitjans de treball intencionadament podem parlar de **sabotatge**.
h) Quan un vas sanguini s'obstrueix bruscament a causa d'un èmbol es parla d'**embòlia**.
i) Sempre que es transmet energia a través de l'espai es parla de **radiació**.

SIGNES DE PUNTUACIÓ

17 Comença per posar els **dos punts** (:) que manquen en aquests paràgrafs. Tot seguit col·loca-hi **punts i coma**; finalment, posa-hi les **comes**.

(:) (;) (,)

a) Al segle XIX amb la Revolució Industrial l'economia europea va transformar-se profundament la indústria va desplaçar l'agricultura fins ara l'activitat econòmica predominant la mecanització i els nous models de fabricació van implantar-se en les fàbriques amb la qual cosa n'augmentà l'eficiència i finalment s'anà implantant un nou model d'organització econòmica i social, el capitalisme.

b) L'aparició del sentiment catalanista, el qual tingué lloc en el context europeu del Romanticisme, desencadenà un important moviment de reivindicació i recuperació: van recuperar-se la llengua i la cultura catalanes, marginades dels àmbits literaris i oficials des del 1714 van aixecar-se crítiques a les fórmules centralitzadores de l'Estat espanyol, que culminaren en plantejaments federalistes i autonomistes i la creació de partits polítics finalment es creà la Mancomunitat de Catalunya, que la dictadura de Primo de Rivera dissolgué el 1925.

c) Es considera que amb Gregor J. Mendel té lloc el naixement de la genètica. Mendel amb l'observació d'entrecreuaments entre races pures, va postular les seves tres lleis que podem resumir així l'encreuament de dues races pures origina descendents iguals entre ells els dos factors hereditaris que informen sobre un mateix caràcter no es fusionen, sinó que queden diferenciats durant la vida de l'individu els caràcters no antagònics mantenen la seva independència a través de les generacions.

«EL MAMÍFER QUE MÉS ESCARNEIX TOT DONANT LA NOTA»: _ _ _ _.

TEXT DE CLOENDA

Homenatge

Camí de Sirga, camí ral fins al final.
Si els rucs de mena no caminen ni amb un pal,
com podreu entendre les flors del món,
que ni els petits escullen el seu nom?
Com entendreu la llum del firmament
si vàreu néixer de les mosques i del fem?
Camí de sirga, camí ral fins al final.
Si els rucs de mena no caminen ni amb un pal.

Jo parlo la llengua de Desideri Lombarte,
parlo amb l'accent de Josep Galan,
canto els mots de Manuel de Pedrolo
i els versos de Maria Mercè Marçal.

L'àvia m'ensenyà a la plaça Cigonyer
la llengua que jo ara parlo al carrer.
I t'ho dic i t'ho canto si s'escau.
No parlo lapapyp, no parlo lapao,
però sí...

La Patum, USAP, Perpinyà,
la puça que pica la perera, el pagès desespera.
El Papiol, Pedreguer, la Pedrera,
Pim Pam Pua perpetua, Penedès, Puigcerdà,
Empordà, Pont de Suert, Pollença,
Parets del Vallès i els Gorgs.
El pescador que no puja peça
no pesca peix del port.

Parlo la llengua de Desideri Lombarte,
parlo amb l'accent de Josep Galan,
canto els mots de Manuel de Pedrolo
i els versos de Maria Mercè Marçal.

L'àvia m'ensenyà a la plaça Cigonyer
la llengua que sempre parlà al carrer.
No va emmudir sota cap règim ni cap por.
De casa eixia amb els mots que veia el món.

Ni lapapyp ni lapao perquè no.
La puput fa parrup o el gos fa bub-bub.
Pura protesta pura, stop censura.
I perquè no autostop atlantrop contragalop
el ciclop, pura protesta pura, stop censura.

Ni ho vàreu fer ni ho fareu.
Ni ho varen fer ni ho faran.
Amb el poble no podran.

Homenatge a Josep Galan (filòleg fragatí)
Àngel Soro (lletra i música), *Homenatge 1.0*

Què dius, ara!

La vitalitat del català és en general gran, però varia segons les comunitats que el parlen, ja que depèn sovint de mesures administratives, com la garantia d'escolaritzar en català, i de la fidelitat dels parlants. És fonamental incorporar a la llengua la immigració no catalanoparlant, per a fer que el català esdevingui la parla comuna de relació per a tots els ciutadans. La lleialtat dels parlants es manifesta no canviant de llengua quan l'interlocutor entén el català encara que no el parli (bilingüisme passiu), consumint productes culturals i audiovisuals catalans, vetllant per usar una llengua lliure d'interferències, etc. Cal destacar iniciatives com el Voluntariat per la Llengua, que ha impulsat la creació d'unes noranta mil parelles lingüístiques (un catalanoparlant queda per a conversar de franc amb un nouvingut perquè practiqui català). [AR]

Cartell del Voluntariat per la Llengua.

«EMBARCACIÓ PETITA I DE FONS PLA AMB QUÈ TREBALLA EL FORNER»: _ _ _ T _ _ _.

Brodem-la

TEST

1 Respon si és **veritable** (V) o **fals** (F), raonant oralment la resposta.

SOLUCIONS PÀG. 373

a) A part de les vocals, només hi ha un so consonàntic sord: la essa sorda. V F

b) La *s* de *casa* i la de *música* no es pronuncien igual que en castellà. V F

c) Els mots *brunzir* i *brunyir* només difereixen en un so. V F

d) En grups fònics com *sant Antoni* o *sant Hilari*, la *t* final de *sant* se sonoritza. V F

e) La *-r* final d'un infinitiu no s'emmudeix quan va seguida d'un mot començat amb vocal. V F

f) En el mot *possible* es gemina el so de la *b* però no el de la essa sorda. V F

g) Els elements *cub*, *dard* i *grog* (beguda anglesa) sonen igual que *cup* ('recipient on es trepitja el raïm'), *d'art* i *groc*, per tal com en els primers mots es produeix ensordiment de la consonant final. V F

h) La llengua estàndard és la varietat de la llengua més important i, per això, és la que s'aprèn a l'escola. V F

i) En les cultures avançades augmenta el nombre de registres, però disminueix la distància entre dialectes geogràfics. V F

j) La varietat pròpia d'Andorra és el català occidental. V F

JOC VERBAL

2 Un **lipograma** és una peça literària en què prescindim d'una o més lletres. En les oracions de més avall (de Màrius Serra), s'ha prescindit de totes les vocals llevat d'una. Completa-les.

A La Carla ha passat la _ _ _ _ _ a la cabana xalant amb l'Abraham.

E L'Esteve sempre ve d_ _ _ _ _ _ _ de prendre tres peres fredes.

I Mig hi distingim l'Íngrid, l'Iris i s_ _ indis sibil·lins.

O Prop d'on l'Otto fon ossos d'o_ _ _r d'os horrorós, tots són sorollosos!

U L'Ursus tus l_ _ _ _y d'un fum brut d'**urubús**[1]: cuscús!

1 **urubú:** ocell rapinyaire de plomatge negre, propi del continent americà.

CANÇÓ

3 Llegiu en veu alta la cançó següent, transcrita fonèticament.

Soc de l'oest

mé kɾiát éntre paʒézoz i kariŋklóns
ɔ́mes ke safɛ́ren | | a le séβes tɾaðisións
dʒén de tɛ́ɾɛ | | i dʒén de fɔ́k
en una fɾontéɾɛ ón la mentíðɛ noj té ʎɔ́k
ón es kɾéwen els kamínz ðelz ɔ́ðis | | jelz raŋkóɾs
jelz ðestíns | | de les nasións

sóg de loést | | de katalúɲɛ
la tɛ́ɾɛ ón | | es pɔ́n el sɔ́l
méz eɲʎá | | de lez muntáɲes
éntɾe lez βáʎs | | jelz àjɣwamóʎs

on la botifáɾɛ ŋkáɾa sfá ðe séβɛj saŋ
i la bótɛ plenɛ fál kamí ðel βianán
peɾ indɾéts | | de péðɾɛj fáŋ
ón el βláw ðel sɛ́l | | és tót el ke tením de máɾ
peɲdʒát en loɾidzó | | un estɛ́l βɾiʎaɾá
en la fóskɛ nit | | sil sɛ́l és klá

sóg de loést | | de katalúɲɛ...

reɣaðíwz ɔ́ɾtez i tɛ́ɾez ðe seká
plúʒɛ kwán déu βɔ́l i tempéstes soβɾel plá
i la bɔ́iɾɛ | | kuβɾín la βáʎ
istɔ́ɾies kontáðes | | a la bɔ́ɾɛ ðe la ʎáɾ
kwán la nít éz ʎáɾɣɛ | | i lez ɔ́ɾes kál matá
espeɾán lendemá

Pastorets Rock, *Nou cançoner rockular*
(lletra i música: David Esterri, *Lo Pardal Roquer*)

«PORTO UN TÍTOL NOBILIARI PER AL RAPINYAIRE NOCTURN MÉS GRAN D'EUROPA»: _ _ _.

Arromanguem-nos-hi

- FONÈTICA I ORTOGRAFIA
- MOTS SEMBLANTS
- MORFOLOGIA NOMINAL I VERBAL
- SINTAXI
- ORACIÓ COMPOSTA
- EL DISCURS DIRECTE I EL DISCURS INDIRECTE
- LÈXIC I SEMÀNTICA
- LLENGUA I VARIACIÓ
- EXPRESSIÓ
- EXERCICIS DE RECAPITULACIÓ

Arromanguem-nos-hi

FONÈTICA I ORTOGRAFIA

1 Recorda que el so de *i* en *camí, veí* i *raïm* [i] no és el mateix que el de *Eloi, iambe* i *seia* [j], com tampoc no s'ha de confondre el so de la *u* de *bambú* i *saüc* [u] amb el de la *u* de *Arnau*, *diuen* o *següent* [w], és a dir, les lletres *i*, *u* àtones no sonen com a vocal quan formen part d'un **diftong** (o d'un **triftong**: *guaitar*, *crèieu*, *creueu* –de *creure* i *creuar*, respectivament).

Transcriu el so de les lletres *i*, *u* dels mots següents:

Model: dia [i] reina [j] reïna [i] cautxú [w] [u] les Paüls [u] pogués [Ø]

• ambigüitat	• obliquar	• enquesta
• autoritària	• ensaïmada	• coloraina
• cua	• antiguitat	• reduït
• aviació	• cocaïna	• evacuo (v. *evacuar*)
• veïna	• diürn	• continuï
• europeu	• següent	• beina
• diürètic	• estudiï	• terraqüi

2 **Argumenta** sobre l'ús de l'**accent** i de la **dièresi** a partir de les preguntes següents:

a) Per què *Líban* duu accent i no *divan*?

b) Per què *portareu* (futur) no porta accent i sí que en duu *portàreu* (passat simple)?

c) Per què *contínua* (fem. de *continu*) porta accent i no *ambigua* (fem. de *ambigu*)?

d) Per què posem accent a *enaiguà* o *obliquà* (passats simples) i no a *enaigua* o *obliqua* (presents d'indicatiu)?

e) Per què *Lluïsa* o *genuïna* duen dièresi, mentre que *Lluís* o *genuí* porten accent gràfic?

f) Si diem que la dièresi s'estalvia en l'infinitiu, per què mots com *amoïnar* i *aïllar* en duen? Són una excepció de l'excepció?

3 El mot *futbol* és agut en català, però pla en castellà (*fútbol*). **Posa accent** gràfic o **dièresi** quan faci falta a les paraules de més avall, tenint en compte que no solen coincidir amb les equivalents castellanes quant a la síl·laba tònica. **Classifica**-les en agudes, planes i esdrúixoles.

• reptil	• medul·la	• textil
• (jo) estudio	• timpa	• atmosfera
• oboe	• (tu) copies	• humit
• periode	• pneumonia	• (que ella) canvii
• heroi	• missil	• (que ells) sentenciin
• dioptria	• torticoli	• termos

4 David Jou és catedràtic de física i, alhora, un reconegut poeta. Poseu els **accents gràfics** que manquen al poema i **transcriviu**-ne totes les *os* i les *es* (d'acord amb el vostre parlar) que no en duen. Esbrineu quina és la **idea essencial** del poema i, en funció d'això, llegiu-lo **en veu alta** (per a la preparació, pàg. 170-171).

Pitàgores

Els nombres esdevenen sagrats,
el cami de la geometria porta fins al cel,
la musica es fon amb les matematiques,
el cos i el firmament comparteixen un ordre,
la politica busca l'harmonia,
la bellesa impregna la rao.

De tot allo, d'aquella lluminosa sintesi
que ha fecundat la historia humana,
molts, avui, nomes en saben una anecdota:
el teorema de Pitagores,
i n'ignoren la profunditat,
i trenquen el mon en saber i accio,
en fe i rao, en lletres i ciencies,
en dualitats, especialitats, fronteres.

Com m'agrada, de tant en tant, tornar als origens,
a la fresca aurora d'aquella fe en una Rao tan gran
que era no sols calcul, possessio, tecnologia,
sino tambe serenitat, alliberament, justicia,
ressonancia entre la nostra rao efimera
i l'eterna harmonia d'una Rao mes gran.

David Jou. *L'Eco de Sitges* (14 gener 2014)

5 Posa els **accents** al text i allarga'l amb alguns mots respectant el tret formal que el caracteritza.

El vell cec

A la nit, a l'hort, quan ja tot es fosc i fa tant de fred, un vell cec seu a prop d'un foc on cou carn i beu rom a glops (el vi ja no es prou fort per a ell...). Viu tot sol: ni tan sols veu mai el seu Jan, el net mes xic de tots. De cop, sent com plou. Un so de tro, tot cruix. Cau un llamp en el bosc, com un flaix de llum: s'hi ha fet foc? «Tot pot ser», es diu.

Per si de cas, se'n va tot coix cap al seu tros, que es al fons de la vall. Va per prop les llums de les llars de ran de riu, llars on si que riu qui hi viu –no pas com ell, tan trist–. Hi ha un mot que no diu mai la gent del lloc: «Roc», que es el seu nom! Amb el cap cot, ple de por, un crit sord surt del cor del cec: «Per quins set sous ho fan amb mi? Deu meu! Que he fet?». I es que a la vall fa temps que hom no vol ni dir el seu nom. «No ens duu gens de sort», van dir.

El cert es que el vell fuig del mon, no se li veu el pel, i viu com si fos un os dins el seu cau, d'on ja fa temps que no ix si no es de nit; tant, que ja no se sap si es viu o mort. Mes el fet cert es que viu mes mort que viu...

«PANTÀ QUE ESTÀ BOIG PER TU»: _ _ _.

Tot moix, tot coix, veu com al seu pas, hom es riu d'ell amb molt de gust! El cec ja no pot mes: «Ja n'hi ha prou!». Si li ho han pres tot, fins i tot el son! «Que mes?», es diu amb el cor fet pols. I es que de nit no dorm i els seus ulls buits son plens de mals. I viu en va i ja no tem la mort.

De dins un toll, ran de riu, tot ple de fang (que es com la sang), en surt ben xop un nen, com foll, a qui no han dit res de fals del cec. I, doncs, el noi el veu tal com es i no te por d'ell ni de res. I diu al vell: «Qui ets, tu?». I com un boig fa el so d'un cant, com un plany breu i dolç! I el vell riu a pler al noi, que es perd en jocs per camps, pel bosc de pins, per dins la nit. [GMM]

6 **Accentua** el text i **resumeix**-lo en menys de 100 mots.

Científics no famosos

Una enquesta catalana adreçada a gairebe 5000 persones mes grans de 14 anys ha demostrat que els cientifics, malgrat ser tan importants com indispensables, no poden presumir de fama. Entre els noms citats al qüestionari hi ha el del doctor Pedro Alonso, investigador de la malaria i del qual es parla als mitjans de comunicacio des de fa anys. Doncs be, la majoria dels enquestats diuen que es tracta d'un esportista –deu ser pel Fernando Alonso de formula 1–, i nomes un 5 % el cataloguen correctament. L'arqueoleg Eudald Carbonell, codirector del jaciment d'Atapuerca, protagonista d'una serie divulgativa d'exit a TV3, autor de diversos llibres, es identificat per un minso 8,8 % de persones.

La gent hi sent i hi veu, però no escolta ni mira? Que els interessa realment, que valoren? Valenti Fuster, cardioleg preuat arreu del mon, obte un 9,8 % de reconeixements, mentre que un altre metge prestigios, l'investigador del cancer Joan Massaguer, tan sols es conegut pel 5,6 % dels preguntats.

Ben cert que cap dels esmentats necessita ser famos, que amb la seva tasca no cerquen pas la notorietat popular, de forma que la qualificacio negativa no recau en ells sino en la comunitat social. Quina mena de societat es aquesta en que l'escala de valoracions i de temes que desperten interes ignora la ciencia?

Potser no ens n'hauriem d'estranyar si tenim en compte que a l'edat adulta es tendeix a omplir el temps de lleure amb banalitats i que els joves solen triar carrera universitaria no per amor al coneixement sino en funcio del previsible mercat de treball. Aquesta es la col·lectivitat que s'esta creant, amb uns resultats previsibles. L'esperit critic i el raciocini son atributs bandejats, com ho demostra que a l'enquesta un 81 % estimin la salut i la sanitat en primer lloc, i l'educacio i la cultura en segon, mentre viuen al marge de reconeixer els que aporten salut i cultura.

Contradiccions que posen de manifest la mal·leabilitat d'una ciutadania bombardejada diàriament per comunicacions en les quals el cim correspon als diners i tot seguit a la diversio. Enmig de tant rebombori resulta dificil pensar.

Eulàlia Solé. *El Punt Avui*, 17 novembre 2010 (adaptació)

7 Completa amb ***c-ç***, ***s-ss***, ***z***:

a) Per esmor__ar, en Mar__el i en Mar__al han menjat en__iam i __eba amb altres hortali__es ca__olanes.
b) Si el re__ultat no és po__itiu, hauràs de tornar a comen__ar l'opera__ió des del prin__ipi.
c) La ta__a del vàter s'ha embu__at i haurem d'avi__ar una per__ona ente__a en aquesta mena d'urgèn__ies.
d) A dues pa__es de l'esglé__ia, hi ha una carni__eria molt famo__a, a la qual acudeix amb a__iduïtat una clientela molt nombro__a.
e) Els ma__atges de la Ro__a són molt de__agradables.
f) Tothom ha fet la seva feina: jo tinc la roba este__a; tu, la lli__ó apre__a.
g) Els polone__os van sofrir una agre__ió verbal per part de grups de pre__ió que es fan odio__os.

[s] → *-ss-*	[z] → *-s-*
-missió, ***-gressió*** i ***-pressió***; ***-missor***, ***-gressor*** i ***-pressor***: • *submissió, agressió* o *supressió...* • *emissor, agressor, depressor...*	En la flexió, els adjectius en ***-ós*** i els adjectius o participis en ***-ès***: • *famós → famosa, famosos...* • *romanès → romanesa...* • *imprès → impresa...*

8 Afegeix un prefix de la primera columna a una arrel de la segona (conté essa sorda) i forma tants mots com puguis.

Prefix	Arrel	Mot resultant
a-	*gressió*	*agressió*
di-	*gressor*	
ex-	*muda*	
im-	*complexa*	
re-	*pressió*	
trans-	*gressor*	

9 Emplena amb ***m***, ***n***, ***ny***, ***mp***, ***nn***, ***mm***, ***mn***.

a) L'Assu__ta va tenir la te__tació d'e__filar-se al ta__boret.
b) Durant l'hora de gi__àstica ens posàvem en circu__ferència, és a dir, en rotllana.
c) Han conde__at els autors de l'ate__tat amb cotxe bo__ba: seran e__resonats durant anys.
d) Aquest engi__er alema__ ha i__ventat un tipus de ta__ca de jardí que et co__vindria conèixer.
e) En Joaqui__ li ha servit codo__at sucat amb ro__ i amb pols de ca__ella al damunt.
f) A l'E__a se li han e__congit els camals d'aquests pantalons i hem hagut d'allargar-los-hi i eixa__plar-los-hi.
g) En aquesta colu__a del diari *Ara* es resumeix la co__ferència de pre__sa.
h) Van renunciar a l'hare__ i, en aquell terre__, van viure com a ermita__s.

10 Completa amb *l*, *ll*, *l·l*.

a) __ògicament, entre els seus co__aboradors sempre hi havia gent ria__era.
b) La seva re__igió eren les se__eccions futbo__ístiques?
c) No està gens a__egre perquè el seu co__ega no ha dut la motxi__a amb els a__iments.
d) Els colpistes van anu__ar les e__eccions ce__ebrades i van suprimir les __ibertats.
e) La teva co__ega co__ecciona nove__es del país de Ga__es, i ja en té gairebé mig mi__er. I és que l'a__egren d'allò més, mentre que a ell li fan més aviat a__èrgia...
f) La festa dels bo__ets de Berga inclou una mostra mico__ògica i un concurs cu__inari.
g) Es va desi__usionar en adonar-se que el seu treball havia estat ana__itzat al mi__ímetre, mentre que el dels seus co__egues havia estat revisat amb indulgència.
h) Amb aquest nou en__umenat s'ha i__uminat millor aquest carrer i la via para__ela que hi ha més amunt.
i) Com que viure en aquella vi__a tan plena de bars el perjudicava en la seva tasca creadora, va optar per tras__adar-se al Pirineu, en un racó idí__ic, amb mi__ions de libè__ules i de moste__es, bestio__es que a__imentaven la seva imaginació __iterària.
j) Para__e__ament a la co__ocació de la primera pedra del nou museu sobre la inte__igència artificial, un co__ectiu d'estudiants en rebe__ió va interpe__ar les autoritats i van escriure parau__es gro__eres a les carte__eres.

11 Posa *h* on calgui.

a) Mal__auradament, no es van ad__erir al projecte d'__elaborar __orxata a partir de caca__uet i ametlla.
b) La principal __ortalissa que __exportaven cap a __olanda era l'__albergínia.
c) L'__ermità era un __ome molt __umil, a qui __exasperava la gent __orgullosa.
d) Era molt desin__ibida i va ser ex__ibicionista fins al dia que va quedar __embarassada.
e) Tot__om va estar d'acord a pro__ibir la ingesta d'alco__ol durant l'__execució de l'__obra.
f) Algun __infant devia __aver agafat aquell co__et de joguina per tirar-lo __enlaire.
g) Consideraren __il·lícit ex__ibir el cadàver ex__umat de l'__òrfena __ongaresa.
h) Als afores de Ma__ó no es pot dir que la vegetació sigui __ex__uberant.
i) L'estudi era molt ex__austiu i consistia a __examinar l'__evolució de la __igiene a l'Europa pre__istòrica.
j) A la ciutat de Vic__ la població àrab s'__a integrat perfectament, com també l'__índia, sigui de religió musulmana o __indú.
k) Van pro__ibir que s'interpretés l'__imne mentre s'__issava la bandera __el·lènica.

12 **Pesca d'espècies fonètiques.** Us proposem el clàssic joc dels vaixells, però ara en lloc de tocar i enfonsar vaixells, heu de pescar fauna marina, i les jugades les heu d'indicar a partir de dir paraules ben pronunciades. Així, per a pescar a la casella de l'extrem superior dret, no direm «1-A», sinó «babord - vent de llebeig». El company o companya et respondrà «**localitzat**» o bé «**pescat**». Abans de començar, cada jugador o jugadora ha de situar secretament la fauna marina, constituïda per **1 balena**, **3 tonyines** i **4 seitons**. Trobareu les graelles del joc al web (▭).

MOTS SEMBLANTS

13 Emplena amb ***tan*** o ***tant***.

a) ___ homes com dones anaven a la cita teatral ___ d'hora com podien per seure ___ endavant com els fos possible. I és que aquella actriu agradava ____ a tothom!
b) No crec que, havent pencat ___ poc, pugui anar ___ lluny com tu. ___ de bo fos així!
c) És ____ sensible que qualsevol mala mirada me'l fa plorar.
d) Hi veia ____ malament que s'ha hagut de tornar a graduar les ulleres.
e) No mengis ____ pa, que acabaràs ____ gras com l'Ot!
f) Va venir ____ a correcuita que no es va recordar d'agafar el carnet.
g) En aquella comarca hi trobaràs esglésies ____ romàniques com gòtiques.
h) Va jurar i perjurar que no menjava cap d'aquestes llaminadures ____ bones i que engreixen ____.

14 Emplena amb ***quan*** o ***quant***.

a) _____ sàpigues si hi ha entrades i a _____ puja cadascuna, fes-me un truc.
b) Que no se t'escapi el riure _____ li preguntis _____ dura.
c) Et diré _____ costa _____ torni del viatge.
d) No he pogut esbrinar _______ sofre cal per a produir aquest efecte explosiu.
e) _____ pugui et diré _____ es farà la sortida, però no sé encara _____ ens costarà tot plegat.
f) ______sàpiga _______ val, t'ho pagaré; però no serà ______ et penses, sinó el dia u de gener.
g) ______ temps t'hi penses estar, a casa la Núria?
h) Hem de confessar que, ______ a l'augment de sou, la teva petició ha estat satisfeta.
i) Va preguntar-me ______ de temps seria fora i no li vaig saber contestar perquè encara no sé ______ tornaré.

«OBRE LA BOSSA ABSTRET, ENCANTAT»: _ _ _ _.

15 Tria la forma més adient i justifica-la oralment.

a) Això em sembla malament. Però allò altre (tampoc/tan poc) no em sembla bé.
b) «Mai no s'havia donat tant per (tampoc/tan poc)», deia l'anunci.
c) No sabia que vosaltres (també/tan bé) haguéssiu fet obres a casa.
d) No li hauria sortit (també/tan bé) si no l'haguessin ajudat.
e) Les paraules de l'entrenador no se li han posat (gaire bé/gairebé).
f) L'àvia Montserrat no es troba (gaire bé/gairebé) de salut.
g) Pagueu-me (almenys/al menys) la meitat del que em deveu.
h) Han concedit un premi (almenys/al menys) lleig de la colla.

16 Tria la forma més adient i justifica-la oralment.

a) S'ha atabalat quan han trucat a la porta i (alhora/a l'hora) ha sonat el telèfon.
b) (Alhora/A l'hora) de la veritat no era capaç de fer dues feines (alhora/a l'hora), la Quitèria.
c) No (potser/pot ser) que tan sols ens digui que (potser/pot ser) vindrà demà al vespre.
d) Si (potser/pot ser), doneu-me capses d'aquelles que (potser/pot ser) llençaríeu a les escombraries.
e) El que cal aprendre a la vida és, (sobretot/sobre tot), això.
f) (Sobretot/Sobre tot) aquest terra hi posarem parquet de roure.
g) (Només/No més) t'escoltaré si abans em demanes perdó.
h) De bruses grogues els n'arriben (només/no més) el dijous, però (només/no més) de quatre o cinc, perquè tenen por de no vendre-les.

17 Tria la forma més adient i justifica-la oralment.

a) Poseu-hi llevat, però (només/no més) 8 grams; altrament, el pa puja massa.
b) Vine, surt (sobretot/sobre tot) abans no plogui; si no, hauràs de passar (sobretot/sobre tot) el fangar.
c) Si sempre et queixes de les condicions de treball, pensaran que no estàs bé (enlloc/en lloc).
d) Això només ho trobaràs aquí; (enlloc/en lloc) més del món no n'hi ha cap d'igual!
e) Com que no li era permès de fumar (enlloc/en lloc), va decidir que tant per tant fumaria cigars pudents (enlloc/en lloc) de cigarretes.
f) Al pas que anem no arribarem (enlloc/en lloc)!
g) (Enlloc/En lloc) de posar-hi punt i coma, posa-hi punt, i avall!
h) Les xemeneies aboquen (enlaire/en l'aire/a l'aire) molts productes nocius per a la salut.

Quadre 1

tan / tant

tan

- adv., davant d'un adjectiu, un adverbi o una locució adverbial (cast. *tan*)
  - *No és tan infantil com tu!*
  - *Ho ha fet tan bé com ha sabut.*
  - *Treballa tan poc que no arribarà a final de mes.*
  - *S'ho ha agafat tan a la valenta!*

tant

- adv., acompanyant un verb; i det., davant de substantiu (cast. *tanto*)
  - *Ha nevat tant, que hem hagut de quedar-nos a casa!*
  - *Avui no feia tant vent com ahir.*
  - *Hi havia tota mena d'equips, tant juvenils com infantils.*
- Apareix en locucions com *tant de bo* (cast. *ojalá*), *tant se val* ≈ *tant me fa*... (*m'és igual*; NO: ~~*em dona igual*~~).

quan / quant

quan

- nexe temporal (cast. *cuando*, *cuándo*)
  - *Quan arribaràs?*
  - *Ja m'avisaràs quan arribis.*

quant

- quantificador (cast. *cuanto*, *cuánto*)
  - *Quant costa, aquesta brusa?*
  - *No sé pas quant em costarà.*
- Atenció: també podem quantificar el temps.
  - *Quant temps que fa! (= Quant de temps que fa!).*
- ***quant a*** 'amb relació a, pel que fa a'. NO: ~~*en*~~ *quant a*.
  - *Quant als rebuts del gas, he de dir que no n'hi ha cap d'impagat.*

18 Emplena amb ***sinó*** o ***si no***. Consulta el quadre de la pàgina 193 i justifica la tria.

a) ___ vens a casa d'hora, no m'hi trobaràs pas.
b) No hi havia deu persones entaulades ___ onze.
c) Fica els pèsols a la nevera; ___ , es descongelaran.
d) No sé ___ m'enganya amb aquesta cara de gata maula que fa!
e) T'equivoques: no és alta ___ que és un tap de bassa.
f) M'enfadaré, ___ te'n tornes cap a casa teva.

19 Emplena amb ***sinó*** o ***si no***. Justifica la tria.

a) La petitona de la casa no vol anar a dormir ___ l'acompanyes.
b) Quedem, doncs, dissabte a les set del vespre, ___ hi ha cap entrebanc.
c) No vull que m'ho agraeixis, ___ que m'ajudis quan calgui.
d) No tornen de Londres dijous ___ divendres.
e) ___ plou aviat, la collita se n'anirà a rodar.
f) No pensis en els riscos de l'operació, ___ en la bona qualitat de vida que hi guanyaràs ___ falla res.

«FORTIFICAT, DE FOCS, DE SORRA O DE CARTES: ÉS PUR, ELL»: _ _ _ _ _ _ _ _.

Quadre 2

aleshores → adv. ('en aquell moment', 'llavors') • *Aleshores no existien els ordinadors.*	***a les hores*** → prep. + *les* + *hores* • *Només ens veiem a les hores dels àpats.* • *El tren que va cap a Sóller surt a les hores en punt: a les tres, a les quatre, a les cinc...*
alhora → adv. ('al mateix temps', 'simultàniament') • *Quan plou i fa sol alhora, les bruixes es pentinen.*	***a l'hora*** → prep. + *la* + *hora* • *A l'hora de berenar prenien xocolata desfeta.*
almenys → adv. ('com a mínim', 'si més no') • *Al recital, hi assistiren almenys sis mil persones.*	***al menys*** → prep. *a* + article *el* + adv. de quantitat *menys* 'al més poc' ↔ *al més* • *Han donat el premi al menys dolent dels concursants.*
enlaire → adv. ('amunt dins l'aire') • *Quan els Mossos es van graduar, van tirar les gorres enlaire.*	***en l'aire*** → prep. + article *el* + *aire* ('dins l'aire') • *Quins elements químics hi ha en l'aire de la nostra vila?*
enlloc → adv. 'a cap lloc' ↔ *pertot arreu* • *De llimones a aquest preu, no en trobaràs enlloc més!* • *Aquest camí sembla que no vagi enlloc.*	***en lloc (de)*** → loc. prepositiva ('en comptes de') • *Jo pintaria una aquarel·la en lloc d'un oli.*
gairebé → adv. ('quasi') • *L'àvia Maria ha viscut gairebé cent anys.* • *Aquest partit ha guanyat gairebé la meitat dels escons en els darrers comicis.*	***(no...) gaire bé*** → adv. de quantitat *gaire* + adv. de manera *bé* ('[no...] prou bé') • *Aquí, no s'hi troba gaire bé.* • *El partit no ha començat gaire bé perquè, en el minut tres, ja ens feien un gol.*
només → adv. ('sols, solament') • *No volia tafanejar: he vingut només per donar-vos un cop de mà!* → No va seguit de la conjunció *que*: • *Només ~~que~~ volia dir-te que ja hem enllestit el quadre.*	***no més*** → adv. + det. quantitatiu • *No més guerres!* • *En tenia onze, no més.* → S'hi pot interposar algun element: • *No volem més guerres!* • *En tenia onze, no pas més.*

MORFOLOGIA NOMINAL I VERBAL

20 Completa la **flexió** dels mots següents:

Masc. sing.	Fem. sing.	Masc. plur.	Fem. plur.
aeri	*aèria*	*aeris*	*aèries*
		exquisits	
saborós			
llop			
	cega		
	lletja		
	cinquena		
		comuns	
			inconnexes
bilbaí			
		tebis	
		mitjos, migs	

21 Completa la **flexió** dels adjectius següents:

Masc. sing.	Fem. sing.	Masc. plur.	Fem. plur.
	ambigua		
		antics	
	muda		
atroç			
	complexa		
			boges
	roja		
		continus	
			capaces

22 Llegeix el text *Mal de queixal* de la pàgina següent. **Completa**'l amb articles (definits: *el*, *la*...; indefinits: *un*, *una*...), precedits algun cop d'una preposició (fent la contracció, si calgués).

«AQUESTA ABELLA PASSEJA SOBIRANAMENT PEL TAULER D'ESCACS»: _ _ _ _ _ _.

potser → adv. de dubte: 'probablement' + indicatiu (expressa probabilitat; cast. *quizás*) • *No se sap de què ha mort. Potser d'una sobredosi?* • *Al pas que anem, potser hi perdrem bous i esquelles.* • *Si dius que ella hi serà al matí, potser jo també passaré per aquí.*	***pot ser + que*** → verb *poder* conjugat + *ser* + conj. *que* + subjuntiu: 'és possible que...' + subjuntiu (expressa possibilitat; cast. *puede ser que...*) → El verb *poder* es conjuga i, per tant, es pot posar en altres temps: *podia ser que*, *podria ser que...* • *No he estudiat i, per tant, pot ser que en suspengui més d'una.* • *Com pot ser que t'estimi tant, Restituta!* • *No pot ser que cada dia vagi a dormir tan tard. Això no pot ser!*
sinó → conj. adversativa ('però sí') → Forma part de la correlació *no... sinó que*: • *La Núria no és equilibrista sinó que és trapezista.* → Si se sobreentén el verb que segueix el nexe, diem només *sinó*: • *La Núria no és equilibrista sinó trapezista.*	***si no*** → conj. *si* + adv. negatiu *no* → Podem intercalar-hi un mot: • *Aquesta paret caurà a terra si no l'apuntalem.* → *... si* nosaltres *no l'apuntalem* (o bé *... si* és que *no l'apuntalem.*) → Entre pauses, significa 'en cas contrari', 'altrament', 'sense fer això': • *Seu aquí ara mateix; si no, et prendran el seient.* (El SV hi és sobreentès: *... si no* seus aquí ara mateix, *et prendran...*)
sobretot → adv. ('principalment') • *Es tracta sobretot de productes d'origen polonès.*	***sobre tot*** → prep. *sobre* + *tot* ('damunt de tot') • *Van dissertar sobre tot aquest tema.* → En *sobre tot* el mot tot té flexió i es pot suprimir: *sobre tota aquesta qüestió, sobre tots aquests temes, sobre (tots) aquests temes.*
també → adv. ('igualment, així mateix') • *Nosaltres ens vam adreçar al públic i ells també ho van fer.* • *En tot s'imiten: si l'un fa una cosa, l'altre també la fa.*	***tan bé*** → adv. *tan* + adv. *bé* ('molt bé' ↔ 'tan malament') • *La cantant ha interpretat tan bé la peça que ha rebut un fort aplaudiment.* (↔ *... ha interpretat tan malament la peça...*) • *Ho fa tan bé que tothom se n'enamora.*
tampoc → adv. ↔ *també* • *Si tu no hi vas, jo tampoc.*	***tan poc*** → adv. *tan* + poc ↔ *tan(t)* • *Has treballat tan poc!* (↔ *Has treballat tant!*) • *Ets tan poc amable!* • *De petroli en queda tan poc, que ja cal que ens calcem.*

Mal de queixal

Avui m'he llevat molt d'hora __ matí, tot i que tenia __ son de mil dimonis. Eren les set, però __ llum del dia ja entrava al dormitori. Quan em rentava __ dents, m'ha vingut al cap __ imatge del dentista: m'ha assaltat __ dubte de si __ por d'anar-hi era superior al mal que em feia __ queixal del seny... He encès __ llum per veure-m'hi millor: de sobte s'ha fet __ resplendor espectacular, però, tot seguit, m'he quedat __ fosques perquè la bombeta havia esclatat i algun tros havia anat __ terra. ¿Un mal inici del dia comporta __ fi encara més detestable de la jornada?

El cas és que m'he armat de valor per acudir a la cita del meu «arrencaqueixals»: a les nou en punt ja hi era. Pel camí era víctima __ suor que em destruïa... Malgrat __ fredor del matí, de tan sols pensar-hi em venia __ calor asfixiant a tot el cos! A __ fi ha arribat l'hora d'entrar a la consulta...

Ara, però, ja alliberat __ queixal que se m'havia corcat pertot arreu, el que més mal em fa és com fer front a la factura: no em surten __ comptes per a arribar fins a __ fi d'aquest mes de gener, tan costerut. I ja estic rumiant com reduiré despeses: renunciant a __ postres, especialment als bombons de __ xocolata molt amargant amb què solc acabar els àpats. ¿Menjaré, en comptes d'això, __ llegums de l'hort de casa? A __ cap i a __ fi, no hi ha mal que per a bé no vingui. I és de segur que tot plegat tindrà __ avantatge més: abaixar el colesterol, que ja em puja per moments... [GMM]

23 Completa amb el **numeral** corresponent. Digues si es tracta d'un numeral cardinal, ordinal, múltiple o partitiu.

a) En aquest paquet hi ha (480) __ grams de farina, però en aquest altre n'hi ha (960) __, és a dir, el __.
b) Sempre han celebrat l' (1) __ de maig.
c) En aquella clínica, hi caben (29) __ malalts per pavelló.
d) Ha guanyat els (100) __ metres tanques amb un avantatge d' (1/1 000) __ de segon.
e) (2/9) __ parts de les persones enquestades no són partidàries de l'enduriment de les sancions per conducció temerària.
f) El número premiat amb la grossa de Nadal és el (68325) __ i l'agraciat cobrarà (44 803 452) __ euros.

Remarques sobre numerals

1. Guionet

Els numerals compostos s'escriuen amb guionet seguint la regla del **D-U-C**, és a dir, només se'n posa en dos casos:

- entre **D**esena i **U**nitat (**D-U**): *trenta-dues*, *seixanta-quatre*; *noranta-dosè*;
- entre **U**nitat i **C**entena (**U-C**): *dues-centes*, *cinc-cents*.

No hi ha, doncs, guionets en *cent dos*, *dos mil*, *mil dos*, *tres mil milions*, *quatre bilions*. En canvi, sí que n'hi ha dos de 21 a 29, en què excepcionalment apareix la conjunció *i* entre la desena i la unitat: *vint-i-u(n)*, *vint-i-dos*... *vint-i-nou*.

2. Abreujaments

Fem servir *1r*, *2n*, *3r*, *4t*, *5è*, *6è*... *100è*...; *1a*, *2a*, *3a*... (NO: ~~1º, 1ª, 2ª, 2^{n}, 2^{on}...~~).
Usem *r*, *n* i *t* finals només per a *1r*, *2n*, *3r* i *4t*; de *5è* fins a l'infinit sempre utilitzem *è* (en el femení, però, fem servir sempre *a*, ja des de *1a*). Plurals masculins: *1rs*, *2ns*, *3rs*, *4ts*, *5ns*, *6ns*... Plurals femenins: *1es*, *2es*, *3es*...

3. *a* / *e*?

En els derivats:
Amb ***a***: *quarantena*, *cinquantenari* o *seixantena* (de *quaranta*, *cinquanta*, *seixanta*);
Amb ***e***: *percentatge* (de *per cent*).

4. Apòstrof?

Davant dels numerals *1*, *11*, *11è* i *11a*... Exemples: *l'1 de maig* (o *l'u de maig*), *un premi d'1 milió* (o *d'un milió*) *d'euros*, *l'11 de maig*, *l'11è* (*l'onzè*) *guardonat*, *d'11a* (*d'onzena*) *generació*.

5. *u* o *un*?

El nombre *1* s'anomena *u*, igual que la lletra. Davant el nom de la lletra no hi va apòstrof (*la u*, com *la efa*, *la ela*...), però sí abans de número: *l'u de desembre* (NO: *l'~~un~~ de desembre*), *l'1 de gener* (= *Cap d'Any*, no ~~*Primer*~~ *d'Any*).
Si se sobreentén un nom, la forma és *un*: *Van quedar tres a un* (... *tres gols a un gol*).

24 Posa-hi el **numeral** que hi escaigui.

Model: *El seu ____ (10) de loteria va ser premiat. → dècim*

a) Va partir la barra de pa pel ____ (2).
b) Dividirem el text en ____ (2) parts, i així cadascú en llegirà només la____ (2).
c) Aquí, a fora, hi ha un ____ (2) de persones que volen enraonar amb tu.
d) Un ____ (3) dels assistents no hi estava d'acord.
e) Han format un ____ (4) de violins.
f) Una ____ (10) part dels enquestats no ha volgut respondre la pregunta.
g) En la cursa, les teves amigues van quedar les ____ (22).
h) Imparteixo classe a dos grups del darrer curs de primària, és a dir, porto dos ____ (6).
i) A la manifestació hi va acudir un ____ (1 000) de persones.
j) L'atleta ha superat el seu competidor en una ____ (1 000) de segon.
k) ____ (2/3) dels universitaris viuen amb els pares, és a dir, ____ (2/3) parts.
l) Com es llegeix en matemàtiques «3/62»? ____.

25 Omple els buits amb els mots adients (es tracta de **determinants** o de formes que s'hi relacionen). Justifica la resposta.

a) Hi ha (forces / força) persones que no hi estan d'acord.
b) Les (masses / massa) van assaltar la seu del dictador romanès.
c) Visitarem la vila de Tolosa de Llenguadoc i (els seus / llurs) monuments.
d) Un dubte n'origina un (altre / altra).
e) Trobaràs tants bolígrafs com vulguis, però (ningú / cap) de millor que aquest.
f) No pensa mai en els (demés / altres).
g) La (mateixa / pròpia) presidenta admetia que s'havia errat.
h) Això ho poden fer empleats (qualsevol / qualssevol).
i) Aquests oncles ens visiten (cada any / tots els anys).
j) Potser vindran (totes dues / les dues).
k) Aquest manual té (dos-centes / dues-centes) pàgines.
l) Aquest text és a la pàgina (dos-cents / dues-centes).
m) Aquests avalots estudiantils van tenir lloc als anys (seixantes / seixanta).

26 **Conjuga** el present d'indicatiu i de subjuntiu dels verbs *anar-se'n* i *sortir-se'n*. (Consulta l'annex de verbs, pàg. 340.)

(jo)	(que jo) *me'n vagi*
(tu)	(que tu)
(ell/ella)	(que ell/ella)
(nosaltres) *ens n'anem*	(que nosaltres)
(vosaltres)	(que vosaltres)
(ells/elles)	(que ells/elles)
(jo) *me'n surto*	(que jo) *me'n surti*
(tu)	(que tu)
(ell/ella)	(que ell/ella)
(nosaltres)	(que nosaltres)
(vosaltres)	(que vosaltres)
(ells/elles)	(que ells/elles)

27 **Conjuga** el present d'indicatiu i l'imperfet de subjuntiu dels verbs *traduir* i *canviar*. (Consulta l'annex de verbs, pàg. 340.)

(jo)	(que jo)
(tu) *tradueixis*	(que tu) *traduïsis*
(ell/ella)	(que ell/ella)
(nosaltres)	(que nosaltres)
(vosaltres)	(que vosaltres)
(ells/elles)	(que ells/elles)
(jo)	(que jo) *canviés*
(tu)	(que tu)
(ell/ella) *canviï*	(que ell/ella)
(nosaltres)	(que nosaltres)
(vosaltres)	(que vosaltres)
(ells/elles)	(que ells/elles)

«PAVIMENT DE TIRES DE FUSTA QUE ESTRESSA ELS AGENTS DE BORSA»: _ _ R _ _ _ _.

28 Emplena els buits amb la **forma verbal** correcta. Descriu-la morfològicament.

Model: *Calia que ell romangués* (romandre) *a casa seva.* (3a pers. sing. de l'imperfet de subjuntiu del v. *romandre*)

a) (Venir), Marc!: escriu una carta a l'oncle Joan.
b) (Vendre)-vos ara mateix aquests trastos! No vull tornar-ho a repetir!
c) (Obrir) la llauna de pebrot i serveix-ne als amics.
d) (Estar) quieta, nena! No et belluguis tant!
e) Convé que jo (veure) al més aviat possible el pis que preteneu comprar.
f) Encara que ens diguéssiu tota la veritat, no us (creure): heu perdut tota la credibilitat!
g) Si cantés bé, nosaltres el (fitxar) per al musical.
h) Si (escriure) un bon llibre, t'hi podries guanyar la vida.
i) Si jo (córrer) un xic més, estic convençuda que guanyaria la cursa.

29 Emplena els buits amb la **forma verbal** correcta, seguint el model de l'exercici precedent.

a) Tot i que penso que jo no (valer) gaire per a fer aquesta mena de feines, no és menys cert que, per sortir de la crisi, tots hi haurem de posar el coll.
b) (Treure) el paper pintat, el pis semblaria nou.
c) (Treure)-ho tot d'aquí i portem-ho al magatzem de dalt.
d) Seria convenient que (treure) les eines del cobert.
e) És com si vosaltres (atreure) la mala sort perquè no ens en sortíem en res del que fèiem...
f) Jo descuso molt lentament la samarreta perquè no es faci malbé; però tu la (descosir) massa ràpidament.
g) Quan érem menuts collíem les cebes a mà, ara les (collir) les màquines.
h) Nosaltres no (dur) prou diners per a pagar el que hem de comprar aquesta tarda a la botiga de la cantonada.
i) No (voler/poder) saber, Miquel, com m'agrada que (voler/poder) venir a buscar cargols, tu i la Dúnia.

30 Emplena els buits amb la **forma verbal** correcta, seguint el model de l'exercici 28.

a) Cada cop que el ramader ____ la vaca en treu vint litres de llet. (munyir)
b) Desa la mantega a la nevera abans no es ____. (fondre)
c) El seu oncle Manel volia que jo ____ els ous per a posar-los a l'amanida. (coure)
d) Ella duia la beguda i nosaltres ____ les postres. (dur)
e) Els qui ____ bé, aprovaven a la primera. (conduir)
f) Mentre ells ____ la verdura, jo cuinava el peix. (coure)
g) Mentre ells ____ l'edifici arran de mar, hi havia moltes protestes de grups ecologistes. (construir)
i) Nois, ja cal que ____ fins a Tarragona sense parar; si no, hi arribareu a misses dites! (conduir)

31 Emplena els buits amb la **forma verbal** correcta. Descriu-la morfològicament.

a) Ell (admetre) que ha fet trampa si tu admetessis que també n'has fet.
b) Ens ha dit que ell no (recórrer) als pares ni tampoc demanaria favors als parents.
c) Us diran «llepaires» si cada cop que (irrompre) a casa els dediqueu tants elogis.
d) Si (incórrer) en una falta lleu, us amonestarien.
e) Els diners han (corrompre) molts polítics, però també molts ciutadans del carrer.
f) Espereu-vos una mica: no (encendre) encara les espelmes del pastís.
g) Éreu tan cecs! Si fins no fa gaire (creure) que ell era un geni i ho fèieu saber a tothom!
h) Que abans jo (beure/veure) rom no vol dir que em vingués de gust; igualment, que tu (beure/veure) aquest partit no significa que t'agradés el futbol!
i) El jutge ha (absoldre) l'acusat per falta de proves.
j) Nosaltres dues (fer) la feina de què tu no podies encarregar-te.

SINTAXI

PRONOMS FEBLES. NEGACIÓ

32 **T** **Test de pronoms febles.** Encercla l'opció correcta.

SOLUCIONS PÀG. 373

a) T'ha promès que vindria? No en facis cas: sempre ____.
1. ho diu 2. lo diu 3. el diu 4. en diu
b) Vols te amb llimona? No, no ____.
1. en vull 2. la vull 3. ho vull 4. lo vull
c) Si vols comprar entrades per al teatre, ves-hi de seguida: si bades, ja, no ____.
1. trobaràs 2. en trobaràs 3. les trobaràs 4. hi trobaràs
d) No compraré allò per a en Ricard, perquè resulta que ja ____.
1. en té 2. ho té 3. el té 4. té 5. li té
e) Si vols, pren cafè havent dinat, però havent sopat no ____ pas!
1. en prenguessis 2. prenguessis 3. el prenguessis 4. ho prenguessis
f) –Que hi ha enciams? –No ho sé, però fins fa un moment ____.
1. havia 2. els havia 3. hi havia 4. n'hi havia 5. els n'hi havia
g) Ara ja no es veuen gossos deixats anar pel carrer, però abans sí que ____.
1. hi havien 2. n'hi havia 3. els havia 4. n'hi havien
h) Que si donaven caramels? I tant, ___ piruletes per a tothom.
1. havia 2. n'hi havia 3. les hi havia 4. els havia 5. hi havia 6. hi havien
i) Si tens fred, escalfa el brou i ___ ben calent.
1. pren-t'ho 2. pren-t'hi 3. pren-te'l 4. pren-li 5. pren-te-li

33 Posa-hi els **pronoms febles** o les **combinacions binàries** que hi falten (van totes indicades amb el número 2).

a) Com que ell estava malalt, ella __ anava a veure tot sovint a l'hospital. Volia fer __ la vida una mica més suportable, donar __ suport, fer __ una estona de companyia. __ visitava un parell de cops per setmana i així, discretament, també __ controlava. En aquestes estones, ella __ posava en contacte amb la realitat exterior, __ explicava anècdotes, __ entretenia amb acudits, __ posava al dia de les darreres tendències i, tot enraonant __, __ observava i __ assegurava que la medicació realment __ curava i que la rehabilitació __ feia algun efecte.

b) El pare va veure que el seu fill tenia un bony a la butxaca del darrere i això __ intrigava. __ va semblar que __ tenia alguna cosa amagada i __ va voler escorcollar, (2) __ va voler regirar. Quan __ volia fer, però, ell (2) __ va negar rotundament, (2) __ resistia amb totes les seves forces. I va ser el mateix noi que (2) __ va ficar la mà i __ va treure una capsa. __ va obrir i, a dins, __ havia pastilles. El pare va voler agafar __ (2), però no va ser __ a temps: ell __ va agafar mitja dotzena i (2) __ va empassar de cop. Si havia sospitat que era droga, ara __ tenia la total certesa. Va comprovar que __ era en veure __ els efectes. Al noi, __ van fallar sobtadament les forces i va caure desplomat a terra. L'home __ cridava i __ reanimava, però no __ veia millorar, no __ veia sortir del seu estat d'inconsciència. Al pobre home, certament, (2) __ feia un nus a la gola. Tot plegat __ feia patir molt!

34 Posa-hi els **pronoms febles** o les **combinacions binàries** que hi falten (van totes indicades amb el número 2).

Els dos sospitosos __ havien mig amagat entre esbarzers, però el policia no __ perdia de vista, no __ treia els ulls de sobre. Un d'ells era una dona amb una cabellera que __ tapava part de la cara. De tant en tant, (2) __ apartava amb la mà. Com que __ feia amb la mà esquerra, això __ feia sospitar que, a la dreta, ella __ tenia quelcom: potser un revòlver? A ella, el policia __ tenia força a la vora i (2) __ anava acostant encara més, sense que ella (2) __ adonés. La intenció d'ell, però, era detenir __ tots dos, endur __ (2) i posar __ a disposició judicial. Però, de moment, s'havia d'acontentar obtenint __ dades relacionades amb operacions financeres opaques; en fi, qualsevol element que __ tingués relació __ anava bé i no __ tenia prou amb el que tenia fins ara. De fet, tan sols __ havia arribat una trucada anònima d'algú que deia que coneixia l'home i que __ havia denunciat, però potser era algú que __ havia volgut delatar, que havia volgut trair __ per un vulgar ajustament de comptes entre delinqüents. Quant a la noia, no tenia, ben mirat, cap prova fefaent que __ inculpés.

35 Completa l'**acudit** amb els **pronoms** adequats.

Un home calb, que nomé té tres cabells, va a la perruqueria. L'home demana al perruquer que amb els tres cabells que té __ faci una trena. Ell __ __ fa i...

–Ui, li ha caigut un cabell: quin greu que em sap! –li diu el perruquer.

–És igual: faci'm dues cues –diu l'home.

El perruquer __ __ fa, i...

–Caram! Li ha tornat a caure un cabell! –diu el perruquer.

L'home, una mica nerviós, __ diu:

–No pateixi: __ duré deixat anar.

36 Emplena cada buit amb el **pronom** o **combinació** que hi escaigui.

a) Ells no coneixien la notícia, no ______ estaven al corrent, no ______ sabien res de res.
b) Vaig veure com agafava diners del calaix: ______ soc testimoni, ______ puc donar fe.
c) –Que teniu formatge danès per a ell?
–No, no ______ tenim.
–Doncs, doneu ______ d'holandès.
d) No es pot prohibir l'alcohol, però sí que ______ pot restringir l'ús.
e) En aquella època, el sentit del plagi no tenia res a veure amb el concepte que ______ tenim ara nosaltres.
f) La Terra és un planeta amb un únic satèl·lit, però ______ hi ha que ______ tenen més d'un, com també ______ hi ha que no ______ tenen cap.
g) Es va interessar per la notícia i pels comentaris que ______ van fer els contertulians radiofònics.
h) Quan la gent deixa de fumar, es posa nerviosa en situacions en què abans no ______ posava.
i) Si no t'estimes la Restituta, no ______ casis: ningú no ______ obliga.
j) Una bossa de plàstic pot causar asfíxia. Per tant, no ______ deixis cap a l'abast d'un bebè: si ______ agafava i ______ posava al cap, ______ podria quedar...
k) Buscava pingüins al pol Nord, però no ______ ha trobat cap...
l) Quan la nena ha vist el joc, ______ ha agafat i ______ ha posat a jugar.
m) Tan bon punt va saber que tenia càncer, va aprendre a tolerar ______, a conviure ______, a no fer ______ un problema insuportable i aclaparador.
n) No m'agrada la manera com aquesta autora descriu els personatges: quan ______ descriu un, trobo que ______ entreté massa.
o) Fes el que t'han demanat i fes ______ bé. Esmerçant el temps que calgui, ja veuràs com ______ sortiràs tan airosament que ______ sentiràs ben orgullosa.

«PRECEDEIX ELS PEIXOS ZODIACALS I TÉ EMPRESONATS ELS REALS»: __ __ __ __ __ __.

37 Dels dos complements de cada oració, **pronominalitza** primer l'un i després l'altre (les combinacions **en en*, **n'ho* i **hi hi* no són possibles).

Models:
- *Canten contents al passadís.* → *Hi canten al passadís.* (*hi* = *contents*, CPred); *Hi canten contents* (*hi* = *al passadís*, CC lloc). NO: *~~Hi hi~~ canten.*
- *Allunyarem això del magatzem.* → *Ho allunyarem del magatzem* (*ho* = *això*, CD); *N'allunyarem això* (*en* = *del magatzem*, CC lloc). NO: *~~N'ho~~ allunyarem.*

a) Treu dues culleres del calaix.
b) Diumenge anirem a Montserrat amb cotxe.
c) Separa això de la paret.
d) Obté beneficis dels errors dels altres.
e) El Josep s'ha casat amb la Margarida en aquest poble.
f) El Ramon ha anat amb taxi al casament.
g) Agafa caramels de la bossa.
h) Els de la classe de primer anaven tots disfressats; els de segon, en canvi, no van voler anar d'excursió.

38 Completa les oracions amb **el pronom o la combinació binària** que hi manca, justificant la resposta. (En els casos en què tant és possible un sol pronom com una combinació, hi posem el nombre 2 per prioritzar la combinació com a resposta, però caldrà posar una combinació també en altres casos, no indicats.)

a) Els turistes no estan contents, perquè no _______ han ensenyat el parc Güell.
b) Ens va dir que si ens calia alguna cosa, que _____ diguéssim.
c) No s'amoïnin pel seu equipatge, ja _____ (2) prepararé jo mateixa.
d) Als polítics _____ agrada d'allò més veure's a la premsa cada dia.
e) Si voleu que porti els cordills al magatzem, ara mateix _____ duré.
f) Quan vostès han dit de veure la caixa de cabals, ____ ha ensenyada, el director del banc?
g) –Ja has tornat els discos al prestatge?
–Sí, _____ acabo de desar fa un segon.
h) Les meves cosines fa temps que van encarregar-li aquestes mostres i tot just ara els ha dit que _____ (2) enviava.

39 Emplena els buits amb **combinacions de tres o més pronoms**. T'hi apareixeran les combinacions següents:

- els n'hi
- se n'hi
- se'ns hi
- se'ls hi
- te la hi
- se m'hi
- ens n'hi
- se me n'hi

a) L'han renyada perquè es fica els dits al nas, però veig que _____ continua ficant.
b) No em vaig desinfectar la ferida i _____ ha fet pus.
c) Si tant convides la veïna a casa teva, _____ acabaràs ficant.
d) Els atracadors ens volien prendre tots els bitllets del portamonedes, però al final _____ han deixat un.
e) Són a la presó perquè amagaven heroïna dins el dipòsit de la moto: _____ van trobar un quilo.
f) Fa estona que els truquem per telèfon, però no hi ha manera que _____ posin.
g) En aquella casa no hi ha prou dormitoris per a tants familiars. Al menjador, però, _____ podrien encabir tres o quatre...
h) Vaig aturar el cotxe, vaig obrir la porta perquè pugés la noia que feia autoestop; però tan bon punt ella va pujar al vehicle, _____ van ficar quatre més, talment sortides del no-res.

	Sentit negatiu ⊖		Sentit positiu ⊕	
	Després del verb (obligatori amb *no*)	Abans del verb (recomanable amb *no*)	En oracions interrogatives	En oracions hipotètiques
cap	*No n'he trobat cap de millor.*	*Cap de les ballarines que s'han presentat no ha passat el càsting.*	*Que hi ha cap xiprer més per esporgar?*	*Si hi ha cap disfressa més elegant, me la duus.*
enlloc	*No es veu cap botiga de mobles enlloc.*	*Enlloc no et sentiràs millor que a casa.*	*Trobaríeu enlloc un bistec tan ben cuit?*	*En cas que trobis enlloc una espremedora igual, compra-me-la, si et plau.*
gens	*Aquest ferro no està gens rovellat.*	*Gens, no en tenia, de son.*	*De melmelada, no te n'hi posaràs gens?*	*Per gens que te'n quedi, dona-li'n.*
mai	*No tenia mai un no per a ningú.*	*Mai no l'havíem vist traient foc pels queixals.*	*Us ha preguntat si heu vist mai un cavall albí?*	*Si mai arribeu a un acord, m'ho feu saber.*
ningú	*No he vist ningú tan traçut com la teva jove.*	*«Ningú no comprèn ningú», deia La Trinca.*	*Hi ha ningú que tingui lliure el diumenge al matí?*	*Si ve ningú abans d'hora, fes que s'esperi.*
res	*No hi ha res millor que fer el ressopó amb una copeta de vi bo i pastes seques.*	*Res no li esqueia tant com aquella brusa de quadres.*	*Sabeu res d'aquella noia que estudiava a Alacant?*	*Si el vigilant del jardí us diu res, aparqueu la bicicleta i veniu a peu.*

40 Després de llegir el quadre de la pàg. 197, respon amb una oració completa, més o menys lliure, que contingui ***gens***, ***mai***, ***cap***, ***enlloc*** o ***ningú***.

Model:
–Em donaràs una mica de vi?
–Em sap greu, però, de vi, no me'n queda gens.

a) Has enraonat algun cop amb la Roser?
b) Hi vols una mica de sal, a l'amanida?
c) Però hi ha algú que vulgui ajudar-me?
d) T'agrada el conyac?
e) Té un bolígraf de sobres el teu company?
f) Et queda encara oli per amanir els tomàquets?
g) Has vist la meva motxilla en alguna banda?
h) Qui l'ha insultat?
i) Vols dir que encara hi ha benzina al dipòsit?
j) Quin d'aquests vestits et quedaries, tu?
k) On vols que anem per Setmana Santa?

41 Mots com ***mai***, ***res***, ***cap***, ***ningú***, ***gens*** o ***enlloc*** poden tenir un sentit positiu en contextos interrogatius o dins d'oracions condicionals (consulta el quadre de la pàg. 197). Tria una de les opcions o totes dues, segons els casos.

a) Si (cap / algun) inspector s'interessava per la nostra producció, hauríeu de plegar veles.
b) No es podia construir (cap / algun) projecte amb cara i ulls del no-res.
c) Si tens (gens / una mica) de fred, tanquem tot seguit la finestra.
d) Ens ho ha dit sense (cap / algun) escrúpol.
e) Ell no és de (cap / alguna) manera amic meu.
f) No ens ha vist (ningú / algú) a la fira.
g) Vols comprar (res / alguna cosa) més?
h) (Enlloc / En algun lloc) no trobaràs una criatura tan alegre com aquesta!

42 A mots com ***mai***, ***res***, ***cap*** o ***ningú*** se'ls associa generalment un significat negatiu, però també tenen un sentit positiu en contextos interrogatius o dins d'oracions condicionals (*No vindràs mai?* = *No vindràs algun cop?*; *Si mai passes per aquí, m'avises.* = *Si alguna vegada passes per aquí, m'avises.*). **Emplena** els buits amb una o més opcions.

a) Si (mai / alguna vegada) passes a veure'm, envia'm un whatsap.
b) És una noia tota decidida: (mai / alguna vegada) no he dubtat que ho fos.
c) Heu passejat (mai / alguna vegada) per la Devesa de Girona?
d) Encara no has dit (res / alguna cosa / cap cosa) al teu sogre?
e) T'ha demanat (mai / alguna vegada / cap vegada) que li expliquis de què parlem?
f) No he vist circular (algú / ningú / cap / algun) cotxe per aquest circuit.
g) A aquestes hores no hi veuràs (algú / ningú / cap persona), per aquí.
h) Si veus (algú / ningú / algun) sospitós, truca a la policia.

no (...) pas
1. Reforça la negació (en estructures comparatives i altres): • *Ha nevat més a la Ribagorça que no pas a la Vall d'Aran.* • Parlant A: *Veient l'hora que és, no crec que l'Esteve passi per aquí.* Parlant B: *Jo tampoc no crec pas que passi.* **2.** Nega parcialment allò que el nostre interlocutor ha dit o que creiem que pensa: Exemple 1 • Parlant A: *Tots volem sortir de gresca aquesta nit!* Parlant B: *No pas la Loli, que ha de sortir a les dues de la nit per anar a pescar.* Exemple 2 • Parlant C: *Em passaràs a buscar amb cotxe per casa la Marta després de la festa?* Parlant D: *Sí, però abans de la una: no deus pas pretendre que jo avui no dormi, oi?* **3.** Expressa amenaça o prohibició comminatòria: • *No li diguessis pas el que he fet!* • *No em toquis pas el que tinc damunt l'escriptori!* **4.** En oracions interrogatives, equival a «per casualitat». • *No has pas trobat una cartera?* [= *Sospito que hi ha probabilitats que l'hagis vista.* Pot equivaler a *No has trobat per casualitat una cartera?* NO és correcte en futur: *No ~~hauràs~~ trobat una cartera?*]

43 Doneu **almenys dues** respostes diferents a les preguntes següents fent ús de la partícula ***pas***, de manera que es neguin pressuposicions diferents (consulteu el punt núm. 2 del quadre anterior):

Model:
Parlant A: ***Avui faràs l'esmorzar al Ximo, oi?***
Parlant B1: *Avui no l'hi faré* ***pas jo****, l'esmorzar, al Ximo: et toca a tu de fer-l'hi!*
(= Nego que sigui jo qui farà l'esmorzar al Ximo.)
Parlant B2: *Avui no li faré* ***pas l'esmorzar****, al Ximo: li faré el sopar!*
(= Nego que li hagi de fer precisament l'esmorzar.)
Parlant B3: *Avui no l'hi faré* ***pas al Ximo****, l'esmorzar: el faré a l'Aitana!*
(= Nego que el faci al Ximo, l'esmorzar.)
Parlant B4: *No l'hi faré* ***pas avui****, l'esmorzar, al Ximo: és demà que em toca de fer-l'hi!*
(= Nego que l'hi hagi de fer justament avui.)

a) Demà et trobaràs amb l'Aniol, oi?
b) Farà de gat, en Sergi, en aquesta comèdia?
c) L'Olga passarà l'estiu a Bagà, oi?
d) L'Alexandra parla polonès, oi?
e) S'endurà les mascotes al càmping, l'Àstrid?
f) Els dissabtes fareu un Skype amb la Glòria a les quatre?

«FA MALBÉ EL MUSCLE»: _ _ P _ _ _ _ _ _.

Això rai!

Observa:

(1) Parlant A: *Amb les glaçades hem perdut la collita de préssecs i de codonys.*
Parlant B: *Els codonys rai!*

(2) Parlant C: *Aquesta situació perjudicarà tant la Maria com la Rosa.*
Parlant D: *La Rosa rai, que té molts diners.*

Amb l'ús de *rai* el parlant B vol comunicar la idea que, pels codonys, el parlant A **no** s'hi ha d'amoïnar pas (la raó pot ser que no tenen gaire sortida comercial, per exemple). No s'ha de calcar el castellà i dir *Els codonys és ~~el de menys~~ o ~~lo de menys~~*. Igualment, amb l'oració *La Rosa rai, que té molts diners* el parlant D rectifica l'afirmació del parlant C perquè creu que la Rosa no té res a témer.

44 Després de llegir el quadre de més amunt, **relaciona** les oracions de l'esquerra amb la resposta amb ***rai*** que hi ha a la dreta.

a) Se'ns han acabat els productes de neteja.
b) *Han escridassat les seves filles.*
c) Acabo de perdre les arracades de la meva germana.
d) Ja veuràs quin *jet lag* que tindran en arribar!
e) Demà baixaran les temperatures.
f) A l'inici de vacances sempre es formen embussos a les autopistes.
g) Han apujat l'IVA del teatre i del cinema.
h) Tinc febre i mal de coll.

1. Els refredats rai, que fent repòs es curen!
2. Elles rai, que arribaran en diumenge i podran refer-se!
3. Tu rai, que sempre hi vas convidat!
4. Els detergents rai: el que ens cal són ganes de rentar!
5. D'aquestes rai, que se'n troben fins i tot als encants!
6. *Elles rai, que no els afecta res!*
7. Això rai: podem marxar amb tren!
8. Demà rai, que no hem de sortir.

ORACIÓ COMPOSTA

45 Canvia l'element destacat per una **subordinada** (de collita pròpia). En acabat, insereix-hi una segona subordinada que serà una adjectiva de relatiu.

Model: *L'organització no va poder evitar això.*
1a part *L'organització no va poder evitar que un espontani encengués l'espectacular traca pel seu compte.*
Anàlisi: Oració composta que té inserida una subordinada substantiva completiva (*que un espontani encengués l'espectacular traca pel seu compte*) amb funció de complement directe.
2a part *L'organització no va poder evitar que un espontani que transitava per la zona encengués l'espectacular traca pel seu compte.*
Anàlisi: La mateixa anàlisi, però ara la substantiva, al seu torn, té inserida una sub. adjectiva de relatiu especificativa (*que transitiva per la zona*), amb funció de CN del nom *espontani*, que és l'antecedent de la subordinada relativa.

a) S'ho mirava **així.**
b) Ens van portar **allà**.
c) Ha demanat **allò**.
d) **Llavors** li van prendre la cartera.
e) **Aleshores** aquell xicot barceloní es va posar a ballar **així**.

46 Llegiu el poema de Martin Niemöller, presoner en un camp de concentració nazi (1938-1945), i comenteu en grup el seu significat. En acabat, identifiqueu els **tipus de subordinades** que apareixen en les dues darreres estrofes.

Quan els nazis vingueren

Quan els nazis vingueren a endur-se els comunistes,
vaig guardar silenci,
perquè jo no era comunista.

Quan van empresonar els socialdemòcrates,
vaig guardar silenci,
perquè jo no era socialdemòcrata.

Quan vingueren a buscar els sindicalistes,
no vaig protestar,
perquè jo no era sindicalista.

Quan vingueren a emportar-se els jueus,
no vaig protestar,
perquè jo no era jueu.

Quan vingueren a buscar-me,
ja no hi havia ningú que pogués protestar.

Martin NIEMÖLLER

47 Identifica la **subordinada** de cada oració composta i digues de quin **tipus** (substantiva, adjectiva o adverbial) i de quin **subtipus** (substantiva completiva, adverbial concessiva...) és.

a) En cas que fallés el motor, aniríem al mecànic de la cantonada.
b) La neu que va caure abans-d'ahir ha cobert tota la teulada.
c) Ens convé que aprenguis una mica més de robòtica.
d) Escriu tant amb l'ordinador que s'està quedant geperuda.
e) La seva tasca consistia a netejar els vidres de dalt de tot.
f) Abans que arribis, estaré repassant els comptes de la trobada de treball.
g) Encara que era campió del món de natació, aquell dia va estar a punt d'ofegar-se.
h) Va ploure tant que vam sortir de l'institut amb flotador.
i) Com que neda tant i ho fa tan bé, té les dues espatlles molt musculades.
j) El que tu has dit és simplement inaudit.
k) Encara no sé què fer.

48 Localitza en les oracions següents els complements circumstancials de **lloc** i de **temps**. Descriu-ne la forma i la funció sintàctica. Raona la resposta.

Models:

1. *Ens han convidat al seu bungalou; hi podem anar sempre que vulguem!*

Anàlisi:

– ***al seu bungalou***: SPrep (funció: CC lloc de *han convidat*.)
– ***hi***: pronom feble (funció: CC lloc de *podem anar*). Antecedent: *al seu bungalou*.
– ***sempre que vulguem***: sub. adverbial de temps (funció CC temps de *podem anar*). Es pot intercanviar per adverbis com *llavors, ara, demà*... (*Hi podem anar ara*) i és introduïda per la conjunció *sempre que* (sense funció sintàctica).

2. *S'ha ficat dins la casa i em pregunto quan en sortirà.*

Anàlisi:

– ***dins la casa***: SPrep (funció: CC lloc de *s'ha ficat*.)
– ***quan***: pronom interrogatiu de temps (funció: CC temps del verb *sortirà*).
– ***en***: pronom feble (funció CC lloc de *sortirà*). Antecedent: *de la casa* o *de dins la casa*.

Atenció: La subordinada *quan en sortirà* **no** fa de CC de temps, sinó de CD del verb *pregunto*. És una sub. substantiva interrogativa, com ho prova el fet que es pot intercanviar per això... (*Em pregunto això*) i que el pronom adverbial interrogatiu quan es pot intercanviar per *en quin moment*.

a) Aquell dia no va repenjar bé l'escala contra la paret i va caure daltabaix.
b) Quan som als afores de la ciutat, respirem millor.
c) Quin dia visitarem els voltants de la ciutat?
d) De tant en tant li demanaven on tenien amagats els diamants de dos quirats.
e) On no hi ha ganes d'avenir-se hi ha tothora malestar.
f) El dia que visitem la granja t'ensenyaré on porcellen les truges.
g) Sempre que el veu, li pregunta on té les claus: se les deixa a tot arreu!
h) Ben aviat sabré a quina hora he de ser a cal metge.

49 Construeix una oració composta amb **subordinada condicional irreal** a partir de les preguntes següents:

Model: *Què hauries fet si haguessis pogut parlar amb el president del govern?*
Si hagués pogut parlar amb el president del govern, m'hauria queixat de les retallades. (NO: ... *m'~~hagués~~ queixat de les retallades.*)

a) Què hauries respost si t'haguessin proposat per a un viatge espacial sense retorn?
b) Quines mesures hauries pres si haguessis estat nomenada directora d'un centre docent el curs passat?
c) Quins programes hauries programat si la temporada passada haguessis estat director d'una cadena televisiva?
d) Quina moda en vestit hauries impulsat si haguessis estat el dissenyador principal d'una casa d'alta costura?
e) Què hauries fet si haguessis estat testimoni d'una agressió al carrer?

50 Subratlla les proposicions **adjectives de relatiu** i digues la **funció** sintàctica dels elements destacats (són pronoms, precedits o no de preposició).

Pronom relatiu	Exemple	Funció sintàctica
que	*a*) *El llum **que** penja del sostre és del besavi.*	*subjecte*
	b) *El llum **que** he penjat al sostre és del rebesavi.*	
	c) *El dia **que** va ploure era abans-d'ahir.*	
què	*d*) *El decorat **en què** havíem pensat surt massa car.*	
	e) *El celler **en què** hi ha el vi negre és molt fresc.*	
qui	*f*) *Les dones **en qui** més confia l'Èric són l'Àngels i la Nereida.*	
	g) *La noia **a qui** he donat la clau és neboda seva.*	
	h) *El noi **amb qui** ballaves es diu Pol.*	
on	*i*) *La cova **on** s'amagaven els malfactors es diu Cau del Lladre.*	
el qual la qual els quals les quals	*j*) *La projecció d'aquell film, **la qual** durà una hora, fou seguida amb interès.*	
	k) *Aquella exposició de ceràmica, **la qual** inaugurà el cònsol d'Hongria, té un gran valor.*	
	l) *El senyor Pere Pou, **al qual** van concedir aquesta distinció, és veí de Sineu.*	
	m) *El càrrec **al qual** heu accedit comporta molta responsabilitat.*	
	n) *La bicicleta **amb la qual** hem pujat al cim és molt lleugera.*	
	o) *Aquesta és la botiga el disseny **de la qual** ha guanyat un guardó.*	

«ÉS UN HOME DE NAS A PEUS»: H _ _ _ _ _ _ _.

51 Emplena els buits amb els relatius ***el que***, ***la que***, ***els que*** o ***les que***, o bé amb els relatius ***què*** o ***qui***. Fes-los precedir, quan calgui, d'una preposició.

a) No es referia a aquests mapes sinó __ hi ha a les golfes.
b) És una situació __ tothom fuig.
c) No ha volgut la nostra coca, però sí __ ha dut l'oncle.
d) L'advocat __ vaig trucar és un xicot molt eficient.
e) No ens hem identificat amb les paraules del president, sinó amb __ ha dit la tresorera, tan encertades.
f) És una activitat __ es dedica molta gent del poble.
g) L'artista __ es conten tantes anècdotes és del meu poble.
h) Aquesta és la tela __ et parlava el pintor.

52 **Corregeix el relatiu** mal utilitzat de cada oració donant-ne les dues (o tres) alternatives correctes possibles.

Models:

- *El codi ~~amb el que~~ va ser escrit aquest missatge és del tot indesxifrable.*
  → *El codi amb què va ser escrit aquest missatge és del tot indesxifrable.*
  → *El codi amb el qual va ser escrit aquest missatge és del tot indesxifrable.*
- *La porta ~~per la què~~ hem entrat és gòtica.*
  → *La porta per la qual hem entrat és gòtica.*
  → *La porta per què hem entrat és gòtica.*
  → *La porta per on hem entrat és gòtica.*

a) Els projectes en els que pensàveu eren molt ambiciosos.
b) La universitat en la que estudia la Glòria és a Texas.
c) Vingué una professora nova de la que tothom quedà encisat.
d) Els estalvis en els què confiava s'han esvaït.
e) El teatre en el que actuen havia estat una antiga taverna.
f) Hi ha modes a les que no es podrà acostumar mai.
g) Els principis en els que baseu la vostra política són molt enraonats.
h) El públic al qui voldríem arribar és el format per joves de 13 a 16 anys.

53 **Corregeix**, si cal, l'ús dels **relatius** en les oracions següents:

a) Hi ha una casa que tots els seus balcons són florits.
b) Vam viure al pis en què ara viviu vosaltres.
c) Les idees a les que us oposeu són molt enraonades.
d) El parany en el que has caigut demostra que ets més influïble del que creus.
e) El futbolista al qui aclamaven les multituds es deia Petròvitx.
f) No l'han admès per culpa d'aquella pregunta en que ha dubtat tant.
g) Passaren per uns camins quins marges eren plens de ginesta florida.
h) Vam estrenar una obra l'autora de la qual és afroamericana.

54 **Insereix** la segona oració en la primera fent servir un **relatiu simple** (*que*, *què*, *qui*, *on*) que reculli el valor del pronom feble, tal com s'ha fet en el model. (Nota: Una de les relatives resultants és explicativa.)

Model: *Disposàvem d'un reglament de règim intern.* ***Hi*** *havíem d'insistir sovint.*
→ *Disposàvem d'un reglament de règim intern* ***en què*** *havíem d'insistir sovint.*

Anàlisi: El complement de règim verbal de *insistir* és: ***hi*** = *EN aquest reglament de règim intern* = ***EN què***.

a) Els temes eren intranscendents. Els hem comentat a l'hora de l'esbarjo.
b) Aquesta és la infermera. Hi confiàvem més que en ningú.
c) Els diners van desaparèixer del calaix de dalt. Hi comptàveu.
d) La llitera és de disseny. Hi heu transportat el lesionat.
e) Aquestes petiteses ens fan molta malícia. Us hi fixàveu tan sovint.
f) La Maria ens dugué ràpidament a la ruïna. Ens hi associàrem fa uns quants anys.
g) El camí coincideix amb una via romana. Hem passat per aquest camí.
h) Els perills no eren tan imaginaris... Hi heu exposat tota la colla.
i) Són temptacions juvenils. Tothom hi ha caigut un dia o altre.

55 **Corregeix** les oracions següents, en què pot aparèixer doblement representada una funció per mitjà d'un pronom **relatiu** i d'un de **feble**:

Models:

- NO: *Són temes de què ~~en~~ parlem tot sovint.*
- SÍ: *Són temes de què parlem tot sovint. / Són temes dels quals parlem tot sovint.* (Sense el pronom *en*, ja que aquest fa la mateixa funció que el conjunt *de què o dels quals*: CRV del verb *parlem*.)

Els pleonasmes
En la llengua oral sovint s'usen dos elements que exerceixen la mateixa funció amb relació al mateix verb (fenomen anomenat *pleonasme*). En la llengua escrita formal, però, cal prescindir d'una de les dues aparicions en exemples com els oferts.

a) Aquesta empresa, amb la qual hi havíem col·laborat de vegades, es diu Depiliprim, SL.
b) No se n'adonen de les possibilitats que tenen.
c) És un material del qual se'n fa cable òptic.
d) Es tracta d'una beguda que la coneix tothom.
e) Anirem a una botiga on hi trobaràs de tot.
f) Aquest és l'empleat a qui li vas deixar les claus.
g) Era un monument de què se n'enorgullia tothom.
h) Mai se n'enrecorden d'anar a cobrar la loteria.
i) La ciutat de Palma, on s'hi troben tants patis gòtics, és molt visitada pels historiadors de l'art.

«CÀNID FEROÇ O MINÚSCUL PARÀSIT, DEPÈN DE COM T'HO MIRIS»: _ _ _ _ / _ _ _ _.

56 Tenint en compte la informació del quadre, reescriu les parelles d'oracions **inserint** la segona oració dins la primera.

El relatiu possessiu

Si tenim aquestes dues oracions:
1. *La casa pertany a una comtessa.*
2. *Les finestres de la casa són grises.*

i inserim la segona oració dins la primera, obtindrem:

3. *La casa les finestres* ***de la qual*** *són grises pertany a una comtessa.*

NO pas:
La casa ~~que les seves finestres~~ són grises pertany a una comtessa.
La casa ~~quines finestres~~ són grises pertany a una comtessa.
(*quin/a/s/es* és sempre interrogatiu o exclamatiu: *Quin ruc? Quin ruc!*). En català, doncs, no existeix un pronom relatiu simple amb funció de CN (equivalent al castellà *cuyo/a/os/as*).

a) Organitzaren una festa. Amb els beneficis de la festa pagaren l'excursió de fi de curs.
b) Tinc una companya de feina. La seva germana havia anat a col·legi amb mi.
c) Els periodistes volien saber el nom de la testimoni. Les declaracions d'aquesta van resultar sospitoses.
d) En Cèsar s'ha casat amb una noia oriental. La procedència de la noia és desconeguda.
e) L'institut va convidar una escriptora. Els alumnes havien llegit algunes de les seves obres.
f) Avui hi ha una projecció de diapositives d'unes coves. Els habitants d'aquestes coves es dedicaven a l'art rupestre.
g) Ja he acabat el resum del llibre de Miquel Bover. Costa de seguir-ne l'argument.
h) Avui ha vingut a visitar-me l'Alba. Les seves propostes són molt interessants.
i) És un crim terrible. Ningú no vol parlar de les seves implicacions polítiques.

57 Les construccions resultants de l'exercici anterior, amb **relatiu possessiu**, són sovint un xic enrevessades. Existeixen, però, altres possibilitats expressives.

Redacta les mateixes idees d'una manera sintàcticament més senzilla.

Model: *La casa les finestres de la qual són grises pertany a una comtessa.*
Model 1: *La casa que té les finestres grises pertany a una comtessa.*
Model 2: *La casa amb finestres grises pertany a una comtessa.*

58 De vegades algú construeix subordinades del tipus *Faré ~~lo~~ que pugui* en comptes de *Faré* ***el*** *que pugui* o *Faré* ***allò*** *que pugui*. Doncs bé, aquest ús de ***lo*** **neutre** és incorrecte[1]. En català correcte no existeix un article neutre equivalent al castellà *lo*, que té molts valors. La seva correspondència catalana dependrà de si és emprat amb valor abstractiu, amb valor intensiu o de si forma part de locucions.

Corregeix les frases que et donem, en què hi ha la forma *lo* incorrecta (consulta el quadre 3, pàgina següent).

a) Hem fet *lo* que calia.
b) *Lo* més sorprenent és que ningú no es va adonar que ens havien pres la roda de recanvi.
c) A *lo* millor et tornen els diners.
d) No pateixis! Això és *lo* de menys!
e) *Lo* més molest de la qüestió és que les obres han sortit més cares i més mal fetes que mai.
f) Si has d'agafar el tren de 3/4 de 10, ja cal que surtis ara mateix; de *lo* contrari, el perdràs.
g) Xerrava amb tothom i esclafia a riure per no res de *lo* contenta que estava.
h) Tu treballa en això; de *lo* demés, ja ens n'encarregarem nosaltres.
i) Et prego que ho facis tot *lo* bé que sàpigues.
j) No saps prou *lo* garrepa que és, aquest home.
k) Cal respectar *lo* decidit per la Junta.
l) Convindria que fossis aquí *lo* més tard possible.
m) Els veïns ens explicaran *lo* ocorregut.
n) Hi havia pocs pacients a la sala: tot *lo* més mitja dotzena.
o) Jo acabaré aquesta part; *lo* altre ja ho faràs tu.
p) Això és de *lo* més baratet que es troba al mercat.
q) No es va preocupar *lo* més mínim per complimentar-nos.
r) Ja veuràs que aquí tothom va a *lo* seu.

59 Després de llegir el quadre 4 (pàgina següent), digues si són pronoms **relatius** o **interrogatius** els pronoms ***què*** i ***qui*** de les oracions següents, raonant la resposta:

a) Aquesta és l'escola en què estudien el Víctor i el Max.
b) Què t'ha semblat, el programa de vacances?
c) No em tornis a preguntar amb qui he ballat.
d) L'Àlex era qui buscava els ous de xocolata amb més il·lusió.
e) Qui molt abraça poc estreny.
f) Ja he esbrinat què pensen fer aquest vespre.
g) Encara no sé qui té raó.
h) Recordo amb un somriure les pautes amb què la veterinària pretenia relaxar el gos.
i) Ja m'explicaràs qui t'aguantarà amb aquest mal humor?
j) L'amiga per qui ho havia donat tot ara no és bona per a ajudar-lo a sortir del tràngol?

1 No ens referim, és clar, a la variant de l'article definit utilitzada en català antic (recorda *Lo somni,* de Bernat Metge) i molt viva encara en català nord-occidental (***lo*** *pare*, ***lo*** *camí*), ni tampoc a la forma plena del pronom feble masculí *el* (*portar-**lo***).

Quadre 3

Equivalències del *lo* neutre castellà			
Valor abstractiu	Valor intensiu	Locucions	
		Català	Equivalent en castellà
• *Això és* ***el*** *que he dit.* • *Ara ve* ***la*** *(****cosa****) bona.* • *Va trair les seves amistats,* ***la qual cosa*** *(****cosa que****,* ***fet que****) la fa detestable.* • ***el*** + adjectiu: *el bell i el sublim...* • ***el / allò*** + ***que*** + és + adjectiu: *el / allò que és important...* • ***el / allò*** + ***que*** + ***s'ha*** + participi: *el / allò que s'ha pactat / acordat...*	• *Vine* ***com més*** *aviat* ***millor*** (o *Vine* ***al més*** *aviat possible*). NO: *Vine ~~lo més aviat millor~~. Vine quant ~~abans millor~~.* • *Fes-ho* ***tan*** *bé* ***com*** *puguis.* • *No saps* ***com*** *és de ruc!* (o *... que* ***n'és, de ruc!***, o *...* ***que*** *ruc* ***que*** *és!*) • *No deia ni piu,* ***de tan*** *espantat* ***com / que*** *estava.*	• *Això rai!* (consulta el quadre de la pàg. 199)	• *Esto es* ***lo*** *de menos.*
		• *per tant*	• *por* ***lo*** *tanto*
		• *a la seva*	• *a* ***lo*** *suyo*
		• *a la millor*	• *a* ***lo*** *mejor*
		• *d'ara endavant*	• *en* ***lo*** *sucesivo*
		• *si no* (= *altrament*)	• *de* ***lo*** *contrario*
		• *a tot estirar, com a màxim, tirant llarg...*	• *todo* ***lo*** *más*
		• *gens ni mica*	• ***lo*** *más mínimo*
		• *la resta*	• ***lo*** *demás*

Quadre 4

què / qui		
Equivalència	Ús	Anàlisi (funció de tota subordinada i del pronom dins la subordinada)
Com a pronoms relatius		
qui = *el qual, la qual, els quals o les quals*	En sub. relatives adjectives. Sempre amb preposició.	*Són ben pocs els assessors de* ***qui*** *es refia.* • La subordinada fa de compl. del nom *assessors*. • El conjunt *de qui* (= *dels quals*) fa de CRV del verb *es refia*.
qui = *la persona que*	En sub. relatives substantives. Preposició o no segons la funció.	*Ho donarem a* ***qui*** *ha fet divuit anys.* → *Li ho donarem.* • La subordinada fa de CI de *donarem*. • *qui*: subjecte de *ha fet*.
què = *el qual, la qual, els quals o les quals*	En sub. relatives adjectives. Sempre amb preposició.	*Els diners de* ***què*** *disposo són escassos.* • La subordinada fa de compl. del nom *diners*. • *de què*: CRV de *disposo*. NO: *Els diners ~~dels que~~ disposo són escassos.*
Com a pronoms interrogatius		
qui = *quina persona*	Preposició o no segons la funció.	***Qui*** *t'agrada?* Oració simple interrogativa directa. • *qui*: subjecte de *agrada*.
		Ja deduirem a ***qui*** *ha donat el clavell.* → *Ja ho deduirem.* Oració composta amb sub. substantiva interrogativa indirecta. • La subordinada fa de CD de *deduirem*. • *a qui*: CI de *ha donat*.
què = *quina cosa*	Preposició o no segons la funció.	***Què*** *et convé més?* Oració simple interrogativa directa. • *què*: subjecte de *convé*.
		No sé ***de què*** *parles.* Oració composta amb sub. substantiva interrogativa indirecta. • La sub. fa de CD de *sé* (pronom *ho*: *No ho sé*) • *de què*: CRV de *parles*.

Nota 1: El *què* interrogatiu (sempre amb accent gràfic) és pronom i, per tant, no va mai seguit de nom. Seguit de nom, s'usa el determinant interrogatiu *quin/a/s/es*: *Quin pastís vols?*

Nota 2: En les interrogatives directes totals, es fa servir també una partícula *que* (sense accent gràfic) situada al començament de l'oració, amb tota mena de verbs: *Que vindràs?* (= *Vindràs?*) o *Que has menjat all?* (= *Has menjat all?*). Sense funció sintàctica (no és cap pronom), tal partícula *que* és suprimible, però el seu ús és molt genuí i confereix una corba entonacional més rica a la interrogació, que se sol interpretar com una actitud més atenta i cortesa de l'emissor envers el receptor (sense aquest *que* la interrogació podria semblar més «seca»).

«L'OS MÉS SAGRAT»: _ _ C _ _.

60 Classifica les **proposicions subordinades** subratllades en el lloc corresponent (només una per casella numerada).

a) *Encara que li paguessin un dineral, no ho faria.*
b) *És tan covard com son pare!*
c) *És tan covard que no ha bellugat ni un dit.*
d) *Anirem on ens diguis.*
e) *Ho va donar a qui més s'ho mereixia.*
f) *L'ou, que és constituït per una única cèl·lula, conté molta proteïna.*
g) *La noia amb la qual surt es diu Míriam.*
h) *Et proposo fer-ho l'endemà.*
i) *No ho ha fet, ja que és molt assenyat.*
j) *No li agrada que ell se li hagi avançat.*
k) *No vol confessar què ha fet.*
l) *S'ha posat al mig a fi que tothom el veiés.*
m) *En cas que es posés les ulleres, el sol no l'enlluernaria.*
n) *Sortirem tan bon punt soni el senyal.*
o) *Vestirà com estigui establert?*

sub. substantives (amb funció de subjecte, CD...)	completiva	1. *j*
	d'infinitiu	2.
	interrogativa	3.
	de relatiu	4.
sub. adjectives (amb funció de CN)	especificativa	5.
	explicativa	6.
sub. adverbials (amb funció de CC o de modificador oracional)	locatives	7.
	temporals	8.
	modals	9.
	causals	10.
	consecutives	11.
	finals	12.
	condicionals	13.
	concessives	14.
	comparatives	15.

61 Trobaràs subratllades en cada fila del quadre que segueix diferents tipus de subordinades substantives que fan la mateixa funció sintàctica. En cada fila, digues quina és la **funció de les substantives** i de quin **subtipus** són. (Pots servir-te de la numeració següent: 1 → sub. subst. completiva; 2 → sub. subst. d'infinitiu; 3 → sub. subst. interrogativa; 4 → sub. subst. relativa.)

Model (1a fila del quadre de la columna següent):
Justificació de la funció sintàctica: Els quatre tipus de proposició substantiva fan de complement directe, perquè es poden substituir pel pronom *ho*: *Li ho agrairé*, *Li ho suggereixo*...

Justificació del tipus de substantiva:
1. **subst. completiva:** encapçalada per la conjunció *que* (sense funció, no intercanviable per *el qual*: **Li agrairé el qual m'escrigui aviat*);
2. **subst. d'infinitiu:** introduïda per infinitiu (*resoldre*);
3. **interrogativa:** amb l'interrogatiu *qui* al capdavant (= consulta el quadre de més avall);
4. **subst. de relatiu:** encapçalada per *el que* (equivalent a *allò que*).

Proposició substantiva	Funció sintàctica	Subtipus
1. *Li agrairé **que m'escrigui aviat**.* 2. *Li suggereixo **resoldre així el cas**.* 3. *Et demano **qui ho ha fet**.* 4. *No saps **el que dius**.*	*complement directe*	1. *completiva* 2. *d'infinitiu* 3. *interrogativa* 4. *subst. de relatiu*
• *No parla de**l que la gent vol**.* • *No s'adona de **quin peu calcen**.* • *Només pensa a **divertir-se**.* • *S'adona **que corren nous temps**.*		
• ***El que dius** és cert.* • *Em preocupa **que t'ho agafis tan a la valenta**.* • *Li convé **agafar-s'ho amb calma**.* • *No m'importa **on viu**.*		
• *Van deixar les claus a **qui els oferia més confiança**.*		
• *Encara no té constància de **qui hi havia**.* • *Només té una vaga idea de**l que vol**.* • *Té interès a **enllestir la feina**.* • *Té la seguretat **que tot anirà bé**.*		
• *Està interessat a **seguir aquest mètode**.* • *Està molt satisfet de**l que fa**.* • *Estem segurs **que tot anirà bé**.* • *No és conscient de **com fa les coses**.*		
• *Es va comprar la casa amb **el que va guanyar a la loteria**.*		
• *En Sergi està **que bufa**.* • *La Quitèria va ser **qui va petar el globus**.* • *La seva voluntat és **arribar fins al final**.*		

«TÉ LA MÀ VERMELLOSA, AQUEST FRUIT TARDORENC»: _ _ _ _ _ _ _ _.

62 **Corregeix** l'error que hi ha en cada oració (excepte una, que és correcta).

a) No podem aspirar a que tothom ho faci tan bé!
b) S'esforcen en fer-ho tan bé com saben.
c) El títol fa referència a que el document correspon a un film poc popular.
d) Les teves amigues tenen l'esperança de que algú les traurà a ballar.
e) L'estructura política de que es va servir per a tirar endavant el seu ideari era força precària.
f) El tron a que han aspirat és el del príncep de Plutònia.
g) No tinc cap inconvenient en facilitar les meves dades.
h) Tot fa pensar que l'autor no tenia gaire interès en que la seva obra fos divulgada.
i) Se'n va adonar en obrir la capsa de galetes.
j) Sempre és l'última en arribar.
k) Ho han atribuït a que ells eren menys que l'equip rival.
l) Això depèn en gran part de que vingui o no a l'hora.
m) Les parts de que consta la novel·la són aquestes quatre.
n) El premi al que has optat és molt prestigiós.
o) Molts tenien la sensació de què tot els era permès.

63 Emplena cada buit amb l'**opció correcta** (fent la contracció, si cal), justificant oralment la resposta.

a) Ningú no va aclarir (que/què) en pensaven.
b) El risc (a què/que/què/al que/al què) us exposàveu era tan gran que això ha obligat (a què/que/què/al que/al què) es repensessin certes qüestions de seguretat.
c) (El que/Que/A les que/A les quals) ahir no s'enllestís la feina és un endarreriment que s'afegeix (al que/a les quals/a què) ja acumulàvem.
d) (Malgrat/Malgrat que/Com que/Com) s'esperava molta producció, el balanç final ha estat més aviat negatiu.
e) Trobo fluixa l'argumentació sobre (la qual/que/la que) recolza la seva campanya electoral.
f) Va fer el parlament (com/com a) president de l'Institut d'Estudis Catalans.
g) (Com/Com a) delegat d'escala, penso que som (com/com a) una mateixa família.
h) (Com/Com a/Com que) tenien molta gana, es van atipar (com/com a/com que) lladres.

64 Omple els buits amb l'**opció o opcions correctes**, justificant oralment la resposta.

a) Independentment (de què/de que/que/què/del fet que) això tiri endavant o no, tinc constància (de què/de que/que/què/del fet que) les condicions (de què/de que/que/què/del fet que) parlàvem no es compleixen.
b) Tinguérem poca collita d'ametlla (doncs/ja que/degut a que/degut a què/per tal que/puix que) massa sovint va caure pedra damunt els sembrats.
c) He saludat una xiqueta (amb la que/amb la qui/amb qui/amb la quina/amb la qual) abans m'havia relacionat molt.
d) Fes-te arreglar la moto; (sinó/si no/del contrari/en cas contrari), val més que te la venguis.
e) Estic lleument ferit: no tinc (sinó/si no/altrament/res més que) una ungla esqueixada.
f) «El que és difícil no és estar amb els amics quan tenen raó, (si no/sinó/car) quan s'equivoquen.» (André Malraux)
g) Jo avisaré (a/per/Ø) la Maria (a/per/Ø) la nit; a tu, en canvi, la notícia et serà comunicada (a/per/Ø) la directora a primera del matí.
h) L'any passat no vam venir (per/en/com a/com) Nadal (per/en/com a/com) conseqüència de la nevada.

65 Omple els buits amb l'**opció o opcions correctes**, justificant oralment la resposta.

a) Ho vaig consultar en el diccionari, (doncs/ja que) no n'estava segura.
b) Van desistir de fer-ho, (doncs/ja que/atès que) ja havia vençut el termini.
c) Actuaren així (doncs/per què/puix que/car/posat que) enyoraven molt llur família.
d) Van separar-se (ja que/degut a que/per tal que/car) veien la vida d'una manera massa diferent.
e) Ho dic ben fort (per tal que/perquè/car) tothom es doni per al·ludit.
f) No eren prou colla (com/com perquè/perquè) l'operació reeixís.
g) L'Agustí no pot enraonar (perquè/doncs/car/per tal que) té paràlisi lingual.
h) (Posat que/Com que) tot ha anat com una seda, farem bé de celebrar-ho.
i) (Donat que/En cas que/Posat que/Car) vingui més gent, traurem cadires plegables.
j) On para, ella? No ho sé, però (a lo millor / a la millor / igual / potser / pot ser) aquest matí (se n'hagi anat / s'ha anat / es va anar / se n'ha anat) un moment a escampar la boira.
k) Hauria d'esbrinar si m'ha trobat el passaport (perquè / per a què / per què) em cal tenir-lo (per al / pel) permís de residència.
l) Estem molt satisfets (de que / que / del fet que / de què) els guanys hagin augmentat tant.
m) No insisteixis més (en que / en què / que / en el fet que) ens haurien calgut més dades, perquè ja no hi podem fer res.
n) (A mesura que / Conforme / A mida que / Com més) avança el mes de juny, més calor sol fer.
o) (Encara que / Com que / Ja que) el president no arribés, la cerimònia es tiraria endavant igualment.

EL DISCURS DIRECTE I EL DISCURS INDIRECTE

66 **Passa** el discurs directe **a discurs indirecte**. (Com veus en el model, hi ha canvis en les persones gramaticals, però no en els temps dels verbs subordinats, perquè els verbs subordinants estan en present d'indicatiu.)

Model: *L'acusat **diu**: «A les cinc jo **era** encara a casa meva».* → *L'acusat **diu** que a les cinc ell **era** encara a casa seva.*

a) «Demà el meu xicot ho comprarà tot», diu ma germana.
b) «No us acosteu als gossos», ens diu la mestressa.
c) La doctora li diu: «Et fa mal el cap?».
d) L'Oriol us diu: «A mi no em podreu guanyar mai!».
e) La veterinària sempre els diu: «Qui de vosaltres té al·lèrgia a les bestioles?».

67 Canvia el verb ***dir*** utilitzat en les respostes de l'exercici anterior per un altre de **més precís** (segons la situació comunicativa en què creguis que s'ha pronunciat cada oració).

Model: *L'acusat diu que a les cinc ell era encara a casa seva.* → *L'acusat declara que...*

Verbs transitius introductors del discurs indirecte
1. **Sinònims de *dir*** + una cosa (CD) a algú (CI) (són verbs que afegeixen un matís lleu al significat de *dir*, de manera que són força intercanviables): *afirmar, assenyalar, comunicar, fer saber, indicar, manifestar...*
2. ***Dir* + matís significatiu important** (en la major part dels casos denoten una determinada intenció o actitud del parlant): *aclarir, aconsellar, admetre, agrair, assegurar, comentar, concedir, concloure, confessar, confirmar, constatar, criticar, declarar, destacar, exhortar, exigir, explicar, garantir, insistir, lamentar, manar, objectar, observar, ordenar, pregar, preveure, prometre, pronosticar, proposar, puntualitzar, reconèixer, recordar, recriminar, repetir, suggerir, suplicar...*
3. ***Demanar*** = *preguntar*, ***respondre*** = *contestar...*
4. **V + algú (CD) + CRV (*de* + SN / *que* + V)**: *advertir, assabentar, avisar, informar...* *El va advertir del perill. El va advertir que corrien perill.*

68 **Passa** el discurs directe **a discurs indirecte**. Veuràs que tindran lloc força canvis perquè el temps del narrador està en passat i perquè, a més, suposarem que el que figura entre cometes es va pronunciar en un altre lloc molts dies abans.

Model: *«Feu-ho com ahir», els va ordenar.* → *Els va ordenar que ho fessin com el dia abans.*

a) «Demà passarà a veure't el meu representant», em va aclarir en Lluís.
b) «Torneu a casa vostra abans que es faci fosc», ens va pregar la Maria.
c) Com que no duia el pa, en Pol va haver d'admetre: «Avui me n'he oblidat».
d) La monitora li va exigir: «Ara mateix deixes això aquí».
e) Els va confirmar: «Aquests documents us els podeu quedar fins dissabte vinent».
f) «Aquest matí no t'he saludat perquè estava enfadada amb tu», va reconèixer ella a en Pol.

69 **Passa** el discurs directe **a discurs indirecte** en les oracions següents, canviant el verb *dir* per verbs introductoris o de narrador més precisos (sempre diferents):

a) «Encara faré tard a la feina, avui! Oi que m'hi acompanyaràs amb cotxe?», va dir en Pere al Genís.
b) «I si te les tornes a treure, ja no te les cordaré més», va dir la iaia a la neta mentre li posava les sabates.
c) «No sé la veritat, però si la sabés tampoc no te la diria», li va dir la seva companya.
d) –Demà vindré a casa vostra a buscar-vos-la –els va dir, mirant-se la gossa.
e) –Quan necessiteu els binocles, digueu-m'ho i us els deixaré –va dir en Jan als seus germans.
f) –Us els tindré a punt demà passat –va dir la modista a les bessones, assenyalant els pantalons.
g) –D'acord, et deixo aquestes ulleres de sol –va dir la Cristina–, però no me les perdis.
h) –Si em perdo, que no m'hi busquin, a ca la Rita, que no se m'hi ha perdut res –va dir la clienta.

70 Posa primer els **signes de puntuació** que manquen a les oracions (cometes, comes...) seguint el model. Tot seguit, passa les oracions al **discurs indirecte**. (Atenció: has de suposar que el «narrador» parla molts dies després d'haver enraonat el «personatge» i en un lloc totalment diferent.)

Model: *Avui heu viscut l'experiència més gran de la vostra vida ens va dir mon pare.*
Pas 1, **signes de puntuació**: *«Avui heu viscut l'experiència més gran de la vostra vida», ens va dir mon pare.*
Pas 2, **discurs indirecte**: *Mon pare ens va dir que aquell dia havíem viscut l'experiència més gran de la nostra vida.*

a) Ahir vaig telefonar-vos i no éreu aquí els va dir la Consol.
b) Dijous us visitaré ens va dir la senyora Margarida un dia de l'any passat.
c) No estem conformes amb els resultats que hem obtingut en aquesta circumscripció en les eleccions que es van celebrar la setmana passada va dir el líder polític.
d) No és culpa nostra que en aquest hospital hi hagi tants malalts intoxicats com a conseqüència del sopar que vam oferir ahir van dir els metges en l'entrevista televisada.
e) Si m'han de continuar apedregant va dir el cantant no penso cantar mai més.
f) Si bé aquest matí ha fet bo va dir la dona del temps el dia abans d'aquell diluvi demà a la tarda plourà a bots i barrals.
g) La meva vista és excel·lent va dir l'àrbitre i si jo he indicat fora de joc és perquè realment ho és.
h) Demà vindré a veure't a casa teva li va dir la Camèlia.

71 Canvia el verb introductor *dir* de les respostes de l'exercici anterior per un altre de **més precís**, tal com has fet en l'exercici 67.

«TRIA UN OBSTACLE GREU»: _ _ _ U _ _.

Quadre 5

	Discurs directe → Discurs indirecte Canvis amb el verb introductor en passat			
	Discurs directe	**Discurs indirecte**	**Discurs directe**	**Discurs indirecte**
Temps verbal	present d'indicatiu	imperfet d'indicatiu	*Em fa pena!*	→ *Em va dir que li feia pena.*
	present de subjuntiu	imperfet de subjuntiu	*Vull que hi vagis.*	→ *Em va dir que volia que hi anés.*
	imperatiu		*Ajuda'm!*	→ *Em va demanar que l'ajudés.* També: *Em va demanar d'ajudar-lo.*
	perfet d'indicatiu	plusquamperfet d'indicatiu	*Ho he aconseguit.*	→ *Em va dir que ho havia aconseguit.*
	perfet de subjuntiu	plusquamperfet de subjuntiu	*No crec que ho hagi aconseguit.*	→ *Em va dir que no creia que ho hagués aconseguit.*
	passat	plusquamperfet d'indicatiu (o passat)	*Ho vaig trobar bé.*	→ *Em va dir que ho havia trobat bé.* (Millor que: ... *que ho va trobar bé*).
	futur	condicional	*Ho couré a l'ast.*	→ *Em va dir que ho couria a l'ast.*
	futur perfet	condicional perfet	*A les dues ja ho hauré cuit tot.*	→ *Em va dir que a les dues ja ho hauria cuit tot.*
Expressió de temps	*ahir*	*la vigília* *el dia abans / anterior*	*Ahir vaig caure.*	→ *Em va dir que el dia abans havia caigut.*
	avui	*aquell dia*	*Avui passaré a veure't.*	→ *Em va dir que aquell dia passaria a veure'm.*
	demà	*l'endemà* (NO: *el dia següent*)	*Et pagaré demà.*	→ *Em va dir que em pagaria l'endemà.*
	aquest + període	*aquell* + període	*Aquest matí he jugat a futbol.*	→ *Em va dir que aquell matí havia jugat a futbol.*
	ara	*aleshores, llavors,* *en aquell moment*	*Fem-ho ara.*	→ *Em va dir que ho féssim aleshores.*
	període + *passat*	període + *abans / anterior / precedent*	*Ho vaig fer l'any passat.*	→ *Em va dir que ho havia fet l'any abans.*
	període + *que ve / vinent*	període + *següent*	*Hi aniré la setmana que ve.*	→ *Em va dir que hi aniria la setmana següent.*
	d'aquí a + període	*al cap de* + període	*D'aquí a dos dies cantaré.*	→ *Em va dir que al cap de dos dies cantaria.*
Expressió del lloc (només si el narrador i el personatge són a llocs diferents)	*aquí*	*allà*	*Fes-ho aquí!*	→ *Em va dir que ho fes allà.*
	prep. + *aquest* + lloc	*prep.* + *aquell* + lloc	*Dibuixa en aquesta taula.*	→ *Em va dir que dibuixés en aquella taula.*

72 **Passa** el discurs directe **a discurs indirecte**, fixant-te especialment en els pronoms personals i en els temps verbals.

Models:

- *El pare em va demanar: «**Deixa'm** en pau!»*
  → *El pare em va demanar que el **deixés** en pau.*
- *Els pares em van demanar: «**Deixa'ns** en pau!»*
  → *Els pares em van demanar que els **deixés** en pau.*
- *Els pares els van demanar: «Deixeu-nos en pau!»*
  → *Els pares els van demanar que els deixessin en pau.*

a) El Josep em va demanar: «Ajuda'm».
b) El Josep et va demanar: «Ajuda'm».
c) El Josep li va demanar: «Ajuda'm».
d) El Josep ens va demanar: «Ajudeu-me».
e) El Josep us va demanar: «Ajudeu-me».
f) El Josep els va demanar: «Ajudeu-me».
g) El Josep i la Josepa em van demanar: «Ajuda'ns».
h) El Josep i la Josepa ens van demanar: «Ajudeu-nos».
i) El Josep i la Josepa us van demanar: «Ajudeu-nos».
j) El Josep i la Josepa els van demanar: «Ajudeu-nos».

«NOMBRE MALEÏT PER LA COSIDORA, SOBRETOT QUAN TÉ LA GOLA SECA»: _ _ _.

73 **Passa** el discurs directe **a discurs indirecte**, fixant-te especialment en les combinacions de pronoms febles, tot canviant el verb introductori per un de més precís.

Models:
- *Em va dir: «Demà* ***te'l*** *donaré».*
  → *Em va assegurar que l'endemà* ***me'l*** *donaria.*
- *Ens va dir: «****Us en*** *caldran més».*
  → *Ens va pronosticar que* ***ens en*** *caldrien més.*

a) –Emporta-te'n una dotzena més –em va dir ahir.
b) –Mireu-vos-el bé –ens va dir.
c) –No te'n descuidis cap –em va dir fa dies.
d) –Ja us les tornarem d'aquí a una hora –ens van dir.
e) –A part de la foto de grup, podeu fer-vos-en una d'individual –ens va dir la fotògrafa.
f) –No penso tornar a dir que us els heu de canviar de tant en tant... –ens va dir l'entrenadora mirant-se els mitjons.
g) –Com que no pensem organitzar nosaltres la festa, us toca organitzar-la a vosaltres mateixos –ens van dir els delegats.

74 **Passa** el discurs directe a **discurs indirecte**, suposant que l'acció del narrador és totalment allunyada en el temps i en l'espai respecte de la del personatge o personatges. Consulta el quadre de la pàg. 207.

Model: *Ens va dir: «Aquestes olives les trobo tan bones que* ***me les*** *menjaré amb pinyol i tot».*
→ *Ens va dir que aquelles olives les trobava tan bones que* ***se les*** *menjaria amb pinyol i tot.*

a) «No t'acabis ara la meva beguda», va dir-me la Núria.
b) «Els cordons de les sabates us poden fer caure, lligueu-vos-els ben fort», ens van dir.
c) «He pescat un peix espasa, però el meu contrincant me l'ha pres», va dir el pescador.
d) «Te les deixaré com noves», va dir el sabater a la clienta en veure les sabates.
e) «Si no t'adaptes a les lents de contacte, te les canviaré per unes ulleres», li va dir l'òptic.
f) «Doneu-me'n un de crema i dos de cabell d'àngel», va dir la Roser mirant-se els pastissets.
g) «Per cada dos paquets que ens compris avui, te'n regalarem un demà», em vau dir.
h) «No us hi amoïneu pas! Si ens porteu els negatius, us els restaurarem», van dir als clients, que creien no poder obtenir més còpies d'unes fotos antigues molt valuoses.

75 Reprèn l'exercici anterior i canvia cada verb introductori per un altre verb **més precís** sempre diferent (consulta els verbs del quadre de la pàg. 207).

Model: *Ens va dir que aquelles olives les trobava tan bones que se les menjaria amb pinyol i tot.*
→ *Ens va confessar que aquelles olives les trobava...*

76 **Passa** el discurs directe a **discurs indirecte**, tot canviant el verb *dir* per un de més precís. (Nota: Suposarem que l'acció del narrador es produeix molts dies més tard i en un indret allunyat.)

Model:
- *Veient aquell cromo, li va dir: «****Te'l*** *canvio per dos!».*
  → *Veient aquell cromo li va dir que* ***l'hi*** *canviava per dos.*

a) En Carles em va dir: «Si no saps què fer amb l'arracada, dona-me-la».
b) La mare va dir: «Necessito porros per a la *vichyssoise*, porta-me'n un quilo».
c) El senyor Francesc va dir al batlle: «El concurs de pintura deixi-me'l organitzar a mi».
d) El fotògraf li va dir: «Et faig la foto del casament sol o te la faig amb la núvia?».
e) El Feliu em va dir: «Se m'acaba de ficar una mosca a l'ull, treu-me-la».
f) El pastisser novell li va dir: «Si trobes les ensaïmades salades, te les canviaré per unes d'ensucrades».
g) Em va dir: «Aquests papers hi sobren, treu-me'ls del davant».
h) A la farmàcia, el pare va mirar-se les tetines dels biberons i va dir: «Doneu-me'n una de cautxú i una de silicona».

Desaparició de les marques d'oralitat en el pas del discurs directe a l'indirecte

Encara que el discurs indirecte també s'empra constantment en la llengua oral, és menys espontani que el directe i, per tant, comporta un procés d'elaboració que descarta alguns trets específics de la llengua parlada. Així, la construcció del discurs indirecte és més cohesionada i recull el valor comunicatiu d'exclamacions o interjeccions i d'alguns tics orals (titubeigs, repeticions, frases inacabades...) per altres mitjans, com la selecció d'un verb de dicció escaient (*va afegir* en l'exemple de més avall) o l'addició d'adverbis, adjectius (*entusiasmada*) i de qualsevol expressió que ajudi a restituir el context comunicatiu (verbal, no verbal, situacional) del missatge oral. Vegem-ho:

- *La Sílvia va preguntar al Ramon: «Et recordes de la meva tia Úrsula, la del castell de Peralada? Doncs ens hi espera aquest dissabte per a celebrar els seus cinquanta anys de soltera... De primera, oi?».*
  → Llavors la Sílvia va preguntar a en Ramon si es recordava de la seva tia Úrsula, la del castell de Peralada. I va afegir, exultant / boja d'alegria / engrescada, que la tia els hi esperava per a celebrar els cinquanta anys de soltera.

77 **Passa** el discurs directe a **discurs indirecte** reemplaçant les **marques d'oralitat** per fórmules més o menys equivalents.

Model: *«****Ostres, tu!****», va dir la submarinista. «Sota l'aigua m'ho passo la mar de bé».*
→ *La submarinista va exclamar* ***entusiasmada*** *que sota l'aigua s'ho passava la mar de bé.*

a) «Ui! M'he fet mal al dit gros del peu esquerre», va dir la Laura.
b) «Au, vinga, dona'm un cop de mà», em va dir l'Adolf.

«CERCA L'AGULLA DINS EL RELLOTGE»: _ _ _ _ _.

c) «Humm... no sé si podré acompanyar-te», li digué el Pere.
d) «Quina barra! Van dir que vindrien a reparar-me la caldera, i ni rastre!», va fer la senyora Emília.
e) «Ai, uix, quin fàstic! Mira on poses els peus, badoc més que badoc! Acabes de trepitjar una bona tifarada!», va dir la mare al seu fill.
f) «Quina pena! No he pogut fer-t'ho. Però no pateixis: aquesta mateixa setmana això estarà llest. Paraula!», va dir-li.

78 **Passa** el discurs directe a **discurs indirecte** reemplaçant les **marques d'oralitat** per fórmules més o menys equivalents.

a) «Bé, d'acord! D'acord! Ja te la deixaré quan no l'hagi de fer servir», vaig dir-li mostrant la meva faldilla predilecta.
b) «Au, va. Aneu-vos-en d'una vegada, que arribareu a misses dites!», va dir-nos.
c) «Saps què? Demà mateix et pintaré la barana. Paraula!», digué el Carles a la seva àvia.
d) «No, no i no!», va dir a la seva mare, mirant-se els mitjons. «No penso posar-me'n fins que arribi l'hivern.»
e) «Òndia! M'has deixat la bici feta un fàstic. A partir d'ara, quan me la demanis, no te la deixaré», va dir-me l'Alícia.

79 Passa els fragments a **discurs indirecte**, fent-ne desaparèixer les **marques d'oralitat** i emprant-hi més d'un verb de dicció.

Model: *En Daniel va dir a la Mireia: «Va, no siguis així... Ajuda'm a ficar dins els sobres aquests programes, que han de sortir per correu aquest vespre mateix. Demà et faré la meitat de la feina perquè puguis plegar d'hora».*
→ (possible solució) *En Daniel va pregar a la Mireia que l'ajudés a ficar aquells programes dins els sobres, perquè havien de sortir per correu aquell vespre mateix. A més, es va oferir a fer-li l'endemà la meitat de la feina per tal que ella pogués plegar d'hora.*

a) Durant la darrera etapa de l'ascens es va girar un vent molt fort i el cel es va tapar. En Nil va dir: «És millor que tornem al camp base. Què hi farem! Si demà s'arregla, ho intentarem per última vegada. I, si no... a posar-s'hi fulles, nois, i a Katmandú hi falta gent! No ens la podem jugar més!».
b) En Lau va córrer cap al guàrdia de trànsit, que ja li planteficava una multa, i va dir-li: «Dispensi, però només han estat uns quants minuts. Ja sé que no es pot aparcar, aquí, però he hagut d'acompanyar la mare a cal metge... És un tercer pis sense ascensor, sap? I com que la pobra dona ja no va gaire lleugera... No puc pas fer-la pujar tota sola i que em caigui escales avall! Oi que m'entén?».
c) La Laura va dir a l'empleada de la companyia de gas: «És increïble! Encara no fa un any que tenim aquest aparell i ja us hem hagut d'avisar tres cops! Si és defectuós, ens el canvieu, i llestos! Ja veieu que no ens en sortim. I jo no tinc més temps per a perdre, esperant-vos a casa cada vegada!».

LÈXIC I SEMÀNTICA

80 Escriu la **vocal** que manca als mots de més avall i justifica oralment la resposta. Digues per mitjà de quins procediments s'han format: **derivació** (**D**) o **composició** (**C**). Subratlla'n els radicals.

Models:
- *muntador* (**D**) → *munt-* + *-ador*
- *trencaclosques* (**C**) → *trenca* + *closques*

- guard___bosc
- pesc___dor
- menj___dor
- explot___ció
- bev___dor
- par___-xocs
- naix___ment
- acoll___dor
- reb___dor
- coneix___ment
- perd___dor
- compt___gotes
- financ___ment
- assegur___nça
- esprem___dora
- corr___foc
- tem___nça
- bat___dora

81 Completa els mots amb *a* o bé *e*. Justifica la resposta a partir del procediment que s'ha seguit en la **formació del mot**.

- reb___dor
- contínu___ment
- escur___dents
- corr___disses
- cans___ment
- venc___dor
- enterr___ment
- panx___content
- investig___ció
- agr___ment
- pedr___gós
- punx___gut
- espet___gar
- trenc___dissa
- naix___ment
- guany___dor
- tendr___ment
- marc___passos
- humili___ció
- creix___ment
- escorr___dora
- alliber___ment
- rod___mon
- bony___gut
- assed___gat

82 **Derivats castellanitzants.** A partir d'una arrel incorrecta no en sorgeix pas un mot correcte. Si en català no es diu *enfermo*, que és un mot castellà, tampoc no es dirà **enfermetat*: la forma correcta és *malaltia*, que deriva del terme *malalt* (existeix, però, el llatinisme *infermer*). Explica per què no són catalans els mots següents i troba-hi una alternativa (consulta, si cal, algun diccionari):

- «merendero»
- «adelantar»
- «cartelera»
- «ganancia»
- «inolvidable»
- «papelera»
- «sombrilla»
- «enfrentar»
- «alborotar»
- «patada»
- «atrasar»
- «embustero»
- «humillación»
- «ensayar»
- «peluqueria»
- «asustar»
- «alambrada»
- «camarero»

83 Digues el **gentilici** dels topònims següents:

- Maó
- Terrassa
- Vic
- Aragó
- Xina
- Lleida
- Mataró
- Tostosa
- Londres
- Hongria
- Badalona
- Alacant
- França
- Sicília
- Romania

84 Escriu un adjectiu amb **accent gràfic** que pertanyi a la mateixa **família** que els mots següents:

Model: *prosperar → pròsper, pròspera*

- debilitat
- energia
- agilitar
- centre
- esplendor
- immobilitzar
- calor
- síntesi
- rapidesa
- diabetis
- poesia
- rigor
- docilitat
- habilitar
- atmosfera

85 Omple els espais buits amb un mot que pertanyi a la mateixa família lèxica que el que hi ha entre parèntesis.

Model: *Aquest disc dur és molt útil per a l'emmagatzematge* (magatzem) *ràpid de dades.*

El lingüista Joan Solà

No tinc cap dubte que, si hagués estat possible, Josep Pla hauria considerat Joan Solà i Cortassa una persona prou __ (relleu) per a figurar entre els seus homenots, com en formaren part Pompeu Fabra o Joan Coromines. [...]

El Solà que jo he conegut sembla mogut per dues forces aparentment ___ (contradicció): l'emoció i el rigor científic. En efecte, tothom que conegui el seu tarannà pot constatar que la seva inqüestionable ___ (exigent) intel·lectual no està renyida amb l'emotivitat que transmet i que li dona una energia inexhaurible. Els seus alumnes reconeixen el rigor de les seves classes, entre la ___ (subtil) i el dubte metòdic, que els provoca ___ (intranquil); però el record que els resta d'ell va lligat sobretot al seu poder de seducció, a l'atractiu d'una personalitat que el fa ser estimat. El Solà professor és un gran comunicador que acompanya la densitat de les seves idees amb dots quasi teatrals, amb gesticulacions i entonacions àmplies, amb esclats de riure que encomanen passió per la matèria, per la vida. El seu tracte revela una gran humanitat, una despreocupació per la imatge que d'ell mateix pugui donar, llibertat que li permet expressar-se amb ___ (humil) sincera i arromangar-se per treballar en allò que necessiti el país. [...]

En les caminades que, de tant en tant, hem fet plegats, he pogut constatar que traspua, fins al final del ___ (recórrer), una jovialitat ___ (envejar), com també aquella il·lusió del Fèlix lul·lià que es meravella davant el món, amb un no sé què d'infant entremaliat i belluguet, amb una energia interior que el fa ser no solament valent sinó també –deixeu-m'ho dir– un xic ___ (gosar) i tot. [...]

En Solà és un home d'una gran __ (fort), resistència i agilitat (física i mental). Extravertit i ___ (acollir), és també un bon ___ (conversar). Pot donar raó de molts temes perquè el seu món és ric i variat: li agrada la música, el futbol, i ha participat en esdeveniments ben diversos (de públic en concerts de rock o en la comitiva del París-Dakar, posem per cas).

Però tornem a la seva activitat excursionista, encara ara tan activa i que _____ (costum) a realitzar amb un «equip» fix però obert a moltes incorporacions ___ (ocasió), com la meva o la de l'Albert Jané, membre com ell de la Secció Filològica, el qual en el seu dietari *Els dies i els llocs* ressalta el «ritme frenètic» d'una sortida que vam fer tots tres guiats pel col·lega Ferran Marcos. Tot i que segurament l'objectiu prioritari de les seves sortides ___ (matí) és esbravar-se de l'intens esforç intel·lectual d'entre setmana, no hi ha dubte que la seva mirada és tothora la d'un lingüista atent, que duu a la motxilla, entre la bota de vi negre i els ganyips, una llibreta on va prenent notes (com ho feren Fabra i Coromines, també excursionistes, per cert).

Jaume Macià i altres. *Joan Solà. 10 textos d'homenatge* (en ocasió del seu setantè aniversari), 2010

86 Tria la **paraula adient** (flexiona-la, si cal), raonant oralment la resposta.

a) Aquests alumnes han suspès perquè, tot i seure a primera fila, no (escoltar / sentir) la professora per més que fan veure que paren atenció.
b) Ningú no podia (escoltar / sentir) el que es deia a la sala de tant enrenou i crits que hi havia: semblava el mercat de Calaf!
c) No cal que cridis tant, que ja et (escoltar / sentir / sentir-hi): no soc pas sorda!
d) L'avi ha vingut a (veure / veure-s'hi) com munyim les vaques; però no sé pas què (veure / veure-s'hi), perquè sense ulleres, no (veure / veure-s'hi) gens ni mica...
e) Aquesta butaca és tan (gran / gros), que l'haurem de posar a l'habitació més (gran / gros) de la casa.
f) Una de les coses que més m'aterreix d'aquesta vida és el (so / son) d'un (tro / tron) durant una tempesta d'estiu.
g) Als estudiants de pràctiques, els van demanar que duguessin un (òrgan / orgue) d'un porc o de truja per a ferne la dissecció.

87 Tria la **paraula adient** (flexiona-la, si cal), raonant oralment la resposta.

a) A uns cent (metre / metro) de casa meva, hi ha la boca del (metre / metro) que porta a les Drassanes.
b) Ves a la botiga de la cantonada i compra-hi tres (tac / renec) per a penjar aquests quadres.
c) La Restituta no diu una sola frase que no deixi anar un (tac / renec) dels grossos.

«AQUESTA TXECA, ARTESANA DEL CRISTALL, DUU UNA VIDA FORÇA DESORDENADA»: _ _ H _ _ _ _.

d) No té les idees clares; els seus pensaments són més aviat (confós / confús).
e) No vaig sentir (nomenar / anomenar) el seu nom entre els que (nomenar / anomenar) per a algun càrrec.
f) Al juliol serà (nomenar / anomenar) funcionària en pràctiques.
g) El polític no era (consegüent / conseqüent) amb els principis que proclamava i, per (consegüent / conseqüent), va perdre tota credibilitat entre els seus votants.
h) A l'Esteve l'entusiasmen els colors (pastel / pastís): hi pintarà l'habitació de la menuda!
i) Quan va entrar l'artista, tothom es va posar (dret / de peu).
j) Nedaven amb aquella alegria fins que van veure les aletes dorsal i (cabdal / cabal / caudal) d'un tauró...

88 Tria la **paraula adient** (flexiona-la, si cal), raonant oralment la resposta.

a) Avui no podré anar (al gimnàs / a la gimnàstica) perquè tinc massa (feina / treball)!
b) La captura descontrolada de (delfí / dofí) farà desaparèixer aquesta espècie de cetacis si no s'hi posa aturador.
c) A la fi els segrestadors van (alliberar / lliurar) l'ostatge, i així posaven fi a un mes de captiveri.
d) La (medecina / medicina) que li ha receptat l'equip mèdic li ha provocat un (maldecap / mal de cap) de ca l'ample!
e) L'informe (mèdic / metge), el va signar el seu (mèdic / metge) de capçalera mateix.
f) Els tomàquets s'han d'escaldar amb aigua (bullent / bullint).
g) Aboca la pasta dins l'aigua, que ja està (bullent / bullint).
h) El cambrer, servint la clienta, li va tirar cafè (bullent / bullint) al clatell!
i) Un cop més, en Nil ha (suspès / suspens) la geografia.
j) Les galtes de porc no li agraden perquè tenen massa (greix / grassa) i no li convé per al colesterol.

89 Tria la **paraula adient** (relacionada amb la idea de quantificació), si cal flexionant-la.

a) Aquella atleta corre amb el dorsal (número / nombre) catorze.
b) Hi acudí un (número / nombre) més aviat escàs de visitants.
c) El pròxim tema va sobre els (número / nombre) fraccionaris, altrament dits fraccions.
d) A la classe de matemàtiques ens han explicat els (número / nombre) reals i els enters.
e) Com que els pantalons li arrossegaven per terra, es va (doblar / doblegar) la vora.
f) En veure la seva dedicació al negoci, l'amo li va (doblar / doblegar) el sou.
g) Cal protegir el (mig / medi / mitjà) ambient si no volem que desaparegui la vida al planeta.
h) Aquest partit polític té moltes connexions amb els (mig / medi / mitjà) financers.
i) No té prou (mig / medi / mitjà) financers per a poder afrontar els deutes.
j) Hem necessitat (migdia / mig dia) per a acabar aquesta feina.
k) És una tasca relativament curta. Si ens hi posem a primera hora del matí, ja la tindrem llesta al (migdia / mig dia).
l) Se'n va anar a clapar a (mitjanit / mitja nit), però es va passar (mitjanit / mitja nit) intentant adormir-se.

90 **Tria dos dels mots** que hi ha entre parèntesis (flexionant-los, si cal).

a) És un indret tot feréstec (anomenar / nomenar / denominar / conegut) el Sot de l'Infern.
b) Estem a punt de (llençar / llançar / tirar / portar endavant / tirar endavant) un nou model de cotxe elèctric al mercat.
c) La teva companya, a la primera classe del matí, està ben (adormir / dormir / adormilat / endormiscat).
d) Cal que us (atendre / atenir / atènyer / fixar / adonar / cenyir) a les instruccions que hem donat.
e) Es tracta d'un esdeveniment (cabdal / cabal / caudal / cabdell / capital) en la història del nostre poble.
f) Entre les aportacions que han llegat els romans (haver-hi / ser-hi / estar / tenir / raure) les relacionades amb l'urbanisme.
g) Em va prometre que no (desvelar / desvetllar / xivaria / xerraria / parlaria) el secret.
h) Aquestes notícies (aterrar / aterrir / terroritzar / aterroritzar) la població i la deixaven desmoralitzada.
i) La mixeta li ha clavat una bona (esgarrapada / esgarrinxada / esguerrada / urpada).

91 Detecta en cada oració dos mots amb **afixos** (populars o cultes) que **expressin lloc**. Explica'n oralment el significat.

Model: *Hem posat la infermeria a l'avantsala.*
Raonament: El sufix *-eria* indica lloc en *infermeria* (com també en *sabateria*, *fruiteria* o *perruqueria*). El prefix *avant-* en *avantsala* designa un espai situat abans de la sala; equival a *antesala*.

a) Hem deixat la peixera al rebedor.
b) No van morir els soldats de l'avantguarda sinó els de la rereguarda.
c) Al sotsdirector de l'empresa, li van practicar una endoscòpia de còlon.
d) No li van posar una injecció intramuscular perquè tenia molt malmès el teixit subcutani.
e) Abans d'atracar a l'embarcador, hem circumnavegat les illes Medes.
f) Per recórrer la tundra, s'estima més agafar el tren transsiberià que un autobús interregional.

92 **T** SOLUCIONS PÀG. 373

Test de lèxic. A continuació t'oferim cinc **tests** per a comprovar la riquesa del teu vocabulari. Encercla l'opció que s'ajusti més al significat del mot en el context donat.

Test 1

Model: *intimidar* («És amb aquests mots que el volien intimidar.»)
1. tenir relacions íntimes; *2. sentir-se tímid;*
3. fer sentir bé; *(4.) acovardir.*

a) **cabòria** f. («Les cabòries de la seva filla el sumien en la depressió.»)
1. exclamació de contrarietat 2. preocupació
3. boira baixa 4. bajanada

b) **catalanoparlant** f. i m. («La població catalanoparlant augmenta en nombre.»)
1. que parla català 2. que no parla català
3. que estudia català 4. a qui prohibeixen enraonar en català

c) **descregut -uda** adj. («El fill del sagristà és un xicot descregut.»)
1. que és molt cregut 2. que s'ho empassa tot
3. que no té fe religiosa 4. que ha caigut en descrèdit

d) **desinteressat -ada** adj. («Tota la família és molt desinteressada.»)
1. que no té interès a aprendre 2. generós
3. sense rèdits bancaris 4. desdinerat

e) **revenja** f. («Els veïns ho atribueixen a una revenja.»)
1. nova venda 2. venjança
3. enveja 4. tornada

f) **estomatòleg -òloga** m. i f. («Va haver d'anar a un estomatòleg.»)
1. metge de l'estómac 2. metge de l'aparell digestiu
3. metge de la boca 4. especialista en tomata

g) **fatxenda** m. i f. («Detestava els fatxendes de la part alta de la ciutat.»)
1. qui tot ho fa per fer-se veure
2. hisenda 3. feixista
4. qui fa mala fila

h) **fer-la petar** loc. v. («Els guàrdies de jutjat evitaven de fer-la petar.»)
1. interrompre la xerrada 2. deixar anar una ventositat
3. enraonar 4. gastar la pólvora en salves

i) **follia** f. («El dissabte s'abocava a tota mena de follies?»)
1. acció assenyada 2. bogeria
3. luxúria 4. afecció foliar

j) **muleta** f. («El ramader va veure la muleta perduda.»)
1. filla d'una persona blanca i d'una altra de negra
2. maletí de molta capacitat
3. mula petita
4. tipus de bastó per a ajudar-se a caminar

Test 2

a) **barrut -uda** adj. («Aquest noi és molt barrut.»)
1. que té preferència per la barra de pa
2. galtut 3. que sovinteja els bars
4. covard

b) **bufeta** f. («L'han hagut d'operar de la bufeta.»)
1. òrgan de l'aparell urinari
2. òrgan dels pulmons 3. òrgan de la boca
4. òrgan de la bufeta

c) **empolainar-se** v. («Va trigar a sortir perquè s'estava empolainant.»)
1. posar-se polaines
2. posar-se vestits elegants
3. posar-se rímel 4. calçar-se

d) **balder -a** adj. («Vestia amb roba baldera.»)
1. brut 2. estripat
3. ample 4. de segona mà

e) **engonal** m. («El jugador es plany de l'engonal.»)
1. àrbitre situat en la diagonal del jugador
2. entrecuix 3. migcampista
4. maluc

f) **escardalenc -a** adj. («Era una al·lota escardalenca.»)
1. que no suporta que alguna cosa s'esquerdi
2. esquerp 3. pretensiós
4. alt i prim 5. espitregat

g) **esparracat -ada** adj. («Sempre el veies esparracat.»)
1. enfilat a la parra 2. arrapat a algú
3. abatut 4. ple d'estrips
5. ple de paràsits

h) **esmerçar** v. («La quantitat esmerçada era gran.»)
1. invertir 2. perdre 3. gastar

i) **estarrufat -ada** adj. («Estava tot estarrufat.»)
1. espantat 2. sense bufera 3. esgarrifat
4. amb el pèl dreçat 5. atordit

j) **esquerp -a** adj. («Té un veí molt esquerp.»)
1. bon pescador d'esquer
2. tibat 3. poc sociable
4. gasiu

Test 3

a) **fornir** v. («Van fornir queviures per a les parades de plaça.»)
1. coure 2. enfornar
3. subministrar 4. pispar

b) **rondinar** v. («No parava de rondinar.»)
1. fer voltes sobre si mateix 2. passejar
3. remugar 4. capbussar-se

c) **d'antuvi** loc. adv. («D'antuvi, es negaren a saludar-lo.»)
1. d'entrada 2. temps enrere
3. d'habitud 4. antigament

«POT SER SANGUINI, AUTOMÀTIC, PER DEGOTEIG, PER ASPERSIÓ... PERÒ MAI UN CANAL!»: _ _ _ _.

d) **tanmateix** adv. («Hi havia dificultats. Cal dir, tanmateix, que moltes ja les havíem superades.»)
1. també 2. així mateix
3. igualment 4. no obstant això

e) **fer pampallugues** loc. v. («Aquest llum fa pampallugues.»)
1. fer pudor 2. fer intermitències
3. atreure les papallones 4. tenir orelles de pàmpol

f) **fressa** f. («No podia suportar tanta fressa.»)
1. ordre 2. mentida
3. maduixa 4. soroll

g) **camàlic** m. («Van necessitar l'ajut d'un camàlic.»)
1. auxiliar d'infermeria que enllita els malalts
2. metge especialitzat en les extremitats inferiors
3. bon camarada
4. qui es lloga per a transportar càrregues a coll

h) **acotxar** v. («El seu pare sempre l'acotxava.»)
1. posar bé la roba del llit perquè quedi calentó
2. acompanyar arreu amb cotxe
3. ajeure 4. escoltar amb devoció

i) **bolquer** m. («En Josep ha comprat bolquers al Bernat.»)
1. camió de joguina amb una caixa que es tomba
2. caminador que evita caigudes als infants que aprenen a caminar
3. peça absorbent per a la higiene dels nadons
4. seitó (peix de la família dels engràulids)

j) **bocí** m. («El gos no en vol pas cap, de bocí.»)
1. estri de cuir que es posa a la boca dels gossos per a evitar que mosseguin
2. estri d'esquilar 3. vacuna antiràbica
4. tros

Test 4

a) **amarat** adj. («Durant la celebració del triomf, la ciclista guanyadora va quedar amarada de cava.»)
1. xop 2. banyat amb aigua de mar
3. amargat 4. tip

b) **reviscolar** v. («Aquest fred l'ha reviscolada.»)
1. matar 2. deixar en estat febril
3. tornar de mort a vida 4. emmalaltir

c) **rebregar** v. («M'han rebregat la documentació.»)
1. perdre 2. arrugar
3. manllevar 4. sostreure

d) **fer feredat** loc. v. («Veure-ho feia feredat.»)
1. fer por 2. fer ràbia
3. fer pena 4. fer impressió

e) **sentir recança** f. («Quan hi pensava, sentia molta recança.»)
1. sentir ràbia 2. sentir enyor
3. saber greu 4. fer vergonya

f) **maldestre- a** adj. («Escrivia amb un estil maldestre.»)
1. magistral 2. mancat d'habilitat
3. molt destre 4. que sap destriar

g) **eixelebrat -ada** adj. («Era capaç de prendre les decisions més eixelebrades.»)
1. irreflexiu 2. admirable
3. valent 4. celebrat

h) **capcinada** f. («Havent dinat, ho aprofito per a fer una capcinada.»)
1. partida de cartes 2. migdiada
3. trucada al Capcir 4. cigaló

i) **patxoca** f. («La Núria sempre feia molta patxoca!»)
1. mala cara 2. feina dura
3. pena 4. goig

j) **rebec -a** adj. («La Rosa és molt rebeca.»)
1. indòcil 2. bevedor de cervesa
3. nassut 4. receptiu

Test 5

a) **voler fer entrar el clau per la cabota** («Pretén que tothom vagi a la seva hora: això sí que és voler fer entrar el clau per la cabota!»)
1. entossudir-se en una cosa 2. anar de corcoll
3. nedar i guardar la roba 4. bufar i fer ampolles

b) **fer l'orni** («No facis l'orni cada cop que et pregunto amb qui has anat a sopar.»)
1. fer mala cara 2. fer llengotes
3. fer el desentès 4. fer malves

c) **perdre bous i esquelles** («Si ho invertim tot en borsa, hi perdrem bous i esquelles.»)
1. fer passar bou per bèstia grossa
2. passar l'arada davant del bou
3. anar-se'n tot a pastar fang
4. venir temps de vaques grasses

d) **estar com un llum** («Ara vol ensenyar el lloro a llegir: està com un llum!»)
1. no dir ni piu 2. no tenir sang a les venes
3. ser l'ase dels cops 4. faltar-li un bull

e) **ficar-se de peus a la galleda** («M'he ficat de peus a la galleda confonent mare i filla.»)
1. fer una planxa 2. posar les mans al foc
3. estar entre dos focs 4. estar de bon any

f) **haver-hi roba estesa** («Parleu més fluixet, que hi ha roba estesa.»)
1. fer marrada 2. a cada bugada perdre un llençol
3. treure els drapets al sol 4. tenir les parets orelles

g) **anar a quarts de quinze** («No hi confiïs gaire: aquests dos sempre van a quarts de quinze.»)
1. anar d'Herodes a Pilat 2. anar a mal borràs
3. fer patxoca 4. fer salat

h) **fer els ulls grossos** («El policia va fer els ulls grossos davant la infracció del veí.»)
1. fer uns ulls com unes taronges 2. mirar enlaire i xiular
3. tenir cara i ulls 4. fer un cop de cap

LLENGUA I VARIACIÓ

93 Llegeix el següent poema i descriu les **varietats socials** que s'hi reflecteixen:

Bany de cultura (Vals, Duo)

ELLA: El vaig trobar de matinada,
com un guerrer que va al combat.
Anava armat d'escombra i pala,
mig adormit, mal afaitat.
Jo me'l miro. Ell em mira.
Jo me'l torno a mirar.
Ell, capbaix, va i sospira.
Jo li dic: vols pujar?

ELL: Ma la miro i ma mira.
Ma la torno a mirar.
Que enrotyada! Sospira!
Tia, dic, puc putxar?

ELLA: Angelet, criatura,
jo li faig, maternal.
Un bon bany de cultura
i un de sabó, això et cal!

ELL: La tia va flipada
i té pela, segur.
Sagueix-li la xugada
De l'aigua i el xampú.

ELLA: Amb els banys de cultura
i un rosat gel *moussant*,
el xicot de pell dura
es va civilitzant...

ELL: No diré «casserola»,
no diré «botiquí».
Diré farmaciola
i tupí.

Xa no dic «tinc qu'anar-hi»,
ni «cruse» ni «colilla».
Xa sé dir *apotecari*
i *cruïlla* i *burilla*.

ELLA: Aprendràs pronoms febles,
llegiràs en Carner.
Faràs versos amb rebles,
rimats d'allò més bé.

ELL: Xinesta altra vegada!
Ve el xuny i xa s'ensuma!
Ai, xavala, m'agrada
l'amor en xaç d'escuma.

ELLA: Anem, doncs, a la banyera.
Visca el sabó i la cultura.
I que s'alci la senyera,
com un far en la nit... dura!

Narcís COMADIRA, *Formes de l'ombra*

94 Llegeix el fragment següent, situat a la zona de Banyoles, i fes les tasques següents:

a) Amb quin (o quins) valor semàntic s'hi utilitza el **verb** ***cardar*** (línies 7 i 23)? Digues-ne un equivalent en el mateix registre.

b) Detecta-hi altres elements de **registre col·loquial** o popular.

c) Reformula de nou la veu del narrador **canviant el passat perifràstic pel simple i viceversa**.

Model: *El cosí s'aixecà de la cadira, la va rebotir...*

Contextualització: *En Quimet troba un home mort al seu hort. El seu cosí, un pocavergonya carregat de deutes, l'enreda per amagar el cadàver i simular un segrest per a obtenir diners. En aquest moment, en Quimet i en Santaló han dit al bergant que el pla és molt arriscat.*

El cosí va aixecar-se de la cadira, la rebotí i sortí donant un fort cop de porta. La rastellera de renecs va fer tremolar tot l'obrador. Se sentí com el Mercedes arrencava a gran velocitat, fent xerricar les rodes violentament. En Santaló i en Quimet quedaren asseguts l'un davant de l'altre. En Santaló s'eixugà el **biot**[1] de suor que negava el seu front.

–Carda cada bestiesa. És ben boig, el teu cosí.

–Retira al seu pare.

–És veritat que al seu pare li faltava un bull?

–El meu oncle no hi era pas tot.

–Què feia?

–Quan ens estàvem a Falgons, tenia la mania de voltar de nits. Sortia de l'estada i començava a rondar-la pels camins o per camps a través. Com un somnàmbul. Això sí, mai no es perdia. En acabat, quan estava fart de caminar, tornava a casa com si re.

–Era perillós?

–Perillós? No era pas un home geniüt, era més pacífic que el meu cosí. Però una nit que va sortir a caminar, el secretari del poble va aparèixer mort amb un trau al cap. La gent va dir que uns lladres havien matat el secretari perquè es pensaven que duia calés de l'Ajuntament. Però jo sempre vaig pensar que darrere de la mort d'aquell home hi havia el meu oncle. Potser se'l va trobar al mig del camí i li va cardar un roc pel cap. [...]

–L'hi hauríem de treure del cap –en Santaló s'havia aixecat la camisa i es començava a gratar la panxa.

–El què?

–Això del segrest. No ho veig pas gens clar.

–Ja tens raó. Jugant-jugant, ja l'han dinyat tres persones.

–Dugues, no? Ah sí, no comptava amb en Carmelo. –I en Santaló va fer com si se li escapés el riure.

–Ves a saber com acabarà petant tot plegat.

–Recoi, traguem-li del cap –continuà en Santaló–. Jo veig que tot això va pel pedregar.

–Tu mateix. Però tu no coneixes el meu cosí: quan té una ceba al cap, malament rai.

–Se l'ha de fer baixar del burro. Ja n'hi ha prou, d'aquest color –en Santaló amb el puny havia picat contra la taula, fent-se el milhomes davant d'en Quimet.

Miquel AGUIRRE, *Els morts no parlen* (2015)

1 **biot** (en aquest context): regalim.

«DOS-CENTS SÓN MESTRES»: _ _ _ _ _ _ _ _ _.

95 **Josep Maria Espinàs** és un dels nostres escriptors més prolífics. Aquí ens fixarem en la sèrie que té de llibres de viatges a peu (una vintena de títols), en què narra i descriu el que veu, però també hi reprodueix, d'una manera més o menys aproximada, el parlar de la gent que es troba pel camí. Esbrina a quin dels llibres següents pertany cada fragment:

- *A peu per l'Alt Maestrat* (Castelló)
- *A peu per Mallorca sense veure el mar* (Illes Balears)
- *A peu per l'Alt Camp* (Tarragona)
- *A peu pel Matarranya* (Terol)
- *A peu pel Priorat* (Tarragona)
- *A peu per la Terra Alta* (Tarragona)

Fragment 1

Ja li contaré de com va vindre això, que li van donar garrot. Mon pare va anar a veure-ho. Si eren veïns, home!

Pos bueno. Lo tio Moco tenia un fill que li dien lo Moquet; i este estae casat a la Frexneda en una filla de casa els Huixelets, que dien entonces, i no fea més que algueraes, però l'avuelo Moco, son pare de les Damianes i totes aquelles, tenie un diputat a Terol que li'l traïe sempre de la presó; bueno i total que va fer una alguerada i el van tancar a Vall-de-Roures; lo tanquen a Vall-de-Roures i va conquistar al carceler de donar-li alguna dobleta d'or pa que el dixare eixir de nit, anae a la Frexneda, fea la faena en la dona, i dos, quatre dobletes d'or. Però va arribar un dia que la dona li va dir: dobletes ja te les has tragades totes, jo no en tinc ni una...

Fragment 2

Allà hi ha dos hòmens, un de més gran i un de més jove. Dormen dins un graner, com gossos. Lo jove està un poc grillat, i lo major també, lo major... me sembla que se porten una cosa estranya, entre ells. Lo jove no sé què li va fer a lo major; una volta, li fa fotre una escopetà al cul. Sempre estan renyint, però ahí estan los dos. Salvatges i avant. Si vostè los vera diria: estos són de antes de Jesucrist. [...] Ja saben com li diuen a este poble? El poble de la rabosa.

Fragment 3

–Això és gent de fora, no? –pregunta la Isabel.

–Estrangers, sí, però també una quantitat d'espanyols, madrilenyos, bascos, aquests que tenen doblers. Com na Schiffer.

–Sí, vaig veure la foto en un diari, la mansió, en deien.

–Sí, però no ha vengut. [...] S'ha de sebre el que costa mantenir una construcció com aquesta, eh? [...] Comences a veure palmeres, on hi ha palmeres són cases noves, perquè allà no n'hi havien.

–I de qui són?

–Àrabs, alemanys, gent que ha pagat desbarats i el que han construït val una fortuna. A més, es poblets es converteixen en ciutats-dormitori, perquè sa indústria que tenien antigament s'ha acabat. En es moment que va venir es turisme... Aquests poblets han quedat estancats, i ara què passa, que ja no se pot viure a ses ciutats, al cap de vint anys tothom vol tornar aquí. [...] Tens cotxo... Es mateixos fills des pares vells, que ja han mort, rehabiliten ses cases.

EXPRESSIÓ

96 **Text explicatiu.** Troba una explicació fantasiosa o estrafolària a un fet conegut o a un fenomen habitual (com la pluja). Adopta-hi un registre estàndard. Extensió: aprox.125-150 mots.

97 **Text predictiu.** Redacta a partir d'una d'aquestes dues opcions. Extensió: 100-125 mots.

1. Escriu una **predicció meteorològica** radiofònica per al barri del teu centre docent. Fes-hi servir un grau de precisió inusual (detalla-hi, per exemple, quin temps s'espera al pati o en espais pròxims).
2. Dissenya't un **horòscop** a mida: digues què t'agradaria que et passés aquesta setmana!

98 **Text instructiu.** Redacta un text a partir d'una d'aquestes dues opcions. Extensió: aproximadament 125 mots.

1. Celebreu un concurs sobre receptes. T'informes de com són les receptes i n'escrius una.
2. Avui dia els mòbils i les xarxes socials han esdevingut una eina molt important per a la vida en societat. Tanmateix, hi ha situacions o moments en què no són recomanables. Escriu el decàleg «Millorem les cibermaneres» per regular-ne l'ús i impedir-ne l'abús, que pot causar possibles malalties derivades (nomofòbia, «whatsappitis»; tendinitis, etc.).

99 **Text conversacional.** Redacta un text a partir d'una d'aquestes dues opcions. Extensió: aproximadament 150 mots.

1. Fes que dos escriptors, situats a dos o més segles de distància, es trobin el dia de Sant Jordi signant exemplars i tinguin una conversa.
2. Ets en un embús. Truques a una emissora de ràdio per informar-ne, però tot seguit ve un guàrdia amb intenció de multar-te... Reprodueix la conversa que teniu.

100 **Text retòric.** Redacta un text a partir d'una d'aquestes dues opcions.

1. Crea un poema d'una vintena de versos seguint l'estructura sintàctica paral·lelística d'aquest fragment de Brossa (t'has de basar en oracions condicionals; pren-te llicències quant a la mètrica o la rima).

Model: *Si eres una onada, series el meu joc favorit.*
Si m'estimaves sempre, series la plenitud.
Si eres una manera de parlar, series el diàleg.
Si ploraves inquieta, et buscaria i no et trobaria.
Si eres una posta de sol, series la més bella de totes.

Joan Brossa, «Tu». A: *Poesia rasa*

2. Com has vist, en el peu de les pàgines del llibre hi ha **enigmes**. Inventa-te'n un. (Extensió màxima: 15 mots.)

«DALTABAIX FINANCER A RITME D'ONOMATOPEIA»: _ _ _ _.

101 **Text descriptiu.** Analitza aquests dos retrats sobre el mateix escriptor, **Salvador Espriu**, i fes les activitats de més avall.

Text 1

La presència d'aquell cap era cada vegada més dominant. Hi devien influir els cabells. No sé com els duia, d'adolescent, però quan jo el veia, que era només de tant en tant, m'adonava que els cabells se li feien progressivament curts. N'hi havien caigut uns quants, és clar, però hauria estat un home amb entrades, com tants, si no se'ls hagués tallat arran. El crani li quedava limitat, dissimulat, per un dit just de cabells grisosos, i juraria que les últimes vegades que el vaig veure ja només era mig dit. Era com un matoll en miniatura, una plantació controlada de pèls curtíssims i rígids, que feia pensar en una prima estora punxeguda de faquir. Aquells cabells accentuaven la imatge d'austeritat d'Espriu, que si no m'equivoco era un home que coneixia les perilloses gràcies de la sensualitat i s'havia proposat no caure-hi.

Josep M. Espinàs, *Relacions particulars* (2007)

Text 2

Salvador Espriu, al primer cop d'ull, té aspecte d'afligit, com si anés a murmurar o a rebre un condol. És prim, de mitja talla, acala i encongeix una mica les espatlles, posa els peus amb les puntes cap endins. Li pengen, inerts, els braços. La boca se li inclina cap avall, als extrems. Els ulls són grans, negres, amb expressió compungida. Ja no té gaires cabells, que, a més, li claregen. El cap és més aviat petit, però amb prudència. Les orelles li surten, grosses, obertes. [...] Ens asseiem en un sofà, on ell s'aclofa, arquejant l'esquena.

La mirada, una vegada en marxa la conversa, s'anima en brillantors; els ulls es mouen ràpids, amb cautelosa observació. La veu és tensa, es dispara en un parlar nerviós, precís, àvid, acerat. [...]

Espriu, hipersensible, ha viscut anys tèrbols, durant els quals ha hagut d'encongir-se i moure's per les ombres. El sentit del ridícul dels catalans no és sinó una forma de temor del qui està a sota i és manat i jutjat per un altre.

Baltasar Porcel, *Grans catalans d'ara* (1972)

a) Quin **aspecte** d'Espriu ressalta especialment cada autor en el fragment que s'ha triat? Quina és, en cada retrat, la funció de les darreres ratlles?

b) Quin temps verbal predomina en cada retrat?

c) Posa en imperfet o passat les formes verbals d'aquestes oracions de Baltasar Porcel: «Ja no té gaires cabells, que, a més, li claregen. El cap és més aviat petit, però amb prudència. Les orelles li surten, grosses, obertes. [...] Ens asseiem en un sofà, on ell s'aclofa, arquejant l'esquena». **Model:** *Ja no tenia...*

d) Tria una de les fotos d'escriptors i escriptores catalans que oferim en aquest manual i fes-ne el retrat (en concret, una descripció física del cap o de la cara), imitant les anteriors (també en extensió). Consulta el quadre de la pàgina següent. Proposa al company o companya d'endevinar qui has descrit.

102 **Text narratiu.** Recrea o **parodia** un fragment d'algun conte popular ben conegut. (Extensió segons el text de partença.)

Model: la «versió feminista» que l'escriptora Anna Cabeza ens ofereix del final del conte de la *Ventafocs* (recollit pels germans Grimm).

Quan van sonar les dotze de la nit, la Ventafocs va saber que la màgia de la fada padrina s'acabaria i que el seu vestit es convertiria en parracs, la carrossa en carbassa i els cavalls en ratolins...

... però en comptes de marxar corrents, la Ventafocs es va plantar al mig del saló de ball del reialme i va retreure al príncep que hagués convocat un càsting per escollir esposa. Ah, i també va denunciar els maltractaments als quals l'havien sotmès la madrastra i les germanastres. Després, juntament amb la fada padrina, va fundar una oenagé per a l'emancipació de les dones anomenada No Ventis Focs.

Anna Cabeza, «Hi havia una vegada... Que no t'enganyin els contes!» (extret del calendari del 2015 editat per la Regidoria de Drets Civils i Ciutadania de l'Ajuntament de Sabadell)

«DE TANTA EXPECTACIÓ QUE LI HA CAUSAT EL FILM, HA SUSPÈS L'EXAMEN»: _ _ _ _ _ _ _ _.

Descripció de parts de la cara

Per a aquesta activitat, oferim alguns adjectius que poden qualificar els noms que designen algunes parts de la cara, amb el benentès que per a aquesta qualificació es podria recórrer a altres mitjans (a un sintagma preposicional *–fa un nas de lloro* o *de porquet–*, a una proposició modal *–té un nas com un carbassó–* o de relatiu, etc.). D'altra banda, a la llista que donem per a les parts de la cara que hem triat, doncs, hem tendit a evitar-hi adjectius d'ús més general pel fet de designar:

→ **volum:** un nas *gros* ↔ *esquifit*, una boca *petita*, un front *enorme*...

→ **tonalitat de la pell:** unes galtes *rosades/pàl·lides*... Adjectius amb els sufixos *-ís*, *-ós* i *-enc*, que indiquen tendència cap a un color: ulls *blavissos*, dents *grogoses*, llavis *moradencs*...

→ **altres característiques o estats de la pell:** un front *brut* o *arrugat/llis*, unes temples *suades*, unes parpelles *inflades* o *embotornades*, unes galtes *pigades*, un nas *pelut*, uns llavis *tallats*, *humits*, *lluents*...

→ **trets psicològics** que s'hi associen: unes orelles *discretes*, un front *turmentat*, uns llavis *sensuals*...

→ **valoracions estètiques:** un coll *elegant*, unes celles *precioses*, un nas *fi/desagradable*, unes dents *perfectes*, unes orelles *deformades*, unes celles *descurades*, una barba *arreglada*...

Adjectius per a determinades parts de la cara	
una barbeta	*arrodonida, esmolada = afilada, partida, prominent, punxeguda, quadrada...*
una barba	*clara = esclarissada, espessa, hirsuta, incipient, llarga, poblada, serrada...* Adjectius relacionats: *barbut -uda; bigotut -uda...*
una boca	*estreta, ferma, molsuda = carnosa, torta...* Altres: *desencaixada, perfilada, petonera, riallera, golafre...* Adjectius relacionats: *bocaample -a, bocaestret -a, bocagròs -ossa; desdentegat -ada = esdentegat -ada;* (un somriure) *amenaçador, burleta, fàcil, franc, sorneguer...*
uns cabells	*abundants, aixafats, canosos, deixats, desendreçats = desordenats, embullats = embolicats, esclarissats, estarrufats, grassos = greixosos = llardosos, llisos, ondulats, (ben) pentinats, rinxolats = arrissats = cargolats, recollits, sedosos...* Adjectius relacionats: *pèl-blanc, pèl-curt, pèl-roig; pelut ↔ pelat, calb...*
unes celles	*arquejades, arrissades, esclarissades, espesses = poblades, gruixudes, juntes ↔ separades, primes, rectes...* Altres: *perfilades, retocades...* Adjectius relacionats: *cellacanut -uda, cellajunt -a, cellanegre -a, cella-ros -ossa.*
unes dents	*(ben) arrenglerades = alineades, corcades ↔ sanes, desiguals, esmolades = afilades = punxegudes, sortints, tortes...* Altres: *postisses, descalçades; desdentegat -ada = esdentegat -ada...*
un front	*allargat, alt, ample = ampli ↔ estret, angulós, bombat, boterut, obert, pla, prominent = sortint = pronunciat ↔ enfonsat...* Adjectiu relacionat: *frontample -a.*
unes galtes (o uns pòmuls)	*arrodonides, caigudes, (des)inflades, enceses, fermes ↔ toves, magres ↔ grassonetes = plenes, ossudes, xuclades = eixutes...* Adjectius relacionats: *galtaplè -ena; galtut -uda.*
uns llavis	*gruixuts, molsuts = carnosos, perfilats, pintats, prims...* Adjectiu relacionat: *llavigròs -ossa.*
un nas	*aguilenc = aquilí, aixafat, aplanat, arrodonit, arromangat* (cast. [nariz] respingona), *camús = xato, esmolat = afilat, ganxut, llarg, pla, prim, punxegut = afilat = esmolat, tort, triangular...* Adjectius relacionats: *nassut;* (olfacte) *sensible, fi...;* (els narius 'forats del nas') *grossos...*
unes orelles	*allargassades = llargarudes = llargues, arrodonides, enganxades al cap ↔ separades (del cap), obertes, punxegudes...* Adjectius relacionats: *orellut -uda;* (tenir/fer) (unes orelles) *grosses com pàmpols...*
uns ulls	*ametllats; bellugadissos = nerviosos, vidriosos; estràbics = guenyos, ganduls, miops...; llagrimosos = plorosos; lleganyosos; maquillats, rodons; sortints...* Adjectius i expressions relacionats: (ser) *borni -a; ullblau -ava, ullcluc -uca, ullnegre -a; ullerós -osa;* (obrir uns ulls) (oberts) *com unes taronges;* (una mirada) *absent, amenaçadora, angelical, apagada, bòvida, burleta, diabòlica, distant, ensopits, estúpida, franca, fugissera, hipòcrita, honesta, (in)expressiva, innocent, intel·ligent, maquiavèl·lica, maliciosa, opaca, penetrant, picardiosa, profunda, serena, somiadora, sorneguera, trista, viva...*

Adjectius per a la cara en general

aixafada, afuada, allargada, ampla ↔ estreta, ossuda, ovalada, prima, quadrada, rodona, seca...; (in)expressiva, somrient, simpàtica, tranquil·la...
Adjectius i expressions relacionats: (cara/rostre/faç) *radiant de felicitat;* (tenir/amb/de faccions) *afables, dures, pronunciades...; africanes, asiàtiques, eslaves, mediterrànies, nòrdiques...; còmiques, estàtiques, hieràtiques, marcades, rígides...; caraalegre, caraample;* (fer) *cara de pa de ral* 'ampla i rodona'/*de pomes agres...;* (un perfil) *angulós, afilat...*

Algunes construccions

Per a fer servir aquests adjectius, és habitual recórrer als verbs *tenir*, *fer* i, sovint, a la construcció *ser* + adjectiu + *de*: *Té una boca fina, Fa els ulls grossos, És vermell de cara.*

«BORRATXERA OTOMANA»: T_ _ _ _ _.

103 **Text argumentatiu.** Escriu un **breu assaig** sobre algun d'aquests temes. Extensió: 150-200 mots.

a) Cal fingir quan un regal no ens agrada? Què en fem?
b) Convé que els gossos vagin sempre lligats en els espais públics?
c) És lícit que la publicitat o les promocions comercials siguin sovint enganyoses?
d) Han de pagar, els rics, més impostos dels que paguen?
e) Penses que caldria oferir per televisió tots els films en versió original, encara que una gran part de la població no sàpiga gaire més que català i castellà? Veus pràctic seguir un film amb subtítols?
f) Creus que és problemàtic que les tradicions catalanes siguin desplaçades per expressions culturals foranes (Halloween, Pare Noel, Sant Valentí...)?
g) Creus que els pares, en cas de voler separar-se, haurien de rebre el consentiment dels seus fills?
h) S'haurien de gravar amb més impostos els aliments nocius per a la salut?
i) Té dret cada veí a pintar-se la façana del color que vulgui amb independència del de les cases veïnes?

104 **Text argumentatiu.** Escriu un **breu assaig** sobre algun d'aquests temes. Extensió: 150-200 mots.

a) La cançó diu que existeixen tres elements essencials per a viure: salut, diners i amor. En quin ordre? Només tres?
b) Cal realment dur casc per a circular amb bicicleta per trajectes urbans?
c) Creus, com l'assagista Nicholas Carr, que Internet ens fa estúpids, entrebancant la capacitat per a llegir i pensar en profunditat? És una teranyina que ens atrapa?
d) Cal regular la vestimenta dels estudiants dins els centres docents?
e) Convindria prohibir que els famosos fessin anuncis de llaminadures per a nens i nenes?
f) Cal més accés gratuït a WIFI en els llocs públics, encara que això pugui incrementar el nivell de radiació electromagnètica, probablement perjudicial?
g) És bo donar diners als captaires?
h) S'hauria de perseguir l'ús de mòbils amb Internet als centres d'educació primària?
i) Ets de l'opinió que el predomini de la cultura de l'espectacle sol anar en detriment de la cultura del pensament i de l'esperit crític?
j) Veus lògic que gent que fa gala de ser lliure segueixi cegament qualsevol moda (en la manera de vestir, parlar, pensar, etc.)? Qui creus que decideix què serà moda? Quines conseqüències té?

105 Llegeix atentament el text de l'escriptor valencià Josep Francesc Mira i, sobre el mateix tema, escriu una **carta al lector**, també de *Saó*, un periòdic d'abast general. Al principi de l'escrit, has de resumir el contingut del que diu Mira (destacant-ne clarament la tesi). Tot seguit, digues en què estàs d'acord o en desacord i aporta nova llum sobre la qüestió amb més dades, experiències o observacions de collita pròpia.

Una senyoreta, estudiant universitària, se m'acosta i, sense previ avís, m'amolla: «Per què els llibres són tan cars?». Un procura aguantar com pot les envestides de la vida. Li demane que s'explique. S'explica: que m'ho diu perquè havia anat a una llibreria a comprar un llibre meu, i que el llibre valia tant, i que no en tenia prou, supose, i que tot això és un escàndol. «Dues entrades de cine», que li dic. «O un parell de consumicions de discoteca.» I se'm queda una miqueta perplexa. «I a més, el llibre no te'l beus. Te'l guardes, i et pot durar tota la vida.» Coses així, que cal dir, per animar el personal.

Ara, que acaba de passar el Dia del Llibre, que som en temps de fires de llibres, cal dir aquestes coses. M'emprenya que, de totes les coses que corren i es venen, i que són cares, només els llibres semblen sempre cars als compradors. Dit d'una altra manera: per què ha de ser un llibre més barat que una camisa? Problema de matèria primera, de confecció, o de què? O siga, que o bé la clientela es pensa que editors, llibreters i autors som gent molt espiritual i hem de viure de l'aire, o bé es pensen que fem el gran negoci. L'he haguda de desenganyar: «Ací, criatura, els qui escrivim, editem i venem en aquest país i llengua (i la major part dels veïns també), les passem regularment magres, si hem de menjar de tal ofici».

Li explique el que costa el paper, la composició, impressió, distribució i venda. Li explique les finances del negoci. No sembla convençuda. I crec que, en el fons, per una raó: perquè pensa, com tanta gent, que tot això de la cultura, i més encara la literatura i derivats, ha de ser un bé públic i, si pot ser, gratuït, pensament que deu ser, pel que veig, generalment compartit. I amb el qual no estic d'acord mentre els altres béns no siguen també gratuïts i públics. Si a algú li dol pagar diners per un llibre quan els paga per un whisky, per una entrada de cine, per un viatge de plaer, per la robeta de moda és que al llibre hi dona ben poc de valor. Menys que a una sessió de perruqueria.

Això és el que passa, progres inclosos.

Joan Francesc Mira. *Saó*, núm. 78 (1985)

«HO CANTA EN PATUFET, DE FESTA PER LA CAPITAL BERGUEDANA»: _ _ _ _ _.

EXERCICIS DE RECAPITULACIÓ

106 **T** SOLUCIONS PÀG. 373

Encercla les dues respostes correctes de cada oració del **test gramatical** i justifica oralment la resposta.

a) Vam decidir __ traslladar-nos-hi a les darreries de l'estiu.
1. Ø 2. de
3. a 4. per
5. en

b) Un plantejament com aquell era inaudit, i això que __ de tota mena.
1. havien vist 2. els havien vistos
3. n'havien vist 4. n'havien vistos
5. els n'havien vists

c) Van veure el noi, però no __.
1. ho van saludar 2. el van saludar
3. van saludar-li 4. van saludar-lo
5. van saludar-l'ho

d) La dona __ treballem és doctora en dret mercantil.
1. amb la qui 2. amb qui
3. amb la que 4. amb què
5. amb la qual

e) Creia que el seu projecte era molt innovador, però resulta que no __.
1. n'és tant 2. l'és tant
3. ho és tant 4. n'ho és tant
5. hi és tant

f) Quan va saber que la dona li havia fet el salt, va quedar molt planxat. Realment, __.
1. hi va quedar molt 2. en va quedar molt
3. n'hi va quedar molt 4. ho va quedar molt
5. el va quedar molt

g) El respecte pels ___ no autòctons és un dels nostres millors __ per a les generacions futures.
1. boscs / desigs 2. boscos / desitgs
3. boscs / desijos 4. boscos / desitjos
5. boscos / desitgos

h) Per a poder sortir del garatge, el cotxe va haver de fer __.
1. marxa enrere 2. marxa enrera
3. marxa endarrera 4. marxa endarrere
5. marxa cap en rere

i) Tenien un regal per a elles, però no__.
1. els hi van poder lliurar 2. els el van poder lliurar
3. van poder lliurar-les-el 4. van poder lliurar-les-hi
5. van poder lliurar-los-el

j) Quan li van dir que havia guanyat la plaça d'algutzir –sens dubte, el seu millor desig a la vida–, l'home __.
1. no tenia de què fer estelles
2. no s'hi veia de cap ull
3. va ser del que no hi ha
4. va perdre bous i esquelles
5. va fer cara de pasqües

k) Va ser el primer __ posar les tres fitxes en ratlla.
1. amb 2. en
3. de 4. a
5. per

l) __ ho faci, li'n preguntarem els motius.
1. quan 2. tan punt
3. sempre que 4. en quant
5. per tal com

107 **Emplena** l'espai curt amb **una lletra o més** i l'espai llarg amb una **paraula o més** (de vegades has de triar una opció). El quadratí ☐ pot correspondre a un d'aquests signes de puntuació (però en un cas no correspon a cap signe!):

[,] [:] [( ] [ )]

Deia que per ser escriptor calen unes quantes capacitats. Encara_____ podem afegir una altra ☐ cal un amor ins__bornable per la llengua, que vol dir que l'estil t'ho justifica tot. Si no hi ha co__ciència estilística, és impossible fer literatura. El llenguatge literari justament existeix si hi ha intenció que hi sigui. El llenguatge literari està basat ____ la manipulació expre__iva; la manipulació del llenguatge en el sentit material, fònic ☐ al·literacions ☐ ritme...), i també en l'abstracte, del significat ☐ sinestèsies ☐ metàfores ☐ metonímies i altres artefactes estilístics de significat ☐. Però també cal tenir una espurna màgica que no sabria definir. Cal voler aproximar-se a Verdaguer, per entendre'ns; cal saber amarar-se del geni de la llengua. És tan important entendre el poder de la llengua i tenir consciència d'estil, que de vegades l'escriptor ☐ s'inventa personatges, històries, nusos narratius, desenllaços ☐ ____ (només / no més) per poder fer servir els seus recursos d'estil. És gran! Tenia ganes de fer servir aquella metonímia i per això ha escrit una novel·la. Vull dir que s'ha d'estar una mica boig, i aquesta seria una altra capacitat que, segons el meu parer, ha de tenir l'escriptor per sortir-__, si entenem per boig aquell que act__a d'una manera diferent i no acaba de saber _____ (perquè / per què). No li sap ____ passar-se hores escri_int i convertir aquell passar-se hores escrivint en una manera de viure, ____ (perquè / per què) ni li ____ por aprendre'n constantment. I sap regirar moltes vegades un par_af que__ (potser / pot ser) el lector llegirà distretament un únic cop. Aquesta bo_eria per l'estil et porta a una actitu_ que crec que __ (també / tan bé) és essencial: cal buscar el geni, la genu_nitat de la llengua, la seva qualitat proteïforme, la manera com se __ (li / l'hi) enganxen els neologismes que l'evolució de la vida ens regala... I tot això ____ fem a través de la lectura, que és una activitat essencial ____escriptor ☐ llegir ☐ estar assedegat de cultura, és entrar en altres vides i adquirir, ___ a poc, la capacitat de ser comprensiu ____ tu i els altres.

Jaume CABRÉ, *Les incerteses (Sobre la creació del món)* (adaptació)

«AMB EL NOM PAGA: QUI POT SER MÉS LLEIAL A LA PARELLA SI NO ELL?»: _ _ _ _ _ _.

108 El text següent explica el curiós origen etimològic del mot *morfina*, relacionat amb el déu grec Morfeu. **Emplena** els espais curts amb **una o més lletres** i els espais llargs amb **una o més paraules**.

Morfina

El personatge: Morfeu

Morfeu és el déu gre_ dels somnis: el seu equivalent romà és Somnus. Fill d'Hipnos, personificació del son, i Nix, dee_a de la nit, és germà de Tànatos, que és ____ son eter_, és a dir la mort. Morfeu provoca visions en els éssers humans mentre dormen. El nom de Morfeu prové de *morphé*, que vol dir 'forma', ja que Morfeu podia adoptar qualsevol forma per entrar en els pensaments dels mortals. La locució *en els braços de Morfeu* es refereix a la persona que ja dorm tranqui_ament, que ha «caigut» en els braços del déu dels somnis. Tenia d__s ales per a desplaçar-se amb rapide_a i dormia en un llit de banús o eben [...].

La paraula

La paraula *morfina* 'principal alcaloide ____ opi, emprat ____ estupefa_nt' prové del llatí científic *morphium-morphina*. La primera part de la paraula (*morph*) s'inspira ____ el nom de Morfeu i la segona part (*ium*), ____ el llatí *opium* 'opi'. L'opi s'obté de les plantes del cascall o herba adormid_ra, que és una mena de rosella amb un nom científic ben aclar_dor: *Papaver somniferum*. Una herba so_ífera: incita a _____ son. [...]

David PALOMA, *Personatges convertits en paraules* (adaptació)

109 **Omple** la ratlla curta amb **una o més lletres**, i la ratlla llarga amb **un o dos mots, o bé res** (Ø). El quadratí ☐ correspon a un dels **signes de puntuació** següents (però en un cas, no correspon a cap signe!):

[.] [,] [(] [)] [:] × 2 [‘] × 1 [’] × 1

'Escolta!'. Això significa *audi* en llatí, l'imperatiu del verb *audire* 'sentir, escoltar'. Tot ve de l'_nginyer alema_ August Horch, que el 1899 va fundar la companyia automo_ilística August Horch & Cie. ☐ però la va abandonar al cap de deu anys per desav_nences amb els seus socis i va obrir-_____ una _____ nova. No volia renunciar ____ seu cognom ☐ que es correspon ____ l'imperatiu del verb alema_ *horchen* 'escoltar atentament'; però ☐ com que ja havia estat registrat (per ell mateix! ☐ ☐____ va traduir al llatí sense manies i ☐ des del 1909 ☐ la marca quedava fixada així ☐ Audi. Anys més tard ☐ el 1932 ☐ Audi es va fu_ionar amb l'anti_a Horch i dues firmes més (DKW i Wanderer) i ____ unió de les quatre companyies ☐ es va simbolitzar amb quatre anells enllaçats ☐ aquest és el logo de la marca Audi. A Gerhard Shröeder ☐ que va ser canc_ller alema_ entre el 1998 i el 2005 ☐ els seus compatriotes li deien ir_nicament l'Audi, pels quatre anells de noces dels seus _uatre matrimonis.

D'altra banda ☐ *Volvo* és la primera persona del verb llatí *volvere*, que significa 'girar, rodar' o, millor encara, ☐ fer girar ☐ ☐ en un principi això no tenia res ____ veure amb els cotxes, perquè la marca Volvo va n_ixer el 1915 en el si d'SKF ☐ una gran indústria sueca de l'acer especialitzada en rodaments ☐ això explica el 'jo giro, jo faig girar', *volvo* en llatí; d'aquí procedeix també el logo). En un origen el cercle i la fletxa són una estilització de l'escut i la llança de Mar_, déu romà de la guerra ☐ que representa el planeta d'aquest nom i ☐ per extensió, el sexe masculí ☐ el mateix que Venus, el femení). Però no és aquest el cas de Volvo, perquè el mateix signe _____ van adoptar els alquimistes ____ símbol del ferro i va ser profusament usat per ____ indústria meta_úrgica, especialment ____ Su_cia, gran productor d'acer. El 1927 Volvo va començar a fabricar cotxes i, _____ any s_güent, camions. Per inser_ el logo a la part frontal dels vehicles, _____ van posar al centre d'una banda metà_ica que creua diagonal la reixeta i que encara contin_a sent un distintiu de la marca.

Ramon SOLSONA, *Marques que marquen (La curiosa història de les marques més conegudes)* (adaptació)

110 **Emplena** els buits amb **una o més lletres**, tria les opcions correctes i digues la tesi d'aquest text:

Què fem amb els sous dels futbolistes?

Em sembla injust que l'opinió pública faci tants escarafalls amb els sous dels diputats, polítics en general o funcionaris, i ningú no obri la boca sobre les _ifres esgarrifoses del que cobren alguns jugadors de futbol. Dia rere dia estem acceptant que ens anunci_n el tancament de plantes d'hospitals, ERO als hospitals i rebaixes dels salaris de metges i funcionaris. I al món del f_tbol profe_ional, què? És un oas_, totalment ali_ al context que l'envolta i on no cal tocar res? No em vingueu a dir que ja s'han fet retallades en el Barça. En el Barça –com en la resta de la societat–, per ara les retallades només afecten __ls més febles: les seccions de beisbol, atletisme, rugbi i algunes més. Com podem a_eptar que es rebaixi el sou d'un metge o d'un bomber sense qüestionar abans el que cobra un Messi o un Ronaldo? D'alguna manera o altr_, al final tot ho acabem pagant entre tots: la nostra sanitat i els sous mi__ionaris dels futbolistes també. I (sinó / si no) rebaixem els sous dels futbolistes, (pugem /apugem)-los els impostos. Però algu__ senyal s'hauria de donar, i s'ha de fer ara i de manera contundent. El que sap més greu de tot plegat no és que els responsables polítics no prenguin (mides / mesures) en aquest sentit; és que si ho fessin, l'opinió pública se'ls tiraria a sobre. Ja sé que ens ho podem passar molt bé veient un bon partit de futbol i que fins (hi / i) tot pot ser una excel·lent teràpia per curar molts (mals de cap / maldecaps). Però les xifres canten. ¿(Tan /Tant) malament jugarien les nostres estrelles dels estadis si –durant un temps– només cobressin la meitat o la quarta part del que cobren ara? (Així mateix / Tanmateix), continuarien cobrant molt i molt més del que cobra un metge o un bomber, (a qui / al qui) acaben de retallar ara el sou. I si no (potser / pot ser), que ens ho expliquin, que ens vinguin a dir que si no cobren (tan / tant) s'acabarà el futbol. (Per una banda / De fet), no caldria que ho fessin, perquè ja se'n cuidaria l'afició. Una afició disposada a acceptar que ens retallin la sanitat, però que seria capaç de (rebel·lar-se / revelar-se) si algú plantegés d'augmentar els impostos del Messi.

Esteve CARRERA. *El Punt Avui*, 9 octubre 2011 (adaptació)

«ESTUPEFAENT DE FINAL PLÀCID»: _ _ _ _ F _ _ _ _.

La literatura dels anys vint i trenta

UNITAT 5

Quines d'aquestes sensacions et suggereix aquesta imatge?

- **inquietud**
- **placidesa**
- **absurditat**
- **sorpresa**

- Josep Carner
- J. M. Junoy
- J. V. Foix
- Carles Riba
- J. Salvat-Papasseit
- Clementina Arderiu
- Rosa Leveroni
- B. Rosselló-Pòrcel
- Màrius Torres
- Josep Pla

Un chien andalou, Luis Buñuel i Salvador Dalí, 1929.

5 Anys vint i trenta

1929: l'inici del segle XX

Aquest text de l'historiador d'art Arnold Hauser planteja que el segle XX no va començar fins després de la **Primera Guerra Mundial**, no des d'un punt de vista estrictament cronològic, sinó a partir de la interpretació dels fets històrics, polítics i culturals més rellevants de l'època. Observa que, segons aquesta visió, els moviments artístics i literaris que van començar al segle XIX, com el modernisme, hi van continuar pertanyent de ple encara que s'acabessin al segle XX.

El «segle XX» comença després de la Primera Guerra Mundial, és a dir, cap als anys vint, de la mateixa manera que el «segle XIX» no començà fins al 1830 aproximadament. Però només la guerra assenyala un canvi en l'evolució fins al punt que permet escollir entre les possibilitats existents. [...] La continuïtat de l'evolució artística correspon a una certa continuïtat en la història econòmica i social del mateix període. [...] La veritable crisi econòmica comença l'any 1929 amb aquell enfonsament als Estats Units que provoca la fi del *boom* de la guerra i de la postguerra i revela inequívocament les conseqüències de la manca d'una planificació internacional de la producció i de la distribució. Hom comença a parlar de sobte de la crisi del capitalisme, del fracàs de l'economia lliure i de la societat liberal, de la catàstrofe imminent i de l'amenaça de revolució. La història dels anys trenta és la història d'un període de crítica social, de realisme i activisme, de radicalització de les actituds polítiques i de creixent convicció que només les solucions radicals poden ésser útils, és a dir, que s'ha acabat l'època dels partits moderats. Però ningú no és més conscient de la crisi del mode de vida burgès que la burgesia mateixa, ningú no parla tant com ella del final de l'època burgesa. El feixisme i el bolxevisme coincideixen a considerar el burgès com un cadàver viu i a enfrontar-se amb la mateixa intransigència contra el principi del liberalisme i del parlamentarisme.

Arnold HAUSER, *Història social de l'art i de la literatura*

Una manifestació d'aturats anglesos l'any 1936 per exigir al govern la creació de llocs de treball.

1. Indiqueu per què l'autor considera que el segle XX comença a partir dels anys trenta i digueu quins trets, segons Hauser, defineixen aquest període històric.

2. Identifiqueu alguns dels «ismes» que apareixen en aquest text a partir de les seves definicions: capitalisme, feixisme, bolxevisme, liberalisme i parlamentarisme.

   a) Moviment polític caracteritzat per la submissió total a un líder que concentra tots els poders, per l'exaltació del nacionalisme i per l'eliminació violenta de l'oposició política i social.
   b) Sistema basat en una assemblea que exerceix el poder legislatiu en els estats, les nacions, les regions, etc., constitucionals.
   c) Facció del moviment socialista rus, dirigida per Lenin, que aconseguí el control del Partit Obrer Socialdemòcrata de Rússia.
   d) Corrent polític i econòmic que dona preferència a la llibertat individual per damunt d'altres valors socials i promou l'activitat privada sense intervenció de l'Estat.
   e) Sistema econòmic caracteritzat per la propietat privada dels mitjans de producció, concentrats en mans d'una minoria, la prevalença del mercat i la recerca del benefici.

Wall Street, la seu de la borsa de Nova York, el 24 d'octubre de 1929, el dia de l'inici del col·lapse financer.

«EL POETA CATALÀ MENYS VEGETARIÀ»: C _ _ _ _ _ _.

Context

La Primera Guerra Mundial va significar la primera gran convulsió d'un segle que en patiria encara moltes més. A partir d'aquest moment, es pot considerar que el **segle** XX començava pròpiament, ja sense arrossegar les rèmores de l'anterior.

Fets històrics rellevants

En l'àmbit internacional	
1914-1918	Primera Guerra Mundial. Com a conseqüència, dissolució dels imperis alemany, austrohongarès, otomà i rus.
1917	Revolució Russa, que comportarà la transformació de la Rússia tsarista en l'URSS (Unió de Repúbliques Socialistes Soviètiques).
1922	Benito Mussolini constitueix el govern feixista italià.
1929	Important caiguda de la borsa nord-americana.
1933	Adolf Hitler guanya les eleccions a Alemanya.
1939-1945	Segona Guerra Mundial. Els Estats Units i l'URSS s'erigeixen en superpotències. Inici de la guerra freda.
En l'àmbit català	
1909	Setmana Tràgica a Barcelona: enviament de reservistes al Marroc, crema d'esglésies i convents, i afusellament de l'anarquista Francesc Ferrer i Guàrdia.
1914	Creació de la Mancomunitat de Catalunya, resultat de la fusió de les quatre diputacions catalanes.
1923	Cop d'estat de Miguel Primo de Rivera.
1931	Proclamació de la Segona República espanyola. Francesc Macià proclama la República catalana, el govern espanyol s'hi oposa i neix la Generalitat de Catalunya.
1932	Aprovació de l'Estatut d'Autonomia de Catalunya.
1934	Lluís Companys proclama l'Estat Català de la República Federal Espanyola. L'Estatut és suspès i el president de la Generalitat, empresonat.
1936	Victòria del Front d'Esquerres en les eleccions.
1936-1939	Alçament del general Franco. Guerra civil espanyola.

El Consell de la Generalitat a la presó de Madrid, després que el president Lluís Companys (amb mocador blanc a la butxaca de l'americana) proclamés l'Estat Català dins la República Federal Espanyola (octubre del 1934). Per aquest fet, Companys i els membres del seu Consell van ser condemnats a trenta anys de presó, però arran de la victòria del Front d'Esquerres en les eleccions del 1936, foren alliberats. Anys més tard, l'octubre del 1940, el president Companys va ser afusellat pel règim franquista després d'un ignominiós simulacre de judici.

Trets de l'«època d'entreguerres»

- **Radicalització dels règims polítics**, amb l'ascens del nazisme a Alemanya, del feixisme a Itàlia i del comunisme a Rússia.
- **Esclat dels moviments d'avantguarda** –cubisme, futurisme, dadaisme, surrealisme, expressionisme...–, que volien trencar amb el passat i crear un art i una literatura nous, i que en alguns casos es relacionaven amb la radicalització política que hem esmentat abans.
- Presència d'una **reacció classicitzant**, i sovint conservadora, que, enfront dels moviments més avantguardistes, pretenia un retorn a l'ordre i la mesura. En van ser representants ideològics Jean Moréas i Charles Maurras (França), Giuseppe Prezzolini (Itàlia) i Eugeni d'Ors (Catalunya).
- **Revolució estètica** del segle XX, endegada amb l'aparició d'escriptors i artistes relacionats o no amb l'avantguarda: Marcel Proust i James Joyce en novel·la, Pablo Picasso en pintura i Igor Stravinsky en música, entre d'altres.
- **Eclosió d'un nou art popular i de masses**, sovint reivindicat pels creadors cultes: el cinema, el jazz, etc.

En l'anomenada «època d'entreguerres» (1918-1939), densa i veloç, van començar els canvis vertiginosos que anirien caracteritzant el segle XX. Va ser una època marcada pels contrastos: de l'extrema dreta a l'extrema esquerra o de la innovació a la mesura.

Els moviments artístics que predominen al Principat durant aquest període reflecteixen molt bé les dues tendències antitètiques que triomfen arreu d'Europa: en primer lloc, el noucentisme de la burgesia conservadora s'imposa en el tombant de segle amb una voluntat classicista, racional i cosmopolita. En segon lloc, els intents de ruptura avantguardistes busquen, després de la liquidació del moviment noucentista, trencar amb una tradició anterior encara no prou establerta, en un context polític fluctuant i tens. A continuació, la poètica postsimbolista recull el llegat noucentista i conviu amb la represa novel·lística i un ampli ventall de tendències que, tot seguit, estudiarem.

«POETA NOUCENTISTA QUE VIVIA A LA VORA DEL RIU»: _ _ _ _.

La literatura dels anys vint i trenta

La tendència classicitzant europea de principis del segle XX s'imposa a Catalunya amb l'hegemonia del Noucentisme burgès. El seu llegat perviu en corrents i autors posteriors, al mateix temps que les avantguardes lluiten per reeixir en la seva ruptura contra la tradició i l'ordre establerts.

Retrat de joventut d'Eugeni d'Ors, el gran oracle del Noucentisme.

«El Noucentisme en l'Europa classicista» i «Modernisme i Noucentisme», Jaume Auferil

És el Noucentisme un tipus d'art burgès?

1. El Noucentisme

El Noucentisme va ser, des del punt de vista estrictament cultural, una reacció classicitzant al Modernisme. Enfront de la llibertat artística preconitzada, directament o indirecta, pels modernistes, els noucentistes van defensar un art i una literatura sotmesos als cànons del **classicisme**, és a dir, un retorn a les normes que ja havien regit moviments com el Renaixement (segles XV i XVI) i la Il·lustració (segle XVIII).

Des d'un punt de vista ideològic o directament polític, el Noucentisme va significar la traducció en termes estètics de la pujada al poder de la **burgesia catalana**, que a través de la Lliga Regionalista –partit catalanista i conservador– governà la Mancomunitat de Catalunya –la unió de les quatre diputacions catalanes– del 1914 al 1923. El Noucentisme, però, ja s'havia iniciat abans: en concret, el 1906, any en què es constituí Solidaritat Catalana, una aliança de partits catalanistes.

De fet, la Mancomunitat de Catalunya, presidida per Enric Prat de la Riba i, una vegada mort aquest el 1917, per Josep Puig i Cadafalch, va saber crear, malgrat la falta de poder polític real, tota una xarxa d'infraestructures culturals com mai no hi havia hagut a la Catalunya moderna: l'Institut d'Estudis Catalans (1907), la Biblioteca de Catalunya (1914) i l'Escola de Bibliotecàries (1915), entre d'altres. A més, la celebració del Primer Congrés de la Llengua Catalana (1906) va impulsar la normalització ortogràfica i gramatical, a càrrec de Pompeu Fabra i la Secció Filològica de l'Institut d'Estudis Catalans. També es va promoure la creació d'un gran nombre d'escoles, biblioteques i museus. La Mancomunitat de Catalunya i el moviment noucentista van significar, doncs, el primer impuls institucional a la normalització de la cultura catalana.

Coetanis

Guerau de Liost. Pseudònim de Jaume Bofill i Mates (Olot, 1878 - Barcelona, 1933). Fou l'altre gran poeta noucentista, juntament amb Josep Carner. Participà activament en la política del seu temps: regidor de l'Ajuntament de Barcelona i conseller de la Mancomunitat, fou un dels fundadors d'Acció Catalana, escissió de la Lliga Regionalista, tot i que amb el temps retornà a aquest últim partit. En la seva obra poètica destaquen: *La muntanya d'ametistes* (1908), on el paisatge del Montseny apareix humanitzat, d'acord amb els ideals noucentistes i en oposició al ruralisme modernista; *Somnis* (1913), que descriu els tarannàs humans a partir d'alguns ressons medievals; i ***Sàtires***[1] (1927), que retrata amb ironia i **bonhomia**[2] els vicis i les virtuts humanes. Autèntic virtuós del llenguatge, Guerau de Liost eleva, juntament amb Carner, la llengua poètica a les quotes més altes de l'estètica noucentista.

1 **sàtira:** composició poètica que posa al descobert i colpeix, amb l'escarni o amb la burla ridiculitzadora, passions, maneres de viure i comportaments que contrasten o estan en discordança amb la moral comuna o amb l'ideal ètic de l'escriptor.

2 **bonhomia:** amabilitat, senzillesa.

«EL PROSISTA DEL QUADERN MÉS PLANER DE LA LITERATURA CATALANA»: _ _ _.

El Noucentisme es diferencia del Modernisme en l'estètica i la ideologia, però també en el fet que té un creador del terme i ideòleg del moviment: **Eugeni d'Ors**, un dels personatges més singulars, complexos i controvertits de la cultura catalana del segle xx. Creador del terme *noucentisme*, amb què designava la nova estètica classicitzant catalana, fou el teòric del moviment, fins al punt d'establir quins escriptors i artistes es podien considerar noucentistes.

«Fora de la Tradició, cap veritable originalitat. Tot el que no és Tradició és plagi.»
Eugeni d'Ors

La Ben Plantada, Eugeni d'Ors

El pensament d'Eugeni d'Ors gira a l'entorn d'uns quants conceptes emblemàtics:

- **Exaltació del present:** el mateix terme *noucentisme* implica la voluntat de sentir-se del nou-cents, és a dir, del nou segle.
- **Imperialisme:** voluntat de recuperació –socioeconòmica, cultural, etc.– catalana i unificació de pensament i creació literària; «període triomfal d'un nacionalisme», segons Prat de la Riba.
- **Arbitrarisme:** domini de l'ésser humà sobre la naturalesa i reivindicació de la ciutat.
- **Classicisme i mediterranisme:** reivindicació de la cultura grecollatina.
- **Exaltació de l'obra ben feta:** necessitat de la perfecció formal de l'obra d'art.

Un programa tan ambiciós s'havia de dur a terme des del poder polític. No és casual, doncs, que Eugeni d'Ors fos nomenat director general d'Instrucció Pública de la Mancomunitat el 1917, tot i que se'l destituí tres anys després. Establert a Madrid i convertit després de la Guerra Civil en intel·lectual oficial del règim franquista, va acabar, però, desenganyat de la política.

2. Josep Carner

2.1. Vida

Josep Carner és un dels més grans poetes catalans del segle xx, més enllà fins i tot de l'època estrictament noucentista. Nascut a Barcelona el 1884 en el si d'una família petitburgesa, va escriure ja des de petit –als dotze anys publicà, amb pseudònim, el seu primer poema– i ben aviat agafà prestigi. Estudià dret i filosofia, treballà des del 1911 amb l'Institut d'Estudis Catalans i col·laborà en un gran nombre de publicacions. El 1921 ingressà al cos diplomàtic, motiu pel qual residí constantment a l'estranger. Del 1939 al 1945 va viure a Mèxic, i més endavant es traslladà a Bèlgica, d'on era Émile Noulet, la seva segona muller, i on va exercir de professor a la Universitat Lliure de Brussel·les. Formà part del govern català a l'exili i morí a Brussel·les el 1970, just després d'una breu estada a Barcelona.

Josep Carner amb la reina de la festa dels Jocs Florals del 1933, després d'haver guanyat la Flor Natural. En aquells moments ja era un poeta reconegut.

«ELS FRUITS MÉS GUSTOSOS D'EN JOSEP CARNER»: _____________.

«Bèlgica», Josep Carner

Coberta de *Verger de les Galanies*, de Josep Carner (Biblioteca de Catalunya).

2.2. Obra

Carner agafà prestigi no tan sols com a poeta –aviat se'l conegué com a «príncep dels poetes»–, sinó també com a prosista i traductor, i tingué sempre fama d'excel·lent conversador per la seva finor i, alhora, la seva ironia, un dels trets que més el caracteritzaren. En la seva trajectòria poètica, passà per una primera etapa modernista i, entre el 1906 i el 1924, es convertí en el màxim representant del noucentisme poètic, amb obres com *Els fruits saborosos* (1906), *Auques i ventalls* (1914) i *La inútil ofrena* (1924). Amb *El cor quiet* (1925) (pàg. 236) s'adscrigué a una poesia de caire simbolista, mentre que l'extens poema narratiu *Nabí* (1941) –que prengué com a pretext la història bíblica de Jonàs dins el ventre d'un peix–, reflectia les seves inquietuds metafísiques, tot desplegant una gran quantitat de recursos. Val a dir que Carner va revisar incansablement tota la seva obra poètica, que va recollir a *Poesia* (1957), força modificada en alguns casos respecte de les primeres versions.

Pel que fa a altres gèneres, cal destacar les proses de *Les bonhomies* (1925), model d'estil noucentista, i de *La creació d'Eva i altres contes* (1922). En teatre, fou autor d'obres com *El giravolt de maig* (1928). Com a traductor, desplegà una intensa activitat en acurades versions d'autors tan diversos com Charles Dickens, Lewis Carroll, Daniel Defoe, Molière, La Fontaine o Mark Twain, pròpies de la voluntat de normalització cultural característica del Noucentisme.

En tota la seva obra, Carner demostrà ser un gran creador de llenguatge literari, en una difícil combinació de registre culte i popular, de naturalitat aparent i d'elaboració molt rigorosa.

3. Les avantguardes

Gairebé tot l'art del segle XX va estar marcat, en major o menor mesura, per la sacsejada dels **moviments d'avantguarda**, que van suposar un enfrontament amb tota la tradició occidental i una forta reacció antiburgesa. Les avantguardes pretenien començar de nou com si no hi hagués hagut res abans, elogiaven la novetat i la joventut, i volien escandalitzar el públic mitjà: només es dirigien a aquella minoria que compartia aquesta voluntat de canvi radical.

Les avantguardes es van manifestar sobretot en les arts plàstiques –tot i que també en literatura i en música– i se succeïren amb una gran rapidesa en el període anomenat «d'entreguerres», és a dir, el comprès entre les dues guerres mundials (1918-1939).

Què dius, ara!

Les avantguardes volien provocar. Per això, Salvador Dalí –un dels avantguardistes més radicals al principi i un escriptor prou interessant–, en una conferència que va llegir a l'Ateneu Barcelonès l'any 1930, va dir el següent sobre Àngel Guimerà: «Per citar un personatge nostrat, res no pot semblar-nos més baix, més innoble, més digne d'oprobi, que els "bons sentiments" del gran porc, el gran pederasta, l'immens putrefacte pelut, l'Àngel Guimerà». L'enfrontament amb la tradició era propi de les avantguardes i l'insult n'era de vegades una de les armes.

Construcció tova amb mongetes cuites. Premonició de la Guerra Civil (1936), una de les obres surrealistes fonamentals de Salvador Dalí.

«HEM CONSERVAT INTACTE L'ESPERIT AVANTGUARDISTA D'EN PAPASSEIT»: _ _ _ _ _ _ _.

3.1. Característiques i moviments

Les **característiques** de les avantguardes són les següents:

- Exaltació del progrés, la modernitat, el dinamisme i la velocitat.
- Aparició d'elements innovadors de la societat contemporània: l'electricitat, la tecnologia, les màquines, el cinema, l'esport, etc.
- Rebuig de la tradició artística anterior. Abolició de les convencions.
- Apologia de la provocació, l'escàndol, l'audàcia, la lluita, la violència i la guerra.
- Reivindicació de la llibertat, l'aventura i el risc: trencament de les normes i la disposició textual, paraules en llibertat, etc.
- Admiració per la novetat, la joventut, l'originalitat i la falta de lògica: collages, cal·ligrames...
- Exploració del món oníric i el subconscient a través de l'escriptura automàtica.

Els principals **moviments** avantguardistes són els següents:

- **Cubisme.** Va néixer a França cap al 1907. En les arts plàstiques el representen els pintors Pablo Picasso, Georges Braque i Juan Gris, que van abolir la perspectiva i introduïren el collage. En poesia, Guillaume Apollinaire va compondre poemes a partir de les converses que sentia al carrer i creà els anomenats *cal·ligrames*, poemes el text dels quals forma un dibuix que en visualitza el contingut.
- **Futurisme.** Fou creat a Itàlia cap al 1909 per Filippo Tommaso Marinetti. Elogiava les màquines, el moviment, l'esport i la vida moderna en general. Va acabar derivant cap a la defensa del feixisme. En poesia va introduir les anomenades «paraules en llibertat»: ús de diferents cossos de lletra, absència de majúscules o de minúscules, i llibertat tipogràfica en general.
- **Dadaisme.** Nascut a Zuric cap al 1916, el seu creador fou Tristan Tzara. És el més radical dels moviments d'avantguarda. Es fonamenta en la provocació constant, la falta de lògica i el gust per l'abolició de totes les convencions. És més una actitud que no pas un estil determinat, entre altres coses perquè defensa la destrucció de l'art i la cultura.

Autoretrat cubista de Pablo Picasso.

Dones i ocell al clar de lluna (1949), oli sobre llenç de Joan Miró.

- **Surrealisme.** Sorgí a París cap al 1924, i el seu principal ideòleg va ser André Breton. Propugnava l'alliberament del subconscient o l'exploració del món dels somnis –per això tenia punts de contacte amb Sigmund Freud i la psicoanàlisi–. Alguns dels pintors més coneguts del moviment són els catalans Joan Miró i Salvador Dalí.
- **Expressionisme.** Nascut en l'Alemanya de començaments de segle, reflectia l'angoixa del moment a través de l'exageració –colors estridents, perspectives impossibles, expressions turmentades– i era donat a la sàtira política. Els nazis el consideraren un art degenerat.

«Afirmem que l'esplendor del món s'ha enriquit amb una bellesa nova: la bellesa de la velocitat. Un cotxe de curses amb el capó guarnit amb grans tubs semblants a serps d'alè explosiu..., un automòbil rugent que sembla que corre sobre la metralla és més bell que la Victòria de Samotràcia.»
Filippo Tommaso MARINETTI

«MAQUINA UN COMPLOT PER FER PASSAR ELS FILS ENTRE L'ORDIT»: _ _ _ _ _.

3.2. L'avantguarda catalana

L'avantguarda catalana es va manifestar més en les **arts plàstiques** que no pas en la literatura. Pel que fa en concret a la poesia, cal assenyalar les influències predominants de la primera avantguarda, és a dir, del cubisme i del futurisme. Malgrat tot, cal assenyalar la publicació del *Manifest groc*, de Salvador Dalí, Lluís Montanyà i Sebastià Gasch l'any 1928 –en què s'atacava la cultura catalana més tradicional– o els cal·ligrames de Joan Salvat-Papasseit, Josep Vicenç Foix, Josep Maria Junoy i Joaquim Folguera. En general, però, l'avantguarda va ser, per als escriptors catalans, una experiència més, diluïda en el context del noucentisme o el postsimbolisme.

4. Josep Vicenç Foix

▲ J. V. Foix inicià la seva carrera literària col·laborant en publicacions periòdiques com ara *La Revista*, *Trossos*, *Terramar*, i participant en diversos grups literaris, on conegué altres poetes destacats, entre ells Joan Salvat-Papasseit i Carles Riba.

Josep Vicenç Foix, que signà els seus escrits com a «J. V. Foix», és un dels grans autors del segle XX, i també un dels més difícils de classificar. Se l'ha etiquetat com a avantguardista, noucentista o postsimbolista. Poeta total en realitat, culturalitzant i sorprenent en moltes de les imatges, ell mateix es definí com a «investigador en poesia».

Nascut el 1893 a Barcelona, natural del barri de Sarrià, on visqué sempre i on fou propietari d'una cèlebre pastisseria, Foix fou un gran lector dels clàssics. La seva vida no presenta, aparentment, cap interès especial: és la d'un burgès barceloní dedicat al negoci d'una banda i a la literatura de l'altra. Sí que es pot destacar, però, que de jove fou un dels primers a practicar l'aviació esportiva a Catalunya, que el 1916 entrà en contacte amb les avantguardes francesa i italiana, que va fer nombroses estades a Sitges i al Port de la Selva, i que va col·laborar amb alguns dels pintors més importants del moment, com Joan Miró, Salvador Dalí, Joan Ponç o Antoni Tàpies. Nacionalista convençut, fou col·laborador o director, o totes dues coses, de revistes com *La Revista*, *Trossos*, *Monitor*, *La Publicitat*, *Revista de Catalunya* o *Quaderns de poesia*, i va rebre el Premi d'Honor de les Lletres Catalanes el 1973, la Medalla d'Or de la Generalitat de Catalunya el 1981 i el Premio Nacional de las Letras Españolas el 1984. Va morir a Barcelona el 1987.

Josep Vicenç Foix va escriure en una llengua volgudament arcaica en alguns casos i va representar un punt de trobada de la poesia medieval, d'una banda, i de les avantguardes de l'altra, en una síntesi perfecta. Va tenir una influència determinant, literària i personal, en importants poetes més joves, com Joan Brossa o Gabriel Ferrater.

Obra de Josep Vicenç Foix		
Poemes en prosa	**Poesia**	**Prosa**
• *Gertrudis* (1927) • *KRTU* (1932) • *Diari 1918* (1956) • *L'estrella d'en Perris* (1963)	• *Sol, i de dol* (1947) (pàg. 240) • *Les irreals omegues* (1949) • *On he deixat les claus...* (1953)	• *Catalans de 1918* (1965) • *Els lloms transparents* (1969)

«M'exalta el nou i m'enamora el vell.»
J. V. Foix

Què dius, ara!

L'any 1960, J. V. Foix va llegir en un congrés de poesia a Sicília el següent «Poema per a n'Antoni Tàpies», artista que ja feia temps que practicava la pintura abstracta: «Iúnni cur unni olàs / Ningi innúcure itlóra; / Lóra carús tèrni ritlizi, / Titzi cur ane, ane pétora otanna, / Rítli, ot tànna, pir dus bicóra: / Callús! Catlús! Fétora mat! / ¿Mat? ¿Cur ingure? / Gure! / ¿Mat? ¿Cur catlús? / Catlús! / Fàtirinc teïnga, rítli mitóra: / Ot mat, ot gure, ot catlús». Quan Tàpies va haver llegit el poema i va preguntar a Foix què era allò, aquest va contestar-li que havia fet una cosa semblant al que ell feia amb els pinzells.

«POT SER DE SESSIONS, DE CAMP, DE BORD... O D'ANNE FRANK»: _ _ _ _ _.

5. Joan Salvat-Papasseit

L'obra de Joan Salvat-Papasseit està estretament vinculada a la seva vida. Nascut el 1894 a Barcelona, el seu pare, fogoner d'un vaixell, morí d'accident quan Salvat-Papasseit tenia només sis anys. Aquest fet motivà que visqués en el vaixell anomenat *Asilo Naval Español*, ancorat en el port de Barcelona i destinat als fills orfes dels mariners. Als dotze anys ja treballava com a aprenent d'adroguer, i després en un taller d'escultura religiosa. Vinculat un temps a la «bohèmia negra» modernista, entrà a les Joventuts Socialistes, escrigué articles d'agitació social i, durant un temps, va fer de vigilant nocturn al moll. L'amistat amb el pintor uruguaià Joaquim Torres-García l'introduí en el món del futurisme. Amb la creació de les Galeries Laietanes, al passeig de Gràcia, passà a ocupar-se de la secció de llibreria, convertida l'any 1920 en Llibreria Nacional Catalana, on Salvat importava revistes europees d'avantguarda. Desenganyat del socialisme, professà un individualisme vagament anarquista. Col·laborador de diverses revistes, va emmalaltir de tuberculosi –cosa que l'obligà a fer diverses cures de repòs– fins que morí el 1924, a l'edat de trenta anys.

Malgrat que morí jove, Salvat-Papasseit fou reconegut en vida com un dels noms més singulars de la poesia catalana contemporània.

Es podria dir, doncs, que la vida de Salvat-Papasseit va estar marcada sobretot per l'autodidactisme, la influència de les avantguardes, una evolució ideològica que anava del socialisme a l'anarquisme –sense oblidar l'independentisme–, i la presència de la malaltia, que el portà a una consciència de la mort que sovint es traduiria, paradoxalment, en un intens vitalisme. Mancat de la formació rigorosa d'altres poetes de la mateixa època –Carner, Foix o Riba–, Salvat-Papasseit destacà en canvi pel to directe, la sinceritat, el vitalisme i la força expressiva. És en aquest aspecte que el seu amic Foix va deixar escrit que Salvat-Papasseit era un fals avantguardista i que provenia més aviat de Maragall.

Per què es pot considerar Salvat-Papasseit un fals avantguardista?

Obra de Salvat-Papasseit
Poesia avantguardista
• *Poemes en ondes hertzianes* (1919) • *L'irradiador del port i les gavines* (1921) (pàg. 246)
Poesia nacionalista
• *Les conspiracions* (1922)
Poesia amorosa
• *La gesta dels estels* (1922) • *El poema de la rosa als llavis* (1923)
Poesia sobre la mort
• *Ossa Menor* (1925)

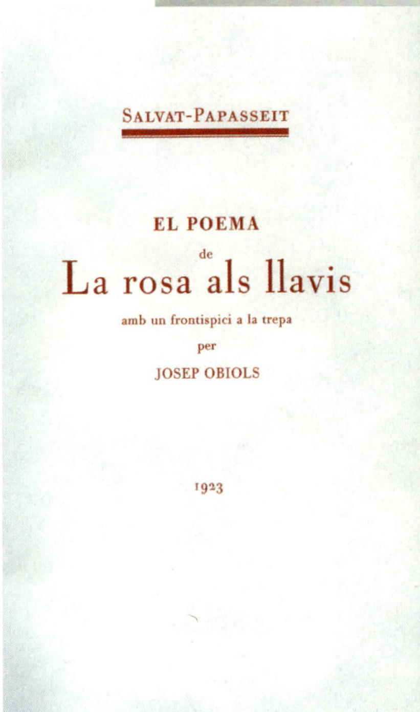

Cobertes de *Poemes en ondes hertzianes*, amb una il·lustració del pintor uruguaià Joaquim Torres-García, i d'*El poema de la rosa als llavis*, obra cabdal de la poesia amorosa catalana i carregada de joiós erotisme.

«QUI S'AMAGA DARRERE L'ANAGRAMA *AVIDA DOLLARS*?»: _ _ _ _ _ _ _ _ _ _ _ _ _.

6. Poesia, prosa i teatre dels anys vint i trenta

T. S. Eliot, autor, entre altres influents obres, de *The Waste Land* (1922), retratat per Percy Wyndham Lewis l'any 1938.

Amb el Noucentisme acabat el 1923 i les avantguardes convertides en una experiència efímera, hi va haver un període fins a l'inici de la guerra civil espanyola que no està classificat amb cap denominació concreta i que és, en canvi, d'una riquesa considerable. En les obres dels anys vint i trenta continuen vigents els models dels moviments literaris que van aparèixer a principis de segle, especialment d'herència noucentista, però alhora, els autors volen renovar la tradició a partir de les aportacions que provenen del context internacional.

En **poesia**, el corrent literari predominant sorgeix del llegat noucentista, que pren forma en la poètica **postsimbolista**[1], encapçalada per autors com Carles Riba i els seus companys i deixebles, amb les matisacions pertinents en cada cas: Clementina Arderiu (pàg. 250), Rosa Leveroni (pàg. 252), Màrius Torres (pàg. 256), Bartomeu Rosselló-Pòrcel (pàg. 254), Marià Manent, Tomàs Garcés i Joan Vinyoli (pàg. 298), els quals s'emmirallen en autors coetanis com Paul Valéry, Thomas Stearns Eliot (més conegut com a T. S. Eliot), Rainer Maria Rilke i Jorge Guillén.

D'altra banda, cal tenir en compte que els introductors de l'avantguarda, com J. V. Foix, s'inclinen cada cop més pel surrealisme i que es forma un grup provocador, autèntic revulsiu de la vida intel·lectual catalana, del qual forma part, entre altres artistes, Salvador Dalí. Trets com la provocació, l'humor i l'absurd de l'avantguarda van ser adoptats, també, per grups com la Colla de Sabadell, amb Francesc Trabal i Joan Oliver.

La **prosa** dels anys vint pateix una crisi del gènere novel·lístic per dues raons: en primer lloc, després d'obres tan importants i innovadores com l'extensa *À la recherche du temps perdu* (1916-1927), de Marcel Proust, i la trencadora *Ulisses* (1922), de James Joyce, la novel·la ja no podia tornar a seguir els esquemes realistes, naturalistes o modernistes. Calia un nou tipus de novel·la, que, en un primer moment, no es va donar, potser perquè el gènere s'identificava amb moviments ja liquidats, com el realisme, el naturalisme o el modernisme. En segon lloc, en l'àmbit català, el Noucentisme havia practicat gèneres breus –la poesia, el conte, l'assaig curt– en detriment de la novel·la, un gènere més popular i menystingut pels noucentistes.

G

1 **postsimbolisme:** corrent poètic de tradició simbolista. Els poetes busquen construir un llenguatge desvinculat de la realitat, hermètic, sotmès a un gran rigor i exigència formal (intel·lectuals i estilístics). La poesia és entesa com a eina de coneixement. Solen reflexionar sobre l'acte poètic i aconsegueixen un alt grau de lirisme sintètic.

Coetanis

Carles Soldevila (Barcelona, 1892-1967). Autor de la trilogia formada per *Fanny* (1929), *Eva* (1931) i *Valentina* (1933), sempre a mig camí del cosmopolitisme i el costumisme, va ser un dels representants de la novel·la psicològica i un dels introductors del monòleg interior a Catalunya.

El narrador irlandès James Joyce.

L'escriptor Carles Soldevila.

«EL POEMA DE LA ROSA? ALS MORROS! –ASSEVERAVA EN PAPASSEIT»: _ _ _ _ _ _ _.

Hem d'esperar als anys trenta per tal que es produeixi un ressorgiment del gènere: apareixen noves editorials, noves col·leccions de narrativa, nous novel·listes, crítics, premis literaris, traduccions, etc., que n'impulsen la represa. La novel·la es converteix en el «gènere» per excel·lència, amb un ampli ventall de tendències. El corrent predominant és el de la **novel·la psicològica**[2], amb obres com *Laura a la ciutat dels sants*, de Miquel Llor (1931); *Mort de dama*, de Llorenç Villalonga (1931); *Valentina*, de Carles Soldevila (1933), i *Aloma* (1937), de Mercè Rodoreda.

Quins motius expliquen la crisi del gènere novel·lístic dels anys vint?

Altres tendències novel·lístiques que conflueixen en aquest període són el modernisme, amb la reaparició d'autors com Joan Puig i Ferreter (*Camins de França*, 1934); la novel·la avantguardista, de ruptura, representada per Francesc Trabal (*Judita*, 1930); i, d'altra banda, tenim autors que es desmarquen dels moviments de moda i que cal estudiar a part: Josep Maria de Sagarra (*Vida privada*, 1932) i Sebastià Juan Arbó (*Terres de l'Ebre*, 1932). Per acabar, també hem de fer referència a la renovació de la prosa periodística, que comença a conrear un autor excepcional, poc procliu al gènere novel·lístic: Josep Pla.

Cartell d'*El cafè de la Marina*, pel·lícula dirigida per Domènec Pruna l'any 1933 basada en l'obra de Sagarra del mateix nom.

En l'escena **teatral** dels anys vint predomina un gènere dramàtic que descriu unes situacions i conflictes de la burgesia conservadora: es tracta de l'**alta comèdia**, o comèdia burgesa, el màxim exponent de la qual és Carles Soldevila. Cap als anys trenta, Joan Oliver i Josep Maria Millàs-Raurell s'incorporen al panorama teatral amb obres d'intencionalitat crítica que qüestionen els fonaments ideològics de la societat burgesa. I en convivència amb aquestes dues tendències, Josep Maria de Sagarra és el dramaturg amb més èxit abans i després de la guerra civil espanyola amb els seus «poemes dramàtics».

«L'únic veritable viatge, l'únic bany de Joventut, no seria anar cap a nous paisatges, sinó tenir uns altres ulls, veure l'univers amb els ulls d'un altre, d'uns altres cent, veure l'univers que cadascun d'ells veu, que cadascun d'ells és.»

Marcel Proust

Coetanis

Miquel Llor (Barcelona, 1894 - Tossa de Mar, 1966). Autodidacte, és conegut sobretot per una de les grans novel·les catalanes dels anys trenta, *Laura a la ciutat dels sants* (1931), a l'entorn d'una noia de Barcelona que es trasllada amb el marit a viure a una ciutat innominada –però identificable amb Vic–, sempre coberta de boira, i tradicionalista i provinciana. En la tradició de *Madame Bovary*, de Flaubert, o *La Regenta*, de Clarín, però amb l'afegit de tocs freudians, l'obra va ser un escàndol per les seves implicacions sexuals i pel retrat crític de la societat vigatana.

Què dius, ara!

La novel·la del segle xx està marcada sobretot per dues grans fites: *A la recerca del temps perdut* –publicada entre el 1916 i el 1927–, de Marcel Proust, una extensa exploració intimista del món dels records del narrador-protagonista en l'ambient aristocràtic francès de finals del segle xix; i *Ulisses* (1922), de James Joyce, a l'entorn d'un dia en la vida de dos personatges en el Dublín de 1904, obra en què s'introdueix l'anomenat *monòleg interior*, que intenta expressar el pensament d'un personatge sense els nexes gramaticals habituals.

2 **novel·la psicològica:** tipus de novel·la influïda per Gustave Flaubert, Marcel Proust i James Joyce, que se centra en l'exploració del món interior del o la protagonista.

Coetanis

Marià Manent (Barcelona, 1898-1988). Conegut sobretot com a poeta, també va ser memorialista, crític literari i traductor. La seva poesia, intimista i delicada, és de tendència postsimbolista. Cal citar els seus volums d'interpretacions de poesia xinesa *L'aire daurat* (1928) i *Com un núvol lleuger* (1967), així com les versions de poesia anglesa i nord-americana. Els seus dietaris *El vel de Maia*, del 1975, i *L'aroma d'arç. Dietari dispers* (1919-1981), del 1982, estan considerats models de prosa.

7. Carles Riba

7.1. Vida

L'aportació de Carles Riba a la cultura catalana no prové tan sols de la seva obra poètica, sinó també de la seva tasca intel·lectual. Traductor, hel·lenista, crític i humanista, hereu del Noucentisme, és autor d'una poesia tan intel·lectual com depurada, i a la postguerra fou un símbol de la cultura catalana resistent sota el franquisme.

Nascut a Barcelona el 1893, estudià dret i filosofia i lletres, col·laborà amb els noucentistes i va ser nomenat professor de l'Escola de Bibliotecàries. Casat amb la també poeta Clementina Arderiu, col·laborà amb Pompeu Fabra en la confecció del *Diccionari*, i amb la Fundació Bernat Metge en la traducció de clàssics. Professor de grec a la Universitat de Barcelona, durant la guerra es compromet amb la República, fins que va emprendre, com tants altres escriptors i intel·lectuals del moment, l'exili cap a França. Després de quatre anys en què residí successivament a Boissy-la-Rivière (on hi ha el *château* de Bierville), l'Isle Adam, Bordeus i Montpeller, tornà a Catalunya, on es convertí en un guia imprescindible per als joves escriptors i intel·lectuals catalanistes. Representant de la poesia catalana a diversos congressos espanyols de poesia –a Segòvia, Salamanca o Santiago–, el 1958 fou nomenat director de la Fundació Bernat Metge i morí l'any següent, el 1959, a Barcelona.

7.2. Obra

La poesia ribiana està classificada dins el corrent **postsimbolista** –com la del francès Paul Valéry, autor amb qui presenta alguns punts de contacte– i consta dels llibres següents: *Primer llibre d'Estances* (1919) i *Segon llibre d'Estances* (1930), sobre la temàtica amorosa, però també sobre l'autoconeixement del poeta, la creació poètica mateixa o el destí personal; *Tres suites* (1937), conjunt de sonets a l'entorn de motius merament ornamentals resolt sota la influència de la «**poesia pura**[1]», és a dir, prioritzant la perfecció formal i el gust per la poesia mateixa per sobre de qualsevol anècdota; *Elegies de Bierville* (1942), potser el seu llibre més important, en què es fonen la vivència de l'exili, la recreació de la tradició elegíaca grecollatina i l'experiència religiosa (pàg. 243); *Del joc i del foc* (1946), on Riba introdueix la forma japonesa coneguda com a *tanka* en la poesia catalana; *Salvatge cor* (1952), nou conjunt de sonets, ara a l'entorn de l'experiència amorosa i religiosa, i finalment, *Esbós de tres oratoris* (1957), compost per tres poemes llargs inspirats en narracions evangèliques. La poesia ribiana, plena de referents cultes, es fonamenta, doncs, en la recerca personal i espiritual.

A més, cal esmentar les nombroses traduccions degudes a Riba, sobretot la de l'*Odissea* d'Homer –en dues versions diferents, una de 1919 i l'altra de 1948–, que és ja tot un clàssic; però també les d'Eurípides, Èsquil, Virgili, Plutarc o Xenofont, sense oblidar les d'autors més moderns: els contes d'Edgar Allan Poe, els poemes de Hölderlin, Rilke o Kavafis, o el *Romanç de Tristany i Isolda* en la versió de Joseph Bédier, entre d'altres. Així mateix, és remarcable la seva tasca com a crític, recollida a *Escolis i altres articles* (1921), *Els marges* (1927), *Per comprendre* (1937) i *...Més els poemes* (1957).

1 **poesia pura:** estètica literària estretament vinculada al postsimbolisme, que sorgeix a França i que té com a màxim representant el poeta Paul Valéry (1871-1945). És una poesia intel·lectual, hermètica, que cerca en la musicalitat i la transcendència expressiva la forma de transmetre el coneixement que el poeta capta de la realitat viscuda a través de l'intel·lecte.

Quin poemari emblemàtic va escriure Carles Riba a l'exili francès?

Retrat de Carles Riba fet per Antoni Tàpies l'any 1953.

«FILÒSOF GREC AMANT DELS ESCENARIS TELEVISIUS I CINEMATOGRÀFICS»: _ _ _ _ _ _.

8. Josep Maria de Sagarra

8.1. Vida

Josep Maria de Sagarra passejant i fullejant la premsa a la seva estimada Rambla de Barcelona.

Josep Maria de Sagarra és un dels autors més **prolixos**[1] de la literatura catalana i també va ser un dels més populars. Poeta, dramaturg, traductor, novel·lista i articulista, a la seva època va adquirir un enorme prestigi sobretot pels dos primers vessants; (avui dia, en canvi, se'l reivindica més per la prosa).

Nascut a Barcelona el 1894 en el si d'una família de l'alta burgesia i de l'aristocràcia rural, estudià dret i començà la carrera diplomàtica. Cosmopolita, irònic i personatge clau en l'ambient despreocupat i noctàmbul de la Barcelona d'entreguerres, es dedicà en exclusiva a la literatura. Al llarg dels anys vint i trenta es convertí en l'autor teatral de més èxit del país, en un poeta també popular, en un periodista de prestigi i en un novel·lista escandalós. En esclatar la Guerra Civil, fugí primer a França, feu un viatge a Tahití i tornà a Barcelona el 1940. Enfront de l'ambient gris de la postguerra, tornà a escriure teatre, però sense l'èxit d'èpoques precedents. Vinculat primer a l'antifranquisme, se n'anà distanciant i va anar apropant-se als cercles oficials. Morí a Barcelona el 1961, convertit en un personatge polèmic.

«El cas a part de Josep M. de Sagarra», Joan Fuster

8.2. Obra

En parlar de l'extensa obra de Sagarra, cal fer esment d'una facilitat verbal extraordinària en tots els gèneres que practicà. En el camp de la **poesia**, és autor de quatre reculls inspirats en la forma tradicional de la cançó –*Cançons d'abril i de novembre* (1918), *Cançons de taverna i d'oblit* (1922), *Cançons de rem i de vela* (1923) (pàg. 262) i *Cançons de totes les hores* (1925)–, com també de tres extensos poemes narratius: *El mal caçador* (1915), *El comte Arnau* (1928) i *El poema de Nadal* (1930). Després van aparèixer *La rosa de cristall* (1933), *Àncores i estrelles* (1936) i *Entre l'equador i els tròpics* (1945, tot i que fou escrit el 1938). El 1950 encara va publicar *El poema de Montserrat*. Recentment s'han editat també els seus poemes satírics publicats originàriament a la premsa, en què ridiculitza uns quants personatges de l'època.

A quin gènere pertany *El cafè de la Marina*?

Coetanis

Francesc Trabal (Sabadell, 1899 - Santiago de Xile, 1957). Membre, amb Joan Oliver i Armand Obiols, de l'anomenada «Colla de Sabadell», grup iconoclasta que als anys vint es feu càrrec de la direcció del *Diari de Sabadell* i que creà l'editorial La Mirada. Amic de cèlebres escriptors francesos del moment, com Jean Cocteau o André Gide, Trabal és autor de novel·les en què predominen l'humor absurd –*L'home que es va perdre*, del 1929–, l'amor i l'erotisme obsessius –*Vals*, del 1935–, o ambdues coses alhora –*Judita*, del 1930–. S'exilià a Santiago de Xile, on morí.

Vals (fragment), Francesc Trabal

1 **prolix:** d'obra més extensa, vasta.

«PART CENTRAL D'UNA TRAMA EN QUÈ ELS PERSONATGES APAREIXEN DESPULLATS»: _ _ _ _.

Josep Maria de Sagarra, amb la seva esposa, Mercè Devesa, i el seu fill Joan (avui dia reconegut periodista).

La producció **teatral** de Sagarra, normalment en vers, és molt abundant, i comprèn gèneres diversos, des del teatre de costums –*Les llàgrimes d'Angelina* (1928)– fins a la tragèdia –*Judit* (1929)–. La principal aportació de l'autor en aquest camp és l'anomenat «**poema dramàtic**[1]», de caire popularista i ruralista, com ara *El cafè de la Marina* (1933). A la postguerra, el seu últim èxit el constituí el drama religiós *La ferida lluminosa* (1954). Val a dir que la popularitat del Sagarra dramaturg, avui força oblidat, contrasta amb l'anacronisme del seu univers teatral respecte del d'altres autors europeus coetanis.

En canvi, aquests últims anys s'ha reivindicat el Sagarra **prosista**, d'una modernitat considerable. Cal distingir aquí entre les tres novel·les de l'autor i els altres llibres no específicament narratius. De les tres novel·les, *Paulina Boixareu* (1919), *All i salobre* (1929) i *Vida privada* (1932), cal destacar-ne sobretot la tercera, crònica de la decadència de l'antiga aristocràcia barcelonina a través de tres generacions d'una família. Escandalosa en el seu moment, està considerada avui una de les millors novel·les catalanes d'abans de la guerra i una de les més notables del segle. Sagarra també és autor d'unes excel·lents *Memòries* (1954), de *La ruta blava* (1964), crònica del seu viatge a Haití, i de nombrosos i brillants articles recollits en llibres com *Cafè, copa i puro* (1929) o *L'aperitiu* (1937).

Caldria considerar encara el Sagarra **traductor**. Des de *La Divina Comèdia*, de Dante, fins al teatre de Shakespeare, traduí grans obres de la literatura universal amb una facilitat estilística que, en alguns casos, el portà a permetre's considerables llicències. Allunyat dels seus contemporanis noucentistes, dotat d'un do indiscutible per al llenguatge, personatge tant popular primer com polèmic després, Josep Maria de Sagarra va ser un veritable cas a part en el panorama de la literatura catalana del segle XX.

9. Josep Pla

9.1. Vida

Què tenen en comú Josep Pla i Ramon Llull?

Josep Pla és el gran **prosista** de la literatura catalana, el més important des de Ramon Llull, tant per la qualitat, com per la magnitud de la seva obra –unes 25 000 pàgines aproximadament–. Narrador i novel·lista molt esporàdic, la immensa majoria de la seva obra prové de la crònica periodística, l'evocació personal, la descripció paisatgística i el retrat de personatges. És un cas únic en la literatura catalana i, en bona mesura, en la història literària en general.

Nascut el 1897 a Palafrugell, estudià dret a Barcelona i entrà en el món del **periodisme**. A partir del 1920, viatjà per Europa –París, Madrid, Berlín, Itàlia, Rússia i Anglaterra– i col·laborà en diferents diaris i revistes. Va ser elegit diputat de la Mancomunitat i, del 1928 fins a l'inici de la guerra, va ser redactor-corresponsal de *La Veu de Catalunya* –diari de la Lliga Regionalista– a Madrid. Traslladat a Roma, tornà a Barcelona el 1939 i va fer un quant temps de director i redactor de *La Vanguardia*, fins que tornà a l'Empordà. Del 1940 al 1975, va escriure en castellà al set-

Coetanis

Tomàs Garcés (Barcelona, 1901-1993). Poeta postsimbolista, d'herència noucentista, que sovint se serví de formes de la poesia popular. Traductor de poetes italians, és autor, entre d'altres, de *Vint cançons* (1922) o *L'ombra del lledoner* (1924).

G

1 **poema dramàtic:** gènere teatral propi de Sagarra amb uns trets pròxims al romanticisme: ambientació pretèrita, sovint rural, personatges arquetípics, costumistes, trama senzilla, triangle amorós, final feliç, to moralista i escriptura en vers.

«–FUGIM! –DIGUÉ EN TELL»: _ _ _ _ _ _ _ _.

manari *Destino* i s'instal·là a Llofriu als anys cinquanta. Va reprendre els viatges –a Cuba, els Estats Units, Israel i l'Argentina, a més d'Europa– i col·laborà en diferents diaris. Publicà una cinquantena de volums a l'editorial Selecta fins que el 1966 començà l'edició de la seva obra completa a l'editorial Destino amb *El quadern gris*. Discutit per motius més ideològics que literaris –sobretot, per la vinculació que va tenir amb el bàndol franquista durant la guerra–, volgudament apartat de la vida literària, morí a Llofriu el 1981. Després de la seva mort, se'l reivindica com un autor fonamental.

Retrat de joventut de Josep Pla, l'escriptor català més llegit i més popular de totes les èpoques. El seu estil va estar sempre sotmès a la naturalitat i a la simplicitat expressives.

9.2. Obra

Tant l'extensió de l'obra planiana com les peculiaritats que presenta la fan molt difícil de classificar. *El quadern gris*, del 1966 (pàg. 259) però basat en un dietari dels anys vint, i considerat una veritable obra mestra, és un repàs dels anys de formació, i hi trobem, a grans trets, les característiques de tota l'obra planiana: entre d'altres, el gust per la descripció i per l'adjectivació precisa; la importància concedida a tot allò que és aparentment anecdòtic; la tendència a generalitzar i a pontificar; o una **visió** del món entre **escèptica** i subtilment **irònica**, amb un cert rerefons moralista. Altres obres remarcables són *Viatge a Catalunya* (1934), *Un senyor de Barcelona* (1951) i *Girona, un llibre de records* (1952), entre moltes altres. Destaquem, també, l'aproximació al gènere novel·lístic que significa *El carrer estret* (1951) i, en l'apartat de retrats de personatges, l'extensa sèrie *Homenots*, iniciada el 1958. Cal no oblidar, tampoc, els nombrosos llibres de viatges o els també innombrables textos sobre l'Empordà en concret i sobre Catalunya en general.

L'obra planiana oscil·la sempre entre el reflex constant de la **realitat** i la transformació d'aquesta realitat objectiva en un llenguatge subjectiu, mig líric mig irònic, i sempre d'una gran precisió. I és que, rere l'aspecte i les actituds d'un pagès intuïtiu, antiintel·lectual i murri, Josep Pla era un rigorós home de lletres, d'una gran cultura literària i hereu, entre d'altres, de Montaigne, Proust i Stendhal.

La producció literària de Pla s'ha convertit en una valuosa memòria, entre real i recreada, de mig segle de la societat, el paisatge i la vida catalans.

«El drama literari és sempre el mateix: és molt més difícil descriure que opinar. Infinitament més. En vista de la qual cosa tothom opina.»
Josep Pla

Josep Carner.

Josep Carner

Abans de començar

«Cançoneta incerta» forma part d'*El cor quiet* (1925), un poemari escrit quan Josep Carner es trobava en un primer **exili voluntari** a Costa Rica. La temàtica dominant de l'obra se centra en el **paisatge** i la natura, amb una forta dosi d'interiorització. En aquest poema, l'autor es qüestiona la **incertesa** del futur, el neguit de no saber què l'espera a la vida. Ho fa, però, amb una aparença intranscendent i juganera, pròpia de la poesia popular.

Cançoneta incerta

Aquest camí tan fi, tan fi,
qui sap on **mena**[1]!
És a la vila o és al pi
de la **carena**[2]?
Un lliri blau color de cel,
diu: –Vine, vine!–.
Però: –No passis! –diu un vel
de teranyina.

Serà **drecera**[3] del **gosat**[4],
rossola[5] ingrata,
o bé un camí d'enamorat,
colgat[6] de mata?
És un **recer**[7] per a adormir
qui passi pena?
Aquest camí tan fi, tan fi,
qui sap on mena?

Qui sap si trist o somrient
acull son **hoste**[8]?
Qui sap si mor sobtadament
sota la **brosta**[9]?
Qui sabrà mai aquest camí
a què em convida!
I és camí incert cada camí,
n'és cada vida!

Josep Carner, *El cor quiet*

1 **menar:** portar, conduir.

2 **carena:** línia divisòria de dos vessants en una muntanya.

3 **drecera:** sendera que porta dret a un lloc, escurçant camí.

4 **gosat:** audaç, atrevit.

5 **rossola:** lloc pelat i relliscós en un terreny amb pendent.

6 **colgat:** posat dins un clot i cobert amb terra, sorra, cendra, etc.

7 **recer:** lloc on s'és a cobert del vent, de les injúries del temps.

8 **hoste:** persona allotjada a casa d'algú altre.

9 **brosta:** conjunt de branques i brots d'un arbre o d'un arbust; fullatge.

«LLANÇANT AL BLANC, JOANOT?»: _ _ _ _ _ _.

COMPRENSIÓ

1 Us presentem uns resums breus d'alguns dels **poemaris** de l'autor. Digueu a quina d'aquestes obres de Carner creieu que pertany el poema que heu llegit:

a) El poeta narra el passatge bíblic de la història del profeta Jonàs en deu cants metafísics sobre la condició humana.
b) El poeta estableix una relació analògica entre un conjunt de fruits i les etapes de la vida amb uns personatges femenins idealitzats.
c) El poeta se serveix del paisatge per parlar d'ell mateix i, per extensió, de la literatura: dubtes, angoixes i reflexions...
d) El poeta tracta escenes quotidianes de la ciutat de Barcelona, des de la ironia i el distanciament.

2 La metàfora **camí = vida** vertebra tot el poema (consulta l'annex IV, pàg. 362). Per mitjà d'exclamacions i preguntes retòriques, el poeta es qüestiona cap on porta aquest camí.

a) Localitza els versos on això se'ns explicita.
b) Resumeix les reflexions que es fa en cada una de les estrofes.

3 A partir de l'exercici anterior, digues quin creus que és el **tema** del poema i relaciona'l amb el títol:

a) Les dificultats de la vida per saber escollir el camí correcte.
b) La incertesa constant amb què convivim respecte al nostre futur.
c) La por de viure una vida lliure i feliç arreu.
d) L'alegria de ser lliure per a poder triar el nostre destí.

4 Carner revitalitza un gènere considerat menor: la **cançó**. Fixa't en els elements propis de la literatura d'arrel **popular** que conté el poema i localitza'ls en el poema.

- estructures paral·lelístiques
- anàfores (Annex IV, pàg. 362-367)
- ús de diminutius
- personificacions
- presència d'elements de la natura
- versos d'art menor

5 La cura en el rigor formal i el classicisme són dues de les característiques de Josep Carner i, també, del Noucentisme. Fixa't en la **mètrica** del poema i completa els apartats següents:

Tipus de vers (nombre de síl·labes)	
Tipus de rima (assonant o consonant, masculina i/o femenina)	
Estructura de les rimes (ABBA...)	
Tipus de composició (nombre d'estrofes i de versos)	

6 El títol del poema, «Cançoneta incerta» al·ludeix també als camins que ha de seguir la poètica de l'autor: cançó = **literatura**. Des d'aquesta perspectiva, redefiniu la temàtica del poema. Creieu que el tema ha canviat, respecte del que heu respost en la segona pregunta?

Josep Maria Junoy

Georges Guynemer, l'aviador que protagonitza el poema de Josep Maria Junoy.

Abans de començar

Josep Maria Junoy (1887-1955) va ser crític d'art, periodista i dibuixant. De ben jove, va marxar a París, on va entrar en contacte amb els moviments avantguardistes. Va ser l'introductor del **cal·ligrama** a Catalunya, seguint el model proposat per Apollinaire, un dels creadors del cubisme literari a França. Aquesta composició s'inclou en el recull *Poemes i cal·ligrames* (1920) i està dedicada a un jove **aviador** francès, mort en combat durant la Primera Guerra Mundial i convertit ja en heroi abans de la seva tràgica mort.

Oda a Guynemer

CIEL DE FRANCE

DINS DE L'AVIÓ MORTALMENT FERIT PER L'ESPAI HI BRUNZEIX ENCARA EL LLUENT COR DEL MOTOR MES L'ÀNIMA DEL PAL·LID ADOLESCENT HEROI VOLA JA VERS LES CONSTEL·LACIONS

Josep Maria Junoy, *Poemes i cal·ligrames*

1 **brunzir:** produir un so per desplaçament dins l'aire a una gran velocitat.

COMPRENSIÓ

1 Per a entendre el poema, cal que en facis una lectura ordenada. Observa, en primer lloc, el dibuix i digues què creus que representa el **cal·ligrama** i des de quina perspectiva l'observem.

2 En segon lloc, fixa't en el **text i en la tipografia textual**.

a) Quina informació se'ns dona?
b) Per què creus que les lletres es van fent més petites?
c) Com és que l'autor prescindeix dels signes de puntuació?
d) Amb quin moviment d'avantguarda es pot relacionar?

3 En tercer lloc, centra't en el **contingut**. El poema és un elogi de l'**aviador** Georges Guynemer.

a) Quins noms i adjectius el descriuen?
b) Com se'ns presenta?
c) A banda del pilot, quins són els altres **protagonistes** d'aquest poema?

4 Malgrat que no puguem parlar de rima i mètrica, sí que en el cal·ligrama hi trobem diverses figures retòriques que ens presenten els protagonistes del relat (consulta l'annex IV, pàg. 362-367). Digues quines hi ha en els sintagmes següents i explica-les:

a) «ferit per l'espai»
b) «el [...] cor del motor»
c) «l'ànima del pàl·lid adolescent»
d) «l'ànima [...] vola»

5 Quins d'aquests **valors** creus que exalça el poema? A partir de la justificació de la resposta, digues quin és el **tema** del poema.

- l'heroisme
- la velocitat
- la immortalitat
- la joventut
- la modernitat
- la llibertat

RELACIÓ

6 Des del 1916 fins al 1924 –any de la mort de Salvat-Papasseit– els aspectes futuristes predominen en l'avantguardisme de la literatura catalana. Digues quines d'aquestes característiques o motius **avantguardistes** hi ha en aquest poema i posa'n exemples concrets:

a) Aparició d'elements representatius de la societat contemporània: l'electricitat, l'esport, la tecnologia, el cinema, etc.
b) Apologia de la lluita, la guerra i la violència.
c) Exaltació del progrés, la modernitat i el culte a la màquina.
d) Admiració per la novetat i l'originalitat.
e) Evocacions visuals, paraules en llibertat.
f) Lloança de la velocitat, el dinamisme i el risc.
g) Reivindicació de la llibertat i l'aventura.
h) Rebuig de la tradició artística tradicional.
i) Trencament de les normes i la disposició formal, com la supressió dels signes de puntuació.

«EL CANT MÉS MÍSTIC DE JOAN MARAGALL»: ___________.

Josep Vicenç Foix

Abans de començar

El títol d'aquest poema i del llibre homònim prové d'un sonet de Francesco Petrarca que comença així: «Solo e pensoso i più deserti campi». Josep Vicenç Foix hi indaga la situació del poeta en soledat, a la recerca de la identitat en el cosmos. L'obra és un recull de setanta **sonets** modèlics escrits per l'autor des del 1913 fins al 1936, revisats abans de publicar-los el 1947. Síntesi única de **classicisme** i **avantguarda**, amb un estil original i inconfusible, Foix renova totalment la llengua poètica catalana amb una riquesa verbal prodigiosa, tot incorporant la llengua medieval a la llengua moderna.

Sol, i de dol[1]

Sol, i de dol, i amb **vetusta**[2] **gonella**[3],
Em veig sovint per fosques solituds,
En prats **ignots**[4] i munts de **llicorella**[5]
I **gorgs**[6] **pregons**[7] que m'aturen, astuts.

I dic: On so? Per quina terra vella,
–Per quin cel mort–, o **pasturatges**[8] muts,
Deleges[9] **foll**[10]? Vers quina meravella
D'astre ignorat m'**adreç**[11] passos **retuts**[12]?

Sol, soc etern. M'és present el paisatge
De fa mil anys, l'estrany no m'és estrany:
Jo m'hi sent nat; i en desert sense estany

O en **tuc**[13] de neu, jo retrob el paratge
On ja **vaguí**[14], i, de Déu, el **parany**[15]
Per **heure'm**[16] tot. O del diable engany.

J.V. Foix, *Sol, i de dol*

1 **de dol:** trist, adolorit, afligit.
2 **vetusta** (fem. de *vetust*): molt antiga.
3 **gonella:** túnica llarga cenyida a la cintura duta antigament per homes i dones.
4 **ignot:** desconegut.
5 **llicorella:** roca pissarrenca.
6 **gorg:** clot profund en el llit d'un corrent d'aigua, on aquesta s'entolla o alenteix el curs.
7 **pregon:** profund.
8 **pasturatge:** camp de pastura; herba que s'hi cria.
9 **delejar:** desitjar, anhelar.
10 **foll:** boig.
11 **adreçar:** fer anar de dret a algú o a algun lloc.
12 **retut:** rendit.
13 **tuc:** pic de muntanya.
14 **vagar:** errar, anar d'un lloc a l'altre sense aturar-se enlloc.
15 **parany:** trampa.
16 **heure's:** esdevenir posseïdor, tenir.

«BOLET CANTAIRE QUE VAS A FRANÇA, EMPRÈN EL VOL!»: _ _ _ _ _ _ _ _ _ _ _.

COMPRENSIÓ

1 En aquest sonet, el poeta exposa allò que sent i que pensa immers en la solitud. En els dos primers quartets, el jo poètic es veu a si mateix en un **món imaginari** a l'entorn del qual s'interroga. Digues:

a) Quin és el seu estat anímic.
b) Com va vestit.
c) On es troba.
d) Quines preguntes retòriques es formula.

2 En els tercets, el jo poètic manifesta l'**harmonia** total amb aquest món imaginatiu. Digues:

a) Quins versos asseveren aquesta afirmació.
b) Algun exemple del joc constant de contraposicions.
c) Quin sentit creus que poden tenir.

3 Pel que fa a la llengua, el llibre és ple de citacions i referències a la poesia medieval, tant italiana com catalana i provençal. Això implica l'ús d'un llenguatge a vegades **arcaic**, la presència d'elements anacrònics i la referència a un paisatge antic, amb què el jo poètic s'identifica. Concreta-ho en aquest poema.

a) Cita alguna mostra de lèxic amb tendència a l'arcaisme.
b) Fixa't en els temps verbals. Explica quina particularitat presenten.

Coberta del poemari *Sol, i de dol*.

4 L'estudiós Manuel Guerrero considera que en l'obra *Sol, i de dol* s'expressen els conflictes i **dubtes existencials** més pregons de l'autor i, en concret, el poeta reflexiona sovint d'una manera metafísica sobre diversos temes clau de la modernitat. Digues si consideres que la reflexió d'aquest poema es podria interpretar en clau al·legòrica entorn de:

a) La soledat de la persona moderna.
b) La nostàlgia del passat medieval.
c) La poesia com a espai de llibertat.
d) La denúncia de l'opressió franquista.

RELACIÓ

5 Foix manté una posició literària eclèctica. Com a exemple d'aquesta **síntesi** de moviments i corrents diversos, identifica amb exemples en aquest poema algunes característiques avantguardistes, per una banda, i, per l'altra, algunes altres característiques tradicionals que ja has vist.

Característiques clàssiques	Característiques avantguardistes
• Composició: *sonet* • *Lèxic arcaïtzant* • Mètrica: • •	• *To oníric* • Imatges: •

REFLEXIÓ

6 A partir de les contraposicions del poema que heu llegit i de l'emblemàtic vers «M'exalta el nou i m'enamora el vell», reflexioneu sobre si aquesta afirmació és contradictòria o pot ser complementària. Busqueu exemples personals de **paradoxes** sobre gustos culturals i estètiques que us siguin propers.

Comentari de text

Emplena els buits amb l'opció més adequada.

1.	*a*) barroca	*b*) jocfloralesca	*c*) medieval
2.	*a*) arcaic	*b*) avantguardista	*c*) aparentment absurd
3.	*a*) Francesco Petrarca	*b*) Bernat Metge	*c*) Virgili
4.	*a*) estrany, preocupat	*b*) dolgut, marginat	*c*) trist, adolorit
5.	*a*) oda	*b*) sonet	*c*) plany
6.	*a*) alienígena	*b*) imaginari	*c*) realista
7.	*a*) desil·lusió	*b*) indiferència	*c*) harmonia
8.	*a*) contraposicions	*b*) metàfores	*c*) símils
9.	*a*) entorn estrany	*b*) paisatge antic	*c*) món interior
10.	*a*) antitètiques	*b*) antagòniques	*c*) complementàries

J. V. Foix és, amb Josep Carner i Carles Riba, un dels tres noms fonamentals de la poesia catalana de la primera meitat del segle XX.

Cal situar aquest sonet en el context del llibre del mateix títol, ple de citacions i referències a la poesia (1) ______, tant italiana com catalana o provençal. Això explica l'ús d'un llenguatge de vegades (2) ________, la presència d'un element anacrònic com és la «gonella» o la referència al paisatge «de fa mil anys» amb què, precisament per això, el jo poètic s'identifica. Convé aclarir, també, que el títol *Sol, i de dol* prové d'un cèlebre sonet de (3) ______, el clàssic italià del segle XIV: «Solo e pensoso i più deserti campi / vo mesurandi...», és a dir «Sol i pensós, els més deserts confins / vaig mesurant...». Val a dir que, segons Gabriel Ferrater, «de dol» no significa aquí 'vestit de dol' sinó (4) '______'.

Pel que fa a l'estructura ens trobem amb un (5) ____ clàssic, amb els dos quartets amb rima consonant encadenada ABAB ABAB i els tercets amb CDD CDD, els uns i els altres alternant les rimes femenines amb les masculines. En els quartets, Foix ens presenta el que Gabriel Ferrater defineix com «l'encarament amb el seu món imaginatiu», és a dir, es veu a si mateix en un món purament (6) ________ a l'entorn del qual s'interroga. En els tercets –que tornen a començar amb el «sol» dels quartets–, es manifesta la total (7) ____ amb aquest món imaginatiu. Observem-hi el joc constant de (8) ______: en el primer tercet, el paisatge antic és present i l'estrany no és estrany; en el segon –enllaçant amb el final del primer–, es contraposa al «desert sense estany» el «tuc de neu», on el poeta pot retrobar aquest (9) ______; i el món imaginatiu a què es trasllada pot ser degut, indistintament, a un «parany de Déu» o bé a un «engany del diable». Val a dir que, en la poesia de Foix, les contraposicions no s'exclouen necessàriament, sinó que poden ser (10) _______.

«PERSONA IDEALISTA I TEMERÀRIA, A PARER D'EN CERVANTES»: _ _ _ _ _ _ _.

Carles Riba

Abans de començar

Aquest poema pertany a *Les elegies de Bierville*, poemari de dotze elegies que Carles Riba va escriure durant el seu **exili** francès, entre 1939 i 1942. Súnion és un temple grec en ruïnes, a Delfos, que l'autor havia visitat dotze anys abans. El record d'aquest **símbol** de la cultura **clàssica** que tant estimava li serveix d'inspiració i li dona la força necessària per a continuar vivint i escrivint, i també per a poder retornar a la seva **pàtria** en uns moments en què la cultura catalana està amenaçada.

Súnion!

Súnion! T'**evocaré**[1] de lluny amb un crit d'alegria,
tu i el teu sol lleial, rei de la mar i del vent:
pel teu record, que em **dreça**[2], feliç de sal exaltada,
amb el teu marbre absolut, noble i antic jo com ell.
Temple mutilat, **desdenyós**[3] de les altres columnes
que en el fons del teu **salt**[4], sota l'onada rient,
dormen l'eternitat! Tu **vetlles**[5], blanc a l'altura,
pel mariner, que per tu veu ben girat el seu rumb;
per l'**embriac**[6] del teu nom, que a través de la nua **garriga**[7]
ve a cercar-te, extrem com la certesa dels déus;
per l'exiliat que entre arbredes fosques t'**albira**[8]
súbitament, oh precís, oh fantasmal! i coneix
per ta força la força que el salva als cops de fortuna,
ric del que ha donat, i en sa ruïna tan pur.

Carles Riba, *Elegies de Bierville*

1 **evocar:** recordar, portar alguna cosa a la memòria.

2 **dreçar:** aixecar, posar dret.

3 **desdenyós:** que mostra indiferència i menysteniment per un ésser o una cosa.

4 **salt:** lloc alt i abrupte, del qual no es pot baixar si no és saltant.

5 **vetllar:** tenir cura de la seguretat i la conservació d'alguna persona o d'alguna cosa.

6 **embriac:** que té les facultats pertorbades per la ingestió d'alcohol.

7 **garriga:** matollar dens de garrics o d'arbustos semblants, de fulla plana, petita i dura, persistent tot l'any.

8 **albirar:** veure de lluny alguna cosa.

COMPRENSIÓ

1 El poema és la segona composició de les *Elegies de Bierville*. Recordeu què és una elegia. Digueu quines de les definicions següents correspon a una elegia:

a) Poema líric de tema amorós, adreçat sovint a una dama.
b) Poema de to melancòlic que expressa sentiments de dolor per la pèrdua d'una persona estimada o per l'exili.
c) Poema d'atac personal de to humorístic.

2 En el prefaci de la segona edició (1949), el poeta afirma: «A l'emigració, en efecte, i dins el sentiment de l'**exili**, prengueren forma aquestes elegies».

a) En quins versos del poema apareixen les circumstàncies personals viscudes pel poeta, el fet que s'hagués de refugiar com a exiliat?
b) Com qualificaries el **to** del poema?

3 En la primera part del poema, el temple se'ns **personifica** amb un seguit d'adjectius.

a) Localitza'ls.
b) Digues com se'ns presenta el temple.

4 En la segona part, i continuant amb la personificació del temple, se'ns explicita l'acció principal que Súnion duu a terme.

a) Digues quina és.
b) Indica en quin vers comença aquesta segona part.

5 Mitjançant paral·lelismes, el temple **guia** tres tipus de figures diferents.

a) Enumera-les.
b) Digues a qui creus que fan referència els tres tipus de figures.
c) Explica per què és rellevant, el temple, per a aquests personatges.

6 Pel que fa a la **temàtica** del poema, corregiu les afirmacions que no siguin certes.

a) El poeta s'enforteix en recordar la seva terra llunyana.
b) El poeta s'arrela en el passat gràcies al sentiment patriòtic.
c) El poeta s'arrela en el present gràcies al sentiment religiós.
d) El poeta pateix per les doloroses circumstàncies del passat hel·lènic.
e) El poeta es projecta en el futur amb voluntat de retorn.

RELACIÓ

7 Ja hem vist que Riba va viure més de quatre anys d'exili a França, en condicions extremament precàries, fugint primer d'una guerra civil i després d'una guerra mundial. A partir del context en què va ser escrit, del tipus de composició i del tema del poema, expliqueu quin sentit creieu que té que l'autor dediqui una elegia a un **temple grec** en ruïnes.

REFLEXIÓ

8 ¿Teniu algun record personal vinculat a una persona, objecte o experiència que us serveixi de confort i al qual recorreu en moments de dificultat? Per què us és útil?

9 Súnion és un promontori del sud-est d'Atenes que es feia servir com a observatori per a albirar els vaixells que s'aproximaven a la ciutat. Al seu damunt s'edificà al segle v aC el temple de Posidó. Indica quina d'aquestes fotografies correspon a aquest temple evocat per Riba:

a)

b)

c)

d)

Joan Salvat-Papasseit

Abans de començar

Aquest poema és un dels més significatius de *L'irradiador del port i les gavines* (1921), subtitulat «Poemes d'avantguarda», obra que Salvat-Papasseit situa en un entorn mariner –en aquest cas, la Barceloneta, el barri on va viure el poeta–. L'autor busca fusionar un moviment avantguardista com el **futurisme** amb una poesia lírica, d'arrel tradicional, íntima, personal i **optimista**, malgrat la presència de la malaltia i, per tant, de la **mort**.

Tot l'enyor de demà

Ara que estic al llit
malalt
estic força content.
–Demà m'aixecaré potser,
i **heus**[1] aquí el que m'espera:

Unes places lluentes de claror,
i unes tanques amb flors
sota el sol
sota la lluna al vespre;
i la noia que porta la llet
que té un capet lleuger
i duu un davantalet
amb unes vores fetes de puntes de coixí,
i una rialla fresca.

I encara aquell vailet que cridarà el diari,
i qui puja als tramvies
i els baixa
tot corrent.

I el carter
que si passa i no em deixa cap **lletra**[2] m'angoixa
perquè no sé el secret
de les altres que porta.

I també l'aeroplà
que em farà aixecar el cap
el mateix que em cridés una veu d'un terrat.

I les dones del barri
matineres
qui travessen en direcció al mercat
amb **sengles**[3] cistells grocs,
i retornen
que **sobreïxen**[4] les cols,
i a vegades la carn,
i d'un altre cireres vermelles.

1 **heus:** forma contracta de *heu-vos*, que s'usa acompanyada de l'adverbi *aquí* per a assenyalar una cosa a l'atenció d'algú.

2 **lletra:** carta.

3 **sengles:** un per a cadascuna de dues o més persones o coses.

4 **sobreeixir:** vessar.

«D'AQUEST ARTISTA POLIFACÈTIC, EN PARLEN A PÈL, LES MESTRES»: A _ _ _ · _ _ _ M _ _ _ _ _ _ _.

I després l'adroguer,
que treu la torradora del cafè
i comença a rodar la maneta,
i qui crida les noies
i els hi diu: –Ja ho té tot?
I les noies somriuen
amb un somriure clar,
que és el **baume**[5] que surt de l'esfera que ell volta.

I tota la quitxalla del veïnat
qui mourà tanta **fressa**[6] perquè serà dijous
i no anirà a l'escola.

I els cavalls assenyats
i els carreters dormits
sota la vela en punxa
que dansa en el seguit de les **roderes**[7].

I el vi que de tants dies no he begut.

I el pa,
posat a taula.
I l'escudella rossa,
fumejant.
I vosaltres amics,
perquè em vindreu a veure
i ens mirarem feliços.

Tot això bé m'espera
si m'aixeco
demà.
Si no em puc aixecar
mai més,
heus aquí el que m'espera:

–Vosaltres restareu,
per veure el bo que és tot:
i la Vida
i la Mort.

Joan Salvat-Papasseit, *L'irradiador del port i les gavines*

Portada de la primera edició del poemari *L'irradiador del port i les gavines*.

5 **baume:** cosa que dona consol a qui té pena, bàlsam.

6 **fressa:** soroll.

7 **rodera:** solc o senyal que deixa a terra el pas de les rodes d'un vehicle.

COMPRENSIÓ

1 Aquest poema mostra un suggestiu **retaule costumista** de la Barcelona menestral dels anys vint.

a) Posa cinc exemples de personatges que desfilen davant dels ulls del narrador.
b) Digues per què creus que el jo poètic pren la posició d'observador passiu.

2 El poema de Salvat-Papasseit és, sobretot, una emotiva reflexió sobre la **malaltia** i la consciència d'una **mort** propera.

a) Indica els versos on s'explicita aquest **tema**.
b) Digues quin **to** predomina en el poema.
c) La **sinceritat** i el **vitalisme** són alguns dels trets característics de l'obra de l'autor. Posa'n algun exemple del text.

3 Quant a la **forma expressiva**, centrem-nos en les figures retòriques que apareixen en el poema (consulta l'annex IV, pàg. 362-367).

a) El mateix **títol** ja fa explícita una primera paradoxa. Explica-la i relaciona-la amb el tema.
b) En els primers tres versos el jo poètic ens expressa una **contradicció**. Localitza-la i digues de quina figura retòrica es tracta.
c) L'**anàfora** és una altra figura recurrent. Digues quina relació creus que té en l'estructura del poema.
d) Fixa't en els darrers versos i explica el breu **polisíndeton** que hi apareix.

4 Els **temps** verbals i els **adverbis** temporals estructuren el poema. Subratlla'ls i emplena després els buits d'aquestes frases:

a) El poeta ens expressa el seu estat anímic i on es troba (del vers __ al vers __).
b) A partir del vers ___, el jo poètic ens comença a descriure, enumerant-los, tota una sèrie d'elements que «l'esperen».
c) El poeta descriu què succeirà si mor (del vers __ al vers __).

5 Quant al metre, el poema està format per **versos trencats**, però que corresponen a versos alexandrins i decasíl·labs. Busca'n algun exemple. Quina motivació pot tenir l'autor per a servir-se'n? En quins moviments literaris et fa pensar?

REFLEXIÓ

6 Foix afirmava que Salvat era un «fals avantguardista». A partir de les respostes anteriors, digueu quins elements propis de les **avantguardes** i quins de la literatura **popular** conté el poema que heu llegit.

«PODRIA SER DÒRICA, JÒNICA O CORÍNTIA, AQUESTA EDITORIAL»: _ _ _ _ _ _ _.

Comentari de text

Emplena els buits amb les paraules més adequades.

1. *a*) diftèria	*b*) varicel·la	*c*) tuberculosi
2. *a*) quatre i catorze	*b*) dos i deu	*c*) dos i dotze
3. *a*) ordre	*b*) arbitrarietat	*c*) harmonia
4. *a*) imatge surrealista	*b*) descripció	*c*) disposició gràfica
5. *a*) avantguardista	*b*) noucentista	*c*) postsimbolista
6. *a*) quotidianitat	*b*) la mare	*c*) vida
7. *a*) la vellesa	*b*) la mort	*c*) el retorn a la infància
8. *a*) la burgesia local	*b*) la seva família	*c*) la Barcelona menestral
9. *a*) intimitat	*b*) casa	*c*) memòria col·lectiva
10. *a*) irònica	*b*) sòbria	*c*) surrealista

Aquest poema és segurament un dels més emotius i, alhora, continguts de la poesia catalana moderna. Cal explicar-lo a patir de la tragèdia personal de l'autor, malalt de (1) ___ i mort per aquesta causa als trenta anys.

D'entrada, si haguéssim de definir-ne l'estructura, només podríem qualificar-la d'anàrquica: a part de l'absència de rima, no hi ha regularitat estròfica, com no hi és, tampoc, en el nombre de síl·labes dels versos, que oscil·la entre (2) ___. S'hi observa, però, una tendència a l'hexasíl·lab i a l'octosíl·lab, i s'hi inclouen decasíl·labs i alexandrins. En altres paraules, l'aparent anarquia –que, en part, hi és– no arriba a ser tan absoluta com sembla. Val a dir, però, que la distribució gràfica dels versos contribueix a fer aquesta impressió, perquè està molt influïda per la de les avantguardes: trencament brusc dels versos, espais en blanc dintre d'alguns versos i, en general, sensació d'(3) ___ en la disposició del text.

En realitat, la influència de les avantguardes és aquí molt superficial: es limita a aquesta (4) ___. El poema és d'un realisme i d'un intimisme que no tenen res a veure amb l'esperit avantguardista. Aquesta és, de fet, una de les paradoxes més freqüents en Salvat-Papasseit: sovint, sembla (5) ___ per alguns aspectes formals sense ser-ho de fet.

El poema és d'una gran claredat: parla de la (6) ___ del poeta, emmarcada en el barri on va viure, en relació amb la malaltia al principi i amb el pressentiment de (7) ___ al final. Iniciat en primera persona, el fet que la paraula *malalt* hi destaqui gràficament no és, sens dubte, casual ni arbitrari, com no ho és tampoc en el cas del *potser*, que introdueix molt subtilment el pressentiment final de la mort. El cos central del poema el constitueix una descripció molt viva de (8) ___ de l'època –el poema és de l'any 1921–, pràcticament tota en tercera persona –amb les úniques excepcions dels versos centrats en el carter i l'«aeroplà». En la part final, el poema deixa de centrar-se en el món exterior i retorna a la (9) ___ de l'autor, en primera persona. Les dues últimes estrofes, presidides pel «si» condicional, comporten un augment d'intensitat emotiva tan ben preparada com continguda: els dos versos finals, significativament breus, ho diuen tot de la manera més (10) ___ possible: «i la Vida / i la Mort».

Clementina Arderiu

Abans de començar

Clementina Arderiu (1889-1976) va ser una poetessa postsimbolista, que se situa dins la primera promoció de l'anomenada «generació de la dictadura»: la d'aquells autors que van començar a editar durant els anys vint. Amb una poesia de to **popular** vinculada al **paisatge**, Arderiu utilitzà amb freqüència la forma de la **cançó** amb ressons noucentistes per parlar de l'amor, el sentiment religiós o la feminitat. És autora de *Cançons i elegies* (1916) i *L'alta llibertat* (1920) –llibre al qual pertany aquest poema–, centrat en el tema de la **dona artista** que busca la seva identitat.

El pendís[1]

Jo deia ahir:
ésser i sentir,
fortuna rara.
Per què la gent –**rosec**[2] **mesquí**[3]–
no se n'**amara**[4],
d'ésser i sentir?
I era per mi
goig pur. Mes ara,

per un pendís
rodoladís
jo faig ma via.
Un pas amunt i en **llisco**[5] sis.
Si **defallia**[6],
per mon pendís
tan dret i llis
rodolaria.

Si em vull salvar,
bé cal pujar,
no mirar enrere.
Enlaire sols puc **esguardar**[7],
que en la vorera
l'herba es secà
i es revoltà
sa cabellera.

I els arbres són
d'un son **pregon**[8]
la immòbil presa;
tot el brancatge **acota**[9] el front,
i gran **feresa**[10]
dins mi es difon.
Soc no sé on,
re no es **palesa**[11].

Res ni ningú
no se m'enduu.
La mà amorosa,
l'**esguard**[12] serè i el pas segur,
la **remorosa**[13]
parla d'algú
que al cor tan nu
fos **venturosa**[14],

tot, lentament,
sens **frisament**[15],
fuig de ma ruta.
Pel món tingués com el **morent**[16]
l'ànima eixuta,
i aquell **frement**[17]
deseiximent[18]
que res no immuta!

Clementina Arderiu, *L'alta llibertat*

1 **pendís:** pendent, terreny que fa baixada.
2 **rosec:** turment causat per una forta inquietud, pel remordiment.
3 **mesquí:** poc generós, egoista, vil.
4 **amarar:** omplir completament (parlant de coses immaterials); un afecte, una idea, etc., penetrar l'ànim (d'algú).
5 **lliscar:** desplaçar-se sobre la superfície d'un cos suaument i amb poca fricció.
6 **defallir:** perdre les forces, l'ànim, el coratge.
7 **esguardar:** mirar.
8 **pregon:** profund.
9 **acotar:** inclinar la part superior del cos endavant, cap a terra.
10 **feresa:** feredat, por terrible.
11 **palesar:** fer evident, clar, manifest per a tothom.
12 **esguard:** mirada.
13 **remorosa:** que fa remor, soroll confús, poc definit.
14 **venturosa:** afortunada.
15 **frisament:** neguit, pressa, impaciència.
16 **morent:** moribund.
17 **frement:** tremolós.
18 **deseiximent:** deseixida, moment en què cessa alguna cosa, en què acaba un espai de temps.

«TERRA JUSSANA, A PARER D'ÀNGEL GUIMERÀ»: _ _ _ _ _.

COMPRENSIÓ

1 Després de llegir el poema en una primera lectura en veu alta, digueu de què **tracta**.

a) D'un plany als amors passats i mai oblidats.
b) D'un cant a les virtuts i qualitats de les dones.
c) D'una reflexió sobre les dificultats davant de la vida.

Clementina Arderiu.

2 El **títol** del poema reflecteix una situació al·legòrica. Explica quina pot ser i relaciona-la amb el **tema** del poema, tenint en compte els plantejaments de *L'alta llibertat*.

3 En la primera part del poema, fins al vers 8, el jo poètic parla en passat.

a) A què fa referència la «fortuna rara» (vers 3)?
b) A què fa referència el «goig pur» (vers 8)?

4 A partir del vers 8, la conjunció adversativa i l'adverbi temporal present indiquen un canvi.

a) Digues quina situació descriu el jo poètic.
b) Busca exemples d'estats d'ànim que descriguin com se sent.

Quina relació tenia Clementina Arderiu amb Carles Riba?

5 Fixa't en les característiques de metre i rima que acosten aquesta composició a una **cançó** d'arrel popular, com el poema que hem llegit de Josep Carner (pàg. 236). Després de completar la graella, digues quin contrast creus que s'estableix entre la forma estròfica del poema i el seu tema.

Tipus de vers (nombre de síl·labes)	
Tipus de rima (assonant o consonant, masculina i/o femenina)	
Estructura de les rimes (ABBA...)	
Tipus de composició (nombre d'estrofes i de versos)	

REDACCIÓ

6 Tant en aquest poema com en «Cançoneta incerta», de Josep Carner, la natura és el reflex de l'estat anímic en què es troba el jo poètic. Compara els dos poemes a partir de la descripció del paisatge / estat anímic, les metàfores que hi apareixen, la forma del poema i la intencionalitat dels autors. Extensió: aproximadament 150 paraules.

Rosa Leveroni

Abans de començar

Rosa Leveroni (Barcelona, 1910-1985) pertany a la generació de joves formats durant la República –com Clementina Arderiu, Joan Teixidor i Joan Vinyoli–: es va formar sota el cànon noucentista als anys trenta, es va donar a conèixer sota el mestratge de Carles Riba, obrint-se al simbolisme, va veure truncada la seva joventut amb la Guerra Civil i va haver de viure l'exili interior. Va ser assagista i crítica literària i va escriure dos llibres de poesies: *Epigrames i cançons* (1938) i *Presència i record* (1952), llibre al qual pertany aquest poema, en què la poeta expressa el seu **amor intens** i extrem. La seva obra poètica, de to elegíac, mostra una sensibilitat molt acusada que contempla, amb melangia, la vida i el pas del temps a l'entorn de dos temes centrals: l'amor i la mort.

Elegies de la represa VI

No em preguntis, amor, per què t'estimo,
si no trobo raons. ¿Però podria
dir-te del rossinyol la meravella
ni el batec de la sang, ni la segura
dolcesa de l'arrel dins de la terra,
ni aquest plorar suau de les estrelles?
¿És que sabries, cert, l'ardent misteri
d'unes ales signant l'**atzur**[1] en calma,
o el fluir de la font, o de la branca
aquest respir **beat**[2] quan l'aire passa?...
No em preguntis, amor, per què t'estimo,
si et tenia dins meu i ni sabria
ja veure't com a tu, perquè respires
dintre del meu respir, si dels meus somnis
ets l'únic somni viu que no podria
arrabassar[3] la Mort...

Rosa Leveroni, *Elegies de la represa*

1 **atzur:** blau celeste.

2 **beat:** benaventurat, feliç.

3 **arrabassar:** prendre violentament alguna cosa a algú.

«LLEIG, MAL FET, BRUT, NO REEIXIT, DOLENT... QUIN PAPER, EL D'EN BENITO PÉREZ...»: _ _ _ _ _ _ _.

COMPRENSIÓ

1. Per què creieu que l'autora titula aquest poema **elegia**? (Llegiu també el poema de Carles Riba, pàg. 243.)

2. El tema del poema és l'**amor**, però matiseu-lo una mica més triant una d'aquestes opcions:

   a) L'amor no correspost.
   b) La inutilitat de l'amor si no és correspost.
   c) La inefabilitat de la paraula per a parlar de l'amor.

3. Identifica i digues quin sentit tenen les dues **preguntes retòriques** que apareixen en el poema.

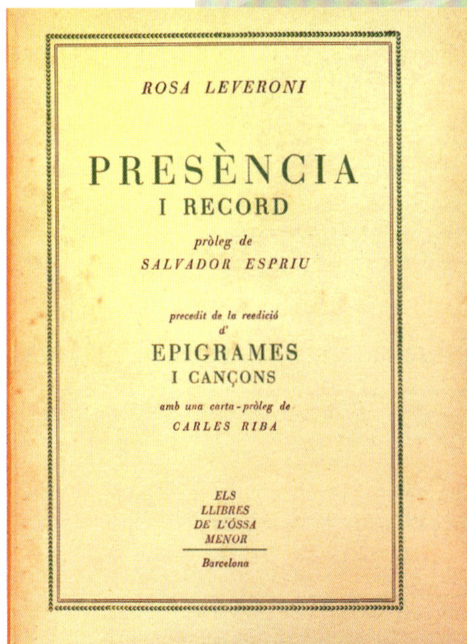

Portada del poemari *Presència i record*, de Rosa Leveroni.

4. Els elements **naturals** tenen una presència rellevant en aquesta composició. Indica'n algun exemple i explica per què et sembla que la poeta se'n serveix.

5. Explica què vol dir l'autora en els versos «[...] ni sabria / ja veure't com a tu, perquè respires / dintre del meu respir [...]» (v. 13-15)?

6. El jo poètic fa referència al tòpic de l'**amor immortal** –que ja has llegit en altres poemes–. Localitza els versos on s'hi fa referència i explica quin sentit té.

REFLEXIÓ

7. A partir de les respostes anteriors, proveu d'explicar les paraules que M. A. Capmany atribueix a l'obra de la poeta: «Alegria i desolació trenen el món poètic de Rosa Leveroni [...] [que] contempla el pas del temps i el registra en el ritme **bla**[1] dels seus versos».

1 **bla:** tou.

«DOS MINISTRES DEL CULTE PROTESTANT PROTAGONITZEN AQUESTA OBRA TEATRAL NADALENCA»: _ _ _ _ _ _ _ _ _ _ _ _.

Bartomeu Rosselló-Pòrcel

Abans de començar

Bartomeu Rosselló-Pòrcel (Palma de Mallorca, 1913 - el Brull, 1938) fou poeta, traductor i assagista. Morí prematurament de tuberculosi i deixà escrits tres llibres de poesia. Aquest poema és una elegia a la seva **terra natal** i s'inclou a *Imitació del foc* (1938), obra publicada pòstumament pel seu amic Salvador Espriu. La poesia de Rosselló-Pòrcel beu de fonts diverses: parteix de l'Escola Mallorquina i hi incorpora la generació del 27 castellana, el barroc, els simbolistes francesos, **postsimbolistes** com Riba i Carner, les avantguardes i la poesia d'arrel popular.

A Mallorca durant la guerra civil

Verdegen encara aquells camps
i duren aquelles arbredes
i damunt del mateix **atzur**[1]
es retallen les meves muntanyes.
Allí les pedres **invoquen**[2] sempre
la pluja difícil, la pluja blava
que ve de tu, cadena clara,
serra, plaer, claror meva!
Soc avar de la llum que em **resta**[3] dins els ulls
i que em fa tremolar quan et recordo!
Ara els jardins hi són com músiques
i em **torben**[4], em **fatiguen**[5] com en un **tedi**[6] lent.
El cor de la tardor ja s'hi **marceix**[7],
concertat[8] amb fumeres delicades.
I les herbes es cremen a turons
de cacera, entre somnis de setembre
i boires entintades de capvespre.

Tota la meva vida es lliga a tu,
com en la nit les flames a la fosca.

Barcelona, setembre 1937

Bartomeu Rosselló-Pòrcel, *Imitació del foc*

1 **atzur:** blau celeste.

2 **invocar:** demanar a precs.

3 **restar:** quedar.

4 **torbar:** alterar la quietud, la serenitat, la lucidesa.

5 **fatigar:** cansar.

6 **tedi:** molèstia causada per la continuïtat o la repetició d'una cosa que no ens interessa.

7 **marcir-se:** pansir-se, perdre la frescor, la turgència.

8 **concertat:** posat en bon ordre i harmonia.

«S'ESFORÇÀ DE VALENT PER LLEGIR LES OBRES COMPLETES D'AQUEST BARÓ CATALÀ»: _ _ _ _ _.

COMPRENSIÓ

1. Després d'una primera lectura, digueu de què tracta el poema.

   a) Del pas del temps en un espai imaginat pel jo poètic.
   b) De la nostàlgia que sent el jo poètic per una relació amorosa que va tenir a Mallorca.
   c) De l'enyor del jo poètic per la seva terra, Mallorca.

2. Fixa't en el **paisatge** mallorquí que se'ns descriu en la primera part, fins al vers 10.

   a) Indica els colors que hi apareixen.
   b) Busca-hi algun exemple de personificació. Què s'hi personifica i per què?
   c) Cerca-hi algun exemple de determinant possessiu. Per què els utilitza, el poeta?

3. Atura't ara en la segona part del poema, a partir del vers 11.

   a) Quins colors hi predominen? Hi ha una gradació cromàtica?
   b) Explica l'adverbi temporal «Ara», que divideix les dues parts del poema.

4. Assenyala les imatges referides al **foc** i al fum, fixa't en quina part del poema es troben i dona-hi un possible sentit.

5. En el títol es fa referència a la Guerra Civil. Quins elements del poema ens remeten a un **conflicte bèl·lic**?

REFLEXIÓ

6. El **dístic**[1] amb què es clou el poema és un dels més difosos de l'autor. Expliqueu què significa amb relació al tema del poema.

7. Escolteu i comenteu la **versió musicada** que la cantant mallorquina Maria del Mar Bonet ha fet d'aquest poema.

1 **dístic:** estrofa de dos versos.

Bartomeu Rosselló-Pòrcel retratat pel seu amic el pintor Ramon Nadal.

Màrius Torres

Abans de començar

Màrius Torres (Lleida, 1910 - Sant Quirze de Safaja, 1942) fou metge de professió i morí prematurament de tuberculosi. El seu recull *Poesies* (1947) beu de la tradició simbolista per l'intimisme, el lirisme i l'exigència formal. Tot i que els temes més recurrents en la seva obra són el diàleg personal que estableix amb la mort i l'amor, en el poema que analitzarem ens trobem amb un exemple de poema **cívic**, escrit en els darrers moments de la guerra civil espanyola, en què el poeta expressa el dolor que li causa la **destrucció** d'una ciutat, Barcelona –metonímia de tot un poble, una cultura i una tradició–, però també l'**esperança** en un nou demà.

La ciutat llunyana

Ara que el braç potent de les fúries **aterra**[1]
la ciutat d'ideals que volíem **bastir**[2],
entre runes de somnis **colgats**[3], més prop de terra,
Pàtria, guarda'ns: –la terra no sabrà mai mentir.

Entre tants crits estranys, que la teva veu pura
ens parli. Ja no ens queda quasi cap més consol
que creure i esperar la nova arquitectura
amb què braços més lliures puguin ratllar el teu **sòl**[4].

Qui pogués oblidar la ciutat que s'enfonsa!
Més llunyana, més lliure, una altra n'hi ha, potser,
que ens envia, per sobre d'aquest temps presoner,

batecs d'aire i de fe. La d'una veu de bronze
que de torres altíssimes s'allarga pels camins,
i eleva el cor, i escalfa els peus dels **pelegrins**[5].

5 de març, 1939

Màrius Torres, *Poesies*

1 **aterrar:** fer caure en terra.

2 **bastir:** construir, edificar.

3 **colgat:** posat dins un clot i cobert amb terra, sorra, cendra, etc.

4 **sòl:** superfície del terreny sobre la qual es camina i s'assenten les coses.

5 **pelegrí:** persona que per fe i devoció fa un viatge a algun santuari.

«MÍTIC BANDOLER CATALÀ DE XERRAC LLARG»: _ _ _ _ _ _ _ _ _ _ _ .

COMPRENSIÓ

1 Hem comentat que Màrius Torres escriu un **poema cívic** arran d'unes circumstàncies històriques molt concretes: l'entrada de les tropes franquistes a Barcelona el 26 de gener de l'any 1939.

a) Localitza dos exemples que connotin aquest **conflicte bèl·lic**.
b) Localitza algun exemple d'**antítesi** en els primers quartets i explica'l.

2 El jo poètic s'expressa en primera persona del **plural**.

a) Cita'n un parell d'exemples.
b) Explica per què creus que l'autor utilitza un jo poètic col·lectiu.

Màrius Torres.

3 Davant d'aquesta destrucció, defineix l'**actitud** que adopta el poeta:

a) Pessimista: tot està perdut.
b) Optimista: encara es pot guanyar la batalla.
c) Esperançada: confia a restablir de nou el món enderrocat.
d) Resignada: cal acceptar el que ha passat i continuar vivint.

4 Quin és el **consol** que li queda al poeta, davant de la derrota?

5 On es troba la **Pàtria**? Què li demana, el poeta, en nom de tots?

6 El poeta utilitza molts recursos metafòrics i metonímics, així com personificacions. Mira d'identificar els **termes imaginaris** amb els **termes reals** que hi corresponen.

Terme imaginari	**Terme real**
1. braç potent de les fúries	*a*) la dictadura feixista
2. ciutat d'ideals	*b*) campanades
3. crits estranys	*c*) la Catalunya-ciutat noucentista
4. veu pura	*d*) els homes i les dones d'un futur sense dictadures
5. nova arquitectura	*e*) els exiliats
6. braços més lliures	*f*) el castellà dels invasors
7. temps presoner	*g*) el català, la llengua de la terra i del poble oprimit
8. veu de bronze	*h*) la ciutat desitjada del futur
9. pelegrins	*i*) les tropes feixistes

7 La **ciutat** d'ideals enderrocada es pot veure com una **metàfora metonímica** del poble català.

a) Descriu com és aquesta ciutat actualment i com havia estat en el passat.
b) A partir del context en què es va escriure el poema, explica aquesta relació metafòrica.

8 Aquest poema té moltes de les característiques que atribuïm al moviment **noucentista**. Identifica'n exemples en el poema.

a) Classicisme i rigor formal: fixa't en la forma estròfica i relaciona-la amb el gust pel cànon clàssic i la recerca de l'obra ben feta.
b) Arbitrarisme: observa la reivindicació que fa l'autor de la ciutat i compara-la amb la Catalunya-ciutat dels noucentistes.
c) Imperialisme: localitza els elements nacionalistes i cívics del poema.

REFLEXIÓ

9 Debateu si en el **tema** cívic del poema preval l'esperança enfront de la desfeta de Catalunya o bé el dolor per la pèrdua de la identitat, la cultura, etc., d'una ciutat i d'un país. Podeu comparar-lo amb el poema de Bartomeu Rosselló-Pòrcel: to, tema, estructura formal, etc.

10 Llegiu aquest altre poema cívic de Màrius Torres i compareu-lo amb el sonet que heu llegit. Fixeu-vos en el missatge, el to i les metàfores, especialment la de la flor.

La galerna[1] **i el llamp**

La galerna i el llamp, el **torb**[2] i la tempesta,
sobre l'ample **terrer**[3] l'han combatut **a ras**[4].
–La flor de l'esperança, minúscula i tenaç,
color dels nostres somnis, únicament hi resta!–

Entre les runes, sobre els fogars extingits,
enlaira el seu perfum, secret com la pregària;
i **pella**[5] poc a poc, viva mà solitària,
els quatre rastres dels cavallers maleïts...

Car tan profundament la seva arrel s'allarga
que floriria encara si aquesta terra amarga
un dia fos coberta d'una crosta de sal.

Però l'alè de Déu novament hi circula!
I, **granant**[6] en silenci les espigues del mal,
ella traurà **forment**[7] del **jull**[8] i la **cugula**[9].

11 de març de 1938

Màrius Torres, *Poesies*

1 **galerna:** vent fort del nord-oest.
2 **torb:** vent impetuós propi de la regió pirinenca.
3 **terrer:** terra on hom s'ha criat, on hom viu.
4 **a ras:** a poca altura de terra; molt de pressa.
5 **pellar:** posar pell, una ferida, una plaga.
6 **granar:** produir gra, un cereal.
7 **forment:** blat.
8 **jull:** planta verinosa.
9 **cugula:** mala herba.

Josep Pla

Abans de començar

El quadern gris fou el primer volum de les obres completes definitives de Josep Pla, publicades a partir de 1966. Considerada una gran fita de la literatura europea del segle xx, aquesta obra és un **dietari autobiogràfic** que correspon als anys 1918 i 1919, però segurament el text definitiu el va refer en èpoques posteriors. En el fragment següent, Pla es lliura a una sèrie de descripcions que aviat passen de ser objectives a subjectives. Com és habitual en la seva obra, el descriptivisme hi adopta tocs poètics i irònics.

1918 – 29 d'abril

Tarda de primavera, magnífica. Hora baixa. Les orenetes xisclen a les **cornises**[1] de les cases. Poca gent al carrer. Tres o quatre persones que venen, amb el pot d'alumini, de cercar la llet. Les acàcies, florides de la petita flor blanca, fan una olor **mòrbida**[2], una mica trista. Se sent –carrer avall– el picar dels martells a l'**enclusa**[3] del ferrer. Tres o quatre portes més enllà de casa, el fill del lampista, amb la finestra oberta, fa els seus monòtons, inacabables exercicis de violí, **esblaimats**[4]. No hi ha res més eficaç per a posar la pell de gallina que sentir tocar un violí d'una manera desinflada. El dia s'ha allargat. El cel de ponent té un color de taronja molt tènue –com el so del violí del lampista–, aquest color que d'una manera gairebé inconscient em sembla la quinta essència de la cursileria. És el color de fons de les estampetes.

Quan arriba aquest temps em demano d'on em deu provenir la desfibració, la buidor que sento en el cor i en l'esperit.

En aquests capvespres de primavera una de les poques coses que em construeix –vull dir que em distreu– és la contemplació d'un hort, com els que hi ha pels voltants de la vila. Admirablement cultivats, són unes pures, exquisides delicadeses de feina. Sento el caminar compassat d'un vell animal fent rodar una **sínia**[5] mal untada, que **carrisqueja**[6]. És la pobra música d'una pobresa il·lusionada per les verdures tendres. Un home, **manotejant**[7] amb la corda d'un pou, emplena un safareig. Un vailet, amb l'aixada a la mà, passa una **rega**[8]. En aquests horts hi ha una frescor que ve de la terra. La verdor de les fulles, la tibantor de la **saba**[9], la flonjor dels teixits vegetals, semblen donar suavitat i repòs a l'enteniment. La força dels **esplets**[10] combat l'agonia de la llum i del dia.

Mirar el cel, sentir les orenetes, badar, contemplar la vaguetat de la vida de les coses, desfà els nervis. La joventut és trista perquè en aquesta edat només es té receptivitat –em penso– per a les coses inconcretes, és a dir, per al no-res.

Quan comença a fer calor, la gent fem, en aquest país, olor de llana de xai; a l'hivern, de fum de llenya de pi verda. Aquestes deuen ésser les sentors que desprèn la raça llatina.

Josep Pla, *El quadern gris*

1 **cornisa:** ornament sortint, generalment horitzontal i motllurat, que corona una façana.

2 **mòrbid -a:** d'una consistència excessivament flonja, feble, delicada.

3 **enclusa:** bloc d'acer que s'utilitza en els treballs manuals de forja i sobre el qual es treballen els metalls a cops de martell.

4 **esblaimat:** descolorit, pàl·lid.

5 **sínia:** màquina d'elevar aigua.

6 **carrisquejar:** fregar produint un so desagradable.

7 **manotejar:** agitar les mans parlant.

8 **rega:** solc, sot longitudinal fet amb l'arada o un altre instrument semblant.

9 **saba:** líquid que circula pels vasos conductors de les plantes.

10 **esplet:** collita.

«PLANTA EN QUÈ S'INSPIRÀ LA MARE DE VERDAGUER PER POSAR NOM AL SEU NADÓ»: _ _ _ _ _ _ _.

COMPRENSIÓ

1 Digueu què **descriu** el narrador en el primer paràgraf:

a) L'ambient rural que l'envolta una tarda de primavera.
b) El paisatge urbà que contempla al seu voltant.
c) El record de la seva infància dissortada als camps i horts.

2 Digueu quin **estat anímic** mostra el narrador en el segon paràgraf, fruit de la contemplació del paisatge anterior.

3 Digueu què **descriu** el narrador en el tercer paràgraf:

a) Un camp de blat.
b) Un estable.
c) Un hort.

4 Citeu una de les tres **generalitzacions** iròniques que expressa el narrador en el darrer paràgraf.

5 Digues quin tipus de **narrador** tenim: objectiu o subjectiu. Justifica la resposta amb algun exemple.

6 Una de les constants de l'estil de Josep Pla és el pas de l'objectivitat a la **subjectivitat**: és a dir, de la descripció d'un món exterior a la descripció de les sensacions merament personals. Posa'n algun exemple.

7 Una altra de les constants del seu estil és la tendència a la generalització i a l'**exageració**.

a) Posa algun exemple de generalització irònica conscientment exagerada.
b) Posa algun exemple del gust per l'adjectivació i la precisió lingüística.

REDACCIÓ

8 Fes una **descripció** del teu entorn: la teva habitació, el teu carrer, etc., amb relació a un estat d'ànim determinat. Extensió: aproximadament 200 paraules.

Comentari de text

En aquest comentari repassarem l'estructura, els temes i les característiques estilístiques de Josep Pla. Emplena els buits corresponents amb l'opció més adequada.

1. *a*) esquemes argumentals *b*) supòsits poètics *c*) premisses narratives
2. *a*) subjectiva *b*) impersonal *c*) objectiva
3. *a*) poesia *b*) subjectivitat *c*) ironia
4. *a*) crítica *b*) objectiva *c*) irònica
5. *a*) tardor *b*) primavera *c*) quaresma
6. *a*) estat d'ànim *b*) conflicte interior *c*) reflexió
7. *a*) la reflexió sobre un mateix *b*) la situació històrica i política *c*) l'entorn
8. *a*) frases poètiques *b*) descripcions *c*) generalitzacions
9. *a*) l'exageració *b*) l'objectivitat *c*) a la idealització
10. *a*) l'ornamentació *b*) l'adjectivació *c*) l'argumentació

Si bé és habitual que, a l'hora de comentar un text, es comenci per descriure'n l'estructura, en aquest cas la primera impressió ens pot portar a creure que aquesta estructura no hi és: l'escriptura de Josep Pla es troba tan poc subjecta a uns (1) ____ i fins i tot temàtics predeterminats que fa l'efecte d'una llibertat absoluta. I, no obstant això, si ens hi fixem bé, sí que hi trobem una certa estructura i uns temes recurrents, conscients o no.

El primer paràgraf consisteix en una descripció, aparentment (2) ____, de l'ambient que envolta l'autor –normalment, en el cas de Pla, poc donat a la novel·la i la narració, l'autor i el narrador en primera persona són indestriables–: els xiscles de les orenetes, el so del violí en una casa propera o el color del cel. Si llegim amb atenció, però, aviat veurem que aquesta objectivitat és falsa, i que la (3) ____ ho envaeix gairebé tot: les acàcies fan «una olor mòrbida, una mica trista» –exemple de sinestèsia–; els sons del violí són «monòtons», «inacabables» i «esblaimats», i el color del cel li sembla a l'autor «la quinta essència de la cursileria». A més, trobem una generalització (4) ____ conscientment exagerada –«no hi ha res més eficaç per a posar la pell de gallina que sentir tocar un violí d'una manera desinflada»–, un toc molt característic de Pla.

▲ Retrat de Josep Pla en plena senectut, amb la seva característica imatge d'home solitari i rural. Vivia des de feia anys reclòs en el Mas Pla de Llofriu, on va refer i ampliar les obres que escriví al llarg de la vida i on va dedicar-se a preparar les seves obres completes, formades per quaranta-set volums.

El segon paràgraf, en canvi, consta d'una sola frase llarga referida a la «buidor del cos i l'esperit» que a l'autor li produeix «aquest temps», és a dir la (5) ____. Hem passat, doncs, de la descripció de l'exterior, plena però de connotacions subjectives, a l'exposició d'un (6) ____. Tot el text combina els dos aspectes: el tercer paràgraf torna a la descripció –en aquest cas, d'un hort–, altra vegada carregada de subjectivitat, mentre que el quart remet al segon: igualment breu, parla també d'un estat d'ànim produït per (7) ____.

Finalment, l'últim paràgraf –separat dels altres per un doble espai– introdueix tres noves (8) ____, lligades entre elles i que, més abusives encara que les anteriors, semblen ja purs **estirabots**[1]. Tot plegat ens defineix prou bé dues constants de l'estil de Pla: l'una, el pas de l'objectivitat a la subjectivitat, és a dir, de la descripció del món exterior a la de les sensacions merament personals; l'altra, la tendència a la generalització i (9) ____. Observem, a més, la precisió lingüística, la sobrietat expressiva, la tendència a la sinestèsia o el gust per (10) ____, units a una singular barreja de lirisme contingut i d'ironia.

1 **estirabot:** dita, sortida, etc., incongruent, que no ve al cas.

«CAMP D'HERBA CONVERTIT EN LA CAPITAL DE COMARCA ON S'EXILIÀ POMPEU FABRA»: _ _ _ _ _.

5 Brodem-la

TEST DE RECAPITULACIÓ

1 Completa aquests enunciats amb les paraules adients:

a) L'estètica noucentista preconitzava un art inspirat en els cànons del...
b) Enric Prat de la Riba va ser el president de la...
c) La data emblemàtica d'inici del Noucentisme correspon a l'any 19...
d) L'ideòleg del moviment noucentista fou...
e) El «príncep dels poetes» noucentistes va ser...
f) *Els fruits saborosos*, *Auques i ventalls* i *El cor quiet* són tres poemaris de...
g) El moviment que s'enfronta a la tradició occidental i reacciona contra la burgesia és...
h) El collage i el cal·ligrama són dues tècniques del moviment avantguardista anomenat...
i) El surrealisme propugna l'alliberament de l'inconscient i l'exploració del món dels...
j) El poeta que es va definir com a «investigador en poesia» va ser...
k) El poeta a qui van definir com a «fals avantguardista» va ser...
l) Les dues grans novel·les europees que renoven el gènere als anys vint són...
m) El llibre que narra l'experiència de l'exili de Carles Riba es titula...
n) Sagarra va tenir molt d'èxit teatral amb el gènere anomenat «poema...
o) El prosista que va plasmar la seva visió escèptica i irònica en dietaris, retrats de personatges, etc. va ser...

CANÇÓ

2 Josep Maria de Sagarra (1894-1961) és un altre autor que recorre a la tradició popular i al **paisatge mediterrani** per compondre un dels poemes més musicats de la literatura catalana, inclòs en l'obra *Cançons de rem i de vela* (1923). És un **cant** al paisatge –del Port de la Selva– en diferents moments del dia i diferents estacions de l'any.

Comentari del poema

Vinyes verdes vora el mar

Vinyes verdes vora el mar,
ara que el vent no **remuga**[1],
us feu més verdes i encar
teniu la fulla **poruga**[2],
vinyes verdes vora el mar.

Vinyes verdes del **coster**[3],
sou més fines que la **userda**[4].
Verd vora el blau mariner,
vinyes amb la fruita verda,
vinyes verdes del coster.

Vinyes verdes, dolç repòs,
vora la vela que passa;
cap al mar **vincleu**[5] el cos
sense decantar-vos massa,
vinyes verdes, dolç repòs.

Vinyes verdes, soledat
del verd en l'hora calenta.
Raïm i cep retallat
damunt la terra lluenta;
vinyes verdes, soledat.

Vinyes que dieu adeu
al **llagut**[6] i a la gavina,
i al fi **serrellet**[7] de neu
que ara neix i que ara **fina**[8]...
Vinyes que dieu adeu!

Vinyes verdes del meu cor...
Dins el cep s'adorm la tarda,
raïm negre, **pàmpol**[9] d'or,
aigua, **penyal**[10] i **basarda**[11].
Vinyes verdes del meu cor...

Vinyes verdes vora el mar,
verdes a punta del dia,
verd suau de cap al tard...
Feu-nos sempre companyia,
vinyes verdes vora el mar!

Josep Maria de Sagarra,
Cançons de rem i de vela

1 **remugar:** parlar entre dents, rondinar.
2 **poruc -ga:** que fàcilment agafa por.
3 **coster:** costa, pendent.
4 **userda:** alfals, herba de fulla perenne i flors moradenques.
5 **vinclar:** corbar.
6 **llagut:** embarcació catalana no gaire gran de vela llatina destinada a la pesca i el cabotatge.
7 **serrell:** floc de cabells més llargs que els altres, que es deixa créixer a la part davantera del cap.
8 **finar:** morir.
9 **pàmpol:** fulla de vinya.
10 **penyal:** penya gran i aïllada.
11 **basarda:** por intensa.

a) L'element central del poema, les vinyes, és caracteritzat de maneres molt diverses per mitjà de **metàfores** (consulta l'annex sobre figures retòriques, pàg. 362-367). Poseu-ne algun exemple i expliqueu-lo.
b) Fixeu-vos en la importància dels elements **sensorials** per a descriure la bellesa del paisatge. Identifiqueu-ne algun.
c) Digueu quins elements són propis de la **poesia popular**.
d) Escolteu les **versions musicades** que n'han fet cantautors com Ovidi Montllor i Lluís Llach (interpretades posteriorment per artistes com Ester Formosa i Txell Sust). Justifiqueu quina creieu que s'adequa més al to i al sentit del poema de Sagarra.

«A LA VINATERIA D'EN MALLOL HI HA HAGUT GARROTADES PARLANT DE FUTBOL»: _ _ _ _ _ _ _.

La literatura dels anys quaranta als setanta: la postguerra

UNITAT 6

- Quina època i quina ambientació et suggereix aquesta imatge?
- Quins sentiments creus que expressa la cara del protagonista?

Pa negre, d'Agustí Villaronga (2010)

- Llorenç Villalonga
- Mercè Rodoreda
- Pere Calders
- Salvador Espriu
- Agustí Bartra
- Gabriel Ferrater
- Joan Vinyoli
- Joan Brossa
- Vicent Andrés Estellés
- Miquel Martí i Pol
- Joan Fuster

Corrandes d'exili

Pere Quart (pseudònim de Joan Oliver, 1899-1986) va formar part de l'anomenada Colla de Sabadell, que practicava un humor absurd i provocatiu que es reia de les convencions de la burgesia local. Amb la Guerra Civil es mobilitzà per la República i s'exilià, primer a França i després a Santiago de Xile, on continuà la seva tasca d'intel·lectual compromès. És a l'**exili** on va escriure aquest poema, que forma part del recull *Saló de tardor* (1947), un llibre **elegíac** i **intimista**. Quan va tornar i va publicar *Vacances pagades* (1960), passà a considerar-se capdavanter de l'anomenat «realisme històric».

Exiliats republicans espanyols al camp de refugiats d'Argelers, població nord-catalana situada a la costa francesa. Es calcula que, després de la caiguda de Barcelona en mans franquistes (gener del 1939), quasi mig milió de persones van fugir de Catalunya cap a França.

Una nit de lluna plena
tramuntàrem[1] la **carena**[2],
lentament, sense dir re...
Si la lluna feia el ple
també el feu la nostra pena.

L'estimada m'acompanya
de pell **bruna**[3] i aire greu
(com una Mare de Déu
que han trobat a la muntanya).

Perquè ens perdoni la guerra,
que l'ensagna, que l'**esguerra**[4],
abans de passar la ratlla,
m'ajec i beso la terra
i l'acarono amb l'espatlla.

A Catalunya deixí
el dia de ma partida
mitja vida **condormida**[5];
l'altra meitat vingué amb mi
per no deixar-me sens vida.

Avui en terres de França
i demà més lluny potser,
no em moriré d'enyorança
ans d'enyorança viuré.

En ma terra del Vallès
tres **turons**[6] fan una serra,
quatre pins un bosc espès,
cinc **quarteres**[7] massa terra.
«Com el Vallès no hi ha res.»

Que els pins **cenyeixin**[8] la cala,
l'ermita dalt del **pujol**[9];
i a la platja un **tenderol**[10]
que bategui com una ala.

Una esperança desfeta,
una **recança**[11] infinita.
I una pàtria tan petita
que la somio completa.

Pere Quart, *Saló de tardor*

G

1 **tramuntar:** passar a l'altre costat.
2 **carena:** línia divisòria de dos vessants en una muntanya o serralada.
3 **bruna** (fem. de *bru*): fosca.
4 **esguerrar:** fer malbé.
5 **condormida** (fem. de *condormit*): adormida.
6 **turó:** elevació no gaire alta del terreny.
7 **quartera:** mesura agrària corresponent a l'extensió de terra on es pot sembrar una quartera de llavor, mesura catalana per a grans.
8 **cenyir:** envoltar estretament.
9 **pujol:** puig petit.
10 **tenderol:** tendal petit.
11 **recança:** greu que sap de fer o d'haver fet, de deixar o d'haver deixat de fer, alguna cosa.

1. «Corrandes d'exili» és un dels poemes més representatius de l'**exili** provocat per la guerra civil espanyola. Digueu qui acompanya el poeta en la fugida, com se senten i cap a on es dirigeixen.

2. *Saló de tardor* és una obra de to malenconiós, interioritzat, greu i intimista. Podem atribuir al poema aquestes característiques? Quin és el **to** que predomina i el **tema** del poema?

3. Una **corranda** és una cançó popular breu, sovint improvisada, que rep noms diferents: *glossa*, *cobla*... Justifiqueu per què creieu que l'autor se serveix d'aquest gènere de ressò popular.

4. Escolteu i compareu les diferents **versions musicades** que cantautors com Ovidi Montllor i Lluís Llach han fet d'aquest poema, interpretat posteriorment per altres artistes com Sílvia Pérez Cruz.

Context

En acabar-se la guerra civil espanyola (1936-1939), el panorama cultural català, que havia arribat a ser esplendorós, quedà reduït al no-res, amb les institucions abolides i la llengua prohibida. Els escriptors més compromesos amb la República s'exiliaren; els qui es quedaren, o bé publicaren en castellà, o bé reduïren la seva obra al silenci o a les edicions clandestines. En el context d'una **autarquia**[1] política absoluta en què la cultura catalana era absent, l'àmbit de la creació literària pròpia era el d'un veritable **desert cultural**.

Fets històrics rellevants

En l'àmbit internacional	
1939-1945	Segona Guerra Mundial. Acaba amb el llançament de les bombes atòmiques sobre Hiroshima i Nagasaki. Els Estats Units i l'URSS s'erigeixen en superpotències i comença l'anomenada «guerra freda».
1948	Revolució comunista xinesa.
1958-1975	Guerra del Vietnam, que significa la primera derrota dels Estats Units.
Maig de 1968	Moviment estudiantil a París, que representa una ruptura de valors.
1969	Missió espacial nord-americana. Els humans trepitgen la Lluna per primera vegada.
En l'àmbit català	
1939-1940	Exili massiu de catalans (entre 80 000 i 100 000, molts dels quals intel·lectuals i escriptors) a França, Xile, Mèxic...
1946	Les potències aliades decreten el bloqueig a l'Espanya de Franco.
1953	Acords bilaterals d'Espanya amb els Estats Units i final de l'aïllament internacional.
1975	Mort del general Franco i inici de la transició democràtica espanyola.

G

1 **autarquia:** organització política o econòmica que pretén ser autosuficient i no manté contactes amb l'exterior.

Número 8 de la revista infantil *Cavall Fort*.

Trets dels anys quaranta i cinquanta

- Durant la postguerra immediata, el franquisme desmantella les iniciatives polítiques, socials i culturals anteriors.
- **Prohibició de la llengua catalana:** a partir de 1939 el català desapareix de l'ús públic i oficial (ensenyament, administració, ajuntaments, mitjans de comunicació i església) i queda relegat a l'àmbit familiar i privat.
- **Repressió i censura:** la literatura en català es prohibeix fins al 1946. A partir del 1947 es permet publicar, de manera selectiva i sota el control de la censura, poesia i autors ja morts, en normativa prefabriana.

Trets dels anys seixanta

- La situació comença a canviar una mica a la dècada dels seixanta. Tot i que el país es trobava encara en ple franquisme i que la cultura catalana era lluny de l'oficialitat es produïren petites escletxes d'obertura en el règim, de les quals es tragué un profit considerable.
- **Revifada editorial:** es crea Edicions 62; les grans editorials comencen a publicar també en català; augmenta el nombre de traduccions, sobretot d'autors contemporanis, i apareix una **nova generació d'escriptors** que volen connectar amb el públic. Tot plegat ajuda a normalitzar el panorama literari.
- Creació d'un **nou públic lector infantil i juvenil**, a través de revistes com *Cavall Fort*, gràcies a la qual molts nens comencen a llegir en català. També es renova el panorama de la literatura per a nens i adolescents, amb autors com Joaquim Carbó, Sebastià Sorribas i Josep Vallverdú, que assoleixen un èxit considerable.
- Publicació d'un bon nombre d'**obres literàries de relleu**. De fet, als anys cinquanta ja havien aparegut reculls de contes; però els anys seixanta són sobretot significatius en el camp de la novel·la. Es tracta, doncs, de la primera revifada important de la literatura catalana des dels anys trenta. Aquest inici de recuperació es va confirmar a la dècada dels setanta.
- Aparició del fenomen de la **Nova Cançó**, molt popular, i a través del qual un bon nombre de cantants expressen, ni que sigui amb les limitacions de la censura, les cada vegada més freqüents protestes contra el règim; alhora popularitzen molts poetes antics i moderns de la literatura catalana.

«MERCÈ RODOREDA ADMIRAVA AQUESTES FLORS A LA VIA PÚBLICA»: _ _ _ _ _ _ _ _ _.

El panorama literari de la postguerra

Davant de les noves circumstàncies provocades per la victòria de la revolta militar, els intel·lectuals van adoptar posicions diverses: emigrar, quedar-se al país sense intervenir en la vida pública oficialista o vincular-se al règim franquista.

1. La situació dels intel·lectuals

Què és l'exili interior?

A partir de l'any 1939, els camins que es veu obligada a seguir la literatura en català són o bé l'**exili**, o bé la **clandestinitat**. Ja hem esmentat que molts dels escriptors més compromesos amb la República es van haver d'exiliar a França (entre altres, Carles Riba, que va tornar al cap de poc) i, després de l'inici de la Segona Guerra Mundial, cap a Sud-amèrica. Josep Carner, Joan Oliver, Pere Calders, Mercè Rodoreda, Francesc Trabal, Agustí Bartra, Lluís Ferran de Pol, etc., van haver d'emigrar, alguns dels quals després de passar per l'experiència dels camps de concentració. Els qui es van quedar, o bé publicaren en castellà –Josep Pla– o bé reduïren la seva obra al silenci o a les edicions clandestines –de Josep Vicenç Foix a Salvador Espriu–, en el que s'ha anomenat l'«exili interior».

A partir de 1946, després de la Segona Guerra Mundial, el règim franquista es veu obligat a obrir-se a l'exterior. És aleshores que es permet començar a publicar en català algunes obres religioses i autors concrets, sempre sota el control de la censura i amb restriccions. Aquest fet motiva que les institucions catalanes emprenguin una **tímida reconstrucció**, amb l'ajuda d'alguns dels intel·lectuals retornats a Catalunya. Sorgeixen editorials, premis i autors que continuaran editant, al llarg dels anys cinquanta, siguin escriptors coneguts abans de la guerra, com Carles Riba (*Salvatge cor*, 1952), Salvador Espriu (*El caminant i el mur*, 1954), Pere Calders (*Cròniques de la veritat oculta*, 1955), Joan Sales (*Incerta glòria*, 1956) i Pere Quart (*Terra de naufragis*, 1956), siguin joves que s'estrenen, com Jordi Sarsanedas (*Mites*, 1954) i Joan Perucho (*Les històries naturals*, 1960).

És a partir dels anys seixanta que aquesta **recuperació cultural** pren força gràcies a una certa obertura del règim. L'Església catalana dona suport a la lluita clandestina i universitària; neix la Nova Cançó; es continuen creant revistes (*Serra d'Or*) i editorials (Edicions 62). Els anys seixanta són sobretot significatius en el camp de la novel·la: apareixen *Bearn*, de Llorenç Villalonga (1961) i *La plaça del Diamant*, de Mercè Rodoreda (1962). També és l'època de l'aparició dels tres reculls de poemes de Gabriel Ferrater, de *Vacances pagades*, de Pere Quart , (1960), i de *La pell de brau*, de Salvador Espriu (1960), i, pel que fa a l'assaig, de *Nosaltres els valencians* (1962) i de *Diccionari per a ociosos* (1964), de Joan Fuster. Es tracta, doncs, de la primera revifada important de la literatura catalana des dels anys trenta.

Coetanis

Agustí Bartra (Barcelona, 1908 - Terrassa, 1982). Poeta i novel·lista. Després d'haver combatut al Front d'Aragó, s'exilià a Roissy-en-Brie –amb Joan Oliver, Mercè Rodoreda i Pere Calders, entre altres– i d'allà passà a la República Dominicana, Cuba i, finalment, Mèxic. Va fer llargues estades als Estats Units, on fou catedràtic de poesia hispanoamericana a la Universitat de Maryland. Autor de la novel·la *El Crist de 200 000 braços* (1968), és conegut sobretot per la seva poesia, amb títols com *Oda a Catalunya des dels tròpics* (1944) (pàg. 292), *Màrsias i Adila* (1948), *Ecce homo* (1964) o *Els himnes* (1973). La seva obra beu alhora de l'èpica clàssica, la mitologia mexicana, els romàntics alemanys i els grans poetes nord-americans moderns, que traduí i compilà en *Una antologia de la lírica nord-americana* (1951).

«PEDRA PRECIOSA RODOREDIANA QUE DONA NOM A UNA PLAÇA GRACIENCA»: _ _ _ _ _ _ _ _.

Aquest inici de recuperació es confirma a la dècada dels setanta, marcada per la mort del general Franco (1975) i les primeres eleccions democràtiques (1977) des dels temps de la República, a més de l'aprovació dels estatuts d'autonomia.

Igual que Amat-Piniella i Agustí Bartra, l'escriptor català Xavier Benguerel va estar internat en un camp de concentració.

2. Les tendències i els gèneres

Per a una producció normalitzada de la **prosa**, cal que es refacin els lligams entre autors, editorials i lectors, aturats per les prohibicions del règim franquista. Les editorials i els premis ajuden a revitalitzar el conreu del conte i de la novel·la als territoris de parla catalana, que compta amb autors que ja havien iniciat la seva carrera abans de la guerra (com Llorenç Villalonga, Mercè Rodoreda, Pere Calders...) i d'altres que s'estrenen als anys cinquanta (com Manuel de Pedrolo, Baltasar Porcel, Joan Perucho...). En aquest panorama se'ns presenta una diversitat de corrents: la novel·la psicològica, la literatura testimonial, el realisme històric, el realisme màgic, la novel·la de gènere (de ciència-ficció, negra, eròtica, etc.).

Els corrents de la narrativa de postguerra	
Novel·la psicològica	• Llorenç Villalonga • Mercè Rodoreda
Novel·la testimonial	• Ferran de Pol • Xavier Benguerel • Joaquim Amat-Piniella
Realisme històric o social	• Baltasar Porcel
Experimentació avantguardista i realisme màgic	• Francesc Trabal • Pere Calders • Joan Perucho
Novel·la de gènere	• Manuel de Pedrolo

Monstruari fantàstic (fragment), Joan Perucho

Després de la Segona Guerra Mundial, la **poesia** europea adopta dues tendències bàsiques: per una banda, la poesia postsimbolista, intel·lectual i culturalista, conreada al Principat pels hereus del Noucentisme i bona part dels poetes que comencen a publicar als anys vint i trenta, abans de l'esclat de la guerra civil espanyola, com Joan Vinyoli (pàg. 298); i per l'altra, una poesia lligada a la problemàtica social, més directa i de llenguatge més col·loquial i sobri, vinculada a Catalunya al **realisme històric**[1].

Salvador Espriu és el màxim representant d'un tipus de poesia que, sobretot a partir dels anys seixanta, abandona el simbolisme per expressar una situació personal i col·lectiva des d'una literatura en què l'experiència personal i el context històric són una font de conscienciació i reflexió. Aquesta poesia presenta similituds i continuïtat en una sèrie de poetes molt diferents i personals, que van des de Pere Quart, Vicent Andrés Estellés (pàg. 302) i Gabriel Ferrater fins a Miquel Martí i Pol (pàg. 304).

Quant al panorama **teatral**, fins al 1946 no es va permetre la represa del teatre català, amb obres d'autors clàssics catalans –amb supressions– i alta comèdia burgesa. Hi ha alguns autors que escriuen obres durant aquest període que no seran representades fins molts anys més tard. Mentrestant, a Europa, neixen diferents tendències, com l'existencialisme, el teatre mític, el teatre de l'absurd, el realisme social, etc., que a Catalunya es vehiculen en les adaptacions que en fan, entre altres, grups de teatre independent i companyies d'aficionats –l'Agrupació Dramàtica de Barcelona (ADB), l'Escola d'Art Dramàtic Adrià Gual (EADAG), Els Joglars, etc.–, que actuen al marge del teatre oficialista, fortament castellanitzat.

1 **realisme històric:** corrent literari de caràcter polític i social en oberta oposició al règim franquista en què es valora per damunt de tot el compromís dels autors amb la realitat històrica i social del país. Josep Maria Castellet i Joaquim Molas en van ser els principals teòrics i impulsors.

«AQUEST POETA SABADELLENC, DE NOM PERE, SIGNAVA COM UN REI O COM UN PAPA»: _ _ _ _ _.

3. Llorenç Villalonga

Llorenç Villalonga en el saló de la seva casa mallorquina, ambientació molt apropiada per a un escriptor que manifesta en les seves obres una intensa enyorança dels temps passats.

Intel·lectual culte de formació francesa i castellana, l'obra de Villalonga ens presenta una recreació subtil i irònica de la seva biografia d'arrels aristocràtiques i de l'entorn social i cultural de la Mallorca de la seva època, sigui a través de la caricatura **esperpèntica**[1] o de l'elegia.

3.1. Vida

Fill de militar, va néixer a Palma el 1897. Durant la seva infància i adolescència va viure i estudiar a la Corunya, Múrcia, Madrid i Barcelona. Cursà medicina, s'especialitzà en psiquiatria i acabà sent director de la Clínica Mental Jesús, de la Diputació balear. Causà un veritable escàndol a l'illa amb la seva primera novel·la, ***Mort de dama*** (1931), **sàtira**[2] del provincianisme mallorquí de l'època. Autor d'articles sobre política, arquitectura, urbanisme i literatura signats amb el pseudònim *Dhey* a diverses publicacions mallorquines, va ser també director de la revista literària *Brisas* (1934-1936). D'educació afrancesada i liberal europeista al principi, durant la Guerra Civil s'afilià a la **Falange**[3]. En la postguerra immediata, va reprendre l'activitat periodística en llengua castellana i als anys cinquanta, la publicació de novel·les en català. Morí el 1980 a la seva ciutat natal.

«Jo sent la nostàlgia del passat, la inexistència del present i la curiositat escèptica del futur.»
Llorenç VILLALONGA

Quins ambients retrata Villalonga en les seves obres?

3.2. Obra

De la seva obra, cal destacar-ne sobretot dues novel·les. L'una és la ja esmentada ***Mort de dama***, en què la mort de la vella senyora dona Obdúlia de Montcada simbolitza el final d'una època aristocràtica, i en què el narrador omniscient en tercera persona desplega una afilada ironia entorn del naixent provincianisme cultural. L'altra gran novel·la és ***Bearn** o la sala de les nines* (1961, però havia aparegut abans en castellà el 1956) (pàg. 280), considerada de manera unànime una de les millors obres de la literatura catalana del segle XX, traduïda a nombroses llengües i portada al cinema. Elegia a l'entorn del final d'un llinatge aristocràtic, se centra en la figura de don Toni, senyor de Bearn, aristòcrata liberal i escèptic que va veient com s'acaba el seu món. En aquesta obra complexa i culta, l'autor mitifica la seva terra i es complau en l'exercici de la dialèctica per deixar palès que la literatura és una reconstrucció de la memòria, tal com feia la novel·la psicològica del seu admirat Marcel Proust.

Altres obres remarcables de Villalonga són *L'hereva de donya Obdúlia* (1964), *El misantrop* (1972), *Un estiu a Mallorca* (1975) i unes curioses *Falses memòries de Salvador Orlan* (1967), en què l'autor juga a l'ambigüitat entre realitat i ficció. No és casual que Villalonga, **obsedit**[4] per la decadència inevitable de l'aristocràcia en els temps moderns, traduís la novel·la *El Guepard*, del comte de Lampedusa, centrada precisament en aquest tema. Marcat, com a bon psiquiatre, per la lectura de Freud, però també per la de Voltaire, Anatole France i el ja esmentat Marcel Proust, i situat entre tres cultures –la francesa, la castellana i la catalana–, la seva obra significà un elegant toc de distinció en el panorama de la literatura de postguerra. D'altra banda, Villalonga es va mostrar bel·ligerant amb el realisme històric i va defensar una renovació literària a través de la novel·la psicològica i subjectiva.

1 **esperpèntic:** ridícul, grotesc.
2 **sàtira:** composició que posa al descobert i colpeix, amb l'escarni o amb la burla ridiculitzadora, passions, maneres de viure i comportaments determinats.
3 **Falange:** agrupació política fundada a Madrid el 1933 per José Antonio Primo de Rivera. Variant espanyola dels corrents feixistes europeus.
4 **obsedit:** obsessionat.

«MUNIÓ D'ESCRIPTORS SABADELLENCS»: _ _ _ _ _ _.

4. Mercè Rodoreda

Mercè Rodoreda és la narradora més popular de la postguerra. Els seus personatges femenins, el seus símbols –les flors entre altres– i l'ús d'una llengua aparentment col·loquial, subjectiva i poètica, són alguns trets definidors i recognoscibles en novel·les i contes excepcionals que transcendeixen el marc de la narrativa realista i psicològica.

Mercè Rodoreda en un retrat fotogràfic de joventut. És de l'època en què inicià la carrera literària escrivint diverses novel·les, de les quals l'autora salva sols *Aloma*.

«Tota la gràcia de l'escriure radica a encertar el mitjà d'expressió, l'estil.»
Mercè Rodoreda

4.1. Vida

Nascuda a Barcelona el 1908, de petita la van marcar les històries que li explicava el seu avi al jardí de casa: no és casual que el jardí i les flors siguin motius recurrents de la seva obra. Amb vint anys la van casar amb el seu oncle, de trenta-quatre anys (i amb qui va tenir un fill), un dels traumes de la seva vida. A la dècada dels anys trenta va escriure quatre novel·les que després va rebutjar. En esclatar la guerra treballà al Comissariat de Propaganda de la Generalitat com a correctora de català i viatjà amb Francesc Trabal a Praga, per representar-hi el **PEN Club Català**[1] en un congrés internacional.

El 1939 s'exilià a França, on inicià relació amb el crític i poeta **Armand Obiols**. Establerts tots dos a París, en van fugir a peu arran de la invasió alemanya, i es van instal·lar primer a Llemotges i després a Bordeus, on Rodoreda va fer de modista. Quan es van tornar a instal·lar a París, a la segona meitat dels anys quaranta, es va poder dedicar a la poesia i la pintura. A mitjan anys cinquanta, es van traslladar a Ginebra, on escrigué moltes de les seves obres més conegudes. El 1972, ja mort Obiols, Mercè Rodoreda tornà a Catalunya, en concret a Romanyà de la Selva, on continuà escrivint, convertida en una autora de prestigi, i on morí el 1983.

1 **PEN Club Català:** secció catalana del Pen Club Internacional, que es fundà a Barcelona el 1922. Associació internacional d'escriptors; la seva finalitat és promoure les relacions entre escriptors de diversos països i la circulació lliure de les obres literàries per un àmbit internacional.

4.2. Obra

Si deixem de banda les quatre primeres novel·les, que la mateixa autora rebutjà posteriorment, cal considerar en primer lloc *Aloma* (1938, però refeta el 1969), novel·la psicològica i simbòlica que ja denota les lectures de les grans narradores del segle xx, com l'anglesa Virginia Woolf i la neozelandesa Katherine Mansfield. La novel·la presenta la primera de les heroïnes rodoredianes, que s'enfronten a la solitud, al dolor i al desengany, especialment en les relacions amoroses.

Què dius, ara!

Les quatre novel·les primerenques que Rodoreda no va incloure en les seves *Obres completes* –*Soc una dona honrada?* (1932), *Del que hom no pot fugir* (1934), *Un dia en la vida d'un home* (1934) i *Crim* (1936)– són novel·les de joventut influïdes pels corrents de l'època que, a grans trets, s'inscriuen en la paròdia del gènere i l'humor que cultivaren els autors de la Colla de Sabadell i Pere Calders.

Coetanis

Armand Obiols (pseudònim de Joan Prat; Sabadell, 1904 - Ginebra, 1971). Articulista, corresponsal, poeta i crític literari que formà part de la Colla de Sabadell. Treballà a favor de la República, s'hagué d'exiliar el 1939 i convisqué amb Mercè Rodoreda a París i Ginebra, on treballà com a traductor de les Nacions Unides. Les seves obres s'han editat pòstumament.

Per què *La plaça del Diamant* és un bon exemple d'«escriptura parlada»?

Força anys més tard, apareix *La plaça del Diamant* (1962) (pàg. 283), una obra mestra en què la protagonista, la Natàlia, passa per tres etapes històriques –abans, durant i després de la guerra– que es corresponen amb la seva història personal: primer, el casament –amb un home que l'anomena *Colometa*– i la maternitat; després, la mort del marit, la fam i la misèria, i finalment, un segon casament en plena postguerra que la porta a una certa prosperitat econòmica i al refugi en el record. Cal destacar la presència constant de símbols –els coloms n'és el més emblemàtic– i, sobretot, la versemblança del llenguatge de la Natàlia-Colometa: la veu de la protagonista, narradora en primera persona és qui explica a un destinatari desconegut el que ha viscut, una tècnica que s'ha qualificat com a «escriptura parlada», que dota de credibilitat el personatge principal i les circumstàncies viscudes. L'obra no ha deixat de reeditar-se, amb un gran èxit de públic i crítica, s'ha traduït a nombroses llengües, i s'ha adaptat al cinema, la televisió i el teatre.

Carme Elias i Abel Folk en una escena de la sèrie *Mirall trencat* (2000), basada en la novel·la homònima de Mercè Rodoreda i amb un guió escrit pel dramaturg Josep M. Benet i Jornet.

«El gelat rosa», Mercè Rodoreda

Pel que fa a *El carrer de les Camèlies* (1966), aquesta obra significa una variació d'alguns aspectes de la novel·la anterior, si bé en aquest cas algunes situacions són més extremes –la protagonista arribarà a prostituir-se i a ser víctima d'una brutal pallissa–. En un altre registre, *Jardí vora el mar* (1967) se centra en un vell jardiner i en la història, llunyana en el temps, d'una parella, amb els símbols constants del jardí i de l'aigua. Aquests elements simbòlics tornen a ser presents a *Mirall trencat* (1974), obra d'una complexitat formal considerable entorn de diferents generacions d'una família de l'alta burgesia barcelonina. A diferència de les obres anteriors, aquí entren en joc un gran nombre de personatges i situacions i es trenca la temporalitat lineal. Esmentem, finalment, *Quanta, quanta guerra...* (1980), sobre el viatge iniciàtic, literal i simbòlic, del protagonista, i la inacabada *La mort i la primavera* (1986).

Cal anomenar, finalment, els llibres de contes –*Vint-i-dos contes* (1958), *La meva Cristina i altres contes* (1967) i *Semblava de seda i altres contes* (1978)–, que contenen també veritables obres mestres i reflecteixen, com les novel·les, un univers singular, entre quotidià, poètic i **enrarit**[1].

En què consisteix l'estil rodoredià?

L'estil de l'autora es caracteritza per l'intimisme i la poeticitat, a la recerca dels elements aparentment secundaris de la quotidianitat, els detalls, per tal de crear una aparença, reeixida, de naturalitat completa, però amb un alt grau d'elaboració. El que importa no és tant el que es diu, sinó com es diu. Rodoreda va demostrar en tota la seva obra la lluita per la recerca formal d'un estil propi i d'una focalització (el punt de vista) adequats per a donar veu a uns personatges innocents i desvalguts i per a parlar sobre els grans temes de la tradició literària: l'amor, la vida i la mort, el pas del temps, el record... des d'una sensibilitat tan delicada, com, de vegades, malaltissa.

G

1 **enrarit:** dens, asfixiant.

Què dius, ara!

La plaça del Diamant, la novel·la catalana més coneguda del segle XX, es va presentar originàriament al premi Sant Jordi, el més prestigiós de la literatura catalana, amb el títol de *Colometa*, i no el va guanyar. Segons Joan Fuster, a causa de la intervenció de Josep Pla, membre del jurat, que va considerar que no podien premiar una novel·la que tenia títol de sardana.

«SIGNAVA COM UN REI, L'ESCRIPTOR SABADELLENC DE COGNOM ARBORI»: _ _ _ _ _ _ _.

5. Pere Calders

Tot i haver escrit algunes novel·les, Pere Calders està considerat sobretot un mestre del conte, i especialment d'un tipus de conte molt determinat: humorístic, imaginatiu i amb un to quotidià i casolà que en potencia la comicitat per reflexionar sobre l'absurditat de les convencions i del comportament humà.

Joan Oliver i Pere Calders, dos escriptors marcats per la guerra i l'exili, i dues figures fonamentals de la literatura catalana contemporània.

5.1. Vida

Calders va néixer a Barcelona el 1912 i passà els primers anys de la seva vida en una masia del Vallès Occidental. Cap al 1920, es traslladà amb la família a Barcelona i, acabats els estudis primaris, es matriculà a l'Escola Superior de Belles Arts. Treballà com a periodista i dibuixant, sobretot **caricaturista**, en revistes com la satírica *L'Esquella de la Torratxa*, que arribà a dirigir. En començar la Guerra Civil col·laborà en publicacions de caire polític, i el 1937 s'allistà com a voluntari a l'exèrcit de la República. Destinat a Terol, hi escrigué la crònica *Unitats de xoc*. Acabada la guerra, va ser internat al camp de concentració de Prats de Molló, d'on aconseguí evadir-se. Després d'una breu estada a França, se n'anà a Mèxic, on contactà amb Josep Carner i altres exiliats. A Mèxic s'hi estigué vint-i-tres anys, treballant en una editorial i col·laborant en les revistes dels exiliats catalans. Mentrestant, s'havien anat publicant les seves obres a Barcelona, on tornà l'any 1962. Treballà a l'editorial Montaner i Simón i col·laborà en revistes de caire catalanista. Malgrat el reconeixement que la seva obra tingué en els cercles intel·lectuals, l'èxit massiu no li arribà fins al 1978 gràcies a *Antaviana*, muntatge teatral del grup Dagoll Dagom a partir dels seus contes. El 1986 va rebre el Premi d'Honor de les Lletres Catalanes i morí a Barcelona el 1994.

«El sofriment és un poderós estímul, incita a lluitar, almenys, per a fugir-ne; per això la capacitat de fantasia és tan real com totes les armes que ens han estat donades per a sobreviure.»
Pere Calders

5.2. Obra

En la seva producció de contes cal destacar, en primer lloc, reculls com *El primer arlequí* (1936), *Cròniques de la veritat oculta* (1955) (pàg. 286), *Demà, a les tres de la matinada* (1959) i *Invasió subtil i altres contes* (1978). El somni, la imaginació, el meravellós i l'**humor absurd** són elements comuns en unes narracions que defugen la realitat mediocre i estreta viscuda per uns personatges plans –sovint conformistes, mediocres, perplexos o milhomes– per ironitzar, amb tendresa, sobre els homes i la realitat, o realitats, que els tenallen. La seva obra de tema mexicà constitueix un cas a part: els contes de *Gent de l'alta vall* (1957) i la novel·la breu *Aquí descansa Nevares* (1967), que tracta dels habitants d'una població de barraques que, després d'una inundació, se'n van a viure al cementiri.

«Tot esperit», Pere Calders

Coetanis

Franz Kafka (Praga, 1883 - Kierling, prop de Viena, 1924). Escriptor jueu en llengua alemanya. Les seves obres s'emmarquen en l'existencialisme i la filosofia de l'absurd. Els seus escrits narren situacions en aparença nímies, però reflecteixen, en un marc opressiu i sense sentit, el pes del sistema sobre l'individu. L'alienació, la identitat, la burocràcia i el control estatal són temes recurrents d'una narrativa desassossegant i simbòlica.

Quin tipus d'humor conrea Pere Calders i quina intencionalitat té?

Cartell d'*Antaviana*, espectacle teatral creat per la companyia Dagoll Dagom l'any 1978 a partir de diferents contes de Pere Calders. L'èxit d'aquest muntatge va fer que el narrador fos cada vegada més llegit i apreciat pel gran públic.

D'altra banda, en el camp de la novel·la, cal destacar *L'ombra de l'atzavara* (1964), obra que va escriure en tornar de l'exili i que se centra precisament en aquest tema. Altres novel·les de Calders són la humorística *La glòria del doctor Larén* (1937); *Gaeli i l'home Déu* (1938); la crònica testimonial *Unitats de xoc* (1938), que explica la seva experiència a l'exèrcit republicà en la batalla de Terol; i *Ronda naval sota la boira* (1966), un joc literari entorn de diferents punts de vista sobre el naufragi d'un vaixell i l'obra més experimental –i, per a alguns, la millor– de l'autor.

Val a dir que l'obra de Pere Calders pot enganyar: sota l'aparença d'un humorisme innocent, sovint és més punyent o, en alguns casos, inquietant del que sembla. Admirador de Poe i de **Kafka** –a més del **realisme màgic**[1] de Bontempelli, de la Colla de Sabadell i de Carner–, creador d'un món on el meravellós i l'imprevist passen sempre pel sedàs de la ironia, Calders fabula amb freqüència sobre el caràcter absurd del món contemporani.

D'aquesta manera, referint-se a l'època de la Colla de Sabadell, Calders afirmà: «Fou, també, una època plena de curiositat intel·lectual i va iniciar la revisió d'unes formes de sentimentalisme que llasten sovint la vida del país, i no únicament en el camp de les lletres. Les armes triades foren la causticitat i la ironia –cosa gairebé inevitable–, però amb la preocupació de marcar ben bé la línia divisòria entre la broma diumengera o de sobretaula i l'humor reflexiu que intenta, amb el somriure com a bisturí, de penetrar profundament les diverses capes de l'ànima. El somriure inclina a la pietat, i tallant, travessa la tendresa, la poesia i l'absurd, tot tan real i tan humà».

1 **realisme màgic:** gènere literari de mitjan segle XX, interessat a mostrar l'irreal o l'estrany en la vida quotidiana. Influí en els contistes catalans i castellans dels anys trenta.

2 **Exèrcit Popular de la República:** exèrcit format per milícies de voluntaris i pels quadres de l'exèrcit espanyol que es van mantenir lleials a la República després del cop d'estat.

6. Manuel de Pedrolo

Manuel de Pedrolo és un dels autors més prolífics de la literatura catalana. Va practicar amb èxit gairebé tots els gèneres novel·lístics a més de narració, poesia i teatre, a la conquesta d'uns lectors deshabituats a llegir en català per les circumstàncies de la postguerra.

6.1. Vida

Nascut a l'Aranyó (la Segarra) el 1918, estudià el batxillerat a Tàrrega i el 1935 es traslladà a Barcelona. Es va incorporar a l'**Exèrcit Popular**[2] durant la Guerra Civil i, un cop acabada, va anar vivint alternativament a Tàrrega i a Barcelona, fins que acabà per establir-se a Barcelona, on va fer d'agent d'assegurances i de publicitat i de detectiu, a més de feines editorials diverses. A partir dels anys setanta, va viure en exclusiva de la literatura. Guanyador de nombrosos premis, expressà un ideari polític radical en articles sovint polèmics a la premsa. Morí a Barcelona el 1990.

Coetanis

Jordi Sarsanedas (Barcelona, 1924-2006). Novel·lista, narrador, poeta i professor, és autor de *Mites* (1954), recull de narracions en què la irrealitat de les situacions crea un clima inquietant. En poesia, cal destacar *Fins a un cert punt* (*Poesia 1945-1989*), de 1989, i *Cor meu, el món* (1999). També va dirigir la revista *Serra d'Or* i va ser director teatral.

«ESCRIT A MÀQUINA, SEGONS EN DÍDAC I L'ALBA»: _ _ _ _ _ _ _ _ _ _ _ _ _ _ _.

6.2. Obra

Difícil de classificar per la quantitat d'obra publicada i la varietat de gèneres que cultiva, es poden establir tres grans etapes en l'obra de Pedrolo:

Manuel de Pedrolo, que va escriure més de cent obres, és un dels escriptors més fecunds de la literatura catalana contemporània. La seva novel·la *Mecanoscrit del segon origen* (1974) conegué una difusió extraordinària, especialment entre els lectors juvenils.

- Del 1952 al 1956 va escriure poesia, contes i novel·la breu. En aquest últim camp, va escriure *Mister Chase, podeu sortir* (1955), influït per l'existencialisme, corrent filosòfic i literari nascut a França els anys quaranta i cinquanta com a expressió del desengany davant de l'optimisme científic i humanístic i també contrari a tota transcendència (els seus representats més coneguts foren Jean-Paul Sartre, Simone de Beauvoir i Albert Camus). També rebé la influència de la literatura de l'absurd (tendència que es donà entre els anys quaranta i seixanta, que trencà amb el realisme i que desmitificà la lògica tradicional a través de diàlegs buits de sentit i de situacions grotesques) i d'un cert realisme. A aquesta última tendència pertanyen *Domicili provisional* (1956) i *Cendra per Martina* (1965). En algunes obres, com *Avui es parla de mi* (1966), combinà les tres tendències.

- Del 1957 al 1971 accentuà el compromís social amb obres com *Totes les bèsties de càrrega* (1967), *M'enterro en els fonaments* (1967) i la sèrie *Temps obert*, ampli conjunt de novel·les publicades entre el 1968 i el 1980. Aquests anys també va escriure novel·les policíaques, com *Joc brut* (1965) i *Mossegar-se la cua* (1968).

- A la dècada dels setanta va escriure les seves obres més experimentals, com *Espais de fecunditat irregular/s* (1973) o el cicle novel·lístic *Apòcrifs*, de quatre volums. També és l'època de la seva novel·la més popular, *Mecanoscrit del segon origen* (1974), adscrita a la ciència-ficció i llegida de forma massiva durant molt de temps a les escoles i els instituts.

Cal esmentar, així mateix, obres teatrals com *Cruma* (1950) i *Homes i no* (1959), marcades pel teatre de l'absurd. També les seves abundants traduccions, sobretot de novel·listes nord-americans, i la feina com a creador i director de la col·lecció de novel·la negra «La Cua de Palla» entre el 1963 i el 1970.

Pedrolo va ser, en definitiva, un autor inquiet, inabastable, que durant una època va cobrir en solitari una sèrie de buits de la literatura catalana –existencialisme, teatre de l'absurd, novel·la negra, de ciència-ficció, eròtica i novel·la experimental–, per tal d'acostar al públic la malmesa literatura en català. També va defensar la llibertat creadora de l'autor per a experimentar noves fórmules, tant novel·lístiques com poètiques, més arriscades i innovadores.

«De la mateixa manera que la vida no té límits, tampoc no en té l'art.»
Manuel de Pedrolo

Domicili provisional (fragment), Manuel de Pedrolo

Per què Pedrolo és un autor difícil de classificar?

Salvador Espriu.

«Cançó del matí encalmat», Salvador Espriu

Quina obra de l'autor es va convertir en símbol de la lluita antifranquista?

7. Salvador Espriu

Espriu és un dels autors més personals de la literatura catalana. Solitari, obsessionat amb la mort, profund coneixedor del món clàssic, així com de l'**Antic Testament**[1] i de l'antic Egipte, la seva obra oscil·la entre el to greu i el sarcàstic, sempre amb una gran sobrietat expressiva.

7.1. Vida

Fill d'un notari, Espriu va néixer el 1913 a Santa Coloma de Farners, però va viure a Barcelona des de gairebé sempre. La seva família era d'Arenys de Mar i hi estiuejava amb freqüència: per a ell, aquesta vila marinera va esdevenir un indret mític, fins al punt que la va convertir en la **Sinera** (Arenys, a l'inrevés) de bona part de la seva obra. De molt jove se li van morir la mare i dos germans, i ell mateix va estar greument malalt un quant temps. Es llicencià en dret i en història antiga, i el 1933 s'embarcà en un creuer pel Mediterrani, que sempre recordà, amb altres universitaris; entre ells, el poeta mallorquí Bartomeu Rosselló-Pòrcel (pàg. 254), amb qui l'uní una gran amistat i que va morir molt jove. Una altra mort, la del seu pare el 1940, l'obligà a abandonar la idea d'emprendre estudis de filologia clàssica i de convertir-se en egiptòleg: hagué de treballar per sempre més en una notaria per guanyar-se la vida. D'altra banda, el triomf de l'alçament franquista i el clima de la postguerra el van portar a una reclusió absoluta, a la qual sens dubte també tendia per temperament. Autor de diverses obres de teatre, de prosa narrativa i de poesia, que oscil·laven entre el cant **elegíac**[2] i la **farsa**[3] grotesca, l'èxit li arribà el 1960 amb el llibre de poemes *La pell de brau*, que passà a ser un emblema de la poesia de resistència antifranquista i, doncs, del moviment conegut com «realisme històric». A partir d'aquí, Espriu va ser considerat l'**escriptor nacional** de Catalunya. Morí el 1985 a Barcelona i va ser enterrat a Arenys per voluntat pròpia.

7.2. Obra

Espriu començà de ben jove a escriure narrativa i s'abocà a la poesia després de la Guerra Civil. Encara que pertanyessin a gèneres diversos, l'autor concebia els seus llibres com a vasos comunicants d'una obra unitària. En poesia, cal remarcar *Cementiri de Sinera* (1946), obra elegíaca que al·ludeix a la desfeta de la postguerra; *Les hores* (1952), dedicada en part al record de Rosselló-Pòrcel; *El caminant i el mur* (1954), que reflexiona tant sobre la mort com sobre l'amor envers el país (pàg. 290); *La pell de brau* (1960), considerat el seu llibre més «civil» i de protesta explícita, i *Setmana Santa* (1971), en què el calvari de Jesucrist és la metàfora del de tots aquells que s'interroguen sobre l'existència. A la poesia espriuana hi predominen el vers lliure i el vers blanc d'art menor.

G

1 **Antic Testament:** llibres sagrats de tradició jueva, acceptats pel cristianisme. Formen la Bíblia, juntament amb els llibres del Nou Testament.

2 **elegia:** poema de to melancòlic que expressa sentiments de dolor davant la desgràcia, sovint motivat per la pèrdua d'un ésser estimat o per la nostàlgia de l'exili.

3 **farsa:** comèdia burlesca generalment en un sol acte.

Coetanis

Joaquim Amat-Piniella (Manresa, 1913 - Barcelona, 1974). Escriptor i activista cultural republicà. A partir de 1936 intervingué en el Comitè Revolucionari Antifeixista, s'allistà com a voluntari de l'Exèrcit Popular, travessà la frontera i romangué en camps de refugiats francesos (Argelers i Sant Cebrià) abans de ser mobilitzat com a treballador forçós i empresonat per l'exèrcit alemany. El 1941 fou deportat al camp d'extermini nazi de Mauthausen, on començà a escriure bona part de *Les llunyanies, poemes de l'exili (1940-1946)*, obra publicada el 1999. En els anys immediatament posteriors a l'alliberament, volgué testimoniar l'horror de la seva experiència concentracionària de quatre anys i mig en la novel·la *K.L. Reich* (1963). Retornà a Catalunya l'any 1946, on visqué silenciat i marginat. El 1962 fundà a Barcelona amb altres exdeportats republicans l'associació Amical de Mauthausen.

 «LAIA, ESTHER, FEDRA, ARIADNA, LETIZIA, TERESETA FORMAVEN PART DEL SEU LABERÍNTIC UNIVERS LITERARI»: _ _ _ _ _ _ _.

En prosa, cal citar les novel·les *El doctor Rip* (1931), entorn d'un metge malalt de càncer que va percebent la seva agonia, i *Laia* (1932), visió desesperançada de la vida d'una noia en un poble mariner. Encara més emblemàtics són els contes d'*Ariadna al laberint grotesc* (1935), petites novel·les condensades de to irònic i llenguatge summament elaborat; i les proses de *Les roques i el mar, el blau* (1981), breus recreacions iròniques dels mites clàssics.

Quin tema central abraça tota la producció espriuana?

Pel que fa al camp teatral, Espriu hi fa aportacions especialment importants: a *Antígona* (1939, revisada el 1963) se serveix de la tragèdia de Sòfocles com a metàfora sobre vencedors i vençuts en la guerra civil espanyola; mentre que *Primera història d'Esther* (1948), peça clau del teatre català modern, és una interpretació del tema bíblic d'Esther en clau de reflexió sobre el poder i la família.

El món d'Espriu és especialment ric i complex. Gira sempre entorn de temes com la mort o la injustícia, tan aviat en un to greu com en un to grotesc, i en un llenguatge ric i sobri alhora.

8. Joan Oliver, *Pere Quart*

L'obra de Joan Oliver s'explica per dos aspectes inherents a la personalitat de l'autor: d'una banda, la tendència constant a la ironia, l'humor i la sàtira; i, de l'altra, el compromís sociopolític i l'adscripció, doncs, a un cert realisme de denúncia. En el difícil context de la postguerra, la veu d'Oliver va ser sempre crítica, i ho va continuar sent encara els últims anys de la seva vida, ja en el context de la democràcia.

Portada de la revista *Serra d'Or* dedicada a Joan Oliver, que va ser reconegut com un dels més grans escriptors catalans de postguerra.

8.1. Vida

Nascut a Sabadell el 1899, en el si d'una família de l'alta burgesia, va formar de jove l'anomenada **Colla de Sabadell** amb el novel·lista Francesc Trabal i el crític i poeta Armand Obiols, entre d'altres. Aquest grup va dirigir el *Diari de Sabadell*, va editar la col·lecció literària La Mirada i, sobretot, va practicar un humor absurd i provocatiu que es reia de les convencions de la burgesia local. Però amb la Guerra Civil tot canvià: Oliver es comprometé a fons amb la República i va esdevenir president de l'Agrupació d'Escriptors Catalans i cap de publicacions de la Conselleria de Cultura de la Generalitat, a més d'encarregar-se de l'evacuació dels intel·lectuals compromesos. Un cop acabada la guerra, s'exilià primer a França –amb Trabal, Obiols, Rodoreda, Calders i altres escriptors– i després a Santiago de Xile, on va viure vuit anys. A Xile va dirigir la revista *Germanor* i fundà, amb el també escriptor Xavier Benguerel, la col·lecció «El Pi de les Tres Branques».

Un cop va haver tornat a Barcelona el 1948, va ser detingut dos mesos i mig, i després entrà a treballar a l'editorial Montaner i Simón. Allà va conèixer uns quants estudiants, futurs professors universitaris –Joaquim Molas, Antoni Comas i Sergi Beser–, que el van reivindicar com a capdavanter de l'anomenat **realisme històric**, quan l'any 1960 publicà el llibre de poemes *Vacances pagades*. Detingut i multat en diverses ocasions per participar en actes antifranquistes, rebé el Premi d'Honor de les Lletres Catalanes el 1970. Amb l'arribada de la democràcia continuà sent crític amb el poder, com ho demostra, per exemple, el fet que el 1982 rebutgés la Creu de Sant Jordi de la Generalitat. Morí a Barcelona el 1986 i se l'enterrà al Sabadell natal.

«EL LABERINT MÉS CARICATURESC DE L'ESPRIU»: G _ _ _ _ _ _ _.

8.2. Obra

L'obra d'Oliver comprèn tan aviat prosa narrativa –*Una tragèdia a Lil·liput* (1928)–, com poesia i teatre. Per al teatre va escriure *La fam* (1938) –sobre la Guerra Civil–, *Allò que tal vegada s'esdevingué* (1936) –sàtira contra la institució familiar burgesa– i *Ball robat* (1958) –nova crítica al matrimoni burgès.

Quin canvi s'observa en l'obra d'Oliver després de la guerra civil espanyola?

Però el camp en què l'autor va adquirir més prestigi va ser la poesia, en la qual va firmar sempre amb el pseudònim de *Pere Quart*. Els seus dos primers llibres en aquest terreny són exercicis estilístics brillants: en *Les decapitacions* (1934) parodia el simbolisme i les avantguardes, mentre que en *Bestiari* (1937) denota una clara influència de la ironia noucentista. En canvi, amb l'*Oda a Barcelona* (datada el 1936, però en realitat posterior al *Bestiari*) es produeix un canvi cap al compromís polític, el vers lliure i el col·loquialisme. Escrita a l'exili, *Saló de tardor* (1947) és una obra molt més lírica i elegíaca (pàg. 264), mentre que *Terra de naufragis* (1956) combina aquest registre amb un altre de més sarcàstic.

Pel que fa a *Vacances pagades* (1960), que donà una gran popularitat a l'autor, és un balanç de la vida d'ell mateix des de l'entrada a la vellesa. No hi estalvià les crítiques al sistema capitalista i a la societat de consum. A partir d'aquí, la poesia de Pere Quart oscil·là entre el sarcasme en la crítica sociopolítica i l'afirmació d'un cristianisme de caràcter individualista.

«Poesia: art d'intel·ligència que es nodreix de paraules intel·ligibles, l'ordenament de les quals presideix la raó poètica.»
Joan Oliver

La brevetat, la parquedat, l'essencialitat, l'humor seriós i maliciós, la tendresa i la pietat són trets que el mateix Joan Oliver atribueix a la poesia de Pere Quart, que, a partir de la dècada de 1960, viu un progressiu acostament cap a l'anomenat «realisme històric».

Trets de la poesia del realisme històric
• El poeta és un individu immergit dins una societat i una època.
• Ha de contribuir a l'alliberament de la humanitat.
• Ha d'adreçar-se a un públic majoritari.
• El llenguatge ha de ser directe i quotidià.

En conjunt, l'obra i la personalitat de Joan Oliver són un exemple d'inconformisme i de coherència ètica; però també cal parar atenció al seu llenguatge col·loquial i rigorós alhora, tal com es demostra en les seves traduccions, que van des de Molière fins a una versió lliure del *Pigmalió*, de George Bernard Shaw.

Coetanis

Xavier Benguerel (Barcelona, 1905-1990). Escriptor i traductor, les seves primeres obres tenen un marcat caràcter psicològic. En acabar la guerra, s'exilià primer a França i després a Xile fins al 1954, on continuà la tasca literària. De retorn a Catalunya, reprengué la publicació de novel·les. Dins la seva obra de caràcter autobiogràfic sobre l'exili cal esmentar *Els vençuts* (1969), *Memòries. 1905-1940* (1971) i *Memòria d'un exili. Xile 1940-1952* (1982).

Què dius, ara!

L'anomenat Grup o Colla de Sabadell –també conegut com el Cor de Santa Rita– es divertia fent actes com els següents: van acampar vuit dies a la cala Pola, prop de Tossa de Mar, on van estendre una catifa i es banyaven en una banyera arran de mar, en la qual entraven vestits amb frac i barret. A Sabadell, havien convidat conferenciants que, quan arribaven, es trobaven un ase assegut a la cadira on havien de fer la conferència; i van organitzar concursos literaris en què pagaven els guanyadors amb retalls de diari.

9. Joan Brossa

Joan Brossa representa una saludable excepció en la literatura de la postguerra. Enfront de la tendència al postsimbolisme o al realisme dels seus coetanis, ell va optar sempre per l'experimentació, hereva de les avantguardes. La seva obra s'entén més en relació amb algunes tendències determinades de les arts plàstiques: surrealisme màgic, pintura abstracta, art conceptual.

Coetanis

Josep Palau i Fabre (Barcelona, 1917-2008). Poeta, contista i dramaturg, dirigí la revista clandestina *Poesia*. Visqué a París fins al 1961, on conegué artistes com Picasso. La seva poesia està aplegada a *Poemes de l'Alquimista* (1952).

El poeta, dramaturg i artista plàstic de vocació avantguardista, Joan Brossa.

Podem considerar Joan Brossa un poeta plàstic?

9.1. Vida

Nascut a Barcelona el 1919, en el si d'una família menestral, la seva formació cultural va ser autodidacta. Als disset anys va ser cridat per a lluitar al front de Lleida, on començà a escriure. Ja a la postguerra, es dedicà a vendre clandestinament llibres prohibits pel franquisme i, sota la influència de Freud, escrigué poemes basats en imatges **hipnagògiques**[1]. El 1941 va conèixer Josep Vicenç Foix, que l'animà a continuar i li recomanà escriure sonets per a millorar l'aspecte formal de la seva obra. També va conèixer Joan Miró i, amb un grup de pintors joves –Antoni Tàpies, Joan Ponç, Modest Cuixart i Joan-Josep Tharrats–, formà el grup Dau al Set, que editià la revista d'avantguarda del mateix nom. A partir de l'any 1950, la seva obra prengué un caire més compromès políticament i a la dècada de 1980 li arribà el reconeixement internacional, gràcies sobretot a la poesia visual i als poemes objecte. Morí a Barcelona el 1998.

«El valor d'un poema el determina el nombre de finestres que obre al lector.»
Joan Brossa

9.2. Obra

L'obra de Brossa és vastíssima, però, tot i la diversitat de gèneres i formats, es pot classificar sempre amb la denominació genèrica de poesia. Amant de l'«**art total**» representat per l'òpera wagneriana o pel cinema, ell va practicar-lo a la seva manera: va ser autor de reculls de sonets i de **sextines**[2], però també de poemes d'un sol vers i de poemes en prosa; és el màxim representant català de l'anomenada «**poesia visual**», és a dir, de l'expressió d'una idea o una suggestió a partir d'una imatge visual; de **poemes objecte**, de caràcter escultòric; d'obres de teatre que ell qualificava de «poesia escènica»; de guions cinematogràfics i d'accions musicals. Van ser nombroses, doncs, les seves col·laboracions amb artistes plàstics, directors de teatre i de cinema i compositors, convençut de la naturalesa insuficient del llenguatge. Tot i el caràcter sempre avantguardista de la seva obra, també és possible trobar-hi una inspiració en la poesia i les tradicions populars, i el compromís amb la realitat més immediata. Pel que fa als seus llibres, cal destacar, entre d'altres, *Poesia rasa* (1970), *Poemes visuals* (1975) (pàg. 300) i *Poesia escènica. Teatre complet* (1979-1983).

En paraules del filòleg Jordi Malé, «Brossa parteix de l'origen inconscient, fora dels límits de la lògica, de les imatges, per donar a entendre que la poesia ha deixat de ser un discurs organitzat per la raó i, doncs, portador d'un sentit racional i racionalitzable pel lector. La poesia ha esdevingut una manifestació de l'inconscient humà en què les imatges tenen valor en si i per si mateixes, en virtut de la seva naturalesa associativa i de la seva capacitat de sorprendre i de suggerir (el poema adquireix valor autònom, no "explica", sinó que "és")».

Què dius, ara!

Quan Joan Brossa es va anar a fer el carnet d'identitat, el policia encarregat d'apuntar-li les dades li va preguntar la professió. Brossa va contestar «poeta» i el policia va entendre «paleta», que és el que hi va constar per sempre més, per voluntat del propi Brossa.

1 **hipnagògic:** relatiu a la fase inicial del son.

2 **sextina:** composició poètica de tradició trobadoresca, formada per sis estrofes de sis versos, normalment decasíl·labs, que tenen rima i una tornada de tres versos, habitualment sense rima.

«Tot poema hauria d'ésser clar, sensat, lúcid i apassionat, és a dir, en una paraula, divertit.»
Gabriel Ferrater

Defineix l'anomenada «poesia de l'experiència».

10. Gabriel Ferrater

Gabriel Ferrater és un cas únic en el panorama de la postguerra, per les innovacions que aportà en el camp de la poesia, però també pel seu mestratge en camps com el de la lingüística, la crítica literària i la docència universitària, que va deixar molta empremta en els seus alumnes.

Coetanis

W.H. Auden (York, 1907 - Viena, 1973). Poeta anglès preocupat pels problemes col·lectius, amb una actitud propera al realisme històric. Conreà una poesia intel·lectual, sorgida d'un impuls ètic, sovint satírica, però amb moments lírics de gran profunditat.

10.1. Vida

Nascut a Reus el 1922, fill d'una família acomodada, no anà a escola fins a l'edat de deu anys. Residí a França del 1938 al 1941, inicià estudis de Ciències Exactes (matemàtiques) i de Lletres (filosofia), i es relacionà durant un temps amb els autors barcelonins en llengua castellana de l'anomenada «**Escuela de Barcelona**[1]». Brillant i provocador, autodidacte malgrat els seus estudis, va acabar cursant la carrera de Filologia Romànica a la Universitat de Barcelona i fent classes de lingüística i de crítica literària a la Universitat Autònoma de Barcelona, quan aquesta encara era a Sant Cugat del Vallès. Amb els dies comptats a causa de l'alcoholisme, acabà suïcidant-se el 1972, pocs dies abans de complir cinquanta anys.

L'aspecte juvenil i inconformista que tenia Gabriel Ferrater es manifesta també en la seva poesia i en les diferents activitats literàries i intel·lectuals que va emprendre.

10.2. Obra

L'obra poètica de Ferrater consta només de tres llibres, el primer publicat quan l'autor tenia ja trenta-vuit anys: *Da nuces pueris* (1960) (pàg. 295), *Menja't una cama* (1962) i *Teoria dels cossos* (1966), tots tres aplegats després en el volum *Les dones i els dies* (1968). En total, un centenar llarg de poemes, però tots ells d'un rigor formal i una riquesa conceptual fora de sèrie. Sovint s'ha classificat la seva obra de «**poesia de l'experiència**». Els seus poemes se serveixen d'anècdotes viscudes, sovint de tema amorós, com a punt de partida per fer-ne una reflexió moral, abstracta i profunda. Allò que interessa a Ferrater és, des d'una posició antiromàntica, reflectir la vida dels homes i les dones en el seu aspecte moral. Tal com ell mateix explica: «Quan escric una poesia, l'única cosa que m'ocupa i em costa és de definir ben bé la meva actitud moral, o sigui la distància que m'ocupa entre el sentiment que la poesia exposa i el que en podríem dir el centre de la meva imaginació».

A part, va escriure crítica literària, crítica d'art i textos sobre lingüística –una producció aplegada als llibres *Sobre literatura*, *Sobre pintura* i *Sobre el llenguatge*, respectivament–, una novel·la policíaca en castellà –*Un cuerpo, o dos*, amb el pintor José María de Martín–, i conferències, algunes publicades, entorn d'autors com Josep Vicenç Foix, Carles Riba i Josep Pla, entre d'altres. Va fer traduccions de l'anglès, el francès, l'alemany i el polonès, i en aquest camp cal destacar la seva versió de la novel·la *El procés*, de Franz Kafka.

Què dius, ara!

Gabriel Ferrater, autodidacte brillant, va aprendre pel seu compte el grec, el llatí, el rus i totes les llengües germàniques, «renunciant, amb pena, al sànscrit», segons afirmava, i afegia: «De tota manera, m'he frenat, i he pogut posar el peu al coll a les llengües escandinaves». D'altra banda, entre els vint-i-sis i els trenta-quatre anys va fer crítica d'art, però també va dedicar-se a pintar i dibuixar per experimentar ell mateix la matèria de què parlava.

1 **Escuela de Barcelona:** generació literària d'autors nascuts pels volts dels anys vint, d'origen burgès i amb estudis universitaris, com Jaime Gil de Biedma, Carlos Barral i José Agustín Goytisolo, entre d'altres. Es distancien de la literatura compromesa amb la reivindicació social antifranquista en voga per oferir una poesia intimista de llenguatge col·loquial, amb preocupacions civils i ètiques.

«COMARCA QUE HA ENLLUERNAT JOAN MARAGALL I SOPA DE CABRA»: _ _ _ _ _ _ _ _.

La poesia de Gabriel Ferrater va ser nova al seu moment pel fet de pouar en la poesia anglesa i nord-americana –Hardy, Auden, Yeats– en un to planer, de realisme aparent, però amb el recurs freqüent de l'el·lipsi i el rerefons de la referència culta. Si bé ell afirmava que «un poema ha de tenir tant sentit com una carta comercial», cosa que en la seva obra passa sempre, també és cert que aquest sentit no hi és gairebé mai evident, com d'altra banda és freqüent en la poesia contemporània.

Personatge d'una intel·ligència i d'una capacitat de seducció fora del comú, va marcar la generació poètica dels anys setanta i, en línies generals, es podria dir que, després d'ell, la poesia catalana no va tornar a ser la mateixa.

Coetanis

Josep Ferrater i Mora (Barcelona, 1921-1991). Assagista, professor de filosofia i escriptor, s'exilià a França, Xile, Cuba i els Estats Units, i escriví la seva obra en diverses llengües. De la seva producció en podem destacar *Diccionario de filosofía* (1941) i *Reflexions sobre Catalunya* (1955). Va crear el corrent filosòfic de l'integracionisme, amb el qual volia integrar els sistemes oposats de pensament.

11. Joan Fuster

Joan Fuster és el gran assagista de la literatura catalana moderna. Tot i que el gènere té els seus precedents i continuadors en la literatura catalana, Fuster hi marca un abans i un després: per la claredat, la ironia, el rigor i la conseqüència ideològica.

Joan Fuster i Josep Pla. L'un i l'altre s'admiraven i van dedicar-se «papers» escrits amb esmolada intel·ligència.

«L'assaig no és mai sobre, sinó cap a un tema.»
Joan Fuster

11.1. Vida

Nascut a Sueca el 1922, es llicencià en Dret i exercí durant un quant temps la carrera d'advocat fins que es professionalitzà com a escriptor, a través, sobretot, del periodisme. El fet de representar les postures més catalanistes en el País Valencià provocà que la seva **efígie**[1] fos cremada a les falles del 1963, i que una bomba destruís part de la seva biblioteca i el seu arxiu el 1981. Professor d'història de la llengua a la Universitat de València a partir del 1983, rebé premis i distincions diverses. Morí a la Sueca natal el 1992.

11.2. Obra

El gènere amb què es donà a conèixer Fuster és la poesia, amb llibres com *Escrit per al silenci* (1954). Abocat aviat a l'**assaig**[2], com a gènere de creació literària en què reflexiona sovint sobre el fet literari, va ser amb *Nosaltres, els valencians* (1962) que el seu nom passà a ser conegut i polèmic. L'obra reivindica la catalanitat del País Valencià, tot i que n'assenyala les diferències amb Catalunya. A partir d'aquest moment, publicà una obra abundant: entre molts altres llibres, *Diccionari per a ociosos* (1964) (pàg. 306), en què, a partir d'un ordre tan aleatori com l'alfabètic, explicà a la seva manera els conceptes més diversos, des d'«amor» fins a «zero»; *Consells, proverbis i insolències* (1968), conjunt d'**aforismes**[3]; *Diari 1952-1960* (1969), recull de textos sense gaire relació amb un diari convencional; *Literatura catalana contemporània* (1972), en què passa revista a tota la literatura en català del segle XX, i estudis sobre sant Vicent Ferrer, Ausiàs March i altres escriptors. Inspirat en models com els de Montaigne, Voltaire i Pla, Fuster és un exemple d'escriptor lliure, lúcid, irònic i polèmic.

1 **efígie:** imatge, figura, que representa una persona.

2 **assaig:** gènere creat pel francès Michel de Montaigne al segle XVI, que consisteix en una divagació, més o menys ordenada, sobre un o diversos temes.

3 **aforisme:** proposició breu i sovint enginyosa que enuncia una norma científica, filosòfica o moral sense argumentar-la.

Llorenç Villalonga

1 **Faust:** personatge principal de l'obra homònima de Goethe, el qual pacta amb el Diable, Mefistòfil, per cedir-li la seva ànima a canvi de coneixement.

2 **refutar:** demostrar que un argument, una opinió, una teoria, etc., és fals o erroni.

3 **perniciós -a:** greument perjudicial.

4 **socràtic:** que segueix la doctrina o el mètode del filòsof grec Sòcrates.

5 **atenès -a:** natural de la ciutat grega d'Atenes.

6 **cicuta:** herba de la família de les umbel·líferes, coneguda per la seva toxicitat des de l'antiguitat clàssica. Quan Sòcrates va ser acusat i condemnat a mort a Atenes, l'execució va consistir a prendre's aquesta herba verinosa.

7 ***Homo sum: humani nihil a me alienum puto*:** soc un home: res humà no m'és alliè.

8 **tergiversar:** contar fets deformant-los intencionadament.

9 **transcendent:** que supera l'experiència personal i la percepció material de la realitat.

10 **tal volta:** potser.

11 **canongia:** càrrec de canonge.

12 **debades:** en va, sense efecte, inútilment.

Abans de començar

Aquest fragment pertany a la novel·la *Bearn* (1961), obra en què Villalonga fa una elegia entorn del final d'un llinatge mallorquí, centrat en el personatge de l'**aristòcrata** liberal i **escèptic don Toni**. En aquest fragment, don Toni acaba de proposar a en Joan Mayol, capellà de la família i narrador en primera persona, que li prologui un llibre de memòries. A partir d'aquí, el lector aprecia d'una manera subtil la relació entre tots dos.

Primera part. Sota la influència de Faust[1]

8

No li dolia que **refutassin**[2] i combatessin les seves creences, però si era així, per què s'esforçava a perpetuar la seva obra? Jo comprenia massa bé el pensament del senyor, que amb els anys evolucionava cap a un **perniciós**[3] escepticisme **socràtic**[4]. Les idees no tenien per a ell gaire valor, o millor dit, tenien un valor equivalent, sense necessitat de condemnar-ne unes per admetre les altres. Aquella actitud amable entranyava una fonamental immoralitat, la immoralitat que els **atenesos**[5] condemnaren a **cicuta**[6]. Era evident que el senyor, escèptic, no el podia disgustar que li refutassin els seus «errors». No era defensar una doctrina el que es proposava, sinó fer treballar l'enteniment del lector, com a un gimnàs, i eternitzar per mitjà de l'art tots els records viscuts i totes les persones estimades. Perquè si hagués de fer la síntesi de la seva existència, jo l'escriuria així: «Visqué i estimà». «*Homo sum: humani nihil a me alienum puto*[7]», ha escrit Terenci. Sabent això, havia jo de **tergiversar**[8] el problema fingint concedir importància a les coses que pel senyor eren en tot cas accidentals i deixant sense comentaris les que per ell eren **transcendents**[9] i **tal volta**[10] justificades?

–Jo podria escriure el pròleg que Vossa Mercè em proposa –li vaig dir– i no sé si guanyaria amb això una **canongia**[11], però no **debades**[12] m'he educat devora Vossa Mercè: som massa sincer per això.

Ell em passà la mà pels cabells amb una rara tendresa.

–Fill meu –digué–, no tenc nengú més que tu. Tots els meus amics són morts. Obra, doncs, com et sembli.

M'entregà les Memòries perquè les estudiàs i em pregà que el deixàs sol. Me pareixia, sense poder-ho assegurar, veure en ell quelcom d'estrany, però semblava serenat i somrient. El vaig mirar amb curiositat. Ell es passà el mocador pels ulls i quan jo ja era devora la porta em digué amb veu natural:

–Crec que tenc conjuntivitis.

Així vaig saber que plorava.

Llorenç Villalonga, *Bearn o la sala de les nines*

«CUA FINALMENT AFEGIDA A UN LLIBRE»: A _ _ _ _ _ _.

COMPRENSIÓ

1 Llorenç Villalonga és un autor mallorquí. Localitzeu en el text tres exemples de categories gramaticals diferents que pertanyin al dialecte balear.

2 En el primer paràgraf, Joan Mayol ens descriu **don Toni** i ens en parla. Segons aquest narrador:

a) Què li n'interessa a don Toni, de les idees?
b) Què era el que es proposava l'aristòcrata en les seves Memòries?
c) Quin concepte creus que en té, el capellà, de don Toni?

3 En un moment de la novel·la, don Toni afirma: «Jo no renunciaré an es trapezi, de **pensament**, és clar». Explica aquesta frase amb les teves paraules i relaciona-la amb la manera de ser del personatge.

▲ Fernando Rey i Ángela Molina en una seqüència de la pel·lícula *Bearn* (1983), dirigida per Jaime Chávarri i basada en la novel·la homònima de Llorenç Villalonga.

4 En la segona part del fragment s'estableix un **diàleg** entre els dos personatges: don Toni i Joan Mayol.

a) Què accepta, Joan Mayol?
b) Com reacciona, don Toni?
c) Què és el que troba estrany, el capellà, de don Toni?

5 La **darrera frase** de don Toni porta Joan Mayol a tenir una certesa.

a) Quina és?
b) Què dissimula, don Toni? Per què creus que ho fa?

6 A partir de les respostes anteriors, descriu quina **relació** creus que tenen els dos personatges que apareixen en el fragment.

7 Don Toni i Joan Mayol són dos homes **cultes** que valoren i aprecien la tradició artística. Localitza un parell de referències que denotin el nivell cultural dels personatges i la naturalitat amb què estimen aquest element d'unió.

8 El personatge de don Toni ha estat reconegut per Villalonga com un dels seus **alter egos**. Llegeix el breu fragment que Laura Borràs ha exposat a propòsit de l'autor i digues si aquesta reflexió es correspon amb la manera de ser i de pensar de don Toni.

> [Villalonga] vol fer-nos veure que no hi ha veritats que valguin, que res no és veritat i res no és mentida. Que tot és un gran joc a l'estil dels jocs de saló del segle XVIII, que ell tant admirava, en què l'ambigüitat i el misteri tenen la darrera paraula.

«VOLUM LLIBRESC APRECIAT PER AQUELL ONCLE AMERICÀ QUE PRESUMIA DE CABANA»: ___ ___ ___.

REFLEXIÓ

9 En el text, se'ns diu que don Toni pretén «fer treballar l'enteniment del lector [...] i eternitzar per mitjà de l'art tots els records viscuts i totes les persones estimades». Expliqueu aquests dos objectius i reflexioneu sobre la **intencionalitat de l'art** i, en concret, de la literatura.

Comentari de text

Completa aquest comentari de text de *Bearn* amb la resposta més adequada per a cada cas.

1.	*a*) Memòries	*b*) tesis doctorals	*c*) seves novel·les
2.	*a*) bloc fins a l'expressió llatina	*b*) diàleg	*c*) paràgraf
3.	*a*) el diàleg	*b*) la narració	*c*) la reflexió
4.	*a*) l'odi	*b*) l'ambivalència	*c*) la indiferència
5.	*a*) agressiu	*b*) afectuós	*c*) insolent
6.	*a*) alegres	*b*) amables	*c*) sòbries
7.	*a*) s'enfada	*b*) se'n penedeix	*c*) s'emociona
8.	*a*) realitat	*b*) fantasia	*c*) imaginació
9.	*a*) l'amant	*b*) el gendre	*c*) el fill il·legítim
10.	*a*) mostrant	*b*) insinuant	*c*) amagant

Cal situar aquest breu fragment de *Bearn* en el context de l'obra: don Toni acaba de demanar a en Joan Mayol, el seu capellà i protegit, i narrador de l'obra, que li prologui les (1) ________. La proposta és, en principi, acceptada, cosa que provoca l'emoció mal dissimulada de don Toni, que intenta, però, aparentar el distanciament que li és característic.

En aquest fragment, aparentment innocu però que diu molt més del que sembla, es poden diferenciar dues parts: a la primera, constituïda pel primer (2) ________, el narrador defineix l'escepticisme i el relativisme del senyor de Bearn, tot admetent que no l'acaba d'entendre; a la segona, en què predomina (3) ________, es produeix la situació pròpiament dita: el jove capellà accepta, don Toni li passa la mà pels cabells «amb una rara tendresa», li fa un comentari sobri però sentit i afectuós, i dissimula malament la seva emoció. Aparentment, res no té gaire importància, però el fragment és ple de detalls reveladors.

En el primer paràgraf s'aprecia (4) ________ característica d'en Joan Mayol respecte del seu protector: explica el seu escepticisme i, en certa manera, el justifica, però fa servir termes com «perniciós» o «immoralitat», propis d'un capellà ortodox respecte de moltes de les actituds, força **heterodoxes**[1], de don Toni. De tota manera, el «visqué i estimà» amb què interiorment el caracteritza traspua la tendresa continguda que sent per ell.

La resposta afirmativa del capellà provoca ara un gest (5) ________ –li passa la mà pels cabells– que, com a tal, és poc freqüent en el senyor, sempre molt contingut i racional: per això el narrador percep aquesta tendresa com a «rara». Les tres frases que tot seguit deixa anar don Toni són igualment afectuoses, tot i que (6) ________: no té ningú més al món, tots els seus amics són morts i el capellà pot fer el pròleg com millor li sembli. Després d'aquesta confessió, don Toni (7) ________ i és precisament l'explicació que intenta donar –que té conjuntivitis– el que fa veure al capellà que, de fet, està plorant. Cal distingir, doncs, entre l'aparença –la falsa conjuntivitis– i la (8) ________ –l'emoció del senyor.

Però el més important no és això. De fet, l'autor està insinuant una cosa que no es diu en cap moment a la novel·la però que el lector intueix: la possibilitat, no gens remota, que en Joan Mayol sigui (9) ________ de don Toni. Això explicaria per què don Toni el tracta, en el moment que el capellà accepta prologar les memòries, amb una tendresa «rara», per què li diu que no té ningú més al món i, sobretot, per què fa servir aquest «fill meu» que tant pot ser una simple fórmula afectuosa com tenir un sentit literal que, òbviament, el narrador no sospita. El lector, doncs, ha de distingir entre allò que li diu el narrador i allò que, de fet, l'autor li està (10) ________. Tot un joc de subtileses.

«Només escric sobre temes que he assimilat bé.»
Llorenç VILLALONGA

1 **heterodoxa:** que no segueix estrictament les opinions d'un grup religiós, filosòfic o polític i se n'aparta.

Mercè Rodoreda

XLVI

[...] Un dematí la Rita estava a l'entrada de la galeria i jo, que no sé què feia per la sala, em vaig quedar aturada al peu del balcó a mirar-la. Estava de cara al pati i d'esquena a mi i el sol li feia caure l'ombra a terra, i els cabells, a contrallum, estaven plens de cabells més curts que voleiaven i brillaven i li feien bonic: tenia el cos prim, les cames llargues i rodones, i amb la punta del peu anava fent una ratlla a la pols de la terra, a poc a poc, arrossegant-lo.

El peu anava d'un costat a l'altre i anava fent ratlla i tot d'una em vaig adonar que jo estava damunt de l'ombra del cap de la Rita; més ben dit, l'ombra del cap de la Rita em pujava una mica damunt dels peus, però així i tot, el que em va semblar, va ser que l'ombra de la Rita, a terra, era una palanca, i que a qualsevol moment jo podria anar enlaire perquè feien més pes el sol i la Rita a fora que l'ombra i jo a dintre. I vaig sentir d'una manera forta el pas del temps. No el temps dels núvols i del sol i de la pluja i del pas de les estrelles adornament de la nit, no el temps de les primaveres dintre el temps de les primaveres i el temps de les tardors dintre el temps de les tardors, no el que posa les fulles a les branques o el que les arrenca, no el que arrissa i desarrissa i colora les flors, sinó el temps dintre de mi, el temps que no es veu i ens pasta. El que roda i roda a dintre del cor i el fa rodar amb ell i ens va canviant per dins i per fora i amb paciència ens va fent tal com serem l'últim dia. I mentre la Rita feia la ratlla a la pols amb la punta del peu, la vaig tornar a veure amb els bracets enlaire corrent pel voltant del menjador darrera de l'Antoni i fent **tentines**[1] entre un núvol de coloms... I la Rita es va girar, una mica parada de veure'm dreta a l'entrada de la sala, i va dir que tornava de seguida i va sortir per la porteta del pati. Va tornar al cap de mitja horeta ben bona, encesa de galtes; i em va dir que venia de veure en Vicenç i que s'hi havia barallat, perquè ella li havia dit que la primera cosa que ha de fer un noi que es vol casar amb una noia és conquistar-la i no anar a secretejar amb la família, i que li havia dit que no s'envien flors a una noia sense saber, abans, si ella estarà contenta de rebre-les. I li vaig preguntar què li havia dit en Vicenç i es veu que ell li va dir que estava molt enamorat i que si no el volia tancaria el bar i es faria frare.

I vam anar a sopar al bar d'en Vicenç. La Rita duia un vestit blau cel amb pastilles blanques brodades, i es va passar tota l'estona **emmurriada**[2] i sense tastar ni un plat. Deia que no tenia gana. I en Vicenç, a l'últim, a les postres, quan el mosso ja no anava i venia traient i portant plats, va dir com si s'ho digués a ell mateix, hi ha persones que tenen traça a enamorar una noia i jo no en tinc.

I amb aquestes paraules la va guanyar. I va començar el festeig. Un festeig com una guerra. Tot d'una la Rita deia que s'havia acabat el prometatge i que no es volia casar ni amb el Vicenç ni amb ningú. Es tancava a la seva habitació. En sortia per anar a classe i així que havia agafat l'autobús, que tenia la parada gairebé davant del bar, venia en Vicenç.

–De vegades em penso que m'estima i al cap de dos dies em penso que no. Li regalo una flor i està contenta i al cap de dos dies li regalo una altra flor i no me la vol.

Mercè Rodoreda, *La plaça del Diamant*

Abans de començar

La plaça del diamant (1962) narra la història de la **Natàlia-Colometa**, una noia de classe humil que viu la seva història personal –casament, maternitat, viduïtat i segon casament– de manera paral·lela a la d'un país que passa per tres etapes històriques: abans, durant i després de la guerra civil espanyola. Cap al final de l'obra, trobem aquest fragment en què la Natàlia, protagonista i narradora en primera persona, és conscient del **pas del temps** tot observant la seva filla, la Rita.

1 **tentines:** passes vacil·lants com les d'una criatura que tot just comença a caminar, un convalescent, un embriac, etc.

2 **emmurriada** (fem. de *emmurriat*): enutjada ostensiblement.

COMPRENSIÓ

1 En la primera part del text, la narradora fa una reflexió lírica sobre el **pas del temps**.

a) Digues quina anècdota motiva aquesta reflexió.
b) Descriu quins dos tipus de «temps» diferencia la Natàlia.
c) Explica quin record li porta aquesta reflexió sobre el pas del temps.

2 En la segona part del text, se'ns explica una escena **costumista** que té per protagonistes la filla de la Natàlia i el seu promès.

a) Resumeix aquesta escena.
b) Descriu aquests dos personatges.

3 Un dels trets característics de l'estil rodoredià és la creació d'una llengua aparentment senzilla, de caràcter oral, que fa creïble la veu del personatge-narrador. Posa algun exemple d'aquest **llenguatge col·loquial** i planer, centrat en:

- les repeticions
- l'ús del polisíndeton
- el lèxic comú
- l'oralitat

«Els personatges literaris innocents desvetllen tota la meva tendresa, em fan sentir bé al seu costat, són els meus grans amics.»
Mercè Rodoreda

RELACIÓ

4 Les novel·les de Rodoreda s'han qualificat de novel·les **psicològiques**, que pretenen mostrar el món interior dels personatges. Quins trets en destacaries en aquest fragment?

REFLEXIÓ

5 Descriviu amb paraules vostres el personatge de la **Natàlia**: com us la imagineu, què podeu deduir del que ens diu, etc.

6 En un altre fragment d'aquest pròleg, Mercè Rodoreda escriu: «Tota la novel·la és convencional. La gràcia consisteix a fer que no ho sembli. No he escrit mai res de tan alambinat com *La plaça del Diamant*. Res de menys real, de més rebuscat. La sensació de cosa viva la dona la naturalitat, la claredat d'estil. Una novel·la són paraules». Expliqueu amb les vostres paraules aquestes afirmacions de l'autora i debateu sobre la credibilitat i la **versemblança** del fragment que heu llegit de l'obra.

7 En el pròleg de *Mirall trencat*, Mercè Rodoreda afirma: «Per **escriure bé** entenc dir amb la màxima simplicitat les coses essencials». Debateu si considereu el fragment que heu llegit una bona mostra d'aquesta afirmació de l'autora.

«FAMOSES LONES QUE ACOMPANYAVEN ELS VENTS EN TEMPS D'AUSIÀS MARC»: _ _ _ _ _ _.

Comentari de text

Completa aquest comentari de *La plaça del Diamant*, de Mercè Rodoreda, amb les paraules que hi falten. Tingues en compte que en sobra una.

Paraules: pas del temps, polisíndeton, d'oralitat, reflexions, simplicitat, temperamental, reflexió, lírica, subjectiu, creïble, repeticions, suggestions, descriptiu, indirecte lliure, costumista, record.

Aquest fragment, extret de l'últim tram de *La plaça del Diamant* –ja només falten tres capítols per a acabar l'obra–, presenta dues parts ben diferenciades: la primera és una (1) sobre el pas del temps; la segona s'assembla més a una estampa (2) _______. Sovint, s'ha volgut veure només aquest últim aspecte a la novel·la quan, de fet, el més interessant són les (3) ______ de la narradora en primera persona, és a dir, el que trobem, en aquest cas concret, a la primera meitat del segon paràgraf.

El primer paràgraf és breu i purament (4) ________: la Natàlia, una dona ja gran, veu la seva filla, la Rita, una noia jove, de cara al sol i arrossegant el peu. Bona part del segon paràgraf gira entorn de les (5) _________ que aquesta imatge causa a la mare. La sensació subjectiva de la Natàlia que l'ombra de la filla és una palanca que la pot enlairar dona pas a la consciència del (6) ________, en dos períodes sintàctics especialment llargs –des de «no el temps dels núvols» fins a «l'últim dia»–, que adopten un ritme majestuós, provocat per les (7) ________ i l'ús del polisíndeton, amb una gran força lírica. Observem, però, la (8) ________ aparent del llenguatge de la protagonista, en part precisament per les repeticions i els polisíndetons, cosa que ens acosta el personatge i ens el fa (9) _________. Tot seguit, la frase que comença «I mentre la Rita feia la ratlla a la pols» comporta un fugaç salt enrere en el temps, cap a la infantesa de la Rita i, doncs, la joventut de la Natàlia, a qui la presència del (10) _______ assalta constantment a les portes de la vellesa. En tot aquest segment es pot intuir una certa influència d'*A la recerca del temps perdut*, la gran obra del novel·lista francès Marcel Proust: una exploració del concepte (11) ________ del temps i de la presència constant del passat a partir de determinades imatges del present.

A partir d'aquí, tot es torna molt més immediat. Anem veient el personatge de la Rita, (12) _________ i voluble, a través del paper que li fa al seu pretendent, un Vicenç pacient, desconcertat i d'una gran bona fe. Observem altra vegada l'ús continuat del (13) _______, que ara dona una aparença d'espontaneïtat al llenguatge, i un moment de l'anomenat estil (14) _________ a «va dir com si s'ho digués a ell mateix, hi ha persones que tenen traça a enamorar i jo no en tinc». Tot el fragment transmet, com tota la novel·la, una sensació constant (15) ________, per la qual cosa l'estudiosa Carme Arnau ha parlat a propòsit de *La plaça del Diamant* d'«escriptura parlada»: sembla que la Natàlia estigui explicant a algú la seva vida. El fet que gairebé ni es noti l'elevat grau d'elaboració d'aquesta escriptura és un dels grans mèrits de la novel·la.

Fotografia de Mercè Rodoreda feta l'any 1979, quan ja s'havia convertit en una escriptora molt reconeguda per la crítica i en la novel·lista catalana de més ressò internacional.

Pere Calders

Abans de començar

El següent conte de Pere Calders presenta una **situació insòlita** vista com a gairebé quotidiana, amb el sentit de l'**humor** habitual en l'autor. A través d'aquest humorisme, aparentment innocent, l'autor fa una **reflexió** crítica sobre el caràcter absurd del món contemporani i dels homes que hi viuen.

Història natural

Tothom que tingui quatre lectures sap que en el tròpic hi ha ciutats bones que tenen una retirada amb les veritables ciutats d'Occident.

Però, abans de formar-se un judici definitiu sobre la matèria, cal conèixer bé tots els extrems, i jo estic en condicions d'aportar dades que posaran la qüestió sota una nova llum.

Perquè una vegada, per descansar de no recordo quina fatiga, me'n vaig anar a viure en una ciutat tropical. Era una ciutat asfaltada, amb construccions a l'americana i semàfors a cada **xamfrà**[1], policies de carrer, uns tramvies que anaven bé i un servei de cultes que omplia **folgadament**[2] les necessitats dels habitants i de la gent que els visitava.

Vaig llogar un pis modern, tot ell de ciment armat i ferro, amb uns serveis sanitaris que, segons declaració explícita de l'amo de la casa, eren triats del catàleg més recent d'una fàbrica que diu que tenia tanta fama.

Feia tot l'efecte que, en aquell pis, s'hi havia de viure bé. Però no era pas veritat. El primer dia d'estar-m'hi van començar a sortir insectes per totes les escletxes i em voltaven i em miraven esperant que m'adormís per picar-me. Contra ells tenia les defenses que la indústria moderna posa al servei del llogater en casos com aquests, i em va fer l'efecte que no m'havia de preocupar massa.

Però l'endemà ja vaig descobrir unes cuques estranyes que s'havien de matar, precisament, esclafant-les, i després rates, un rèptil tropical que canta de nits, escorpins, la perillosa «mimeola-alleuquis» que es menja les orelles de les criatures i, quan aquestes manquen, les dels grans, termites blanques, etc.

Tenia la sensació d'ésser un **sobrevingut**[3] en aquell pis i, efectivament, algun cop havia sorprès una mirada plena de **retrets**[4] d'una d'aquelles bestioles. Però ja sabeu com som els europeus. No cedim, anem a la nostra i tenim un temperament **bel·licós**[5]. Vaig decidir plantar cara i em passava lluitant del matí al vespre, amagant-me pels racons amb una fusta a les mans, esperant el pas de qualsevol animal.

Però un dia, un dimecres, vaig trobar un tigre a la cuina. Això sí que em va indignar i em va fer veure que ja n'hi havia prou.

Vaig anar a trobar la portera, saltant els graons de quatre en quatre.

1 **xamfrà:** cantonada d'un edifici constituïda per un pla que forma angles obtusos amb qualsevol de les dues façanes que la determinen.

2 **folgadament:** còmodament.

3 **sobrevingut -uda:** que ha vingut després o quan ja n'hi havia d'altres.

4 **retret:** reprovació, censura amb menyspreu o humiliació envers algú per coses que ha fet o ha deixat de fer.

5 **bel·licós -a:** inclinat a la guerra, amant de la guerra.

«PASSÀ A L'ALTRE COSTAT DE LA CARENA, AL NORD, D'ON ARRIBAVA UN VENT FRED I FORT»: _ _ _ _ _ _ _ _ _ _ _.

–Tinc un tigre en el pis! –vaig dir-li.

–Ja? –respongué–. Aquest any s'ha avançat la temporada...

–Ah, sí?

–Sí –diu–. Quan venen les pluges les femelles cerquen **aixopluc**[6] en els pisos, per tal de criar. Si no la molesteu, no us farà res. El millor és fer veure que la ignoreu, i sobretot procurar no trepitjar-la. Ben portades, aquestes bèsties encara fan companyia.

–Ah, sí?

–Sí. Només causen molèstia en el moment de donar a llum; però vós mateix podeu vigilar-la i quan comprengueu que s'acosta l'hora us n'aneu a passar un parell de dies a l'hotel. L'amo us rebaixarà del lloguer del pis la despesa que fareu en aquest sentit.

Vaig emprendre el retorn al pis amb el cap **cot**[7], ple de pressentiments. Quan era a mitja escala, la portera va cridar-me:

–Oblidava recomanar-vos que li feu un **jaç**[8] de palla a la cuina, i –d'això feu-vos-en ben bé càrrec– que li tingueu sempre una galleda d'aigua neta a punt.

Pere Calders, *Cròniques de la veritat oculta*

6 **aixopluc:** lloc per a posar-se a cobert de la pluja.

7 **cot -a:** inclinat avall, cap a terra.

8 **jaç:** llit o cosa disposada per a jeure-hi al damunt.

COMPRENSIÓ

1 A l'inici del conte, el narrador fa una disquisició sobre les **ciutats**.

a) Quina és la tesi que defensa en la primera línia?
b) Quina aportació personal hi pot fer ell?
c) Com és la ciutat que descriu?
d) Es corrobora, doncs, la seva tesi inicial?
e) Hi observes algun tipus d'ironia, en aquesta descripció?

2 A continuació ens passa a descriure el **pis** que ha llogat.

a) Quin problema es troba en el pis, al principi de viure-hi?
b) Com se sent i com es comporta, el narrador, davant d'aquest problema?
c) Cita un element versemblant i un element absurd d'aquesta part.

3 El cúmul de disbarats arriba al clímax amb l'arribada del **tigre** al pis.

a) Què ens sorprèn, de l'actitud del narrador davant d'aquest fet?
b) Com reacciona, la portera?
c) Com s'aconsegueix l'humorisme, d'aquesta darrera part?

4 Relaciona la **tesi** inicial del narrador amb el que li succeeix posteriorment.

a) Què volia demostrar?
b) Ho aconsegueix? Justifica la resposta.
c) Quin creus que és el **tema** del conte?

«–LA COMPANYA D'EN DÍDAC APAREGUÉ A PUNTA DE DIA, BLANCA COM UN GLOP DE LLET –DESCRIGUÉ EN PEDROLO»: ___ ___ ___ ___.

5 Llegeix els comentaris de Joan Melcion i Joan Triadú sobre els **personatges** dels contes de Pere Calders i justifica si aquestes afirmacions es corroboren en el **narrador-protagonista** d'«Història natural».

> Calders ens presenta els seus personatges com a éssers plans, mancats de voluntat i desproveïts de capacitat de reacció davant els fets més extraordinaris, lligats sempre al seu particular codi de seguretats, fora del qual apareixen com a criatures desvalgudes, immobilitzades en la perplexitat. Són figures buides. [...] L'eix narratiu d'aquestes històries és precisament el conflicte que es produeix en posar en contacte uns personatges absolutament plans, que es mouen condicionats per un teixit de codis i de normes de comportament, amb uns fets que transgredeixen qualsevol explicació racional de la realitat.
>
> Joan Melcion

> Aquests [són] inoblidables personatges, febles, il·lusionats, estupefactes, plens de sobresalts, afavorits per les meravelles, dominats per immundes o tràgiques dèries, petits i pobres en el caos inconscient, sota la superioritat de l'ordre que no comprenen. Tot plegat esdevé com un dibuix, il·lustració d'un cert home modern que tots coneixem i que, una mica, tots, els europeus sobretot, portem a dintre.
>
> Joan Triadú

6 Us indiquem alguns recursos **humorístics** que utilitza l'autor en aquest conte. Identifiqueu-ne exemples concrets i intenteu explicar per què són elements humorístics.

a) Ús de la llengua: perífrasis que substitueixen noms comuns, invenció de mots...
b) Descrèdit de la figura del narrador: incongruències, actitud...
c) Contrast: fets narrats i la reacció dels personatges...
d) Absurd: crescendo de disbarats, personificació dels animals...

7 Expliqueu el **títol** del conte. Digueu si creieu que és un títol irònic i justifiqueu la resposta.

Pere Calders, en un retrat fotogràfic de 1984. Fou, precisament, a la dècada de 1980 que es va convertir en un dels contistes catalans més populars del segle XX.

«–ETS APTE PER A BALLAR LA DANSA VIENESA –SENTENCIA FRANCESC TRABAL»: __ __ __ __.

Comentari de text

Completa el comentari del conte que has llegit amb la resposta correcta.

1.	*a*) dilema	*b*) contrast	*c*) despropòsit
2.	*a*) conflictes	*b*) problemes	*c*) dubtes
3.	*a*) naturalitat	*b*) amabilitat	*c*) profunditat
4.	*a*) tribus urbanes	*b*) animals de companyia	*c*) ciutats
5.	*a*) disbarats	*b*) conflictes	*c*) resultats
6.	*a*) grotesc	*b*) èpic	*c*) transcendent
7.	*a*) atemporal	*b*) quotidià	*c*) fantasiós
8.	*a*) traïció	*b*) situació extrema	*c*) molèstia
9.	*a*) malentès	*b*) decrescendo	*c*) contraargument
10.	*a*) la manera com	*b*) la intenció que	*c*) l'objectivitat d'allò que

Tot l'humor d'aquest conte està basat en un (1) ________: el que hi ha entre els disbarats que ens explica, per una banda, i la naturalitat amb què ho fa, per l'altra.

L'estructura es basa primer en un crescendo i després en un decrescendo; és a dir, primer hi ha un augment gradual de (2) _______ per al protagonista, que culminen en l'arribada del tigre a la cuina; i després es produeix la conversa amb la portera, d'una (3) ________ desarmant. Al principi, els dos paràgrafs primers són una introducció molt general que despista, en bona mesura, el lector: li fa creure que el conte serà una **disquisició**[1] sobre el fet de si al tròpic hi ha (4) ________ semblants a les occidentals o no, en boca d'un narrador en primera persona, que es presenta com a europeu.

El tercer i el quart paràgrafs comencen a narrar pròpiament els fets, i sembla que confirmen l'afirmació que es fa en el primer: al tròpic hi ha «ciutats bones» amb tirada a les occidentals. En el cinquè paràgraf comencen els problemes per al protagonista, si bé a petita escala. Observem-hi el detall humorístic «em miraven esperant que m'adormís per picar-me» –els insectes!–, que anuncia els (5) ________ posteriors: com a exemple, la «mimeola-alleuquis» que «es menja les orelles de les criatures i, quan aquestes manquen, les dels grans», veritable exemple d'humor absurd. El setè paràgraf, amb el protagonista lluitant del matí al vespre, accentua l'efecte (6) __________ de la seva peripècia; i el vuitè és el punt màxim del crescendo del conte: un dia es troba un tigre a la cuina. Observem, però, dos detalls: el primer, que se'ns aclareix, com qui informa de qualsevol trivialitat, que això passa «un dimecres», és a dir, es dona un aire (7) ________ al que hauria de ser un fet absolutament extraordinari i terrorífic; el segon, que el fet indigna el protagonista i li fa veure «que ja n'hi havia prou». En altres paraules: reacciona com ho faria qualsevol de nosaltres davant d'una (8) ________, però no d'un perill d'aquesta magnitud. El narrador-protagonista, doncs, se'ns revela un home perplex, incapaç de reaccionar, pusil·lànime i mediocre, que no actua com ens esperaríem que ho fes l'europeu pagat d'ell mateix, racional, que se'ns ha identificat amb el temperament «bel·licós» dels europeus.

Tot el que ve a continuació ja és el (9) ________ de la part final. La portera reacciona amb el màxim de naturalitat i el protagonista acaba tornant al pis «amb el cap cot, ple de pressentiments». Les recomanacions finals de la portera acaben el conte d'una manera abrupta, que accentua el caràcter absurd de la situació i la rendició absoluta del protagonista. Calders aconsegueix, doncs, un efecte còmic –i, encara que no ho sembli, vagament inquietant– amb el procediment del contrast entre allò que passa i (10) _________ se'ns explica i com és percebut pels personatges.

1 **disquisició:** recerca subtil, minuciosa, sobre una qüestió.

«AQUEST POETA HISPANOROMÀ ESCRIVIA AMB MOLTA CAUTELA»: P _ _ _ _ _ _ _ _.

Salvador Espriu

Abans de començar

Aquest poema –molt conegut i difós a la seva època– pertany a la tercera part d'*El caminant i el mur* (1964). L'obra forma part de l'anomenat «cicle lírio» d'Espriu. Els diferents llibres del cicle, configurats com a itineraris, encarnen les tensions del poeta amb el seu poble, com queda reflectit en aquest poema. L'autor hi expressa un **amor** paradoxal pel **país**: si, d'una banda, i a causa de les circumstàncies polítiques, el jo poètic voldria marxar-ne, de l'altra, no pot evitar estimar-se'l .

Comentari del poema.

Assaig de càntic[1] en el temple

Oh, que cansat estic de la meva
covarda, vella, tan salvatge terra,
i com m'agradaria d'allunyar-me'n,
nord enllà,
on diuen que la gent és neta
i noble, culta, rica, lliure,
desvetllada i feliç!

Aleshores, a la **congregació**[2], els germans dirien
desaprovant: «Com l'ocell que deixa el niu,
així l'home que se'n va del seu indret»,
mentre jo, ja ben lluny, em riuria
de la llei i de l'antiga saviesa
d'aquest meu **àrid**[3] poble.

Però no he de seguir mai el meu somni
i em quedaré aquí fins a la mort.
Car[4] soc també molt covard i salvatge
i estimo a més amb un
desesperat dolor
aquesta meva pobra,
bruta, trista, **dissortada**[5] pàtria.

Salvador Espriu, *El caminant i el mur*

1 **càntic:** cant; himne bíblic de lloança i de regraciament.

2 **congregació:** comunitat religiosa.

3 **àrid -a:** desproveït d'humitat, estèril, sense vegetació.

4 **car:** ja que, atès que.

5 **dissortat -ada:** desgraciat.

COMPRENSIÓ

1. Fes una llista dels **adjectius** del poema, i indica quins es contraposen i en referència a quin dels temes següents:

   a) terra / poble / pàtria
   b) gent del nord
   c) jo poètic

2. Els temps verbals i els connectors textuals **estructuren** el poema.

   a) En la primera part, el jo poètic anuncia un desig. Quin és? Com se sent el poeta?
   b) En la segona part, apareix la possible conseqüència d'aquest desig hipotètic. Quina és?
   c) En la tercera part, apareix l'afirmació vital del poeta. Quina és?

3. Fixa't ara en les referències **religioses** que apareixen al llarg del poema.

   a) Indica'n algun exemple.
   b) Explica el títol del poema.
   c) Justifica per què creus que l'autor se serveix d'aquests elements.

4. El poema descriu la situació d'**exili interior** que vivien durant el franquisme els intel·lectuals que, com Salvador Espriu, no es van exiliar. Expliqueu amb paraules vostres quins sentiments vol expressar l'autor sobre aquesta vivència.

Retrat de Salvador Espriu de Josep Pla Narbona (1967).

RELACIÓ

5. La celebritat d'aquest poema emblemàtic ha portat dos autors sabadellencs a fer-ne els seus «plagis» particulars. Primer va ser Joan Oliver, que en va escriure una adaptació paròdica en el volum *Circumstàncies* (1968), titulat «Assaig de plagi a la taverna». Més recentment, Antoni Dalmases també n'ha compost una versió humorística centrada en l'àmbit educatiu; es tracta d'«Assaig de plagi a la sala de profes», poema inclòs a l'epíleg del llibre *Caos a les aules* (2012). Busqueu aquests plagis, llegiu-los i compareu-los: forma, to, contingut, lèxic, etc.

EXPRESSIÓ

6. Després d'haver llegit els exemples anteriors, assaja de redactar un poema d'estructura similar, també amb to humorístic, sobre algun tema que t'interessi.

Agustí Bartra

Abans de començar

Agustí Bartra ressegueix en la seva obra les circumstàncies personals i col·lectives de molts homes i dones que, com ell, van haver de fugir el 1939, van ser internats en camps de concentració francesos –*Crist de 200 000 braços* (1968)– i van **exiliar-se a Sud-amèrica**. De retorn a Catalunya, i al llarg de les seves nombroses estades a l'estranger, el poeta va prosseguir la seva obra, en la qual intentava copsar les veritats fonamentals de la **condició humana** –*Ecce homo* (1968)– per mitjà d'un sistema complex de símbols i mites.

1 **orfeó:** societat de cants corals. L'Orfeó Català, fundat el 1891 a Barcelona per Lluís Millet i Amadeu Vives, havia esdevingut un dels símbols de la catalanitat.

2 **corranda:** cançó popular breu, sovint improvisada.

3 **degotejar:** caure gota a gota.

4 **plànyer:** compadir.

5 **zel:** interès ardent i actiu per una causa o per una persona, gran dedicació que es posa en una tasca.

6 **fluvial:** relatiu o pertanyent als rius.

7 **vigoria:** gran força.

8 **zenit:** en sentit figurat, punt culminant d'una cosa.

9 **mudable:** reemplaçable.

10 **endolar:** cobrir de dol.

11 **cicló:** depressió atmosfèrica, que a la zona dels tròpics és de gran abast i provoca pluges torrencials i vents huracanats.

12 **palúdic -a:** palustre, que habita en llocs pantanosos, o relatiu o pertanyent als pantans.

13 **madrèpora:** invertebrat que forma polípers (esquelets calcificats) arborescents i viu en els mars intertropicals.

Oda a Catalunya des dels tròpics

Entre aquell febrer i aquest novembre, no vull l'enyorança d'ulls immòbils i lentes llàgrimes que necessita **orfeons**[1] i **corrandes**[2],
sinó la duresa del temps que fa navegables els records i desenterra imatges.
No vull la **degotejant**[3] enyorança que **plany**[4] un sostre, renova el gust d'oblidades farines
i desvetlla l'ombra d'una flor en un rostre,
sinó el crit de **zel**[5] **fluvial**[6]...

Vigoria[7] del vol de la meva sang sense diàleg,
zenit[8] del meu cor i de les marxes **mudables**[9],
ets tu, Pàtria!
El món m'oculta l'uniforme de la teva tristesa noble i callada,
però no deixen d'arribar-me les barques que **endoles**[10] clandestinament...

Em saps perdut per les illes, mossegant la delicada arrel del teu nom,
aquí, on Àfrica i els **ciclons**[11] es citaren,
i em sorprenc a les platges cercant les ruïnes d'un **palúdic**[12] àngel de **madrèpora**[13].

Estrany dins l'aire estrany,
circulo entre les **argentades**[14] columnes dels temples de palmeres
sentint com el meu cor accedeix a la **sirga**[15] d'un continent d'agulles,
comprenent el **rictus**[16] d'aquestes roques tan fabulosament allunyades dels pins...

Oh Pàtria que tant se t'ha estimat flautejant,
¿què faig aquí, fugitiu de tota arribada,
assetjat per atlètiques aromes,
dins les tardes de cavalls i arcs iris?
També sabria plorar-te,
sanglotar[17] damunt les mans estimades que també duen anells nòmades...
Plor i sanglot potser, però l'enyorança no.
¿Com podria enyorar-te si no t'has desprès de mi,
si ets tan forta d'existència com l'amor en el refugi dels cossos?

«LES COMPANYES DE LA VACA CEGA FAN SONAR L'ESQUELLOT MENTRE PASTUREN»: D _ _ _ _ _ _ _.

....

Tu ets la terra,
l'arbre,
el foc.
Invenciblement s'ha d'anar aixecant el so de la teva caiguda,
el violat pes jove de la teva llibertat ha de brotar dels cims,
sota els arcs de l'alba nova.
Jo només visc per l'entrada lluminosa dels teus ocells als graners del futur,
per la resurrecció exacta de la teva veu entre les escumes...

República Dominicana, 1940

Agustí Bartra, *L'arbre de foc*

COMPRENSIÓ

1 A partir del **títol** del poema i del context històric del moment:

a) Recorda què és una **oda** i explica quina creus que és la intenció del poeta.
b) Digues **on** es troba el poeta i quines **circumstàncies** l'han portat en aquest indret.

2 En els primers versos, l'autor proclama què vol i què no vol després d'exiliat. Posa'n algun exemple i digues si l'**actitud** del poeta en la seva condició d'exiliat és:

- compassiva
- resistent
- adolorida
- enyoradissa
- pessimista
- nostàlgica

3 Localitza algun element que faci referència al **context bèl·lic** i explica les referències a la derrota en la Guerra Civil al final del poema.

4 Les referències a la **pàtria** són abundoses en l'obra de Bartra. Per al poeta, pàtria és sinònim de poble, una comunitat de gent que viu arrelada en una terra. En aquest poema, l'autor es refereix a la pàtria amb diferents metàfores.

a) Escull-ne una i explica-la.
b) Digues com creus que estima el poeta la seva pàtria.

5 Quin és el **to** i el **tema** del poema?

G

14 **argentada** (fem. d'*argentat*): platejada.

15 **sirga:** corda llarga amb què s'estira una embarcació des de terra per fer-la anar d'una vorera a l'altra d'un riu, fer-la avançar contra corrent, etc.

16 **rictus:** obertura de la boca, produïda per la contracció dels músculs de la cara, que dona l'aspecte d'un riure forçat.

17 **sanglotar:** fer sanglots, és a dir, sospirs en què la inspiració i l'expiració es produeixen amb un moviment convulsiu, com els que solen acompanyar el plor desfet.

REFLEXIÓ

6 Reflexioneu i discutiu sobre quines d'aquestes afirmacions corresponen al **pensament** de Bartra:

a) El poeta creu que l'exili es pot viure amb orgull, perquè implica una voluntat de no doblegar-se davant els vencedors, de mantenir-se fidel a una veritat entremig de les incerteses i els atzars favorables, de l'enyorament i l'esperança, sense desistir del retorn.

b) El poeta no vol evitar l'enyor perquè, en el seu present escapçat, només pot recordar i estimar amb nostàlgia un passat que li pertanyia i que formava part d'ell i de tots els seus companys.

c) El poeta sent que ha d'exaltar les glòries històriques del passat de Catalunya, mostrar l'orgull patriòtic per fer saber a tothom que la seva terra és la millor de totes.

d) El poeta anomena la Pàtria de forma senzilla, amb tendresa i amor i la porta amb ell, la sent en la pròpia carn, no se'n pot ni vol deslligar.

7 Identifiqueu els trets que aquest poema comparteix amb altres poemes escrits a l'**exili**, per exemple, amb «Corrandes d'exili», de Pere Quart (pàg. 264). Fixeu-vos en el sentiment d'enyorança, en l'estima envers la terra / pàtria, en el to, etc.

RELACIÓ

8 Us presentem algunes de les obres d'Agustí Bartra. Relacioneu el títol amb el seu resum corresponent.

a) *Poemes d'Anna*	1. Recull de poemes sobre l'experiència personal de la guerra i de l'exili.
b) *Crist de 200 000 braços*	2. L'obra més autobiogràfica de l'autor, que conté poemes reflexius sobre la pàtria, l'exili, l'amor i, en definitiva, la condició humana.
c) *L'arbre de foc*	3. Primera redacció de la novel·la *Crist de 200 000 braços*.
d) *Ecce homo*	4. Recull de poemes de temàtica amorosa dedicats a la seva dona.
e) *Xabola*	5. Ficció basada en l'experiència testimonial del poeta al camp de concentració d'Argelers.

Agustí Bartra.

«METÀFORA MONTSERRATINA QUE APAREIX CADA MES A LES LLIBRERIES»: _ _ _ _ _ D' _ _.

Gabriel Ferrater

Abans de començar

Gabriel Ferrater és un cas únic en el panorama de la postguerra, per les innovacions que aportà en el camp de la poesia, però també pel seu mestratge en la lingüística, la crítica literària i la docència universitària. La seva obra poètica consta de tres llibres que, aplegats en *Les dones i els dies* (1968), va marcar la generació poètica dels anys setanta. És una poesia que beu de la poesia anglesa i nord-americana, en un to planer, de **realisme aparent**, però amb el rerefons de la referència culta. Els centres temàtics de la seva poesia giren entorn de la **dimensió moral** de les seves experiències, fruit de les complexes **relacions humanes**.

«M'agrada la ginebra amb gel, la pintura de Rembrandt, els turmells joves i el silenci. Detesto les cases on fa fred i les ideologies.»
Gabriel Ferrater

Cambra de la tardor

La persiana, no del tot tancada, com
un **esglai**[1] que es **reté**[2] de caure a terra,
no ens separa de l'aire. Mira, s'obren
trenta-set horitzons rectes i prims,
però el cor els oblida. Sense enyor
se'ns va morint la llum, que era color
de mel, i ara és color d'olor de poma.
Que lent el món, que lent el món, que lenta
la pena per les hores que se'n van
de pressa. Digues, te'n recordaràs
d'aquesta cambra?
«Me l'estimo molt.
Aquelles veus d'obrers –Què són?»
Paletes:
manca una casa a la **mançana**[3].
«Canten,
i avui no els sento. Criden, riuen,
i avui que callen em fa estrany.»
Que lentes
les fulles roges de les veus, que incertes
quan venen a **colgar**[4]-nos. Adormides,
les fulles dels meus besos van colgant
els **recers**[5] del teu cos, i mentre oblides
les fulles altes de l'estiu, els dies
oberts i sense besos, ben al fons
el cos recorda: encara
tens la pell mig del sol, mig de la lluna.

Gabriel Ferrater, *Da nuces pueris*

1 **esglai:** por causada per la imminència d'un perill, d'una desgràcia sobtada.

2 **retenir:** contenir, reprimir.

3 **mançana** (cast.): illa de cases.

4 **colgar:** posar alguna cosa dins un clot i cobrir-la amb terra, sorra, cendra, etc.

5 **recer:** lloc on s'és a cobert del vent, de la pluja, de les inclemències del temps.

COMPRENSIÓ

1 Els títols dels poemes de Ferrater ens suggereixen els **centres d'interès** de la seva poesia.

a) Enumera algun exemple del context espacial.
b) Enumera algun element del marc temporal.
c) Digues qui són els protagonistes i quina situació se'ns narra.

2 Digues a quin d'aquests **eixos** ferraterians podem incloure el poema que hem llegit i justifica la resposta:

a) Poemes que tenen com a marc la literatura.
b) Poemes que tenen com a marc l'observació social.
c) Poemes d'experiència personal sobre la vida moral:
   1. El pas del temps.
   2. L'amor i l'erotisme.

3 Podem estructurar el poema en **tres parts** diferenciades a partir de la disposició gràfica dels versos. Situa el que se'ns explica en la part corresponent i, després, justifica aquesta disposició.

- Primera part (v. 1 - v. 11)
- Segona part (v. 12 - v. 18)
- Tercera part (v. 19 - v. 27)

a) No se senten els paletes que treballen al carrer.
b) Joc metafòric entre les veus i les fulles de la tardor.
c) Diàleg de la parella.
d) Descripció de l'interior de la cambra.
e) Es va fent fosc.

«Vaig néixer a Reus, el 20 de maig del 22. Els altres fets de la meva vida són de més incerta descripció i difícils de datar.»
Gabriel Ferrater

4 Centrem-nos en el **tema**: en aquest poema, carregat de malenconia, es vincula el possible final de la relació d'una parella amb imatges del capvespre i de la tardor.

a) Assenyala-hi algun element cromàtic. Creus que la gradació de color és indicativa d'alguna cosa?
b) Fixa't en la reiteració dels sintagmes que contenen el mot *fulla*. Quins aspectes s'hi relacionen? De què són metàfora?
c) Localitza els versos en què se'ns parli de l'enyor, del record i del pas del temps.

5 De la **llengua** ferrateriana s'ha dit que és austera i realista, en cerca d'una volguda naturalitat discursiva i d'un marcat concretisme i col·loquialisme. Pretén complir les condicions bàsiques següents: intel·ligibilitat, sinceritat, sensatesa, interès i amenitat; i defuig tota mena de barroquisme i de virtuosisme conceptual i formal gratuït. Concreta-ho en el poema.

a) Assenyala algun exemple d'element lingüístic d'estil col·loquial.
b) Adona't de l'ambigüitat i la insinuació que aconsegueix mitjançant nombroses figures retòriques (pàg. 362). Assenyala algun exemple de sinestèsia, metàfora, paradoxa, antítesi, repetició...

6 Un dels trets característics de l'autor és el to particular: una veu poètica experiencial, reflexiva i sincera que ens fa una **reflexió moral**, molt més central que no pas la situació que descriu o el pretext que l'origina. Diferencieu l'experiència que es descriu de la reflexió que se'n deriva en el poema que heu llegit.

«AQUEST LLIBRE TÉ TANTA AUTORITAT, QUE FINS TE'L PROMETEN EN VERS»: _ _ _ _ _ _.

Comentari de text

Completa el comentari del poema que has llegit amb la resposta correcta.

1.	*a*) laboral	*b*) amorosa	*c*) amistosa
2.	*a*) tardor	*b*) primavera	*c*) la mar
3.	*a*) decasíl·labs	*b*) alexandrins	*c*) irregulars
4.	*a*) dues	*b*) quatre	*c*) tres
5.	*a*) porta	*b*) persiana	*c*) finestra
6.	*a*) del final	*b*) de l'inici	*c*) de la continuació
7.	*a*) el diàleg	*b*) la discussió	*c*) el contacte íntim
8.	*a*) a les ferides	*b*) a les mossegades	*c*) als records
9.	*a*) un fracàs	*b*) l'última	*c*) un engany
10.	*a*) sinècdoque	*b*) comparació	*c*) sinestèsia

Aquest és, sens dubte, un dels millors poemes de la literatura catalana de la segona meitat del segle XX. Pertany al llibre *Da nuces pueris* (1960) i, com tots els de l'autor, després es va incorporar a *Les dones i els dies* (1968). Parla d'una relació (1) ___________ que molt probablement s'acosta al final, per mitjà d'imatges vinculades a la (2) ___________, tot combinant el to líric amb la naturalitat aparent d'una conversa intercalada.

Gairebé tots els versos són (3) ________ blancs, amb les excepcions del primer, que és dodecasíl·lab; del quinzè, octosíl·lab, i del penúltim, heptasíl·lab. L'estructura és marcada per una ruptura tipogràfica en la part central del poema (versos 12-18), que el divideixen en (4) ___________ parts –abans, durant i després del breu diàleg que es produeix entre els dos amants– i que implica, en correspondència amb la disposició gràfica diferenciada, la irrupció d'elements quotidians en un context líric.

El títol al·ludeix a una «cambra» on, presumiblement, acaba de tenir lloc una trobada entre dos amants, que a l'inici és representada per la (5) ___________ a través de la qual es filtra la llum exterior, possible símbol, en la seva extinció progressiva, (6) __________ de la relació amorosa («se'ns va morint la llum [...]», vers 6). Aquesta mort de la relació està accentuada en els versos novè i desè: «la pena per les hores que se'n van / de pressa [...]». A continuació, (7) ___________ entre els amants introdueix una inflexió realista en aquest to melancòlic, que retorna, però, al cap de poc en els versos dissetè i divuitè, «[...] criden, riuen, / i avui que callen em fa estrany», en què el silenci substitueix el soroll de fons habitual. La tercera part del poema (versos 19-27) enllaça amb la primera a través del vers «Que lentes / les fulles roges de les veus [...]» (vers 19) –que recorda l'expressió «Que lent el món [...]» de la primera part (vers 8)–, per a centrar-se després en l'oblit de l'estiu –símbol de la joventut?, d'un passat millor?–, contraposat (8) ___________ que el cos conserva encara de la relació, possiblement d'aquesta última trobada crepuscular en concret («[...] mig del sol, mig de la lluna», últim vers del poema).

Escrit en un estil planer, tot el poema respira una certa ambigüitat que ens fa suposar allò que no s'hi diu directament, però que constantment s'hi insinua: la trobada dels dos amants en aquesta cambra és possiblement (9) ___________. D'aquí ve la malenconia que transmeten els elements tardorals. Observem, finalment, metàfores com «les fulles dels meus besos van colgant / els recers del teu cos [...]» (versos 22-23) i, sobretot, una (10) ___________ especialment agosarada a la primera part del poema: «se'ns va morint la llum, que era color / de mel, i ara és color d'olor de poma» (versos 6-7). No cal dir que, sota la seva aparença de naturalitat, el poema ha estat sotmès, sens dubte, a un rigorosíssim procés d'elaboració

Gabriel Ferrater.

> «Entenc la poesia com la descripció, passant de moment en moment, de la vida moral d'un home ordinari, com ho soc jo.»
> Gabriel FERRATER

«COMERCIA A L'ENGRÒS TOTA MENA DE PRODUCTES, EL DE VENÈCIA»: _ _ _ _ _ _ _ _ _.

Joan Vinyoli

Abans de començar

Joan Vinyoli (1914-1984) fou un poeta influït en una primera etapa pel postsimbolisme de Carles Riba i pel poeta alemany Rainer Maria Rilke. Després va trobar una veu molt personal, a mig camí de les preocupacions **metafísiques** i d'un despullament de tocs realistes. Aquest poema pertany a *Cercles* (1979), una obra en què el poeta reprèn els temes encetats en llibres anteriors com *Vent d'aram* (1976) i on continua plantejant-se la creació poètica com a **indagació** i coneixement vitals, a través de dos símbols recurrents: la **mar** i la **nit**.

Les boies

Intentaré de dir la llum de la **foscúria**[1]
de la mar **encrespada**[2] **a trenc de nit**[3].
Escumes
fosforescents.
Les barques mal deixades,
prop d'aigua, el **cabrestant**[4] que els homes fan girar,
vestits de nit, se les enduia platja amunt.
La **fressa**[5]
del vent i de les aigües es va fent
més poderosa cada cop: tanquen finestres
i portes. Sols a la taverna
dels **Oratges**[6] se senten
les màquines de joc; encara allí,
pots beure canya a glops petits.
Giràndoles[7] d'estrelles
il·luminen el cel més negre que una gola
de llop.
La serp del vent,
desenroscada, xiula pels carrers.
Dalt l'illa
llampeguejada gira el far.
Els **gavians**[8]
s'**arreceren**[9] dins meu, els crits
de la nit negra i els **udols**[10],
en mi també.
Sé prou que la claror
germina[11] dins la fosca.
On és que som? Enlloc?
Fora de tot? Qui ve?
Si vols dormir tranquil pensa en les boies.

Joan Vinyoli, *Cercles*

1 **foscúria:** foscor.

2 **encrespada:** referit al mar, amb ones arrissades.

3 **a trenc de nit:** al moment de començar a fosquejar (per oposició a la locució *a trenc d'alba* 'al moment de començar a clarejar el dia').

4 **cabrestant:** màquina per a moure o alçar grans pesos; en aquest cas, les barques.

5 **fressa:** soroll.

6 **oratge:** vent, especialment vent terral.

7 **giràndola:** roda de focs artificials que giravolta ràpidament quan crema.

8 **gavià:** ocell propi d'ambients marins, de la família de les gavines.

9 **arrecerar-se:** posar-se a recer, en un lloc protegit del vent, de la pluja, de les inclemències del temps.

10 **udol:** crit prolongat i fort arrencat pel dolor.

11 **germinar:** néixer, començar a transformar-se per a donar lloc a un nou individu.

«RODOLÍ QUE VA CAP AL POEMA»: ___ ___ ___ ___.

COMPRENSIÓ

1 En els dos primers versos, el jo poètic ens declara la seva **intenció** de...

a) descriure el port mariner a trenc d'alba.
b) descriure la serenor d'un paisatge marítim durant la nit.
c) descriure els punts de llum d'un paisatge marítim nocturn.

2 En la imatge pictòrica **marítima** que ens descriu el poeta, no només tenen importància els colors, sinó també els sons, les olors, és a dir, els **elements sensorials** amb què es capta l'entorn.

a) Enumera cinc elements visibles de la descripció marítima.
b) Digues quins colors predominen i si s'hi estableix alguna contraposició.
c) Enumera tres elements diferents relacionats amb altres aspectes sensorials.
d) Digues si els elements sensorials tenen alguna característica comuna i quines sensacions produeixen.

3 Fixa't en la **força expressiva** de les **imatges** del poema. Digues amb quins elements reals es corresponen aquestes metàfores:

• homes [...] vestits de nit • giràndoles d'estrelles • serp del vent • illa llampeguejada

4 El poema mostra una alternança entre coses **petites** i concretes, per una banda, i elements **còsmics**, per l'altra, que significa una alternança entre la realitat viscuda i la desitjada. Posa tres exemples de cadascuna d'aquestes realitats.

5 Rellegeix els **darrers** cinc **versos** del poema.

a) Explica els versos antitètics que conclouen la descripció anterior: «Sé prou que la claror / germina dins la fosca».
b) Digues què signifiquen i quin sentit tenen les darreres preguntes retòriques.
c) Explica el vers final i relaciona'l amb el títol i amb el tema del poema.

6 L'ambientació marinera descrita en el poema té un sentit **simbòlic**. De què creus que parla, en realitat, el poema?

a) De la recerca de la poesia com a via per a endinsar-se en l'ànima i arribar a la veritat, a la «llum» que simbolitzen les boies, a través del caos, la por, i la immensitat i la «foscor» del «mar».
b) De l'angoixa vital d'un mariner que no suporta la foscor, la nit ni el mar i que desitja trobar-se segur a terra ferma.
c) De la incomunicació entre l'home i la natura, de l'abisme que existeix entre la vida moderna i la naturalesa, representada pel mar.

▲ Joan Vinyoli va començar la seva trajectòria poètica sota la influència de Carles Riba i del poeta Rainer Maria Rilke. Més tard, evolucionà cap a una poesia reflexiva basada en la pròpia experiència i s'apropà a Gabriel Ferrater.

REFLEXIÓ

7 L'any 2014 es va celebrar l'Any Vinyoli. A la pàgina web oficial del Departament de Cultura, trobareu l'apartat *Mediateca* (*http://qr.teide.eu/00wu*), que conté un conjunt de vídeos titulats *Calidoscopi de mirades sobre Joan Vinyoli*, en els quals diversos autors, actors i lectors ens expliquen per què és significatiu per a ells aquest poeta. Per parelles, trieu-ne un i comenteu-lo oralment a la resta dels companys de classe.

Joan Brossa

Abans de començar

Joan Brossa va ser un artista autodidacta. Va conèixer Josep Vicenç Foix i Joan Miró i formà part del grup Dau al Set, que editá una revista del mateix nom. Brossa va optar per una **experimentació** hereva de les avantguardes més radicals, del dadaisme o del surrealisme. A partir de l'any 1950 la seva poesia prengué un caire més **compromès** políticament. A la dècada dels vuitanta li arribà el reconeixement internacional, gràcies a la seva **poesia visual** i als seus poemes objecte.

Joan Brossa, *Poemes visuals*

COMPRENSIÓ

1. A partir d'aquest poema, fes una possible definició de **«poesia visual»**.

2. L'obra de Brossa s'entén més en relació amb les **arts plàstiques** perquè, per a l'autor, no existeixen els gèneres o les fronteres artístiques. El resultat d'aquesta recerca dintre o fora de la literatura el porta a dur les formes més enllà de les seves possibilitats. Fixa't en el poema visual que hem reproduït.

   a) Digues quins elements s'uneixen i de quina manera ho fan.
   b) Explica una possible interpretació del poema.
   c) Exposa com sembla que hauria de ser la poesia, per a l'autor.

«QUIN MAREIG, LLEGIR AQUESTA OBRA DE SARTRE...»: N _ _ _ _ _.

3 Les inquietuds de l'**itinerari poètic** de Joan Brossa han estat relacionades amb la recerca de la màgia quotidiana, la denúncia i el compromís social i la indagació de l'essència de les coses.

a) A quin o quins d'aquests plantejaments creus que es pot inscriure aquest poema? Justifica la resposta.
b) Compara el tema del poema de Brossa amb el de Gabriel Celaya, «La poesía es una arma cargada de futuro» (1955): «Tal es mi poesía: poesía-herramienta / a la vez que latido de lo unánime y ciego. / Tal es, arma cargada de futuro expansivo / con que te apunto al pecho».
c) Creus que podem relacionar aquest poema amb moviments com el «realisme històric»?

4 Les experimentacions de Brossa no es queden en el camp visual. La constant recerca essencial el portà a la materialització de les coses, a la confecció d'objectes, com una trajectòria paral·lela i complementària de la poesia visual. Entreu al web de la seva fundació (*http://qr.teide.eu/00wv*) i, per parelles, escolliu algun dels seus **poemes objecte** i mireu d'explicar-lo.

RELACIÓ

5 La voluntat general de la revista *Dau al Set* era el trencament total amb l'ambient franquista de l'època i la presa d'una posició surrealista en el terreny literarioartístic. A diferència d'altres revistes avantguardistes, era profusament il·lustrada i les il·lustracions tenien tanta importància com el text. Sabríeu trobar exemples actuals d'aquesta tendència en àmbits com la publicitat, l'art urbà, etc.?

REFLEXIÓ

6 Us presentem alguns **aforismes** de Joan Brossa. Trieu-ne un, per parelles, i comenteu-lo amb la resta del grup amb relació al poema de l'autor.

a) «El fenomen artístic és una unitat total en què les diverses arts volen dir mitjans diferents d'expressió d'una realitat idèntica.»
b) «La poesia visual no és dibuix ni pintura, és un servei a la comunicació.»
c) «El poema no explica, el poema és.»
d) «El mot expressa / conceptes i emet sons / i també serveix per a comunicar idees / i per a perpetuar veritats i mentides.»

EXPRESSIÓ

7 En els seus poemes visuals, Brossa intenta expressar un concepte, una idea, una suggestió, etc. En aquest cas, juga amb una imatge i una paraula, tot tractant aquesta última com a tal, però també com si fos un objecte. Intenta fer el mateix, per exemple, amb imatges i paraules extretes d'un diari o una revista, de manera que el resultat tingui un cert sentit.

Vicent Andrés Estellés

Abans de començar

Vicent Andrés Estellés (Burjassot, 1924 - València, 1993) fou un poeta valencià molt popular. La seva poesia s'emmarca en una tendència **realista**, de crònica apassionada, amarga i esperançada, en algun cas amb tocs sarcàstics, dels personatges i els esdeveniments del seu temps. La mort, l'**amor** i el **sexe** són motius habituals de la seva poesia, que també tracta de temes polítics i cívics. És autor, entre d'altres, del *Llibre de meravelles* (1971) i *Horacianes* (1974).

Els amants

La carn vol carn.
Ausiàs March

No hi havia a València dos amants com nosaltres.

Feroçment ens amàvem des del matí a la nit.
Tot ho recorde mentre vas estenent la roba.
Han passat anys, molts anys; han passat moltes coses.
De sobte encara em pren aquell vent o l'amor
i rodolem per terra entre abraços i besos.
No comprenem l'amor com un costum amable,
com un costum pacífic de compliment i teles
(i que em perdone el cast senyor **López-Picó**[1]).
Es desperta, de sobte, com un vell huracà,
i ens tomba en terra els dos, ens ajunta, ens empeny.
Jo desitjava, a voltes, un amor educat
i en marxa el tocadiscos, **negligentment**[2] besant-te,
ara un **muscle**[3] i després el **peçó**[4] d'una orella.
El nostre amor és un amor brusc i salvatge,
i tenim l'enyorança amarga de la terra,
d'anar a rebolcons entre besos i **arraps**[5].
Què voleu que hi faça! Elemental, ja ho sé.
Ignorem el **Petrarca**[6] i ignorem moltes coses.
Les *Estances* de **Riba**[7] i les *Rimas* de **Bécquer**[8].
Després tombats en terra de qualsevol manera,
comprenem que som bàrbars i que això no deu ser,
que no estem en l'edat, i tot això i allò.

No hi havia a València dos amants com nosaltres,
car d'amants com nosaltres en són parits ben pocs.

Vicent Andrés Estellés, *Llibre de meravelles*

1 **López-Picó** (1886-1959): poeta noucentista caracteritzat per la temàtica religiosa.

2 **negligentment:** amb manca de la diligència o la cura adequades.

3 **muscle:** part superior i lateral de l'espatlla.

4 **peçó** (val.): extrem carnós de l'orella.

5 **arrap:** esgarrapada.

6 **Petrarca** (1304-1374): poeta italià humanista.

7 **Riba** (1893-1959): poeta postsimbolista que recull el llegat noucentista (pàg. 232), autor del *Primer llibre d'Estances* (1919) i el *Segon llibre d'Estances* (1930).

8 **Bécquer** (1836-1870): poeta castellà romàntic per antonomàsia; l'amor és el tema central de les *Rimas*.

«CANVI COMPLET PROTAGONITZAT PER OVIDI, KAFKA O MIRÓ»: M _ _ _ _ _ _ _ _ _ _ _.

COMPRENSIÓ

1 Andrés Estellés és un autor **valencià**. Localitza en el poema tres referències (citacions, lèxic, aspectes gramaticals, etc.) que ho corroborin.

2 L'**amor** és un tema recurrent en l'obra lírica del poeta valencià. Com definiries el tipus d'amor que se'ns descriu en aquest poema?

- apassionat
- impulsiu
- tímid
- platònic
- tendre
- reflexiu
- sensual

3 Explica el primer vers, tan **hiperbòlic**. Què tenen de singular i d'especial, aquests amants, respecte als altres?

Vicent Andrés Estellés és el poeta valencià més destacat del segle XX.

4 Els **temps verbals** ens descriuen moments temporals diferents.

a) Digues quina és la situació que transcorre en el present del jo poètic.
b) Digues quines situacions es remunten al record d'èpoques anteriors.

5 La poesia d'Andrés Estellés barreja estils, registres, tradicions i també estètiques i ho fa de manera intencionada. Començant per la citació d'uns versos d'Ausiàs March, en el poema apareixen esmentats diversos **autors** literaris.

a) Tenen alguna cosa en comú?
b) Com et sembla que tracten el tema amorós en les seves obres?
c) Quin sentit creus que tenen, aquestes al·lusions?

6 En la seva poesia, l'autor també combina el lirisme exquisit amb la narrativitat més quotidiana. Com definiries el **to** del poema? Quin creus que n'és el **tema**?

REFLEXIÓ

7 Sobre la poètica d'Estellés, l'estudiós Vicent Salvador sosté: «L'atracció obsessiva per l'amor esdevé el moll de l'espinada de tota la seva lírica, en una gamma de sensacions que van des del sexe directament expressat fins a les manifestacions més sofisticades del desig o fins als sentiments més estrictament espiritualitzats». Debateu sobre la gamma **amorosa** en què creieu que se situa el poema i relacioneu-lo amb altres poemes amorosos que hàgiu llegit.

Miquel Martí i Pol

Portada del llibre *La fàbrica*, en una edició de 2013.

Abans de començar

Miquel Martí i Pol (Roda de Ter, 1929 - Vic, 2003). Ha estat el poeta més venut i popular dels anys setanta ençà. Treballador en les oficines d'una fàbrica des dels catorze anys, una esclerosi múltiple l'apartà de la feina a partir del 1973. En un primer període, escriu **poesia social**, amb llibres com *El poble* (1966) i *La fàbrica* (1972); però la seva obra aviat es decanta cap a un intimisme primer angoixat –*Vint-i-set poemes en tres temps* (1972)– i després vitalista –*Estimada Marta* (1978)–. També cal destacar *Llibre d'absències* (1985), marcat per la mort de la seva primera muller, i els reculls escrits ja els anys noranta, com *Un hivern plàcid* (1994), que inclouen també reflexions sobre qüestions polítiques i socials. El poema «L'Elionor» forma part de *La fàbrica* (1972), obra adscrita al que s'ha anomenat «poesia social». L'autor es compromet amb el poble i la classe treballadora, a través de la descripció de personatges humils que lluiten per sobreviure, com la protagonista, treballadora d'una fàbrica des de ben jove.

L'Elionor

L'Elionor tenia
catorze anys i tres hores
quan va posar-se a treballar.
Aquestes coses queden
enregistrades a la sang per sempre.
Duia trenes encara
i deia: «sí, senyor» i «bones tardes».
La gent se l'estimava,
l'Elionor, tan tendra,
i ella cantava mentre
feia córrer l'escombra.
Els anys, però, a dins la fàbrica,
es **dilueixen**[1] en l'**opaca**[2]
grisor de les finestres,
i al cap de poc l'Elionor no hauria
pas sabut dir d'on li venien
les ganes de plorar,
ni aquella **irreprimible**[3]
sensació de solitud.
Les dones deien que el que li passava
era que es feia gran i que aquells mals
es curaven casant-se i tenint criatures.
L'Elionor, d'acord amb la molt sàvia
predicció de les dones,
va créixer, es va casar i va tenir fills.
El gran, que era una noia,
feia tot just tres hores
que havia complert els catorze anys
quan va posar-se a treballar.
Encara duia trenes
i deia «sí, senyor» i «bones tardes».

Miquel Martí i Pol, *La fàbrica*

1 **diluir:** dissoldre.

2 **opaca:** que no deixa passar la llum.

3 **irreprimible:** que no es pot contenir.

«TEATRE DE L'IRRACIONAL, ESCRIVIA IONESCO TOT PASSEJANT LA CALBA AMUNT I AVALL»: A _ _ _ _ _ _.

COMPRENSIÓ

1 Després de llegir el poema, digues:

a) Qui és i com és el personatge principal del poema?
b) Quants anys té a l'inici del poema? Quants calcules que en té, al final?
c) A què es dedica, l'Elionor?
d) Com comença i acaba, el poema? Per què?

2 Resumeix el contingut del poema en menys de tres línies.

3 Observes alguna diferència entre la protagonista i la resta de personatges **femenins**? Per què podem afirmar que el personatge de l'Elionor és una figura metonímica de les dones que treballen a les fàbriques? (consulta l'annex IV, pàg. 362-367.)

4 Quin és el **to** i el **tema**, del poema? Quina relació estableixen amb la forma del poema?

5 Quin tipus de **llenguatge** utilitza el poeta i per què?

6 Creus que hi ha algun tipus de **crítica**, de denúncia social? Cita els versos on això es fa més explícit.

REFLEXIÓ

7 En els seus primers llibres, podem adscriure Miquel Martí i Pol en l'anomenat «realisme històric»: el poeta, compromès amb la gent del seu poble i de la seva fàbrica, de classe humil, com ell, ens descriu el món dels obrers i de les dones treballadores, herois quotidians que lluiten per sobreviure en unes condicions molt dures. Ho fa de manera realista, però amb gran tendresa i amb un llenguatge directe i assequible. Justifiqueu si «L'Elionor» és un bon exemple d'aquest tipus de **poesia social**.

EXPRESSIÓ

8 Imitant el poema de Miquel Martí i Pol, identifiqueu un heroi del segle XXI i dediqueu-li un **poema narratiu** explicant-hi qui és i a què es dedica.

Joan Fuster

Abans de començar

Hem definit Joan Fuster com el gran **assagista** de la literatura catalana moderna. Els seus trets principals són la claredat, la ironia, el rigor i la conseqüència ideològica. Vet aquí tres definicions breus, carregades d'**ironia**, que l'autor dona de sengles actituds humanes en l'obra *Diccionari per a ociosos*.

Convicció

Tota convicció –convicció seriosa– se us convertirà en prejudici per a les conviccions **ulteriors**[1]. Penseu-hi. Cada convicció que adquiriu és un prejudici més que acumuleu. I ja sabeu què vol dir un prejudici: un vici d'origen. Si sou **zelosos**[2] de la vostra llibertat intel·lectual, si aspireu a conservar la «disponibilitat permanent» que n'és el **pressupòsit**[3], heu d'esforçar-vos per ser homes d'escasses conviccions. El fanàtic és un convençut: un individu que està convençut de tot, que té moltes conviccions. No crec que el fanatisme sigui una perspectiva gaire amable. La prudència, virtut **cardinal**[4], aconsella evitar aquestes **exasperacions**[5] mentals i morals. I al capdavall, per a circular per la vida, no calen massa conviccions. N'hi **basten**[6] tres o quatre. Només.

Covardia

Si volem –i ho hauríem de voler–, sempre trobarem una raó per a excusar les accions del covard: la seva covardia. Perquè, qui és que no ha tingut mai por? És clar que la por pot ser superada: diuen que el valent no és sinó un que té por i se l'aguanta. Potser sí. El que sí que sé és que no hi ha manera humana de fixar un límit moral en aquest terreny. Cadascú s'administra la pròpia por com pot i com Déu li ho dona a entendre. I tampoc no ens hem pas d'enganyar: tothom és covard per comparació a algú altre. Ja podeu ser tan **temeraris**[7] com vulgueu: mai no serà impossible que un qualsevol veí vostre consideri que la vostra valentia és inferior a la seva, i que, per tant, sou un covard. Una bona regla de conducta, en això com en tantes altres esferes i coses, serà aquesta: no censureu, no condemneu ningú perquè sigui allò que vosaltres podreu ser en alguna ocasió. Per exemple: covards.

Penediment

Sempre trobareu una raó o altra –si la busqueu, naturalment– per a penedir-vos de qualsevol cosa: fins i tot de la cosa més noble que mai hàgiu fet.

Ara: penedint-vos-en, tampoc no aconseguireu res.

Joan Fuster, *Diccionari per a ociosos*

1 **ulterior:** que s'ha de fer després d'una altra cosa, posterior.

2 **zelós:** que té un interès ardent i actiu per una qüestió, una causa o una persona.

3 **pressupòsit:** acció de pressuposar, de donar per endavant com a segur que s'acomplirà alguna cosa.

4 **cardinal:** que té una importància fonamental; segons el cristianisme, la prudència és una de les quatre virtuts cardinals, és a dir, fonamentals en la vida, juntament amb la justícia, la fortalesa i la temprança.

5 **exasperació:** irritació.

6 **bastar:** ser suficient; haver-n'hi prou.

7 **temerari:** que s'exposa i es llança als perills sense reflexionar, amb atreviment, sense por de prendre mal.

«ENREIXATS A CAN TÍSNER»: E __ __ __ __ __ __ __ __ __ __.

COMPRENSIÓ

1 En la primera definició, l'autor exposa, de manera breu, la seva opinió sobre les **conviccions**.

a) Per què afirma que tota convicció és un prejudici?
b) Per què, segons Joan Fuster, cal tenir poques conviccions? Quina relació estableix entre *convicció* i *fanatisme*?
c) L'autor afirma que la «disponibilitat permanent» és el pressupòsit de la llibertat individual. Explica aquesta afirmació amb paraules teves.

Joan Fuster.

2 En la segona definició, se centra en la **covardia**.

a) Per què creu que podem perdonar sempre els covards?
b) Quina definició fa de la persona valenta?
c) Explica amb les teves paraules la frase: «tothom és covard per comparació a algú altre».

3 En la tercera definició, Fuster parla sobre el **penediment**.

a) Per què creu l'autor que sempre ens podem penedir d'alguna cosa?
b) Penedir-se és útil, segons l'autor?
c) Quins arguments podríem esgrimir, per a defensar o per rebatre la seva opinió?

4 Cita algun exemple d'**ironia** en cadascuna d'aquestes definicions.

REFLEXIÓ

5 **Definiu** els conceptes de convicció, covardia i penediment amb les vostres paraules. Compartiu les opinions de Joan Fuster sobre aquests mots?

6 Joan Fuster va ser, en bona mesura, un **escèptic**. Demostreu-ho amb algun exemple extret d'aquestes tres entrades del *Diccionari per a ociosos*.

TEST DE RECAPITULACIÓ

1 Completa les frases següents amb la informació pertinent: **Paraules que hi falten:** Joan Brossa, seixanta, Joan Fuster, Manuel de Pedrolo, Pere Calders, l'exili, Mercè Rodoreda i Llorenç Villalonga, Gabriel Ferrater, Joan Oliver, Salvador Espriu.

a) _____ utilitzà l'humor per reflexionar sobre les convencions i l'absurditat del comportament humà.
b) En la postguerra immediata, la literatura en català només es va poder expressar per dues vies: la clandestinitat i ____
c) _____, hereu de les avantguardes, va conrear la poesia visual.
d) ____ va ser un assagista valencià, irònic i coherent amb la seva ideologia.
e) ____ va ser un poeta que reflexionava sobre les experiències personals i sentimentals.
f) Per a poder parlar de represa literària, hem d'esperar-nos fins als anys ____
g) ____ van ser els dos autors més rellevants de la novel·lística psicològica de la postguerra.
h) ____ va ser un poeta i dramaturg inconformista, capdavanter del realisme històric.
i) ____ va escriure *Mecanoscrit del segon origen* i és un dels autors més prolífics de la literatura catalana.
j) ____ tractà el tema de la mort i la injustícia i va esdevenir un emblema de la resistència antifranquista.

Caràtula de *Cançons de la roda del temps*, disc editat l'any 1966 en el qual Raimon musicà un recull de poemes de Salvador Espriu, extrets del llibre *El caminant i el mur*.

CANÇÓ

2 Aquest poema pertany al recull poètic *Les cançons d'Ariadna* (1949). Salvador Espriu el llegí i el dedicà a Salvat-Papasseit en un acte universitari d'homenatge al poeta avantguardista en el quarantè aniversari de la seva mort, el 1964. El cantautor Raimon va musicar aquesta composició i la va convertir en un altre dels himnes generacionals, testimoniatge de la represa col·lectiva de la postguerra per part dels resistents.

Inici de càntic[1] en el temple

A Raimon, amb el meu agraït aplaudiment.
Homenatge a Salvat-Papasseit.

Ara digueu: «La ginesta floreix,
arreu als camps hi ha vermell de **roselles**[2].
Amb nova falç comencem a segar
el blat madur i, amb ell, les males herbes.»
Ah, joves llavis **desclosos**[3] després
de la foscor, si sabíeu com l'alba
ens ha trigat, com és llarg d'esperar
un alçament de llum en la tenebra!
Però hem viscut per salvar-vos els mots,
per retornar-vos el nom de cada cosa,
perquè seguíssiu el recte camí
d'accés al ple domini de la terra.
Vàrem mirar ben al lluny del desert,
davallàvem al fons del nostre somni.
Cisternes[4] seques esdevenen cims
pujats per esglaons de lentes hores.
Ara digueu: «Nosaltres escoltem
les veus del vent per l'alta mar d'espigues.»
Ara digueu: «Ens mantindrem fidels
per sempre més al servei d'aquest poble.»

Salvador Espriu, *Les cançons d'Ariadna*

a) Localitzeu els elements positius, relacionats amb la llum i el color i els seus **antagònics**.
b) En el context de l'**època**, digueu què creieu que expressen aquestes metàfores.
c) Localitzeu els versos on es manifesta quina és la **missió** del poeta i de la col·lectivitat.
d) Escolteu la versió que Raimon va fer d'aquest poema i justifiqueu les connotacions de **resistència política** que va adquirir aquesta cançó.

1 **càntic:** cant; himne bíblic de lloança i de regraciament.
2 **rosella:** flor solitària amb quatre pètals d'un color vermell escarlata, que creix en els sembrats i a la vora dels conreus.
3 **desclòs:** obert.
4 **cisterna:** dipòsit subterrani on es recullen i guarden les aigües de pluja.

La literatura dels anys setanta fins als nostres dies

UNITAT 7

A quins àmbits et connecta aquesta imatge?

- robòtic
- còmic
- ciència-ficció
- bèl·lic

- Terenci Moix
- Montserrat Roig
- Jesús Moncada
- Quim Monzó
- Feliu Formosa
- Pere Gimferrer
- Maria-Mercè Marçal
- Dolors Miquel
- Josep Maria Benet i Jornet

Avengers: Age of Ultron, Joss Whedon, 2015.

Postmodernitat i postmodernisme

En el text que teniu a continuació, Vicent Simbor fa una aproximació al postmodernisme, el moviment ideològic que pren força a partir dels anys setanta del segle XX a les societats capitalistes globalitzades, fruit d'una nova etapa històrica: la Postmodernitat.

Entre el final dels anys seixanta i l'inici dels setanta comença a mostrar-se als Estats Units la consolidació d'una nova etapa històrica, que també es fa patent a Europa a partir del 1973. La crisi econòmica global generada per l'alça del preu del petroli dona fi als pletòrics anys cinquanta i seixanta. Els països occidentals **ixen**[1] de la prova amb canvis substancials de mentalitat, visible sobretot en la desaparició dels forts moviments de contestació.

En la dècada dels anys huitanta es consolida el **postfordisme**[2], el nou sistema de producció basat en la globalització o reorganització transnacional de la producció, acompanyat de nous mitjans tècnics, com ara la informatització del treball i la robotització. La civilització occidental ha entrat en una nova era dominada per un canvi radical en la percepció de l'espai i del temps. Ha arribat l'era de la postmodernitat. Concepte no exempt d'ambigüitat.

Per tal d'obrir-nos a un camí més segur, proposo distingir la Postmodernitat o època postmoderna del postmodernisme o moviment intern de l'època. La civilització occidental ha entrat en una nova era dominada per un canvi pregon en la concepció de l'espai i el temps. La cibernètica, la informàtica i internet, la televisió, el fax..., han alterat substancialment la relació amb la realitat, des del contacte a grans distàncies en temps real fins a la suplantació de la realitat directa per la virtual. Hi predomina la sensació compartida d'una nova sensibilitat: la percepció de la saturació del llenguatge i de la informació, el gust de la **intertextualitat**[3]. El món apareix com molt complex i **irreductible**[4], cosa que, afegida a la problemàtica del saber, fa que s'imposi el relativisme. És el món de la Postmodernitat.

Però com que tots els escriptors i intel·lectuals d'una època no tenen per què acceptar-ne els factors ideològics determinants i fins i tot poden escriure les seves obres des d'una premissa d'oposició i combat, és oportuna la divisió proposada entre l'era de la Postmodernitat i el postmodernisme com a moviment. Entès aquest com una tendència ideològica, artística i literària que jutja del tot positivament aquests trets definitoris de la Postmodernitat. És a dir, un moviment que exalça el **nihilisme**[5] **mòrbid**[6], la crisi de la raó, la convicció de la fi de les contradiccions, la mort de les avantguardes i la no distinció entre art i literatura experimentals i de consum (reutilitza els resultats de les avantguardes integrant-los en formes expressives *populars*, adaptades a les exigències del consum), el **manierisme**[7], l'ús del **pastitx**[8] i de la **metanarració**[9]. La nostra societat també a partir dels anys huitanta s'ha incorporat a la nova era del món occidental i de la Postmodernitat.

Vicent Simbor Roig, *La narrativa catalana del segle XX*

1 **eixir:** sortir.

2 **postfordisme:** sistema d'organització social del treball que introdueix criteris de flexibilització tècnica i social, i institucionalitza la desregulació legal de l'ús de la força de treball.

3 **intertextualitat:** conjunt de relacions més o menys manifestes entre un text i altres textos.

4 **irreductible:** incapaç de ser reduït, de ser portat a un estat, una forma, un lloc, etc., desitjats.

5 **nihilisme:** doctrina o actitud que nega tota creença, tot coneixement o tot valor.

6 **mòrbid:** que es complau en coses nocives, malaltís, decadent.

7 **manierisme:** fenomen que, en qualsevol estil, es produeix en predominar l'ostentació de l'habilitat formal sobre el contingut.

8 **pastitx:** obra que presenta una barreja, sense criteri, de diversos estils heterogenis.

9 **metanarració:** relat que parla del relat mateix.

1. Quins canvis experimenta la nova etapa històrica que comença a partir dels anys setanta als Estats Units i a Europa?

2. Per què l'autor considera oportú distingir entre Postmodernitat i postmodernisme?

3. Quins trets caracteritzen l'època postmoderna o Postmodernitat?

4. Quins valors exalta el moviment del postmodernisme?

Context

Les acaballes de la dictadura franquista estan protagonitzades per les protestes estudiantils i les vagues, reprimides de manera ferotge, i la retirada gradual del suport eclesiàstic al règim. Entre la fi de la dictadura franquista (1975) i el restabliment de les institucions democràtiques a Espanya (1982), s'instaura un període anomenat Transició, en què es legalitzen la majoria de partits polítics, es nomena cap d'estat el rei Joan Carles de Borbó, se celebren eleccions generals per a assegurar la composició d'unes Corts constituents que tracten de reflectir la pluralitat de la societat espanyola i s'aproven els estatuts d'autonomia de les comunitats autònomes.

Fets històrics rellevants

En l'àmbit internacional	
1973	Crisi mundial del petroli.
1983	Naixement d'Internet: xarxa informàtica connectada d'abast mundial.
1989	Caiguda del mur de Berlín. Acabament de la política de blocs. Canvi del mapa europeu.
1991-2001	Guerra dels Balcans. Genocidi ètnic.
1993	Ratificació de la Unió Europea (UE) amb el Tractat de Maastrich.
2001	11-S Atemptats terroristes perpetrats per fanàtics islamistes a les Torres Bessones del World Trade Center de Nova York.
2007	Alerta sobre el canvi climàtic. Revifada del moviment ecologista.
2008	Esclat de la crisi econòmica i financera global, originada als Estats Units per la fallida d'entitats financeres.
2011	Guerra civil a Síria. L'extremisme islàmic s'organitza internacionalment provocant diversos fronts bèl·lics. Milers d'exiliats fugen cap a Europa.
En l'àmbit català	
1971-1977	Creació de l'Assemblea de Catalunya: plataforma unitària antifranquista.
1973	Assassinat de l'almirall Luis Carrero Blanco, considerat com a successor del general Franco.
1974	Execució de Salvador Puig Antich.
1975	Mort del dictador Francisco Franco.
1976	Referèndum sobre la llei de la reforma política.
1977	Primeres eleccions generals espanyoles en democràcia.
1979	Aprovació de l'Estatut d'Autonomia de Catalunya.
1982	Aprovació de l'Estatut d'Autonomia de la Comunitat Valenciana.
1983	Aprovació de l'Estatut d'Autonomia de les Illes Balears. Inici de les retransmissions de TV3, Televisió de Catalunya.
1992	Celebració dels XXV Jocs Olímpics a Barcelona.
2006	Aprovació del nou Estatut d'Autonomia de Catalunya.
2011	La banda terrorista ETA anuncia públicament l'inici de la seva dissolució.
2012	Primera gran manifestació multitudinària de signe independentista en la diada de l'11 de setembre a Barcelona que marca una nova orientació en la política del govern de la Generalitat.

Trets comuns del període

Els inicis de la democràcia, amb tots els canvis polítics i socials que comporta, coincideixen amb una **revolució tecnològica** global que fa capgirar l'escala de valors culturals tradicionals i que afecten de ple l'àmbit de la creació artística. Pel que fa a la cultura catalana, des de mitjan dècada dels setanta fins als nostres dies, hem de tenir en compte els factors següents:

- El procés de **normalització** de la llengua i la literatura catalanes, impulsada per les institucions del país en el marc d'un projecte de reconstrucció nacional.
- La consolidació del **món editorial**. Malgrat la preponderància del món editorial en llengua castellana, la literatura en català disposa d'unes infraestructures –d'edició, distribució i difusió– com mai no havia tingut.
- La presència de diverses generacions que ja han estudiat el **català** com a **llengua cooficial** al país i vehicular a les escoles, i que han comptat amb un cert nombre de mitjans de comunicació en aquesta llengua.
- Una gran **diversitat**, tant dels **models literaris** com dels models provinents d'altres arts i disciplines.
- L'homogeneïtzació progressiva de la cultura popular occidental per la influència constant de la **cultura** popular **nord-americana**.

El tinent coronel Antonio Tejero Molina volgué avortar la democràcia amb l'intent de cop d'estat a les Corts de Madrid el 23 de febrer de 1981.

«REVISTA JUVENIL CATALANA AMB REGUST DE JOC POPULAR»: _ _ _ _ _ _ _ _ _ _ _.

La literatura catalana de la Postmodernitat

A finals dels anys setanta, la fi de la dictadura i la transició cap la democràcia suposen, per a Catalunya, la recuperació de l'autonomia i d'una reconstrucció nacional que possibilita el procés de normalització lingüística i cultural de la llengua i la literatura catalanes.

«Qui vulgui respostes, que calli; qui busqui preguntes, que llegeixi poesia.»
Martin HEIDEGGER

«Els escriptors com a intel·lectuals postmoderns», Víctor Martínez-Gil, i «El panorama actual de l'àmbit editorial català», Vicent Simbor Roig.

1. El panorama actual

En tots aquests anys, s'han multiplicat les tendències artístiques i literàries. Lluny de l'establiment d'uns corrents determinants, assistim a una diversitat que comporta un cert eclecticisme, és a dir, la convivència entre estils diversos o fins i tot oposats. La quantitat d'informació a què es té accés, en part gràcies a les noves tecnologies, ha multiplicat les possibilitats de triar per als lectors i els escriptors. En el cas concret de la literatura catalana, ja hem esmentat la importància que han tingut tres factors fonamentals: la normalització del món editorial, la presència de generacions que ja han estudiat el català com a llengua cooficial i, finalment, la diversitat de models literaris, molts dels quals provenen de la cultura nord-americana.

1.1. Narrativa

En termes generals, els escriptors dels anys setanta parteixen d'una accentuada tendència al cosmopolitisme: així, i enfront de l'ambient tancat del franquisme, emprenen viatges a Gran Bretanya o els Estats Units –de vegades en estades llargues– i, en el cas dels narradors, assimilen les tècniques narratives més rupturistes del segle xx (punts de vista múltiples, presència de monòlegs interiors, ruptura amb la linealitat temporal). Un cas extrem serà el de l'anomenat **textualisme** o narrativa experimental dels anys setanta, que té com a obra més significativa *L'adolescent de sal* (1975), de Biel Mesquida, i que incorpora el collage de textos de menes diverses o de tipografies diferents. Així mateix, aquests autors incorporen a la llengua catalana **temàtiques noves** o que, en tot cas, havien quedat relegades com el sexe, l'homosexualitat (Terenci Moix) o la ruptura generacional (Biel Mesquida, Jordi Coca). També cal tenir present l'assimilació i l'ús que fan molts d'ells de la **cultura popular i de masses** del segle xx, des del cinema (Terenci Moix) fins al rock o els còmics (Quim Monzó).

Portada de *El perquè de tot plegat*, de Quim Monzó.

Al mateix temps, però, cal tenir en compte que algunes d'aquestes tendències canviaran a partir dels anys vuitanta, en què es donarà un major eclecticisme i disminuirà el gust per l'experimentalisme, a favor d'un retorn a determinades convencions narratives: per exemple, es produirà una redescoberta de la **narrativa de gènere**, sobretot de la **novel·la històrica** i la **novel·la negra**. És significativa, en aquest sentit, l'aparició del col·lectiu Ofèlia Dracs –format per diversos autors de l'època–, que practica i revalora la narrativa eròtica, la novel·la negra o la de ciència-ficció. Finalment, caldria assenyalar la presència, ja als anys vuitanta i noranta, de fenòmens com ara una **falsa dicotomia** entre la narrativa urbana (Quim Monzó, Sergi Pàmies) i la rural (Jesús Moncada, Maria Barbal) o la revaloració del conte com a gènere.

«UF, QUAN BUFA AQUEST VENT, NO ES POT SABER LA MAGNITUD DE LA TRAGÈDIA, VA DIR ELL»: _ _ _ _ _ _.

1.2. Poesia

Allò que defineix la poesia d'aquest període és sobretot el pas del «realisme històric», ideològic i reivindicatiu, dels anys seixanta a la consciència de l'**autonomia** del **fet poètic** respecte de la realitat política i social. Arraconats, doncs, models més compromesos representats per Salvador Espriu i Pere Quart, els autors de l'època reivindiquen des del rigor poètic més estricte –Narcís Comadira reivindica Josep Carner– fins a l'experimentació més agosarada –Carles Hac Mor enllaça amb el Joan Brossa més iconoclasta–. Es produeix, doncs, una gran **varietat** de poètiques i de models a tenir en compte. D'altra banda, i com en el cas de la narrativa, es produeix una **assimilació** de les grans **tendències** de la poesia europea i mundial, des de la «poesia de l'experiència» anglosaxona (Narcís Comadira, Francesc Parcerisas, Joan Margarit) fins al simbolisme francès i l'avantguarda europea i americana (Pere Gimferrer). També es reivindiquen els grans noms de la tradició catalana del mateix segle: J. V. Foix, Gabriel Ferrater, Joan Vinyoli, Joan Brossa, Palau i Fabre i, més recentment, Miquel Bauçà o Blai Bonet són en general els autors més valorats per les noves generacions.

«Cap de nosaltres comptem gaire, però ens pot salvar el mateix que, curiosament, també pot salvar el poema: la seva honesta intensitat.»
Joan MARGARIT

Pere Gimferrer retratat amb Miquel Batllori, Mercè Rodoreda i Josep Maria Castellet, entre altres.

Cal esmentar, a partir dels anys noranta, la revifalla recent de les **lectures públiques** de poesia i, doncs, de la valoració del gènere com a activitat oral i col·lectiva. El fenomen es deu a la presència d'autors com Enric Casasses o Dolors Miquel (pàg. 334), que fan de la veu i del contacte directe amb el públic un element destacat de la seva obra, complementaris del text escrit.

1.3. Teatre i guió

En tant que espectacle total –barreja de text i posada en escena–, en el teatre cal tenir en compte factors prou diversos, que en el cas de les últimes dècades s'accentua per l'aparició d'elements com la recuperació del teatre musical o el de mim, o l'aparició de les sèries televisives en llengua catalana amb guions d'alguns dramaturgs. Recordant sempre, doncs, que no es pot estudiar el teatre només des del text, cal esmentar fets importants en la seva recuperació després del franquisme com ara la creació d'**espais i infraestructures** com el Teatre Lliure el 1976 i el Teatre Nacional de Catalunya el 1997, entre altres. Així mateix, l'Institut del Teatre suposarà un important impuls a la **professionalització** teatral, sobretot a partir dels anys vuitanta. Cal destacar, ja a partir dels anys setanta, la presència d'un teatre no exclusivament de text, que pot ser de mim (Els Joglars, Comediants) o, a partir dels vuitanta, musical (Dagoll Dagom, amb espectacles com *Nit de Sant Joan*, *Mar i cel* o *Flor de Nit*).

Encara que no entrin pròpiament en el camp teatral, cal esmentar aquí les incursions recents d'alguns dramaturgs, com Josep Maria Benet i Jornet –autor d'obres importants, com *Revolta de bruixes* o *Desig*–, en l'àmbit de les **sèries televisives**. Finalment, però, cal tenir en compte que també s'ha produït una important revifalla del **teatre de text**, a càrrec de noves generacions de dramaturgs (Sergi Belbel, Jordi Galceran, Lluïsa Cunillé...), que adopten tendències molt diverses i presenten influències de diferents àmbits artístics. Alguns dels models més evidents d'aquests autors es troben en dramaturgs com el britànic **Harold Pinter**[1] o el nord-americà David Mamet, entre d'altres.

1 **Harold Pinter** (Londres, 1930-2008): Premi Nobel de Literatura l'any 2005. Dramaturg i poeta compromès i activista polític, les seves obres denuncien l'opressió i l'abús del poder a les societats occidentals contemporànies.

«–NO EMPRENYEU EL FUNCIONARI POLICÍAC –RECOMANA FERRAN TORRENT»: __________.

2. La narrativa dels anys setanta fins a l'actualitat

Baltasar Porcel (Andratx, 1937 - Barcelona, 2009)

Autor mallorquí de substrat realista, l'obra del qual es divideix en tres cicles: un primer ambientat a Mallorca, que s'acosta a la crònica denúncia, amb obres com *Els argonautes* (1968); un segon cicle elegíac entorn del poble mallorquí d'Andratx, amb obres com *Cavalls cap a la fosca* (1975), i, finalment, una tercera etapa novel·lística relacionada amb els articles periodístics que va escriure a Barcelona, amb obres com *Lola i els peixos morts* (1994). Hereu de Josep Pla i Llorenç Villalonga, Porcel va fer un retrat líric, nostàlgic i irònic de la societat del seu temps. Va publicar, també, reportatges, llibres de viatges i assajos de les personalitats que va conèixer i que va entrevistar com a periodista.

«La vida és acció. Escriure un llibre, pujar una muntanya, estimar. Les coses que no es resolen mitjançant acció es podreixen.»
Baltasar Porcel

Joan Francesc Mira (València, 1939)

Assagista, narrador, novel·lista i traductor. Ha publicat assajos, estudis i treballs sobre antropologia social i cultural, molts dels quals tracten sobre el fet nacional al País Valencià: *Crítica de la nació pura* (1984), continuant la tradició de Joan Fuster. Com a novel·lista, destaca per *Els treballs perduts* (1989), *Borja Papa* (1996), *Purgatori* (2003) i *El professor d'història* (2008).

Jesús Moncada (Mequinensa, Baix Cinca, 1941 - Barcelona, 2005)

Narrador, traductor i pintor. Guiat per Pere Calders, amb qui va treballar a l'editorial Montaner i Simón, les seves obres es mouen entre la realitat i la fantasia, per recrear de manera mítica el poble on va néixer, Mequinensa, ofegat pel riu Ebre a causa de la construcció del pantà. El recull de contes *El Cafè de la Granota* (1985) i la novel·la *Camí de sirga* (1988) són dues de les obres més emblemàtiques de l'autor (pàg. 324).

Terenci Moix (pseudònim de Ramon Moix; Barcelona, 1942-2003)

Escriptor autodidacte que va treballar en tota mena d'oficis. Residí a Londres i París. Les seves primeres novel·les van representar el trencament amb el realisme històric i el resistencialisme imperant dels anys seixanta. Els temes provocadors (l'homosexualitat, el sexe...), les tècniques (barreja de llenguatge literari i argot) i els models que incorpora (cultura popular del còmic, del cinema clàssic...) marquen tendència i seran el segell característic d'un autor que retrata la seva visió particular de la postguerra en obres com *El dia que va morir Marilyn* (1962) i *Lleonard o El sexe dels àngels* (1992) (pàg. 320). A partir dels anys vuitanta, comença una nova producció novel·lística escrita exclusivament en castellà. Va escriure, també, llibres de viatges i assajos sobre cultures i referents artístics, com l'Egipte dels faraons i els mitjans de comunicació de masses.

Digues que m'estimes encara que sigui mentida, Montserrat Roig.

Montserrat Roig (Barcelona, 1946-1991)

Periodista i narradora que va renovar els pressupòsits realistes a partir d'un cicle novel·lístic que retrata l'evolució de la petita burgesia de l'Eixample barceloní del segle XIX al segle XX, a través de les generacions de tres dones, en obres com *L'hora violeta* (1980). Activista compromesa amb la cultura catalana i amb el feminisme, s'interessà pels conflictes individuals i generacionals del seu temps i també pels conflictes col·lectius (*Els catalans als camps nazis*, 1977), temes d'intencionalitat cívica que no es poden deslligar dels seus articles, reportatges i entrevistes periodístics, ni tampoc de la seva producció narrativa de ficció (pàg. 322).

«AUQUES I VENTAFOCS, ESCRIVIA JOSEP CARNER»: _ _ _ _ _ _ _ _ _ _.

Biel Mesquida (Castelló de la Plana, 1947)

Narrador, poeta i periodista. Impregnat de l'esperit reivindicatiu dels anys seixanta i setanta, l'èxit li arribà amb una novel·la **iconoclasta**[1] que es va convertir en el símbol de tota una generació: *L'adolescent de sal* (1975). Gran coneixedor de la tradició i amant de l'experimentació tècnica i estilística, Mesquida és un dels autors de la seva generació que més ha reflexionat sobre el fet literari i sobre la societat que l'envolta, en obres com *T'estim a tu* (2001) i *Trèmolo* (2015).

1 **iconoclasta:** que combat les idees o creences tradicionals o molt arrelades entre la gent.

Jaume Cabré (Barcelona, 1947)

Escriptor i guionista. Fou fundador del col·lectiu literari Ofèlia Dracs, amb el qual va publicar contes de gènere en reculls corals. Amb *La teranyina* (1984) inicià el cicle de Feixes, literaturització de la Terrassa de principis de segle XX, que ha anat avançant fins a arribar a l'època contemporània, amb *L'ombra de l'eunuc* (1996). La reflexió i la recuperació de la memòria col·lectiva també apareixen en les seves darreres obres, molt ben rebudes pel públic i la crítica: *Les veus del Pamano* (2004) i *Jo confesso* (2011). Ha escrit literatura juvenil i, com a assagista, ha reflexionat sobre el procés de creació literari: *Les incerteses. Sobre la creació del món* (2015). Actualment és un dels escriptors catalans més prestigiosos i traduïts arreu d'Europa.

Carme Riera (Palma, 1948)

Narradora, guionista, assagista i professora universitària. Va aconseguir un gran èxit de públic amb el seu primer llibre de contes: *Te deix, amor, la mar com a penyora* (1975). El gènere epistolar, el lirisme i l'ús de la parla col·loquial mallorquina són alguns dels trets definidors d'una autora que ha aprofundit en temes històrics com els jueus mallorquins en obres com *Dins el darrer blau* (1994) i *Cap al cel obert* (2000).

«El llenguatge literari es genera gràcies a l'equívoc existent entre la realitat i el desig.»
Jaume Cabré

Quim Monzó (Barcelona, 1952)

Dissenyador gràfic, dibuixant, traductor, guionista i articulista, a banda de narrador. Va irrompre amb força en el panorama de la literatura catalana amb el recull de contes *Uf, va dir ell* (1978), però va ser la publicació de la novel·la *La magnitud de la tragèdia* (1989) i del conjunt de relats *El perquè de tot plegat* (1993) el que el va consagrar com a autor de culte. Les seves col·laboracions en els mitjans de comunicació (ràdio i televisió) i els articles d'opinió que escriu al diari *La Vanguardia* l'han convertit en un dels escriptors més mediàtics, és a dir, populars, dels darrers anys. La intenció i l'estil de la seves novel·les i els seus contes ens remeten a la literatura periodística, que és la que actualment prodiga més i que ocupa un lloc preeminent en la seva obra. L'estil directe, concís i irònic de les seves columnes diàries cerca la claredat expositiva per lluitar contra el tòpic i la banalitat, mitjançant una capacitat analítica i argumentativa implacable. Els seus articles, aplegats en antologies com *No plantaré cap arbre* (1994) i *Del tot indefens davant dels hostils imperis alienígenes* (1998), són un testimoni insubstituïble del seu temps (pàg. 326).

Sergi Pàmies (París, 1960)

Narrador i traductor, col·labora en diferents mitjans de comunicació com a articulista, guionista i comentarista esportiu. Des que va publicar el seu primer recull de contes, *T'hauria de caure la cara de vergonya* (1986), la seva prosa s'ha anat perfilant en un punt de vista entre irònic i impassible amb múltiples registres, amb un estil analític, directe i precís. L'autor fa una reflexió lúcida sobre temes com la mort, la malaltia, el desamor, la identitat i l'escriptura: *Si menges una llimona sense fer ganyotes* (2006) i *Cançons d'amor i de pluja* (2013).

«La meva obsessió és anar despullant, i per això la meva fascinació pel conte.»
Quim Monzó

«PUBLICACIÓ MENSUAL, ESCRITA I LLEGIDA AMB SAVIESA»: _ _ _ _ _ _ _ _.

3. La poesia

Feliu Formosa (Sabadell, 1934)

Escriptor, traductor i director escènic. Ha fundat companyies de teatre, ha viscut a Alemanya i ha estat un introductor de corrents teatrals forans a Catalunya. Va iniciar la seva obra poètica sobre la base d'un realisme existencial i la influència de Gabriel Ferrater, en obres com *Llibre de meditacions* (1973). L'evolució de la seva obra poètica fou recollida a *Si tot és dintre* (1980). També ha publicat diaris, a més de volums autobiogràfics (pàg. 329).

Joan Margarit (Sanaüja, Segarra, 1938)

Poeta i arquitecte. Catedràtic de l'Escola d'Arquitectura de Barcelona, va començar a escriure en castellà als anys seixanta, i a partir de *L'ombra de l'altra mar* (1981) i *Vell malentès* (1981) va iniciar la producció en català, a la recerca de les seves arrels personals. La seva poesia és intimista, reflexiva, furga en els records i medita sobre el grans temes universals: la fugacitat del temps, la mort, l'amor i els interrogants de l'existència, en antologies com *Els primers freds. Poesia 1975-1995* (2004).

Carles Hac Mor (pseudònim de Carles Hernández Mor; Lleida, 1940 - Sant Feliu de Guíxols, 2016).

Periodista, poeta i guionista. Impregnat de l'esperit de la generació dels setanta, va cofundar revistes d'art i de poesia i estigué molt vinculat a tots els vessants de l'acció artística. La seva obra literària és heterodoxa i anticonvencional. Hereu de les avantguardes, explorà els límits de l'expressió a través de l'experimentació amb el llenguatge, l'inconscient i la transgressió de la norma, en obres com *Agoc* (1981) i *Himnes del no-ésser* (2009).

Miquel Bauçà (Felanitx, Mallorca 1940 - Barcelona, 2005)

Poeta i narrador. Intel·lectual de culte difícil de classificar, ha estat un dels més influents de les darreres generacions, juntament amb Gabriel Ferrater i Blai Bonet. Destaca per la riquesa lingüística i per l'habilitat de barrejar realitats i registres; *Obra poètica (1959-1983)* (1987) n'és un exemple. A partir d'*El canvi* (1998) fins a *Certituds immediates* (publicada pòstumament l'any 2007) els seus reculls poètics presenten una estructura similar: breus entrades enciclopèdiques, aforismes, notes, etc., ordenats alfabèticament, que tracten sobre temes molt diversos, amb un to personal i provocador.

Marta Pessarrodona (Terrassa, 1941)

Poeta i traductora. Feminista militant, la seva obra poètica parteix de la poesia de l'experiència iniciada per Gabriel Ferrater, en què el poema és un mitjà per a la reflexió moral. En són exemples *Poemes 1969-1981* (1984) i *L'amor a Barcelona* (1996). Ha publicat també obra narrativa, teatre i assaig, i és col·laboradora assídua en diversos mitjans de comunicació.

Narcís Comadira (Girona, 1942)

Artista polifacètic: pintor, traductor, articulista, crític literari i artístic, dramaturg i poeta. Seguint el mestratge de Carner, Foix i Ferrater, la seva poesia tendeix cap a les formes clàssiques, la contemplació, la reflexió i la ironia a través d'un alt rigor mètric i lingüístic, en obres com *Lent* (2012).

«UN AUTOR LLATÍ ACOMPANYAT D'UN GAT TRIST»: T_______ ____.

Francesc Parcerisas (Begues, Baix Llobregat, 1944)

Poeta, traductor, professor i assagista. Va ser president de l'**Associació d'Escriptors en Llengua Catalana** del 1998 al 1999, i director de la **Institució de les Lletres Catalanes** del 1998 al 2004, institució de la qual ara és degà. La seva obra poètica s'inicia en el marc del realisme històric, però evoluciona aviat cap a una poètica més barroca i experimental amb llibres com *Latituds dels cavalls* (1974) i desemboca després en un intimisme d'arrels anglosaxones a partir de *L'edat d'or* (1983). Ha guanyat premis com el Carles Riba, el de la Crítica o el Ciutat de Barcelona de poesia, i ha traduït obres com *El senyor dels anells*, de Tolkien, i poetes com Seamus Heaney i Ezra Pound, a més de publicar assajos sobre l'art de la traducció.

Pere Gimferrer (Barcelona, 1945)

Poeta, prosista, crític i traductor. Va iniciar la seva obra poètica en català amb *Els miralls* (1970). La seva poesia és discursiva i metaliterària: intenta d'enllaçar amb moments de la tradició literària. Explora, a partir d'una poètica de l'instant, les fronteres tènues entre la realitat real i la realitat artística i s'interroga sobre el sentit de la vida i de l'art. També ha destacat com a prosista de textos originals, com ara *Dietari complet* (1997), en què rebutja les limitacions del gènere tradicional per parlar del poder i la política, del poeta i l'artista en aprenentatge constant, de la voluntat de definir el moment cultural català i de les evocacions personals literàries, artístiques i cinematogràfiques (pàg. 330).

Josep Piera (Beniopa, la Safor, 1947)

Poeta, novel·lista i assagista. Representant de la Generació dels 70, les seves primeres obres conformen un cicle en què reflexiona sobre l'amor i el fet poètic: *Mel-o-drama* (1981). En una segona etapa, s'interessa per la poesia arabigoespanyola, i en fa traduccions, assajos i poemaris: *Maremar* (1985). També ha conreat el gènere narratiu en obres de caràcter intimista i memorialista com *Seduccions de Marràqueix* (1996) i ha divulgat la figura d'autors com Ausiàs March, Francesc de Borja i Teodor Llorente.

Enric Casasses (Barcelona, 1951)

Poeta, rapsode, assagista i traductor. Va tenir una presència activa en el marc de la contracultura a les acaballes del franquisme. És un artista heterogeni: ha ofert muntatges poeticomusicals de la seva obra, ha estrenat espectacles teatrals, col·labora amb produccions discogràfiques i ha publicat més de vint-i-cinc llibres de poemes, com *No hi érem* (1993), *Calç* (1996) i *Plaça Raspall* (1998). La seva poesia parteix de l'oralitat per a endinsar-se en les tradicions més variades, des de la poesia trobadoresca fins a la cultura *underground* (pàg. 338).

«Una dona sense un home / és com un peix sense bicicleta.»
Maria-Mercè Marçal

Maria-Mercè Marçal (Ivars d'Urgell, Pla d'Urgell, 1952 - Barcelona, 1998)

Poeta, traductora i narradora. S'ha convertit en una de les veus de referència obligada per a les noves generacions de poetes. Va prendre part activa en la vida cultural catalana des de les acaballes del franquisme; va ser cofundadora, juntament amb Ramon Pinyol i Xavier Bru de Sala, de l'editorial Llibres del Mall (1973-1986), una plataforma de llançament de la nova poesia jove que, alhora, difongué l'obra d'alguns autors de generacions anteriors. Es va implicar en política i en moviments cívics com el feminista, que no abandonà mai. *Cau de llunes* (1977) fou el seu primer poemari, el qual ja avançava les característiques d'una poètica curulla de símbols femenins, marcada per una ètica insubornable i amb un estil deutor de la tradició oral, capaç d'harmonitzar les avantguardes amb altres formes més clàssiques. La seva única novel·la va ser *La passió segons Renée Vivien* (1994).

4. El teatre i els mitjans de comunicació audiovisuals

«Volia ser escriptor com qui vol ser astronauta, sabent que era mentida, que mai no ho seria.»
Josep Maria Benet i Jornet

En el nou context democràtic, assistim, a mitjan dècada dels setanta, a la **institucionalització** del teatre. Des dels governs autonòmics, les diputacions i els ajuntaments s'impulsen noves polítiques adreçades a la creació d'institucions o organismes encarregats de la producció i de l'exhibició teatrals (o d'altres formes d'espectacle: dansa, circ, clown, muntatges parateatrals com els de Pep Bou i Carles Santos, etc.), que propicien el creixement del sector de les arts escèniques i descentralitzen l'oferta cultural. Apareixen fires (com la Fira del Teatre al Carrer de Tàrrega, 1981, i la Fira de Teatre de Manacor, 1996), mostres (com la Mostra de Teatre d'Alcoi, 1990), festivals, circuits i xarxes teatrals. D'altra banda, la creació d'espectacles destinats a un públic infantil (o familiar) va agafant cada vegada més presència en el panorama escènic des del període democràtic, amb el moviment Rialles (1972), teatres com el Jove Teatre Regina i companyies de titelles, entre moltes altres propostes que ajuden a normalitzar i consolidar el sector.

Tota aquesta sèrie d'accions i de mesures permeten la **professionalització** del sector teatral, nascut, en gran part, durant l'etapa de teatre independent. A Catalunya, destaquem companyies com Comediants (1971), Dagoll Dagom (1974), El Tricicle (1979), La Fura dels Baus (1979), La Cubana (1980), Vol-Ras (1980) i T de Teatre (1991), algunes de les quals han esdevingut empreses teatrals, productores d'espectacles i gestores d'espais teatrals. Al País Valencià, hem d'esmentar companyies com Bambalina (1981), Xarxa Teatre (1983) i La Dependent (1987). A les Illes Balears trobem La Clota (1984), Estudio Zero Teatre (1985) i Gom Teatre (1995). Una bona part de les companyies que neixen a partir dels primers anys vuitanta es caracteritzen per unes propostes escèniques de creació pròpia en què el text dramàtic no és l'element central, sinó que el component visual, gestual o musical esdevé fonamental.

Representació del *Llibre de les bèsties*, dels Comediants.

D'altra banda, cal tenir en compte que, els mitjans de comunicació i, en concret, les noves televisions, es converteixen en **plataformes audiovisuals** que contribueixen a la professionalització del sector de les arts escèniques i a un reconeixement més gran dels seus creadors, tant actors com dramaturgs, als quals ha permès compaginar l'escriptura teatral i el guionatge per a la televisió, tal com passa en la majoria de dramaturgs que estudiarem en aquesta unitat. Hi ha companyies teatrals que s'incorporen al teixit audiovisual i que han estat responsables de **sèries** d'èxit, de la mateixa manera que el component audiovisual i les noves tecnologies han anat assolint més presència en les creacions escèniques.

«Es tracta de saber, d'intuir, què és, del que observes del món i de la vida, allò que pot interessar algú altre.»
Sergi Belbel

Cap a finals dels vuitanta s'inicia un període en el qual assistim a un retorn del teatre de text (o d'autor) en actiu, en què dos dels referents internacionals són l'anglès Harold Pinter i l'estatunidenc David Mamet. D'una banda, es consoliden autors dels setanta com el valencià Rodolf Sirera i Josep Maria Benet i Jornet, però alhora, de l'altra, s'estrenen autors nous, com Sergi Belbel, cap visible d'una nova fornada de dramaturgs que es donaran a conèixer a la dècada dels noranta: Lluïsa Cunillé, Jordi Galceran, David Plana i Carol López, per a esmentar només alguns noms. A València i a les Illes, l'aparició de nous autors ha estat més vinculada a l'activitat de les companyies més representatives del territori.

«UNA VERGE AGRAÏDA EL TERCER MES DE L'ANY»: _ _ _ _ _ - _ _ _ _ _ _ _ _ _ _ _ _.

Josep Maria Benet i Jornet (Barcelona, 1940)

Dramaturg i guionista televisiu. Autor d'inspiració realista, es va inscriure a l'Escola d'Art Dramàtic Adrià Gual (EADAG), on va conèixer directors i autors fonamentals en el panorama teatral dels anys seixanta i setanta, com Ricard Salvat i Maria Aurèlia Capmany, entre altres. Des de la primera obra que va escriure, *Una vella, coneguda olor* (1964), n'ha fet més d'una trentena, amb registres molt diferents, que l'han convertit en un dels dramaturgs més prestigiosos i representats de l'escena catalana. *Berenàveu a les fosques* (1972), *El manuscrit d'Alí-Bey* (1985) i *E. R.* (1994) són alguns exemples d'obres que serveixen a l'autor per a reflexionar sobre la inserció de l'individu en el si d'una societat i d'un país greument condicionats pel franquisme (pàg. 336). Ha conreat, també, el teatre infantil, amb obres com ara *Supertot* (1976) i *Carlota i la dona de neu* (1992), i ha col·laborat com a crític literari de la revista *Els Marges*, de la qual fou cofundador. Ha desenvolupat una intensa trajectòria com a guionista televisiu, escrivint els primers serials produïts per TV3: *Poblenou*, *Nissaga de poder*, *Laberint d'ombres*, *El cor de la ciutat* i *Ventdelplà*. Ha publicat les seves memòries: *Material d'enderroc* (2010).

Rodolf Sirera (València, 1948)

Dramaturg, director, gestor teatral i guionista televisiu. Va formar part del procés de renovació del teatre del País Valencià del començament dels setanta, juntament amb el seu germà Josep Lluís, amb qui ha escrit conjuntament diverses obres combatives sobre la realitat política i social valenciana. *El verí del teatre* (1978) és l'obra que ha tingut més repercussió en la seva producció teatral. *Temps de silenci* (2001-2002) i *Amar en tiempos revueltos* (2005-2012) són dos exemples de serials televisius d'èxit en què ha treballat com a guionista; aquest darrer, juntament amb Benet i Jornet.

Lluïsa Cunillé (Badalona, 1961)

Dramaturga. Cofundadora de la Companyia Hongaresa de Teatre (1995) i de la companyia La Reina de la Nit (2008), és autora d'una extensa obra dramàtica, tant en català com en castellà. *Barcelona, mapa d'ombres* (2005) és un exemple de les inquietuds i de les constants temàtiques de l'autora, que aborda la incomunicació, la solitud o la vulnerabilitat de les relacions humanes.

Sergi Belbel (Terrassa, 1963)

Dramaturg, director escènic, traductor teatral i guionista. Llicenciat en Filologia Romànica i Francesa, és membre fundador de l'Aula de Teatre de la UAB (1983) i professor de Dramatúrgia a l'Institut del Teatre de Barcelona des del 1988. Compagina la direcció de textos propis, com *Carícies* (1992), *Després de la pluja* (1993) i *Forasters* (2005), amb la d'obres d'altres autors (Shakespeare, Beckett, Guimerà, Goldoni, Mamet, Benet i Jornet, etc.). La comunicació en les relacions humanes i la reflexió sobre el temps són dos temes recurrents en les seves obres. Autor amb una important repercussió internacional, amb el reconeixement de crítica i públic, va ser director artístic del Teatre Nacional de Catalunya (2006-2014).

Jordi Galceran (Barcelona, 1964)

Dramaturg, narrador, traductor teatral i guionista. Es donà a conèixer amb dues obres: *Paraules encadenades* (1995) i *Dakota* (1996). L'obra *El mètode Grönholm* (2003) va assolir un gran èxit tant a Catalunya com a l'estranger i va projectar l'autor internacionalment com un comediògraf hàbil que ha sabut connectar amb els interessos i els gustos del públic majoritari, tal com s'ha continuat corroborant en obres posteriors com *Carnaval* (2006) i *El crèdit* (2014).

«ESCRIPTOR CATALÀ QUE MENA EL RAMAT PEL RODAL DE FEIXES»: C _ _ _ _ _.

Terenci Moix

Abans de començar

Tot i que la novel·la va ser publicada el 1992, Terenci Moix va començar a escriure esborranys de *Lleonard o El sexe dels àngels* entre 1969 i 1972, immers en la vida col·lectiva de **Barcelona** d'aquells anys. Perquè la novel·la retrata precisament l'ambient de la vida intel·lectual i artística barcelonina dels **anys seixanta**. Un retaule descrit amb ironia que es mou entre la caricatura i l'homenatge entorn de la figura de Lleonard Pler, un jove que sacseja la cultura catalana amb la seva ambició i la seva candidesa.

Després d'aquella primera trobada em van quedar moltes ganes de tornar-lo a veure. Per desgràcia, no freqüentàvem els mateixos ambients. És comprensible. Entre els sofisticats de Barcelona, un nano que, per fanatisme o per bogeria, s'havia decidit a escriure exclusivament en català no oferia massa garanties d'arribar a ser algú amb qui calgués comptar. Encara que els de la **Gauche Dorée**[1] parlaven normalment en català, pocs consideraven que això pogués ser vehicle de cultura. Si de cas, una forma de diferenciar-se dels pollosos de la *berza*[2] –que això sempre és important–, però si calia escollir una llengua d'expressió literària preferíem sense cap mena de dubtes el castellà. Respecte a l'idioma oficial del **Decamerone**[3], era l'internacionalisme. Tot aquell que no fos cosmopolita hi era molt malmirat. O no se'l mirava ningú, que encara és pitjor.

Aleshores, la Barcelona europeista havia de passar cada nit pel Decamerone. Els més bevedors castigaven el fetge amb un últim uisqui, que en realitat eren deu; els més inquiets recollien a la llibreria del Drugstore alguna lectura per abans de dormir (generalment còmics i algun llibre d'importació). A última hora, les tendències es bifurcaven i els de «l'ambient» –els maricons, vaja– encara tiràvem Rambla avall, cap als bars del Barri Xino que eren oberts fins de matinada o bé al Copacabana a buscar travestís, que no surten gaire cars. Pels que no ens agrada pagar, també era un últim intent de lligar. Jo sempre esperava trobar Lleonard en algun cau d'aquells; era una esperança irracional, si tu vols, perquè res no indicava que ell fos de l'*assunto*, sobretot tenint en compte que vivia amb la Castellona. Però algú va dir que precisament aquella era la millor garantia: «Després d'anar-se'n al llit amb aquella donota, un home ha d'avorrir les figues per sempre més». Tot i que era una bona raó, mai no vaig trobar Lleonard als locals d'***alterne***[4]. Però el seu record em derrotava. Cada vegada que veia d'esquena algun xavalet ros, m'hi acostava per veure-li la cara. Era inútil. No n'hi havia cap que fos com ell. I, encara que no recordava com era exactament, sí que sabia que era únic.

Terenci Moix, *Lleonard o El sexe dels àngels*

1 **Gauche Dorée** (fr.; 'Esquerra Daurada'): literaturització de l'anomenada *Gauche Divine*, moviment d'intel·lectuals i artistes burgesos i de classe alta d'esquerres que sorgí al voltant de la discoteca Bocaccio de Barcelona als anys seixanta i setanta del segle xx, lligat al moviment cinematogràfic anomenat Escuela de Barcelona.

2 ***berza*** (col·loq. cast.): en aquest cas, nom despectiu que es dona als altres.

3 **Decamerone:** literaturització de la discoteca Bocaccio, inaugurada el 1967 per iniciativa d'Oriol Regàs i un grup de joves emprenedors provinents de famílies benestants. Situada al carrer Muntaner, va ser durant vint anys l'estendard de la modernitat.

4 ***alterne*** (cast.): sala de festa, bar, on es poden trobar persones de companyia, les quals reben diners per tractar amb els clients i incitar-los a consumir, o, fins i tot, a tenir-hi relacions sexuals.

«SOL, I DE DOL, ESCRIVIA AQUEST POETA, ENVOLTAT DE TORTELLS I LIONESES»: _ _ _ _.

COMPRENSIÓ

1 Digues quines informacions sobre el **narrador** pots extreure del fragment que has llegit.

a) Quins ambients freqüenta.
b) Quines són les seves activitats.
c) Quina és la seva obsessió.

2 Digues què en sabem de **Lleonard**, a partir de la breu informació que ens en proporciona el narrador.

3 Explica quina actitud lingüística adopta la Gauche Dorée respecte al **català**. Creus que podem extrapolar-ho a una actitud generalitzada d'una època o d'un sector de la societat?

4 Fixa't en la **llengua** del text. En el pròleg d'aquesta novel·la, Pere Gimferrer afirma que hi trobem un registre molt variat, que recull «l'oripell **kitsch**[1], el desmenjament **xava**[2] i la mimesi dels idiotismes col·loquials». Posa algun exemple del lèxic que t'hagi cridat l'atenció o explica algun dels termes següents que hi apareixen:

els sofisticats, nano, «l'ambient», l'*assunto*, figues, *alterne*, xavalet

RELACIÓ

5 La **ciutat** de Barcelona es pot considerar un personatge més de la novel·la. Explica quina visió se'ns dona de la ciutat. Compara-la amb la ciutat ideal dels noucentistes. Creus que presenten similituds?

REFLEXIÓ

6 L'escriptor Terenci Moix ha estat titllat, per alguns sectors, d'escriptor provocador, escandalós, *enfant terrible*, amoral... Creieu que aquest fragment pot justificar adjectius com aquests? Expliqueu-ne els motius.

G

1 **kitsch:** (subst. m.) producció artística de mal gust i mancada d'art, de gràcia i de distinció, en la qual predomina l'efecte ràpid i previsible, la decoració amb pretensions, el sentimentalisme i la comercialitat; (adj.) de mal gust.

2 **xava:** parlar propi d'alguns sectors de Barcelona amb una clara influència del castellà, caracteritzat per una eliminació de les consonants sonores diferencials i de les vocals obertes i neutres.

Montserrat Roig

Abans de començar

En l'obra *Digues que m'estimes encara que sigui mentida*, Montserrat Roig aplega apunts, reflexions i dissertacions vàries que va anar compilant al llarg dels anys. En paraules de l'autora: «Aquest llibre és un recorregut personal per les lectures, l'aprenentatge de viure i Barcelona». En aquest fragment apareixen tres dels seus motius recurrents: els referents literaris, l'entorn on viu i la dona.

Noia finestrera, es cansa de ser soltera.
(Refrany popular)

L'escriptor Josep Pla deia que la xafarderia representava la forma més **plausible**[1] de cultura. A en Josep Pla, li agradava molt usar l'adjectiu «plausible». L'ajudava a relativitzar els seus sentiments, els quals, amb els anys, s'anaren estovant. Alguns escriptors sensibles procuren ser tan freds com el marbre a l'hora d'escriure. Però jo no vull parlar dels escriptors sensibles, sinó de la xafarderia. I de les finestres, els balcons i les galeries.

Un psicòleg, em sembla que estranger, afirmava en un diari que la xafarderia és la millor medecina contra la depressió. No sé si m'arrisco molt en afirmar que les persones xafarderes no solen ser bones candidates al suïcidi: sempre volen saber què hi ha més enllà de la cantonada. «Xafarderia», en la segona accepció del diccionari Fabra, és una paraula de difícil traducció. Una persona xafardera, és a dir, «tafanera», no ha de ser a la força indiscreta. Tafaner és aquell que «mira», què hi ha més enllà dels límits estrets del seu propi món. Això és el que han fet, durant segles, moltes dones, les quals mai no han pensat, a causa de les regles estrictes de la història social de la literatura, que la seva curiositat podia esdevenir obra escrita, i a voltes art.

No ens hem d'estranyar que figures mitològiques i bíbliques com **Psique**[2], **Pandora**[3], **Eva**[4] i la **dona de Lot**[5] fossin castigades per la seva curiositat. Totes quatre eren figures femenines. I la dona de Lot era la dona de Lot.

Quan va obrir-se el camp de visió de la meva infantesa, que fins aleshores havia estat, en gran mesura, limitat pels patis interiors de l'Eixample, vaig començar a imaginar-me totes aquelles mirades de dones, la percepció visual de les quals a penes si ens ha deixat algun rastre. D'aquesta manera, les ciutats perden part de la seva història, de la seva memòria.

Montserrat Roig, *Digues que m'estimes encara que sigui mentida*

1 **plausible:** acceptable, versemblant.

2 **Psique:** personificació mitològica de l'ànima, representada com una donzella d'una bellesa extraordinària. Enamorada d'Eros, fou raptada per un espòs desconegut, que la visitava a les fosques. La noia, encuriosida, volgué saber qui era aquell que l'estimava tant. Quan finalment va descobrir que era el seu desitjat marit Eros, el va perdre.

3 **Pandora:** primera dona mortal, segons la mitologia grega. Induïda per una curiositat fatal, obrí la capsa que Zeus li havia confiat, plena de tots els mals, que s'escamparen per tota la terra.

4 **Eva:** la primera dona, creada per Déu a partir de la costella d'Adam, segons el llibre del Gènesi de la Bíblia. Enganyada per la serp, va convèncer Adam perquè es mengés la poma d'un arbre del qual tenien prohibit tocar els fruits, per la qual cosa van ser expulsats del jardí de l'Edèn.

5 **dona de Lot:** personatge del llibre del Gènesi. La muller de Lot va quedar convertida en una estàtua de sal pel fet d'haver mirat enrere, desobeint el mandat de l'àngel, en fugir de Sodoma quan la ciutat era destruïda.

COMPRENSIÓ

1 El primer referent literari que cita l'autora és Josep Pla. Debateu sobre l'**aforisme** irreverent que obre el fragment: «La xafarderia és la forma més plausible de cultura».

2 A partir de les definicions del *Diccionari de la llengua catalana* de l'Institut d'Estudis Catalans, feu-vos la mateixa reflexió que l'autora i digueu quines semblances i diferències hi ha entre els verbs *xafardejar* i *tafanejar*:

- **xafardejar:** algú, fer, més o menys malèvolament, objecte de conversa el que sap o creu saber, el que pensa, el que ha sentit a dir, de la vida i dels fets de la gent.
- **tafanejar:** algú, exercir la seva curiositat en coses que no li importen, en afers d'altri.

3 Quin és el tret primordial que atribueix l'autora a les persones **tafaneres**?

4 Quina relació estableix Roig entre les **dones** i la **curiositat**? Fixa't en els referents literaris que cita.

5 A què es refereix l'autora a la darrera frase, quan afirma: «D'aquesta manera, les **ciutats** perden part de la seva història, de la seva memòria». Rellegeix atentament l'últim paràgraf abans de contestar.

6 En el primer paràgraf, Roig escriu que vol parlar de les **finestres, els balcons i les galeries**, però en aquest extracte del text, no se'n parla més. Com pots relacionar aquesta intenció amb el darrer paràgraf?

REFLEXIÓ

7 Debateu sobre l'afirmació del psicòleg que sosté que la **xafarderia** és la millor medecina contra la **depressió**. Quines altres medecines, a banda dels fàrmacs, coneixeu contra la depressió?

Montserrat Roig, *Digues que m'estimes encara que sigui mentida.*

Coberta de *Digues que m'estimes encara que sigui mentida*, de Montserrat Roig.

Jesús Moncada

Abans de començar

«Revenja per a un difunt» és un conte de Jesús Moncada que narra la competició pendent entre dos **llaüters**[1] del poble: l'oncle Sebastià Peris, que s'acaba de morir, i el seu contrincant, el Roca, mort fa deu anys. La picabaralla entre tots dos que no es va resoldre en vida, ha de tenir lloc ara que tots dos es tornen a trobar en el més-enllà. Tot el poble ho espera.

L'endemà, una hora abans de la cosa, la gent es va abocar pels carrerons que baixaven al riu, i el mur que donava a l'Ebre, els molls i els **llaüts**[2] amarrats a la vora van quedar atapeïts de personal. Jo vaig anar-hi sense la dona. Li havia agafat por i va quedar-se a casa. A més, estava de quatre mesos i ja se sap. Em vaig ajuntar amb els meus peons i vam seure a la **sama**[3] del nostre llaüt. No bufaven ni el **cerç**[4] ni la **garbinada**[5] i el riu estava planet, igual que una bassa. Tothom discutia amb passió i jo no feia més que treure'm el rellotge de la butxaca de l'armilla i mirar l'hora.

A les quatre en punt, el xiular del coet va tallar en sec l'**avalot**[6] de gent i l'explosió ens va sotragar. Durant tres o quatre minuts vam quedar immòbils, el mateix que estàtues, però quan vam veure els dos llaüts, després que van passar el colze que fa el riu a l'altura del pont, un udol immens va retrunyir per la vall i va sacsejar fins i tot els **codissos**[7] de les **gleres**[8].

–Ara veurem què passa! –vaig exclamar amb tota la meva ànima.

La puta d'oros! Feia deu anys que l'oncle Sebastià havia perdut una correguda de llaüts de manera miserable! Anava el primer, però a mitja correguda li van petar tres rems, que això li passa al patró més fi, i se li va **destarotar**[9] la tripulació. Els **peons**[10] van perdre el ritme, els rems es van començar a topar i allò semblava les **matraques**[11] de la Quaresma! I com se'n va aprofitar el Roca, que anava segon i sempre estava a matar amb l'oncle Sebastià! El va passar amb quatre **estropades**[12]! Però, tot hauria quedat en un cas de mala sort si el Roca no hagués estat un pinxo. No en tenia prou de guanyar! A més, volia escarnir el seu rival, i uns metres abans de la meta va cridar als seus tripulants: «Nois, fora rems; per guanyar segons qui no em fan cap falta!». I el seu llaüt, només amb l'impuls que portava, va arribar el primer. Després, ell i els seus partidaris, que també en tenia, perquè, de rucs, n'hi ha més que peixos, tot era **gallejar**[13]. Però al vell Sebastià no li roncava qui volia; la jugada de rems li havia arribat a l'os, i va desafiar Roca per a la carrera de l'any vinent. «Quan vulguis», va contestar aquell poca-solta. Però la correguda no va arribar a celebrar-se. Al cap de dos mesos, mal comptats, unes febres estranyes van consumir el Roca i se'l van endur al fossar en quatre dies. L'oncle Sebastià va anar a les misses i a l'enterrament, que una cosa no treu l'altra, però al cementiri va dir ben clar que el repte seguia en peu, perquè la mort no tenia res a veure amb una correguda de llaüts, i que quan trobés Roca a l'altre barri li exigiria revenja. Deu anys havia tardat a cruixir el vell Sebastià, i ara, l'endemà del seu enterrament, ell i el Roca se les tenien!

Jesús Moncada, *Històries de la mà esquerra*

1 **llaüter:** tripulant d'un llaüt.
2 **llaüt** (o *llagut*): embarcació de poc tonatge destinada a la pesca i a la navegació de cabotatge.
3 **sama:** lloc situat a popa dels llaguts emprats al riu Ebre on els peons dormen i tenen la roba i altres objectes.
4 **cerç:** vent fred del nord-oest.
5 **garbinada:** ventada forta de garbí.
6 **avalot:** crits o sorolls molt forts, com de gent irada o fortament excitada.
7 **codís:** còdol.
8 **glera:** llit de riu o de torrent sec i ple de còdols.
9 **destarotar:** desconcertar.
10 **peó:** cadascun dels tripulants d'un llagut.
11 **matraca:** instrument compost de dues o més fustes articulades que, posat en moviment, fa un soroll sec i repetit, emprat antigament per Setmana Santa en substitució de les campanes.
12 **estropada:** cop de rem, impuls que l'estrop (l'anella de corda que lliga el rem a l'escàlem) comunica.
13 **gallejar:** fer el gall, l'important, parlant o obrant amb arrogància i orgull.

«EL PERSONATGE MÉS ESQUERP I SOLITARI DE MOLIÈRE»: M _ _ _ _ _ _ _ _ _ _.

COMPRENSIÓ

1 Contesta les preguntes següents:

a) Quina és «**la cosa**» que congrega gairebé tots els habitants del poble al riu?
b) Què va passar fa **deu anys** entre l'oncle Sebastià i el Roca?
c) Què va succeir al cap d'un parell de **mesos** i quines conseqüències va tenir?
d) Per què tot el **poble** està a l'expectativa, deu anys després?
e) Quina implicació té el **narrador** en aquests fets?

Cartell d'una exposició dedicada a Jesús Moncada.

2 El relat es desenvolupa en un entorn **rural**. Posa cinc exemples de lèxic relacionat amb l'entorn en què té lloc l'acció.

3 El fragment és molt viu en **expressions col·loquials**. Fixa't en aquests exemples i explica, amb paraules teves, què signifiquen:

a) «La puta d'oros!» (lín. 14)
b) «allò semblava les matraques de la Quaresma!» (lín. 17-18)
c) «si el Roca no hagués estat un pinxo» (lín. 20)
d) «de rucs, n'hi ha més que peixos» (lín. 24)
e) «al vell Sebastià no li roncava qui volia» (lín. 25)

4 El text destil·la una **ironia** molt particular que determina el to del conte. Localitza'n algun exemple i explica'l.

REFLEXIÓ

5 Com creieu que **acabarà** la nova competició? Discutiu sobre què creieu que passarà i si hi haurà un guanyador.

RELACIÓ

6 Trobeu alguna similitud entre aquest conte i el d'un autor com **Pere Calders**: to, llenguatge, protagonistes, tema, etc.

EXPRESSIÓ

7 Tria una de les dues opcions i escriu una redacció. Extensió: aproximadament 200 mots.

a) Reescriu el fragment des del punt de vista d'un seguidor del Roca.
b) Imagina't i escriu el final del conte.

«EL PERSONATGE MÉS INGENU D'EN VOLTAIRE»: C _ _ _ _ _ _.

Quim Monzó

Abans de començar

Jugant amb el punt de vista d'un narrador innocent, Quim Monzó ens relata en aquest conte uns fets aparentment quotidians d'una **família** barcelonina de classe mitjana.

Redacció

Què vaig fer diumenge. – Diumenge va ser un dia que va fer molt de sol, i vaig anar a passejar amb el papà i la mamà. La mamà duia un vestit beix, amb una rebeca de color blanc os, i el papà un pul·lòver blau **RAF**[1] i uns pantalons grisos i una camisa blanca, oberta. Jo duia un jersei de coll tancat, blau com el pul·lòver del papà, però més clar, i una jaqueta marró, i uns pantalons també marrons, una mica més clar que la jaqueta, i unes wambes vermelles. La mamà duia unes sabates clares i el papà unes de negres. Vam passejar al matí, i vam anar a esmorzar a les Balmoral. Vam esmorzar un suís i una ensaïmada farcida, a mig matí, i jo vaig demanar crussants. Després vam veure les flors, i n'hi havia de roges i grogues i blanques i roses, i fins i tot blaves, que el papà va dir que eren tenyides, i herbes verdes, i violetes, i ocells grossos i petits, i el papà va comprar el diari en un quiosc. També vam mirar aparadors, i el papà li va dir a la mamà que s'afanyés, una vegada que ens estàvem molta estona davant d'un aparador amb jerseis. I després vam asseure'ns en un banc verd, en una plaça, i hi havia una senyora gran, amb els cabells blancs i les galtes molt vermelles, com tomàquets, que donava veces als coloms, i em recordava la iaia, i el papà llegia el diari tota l'estona i jo vaig dir-li que em deixés mirar els dibuixos i em va deixar mig diari i em va dir que no el fes malbé. Després, quan ja pujàvem cap a casa, la mamà, perquè el papà tota l'estona llegia el diari, li va dir que n'estava tipa, i li va dir que sempre el llegia i que ja n'estava tipa: que el llegia a casa, esmorzant, dinant, al carrer, caminant o en un bar, o quan passejàvem. I el papà no va dir res i va continuar llegint, i la mamà el va insultar i després era com si li sabés greu, i em va besar i després, mentre la mare era a la cuina preparant l'arròs, el papà em va dir que no li'n fes cas. Vam dinar arròs amb suc, que no m'agrada, i carn amb pebrots fregits. Els pebrots fregits m'agraden molt, però la carn no, que és molt crua, que la mamà diu que així és més bona, però a mi no m'agrada. M'agrada més la carn que em donen al col·legi, més cremadeta. Del col·legi no m'agraden els primers plats, mai. En canvi, a casa em donen vi amb gasosa. Al col·legi no. Després, a la tarda, vam venir els tiets, amb el cosinet, i els tiets es van posar a parlar a la sala, amb els papàs, i a prendre cafè, i el cosinet i jo vam anar a jugar al jardí, i hi vam jugar a **màdelmans**[2] i amb un futbolí i a pilota, i amb el camió de bombers, i a guerres d'astronautes, i el cosí es va posar molt tonto perquè perdia, i a mi és que em va molestar molt el cosinet, que no sap perdre, i vaig haver de pegar-li una bufa, i es va posar a plorar molt molt fort i va venir la mamà i la tieta i el tiet, i la mamà va dir què ha passat, i abans que jo li contestés el cosinet va dir m'ha pegat, i la mamà em va donar una bufetada, i jo també em vaig posar a plorar i vam tornar tots a la sala i la mamà m'agafava de la mà i el papà llegia el diari i fumava un puro que li havia portat el tiet, i la mamà va dir-li els nens són al jardí, matant-se, i tu aquí tan tranquil, repapat. La tieta va dir que no tenia importància, però la mamà va dir-li que sempre passava el mateix, que de vegades se n'atipava. Després els tiets van marxar, i quan marxaven el cosí em va fer llengots i jo també li'n vaig fer a ell, i el papà va engegar el televisor, que feien

1 **RAF:** sigla de Royal Air Force, branca aèria de les forces armades britàniques.

2 **màdelman:** ninot de joguina d'acció articulada, d'uns 15 cm.

«HAS DE SUMAR-HI MÉS ELEMENTS, SI VOLS ACABAR DE CONFEGIR L'ÍNDEX DEL LLIBRE»: S _ _ _ _ _ _.

futbol, i la mamà va dir que canviés de canal, que al segon hi feien una pel·lícula, i el papà va dir que no, que estava mirant el partit i que no.

Després jo vaig anar al jardí, a veure la nina que hi tinc enterrada al costat de l'arbre, i la vaig treure i la vaig acariciar i la vaig renyar perquè no s'havia rentat les mans per dinar i després la vaig tornar a enterrar, i vaig anar a la cuina, i la mamà hi plorava i li vaig dir que no plorés. Després, vaig asseure'm al sofà, al costat del papà, i vaig mirar una estona de partit, però després m'avorria i vaig mirar-me el papà, que era com si tampoc no se'l mirés, el partit, o com si fos en un altre lloc o pensés molt. Van fer anuncis, a la televisió, que és el que més m'agrada, i després la segona part del partit, i jo vaig anar a veure la mamà, que preparava el sopar, i després vam sopar i van fer una pel·lícula de dibuixos animats i les notícies i una pel·lícula antiga, d'una actriu que no sé com es diu, que era rossa i molt maca i amb molta meta. Però aquí em van fer anar a dormir perquè era tard i vaig pujar les escales i me'n vaig anar al llit, i des del llit sentia la pel·lícula i sentia com es barallaven els papàs i es discutien, però amb el soroll del televisor no podia sentir ben bé què deien. Després es barallaven a crits i jo vaig baixar del llit per acostar-me a la porta i entendre què deien, però com que tot era a les fosques no m'hi veia bé, només hi havia la llum de la lluna que entrava per la finestra que dona al jardí, i com que no m'hi veia bé, vaig entrebancar-me i vaig haver de tornar al llit, amb por que vindrien a veure què havia estat aquell soroll, però no van venir. Jo sentia que continuaven discutint. Ara ho sentia millor perquè es veu que havien apagat el televisor, i el papà li deia a la mamà que no l'emprenyés i l'insultava i li deia que no tenia ambicions, i la mamà també l'insultava i li deia que se n'anés de casa, i deia el nom d'una dona i la insultava, i després vaig sentir que es trencava alguna cosa de vidre i després vaig sentir els crits més forts, i eren tan forts que no s'entenien, i després vaig sentir un gran crit, molt gros, i després ja no vaig sentir res més. Després vaig sentir molta **fressa**[3], però petita, com si arrosseguessin un mòdul del **tresillo**[4]. Vaig sentir que es tancava la porta del jardí i aleshores vaig tornar a sortir del llit i vaig sentir soroll a fora i vaig mirar per la finestra, i sentia fred als peus, perquè anava descalç, i a fora era fosc i no s'hi veia gens, i em va semblar que el papà cavava al costat de l'arbre i vaig tenir por que no hi descobrís la nina i em castigués i vaig tornar al llit i em vaig tapar ben bé, tot, fins i tot la cara, amagada sota els llençols i tot a les fosques i els ulls ben tancats. Vaig sentir que deixaven de cavar i després unes passes que pujaven les escales i jo vaig fer l'adormit, i vaig sentir que s'obria la porta del quarto i vaig pensar que devien estar mirant-me, però jo no vaig veure qui em mirava, perquè feia l'adormit i no ho vaig veure. Després van tancar la porta i vaig adormir-me i l'endemà, ahir, el papà va dir-me que la mamà se n'havia anat de casa i després van venir uns senyors a demanar coses i jo no vaig saber què dir-los i tota l'estona plorava i em van portar a viure a casa dels tiets, i el cosinet sempre em pega, però això ja no va ser el diumenge.

Quim Monzó, *Olivetti, Moulinex, Chaffoteaux et Maury*

3 **fressa:** soroll, brogit, continuat.

4 **tresillo:** conjunt de sofà i dues butaques.

COMPRENSIÓ

1. El conte s'estructura sobre la credibilitat del **narrador-personatge**.

   a) Quina edat penses que té?
   b) Per què «escriu» aquest relat?
   c) Quins trets subratllaries del seu caràcter?

2. La manera d'expressar-se del narrador aporta **versemblança** no tan sols al personatge, sinó als fets que narra. Posa algun exemple que faci referència a:

   a) El tipus de lèxic que coneix.
   b) Les estructures sintàctiques que utilitza.
   c) Les observacions ingènues que fa.

3. A través d'aquest narrador que explica, però que no comprèn, el que ha passat, l'autor busca distanciar-nos d'uns **fets** molt concrets.

   a) Explica algun fet de la història que el narrador no sàpiga i que, en canvi, el lector es pugui imaginar fàcilment.
   b) Resumeix breument el que realment succeeix.
   c) Digues per què creus que l'autor opta per aquesta tècnica.

4. Fixa't ara en el recurs de l'**anticipació**. A partir de la minuciosa narració del fill, podem afirmar que hi ha indicis que facin preveure com acabarà la trama? Si és així, posa'n algun exemple i explica'l.

5. Explica el **títol** del conte. Creus que és un títol irònic? Justifica la resposta.

6. Imagina't el punt de vista d'un altre personatge del conte i recrea'l en una expressió escrita. Extensió: 200 paraules aprox. Pots escollir alguna d'aquestes propostes:

   a) la mestra
   b) el pare
   c) el cosinet

Coberta d'Olivetti, *Moulinex, Chaffoteaux et Maury*, de Quim Monzó.

«DE LLEGENDES EN VAN ESCRIURE QUI-SAP-LES!, EN LA FONTAINE I EN RAMON LLULL»: F _ _ _ _ _ _.

Feliu Formosa

20

Faràs dos trucs i t'obriré la porta
i no em sabré avenir que siguis tu.
Et faré entrar al meu pis, que desconeixes
i que només és fet per subsistir-hi.
Però m'hi trobaràs, qui sap per quin
designi[1] **inescrutable**[2]. Així que et fiquis
al menjador, veuràs el teu retrat
i els nostres llibres. Sonarà el **nocturn**[3].
Fullejaràs potser **Virginia Woolf**[4].
Vindré darrere teu, amb el desig
de sentir els teus cabells damunt la galta.
Amb tota la tendresa, et faré asseure
en un dels vells seients que compartíem
(durant els últims temps hi estudiaves
el llarg monòleg d'una dona sola
que tu no vas ser mai). Al teu davant,
espiaré els teus ulls, el dolç somriure
dels teus llavis amables, mig oberts,
i tot acabarà en una abraçada
que serà la primera. No hi haurà
ni passat ni futur. Tot serà lògic.
I aquest poema mai no haurà existit.

Feliu FORMOSA, *Cançoner*

Abans de començar

Feliu Formosa va escriure aquest poema evocant la seva primera dona, l'actriu teatral Maria Plans, morta prematurament. Observa'n el caire narratiu i el to contingut, malgrat el lirisme.

1 **designi:** pla ideat d'alguna cosa que s'ha d'acomplir.

2 **inescrutable:** que no es pot investigar, ni comprendre, ni explicar.

3 **nocturn:** composició musical lliure que convida a l'emoció o a la contemplació popularitzada pel compositor polonès Chopin, que en va escriure 21 peces per a piano sol.

4 **Virginia Woolf:** escriptora anglesa (1882-1941), una de les grans renovadores de la novel·la moderna.

COMPRENSIÓ

1. Gairebé tots els **temps verbals** del poema pertanyen a un mateix temps. Digues quin és i explica per què el poeta se'n serveix gairebé exclusivament.

2. Intenta definir amb **adjectius** el **to** del poema i justifica la resposta.

3. Explica el sentit del **vers final** i resumeix el poema i la seva intenció en tres o quatre línies.

REFLEXIÓ

4. L'autor utilitza la poesia com a bàlsam, com a consol d'un dolor profund causat per la mort de la seva dona. Compartiu amb els companys quines eines i quins mecanismes teniu i feu servir vosaltres per a superar circumstàncies i moments dolorosos.

Pere Gimferrer

Pere Gimferrer a la seu de l'editorial Seix Barral.

Abans de començar

Valències és un recull de textos crítics escrits per Pere Gimferrer entre els anys 1970 i 1993. En concret, aquest fragment pertany a la conferència inaugural del curs acadèmic 1989-1990 que l'autor va pronunciar a l'Ateneu Barcelonès, titulada «Itinerari d'un escriptor», en què exposa com neix i què és la vocació literària d'un escriptor, lligada a la seva experiència personal.

He dit més d'una vegada que el primer impuls que porta cap a voler escriure és **mimètic**[1]. Escrivim perquè volem imitar i reproduir alguna cosa que ens ha agradat de la lectura. Aquesta afirmació necessita un aclariment ja que, per bé que cal dir-la, no està ben formulada.

És clar que escrivim per expressar-nos i que llegim per arribar, també, a expressar-nos. Però, analitzem aquest fet de més a prop. Què llegim? Què és allò que fa que imitem el que hem llegit? Cal distingir dos nivells. Un nen, i més tard un noi, pot llegir determinades coses i recollir-ne determinades impressions. Hi ha molta relació entre el tipus de llibres que té oportunitat de llegir i el tipus d'ensenyament que rep. Aquesta lectura li pot crear la necessitat d'imitar allò que ha llegit, que es pot arribar a confondre amb una necessitat d'expressar-se a si mateix. Durant molt de temps no podrem expressar-nos nosaltres mateixos si no ho fem per mitjà d'allò que ens ha agradat. Imitarem el que ens ha complagut en altres autors i que, inevitablement, en aquest contacte inicial, haurem entès o sentit malament i en una altra lectura ho haurem copsat molt bé.

Qualsevol criatura comença llegint llibres pròpiament infantils, que poden ser d'aventures o de temes semblants, però que encara no desperten un impuls mimètic excessiu. Hi ha un pas més important, si més no ho va ser en la meva generació: la lectura d'adaptacions d'obres clàssiques per a criatures. [...]

El moment més important és el moment en què, després del primer impuls, hom comença a llegir obres que es poden considerar genèricament literatura seriosa. Vull remarcar que, en el meu cas particular (això ho esmento només a tall d'anècdota, però hi té relació), el primer impuls d'escriure el vaig tenir cap als set o vuit anys i va consistir exactament a novel·lar, amb més o menys encert, una pel·lícula del *Far-West*, un *western* que havia vist en un cinema del poble.

Pere GIMFERRER, *Valències*

1 **mimètic:** imitatiu.

«BÉ CAVIL·LA TEIXINT LA TELA DEL DEMÀ, AQUESTA PARCA MALLORQUINA»: B _ _ _ _ _ _ _ _ _ _ _ _.

COMPRENSIÓ

1 Explica amb paraules teves la primera afirmació de l'autor: «el primer impuls que porta cap a voler escriure és **mimètic**».

2 A quina **edat** va tenir el primer impuls d'escriure l'autor? Què volia imitar?

3 **Resumeix** breument quin és el missatge que ens vol transmetre l'autor en l'inici del seu «Itinerari d'un escriptor».

REFLEXIÓ

4 El text conté **afirmacions** susceptibles de ser debatudes. Escolliu-ne alguna, expliqueu-la amb les vostres paraules i poseu-la en comú amb els companys:

a) Escrivim perquè volem imitar i reproduir alguna cosa que ens ha agradat de la lectura.
b) No podrem expressar-nos nosaltres mateixos si no ho fem per mitjà d'allò que ens ha agradat.
c) Escrivim per expressar-nos.
d) Aquesta lectura li pot crear [al nen] la necessitat d'imitar allò que ha llegit, que es pot arribar a confondre amb una necessitat d'expressar-se a si mateix.

5 Mireu de recordar quins referents artístics i culturals han marcat la vostra **infància** (sèries de televisió, còmics, anuncis, pel·lícules, llibres, etc.). Expliqueu com vivíeu aquestes aficions i aquests models aleshores i quin espai ocupen ara en la vostra vida quotidiana.

RECERCA

6 Et presentem algunes de les **icones** o imatges emblemàtiques populars de generacions anteriors, que escriptors com Pere Gimferrer coneixen bé. Ordena-les cronològicament i mira d'esbrinar a què o qui fan referència.

LA VANGUARDIA
ESPAÑOLA
BARCELONA-1
Martes, 13 de septiembre de 1977

Más de un millón de gargantas y una sola voz: ¡AUTONOMIA!

Maria-Mercè Marçal

Abans de començar

La poesia de Maria-Mercè Marçal s'ha convertit en el referent dels poetes en llengua catalana del segle XX. L'amor, la maternitat i la mort són temes vertebradors en l'obra d'una autora que reivindica el paper actiu de la **dona** en obres com *Bruixa de dol* (1979). Sota la influència de J. V. Foix, Joan Brossa i Joan Salvat-Papasseit, recorre a la poesia d'avantguarda i popular per elaborar una poètica de **revolta** i d'afirmació de la dona, que és una síntesi perfecta entre **tradició** i **innovació**.

Brida[1]

A la fira dels **Folls**[2]
jo hi aniria.
Vindria qui sap d'on
–i ningú no ho sabria–
amb els llavis **oscats**[3]
de molta vida,

traginer[4] de cançons
en cavall sense brida.

Quin **esquer**[5] se m'**arrapa**[6]
a la geniva?
Amor, estel amarg
a la deriva,
em fa senyals: jo vaig
per l'altra riba,

traginer de cançons
en cavall sense brida.

Cadenes són presons
i jo en fugia
pel **call**[7] dels bandolers
a trenc de dia[8].
A la fira dels Folls
jo hi aniria

traginer de cançons
en cavall sense brida.

Maria-Mercè MARÇAL, *Bruixa de dol*

Maria-Mercè Marçal, *Bruixa de dol*, en una edició de l'any 2007.

1 **brida:** peça del guarniment del cavall, el mul, etc., que es col·loca al cap, formada pel fre, les regnes i les corretges, i serveix per a guiar i controlar l'animal.

2 **foll:** boig.

3 **oscat:** tallat, clivellat, amb incisions.

4 **traginer:** persona que tenia per ofici transportar mercaderies damunt de bèsties de càrrega o de carros.

5 **esquer:** allò que atrau envers alguna cosa, que excita el desig de posseir-la, de viure-la, de sentir-la.

6 **arrapar-se:** aferrar-se.

7 **call:** pas estret i enclotat, entre dues roques o entre dues parets.

8 **a trenc de dia:** en començar a clarejar el dia, a punta de dia.

«EL GOS DEL SIR EL LLEGEIX ÀVIDAMENT, EL DIARI DE LA GENERALITAT»: D _ _ _ _.

COMPRENSIÓ

1 Després de llegir el poema, fixa't en la **tornada**.

a) Digues amb quin ofici s'autodefineix el jo poètic.
b) Explica i digues què et suggereix la imatge amb què es presenta.

2 Rellegeix les tres **estrofes** del poema i digues:

a) On vol anar el jo poètic?
b) Com hi arribaria?
c) Quins dos obstacles troba en el camí?
d) Com i per què creus que en fuig?

3 Escull el **tema** que s'adeqüi millor al poema, explica de què creus que tracta i digues quina actitud s'expressa enfront de la vida.

a) Cant a la vida nòmada.
b) Cant a la llibertat personal.
c) Cant a l'amor lliure.
d) Clam contra el maltractament animal.
e) Cant a la solitud.

4 Aquest poema sorgeix de les corrandes o les **cançons de bandolers**[1]. Identifica-hi alguns dels elements propis de la **poesia popular** i justifica la relació entre la forma i el missatge del poema.

- versos d'art menor
- estructura paral·lelística
- tornada
- personatges
- rima assonant
- tema

5 Per a l'estudiosa Mercè Otero, en aquesta obra de Maria-Mercè Marçal «hi ha el **dol** per les bruixes, dones sàvies, perseguides i massacrades al llarg de la història, i el dol de sentir-se, ella també, sola i estranya, com a dona jove que busca una alternativa als estereotips de la feminitat tradicional».

a) Et sembla que aquest poema expressa algun tipus de dol?
b) Aplicaries al jo poètic els adjectius *sol* i *estrany*?
c) Creus que es pot considerar una vindicació feminista, en els termes expressats per Mercè Otero en la darrera frase?

RELACIÓ

6 La «Divisa» que obre el primer llibre de l'autora, *Cau de llunes*, explicita les motivacions i els temes de la seva poètica. Expliqueu aquests versos i mireu de relacionar-los amb el sentit del poema que heu llegit:

> A l'atzar agraeixo tres dons: haver nascut dona,
> de classe baixa i nació oprimida.
> I el tèrbol atzur
> de ser tres voltes rebel.

1 **Cançons de bandolers:** subgènere de la literatura popular, que pertany a la literatura «de canya i cordill», gènere de destinació popular i de vasta divulgació, nascut amb la impremta, que ha perdurat fins als primers decennis del segle XX.

«PENSAMENT QUIMÈRIC DE BERNAT METGE»: _ _ _ _ _ .

Dolors Miquel

El Musot, de Dolors Miquel (2009).

Abans de començar

Dolors Miquel (Lleida, 1960) és una poeta, rapsoda i activista cultural, que des de la segona meitat dels anys noranta ha publicat llibres de poesia com *Missa pagesa* (2006) i *El Musot* (2009).

L'aura[1] del Musot

Però la foscor ho reté tot.
Rainer M. Rilke

pel bosc del llop que menja nenes...
Josefa Contijoch

Així t'he vist, sortint del teu **prostíbul**[2],
sorrut[3], callat, les mans a la **xavalla**[4],
el coll vinclat, oferint-se al **patíbul**[5]
de la destral d'una foscor que et talla.

Ets l'ideal: no hi ha fades ni boscos.
Si n'hi ha, de llops afamats i maldestres;
el gest és brusc, les brises són **eqüestres**[6]
vents d'un infern que t'acompanyen foscos.

Pobre Petrarca, si hagués topat de nassos
amb aquest **fat**[7] que duen els teus passos:
l'aura del gest fora glaç hivernal.

Hi he topat jo que tinc l'ànima lliure,
que tinc la fe absoluta del viure,
que crec en tot i en un amor total.

Dolors Miquel, *El Musot*

1 **aura:** vent suau; per extensió, irradiació que emana una persona.

2 **prostíbul:** casa on s'exerceix la prostitució.

3 **sorrut -uda:** poc tractable, tancat.

4 **xavalla:** moneda de poc valor; conjunt de monedes soltes.

5 **patíbul:** lloc on s'executa la pena de mort.

6 **eqüestre:** relatiu o pertanyent al cavall o a l'equitació.

7 **fat:** destí ineludible.

COMPRENSIÓ

1 La primera part del poema gira entorn del **Musot**, el nom propi del personatge que apareix en aquest poema i que dona títol a l'obra homònima de l'autora.

a) Digues com ens el descriu el jo poètic.
b) Digues com és l'entorn que embolcalla aquesta figura.

2 A l'inici del poema hi ha dues **citacions**:

a) Assenyala les semblances que hi trobis i digues què et suggereixen.
b) Explica quina relació poden tenir aquestes citacions amb el que se'ns descriu a continuació en el poema.

3 En la segona part del poema, el jo poètic fa sentir la seva reflexió i cita un autor com **Petrarca**.

a) Per què creus que cita aquest autor? Què representa?
b) Quina posició adopta el jo poètic? Quina relació té amb el Musot?

4 L'estructura del poema es correspon a la d'un **sonet** clàssic, com els que podia escriure un autor com Petrarca.

a) Resumeix el que se'ns explica en els dos quartets.
b) Explica quina reflexió se'ns fa en els dos tercets.
c) Fes el recompte sil·làbic i digues quina és la rima de les estrofes.

5 Quin penses que és el **tema** del poema?

REFLEXIÓ

6 Cerqueu algun altre poema que hàgiu llegit que tracti de l'**amor** i compareu la visió que en dona el poema de Dolors Miquel i la que en donen altres poetes. Podeu recórrer a Vicent Andrés Estellés, per exemple.

Què dius, ara!

La recitació de la mateixa autora d'un poema seu, «Mare nostra», en la cerimònia del lliurament dels Premis Ciutat de Barcelona 2016 va acabar amb polèmica. A les reaccions indignades d'alguns polítics assistents a l'acte, i de membres de l'Església que titllaren el poema de «blasfem», s'hi va afegir la denúncia d'una entitat catòlica per considerar que la poeta havia comès un delicte contra els sentiments religiosos «per pronunciar un Parenostre vexatori» en un acte públic.

Josep Maria Benet i Jornet

Abans de començar

Desig és una obra de Josep Maria Benet i Jornet escrita el 1989 i estrenada el 1991. Parlant d'una obra anterior, *La fageda*, l'autor afirmava: «Es tractava, precisament, de no explicar cap història. Que n'hi hagués una, però que no hi accedíssim, a fi de poder observar, amb suposat allunyament científic, com es comportaven uns insectes, els **personatges**, el **llenguatge** i els **sentiments** dels quals no tenim cap necessitat d'entendre. Tal com es tornarà a produir en *Desig*».

Ella: Què penses?

El marit: De què?

Ella: De nosaltres. M'agradaria saber-ho.

El marit: No ens compliquem la vida.

Ella: Quants anys fa, que ens vam conèixer?

El marit: Puc comptar-los.

Ella: Tu, quan eres jove, t'imaginaves el que havia de venir?

El marit: Quan érem joves... Com qualsevol persona jove, no? Ens pensàvem que podríem fer-ho tot. La vida havia de tenir cabuda per a tot.

Ella: Oh, calla.

El marit: No m'has demanat que en parli?

Ella: No vull que em llegeixis el manual.

El marit: I què vols?

Ella: Procura imaginar-ho. Xerrar, estar amb tu. Ets el meu marit.

El marit: Efectivament.

Ella: Ens tenim l'un a l'altre, ho saps?

El marit: Què et passa?

Ella: Contesta.

El marit: Sí, també és el manual, ens tenim l'un a l'altre. Què et passa?

Ella: Tu em tens a mi.

El marit: On som, què m'he perdut?

Ella: No ho has dubtat mai, segur.

El marit: Què és, tot això?

Ella: I has fet bé.

El marit: No sé què dir-te.

Ella: Què té d'estrany, parlar? Parlem. Tu, també. Sempre parlo jo. Parlarem tots dos. La calefacció funciona.

El marit: Ho notes? Ho reconeixes, eh?

Ella: Fora fa fred. Fred humit i desagradable.

Josep Maria Benet i Jornet, *Desig*

«AQUEST JOC DE TAULER ÉS MOLT POC IMPORTANT, FINS I TOT... VULGAR»: T _ _ _ _ _ _ _.

COMPRENSIÓ

1. Després de llegir aquest text, contesta aquestes preguntes sobre els **personatges**:

   a) Digues qui són els protagonistes.
   b) Digues quina relació mantenen.
   c) Digues sobre què parlen.

2. Analitza què diuen i com ho diuen, és a dir, el tipus de **llenguatge** que fan servir els personatges.

   a) A què fa referència l'expressió «el manual»?
   b) Quin sentit tenen les preguntes que es fan? Són interrogacions retòriques?
   c) Per què et sembla que els diàlegs són tan breus?
   d) Per què creus que no apareix cap tipus d'acotació?

3. Fixa't ara en les indicacions **temporals** i de **lloc**. Quan i on creus que es desenvolupa el diàleg entre els dos protagonistes? Podem avançar-te que l'obra transcorre en un món proper de cotxes, carreteres i segones residències, però imprecís quant a l'espai i el temps. Per què creus que l'autor escull aquesta imprecisió?

4. Segons la crítica, l'obra *Desig* configura, juntament amb *Fugaç* (1994), *E. R.* (1994) i *Testament* (1997), un cicle personal en què l'autor reflexiona sobre l'amor-passió, la felicitat absoluta inassolible i el sentit de l'existència. En aquest escenari, els personatges, gairebé abstractes, mostren les seves dificultats per a comunicar-se i assumir les seves torbades intimitats. Localitza en aquest fragment algun exemple que corrobori aquestes afirmacions sobre la **temàtica** i els **personatges**.

5. En aquesta obra no s'explica una història clara ni detallada. Sí que se'n poden extreure, però, uns temes determinats. Exposa de manera raonada quin sembla que pot ser el **tema** d'aquest fragment.

REFLEXIÓ

6. De la producció teatral de l'autor, la crítica n'ha dit que les seves obres han evolucionat, des dels anys seixanta, des d'una base realista cap a una dramatúrgia més personal, en què l'experimentació formal hi és molt present, però que una de les constants de tota la seva producció és la **reflexió** sobre **l'individu** i la **societat** que l'envolta. Debateu si creieu que aquest fragment s'adequa a aquesta interpretació crítica.

«L'USURER MÉS AVAR, SEGONS NARRÀ NARCÍS OLLER»: __ ' ________________.

TEST DE RECAPITULACIÓ

1 Contesta cadascuna de les preguntes de més avall amb la resposta adequada (quadre).

1. Els mitjans de comunicació audiovisuals, sobretot la televisió i el cinema.
2. La cultura popular: cinema, música, còmics, etc.
3. Postmodernitat.
4. Lectures públiques, recitals musicats...
5. Autonomia davant del fet poètic, adopció de noves temàtiques i de tècniques més rupturistes.

a) Enfront de l'actitud resistencialista dels intel·lectuals de la postguerra, quina posició adopten els escriptors de la democràcia? ☐

b) Com s'ha anomenat l'etapa històrica en què viuen immersos els autors del període comprès entre els anys setanta i l'actualitat? ☐

c) En la literatura i, especialment en la narrativa contemporània, quines altres influències no estrictament literàries s'hi poden identificar? ☐

d) Quant a la poesia, quina revifalla han dut a terme, amb èxit, poetes i rapsodes actuals com Enric Casasses i Dolors Miquel? ☐

e) Quines noves plataformes de difusió han aparegut per als professionals del teatre? ☐

Caràtula de *La manera més salvatge*, disc editat l'any 2006, d'Enric Casasses i Pascal Comelade.

CANÇÓ

2 «Sextina» és un poema d'Enric Casasses que ha estat musicat per Pascal Comelade i que tots dos artistes han incorporat al CD *La manera més salvatge* (2006). Escolteu-ne una audició i feu-ne les activitats corresponents.

Sextina

Dona'm dona'm
dona'm aire
dona'm cerca
dona'm corda
dona'm quasi
dona'm mata'm

Mata'm mata'm
mata'm dona'm
mata'm quasi
mata'm aire
mata'm corda
mata'm cerca

Cerca cerca
cerca mata'm
cerca corda
cerca dona'm
cerca aire
cerca quasi

Quasi quasi
quasi cerca
quasi aire
quasi mata'm
quasi dona'm
quasi corda

Corda corda
corda quasi
corda dona'm
corda cerca
corca mata'm
corda aire

Aire aire
aire corda
aire mata'm
aire quasi
aire cerca
aire dona'm

Dona'm aire
cerca corda
quasi mata'm

a) El poema es titula «Sextina», nom d'una **composició mètrica** creada pels trobadors (la més coneguda és la titulada «Lo ferm voler qu'el cor m'intra», d'Arnaut Daniel). A partir de la forma estròfica i de l'estructura mètrica del poema, descriu els trets de la sextina. Si cal, fes cerca d'informació sobre aquesta composició i raona per què té aquest nom.

b) Si fas cerques per Internet, pots trobar altres **sextines** d'autors catalans recents: en concret, de Joan Brossa i de Maria-Mercè Marçal. Compara-les amb l'exercici de síntesi que ha fet Enric Casasses.

ANNEXOS

ANNEX I Conjugació verbal (verbs regulars i irregulars)

LA CONJUGACIÓ VERBAL. Models regulars

			Formes simples
	1a conjugació	2a conjugació	
Formes no personals	**Infinitiu** cantar	**Infinitiu** témer	**Infinitiu** perdre
Formes no personals	**Gerundi** cantant	**Gerundi** tement	**Gerundi** perdent
Formes no personals	**Participi** cantat, -ada, -ats, -ades	**Participi** temut, -uda, -uts, -udes	**Participi** perdut, -uda, -uts, -udes
Mode indicatiu	**Present** canto cantes canta cantem canteu canten	**Present** temo tems tem temem temeu temen	**Present** perdo perds perd perdem perdeu perden
Mode indicatiu	**Imperfet** cantava cantaves cantava cantàvem cantàveu cantaven	**Imperfet** temia temies temia temíem temíeu temien	**Imperfet** perdia perdies perdia perdíem perdíeu perdien
Mode indicatiu	**Passat** **simple** cantí cantares cantà cantàrem cantàreu cantaren **perifràstic** vaig cantar vas cantar va cantar vam cantar vau cantar van cantar	**Passat** **simple** temí temeres temé temérem teméreu temeren **perifràstic** vaig témer vas témer va témer vam témer vau témer van témer	**Passat** **simple** perdí perderes perdé perdérem perdéreu perderen **perifràstic** vaig perdre vas perdre va perdre vam perdre vau perdre van perdre
Mode indicatiu	**Futur** cantaré cantaràs cantarà cantarem cantareu cantaran	**Futur** temeré temeràs temerà temerem temereu temeran	**Futur** perdré perdràs perdrà perdrem perdreu perdran
Mode indicatiu	**Condicional** cantaria cantaries cantaria cantaríem cantaríeu cantarien	**Condicional** temeria temeries temeria temeríem temeríeu temerien	**Condicional** perdria perdries perdria perdríem perdríeu perdrien
Mode subjuntiu	**Present** canti cantis canti cantem canteu cantin	**Present** temi temis temi temem temeu temin	**Present** perdi perdis perdi perdem perdeu perdin
Mode subjuntiu	**Imperfet** cantés cantessis cantés cantéssim cantéssiu cantessin	**Imperfet** temés temessis temés teméssim teméssiu temessin	**Imperfet** perdés perdessis perdés perdéssim perdéssiu perdessin
Mode imperatiu	– canta canti cantem canteu cantin	– tem temi temem temeu temin	– perd perdi perdem perdeu perdin

3a conjugació		Formes compostes[1]
Infinitiu servir	**Infinitiu** dormir	**Infinitiu perfet** haver cantat/temut/perdut/servit/dormit
Gerundi servint	**Gerundi** dormint	**Gerundi perfet** havent cantat/temut/perdut/servit/dormit
Participi servit, -ida, -its, -ides	**Participi** dormit, -ida, -its, -ides	
Present serveixo serveixes serveix servim serviu serveixen	**Present** dormo dorms dorm dormim dormiu dormen	**Perfet** he cantat/temut/perdut/servit/dormit has ha hem heu han
Imperfet servia servies servia servíem servíeu servien	**Imperfet** dormia dormies dormia dormíem dormíeu dormien	**Plusquamperfet** havia cantat/temut/perdut/servit/dormit havies havia havíem havíeu havien
Passat **simple** / **perifràstic** serví / vaig servir servires / vas servir serví / va servir servírem / vam servir servíreu / vau servir serviren / van servir	**Passat** **simple** / **perifràstic** dormí / vaig dormir dormires / vas dormir dormí / va dormir dormírem / vam dormir dormíreu / vau dormir dormiren / van dormir	**Passat anterior** haguí (*o* vaig haver) cantat/temut/perdut/servit/dormit hagueres (*o* vas haver) hagué (*o* va haver) haguérem (*o* vam haver) haguéreu (*o* vau haver) hagueren (*o* van haver)
Futur serviré serviràs servirà servirem servireu serviran	**Futur** dormiré dormiràs dormirà dormirem dormireu dormiran	**Futur perfet** hauré cantat/temut/perdut/servit/dormit hauràs haurà haurem haureu hauran
Condicional serviria serviries serviria serviríem serviríeu servirien	**Condicional** dormiria dormiries dormiria dormiríem dormiríeu dormirien	**Condicional perfet** hauria cantat/temut/perdut/servit/dormit hauries hauria hauríem hauríeu haurien
Present serveixi serveixis serveixi servim serviu serveixin	**Present** dormi dormis dormi dormim dormiu dormin	**Perfet** hagi cantat/temut/perdut/servit/dormit hagis hagi hàgim hàgiu hagin
Imperfet servís servissis servís servíssim servíssiu servissin	**Imperfet** dormís dormissis dormís dormíssim dormíssiu dormissin	**Plusquamperfet** hagués cantat/temut/perdut/servit/dormit haguessis hagués haguéssim haguéssiu haguessin
— serveix serveixi servim serviu serveixin	— dorm dormi dormim dormiu dormin	1 Es formen amb l'auxiliar ***haver*** seguit del participi del verb conjugat.

Verbs que tenen formes amb dièresi

Trair

MODE INDICATIU

Present
traeixo
traeixes
traeix
traïm
traïu
traeixen

Imperfet
traïa
traïes
traïa
traíem
traíeu
traïen

Passat simple
traí
traïres
traí
traírem
traíreu
traïren

Participi
traït, traïda, traïts, traïdes

MODE SUBJUNTIU

Present
traeixi
traeixis
traeixi
traïm
traïu
traeixin

Imperfet
traís
traïssis
traís
traíssim
traíssiu
traïssin

MODE IMPERATIU
—
traeix
traeixi
traïm
traïu
traeixin

Triar

MODE SUBJUNTIU

Present
triï
triïs
triï
triem
trieu
triïn

MODE IMPERATIU
—
tria
triï
triem
trieu
triïn

Nota: Els verbs acabats en **vocal** + *-ir* (*trair, agrair, obeir, desoir, traduir...*) i en **vocal** + *-ar* (*triar, canviar, esglaiar, crear, lloar, actuar...*) presenten desinències amb dièresi, signe que indica la inexistència de diftong entre la vocal de l'arrel i la de la terminació. **La dièresi es posa damunt la segona vocal.**

Verbs irregulars més usuals

Encara que, en tot bon diccionari, pots trobar-hi els verbs conjugats, seguidament t'oferim una llista simplificada de verbs irregulars.

Abreviatures

Ind.: indicatiu	**Imp.**: imperfet	**Cond.**: condicional
Subj.: subjuntiu	**Pt.**: passat simple	**Ger.**: gerundi
Pr.: present	**Fut.**: futur	**Part.**: participi

ANAR

- **Pr. ind.:** vaig, vas, va, anem, aneu, van
- **Pt. ind.:** aní, anares, anà, anàrem, anàreu, anaren
- **Fut.:** aniré, aniràs, anirà, anirem, anireu, aniran
- **Pr. subj.:** vagi, vagis, vagi, anem, aneu, vagin
- **Imperatiu:** ves, vagi, anem, aneu, vagin

BEURE

- **Pr. ind.:** bec, beus, beu, bevem, beveu, beuen
- **Imp. ind.:** bevia, bevies, bevia, bevíem, bevíeu, bevien
- **Pt. ind.:** beguí, begueres, begué, beguérem, beguéreu, begueren
- **Pr. subj.:** begui, beguis, begui, beguem, begueu, beguin
- **Imp. subj.:** begués, beguessis, begués, beguéssim, beguéssiu, beguessin
- **Imperatiu:** beu, begui, beguem, beveu, beguin
- **Ger.:** bevent
- **Part.:** begut, beguda, beguts, begudes

CABRE (o *caber*)

- **Pr. ind.:** cabo, caps, cap, cabem, cabeu, caben
- **Pt. ind.:** cabí, caberes, cabé, cabérem, cabéreu, caberen
- **Pr. subj.:** càpiga, càpigues, càpiga, capiguem, capigueu, càpiguen
- **Imp. subj.:** cabés, cabessis, cabés, cabéssim, cabéssiu, cabessin
- **Imperatiu:** cap, càpiga, capiguem, cabeu, càpiguen
- **Part.:** cabut, cabuda, cabuts, cabudes

CAURE

- **Pr. ind.:** caic, caus, cau, caiem, caieu, cauen
- **Imp. ind.:** queia, queies, queia, quèiem, quèieu, queien
- **Pt. ind.:** caiguí, caigueres, caigué, caiguérem, caiguéreu, caigueren
- **Pr. subj.:** caigui, caiguis, caigui, caiguem, caigueu, caiguin
- **Imp. subj.:** caigués, caiguessis, caigués, caiguéssim, caiguéssiu, caiguessin
- **Imperatiu:** cau, caigui, caiguem, caieu, caiguin
- **Ger.:** caient
- **Part.:** caigut, caiguda, caiguts, caigudes

CLOURE

- **Pr. ind.:** cloc, clous, clou, cloem, cloeu, clouen
- **Imp. ind.:** cloïa, cloïes, cloïa, cloíem, cloíeu, cloïen
- **Pt. ind.:** cloguí, clogueres, clogué, cloguérem, cloguéreu, clogueren
- **Pr. subj.:** clogui, cloguis, clogui, cloguem, clogueu, cloguin
- **Imp. subj.:** clogués, cloguessis, clogués, cloguéssim, cloguéssiu, cloguessin
- **Imperatiu:** clou, clogui, cloguem, cloeu, cloguin
- **Ger.:** cloent
- **Part.:** clos, closa, closos, closes

Nota: Es conjuguen com *cloure* els verbs derivats *incloure*, *excloure*, *recloure*, etc.

COLLIR

- **Pr. ind.:** cullo, culls, cull, collim, colliu, cullen
- **Pr. subj.:** culli, cullis, culli, collim, colliu, cullin
- **Imperatiu:** cull, culli, collim, colliu, cullin

Nota: Les formes àtones de l'arrel s'escriuen sempre amb *-o-* (els verbs *escopir* i *sortir* segueixen aquest model).

CONÈIXER

- **Pr. ind.:** conec, coneixes, coneix, coneixem, coneixeu, coneixen
- **Pt. ind.:** coneguí, conegueres, conegué, coneguérem, coneguéreu, conegueren
- **Pr. subj.:** conegui, coneguis, conegui, coneguem, conegueu, coneguin
- **Imp. subj.:** conegués, coneguessis, conegués, coneguéssim, coneguéssiu, coneguessin
- **Imperatiu:** coneix, conegui, coneguem, coneixeu, coneguin
- **Part.:** conegut, coneguda, coneguts, conegudes

CÓRRER

- **Pr. ind.:** corro, corres, corre, correm, correu, corren
- **Pt. ind.:** correguí, corregueres, corregué, correguérem, correguéreu, corregueren
- **Imp. subj.:** corregués, correguessis, corregués, correguéssim, correguéssiu, correguessin
- **Imperatiu:** corre, corri, correm, correu, corrin
- **Part.:** corregut, correguda, correguts, corregudes

COSIR

- **Pr. ind.:** cuso, cuses, cus, cosim, cosiu, cusen
- **Pr. subj.:** cusi, cusis, cusi, cosim, cosiu, cusin
- **Imperatiu:** cus, cusi, cosim, cosiu, cusin

Nota: Les formes àtones de l'arrel s'escriuen sempre amb *-o-* (el verb *tossir* segueix aquest model).

CREURE

- **Pr. ind.:** crec, creus, creu, creiem, creieu, creuen
- **Imp. ind.:** creia, creies, creia, crèiem, crèieu, creien
- **Pt. ind.:** creguí, cregueres, cregué, creguérem, creguéreu, cregueren
- **Pr. subj.:** cregui, creguis, cregui, creguem, cregueu, creguin
- **Imp. subj.:** cregués, creguessis, cregués, creguéssim, creguéssiu, creguessin
- **Imperatiu:** creu, cregui, creguem, creieu, creguin
- **Ger.:** creient
- **Part.:** cregut, creguda, creguts, cregudes

DEURE
(com *beure*)

DIR (2a conj.)

- **Pr. ind.:** dic, dius, diu, diem, dieu, diuen
- **Imp. ind.:** deia, deies, deia, dèiem, dèieu, deien
- **Pt. ind.:** diguí, digueres, digué, diguérem, diguéreu, digueren
- **Pr. subj.:** digui, diguis, digui, diguem, digueu, diguin
- **Imp. subj.:** digués, diguessis, digués, diguéssim, diguéssiu, diguessin
- **Imperatiu:** digues, digui, diguem, digueu, diguin
- **Ger.:** dient
- **Part.:** dit, dita, dits, dites

DUR (2a conj.)

- **Pr. ind.:** duc, duus (*o* dus), duu (*o* du), duem, dueu, duen
- **Imp. ind.:** duia, duies, duia, dúiem, dúieu, duien
- **Pt. ind.:** duguí, dugueres, dugué, duguérem, duguéreu, dugueren
- **Imperatiu:** duu (*o* du), dugui, duguem, dueu, duguin
- **Ger.:** duent
- **Part.:** dut, duta, duts, dutes

ESCRIURE

- **Pr. ind.:** escric, escrius, escriu, escrivim, escriviu, escriuen
- **Imp. ind.:** escrivia, escrivies, escrivia, escrivíem, escrivíeu, escrivien
- **Pt. ind.:** escriví (*o* escriguí), escrivires (*o* escrigueres), escriví (*o* escrigué), escrivírem (*o* escriguérem), escrivíreu (*o* escriguéreu), escriviren (*o* escrigueren)
- **Pr. subj.:** escrigui, escriguis, escrigui, escriguem, escrigueu, escriguin
- **Imp. subj.:** escrivís (*o* escrigués), escrivissis (*o* escriguessis), escrivís (*o* escrigués), escrivíssim (*o* escriguéssim), escrivíssiu (*o* escriguéssiu), escrivissin (*o* escriguessin)
- **Imperatiu:** escriu, escrigui, escriguem, escriviu, escriguin
- **Ger.:** escrivint
- **Part.:** escrit, escrita, escrits, escrites

ESTAR

- **Pr. ind.:** estic, estàs, està, estem, esteu, estan
- **Pt. ind.:** estiguí, estigueres, estigué, estiguérem, estiguéreu, estigueren
- **Pr. subj.:** estigui, estiguis, estigui, estiguem, estigueu, estiguin
- **Imp. subj.:** estigués, estiguessis, estigués, estiguéssim, estiguéssiu, estiguessin
- **Imperatiu:** estigues, estigui, estiguem, estigueu, estiguin

FER

- **Pr. ind.:** faig, fas, fa, fem, feu, fan
- **Imp. ind.:** feia, feies, feia, fèiem, fèieu, feien
- **Pt. ind.:** fiu, feres, feu, férem, féreu, feren
- **Pr. subj.:** faci, facis, faci, fem, feu, facin
- **Imp. subj.:** fes, fessis, fes, féssim, féssiu, fessin
- **Imperatiu:** fes, faci, fem, feu, facin
- **Part.:** fet, feta, fets, fetes

HAVER

- **Pr. ind.:** he, has, ha, hem (*o* havem), heu (*o* haveu), han
- **Pt. ind.:** haguí, hagueres, hagué, haguérem, haguéreu, hagueren
- **Cond.:** hauria (*o* haguera), hauries (*o* hagueres), hauria (*o* haguera), hauríem (*o* haguérem), hauríeu (*o* haguéreu), haurien (*o* hagueren)
- **Pr. subj.:** hagi, hagis, hagi, hàgim (*o* haguem), hàgiu (*o* hagueu), hagin
- **Imp. subj.:** hagués, haguessis, hagués, haguéssim, haguéssiu, haguessin
- **Ger.:** havent
- **Part.:** hagut, haguda, haguts, hagudes

JEURE
(o *jaure*)
(com *treure*, excepte el participi: *jagut*)

MOURE
(com *beure*)

NÉIXER
(o *nàixer*)

- **Pr. ind.:** neixo, neixes, neix, naixem, naixeu, neixen
- **Pt. ind.:** naixí (*o* nasquí), naixeres (*o* nasqueres), naixé (*o* nasqué), naixérem (*o* nasquérem), naixéreu (*o* nasquéreu), naixeren (*o* nasqueren)
- **Pr. subj.:** neixi, neixis, neixi, naixem, naixeu, neixin
- **Imp. subj.:** naixés (*o* nasqués), naixessis (*o* nasquessis), naixés (*o* nasqués), naixéssim (*o* nasquéssim), naixéssiu (*o* nasquéssiu), naixessin (*o* nasquessin)
- **Ger.:** naixent
- **Part.:** nascut, nascuda, nascuts, nascudes

Nota: Els verbs *néixer*, *treure* i *jeure* són verbs de doble arrel (els seus infinitius poden ser igualment *nàixer*, *traure* i *jaure*). Per això poden ser conjugats de dues maneres: o bé escrivint el radical amb ***-e-*** en les formes tòniques i amb ***-a-*** en les àtones (tal com consignem en aquest annex): *neixo* enfront de *naixem*, *neixi* enfront de *nasqués*...; o bé es poden conjugar amb ***-a-*** totes les formes (tal com es fa en català occidental): *naixo*, *naixes*, *naix*, *naixem*...; *trac*, *traus*, *trau*, *traiem* (però el participi és amb *e*: *tret*)...; *jac*, *jaus*, *jau*, *jaiem*...

OFENDRE
(com *aprendre*)

PODER

- **Pr. ind.:** puc, pots, pot, podem, podeu, poden
- **Pt. ind.:** poguí, pogueres, pogué, poguérem, poguéreu, pogueren
- **Pr. subj.:** pugui, puguis, pugui, puguem, pugueu, puguin
- **Imp. subj.:** pogués, poguessis, pogués, poguéssim, poguéssiu, poguessin
- **Imperatiu:** pugues, pugui, puguem, pugueu, puguin
- **Ger.:** podent
- **Part.:** pogut, poguda, poguts, pogudes

PRENDRE

- **Pr. ind.:** prenc, prens, pren, prenem, preneu, prenen
- **Imp. ind.:** prenia, prenies, prenia, preníem, preníeu, prenien
- **Pt. ind.:** prenguí, prengueres, prengué, prenguérem, prenguéreu, prengueren
- **Pr. subj.:** prengui, prenguis, prengui, prenguem, prengueu, prenguin
- **Imp. subj.:** prengués, prenguessis, prengués, prenguéssim, prenguéssiu, prenguessin
- **Imperatiu:** pren, prengui, prenguem, preneu, prenguin
- **Ger.:** prenent
- **Part.:** pres, presa, presos, preses

RESOLDRE

- **Pr. ind.:** resolc, resols, resol, resolem, resoleu, resolen
- **Imp. ind.:** resolia, resolies, resolia, resolíem, resolíeu, resolien
- **Pt. ind.:** resolguí, resolgueres, resolgué, resolguérem, resolguéreu, resolgueren
- **Pr. subj.:** resolgui, resolguis, resolgui, resolguem, resolgueu, resolguin
- **Imp. subj.:** resolgués, resolguessis, resolgués, resolguéssim, resolguéssiu, resolguessin
- **Imperatiu:** resol, resolgui, resolguem, resoleu, resolguin
- **Part.:** resolt, resolta, resolts, resoltes

RIURE

- **Pr. ind.:** ric, rius, riu, riem, rieu, riuen
- **Imp. ind.:** reia, reies, reia, rèiem, rèieu, reien
- **Pt. ind.:** riguí, rigueres, rigué, riguérem, riguéreu, rigueren
- **Pr. subj.:** rigui, riguis, rigui, riguem, rigueu, riguin
- **Imp. subj.:** rigués, riguessis, rigués, riguéssim, riguéssiu, riguessin
- **Imperatiu:** riu, rigui, riguem, rieu, riguin
- **Ger.:** rient
- **Part.:** rigut, riguda, riguts, rigudes

SABER

- **Pr. ind.:** sé, saps, sap, sabem, sabeu, saben
- **Pt. ind.:** sabí, saberes, sabé, sabérem, sabéreu, saberen
- **Pr. subj.:** sàpiga, sàpigues, sàpiga, sapiguem, sapigueu, sàpiguen
- **Imp. subj.:** sabés, sabessis, sabés, sabéssim, sabéssiu, sabessin
- **Imperatiu:** sàpigues, sàpiga, sapiguem, sapigueu, sàpiguen
- **Ger.:** sabent
- **Part.:** sabut, sabuda, sabuts, sabudes

SER
(o *ésser*)

- **Pr. ind.:** soc, ets, és, som, sou, són
- **Imp. ind.:** era, eres, era, érem, éreu, eren
- **Cond.:** seria, series, seria, seríem, seríeu, serien (*també*: fora, fores, fora, fórem, fóreu, foren)
- **Pt. ind.:** fui, fores, fou, fórem, fóreu, foren
- **Pr. subj.:** sigui, siguis, sigui, siguem, sigueu, siguin
- **Imp. subj.:** fos, fossis, fos, fóssim, fóssiu, fossin
- **Part.:** estat, estada, estats, estades (*forma secundària*: sigut...)

SEURE
(com *creure*)

TENIR

- **Pr. ind.:** tinc, tens, té, tenim, teniu, tenen
- **Pt. ind.:** tinguí, tingueres, tingué, tinguérem, tinguéreu, tingueren
- **Pr. subj.:** tingui, tinguis, tingui, tinguem, tingueu, tinguin
- **Imp. subj.:** tingués, tinguessis, tingués, tinguéssim, tinguéssiu, tinguessin
- **Imperatiu:** tingues (té *o* ten), tingui, tinguem, tingueu (*o* teniu), tinguin
- **Part.:** tingut, tinguda, tinguts, tingudes

TREURE
(o *traure*)

- **Pr. ind.:** trec, treus, treu, traiem, traieu, treuen
- **Imp. ind.:** treia, treies, treia, trèiem, trèieu, treien
- **Pt. ind.:** traguí, tragueres, tragué, traguérem, traguéreu, tragueren
- **Pr. subj.:** tregui, treguis, tregui, traguem, tragueu, treguin
- **Imp. subj.:** tragués, traguessis, tragués, traguéssim, traguéssiu, traguessin
- **Imperatiu:** treu, tregui, traguem, traieu, treguin
- **Ger.:** traient
- **Part.:** tret, treta, trets, tretes

VALER
(o *valdre*)

- **Pr. ind.:** valc, vals, val, valem, valeu, valen
- **Pt. ind.:** valguí, valgueres, valgué, valguérem, valguéreu, valgueren
- **Pr. subj.:** valgui, valguis, valgui, valguem, valgueu, valguin
- **Imp. subj.:** valgués, valguessis, valgués, valguéssim, valguéssiu, valguessin
- **Imperatiu:** val, valgui, valguem, valeu, valguin
- **Part.:** valgut, valguda, valguts, valgudes

VENIR

- **Pr. ind.:** vinc, vens, ve, venim, veniu, venen
- **Pt. ind.:** vinguí, vingueres, vingué, vinguérem, vinguéreu, vingueren
- **Pr. subj.:** vingui, vinguis, vingui, vinguem, vingueu, vinguin
- **Imperatiu:** vine, vingui, vinguem, veniu, vinguin
- **Imp. subj.:** vingués, vinguessis, vingués, vinguéssim, vinguéssiu, vinguessin
- **Part.:** vingut, vinguda, vinguts, vingudes

VEURE

- **Pr. ind.:** veig, veus, veu, veiem, veieu, veuen
- **Imp. ind.:** veia, veies, veia, vèiem, vèieu, veien
- **Pt. ind.:** viu, veieres, veié, veiérem, veiéreu, veieren
- **Pr. subj.:** vegi, vegis, vegi, vegem, vegeu, vegin
- **Imp. subj.:** veiés, veiessis, veiés, veiéssim, veiéssiu, veiessin
- **Imperatiu:** veges (*o* ves), vegi, vegem, vegeu, vegin
- **Ger.:** veient
- **Part.:** vist, vista, vistos, vistes

VIURE

- **Pr. ind.:** visc, vius, viu, vivim, viviu, viuen
- **Pt. ind.:** visquí, visqueres, visqué, visquérem, visquéreu, visqueren
- **Pr. subj.:** visqui, visquis, visqui, visquem, visqueu, visquin
- **Imp. subj.:** visqués, visquessis, visqués, visquéssim, visquéssiu, visquessin
- **Imperatiu:** viu, visqui, visquem, viviu, visquin
- **Ger.:** vivint
- **Part.:** viscut, viscuda, viscuts, viscudes

VOLER

- **Pr. ind.:** vull, vols, vol, volem, voleu, volen
- **Pt. ind.:** volguí, volgueres, volgué, volguérem, volguéreu, volgueren
- **Pr. subj.:** vulgui, vulguis, vulgui, vulguem, vulgueu, vulguin
- **Imp. subj.:** volgués, volguessis, volgués, volguéssim, volguéssiu, volguessin
- **Imperatiu:** vulgues, vulgui, vulguem, vulgueu, vulguin
- **Ger.:** volent
- **Part.:** volgut, volguda, volguts, volgudes

Alguns gerundis i participis irregulars		
Infinitiu	**Gerundi**	**Participi**
absoldre	absolent	absolt, absolta...
admetre	admetent	admès, admesa...
atendre	atenent	atès, atesa...
aparèixer	apareixent	aparegut, apareguda...
aprendre	aprenent	après, apresa...
beure	bevent	begut, beguda...
caldre	calent	calgut, calguda...
caure	caient	caigut, caiguda...
cloure	cloent	clos, closa...
cobrir	cobrint	cobert, coberta...
complir	complint	complert, complerta...
conèixer	coneixent	conegut, coneguda...
córrer	corrent	corregut, correguda...
coure	coent	cuit, cuita...
creure	creient	cregut, creguda...
dependre	depenent	depès, depesa...
dir	dient	dit, dita...
dissoldre	dissolent	dissolt, dissolta...
doldre	dolent	dolgut, dolguda...
dur	duent	dut, duta...
empènyer	empenyent	empès, empesa...
encendre	encenent	encès, encesa...
entendre	entenent	entès, entesa...
escriure	escrivint	escrit, escrita...
establir	establint	establert, establerta...
estrènyer	estrenyent	estret, estreta...
fer	fent	fet, feta...
fondre	fonent	fos, fosa...
haver	havent	hagut, haguda...
imprimir	imprimint	imprès, impresa...
jeure	jaient	jagut, jaguda...
merèixer	mereixent	merescut, merescuda...
moldre	molent	molt, molta, molts, moltes
morir	morint	mort, morta...
obrir	obrint	obert, oberta...
ofendre	ofenent	ofès, ofesa...
ometre	ometent	omès, omesa...
omplir	omplint	omplert, omplerta...
pertànyer	pertanyent	pertangut, pertanguda...
plaure	plaent	plagut, plaguda...
poder	podent	pogut, poguda...
pondre	ponent	post, posta...
prendre	prenent	pres, presa...
pretendre	pretenent	pretès, pretesa...
resoldre	resolent	resolt, resolta...
riure	rient	rigut, riguda...
romandre	romanent	romàs, romasa...
sofrir	sofrint	sofert, soferta...
soler	solent	solgut, solguda...
suplir	suplint	suplert, suplerta...
suspendre	suspenent	suspès, suspesa...
tenir	tenint	tingut, tinguda...
treure	traient	tret, treta...
valer	valent	valgut, valguda...
venir	venint	vingut, vinguda...
viure	vivint	viscut, viscuda...
voler	volent	volgut, volguda...

Llista de verbs que discrepen del castellà pel que fa a la conjugació a què pertanyen	
Català *-er* / *-re* (2a conjugació)	Castellà *-ir* (3a conjugació)
batre (abatre, combatre, rebatre...)	batir (abatir, combatir, rebatir...)
cloure (concloure, excloure, recloure...)	-cluir (concluir, excluir, recluir...)
córrer (concórrer, discórrer, ocórrer, transcórrer...)	-currir (concurrir, discurrir, ocurrir, transcurrir...)
fondre (refondre, confondre, difondre...)	fundir (refundir, confundir, difundir...)
-metre (admetre, ometre, permetre...)	-mitir (admitir, omitir, permitir...)
rompre (interrompre, irrompre...)	-rumpir (interrumpir, irrumpir...)
concebre	concebir
percebre	percibir
escriure	escribir
viure	vivir
riure	reír
esprémer	exprimir
rebre	recibir
Català *-ir* (3a conjugació)	Castellà *-ar* (1a conjugació)
abaratir	abaratar
alleugerir	aligerar
aprofundir	profundizar
garantir	garantizar
acovardir	acobardar
avergonyir	avergonzar
assaborir	saborear
atemorir	atemorizar
aclarir	aclarar
ablanir	ablandar
endolcir	endulzar
engrandir	agrandar
enterbolir	enturbiar
emperesir	emperezar
engelosir	encelar
ensenyorir-se	enseñorearse
esmorteir, amortir	amortiguar
espessir, espesseir	espesar
envigorir	vigorizar

ANNEX II

Tipus de documents

1. Currículum

CURRÍCULUM DE CATALINA MOLL I BESTARD

DADES PERSONALS

Nom: Catalina Moll i Bestard
Lloc i data de naixement: Felanitx (Mallorca), 25 nov. 1992
DNI/NIF: 39833373-S
Adreça: Av. Sant Narcís, 15, 5è 2a | 17005 Girona
Telèfon: 972208401 | 699847392
Correu electrònic: catmollb@etsmassa.cat

FORMACIÓ

Títols oficials

- Llicenciada en Ciències Econòmiques (Universitat de Girona, 2015). Branca empresa. Nota mitjana: Notable.
- Batxillerat a l'IES Ramon Llull, de Felanitx, 2010.

Altres cursos

- *Direcció Financera* (màster a la Universitat Autònoma de Barcelona, 2015-2016), 150 h.
- *Formació en Tècniques de Màrqueting,* Escola de Formació EDP (Girona), 2016, 30 h.
- *Erasmus* a la Universitat de Bremen (2014).
- *Informàtica:* programació bàsica, coneixement de diversos sistemes operatius, fulls de càlcul, etc.

Experiència professional

- A *Caixabank* de Girona (maig 2016 fins a l'actualitat): anàlisi de balanços i avaluació de riscos, aprovació/denegació d'operacions de crèdit.
- A *Occident Auditors* (oct. 2015 - maig 2016): auditoria externa i valoració d'empreses.

Dades complementàries

- Permís de conduir A1, A2 i B1. Vehicle propi. Disponibilitat absoluta per a viatjar.
- Incorporació immediata.

Idiomes

- Català: *Certificat de nivell C2, Escola Oficial d'Idiomes de Manacor, 2007.*
- Anglès: *Certificat de nivell C1,* de l'Escola Oficial d'Idiomes de Manacor, 2015.
- Alemany: *Grundstufe (B1),* Institut Alemany de Palma de Mallorca, 2016.
- Francès: *Certificat de nivell B2,* de l'Escola Oficial d'Idiomes de Palma de Mallorca, 2016.

Girona, 4 de desembre del 2016

2. Carta formal

Dades emissor	**HOTEL MICALET** c/ Jaume Roig, 13, bxs. 46001 València Tel./fax: 963513288
Lloc i data	València, 15 de juny del 2016
Dades receptor	GALETES LLOPIS A l'atenció de la Sra. Empar Peris c/ Sor Isabel de Villena, 14, 4t 5a 46740 Carcaixent
Objectiu	Objecte: comanda defectuosa
Salutació	Distingida senyora,
Cos de la carta	Lamentem haver d'informar-vos que de nou acabem de rebre una partida defectuosa de cornets i galetes per a gelat, per la qual cosa ens veiem obligats a rebutjar-la. Com ja us hem assenyalat altres vegades, les condicions de transport en què feu els enviaments no són les adients per a una matèria tan fràgil. En l'ocasió precedent us vam haver de retornar la meitat dels cornets, que havien arribat esmicolats. Novament hem de queixar-nos pel mateix motiu, amb l'agreujant del retard en la tramesa: us la vam fer a final de març i la mercaderia ha arribat a principi de juny, ja començada la temporada alta, amb els perjudicis econòmics i d'imatge que açò comporta per a un establiment de tant de prestigi com el nostre. Les queixes que nosaltres i altres establiments us hem adreçat han estat desateses. Per açò ens dol haver de comunicar-vos que no tan sols us retornem íntegrament la remesa, sinó que també prescindirem dels vostres serveis a partir d'ara.
Comiat	Atentament,
Signatura	Hotel Micalet Vicenta Roig Directora
Informació complementària	PS: Avaluats els danys, no descartem d'emprendre accions legals. Annex: Us adjuntem còpia de l'últim albarà perquè el tingueu a mà.

ANNEX III

Correspondències foneticoortogràfiques (català - castellà)

Quan es coneixen o s'aprenen llengües, és inevitable –i desitjable– que s'hi cerquin semblances i diferències. I aquesta recerca pot esdevenir encara més motivadora si les llengües pertanyen a la mateixa família, com és el cas del català i el castellà, filles del llatí però amb idiosincràsia prou diferenciada des del segle VIII. Aquí oferim justament un esbós d'anàlisi comparativa entre les esmentades llengües amb una **intenció didàctica: detectar castellanismes i oferir alternatives** genuïnes, i tot plegat gràcies a certes correspondències foneticoortogràfiques. Cal advertir que ens centrarem en mots catalans i castellans procedents d'un mateix ètim (presentats sota la forma en què figuren en el diccionari, bandejant-ne en principi la flexió[1]).

I és que un aprenent qualsevol s'adona fàcilment, posem per cas, que, en el cas d'una munió de mots amb certes terminacions consonàntiques (*telèfon, bell, plàstic*...), l'equivalent castellà té una vocal després de la consonant, sovint una *-o* («teléfono», «bello», «plástico»). Naturalment, això no és cap llei infal·lible, ni de bon tros (no té lloc, per exemple, en cultismes de l'estil de *sector* o *actual*), fins al punt que es corresponen a la mateixa terminació mots diferents com *tron* i *tro* o com *barítón* i *to* (en castellà, «trueno», «trono», «barítono», «tono»). I és que les lleis d'evolució fonètica són complexes i, com se sol dir, «cada terra fa sa guerra»...

Però ja hem dit que el nostre objectiu no és filològic sinó didàctic, lligat aquí, sobretot, a la correcció lèxica. I per a determinar si un mot és o no objecte d'interferència, ens caldrà, en primer lloc, comprovar si els seus components són genuïns o no. I no ho són, posem per cas, els de paraules com «ajedrez» (per *escacs*) o «arcén» (per *voral*), amb arrels no catalanes, cadascuna de les quals, a més a més, conté un so inexistent en la nostra llengua. Igualment, pot ser indici de castellanisme la presència de sufixos com «-ura» o «-ez» de noms abstractes com «blancura» o «madurez» (pronunciat «madurès», com si es tractés del típic sufix de gentilicis com *irlandès*). De vegades, la incorrecció es detecta alhora per l'arrel i per la terminació: «cuchillazo» per *ganivetada*; «ventanilla» per *finestreta* (o *finestrella*), «pedido» per *comanda*.

Al llarg de la seva història, damunt les llengües actuen fenòmens fonètics que els donen una determinada aparença. En català, per exemple, són molt freqüents els diftongs decreixents (*grau, niu, pau, pou, preu*...), però ho són molt menys els creixents, just a la inversa del que ocorre en castellà (aquests sovint corresponen a mots amb una sola vocal en català: «fuego», «bien» → *foc, bé*). Són observacions elementals que fan que l'aprenent entengui fàcilment que dir *barat, bomber* o *truc* –i no pas «barato», «bombero» o «truco»– està més d'acord amb la idiosincràsia de l'idioma; de la mateixa manera que comprèn que les formes «bueno» o «suelto» (per *bo* o *solt*) són doblement estranyes al geni de l'idioma (diftong «*ue*» i «*-o*» final) que les fa doblement inadmissibles.

Per raons semblants, l'estudiant veu que *avió, camió, cinturó* o *marró*, sense *-n* final, segueixen una tendència general en català. No es tracta mai, és clar, de correspondències infal·libles –ja ho hem advertit–, però tampoc de meres casualitats. Per això n'hem dit «correspondències», que tenen una certa validesa en el sentit que es descriu i en els exemples que s'aporten. La fonètica històrica ens ofereix moltes altres correspondències que no traslladarem aquí, però sí que volem aclarir que els factors que contribueixen a fer evolucionar els mots al llarg dels segles són molt nombrosos i que aquests canvis són escassos en els mots cultes, de manera que entre aquests i els mots patrimonials sovint apareixen «irregularitats» (*volcà – vulcanisme; corb* (adj.) – *curvatura; llavi – labial; llengua – lingüística*; etc.).

Potser algú esperarà una llista més llarga de correspondències, però aquesta resultaria feixuga al batxiller, a qui estalviem les més òbvies i amb més representants (com *-ment* / «-mente/-miento», per exemple) i ens centrem en aquelles en què es compleix una certa regularitat que pot passar desapercebuda a l'estudiant (*ll*/«j»: *all* / cast. «ajo»), aquelles en què tal regularitat no és prou respectada per la interferència del castellà (com dir «biberon» per *biberó*) o aquelles en què es produeix

1 Per a no allargar-nos, poques vegades donarem, entre els exemples de correspondència, paraules d'una mateixa família (tret que considerem que és d'interès per algun motiu), com tampoc no entrarem en una comparativa mínima en la derivació (com l'absència o la presència d'un prefix: *moblar, turmentar, empestar, enjardinar*, cast. «amueblar», «atormentar», «apestar», «ajardinar»). Hem tendit a eludir igualment els casos en què el canvi semàntic era molt evident. Així, el mot *muller* correspon etimològicament al castellà «mujer», però en realitat té el sentit restrictiu de 'dona casada, esposa'. Tanmateix, hi incloem *cristall* perquè una part dels seus usos correspon al castellà «cristal», malgrat que en la major part de contextos aquest hagi de ser traduït per *vidre* (per exemple, quan parlem dels vidres d'una finestra).

una correspondència més o menys excepcional però que afecta mots d'ús corrent (*ambaixada, avaluar*..., amb *e* inicial en castellà). I no cal dir que, en un mateixa paraula, es poden donar més d'una d'aquestes correspondències (per exemple, en *vell* / «viejo», n'hi trobem tres: *e* / «ie», *ll* / «j» i -Ø / «-o»).

Esperem que, per damunt de tot, aquesta nova òptica sigui una manera nova i fructífera de tractar certes interferències lèxiques i d'aprofundir en aspectes de fonètica i d'ortografia, tot potenciant l'observació d'ambdues llengües.

Català	Castellà	Exemples
a	«e»	▶ Habitualment, una *a* a l'arrel es correspon amb la mateixa vocal en castellà, però és «e» en una colla d'exemples: *ambaixada* (cast. «embajada»), *assassí*, *avaluar*, *avantatge*, *avaria*, *rancor*, *recomanar*, *Sardenya*... Situacionals: *davant*, *darrere*... ▶ **Nota:** Té *a* el verb *afaitar* (també en les formes tòniques: *afaito*, *afaites*...) i els numerals *quaranta* (cast. «cuarenta»), *cinquanta*, *seixanta*, *setanta*, *vuitanta*, *noranta*... (també derivats: *estar en quarantena, una cinquantena de persones*...).
b	«v»	▶ Habitualment, una *b* en català es correspon amb una «b» en castellà, però en els casos següents té «v»: *basc* (cast. «vasco»), *Biscaia*, *beina* (d'una espasa), *bena* (i *embenar* – *embenatge*; cast.: «venda – vendar – vendaje»), *berruga*, *biga*, *calb*, *corb* masc. (tipus d'ocell, cast. «cuervo»), *corb -a* adj. (cast. «curvo -a»), *mòbil* (*automòbil*...), *rebentar*, *saba* (d'un arbre)...
e	«a»	▶ En els següents exemples la *e* del català no es correspon amb aquesta vocal, com sol passar, sinó amb una «a»: *assemblea* (cast. «asamblea»), *Caterina*, *efeminat*, *Empar*, *Empordà*, *Empúries*, *enyor*, *meravella*, *monestir*, *resplendir*, *sergent*, *treball*, *vernís*... ▶ Mots en **-*ec*** (àton) com *ànec* (cast. «ánade»), *espàrrec*, *tràfec*... ▶ Se solen escriure amb *e*: *arrencar*, *nedar*, *xerrar*.
e	«i»	▶ El castellà no presenta «e» sinó «i» en aquests exemples: *aresta* (cast. «arista»), *Benet* (cast. «Benito»), *cercle*, *enginy*, *esperit*, *esprémer* (*espremedora*), *església*, *Francesc*, *genet*, *presó*, *segle*, *seguretat*, *servent*, *tebi tèbia*, *telesella*, *tenebra*, *verola*, *vespa* (insecte), *xemeneia*...Els mots en ***-ió*** (cast. «-eón») *acordió* (masc.) i *campió*. ▶ També *e* en alguns mots acabats en: ***-edat***: *castedat*, *claredat*, *honestedat*, *santedat*... ***-essa***: *poetessa*, *profetessa*, *sacerdotessa*. ***-ell(a)*** (sovint «-illa» o «-illo» en castellà): *casella*, *Castella*, *costella*, *meravella*; *pestell*... ***-et***, ***-eta*** (diminutius lexicalitzats): *barbeta*, *bombeta*, *cigarret(a)*, *graveta*, *mascareta*... ▶ Consulta «**-illa**», més avall.
e (tònica)	«ie»	▶ La *e* tònica catalana és generalment «e» en castellà, però també és molt habitual que diftongui en «ie» (típica evolució de la *e* breu en llatí: *bé*, *terra*...); en destaquem: *cérvol*, *recent*... Sense discrepància respecte del castellà: *ambient*, *omniscient*. Cas invers: *magnificent*.
-enc -a	«-ense»	▶ El sufix *-enc* dels gentilicis es correspon habitualment amb «-ense»: *sabadellenc -a*, *terrassenc -a*; *eivissenc -a*; *estatunidenc -a* (cast. «estadounidense»), *londinenc -a*.
	«-eño -a»	▶ *abrilenc* (cast. «abrileño»), *aguilenc*, *illenc*, *riberenc*... Però: *brasiler* (cast. «brasileño»). Com en castellà en *madrileny o porto-riqueny*.
-esa	«-eza» «-ez»...	▶ Derivats d'adjectiu. El sufix *-esa* és, habitualment, «-eza» en castellà (*bellesa*, cast. «belleza»), però també és corrent «-ez»: *invalidesa* (cast. «invalidez»), *maduresa*, *nitidesa*, *pal·lidesa*, *ridiculesa*, *sensatesa*, *solidesa*, *vellesa*... ▶ Algun cop en castellà és «**-era**» o «**-ura**»: *ceguesa* (cast. «ceguera»), *coixesa*, *sordesa*; *tendresa* (cast. «ternura»). ▶ En alguns participis substantivats, es correspon amb el cast. «**-ido/-ida**»: *comesa* (fem.; en cast. «cometido», masc.), *encesa* (de l'enllumenat; cast. «encendido»)...

Català	Castellà	Exemples
f	«h»	▶ Aquesta correspondència compta amb tants exemples que és utilitzada com a regla per a saber quan cal escriure *h* inicial en castellà. Alguns exemples menys coneguts: *fava* (cast. «haba»), *fel* masc. (cast. «hiel», fem.), *fita* fem. (cast. «hito», masc.), [un jersei va] *folgat* (cast. «holgado»), *fona* (per a tirar pedres; cast. «honda»), *fong* (cast. «hongo»), *fura* (cast. «hurón»), *furtar* (cast. «hurtar»), *fus* (cast. «huso»)... ▶ En altres posicions: *bafarada* (< *baf*; en cast. «vaharada» < «vaho»), *fefaent* adj. (ex.: prova *fefaent*; cast. «fehaciente»), *ofegar* (cast. «ahogar»), *refusar* (cast. «rehusar»)... Més derivats: *afillar* (cast. «ahijar»), *afusar* (cast. «ahusar»), *enfornar* (cast. «enhornar»), *fumat* (ex.: *salmó fumat*, cast. «salmón ahumado»)... Altres: *afalagar* (cast. «halagar»).
h	«Ø»	▶ *ham* (per a pescar; cast. «anzuelo»), *harmonia* (i *harmònic* – *filharmònica*...), *hendeca-* 'onze' (*hendecasíl·lab*...), *hissar* (una bandera), *hivern* (i *hivernacle*...), *subhasta*... ▶ Cas invers: *avui* (però amb *h* el mot valencià i clàssic *hui*), *cacauet* (cast. «cacahuete»), *coet, orxata*... Altres (cast. «hue»): *Osca, orfe, os, ou*...
i	«e»	▶ En destaquem els següents: *ambigüitat* (cast. «ambigüedad»), *barrina*, *cerimònia*, *ciment*, *Climent*, *(in)dicible*, *declivi*, *diabetis*, *didal* (< *dit*), *dipòsit*. *Elionor*, *eclipsi*, *enginy* – *enginyer*, *infermeria*, *jaspi*, *missatge*, *monestir*, *ordinador*, *pertinença*, *sina* fem. o *si* masc. (cast. «el seno»; ex.: *la sina d'una dona, el si de la comissió*), *sípia* (però: *color sèpia*), *sobirà*, *tinent*... ▶ També en verbs de la 3a conjugació en *-ir* (en castellà, en «-er») com *contenir*; *recollir*, *tendir*, *ascendir*, *cedir*... i, és clar, els seus derivats: *contenidor* (cast. «contenedor»), *recollidor*, etc. ▶ Adjectius acabats en *-i*, *-ia* àtons: com *espontani* i *espontània* (cast. «espontánea»), *momentani* i *momentània*, *sanguini* i *sanguínia*... També en *línia*, *còrnia*, *orquídia*...
i	«y» [j]	▶ *llei*, *papagai*, *rei*; *onomatopeia*; *jersei*; *ianqui* (cast. «yanqui»), *iode* (cast. «yodo»), *ioga*, *iogurt*... (Recorda: davant els diftongs creixents inicials de mot, no s'apostrofen *el*, *la* i *de*: *el ioga*, *la ianqui*, *de ioga*.)
-triu	«-triz»	De vegades, *-triu* de noms i adjectius femenins es correspon amb «-triz»: *actriu*, *Beatriu*, *cantatriu* (cast. «cantatriz»), *cicatriu*, *institutriu*, *matriu*, *meretriu*, *motriu*... (i, per analogia amb «variz», s'ha format en català *variu*, forma secundària de *variça*). Altres: *emperadriu*; *nariu*, *perdiu*. Atenció: el castellà «codorniz» és *guatlla*. ▶ Consulta *u* → «v», més avall.
j/g [ʒ] , [d͡ʒ]	«y»...	▶ Les grafies *j/g* (so [ʒ]) es corresponen habitualment amb el castellà «j/g» [x] (*Jaume*, *gerani*; cast. «Jaime», «geranio»), amb el benentès que en català també s'escriu ***g*** davant **e**, ***i*** en els mots en *-atge* (*homenatge*, *engranatge*...) o en *bugia*, *conserge*, *genet*, *girafa*, (arc) *ogival*, *targeta*... ▶ De vegades ***j/g*** es correspon amb «y»: *adjacent* (cast. «adyacente»), *ajudar*, *ajuntament*, *conjugal*, *conjuntura* (cast. «coyuntura»), *dejunar* (cast. «ayunar»), *ejacular*, *jaciment*, [vena] *jugular*, *juxtaposar*, *majestàtic*, *major* – *majoria*, *majúscula*, *pejoratiu*, *subjugar*; *llegenda*... ▶ En algun cas, tenim «g/g(u)» /g/ en castellà: *burgès* – *burgesia*, *distingir* (cast. «distinguir»), *extingir*, *jutjar*, *venjar* (*venjança*...). ▶ En algun exemple, «ch» en castellà: *jaqueta* (cast. «chaqueta»), *revenja* (cast. «revancha»).

Català	Castellà	Exemples
li	«ll»	En alguna paraula: *humiliar* (cast. «humillar»), *milió* (i *bilió* – *trilió* – *quadrilió*...).
ll	«l»	▶ Són multitud els exemples que n'hi ha en posició inicial: *llanxa*, *llengua*, *lli*, *llop*, *lluna*... Però en cultismes tenim *l*-: *literatura* (NO: ~~*lliteratura*~~), *lògic*... ▶ En posició final: *bidell* (cast. «bedel»), *bisell* – *bisellat*, *bordell*, *cartell* – *cartellera*, *cascavell*, *cisell*, *clavell*, *cristall*, *desmantellar* (< *mantell*; cast. «manto»), *dovella*, *fusell*, *moscatell*, *nivell*, *novell*, *oripell* (cast. «oropel»), *tropell*, *panell* (informatiu), *pinzell*, *riell*, *rondell*... ▶ En altres posicions: *aïllar* (< *illa*), *allioli* (< *all* + *oli*), *bacallà* (cast. «bacalao»), *canyella*, *ciutadella*, *motxilla*, *pallissa*, *pelleter* (< *pell*), *porcellana*, *relleu* (cast. «relieve» i «relevo»; *rellevant*; *rellevar*), *rellotge*, *sentinella*, *trasllat*, *xandall*, *vaixell* (cast. «bajel»)... Similar: *ballarí* i *ballable* (< *ballar*, cast. «bailarín», «bailable»)... ▶ Cas invers: *balena* (cast. «ballena»), *galeta*, *vila* (diferent de *vil·la* 'casa romana'; cast. «villa» en tots dos casos). Altres: *argila* (cast. «arcilla»). ▶ Casos relacionats: **-tll-** / «l», «ld»: *butlletí* (cast. «boletín»), *butlla* (cast. «bula»), *vetlla*; *espatlla* – *respatller* (cast. «espalda», «respaldo»), *motlle* (o *motllo*), *titllar* («tildar»)...
	«j»	Moltes vegades, en posició no inicial, es correspon amb la grafia castellana «j» [x]: *agulla*, *agulló* (d'una abella; cast. «aguijón»), *carall*, *clavilla*, *espantall*, *mortalla*... En alguns parlars del català oriental, es produeix ieisme en aquests mateixos casos (*paia*, *ui*). Cal aclarir que aquesta pronunciació no és el resultat d'una fonètica castellanitzada, ja que aquestes mateixes zones pronuncien palatal la ll de la resta de casos: *llapis*, *llengua*, *lluna*... Altres: *baralla* (de cartes; cast. «baraja»), *navalla*...
	«y»	*guirigall* (cast. «guirigay»), *pallasso*... Altres: *ratlla*: cast. «raya» (però *pa ratllat*, cast. «pan rallado»). ▶ Consulta *i* → «y»; *j/g* → «y», més amunt.
l·l	«l»	La ela geminada es correspon amb «l» simple en castellà gairebé en tots els casos. Per a saber quan s'escriu ela geminada, solen ser una bona guia els mots corresponents del francès, l'italià o l'anglès: *rebel·lió* (fr. *rébellion*, it. *ribellione*, angl. *rebellion*). També pot ser útil saber aquests inicis o finals de mot: ▶ ***il·l-***: *il·legal*, *il·legible*, *il·legítim*, *il·lícit*, *il·lògic*, etc. (en els mots anteriors *il-* és una variant del prefix negatiu *in-*: *il·legal* vol dir 'no legal'); *il·luminar*, *il·lusió*, *il·lustrar*, etc. **col·l-**: *col·laborar*, *col·lecció*, *col·lectiu*, *col·legi*, *col·lisió*, *col·locar*... (Però sense geminar en mots populars com *colador*, *colom* o *color*.) **mil·l-**: *mil·lenari*, *mil·lenni*, *mil·lèsim*, *mil·ligram*... (però *miler*, *milió*). ▶ ***-el·la***: *aquarel·la*, *caravel·la*, *mortadel·la*, *novel·la*, *parcel·la*, *passarel·la*, *varicel·la*... Però: *pela*, *Rafela*, *vela* (> *veler*)... ***-il·la*** i ***-il·lar***: *clorofil·la*, *goril·la*, *pupil·la*, *til·la*, *vil·la* ('casa de camp romana' o 'torre d'estiueig'); *cavil·lar*, *vacil·lar*, *destil·lar*, *oscil·lar*... Però: *lila*, *argila*... ▶ En mots emparentats amb altres que duen: ***ll***: *axil·la* (però amb *ll* en *aixella*), *cristal·lí* (*cristall*), *capil·lar* (*cabell*), *fal·lible* (*fallar*), *flagel·lar* (*flagell*), *metàl·lic* (*metall*), *pel·lícula* (*pell*)... ***-l* final**: *tranquil* – *tranquil·la*, *Marcel* – *Marcel·lí*, *nul* – *nul·la*... Però: *mal* – *mala*.

Català	Castellà	Exemples
m	«n»	▶ ***mf***: correspon a ***-mph-*** (grec clàssic): *amfibi*, *amfiteatre*, *amfitrió*, *àmfora*, *èmfasi*, *simfonia*, *triomf*... ▶ ***circum-***: *circumferència*, *circumscriure*, *circumstància*... ▶ Prefixos (assimilació de la *n* dels prefixos *en-*, *in-* i *con-* davant de bilabial, *m* inclosa): *emmarcar*, *emmascarar*, *emmudir*...; *immadur*, *immediat*, *immòbil*, *immortal*...; *commemorar*, *commoure*, *commutar*... ▶ ***-mpt***, ***-mpc-***: *exempt* – *exempció*, *símptoma*, *temptar* i mots amb -*sumpt*- (*assumpte presumpte*, *sumptuós*...)... ▶ Posició final: *Adam*, *betum*, [Cristòfol] *Colom*, *flam*, *harem*, *Joaquim*, *rom*, *rum-rum*... ▶ Altres: *comte* (cast. «conde»), *imam*, *impremta*, *empremta* (cast. «impronta»), *premsa*, *somriure*... **Notes:** ▶ Algun cop ***-m*** final (en principi de noms masculins) es correspon amb «**-mbre**»: *estam* ('fil de llana pentinada'; cast. «estambre») *llum* – *besllum* (cast. «lumbre / luz...», «vislumbre»), *costum*, *eixam* (cast. «enjambre»), *llegum*... En altres, *-m* correspon a «**-men**»: *crim* (cast. «crimen»), *resum*, *velam*, *volum*; *règim*...
n	«-nd-»	De vegades *n* es correspon en castellà amb «-nd-»: *barana* (cast. «baranda»), *bena* (cast. «venda»; en català *venda* és 'acció de vendre'), *canelobre* (cast. «candelabro»), *comanador* (cast. «comendador»), *conestable* (cast. «condestable»), *esmenar* (cast. «enmendar»), *fenedura* (cast. «hendidura»), *fona* ('instrument per a tirar pedres'; cast. «honda») *fonament*, *fonedor* (cast. «fundidor»; *foneria* és «fundición»), *manar* (> *manaire*; cast. «mandón»), *ofrena*, *ona* – *onejar* (cast. «onda – ondear»; però existeix *onda* [del cabell], *ondular*...), *recomanar*, *vianant* (cast. «viandante, peatón»... Més exemples: *ban* (municipal; cast. «bando») – *contraban*, *Ferran*... ▶ Els verbs en *-ndre* tenen una *-d-* epentètica en l'infinitiu que no presenten les altres formes de la flexió (llevat de les que provenen de l'infinitiu: el futur i el condicional). Vegem-ne derivats amb *-n-*: *aprendre* → *aprenent -a* (cast. «aprendiz»), *aprenentatge*; *emprendre* → *emprenedor -a* (cast. «emprendedor»), *encendre* → *encenedor*; *entendre* → *entenedor -a*, *enteniment*; *estendre* → *estenedor*; *expendre* → [màquina] *expenedora* – *expenedoria*; *desprendre* → *despreniment*; *sorprendre* → *sorprenent*... **Atenció:** *fons* masc. / *fondo -a* adj.; *confondre* → *inconfusible* (cast. «inconfundible»).
ny	«n»	▶ Posició final: *afany*, *alemany*, *desdeny* (cast. «desdén», però «desdeñar»), *refrany*, *terreny*, *Tristany* (i Isolda), *xampany*, etc. Similar: *menys*. ▶ En altres posicions: *canyella*, *manyopla*, *tonyina*, etc., a més de derivats dels anteriors (*afanyar-se*, *refranyer*...). ▶ Amb diftong amb [nj] en castellà: *Alemanya*, *Bolonya* (cast. «Bolonia»), *enginy*, *juny*... Altres: *empenya* (cast. «empeine»). Cas invers: *zitzània* (cast. «cizaña»). ▶ Cas invers: *cabana* (cast. «cabaña»), *canó*, *ermini* (cast. «armiño»), *ermitana* (< *ermità*, cast. «ermitaño»), *escon* (= *escó*; cast. «escaño»)...
o	«u»	▶ En posició àtona: *avorrir* (cast. «aburrir»), *botifarra*, *cobrir*, *complir*, *escopir*, *nodrir*, *corb -a* (adj.), *podrir*, *Romania*, *sofrir*, *sorgir*, *tonyina*, *torbar* – *pertorbar*, *torró*. Mots acabats en la terminació ***-ol*** àtona: (*capítol*, *cònsol*, *pèndol*, *títol*; *escrúpol*, *esdrúixol*, *rètol*... (La *u* llatina es recupera en els pseudoderivats: *capitular*, *consular*, *pendular*, *titular*...) ▶ Derivats regulars en català (però irregulars en castellà): *calorós*, *comptadoria*, *conservadorisme*, *escrupolós*, *governamental*, *pagadoria*, *regidoria*, *rigorós*, *tenidoria*... ▶ A alguns mots amb *o* tònica en el primitiu els correspon «u»: *cartoixa* (cast. «cartuja»), *estoig*, *polpa* (d'una fruita), *pols* m. (cast. «pulso») – *polsar* v. – *polsera*, *penombra*, *tomba*... Però amb *u*, com en castellà: *catacumba*, *fecund*, *profund*.

Català	Castellà	Exemples
o (tònica)	«ue»	Una *o* tònica es correspon normalment amb *o* en castellà (*cosa*), però és prou habitual que la *o* (la corresponent a *o* breu del llatí), diftongui en «ue» en castellà: *font*, *pont*, *porro* (cast. «puerro»); *Marroc*, *Oriola*, *Osca* (cast. «Huesca»), *Terol*... El més habitual és que aquesta *o* sigui oberta, però és tancada en *vergonya*, *cigonya*...
-or	«-ura» «-ez»...	Els noms derivats d'adjectiu amb el sufix *-or* (tots femenins) es corresponen amb sufixos castellans com «-ura», «-ez», etc.: *espessor* (fem., cast «espesor», «espesura»); *finor* (o *finesa*, cast. «finura»); *pesantor* (cast. «pesadez»); *claror* (cast. «claridad»)... ▶ Consulta *-esa* → «-eza», «-ez»..., més amunt
qu, *qü* + vocal [kw]	«cu»	▶ *qu-* + vocal es correspon habitualment amb el diftong castellà «cu + vocal»: *quadrat*, *quotidià*, *quocient*, *quota* (en cast. «cuota», que és diferent del català *cuota*, trisíl·lab, despectiu de *cua*). ▶ Amb dièresi davant *e*, *i*: *eqüestre*, *aqüífer*. ▶ Altres («c + vocal» en castellà): *quasi* (cast, «casi»), *qualitat* (cast. «calidad», a més de «cualidad»). ▶ Altres: *inic* – *iniqua* (cast. «inicuo inicua»), *ventríloc* – *ventríloqua*; *quasi* cast., «casi»), *qualitat* (cast. «calidad», a part de «cualidad»). ▶ Però sense diftong en català: *enquesta*, *requesta*.
r	«l»	Alguns cops es produeix un intercanvi entre sons líquids: ▶ ***-ar*** 'lloc plantat de...': *arrossar* (cast. «arrozal»), *cabanyar*, *cafetar*, *canyissar*, *carrascar*, *cocotar*, *figuerar*, *joncar*, *morerar*, *ortigar*, *palmerar*, *patatar*, *platanar*... ▶ ***-er***: *conseller* (cast. «concejal»), *corser*, *dosser*, *quarter*, *timoner*... Relació amb el món vegetal: *fruiter*, *llorer*, *noguer* (o *noguera*, cast. «nogal»), *perer* (o *perera*), *planter*; *roser*, *verger*... ▶ Més exemples: *borsa* (cast. «bolsa»; però *borsari -ària* «bursátil»), *brandir* (i *brandó*), *broquer*, *brusa*, *carabassa*, *carabassó*, *Caterina*, *emprar* (cast. «emplear»), *escorta*, *esperó* (cast. «espolón»), *excarcerar*, *frare* (cast. «fraile»), *furrier*, *paper* – *paperera* – *traspaperar-se*, *pedregar*, *perruca*, *pregària*, *prisar*, *quintar*, *quirat*, *Roger*, *sabre*, *temprança*, *tenebra*, *tórtora*, *xamfrà*... ▶ Cas invers: *bitàcola*, *flassada* (cast. «frazada»), *flascó*, *Lançalot* (cavaller artúric; cast. «Lanzarote»), *melmelada*, *pelegrí* (masc.), *salpar*, *solc*... Altres: *taral·lejar* (cast. «tararear»).
r	«rr»	En algun cas: *cimbori* (cast. «cimborrio»), *fanfara*, *garapinyada*, *morena* fem. ('hemorroide', cast. «almorrana»), *xoriguerisme*.
s	«x»	N'hi ha alguns exemples: *esplanada*, *espoli* (cast. «expolio»), *esplaiar-se*, *esprémer* (i *espremedora*), *estendre* (però *extensió*), *estranger*, *estrany*...
s, *ss*	«c/z»	Habitualment, les esses es corresponen en les dues llengües, mentre que les grafies amb *c/ç* del català es corresponen amb «c/z» del castellà (però *pretensió* → *pretensiós*; cast. «pretencioso»). Tanmateix, hi ha mots discrepants: ▶ Essa sorda: *arrebossar* (cast. «rebozar»), *arrissar*, *arròs*, *calabós*, *carrossa*, *dansa*, *disfressar*, *embaràs*, *hissar*, *llapis*, *massapà*, *matís*, *mesclar*, *mordassa*, *mostassa*, *pissarra*, *pòlissa*, *pretensiós*, *quars*, *serraller*, *sòcol*, *sofre*, *sucre*, *tossut*... Topònims: *Còrsega* (cast. «Córcega»), *Eivissa*, *Mequinensa*, *Saragossa*, *Sardenya* (< *sard*, cast. «Cerdeña»), *Suïssa*, *Vinaròs*... Sufixos: ***-às -assa***: *barcassa* (cast. «barcaza»), *cuirassa*...; ***-ís -issa***: *pallissa*, *carnisseria*...; ***-ús -ussa***: *gentussa*... ▶ Essa sonora: *Andalusia* (cast. «Andalucía»), *cervesa*, *desembre*, *Ignasi*...; ***-esa*** (cast. «-ez» «-eza»): *certesa*, *ridiculesa*... (Consulta ***–esa*** → «-eza», «-ez»..., més amunt.).
tz	«c/z»	Té lloc en alguns casos: *agutzil*, *gatzara*, *horitzó*, *Llàtzer* (cast. «Lázaro»), *magatzem*, *zitzània* (cast. «cizaña»)...; *dotze* – *adotzenat*, *tretze*.
u	«vo»	Hi ha un grup nombrós de masculins en ***-iu*** (*actiu*, *viu*; *motiu*) que es corresponen amb el castellà «-ivo», fet que s'utilitza com a truc per a determinar l'ús de la *-v-* en mots castellans com «activo», «motivo», etc. Altres: *còncau*, *eslau*...

<table>
<tr><th>Català</th><th>Castellà</th><th>Exemples</th></tr>
<tr><td>u</td><td>«o»</td><td>Habitualment, una u catalana es correspon amb una u castellana, però hi ha força exemples en què l'equivalència és amb «o» (i vegeu també la secció precedent):
➤ -u en posició àtona: bufetada, ritu (cast. «rito»), supèrbia (cast. «soberbia»), turment, subornar, sufocar, suportar... Atenció: s'escriu munt – muntanya – tramuntana – muntar o muntatge (però es conserva l'antiga o de mont en topònims: Montserrat, Montseny, Montsant...).
➤ Mots acabats en vocal tònica + u [w]: Amadeu (cast. «Amadeo»), apogeu, cacau, correu, Estanislau, europeu, fideu, el(s) Pirineu(s), reu rea ('que ha comès una culpa'; cast. «reo rea»), trofeu...
➤ Altres: -u final → «-uo»: assidu (fem. assídua; cast. «asiduo -a»), continu (fem. contínua), individu (fem. individua), innocu (fem. innòcua), mutu (fem. mútua), residu, superflu (fem. supèrflua)...
Nota: Els femenins assídua, contínua... duen accent gràfic perquè són mots esdrúixols. En canvi, els femenins plans contigua o ambigua (fem. de contigu, ambigu) no en duen perquè acaben en vocal (precedida de [w], amb què formen diftong creixent), a diferència de mots també plans com còncau, que sí que s'accentuen perquè no acaben en vocal (sinó en [w], és a dir, acaben en diftong decreixent). .</td></tr>
<tr><td>v</td><td>«b»</td><td>advocat – advocada (cast. «abogado – abogada»), arravatar, avet, avi, avorrir, cervell, Esteve, avortar, bava, canviar, cavall, cavalcar, covard, espavilar, fava, govern, gravar, haver, llavi, núvol, pavelló, provar – aprovar, savi (però saber), taverna, travar, vaixell (cast. «bajel»), vernís, rave...
I cultismes en b: labial (però llavi), nebulós (però núvol)...</td></tr>
<tr><td>x, ix</td><td>«ch»
«j»</td><td>A part de la correspondència massiva de x [ʃ] (i, de vegades, tx [tʃ]) amb «ch» (Xina, Elx; cautxú, despatxar; cast. «China», «Elche», «caucho», «despachar»), tenim molts mots en què la correspondència és amb «j»:
➤ x o ix amb so [ʃ]: rodanxa (de llonganissa; cast. «rodaja»), xarop, Xàtiva, xeringa, Xixona; aixovar (cast. «ajuar»), fluix -a (cast. «flojo»), lleixiu masc. (cast. «lejía», fem.), puixant (cast. «pujante»), teixó (o toixó), veixiga...
➤ x amb so [ks]: fix -a (> sufix...; cast. «fijo», «sufijo»), flux (cast. «flujo»), luxe, Mèxic, paradoxa – paradoxal (cast. «paradójico»), relaxant, anglosaxó -ona, [pantalons] texans...
➤ x amb so [gz]: mots iniciats amb ex- + vocal com executar (cast. «ejecutar»), exemplar, exemple, exercici, exèrcit...</td></tr>
<tr><td>z</td><td>«c/z»</td><td>alzina (cast. «encina»), aranzel, benzina, bronze, donzella, esmorzar, pinzell, senzill, ximpanzé, zebra, zel – zelós (≠ gelós) – zelador, zinc (o zenc)...
Nombres: zero, onze, catorze, quinze.
➤ Consulta tz → «c/z», més amunt.</td></tr>
<tr><td>so sord
c, qu
p
t</td><td>«so sonor»
«g»
«b»
«d»</td><td>➤ c, qu [k]: advocat -ada (cast. «abogado -ada»), arriscar, camussa, cavalcar, esquinç, llacuna, Miquel... Però -g(u)- en la flexió o derivació: cec (cega, ceguesa).
➤ p: patacada (cast. «batacazo»), supèrbia (cast. «soberbia»), xarop (cast. «jarabe»)... Però: -b- en la flexió o derivació en casos com estrep (cast. «estribo», però estrebar), llop (però lloba, llobera)...
➤ t: Bernat (cast. «Bernardo»), comte (cast. «conde»), deute, dubte, gaiato (cast. «cayado»), heretar, virtut, vanitós...
-tat, -dat: felicitat, castedat, bondat.
Amb t final però -d- en la flexió o derivació, n'hi ha molts exemples (a part dels participis: perdut perduda): abat (però abadia), ciutat (però ciutadà), marit (però emmaridar), mut (però muda), paret (però emparedar), salut (masc., però saludar; fem. la salut, però saludable), set (però assedegat)...
Per al cas invers, consulta la fila següent.</td></tr>
</table>

Català	Castellà	Exemples
so sonor ***b*** ***d*** ***g***	*so sonor de* ***p*** ***t*** ***c***	▶ ***b***: *acoblar* (cast. «acoplar»), *bisbe* (cast. «obispo»), *cabàs*, *Cebrià* (cast. «Cipriano»), *Constantinoble*, *disbarat*, *rebosteria*... ▶ ***d***: *cadastre* (cast. «catastro»), *caminada*, *emperadriu*, *exquisidesa* (< *exquisit* – *exquisida*), *Margarida*, [parlant] *nadiu -iva*, *nodrir* (però *nutrició*), *percudir*, *resoluda* (fem. de *resolut*), *tripartida* (fem. de *tripartit*)... Mots amb *quadri-* com *quadrimestre*, *quadrilió*. ▶ ***g***: *caragol*, *degà* (cast. «decano»), *gaiato*, *Gaietà*, *gresol*, *mastegar*, *sagrament*, *sagristà*, *segrest*...
grups cultes de dues consonants (una d'elles oclusiva)	«sense *b*, *c*...»	▶ ***b***: (***sub-***): *subjecte*, *subministrar* (cast. «suministrar»), *submissió*, *subscriure*, *substància*. *subtil*... Altres: *cobdícia*. ▶ ***c***: mots amb ***-jec-***, ***-jecc-***, com *adjectiu*, *objecte*, *subjecte*...; *objecció*, *subjecció*... Altres: *cataracta*, *contracte*, *delicte*, *districte*, *olfacte*, *respecte*, *tractar*... Inversament: *imperfet*, *plusquamperfet*... (nom de temps verbals). ▶ ***d***: *advocat* (*advocar*, cast. «abogar»); *babord*, *estribord*... ▶ ***g***: *augmentar*. ▶ ***p***: *baptisme*, *ceptre* (reial), *escriptor*, *recepta* (culinària o mèdica), *repte* – *reptar* (cast. «reto» – «retar»)... Cas invers: *setembre*. Tenen *p-* inicial els mots amb *pseudo-* (*pseudònim*); *pneum(o)-* (*pneumàtic); psico-* (*psicologia*)... ▶ ***t***: *setmana*, *sotmetre*...
+ lletra	Ø	(Casos no inclosos en els grups precedents) ▶ ***d***: *badia* (cast. «bahía»), *fidel* (cast. «fiel»), *judici, paradís.* ▶ ***g***: *bagul* (cast. «baúl»). ▶ ***i [j]***: *llejal*, *reial*; *patuleia*, *teia*, *xemeneia*... ▶ ***l***: acabats en *-ol* com *bàndol*, *cérvol*, *nínxol*. Altres: *folrar*. ▶ ***m***: *condemna*, *tamboret* (cast. «taburete»), *xamfrà* (cast. «chaflán»)... ▶ ***n***: *conjuntura* (cast. «coyuntura»), *encongir*, *nansa* (d'una tassa; cast. «asa»), *nínxol*, *orenga*, *pansa*, *rodanxa*, *transvestit* (cast. «travesti»)... Cas invers: a part d'una multitud de mots acabats en vocal tònica (*bolivià*, *eslovè*, *alpí*, *tensió*, *oportú*, en què la *n* es recupera en la flexió i derivació (*boliviana*, Eslovènia...), tenim casos particulars com *bisó* (cast. «bisonte»), *horitzó* (cast. «horizonte»). ▶ ***r***: *cirurgia* (com *quirúrgic*; cast. «cirugía»), *corxera* – *semicorxera* (termes musicals), *emplastrar*, *fratricida*, *Frederic*, *orquestra*, *prostrar*, *ruibarbre* (tipus d'herba; cast. «ruibarbo»), *tresor* – *tresorer*, *xacra* (cast. «achaque»)... Inversament: *encastar* (cast. «encastrar»), *llast* – *llastar* (cast. «lastre» – «lastrar»). **Ortografia: *rr* en compostos.** En els compostos amb elements interns començats amb *r-* , no es dobla la *r* com a norma general: *autoretrat* (cast. «autorretrato»), *antirobatori*, *multiracial*, etc. (i en compostos amb elements populars s'usa guionet: *guarda-roba*; *Vila-rodona*). Tanmateix, des del 2016, s'escriu *rr* darrere dels prefixos a- privatiu (*arrítmia*) i *cor-* (variant de *con*; *correferent*); en el mot erradicar i derivats, i en els compostos amb els radicals *raqui*(*o*)-, *reo-*, *rin*(*o*)-, *rinco-*, *riz*(*o*)- i *rodo-* (*cefalorraquidi*, *batirreòmetre*, *otorrinolaringòleg*, *catarrí*, *ornitorrinc*, *micorriza*, *cinorròdon*) i amb les terminacions *-rràfia* i *-rrexi* (*neurorràfia*, *metrorrexi*). ▶ ***s***: *consciència*, *convalescència*, *ressuscitar*; *soscavar*, *pastera* ('embarcació'; cast. «patera»). Amb *-s* final: *plebs* (cast. «plebe»), *llimbs* (cast. «limbo»), *socors* (cast. «socorro»), *urbs* (cast. «urbe»)... ▶ ***t***: *carnet*, *xalet*; (mots aguts) *xiclet*, *tiquet*; *imant* – *imantar*; *salfumant* (cast. «salfumán»)... ▶ ***v***: *aixovar* (cast. «ajuar»), *anxova* (cast. «anchoa»)... Per als casos inversos, consulta la fila següent.

Català	Castellà	Exemples
Ø	+ «lletra»	▶ «**c/z**»: *atiar* (< *tió*; cast. «atizar»), *plaer* – *plaent* (cast. «placentero»), *raïm* (cast. «racimo», tot i que habitualment és «uva»), *raó*, *salaó* (cast. «salazón»), *sarraí* (cast. «sarraceno»), *veí* – *veïnal*... Verbs en *-uir* (cast. «-ucir»): *conduir*, *lluir*, *produir*, *traduir*... (Però *contribuir*, *distribuir*...). Altres: *contraproduent*, *estupefaent*, *fefaent* (cast. «fehaciente»)... ▶ «**d**»: *pèrdua* (cast. «pérdida»), *remeiar*; *suor*...; *humil* (cast. «humilde»), *rebel*... ▶ «**l**»: *xerrar* (cast. «charlar»). ▶ «**n**»: *assaig* (cast. «ensayo»), *Carme, cisell* (cast. «cincel»), *eixamplar* (cast. «ensanchar»), *eixam* (d'abelles) (cast. «enjambre»), *eixut* (cast. «enjuto»), *hivern*, *intricat* (cast. «intrincado»), *missatge*... ▶ «**s**»: *Marroc* (cast. «Marruecos»), *Lluc* (cast. «Lucas»), *Marc* (cast. «Marcos»); *refredat* (cast. «resfriado»). ▶ «**v**»: *paó* (cast. «pavo real»), *paor* – *paorós* – *espaordit* (cast. «pavor» – «pavoroso» – «despavorido»)... ▶ «**y**»: *concloent* (cast. «concluyente»), *constituent*, *contribuent*, *contraent*, *influent*... Altres: *egua* (cast. «yegua»), *erm -a* (cast. «yermo -a»). **Curiositat:** Els **arabismes** amb article ***al-*/a-** aglutinat són més abundosos en castellà: *barnús* (cast. «albornoz»), *càmfora* (cast. «alcanfor»), *cotó* (cast. «algodón»), *drassana* (cast. «atarazana»), *duana* (cast. «aduana»), *garrofa* (cast. «algarroba»), *gatzara* (cast. «algazara»), *magatzem* (cast. «almacén»), *quitrà* (cast. «alquitrán»); *raval* (cast. «arrabal»), *safrà* (cast. «azafrán»), *séquia* (cast. «acequia»), *sucre* (cast. «azúcar»), *talaia* (cast. «atalaya»), etc. Cas invers: *albergínia* (cast. «berenjena»), *l'Alcorà* (cast. «El Corán»)...
lletra 1	«lletra 2»	A una lletra (o so) del català li correspon una lletra (o so) diferent en castellà (casos no vistos més amunt): ▶ Exemples amb diftong decreixent en castellà (oclusiva en català): (amb «*u*» [w]): *absència* (cast. «ausencia»), *cabdill* (cast. «caudillo»), *captivar* (cast. «cautivar»), *delectar* (però també existeix *delitar*; cast. «deleitar»); (amb *i*): *regne* – *regnar* (però *rei*; cast. «reino» – reinar»). Cas invers (consonant en castellà, diftong decreixent en català): *Andreu* (cast. «Andrés»), *Nicolau* (cast. «Nicolás»); *coure* masc. (cast. «cobre»), *llaurar* (cast. «labrar»); *lliure* (cast. «libre»), *roure* (cast. «roble»), *tauló* («tablón»)... ▶ ***o*** / «**a**»: *bambolina*, *canelobre*, *escàndol*, *escó*, *estrafolari*, *obrir*, *sòcol*, *xarop*... Cas invers: *atorgar*, *extravertit*. ▶ En compostos (el català manté el final del primer element): *alacaigut* (cast. «alicaído»), *bocabadat -ada* (cast. «boquiabierto -a»), *cellajunt* (cast. «cejijunto»). I «pelirrojo -a» és *pèl-roig*, *pèl-roja*.
consonant doble	«consonant simple»	▶ ***-cc-***: *accelerar*, *accent*, *accepció*, *acceptar*, *succedani*, *succeir* – *succés*, *succint*... ▶ ***-dd-***: *addicte* – *addició*... ▶ ***-gg-***: *suggerir* – *suggestió*... ▶ ***-mm-***: *Gemma*, *gamma*... ▶ ***-nn-***: *Anna*, *annex*, *bienni* – *trienni* – *decenni* – *mil·lenni*, *connexió*, *innocent*, *Susanna*... ▶ ***-rr-***: *salmorra* (cast. «salmuera»), *testarrut* i algun altre. Cas invers: consulta *r* → «rr», més amunt.

Castellà	Català	Exemples
«-ancia, -encia»	***-ància*** ***-ència*** ***-ança*** ***-ença***	Els sufixos castellans «-ancia» i «-encia» corresponen sovint a ***-ància*** i ***-ència*** (*abundància*, *decència*), però de vegades a ***-ança*** i ***-ença***: *concordança* (cast. «concordancia»), *discordança*, *estança*, *observança*, *perseverança*, *(in)significança*; *aparença*, *creença*, *pertinença*... Notem que els primers solen derivar d'adjectius (*abundant* > *abundància*) i els segons, de verbs (*concordar* > *concordança*). Cas similar (també amb «*-ci-*» / *ç*): *cançó*, *estança*, *finançar* – *finançament* (cast. «financiar» – «financiación»), *França*, *lliçó*... Cas relacionat: *processó* (cast. «procesión»).
«-azo»	***-ada***	El sufix «-azo», que designa 'cop de', correspon correntment al sufix ***-ada***: *manotada* (cast. «manotazo»). Casos similars: *canonada*, *carpetada*, *escopetada*, *frenada*, *patacada* (cast. «batacazo»), *punxada*, *trompada*, etc. En molts casos, però, cal dir «*cop de* + N»: *cop d'ampolla* (cast. «botellazo»). Doble possibilitat: *cop de pilota* (més usual que *pilotada*), *cop de cua* (o *cuada*, cast. «coletazo»), *cop de martell* (o *martellada*)... Altres: **«**balazo**»** → *tret* (*de bala*).
«-cluir»	***cloure***	*incloure*, *excloure*, *recloure*... (i, per tant, *incloem*, *excloent*... NO: «*incl~~uïm~~*», «*excl~~uint~~*»).
«-culo»	***-cle***	*corpuscle*, *crepuscle*, *monticle*, *pinacle*, *testicle*, *tubercle*, *vincle*... Però: bàcul, *majúscul*. Similar: *angle*, *triangle*...
«-ecer» (v.)	***-ir***	*afavorir* (NO: *afavor~~èixer~~*, cast. «favorecer»), *compadir*, *desobeir*, *embrutir*, *empobrir*, *enaltir*, *endurir*, *enriquir*, *ensordir*, *entendrir*, *entristir*, *envellir*, *establir*, *estremir*, *florir* (> [economia] *florent*; cast. «floreciente»), *rejovenir*, *resplendir*...
«-ero /-era»	***-er -era*** ***-aire*** ***-dor -dora***	Designant noms d'ofici, el sufix castellà «-ero -era» correspon habitualment a *-er -era*: *bomber*, *sabater*... Alguns cops tenim el sufix ***-aire*** en català: *abellaire* (cast. «abejero -a»), *drapaire* (cast. «trapero -a»), *especiaire* (cast. «especiero -a»), *verdulaire*, etc. Indicant sovint lloc, tenim també el sufix ***-dor -dora*** per a formar noms (o adjectius) derivats de verbs: *abraçadora* (cast. «abrazadera»), *agafador* (cast. «agarradero, asidero»), *amarrador*, *baixador* (cast. «apeadero»), *berenador* (cast. «merendero»), *calador*, *cagadora*, *casador -a* (adj.), [samarreta] *dessuadora* (cast. [camiseta] «sudadera»), *durador -a* (adj.), *embarcador*, *escumadora*, *estenedor*, *llançadora*, *parador* [desconegut], *regadora*, *respirador*, *serradora* (cast. «aserradero»), *tapadora*, *venidor -a* (adj. «venidero -a»), etc.
«fundir» (v.)	***fondre***	*confondre*, *difondre*, *refondre*.
«-ice» (la síl·laba anterior és la tònica)	***-ex*** (àton)	*àpex* (cast. «ápice»), *artífex*, *còdex*, *índex*, *pontífex*, *sílex*, *vèrtex*... (Però: dúplex...). Però en *-ix*: *apèndix* (cast. «apéndice»), *ònix* (cast. «ónice»). **Nota**: Recorda que tots els mots acabats en vocal àtona + *x* fan el plural afegint una *s* al singular: *àpexs*, *artífexs*, *dúplexs*, *apèndixs*... (altrament, és *-os*: *annexos*, *reflexos*...).
«-illa» «-illo»	***-eta***...	➤ La terminació ***-illa*** existeix en català i, certament, són correctes mots com *burilla* (cast. «colilla»), *faldilla* (o *faldeta*), *forquilla* (o *forqueta*), etc. Aquesta terminació, però, és molt típica en castellà, del qual el català ha manllevat mots: són correctes *banderilla*, *sabatilla* o *taquilla* (no ho és, en canvi, el gal·licisme «guixeta»)... ➤ ***-et***, ***-eta***: En molts casos, la forma catalana corresponent a un mot castellà acabat en «-illa» conté algun sufix diminutiu equivalent, com ***-et***, ***-eta*** (de vegades *-ell*, *-ó*...): *barbeta* (cast. «barbilla»), *campaneta* (o *úvula*), [posar entre] *cometes*, *coroneta*, *escombreta* (cast. «escobilla»), *estoreta* (cast. «esterilla»), *reixeta* (cast. «rejilla»), *maneta* (cast, «manecilla»), *mascareta*; *casella* (d'on *encasellar*; cast. «encasillar»); *carretó* (cast. «carretilla»), etc. Altres: «cabecilla» → *cap de colla*, *capitost*; «mantequilla» → *mantega*; «avanzadilla» → *avançada* (terme militar). ➤ La terminació **«-illo»** és un indici flagrant de castellanisme (però n'hi ha algun que ha estat admès: *tresillo* o *armadillo*): cast. «banquillo» → *banqueta*, **«**bordillo**»** → *vorada*, «cigarrillo» → *cigarreta*, *cigarret*; «gustillo» → *regust*, «guitarrillo» → *guitarró*...

Castellà	Català	Exemples
«-logo» «-loga»	***-leg -loga***	Hi ha una munió de noms de professió acabats així: *arqueòleg* (cast. «arqueólogo») – *arqueòloga*, *biòleg* – *biòloga*... Similar (-eg / «-ogo»): *diàleg*, *homòleg*, *pròleg*... (enfront de *dialogar*, *homòloga*...).
«-mitir»	***-metre***	*admetre* (cast. «admitir»), *remetre*, *emetre*... (Nota: Cal dir *admetem*, *remeteu*, *emetent*, etc., no pas *admitim*, *remit~~iu~~*, *emit~~int~~*...).
«-o»,«-e» (masc.)	***-Ø*** ***-ment*** ***-ada...***	▶ A diferència del castellà, en català no disposem d'una quantitat tan gran de substantius i adjectius acabats en *-o* (són ben catalans, però, *ferro; monjo*, *minso -a*...). Recordem, a més, que formes com *atraco*, *cobro*, *pago*... no són noms sinó verbs (en 1a pers. sing. del present d'indicatiu): jo *atraco*... ▶ Alguns noms i adjectius en «-o» i «-e» es corresponen en català amb mots acabats en consonant o en *-e* (*clor*, *complet*, *fix*, *rumb*; *xec*; *culte*, *rombe*...). ▶ En el cas de noms derivats de verb, és molt habitual la correspondència amb el sufix ***-ment***: (amb «-o» en castellà) *abonament* (cast. «abono»), *assortiment* [de galetes] (cast. «surtido»), *atracament*, *cobrament*, *deteriorament*, *pagament*, *repartiment*...; (amb «-e» en castellà) *cessament* (cast. «cese»), *desfasament*, *desglossament*, *embarcament*, *embassament*, *embragament* (o *embragatge*; cast. «embrague»), *empastament*, *enclavament* (NO: *encl~~au~~*; cast. «enclave»)... De vegades, però, es correspon amb un mot amb derivació regressiva: *arrest*, *segrest*...; *estrena* (cast. «estreno»)... ▶ Existeixen altres possibles correspondències, com la substantivació d'una forma de participi: *abraçada* (cast. «abrazo»), *desfilada* (cast. «desfile»), *fallada* (cast. «fallo»); *tramesa* (o *enviament*, cast. «envío»)... Amb el participi s'indiquen de vegades operacions (*encesa*, cast. «encendido»). ▶ També la terminació ***-ig*** si s'emparenta amb mots amb *-(t)j/g-* (*bombardeig* – *bombardejar*, *tiroteig* – *tirotejar*; cast. «bombardeo»...). ▶ Llatinismes. Les terminacions ***-us*** i ***-um*** de mots cultes se solen correspondre amb «-o» en castellà: *anus*, *eucaliptus*, *fetus* (cast. «feto»), *focus*, *globus*, *porus*, *sinus* i *cosinus* [en trigonometria], *tipus*...; *fòrum* (cast. «foro»), *harmònium*, *sèrum*... Però dues formes en català en *arquetip* – *arquetipus*; *podi* – *pòdium*... ▶ Consulta «-azo», «-culo», «-ero» i «-logo», i ***u*** → «o», més amunt.
«mot acabat en vocal tònica + *n*»	***diversos***	▶ En català existeixen mots acabats així, però en una proporció moltíssim més baixa que en castellà. Tenim *clan*, *orangutan*, *amén*, *magazín*, *tron* (reial), *algun* (a més de noms propis, com *Ramon*, *Berlín*, *Bailèn*, *Iran* o *Afganistan*, per no entrar en la flexió verbal: *cantaran*, *aprèn*, *respon*...). ▶ Sovint la forma correcta corresponent no té *-n* en singular (*camió*, *caputxó*), fins al punt que la terminació en qüestió sol ser indici de castellanisme: [ser un] «bonachón» → *tros de pa*, «buzón» → *bústia*), [esperit] «burlón» → *burleta*. De vegades, però, la traducció comporta canvi d'arrel: «botiquín» (*farmaciola*, en què -ola és diminutiu com «-ín»). ▶ Formant noms a partir de verbs (sovint amb el sentit de 'acció i efecte de + V'), el sufix castellà «-ón» se sol correspondre amb ***-ment*** o ***-ada***: *rebentament* (cast. «reventón»); *apagada* (cast. «apagón»), *encaixada* (o *estreta de mans*; cast. «apretón»), *estirada* o *estrebada* (cast. «estirón»), *baixada* (o *davallada*, cast. «bajón»). ▶ Designant qualitats de persones, pot correspondre a ***-aire***: *manaire*, *preguntaire*, etc. Altres casos (amb altres sufixos): cast. «cagón *-ona*» → *caganer -a*; «caserón» → *casalot*, *casot*; «cucharón» → *cullerot*...
«-rumpir»	***rompre***	*corrompre*, *irrompre*, *prorrompre*...
«-scribir»	***-scriure***	*inscriure*, *proscriure*, *reescriure*, *subscriure*...
«-sis»	***-si***	*anàlisi* (fem.; cast. «análisis», masc.), *artrosi*, *èmfasi*, *hipòtesi*, *oasi*, *tesi*... La terminació *-sis* és plural: *les anàlisis*, *les tesis*... També: *sintaxi*, *torticoli*. Significant 'ciutat', tenim *-poli* o *-polis*: una *metròpoli* = una *metròpolis*, una *necròpoli(s)*.
«-ura»	***-or...***	*blancor*, *dolçor* (o *dolcesa*), *finor* (o *finesa*), *frescor*... (Són femenins els noms derivats en *-or* procedents d'adjectius: *la blancor*, *la frescor*...). Altres: *descarnament* (cast. «descarnadura), *soltesa* (cast. «soltura»)...

Inversió de sons

a) **Amb metàtesi* en català:** *pelfa – pelfut* (cast. «felpa» – «felpudo»), *lladronici* (cast. «latrocinio»), *xicoira* (cast. «chicoria»).

b) **Amb metàtesi en castellà:**

Castellà	Català
«ámbar», «nácar»	*ambre, nacre*
«Argel» – «Argelia»	*Alger – Algèria*
«alimaña»	*animàlia*
«bordar»	*brodar* (unes tovalles...)
«costra»	*crosta* (del pa, d'una ferida...)
«Ginés»	*Genís*
«guirnalda»	*garlanda* (de flors...)
«matalahúga»	*matafaluga* ('anís')
«milagro», «peligro», «palabra»	*miracle, perill, paraula*
«olvido» – «olvidar» – «inolvidable»...	*oblit – oblidar – inoblidable...*
(acero) «templado»	(acer) *trempat*

Atenció: No s'ha de fer metàtesi en *dentifrici* (cast. «dentífrico»).

**metàtesi*: canvi de lloc d'algun so en un mot.

ANNEX IV

Figures retòriques

Per a facilitar de recordar les figures retòriques consignades, hem ofert exemples dels textos del llibre.

Figura	Definició	Exemple
Al·legoria (*f.*)	Conjunt d'imatges vinculades entre elles que, combinades en un tot unitari, simbolitzen una sola cosa.	*Antígona* (títol de l'obra) Salvador Espriu (U6, pàg. 275) (L'obra de teatre d'Espriu s'ha de llegir no només com una recreació del mite clàssic grec entre l'enfrontament d'Antígona –defensora de les lleis divines– i Creont –executor de les lleis humanes–, sinó com una reflexió sobre la desfeta col·lectiva d'una guerra fratricida com la guerra civil espanyola i la divisió entre vencedors –Creont-Franco, els feixistes– i vençuts –Antígona, els republicans–, a favor de la reconciliació entre tots dos bàndols.)
Al·literació (*f.*)	Repetició intencionada de sons al llarg d'un vers, una estrofa o una frase.	*En prats i**g**nots i munts de llicorella* *I **g**or**g**s pre**g**ons que m'aturen, astuts.* J. V. Foix (U5, pàg. 240)
Anàfora (*f.*)	Repetició d'una mateixa paraula o estructura sintàctica a l'inici de diferents versos successius.	***Vinyes** verdes del coster,* *sou més fines que la userda.* *Verd vora el blau mariner,* ***vinyes** amb la fruita verda,* ***vinyes** verdes del coster.* Josep Maria de Sagarra (U5, pàg. 262)
Antítesi (*f.*)	Unió de dues paraules, conceptes o expressions de sentit contrari en una mateixa frase.	*... i en **desert** sense estany* *O en **tuc de neu*** J. V. Foix (U5, pàg. 240) *Vosaltres restareu,* *per veure el bo que és tot:* *i la **Vida*** *i la **Mort**.* Joan Salvat-Papasseit (U5, pàg. 247)

Figura	Definició	Exemple
Aposició (*f.*)	Juxtaposició d'una o més paraules a una altra o unes altres, de la mateixa categoria gramatical o equivalent, de manera que la segona exerceixi una funció explicativa.	*... el teu sol lleial,* ***rei de la mar i del vent*** Carles Riba (U5, pàg. 243) *Per què la gent* ***–rosec mesquí–*** Clementina Arderiu (U5, pàg. 250)
Apòstrofe (*m.*)	Vocatiu que consisteix a dirigir la paraula en un to emocionat a una persona o cosa personificada, o al mateix lector.	*No em preguntis,* ***amor****, per què t'estimo* Rosa Leveroni (U5, pàg. 252) *Te deix,* ***amor****, la mar com a penyora.* Carme Riera (U7, pàg. 315)
Asíndeton (*m.*)	Supressió de les conjuncions, sobretot en una mateixa frase.	*... que ve de tu, cadena clara,* *serra, plaer, claror meva!* Bartomeu Rosselló-Pòrcel (U5, pàg. 254) *.. aquesta meva pobra,* *bruta, trista, dissortada pàtria.* Salvador Espriu (U6, pàg. 290)
Comparació (*f.*) o símil (*m.*)	Establiment d'una relació de semblança entre dos fets, objectes, etc., de manera que el segon (terme imaginat, B) faci més entenedor o gràfic el primer (terme real, A). A diferència de la metàfora, el nexe entre els dos termes ha der ser explícit: *com, com si, més... que, assemblar-se a, tenir una retirada a...*	*... amb el teu marbre absolut, noble i antic jo* [A] ***com*** *ell* [B]. Carles Riba (U5, pàg. 243) *Tota la meva vida es lliga a tu* [A], ***com*** *en la nit les flames a la fosca* [B]. Bartomeu Rosselló-Pòrcel (U5, pàg. 254) *... el cel* [A] ***més*** *negre* ***que*** *una gola* *de llop* [B]. Joan Vinyoli (U6, pàg. 298)

Figura	Definició	Exemple
Encavallament o encavalcament (*m.*)	Ruptura més o menys brusca a final de vers, que implica la fragmentació d'una estructura sintàctica.	*I les herbes es cremen a turons* *de cacera, entre somnis de setembre* Bartomeu Rosselló-Pòrcel (U5, pàg. 254)
Enumeració (*f.*)	Sèrie d'idees referides sempre a una mateixa cosa.	*... i heus aquí el que m'espera:* *Unes places lluentes de claror,* *i unes tanques amb flors [...]* *i la noia que porta la llet [...]* *I encara aquell vailet que cridarà el diari,* *i qui puja als tramvies* *i els baixa* *tot corrent.* *I el carter* *que si passa i no em deixa cap lletra m'angoixa* Joan Salvat-Papasseit (U5, pàg. 246)
Epítet (*m.*)	Adjectiu que reforça una qualitat ja inherent en el substantiu que acompanya.	*... cireres* ***vermelles*** Joan Salvat-Papasseit (U5, pàg. 246) *... s'arreceren dins meu, els crits* *de la nit* ***negra*** *i els udols* Joan Vinyoli (U6, pàg. 298)
Hipèrbaton (*m.*)	Alteració de l'ordre gramatical dels elements de la frase.	*Verdegen encara aquells camps* Bartomeu Rosselló-Pòrcel (U5, pàg. 254)
Hipèrbole (*f.*)	Exageració, utilitzada per a atorgar una intensitat especial a allò que es vol dir.	*... va ser que l'ombra de la Rita, a terra, era una palanca, i que a qualsevol moment jo podria anar enlaire perquè feien més pes el sol i la Rita a fora que l'ombra i jo a dintre.* Mercè Rodoreda (U6, pàg. 283) *No hi havia a València dos amants com nosaltres,* *car d'amants com nosaltres en són parits ben pocs.* Vicent Andrés Estellés (U6, pàg. 302)

Figura	Definició	Exemple
Interrogació retòrica (*f.*)	Pregunta emfàtica que no espera resposta.	*Aquest camí tan fi, tan fi,* *qui sap on mena!* Josep Carner (U5, pàg. 236)
Lítote (*f.*)	Expressió d'una afirmació per mitjà de la negació del seu contrari.	*No comprenem l'amor com un costum amable,* *com un costum pacífic de compliment i teles* Vicent Andrés Estellés (U6, pàg. 302)
Metàfora (*f.*)	Caracterització d'un element (terme real, A) a partir d'un altre, imaginari (B), amb què guarda alguna relació d'analogia. A diferència de la comparació, no hi apareix el nexe.	*I és **camí** incert* [B] *cada camí,* *n'és cada **vida*** [A]*!* Josep Carner (U5, pàg. 236)
Metonímia (*f.*)	Designació d'una cosa per mitjà d'una altra amb què guarda una relació de causa-efecte, continent-contingut, la part pel tot, etc. Inclou la **sinècdoque**.	*L'Elionor tenia* *catorze anys i tres hores* *quan va posar-se a treballar.* *Elionor* = totes les obreres de les fàbriques. Miquel Martí i Pol (U6, pàg. 304)
Oxímoron (*m.*)	Unió d'un nom i un adjectiu que s'exclouen entre ells a fi d'adquirir un sentit nou.	*Pluja seca* (títol de l'obra) Jaume Cabré
Paradoxa (*f.*)	Unió de paraules o idees només aparentment contradictòries, però que expressa un enunciat veritable per a l'emissor.	*Tot l'enyor de demà* Joan Salvat-Papasseit (U5, pàg. 246) *Sé prou que la claror* *germina dins la fosca.* Joan Vinyoli (U6, pàg. 298)
Paral·lelisme (*m.*)	Ordenació simètrica d'un conjunt de frases o de les seves parts.	*Dona'm dona'm* *dona'm aire* *dona'm cerca* *dona'm corda* *dona'm quasi* *dona'm mata'm* Enric Casasses (U7, pàg. 338)

Figura	Definició	Exemple
Paranomàsia (*f.*)	Col·locació de dos o més mots que es diferencien únicament per un fonema (o repetició d'un mateix mot amb dos sentits diferents).	*...si hagués topat de* ***nassos*** *amb aquest fat que duen els teus* ***passos*** Dolors Miquel (U7, pàg. 334)
Perífrasi (*f.*)	Substitució d'una paraula o d'una expressió per unes d'equivalents més extenses amb propòsit explicatiu, eufemístic, embellidor, humorístic, etc.	*...i un* ***servei de cultes*** *que omplia folgadament les necessitats dels habitants i de la gent que els visitava.* (= església) Pere Calders (U6, pàg. 286)
Personificació o prosopopeia (*f.*)	Atribució de qualitats humanes a éssers o objectes inanimats.	*–No passis! –***diu un vel** ***de teranyina.*** Josep Carner (U5, pàg. 236) *I* ***gorgs*** *pregons que m'****aturen, astuts****.* J. V. Foix (U5, pàg. 240)
Pleonasme (*m.*)	Repetició d'una paraula o una idea per reforçar l'expressió.	***Estrany*** *dins l'aire* ***estrany*** Agustí Bartra (U6, pàg. 292)
Polisíndeton (*m.*)	Ús reiterat de conjuncions que crea un efecte d'acumulació. De la figura contrària, en diem *asíndeton*.	*...****i*** *qui crida les noies* ***i*** *els hi diu: –Ja ho té tot?* ***I*** *les noies somriuen* J. Salvat-Papasseit (U5, pàg. 247)
Quiasme (*m.*)	Disposició encreuada dels elements que formen dos sintagmes o dues frases.	*Amor, senyor de l'àmplia monarquia* *que* ***publica el clavell*** *i* ***el foc proclama*** Bartomeu Rosselló-Pòrcel *...no em moriré d'enyorança* *ans d'enyorança viuré.* Pere Quart (U6, pàg. 264)

Figura	Definició	Exemple
Símbol (*m.*)	Representació figurativa (terme B) d'un concepte (terme A).	*Súnion! T'evocaré de lluny amb un crit d'alegria.* Carles Riba (U5, pàg. 243) B: temple grec en runes de Súnion. A: la Catalunya (tradició, cultura, literatura) derruïda a causa dels feixistes.
Sinècdoque (*f.*)	Tipus de metonímia que designa un element per un altre (el tot per la part o la part pel tot, el gènere per l'espècie o l'espècie pel gènere, etc.).	***Cadenes** són **presons*** Maria-Mercè Marçal (U7, pàg. 332)
Sinestèsia (*f.*)	Associació d'elements que provenen de diferents sentits (vista, oïda, gust, tacte o olfacte).	*... se'ns va morint la llum, que era color* *de **mel**, i ara és **color** d'**olor** de **poma**.* Gabriel Ferrater (U6, pàg. 295) *... el **dolç somriure*** *dels teus llavis amables* Feliu Formosa (U7, pàg. 329)

Fonts bibliogràfiques dels textos

Unitat 1

JANÉ, Albert. *El contrapunt dels decasíl·labs*. Barcelona: Associació Llengua Nacional, 2013.

ROIG, Manuel. *Les virtuts del fotre*. Vilassar De Mar: Oikos-Tau, 1995.

SOLSONA, Ramon. *L'home de la maleta*. Barcelona: Edicions 62, 2011.

TORRAS, Carme. *La mutació sentimental*. Lleida: Pagès, 2008.

Taller d'escriptura 1

BLOCH, Arthur. *La ley de Murphy*. Barcelona: Booket, 2008.

GOMÀ, Enric. *La vida pública (Els millors comentaris de la gent del carrer)*. Barcelona: Ara Llibres, 2013.

Unitat 2

ALIBEK, Pius. *Arrels nòmades*. Barcelona: La Campana, 2010.

EL HACHMI, Najat. *La filla estrangera*. Barcelona: Edicions 62, 2015.

GABANCHO, Patrícia. *La neta d'Adam*. Barcelona: Edicions 62, 2013.

KARROUCH, Laila. *Petjades de Nador*. Barcelona: Edicions 62, 2013.

PERUCHO, Joan. «El captiveri». A: *Llibre de cavalleries*. Barcelona: La Magrana, 2011.

ZGUSTOVA, Monika. *La dona silenciosa*. Barcelona: Quaderns Crema, 2005.

Taller d'escriptura 2

DAVIS, Lydia. *Ni puc ni vull*. Barcelona: Edicions de 1984, 2015.

Unitat 3

MIRALLES, Francesc. *365 idees per canviar la teva vida*. Barcelona: Edicions 62, 2012.

MONZÓ, Quim. *Esplendor i glòria de la Internacional Papanates*. Barcelona: Quaderns Crema, 2010.

Unitat 4

BUSQUETS, Blanca. *Tren a Puigcerdà*. Barcelona: Rosa dels vents, 2007.

MARINA, José Antonio. *Anatomia de la por*. Barcelona: Empúries, 2007.

Arromanguem-nos-hi

AGUIRRE, Miquel. *Els morts no parlen*. Barcelona: Llibres del delicte, 2015.

CABEZA, Anna. «Hi havia una vegada... Que no t'enganyin els contes!» (extret del calendari del 2015 editat per la Regidoria de Drets Civils i Ciutadania de l'Ajuntament de Sabadell).

CABRÉ, Jaume. *Les incerteses (Sobre la creació del món)*. Barcelona: Edicions 62, 2015.

COMADIRA, Narcís. *Formes de l'ombra*. Barcelona: Edicions 62, 2003.

ESPINÀS, Josep Maria. *Relacions particulars*. Barcelona: La Campana, 2007.

MACIÀ, Jaume i altres. *Joan Solà. 10 textos d'homenatge*. Barcelona: Empúries, 2010.

PALOMA, David. *Personatges convertits en paraules*, Barcelona: Barcanova (Tornaveu), 2015.

PORCEL, Baltasar. *Grans catalans d'ara*. Barcelona: Destino, 1972.

SOLSONA, Ramon. *Marques que marquen (La curiosa història de les marques més conegudes)*. Barcelona: Edicions 62, 2012.

Unitat 5

ARDERIU, Clementina. «El pendís». A: *Obra poètica*. Barcelona: Edicions 62 (Cara i Creu, 19), 1973.

CARNER, Josep. «Cançoneta incerta». A: *Obres completes, El cor quiet* (1925). Edició de *Poesia* (1957). Barcelona: Selecta (Biblioteca Perenne, 23), 1968.

FOIX, Josep Vicenç. *«Sol, i de dol, i amb vetusta gonella...»*. A: *Obres completes. Poesia 1. Sol i de dol* (1947). Barcelona: Edicions 62 (Clàssics Catalans del Segle XX), 1974.

JUNOY, Josep Maria. «Oda a Guynemer». A: *Obra poètica. Poemes i cal·ligrames* (1920). Barcelona: Quaderns Crema, 1984.

LEVERONI, Rosa. «Elegies de la represa, VI». A: *Poesia. Presència i record* (1952). Barcelona: Edicions 62 (Cara i Creu, 32), 1981.

PLA, Josep. *El quadern gris. Un dietari. Obra completa* (Vol.1). Barcelona: Destino, 1971.

RIBA, Carles. «Súnion! T'evocaré de lluny». A: *Obres completes (1). Poesia. Elegies de Bierville* (1943). Barcelona: Edicions 62 (Clàssics Catalans del Segle XX), 1984.

ROSSELLÓ-PÒRCEL, Bartomeu. «A Mallorca, durant la guerra civil». A: *Obra poètica completa* (1971). *Imitació del foc* (1938). Palma de Mallorca: Moll (Balanguera, 14), 1979.

SAGARRA, Josep Maria de, «Vinyes verdes vora el mar». A: *Obres completes. Poesia*. 2a edició. *Cançons de rem i de vela* (1923). Barcelona: Selecta (Biblioteca Perenne, 19), 1986.

SALVAT-PAPASSEIT, Joan. «Tot l'enyor de demà». A: *Poesies completes. L'irradiador del port i les gavines* (1921). Barcelona: Ariel (Clàssics Catalans Ariel, 2), 1983.

TORRES, Màrius. «La ciutat llunyana». A: *Poesies i altres escrits. Poesies* (1947). Barcelona: Edicions 62 (Els Llibres de l'Escorpí. Poesia. Sèrie Gran, 6), 1993.

Unitat 6

ANDRÉS ESTELLÉS, Vicent. «Els amants». A: *Llibre de meravelles*. València: L'Estel (Sèrie Vermella, 3), 1971.

BARTRA, Agustí. «Oda a Catalunya des dels tròpics». A: *L'arbre de foc/Màrsias i Adila* (1946). Edició d'*Obra poètica completa* (1971). Barcelona: Edicions 62 (Clàssics Catalans del segle XX, 79), 1991. [Edició especial per a *El Observador*]

BROSSA, Joan. «Poema». A: *Poemes visuals*. Barcelona: Edicions 62 (Els Llibres de l'Escorpí. Poesia, 29), 1975.

CALDERS, Pere. «Història natural». A: *Cròniques de la veritat oculta*. Barcelona: Edicions 62 (Les Millors Obres de la Literatura Catalana, 9), 1979.

ESPRIU, Salvador. «Assaig de càntic en el temple». A: *Obres completes (1). Poesia (1). El caminant i el mur* (1954). 2a edició. Barcelona: Edicions 62 (Clàssics Catalans del segle XX), 1988.

— «Inici de càntic en el temple». A: *Obres completes (1). Poesia (1). El caminant i el mur* (1954). 2a edició. Barcelona: Edicions 62 (Clàssics Catalans del segle XX), 1988.

FERRATER, Gabriel. «Cambra de la tardor». A: *Les dones i els dies. Da nuces pueris* (1960). Barcelona: Edicions 62 (Cara i Creu, 10), 1968.

FUSTER, Joan. *Diccionari per a ociosos*. Barcelona: Edicions 62 (El Cangur, 41), 1978.

MARTÍ I POL, Miquel. «L'Elionor». A: *L'arrel i l'escorça. Obra poètica (1). La fàbrica* (1972). 2a edició. Barcelona: Llibres del Mall, 1977.

RODOREDA, Mercè. *La plaça del Diamant*. 16a edició. Barcelona: Club Editor (Club dels Novel·listes, 22), 1979.

VILLALONGA, Llorenç. *Bearn o la sala de les nines*. Barcelona: Club Editor (Club dels Novel·listes, 20), 1969.

VINYOLI, Joan. «Les boies». A: *Obra poètica completa. Cercles* (1979). Barcelona: Edicions 62 – Diputació de Barcelona (Clàssics catalans), 2001.

Unitat 7

BENET I JORNET, Josep Maria. *Desig*. Barcelona: Edicions 62, 1995.

FORMOSA, Feliu. *Cançoner*. Barcelona: Vosgos, 1976.

GIMFERRER, Pere. *Valències* (1971-1993). Edició a cura de J. Noguero. València: Edicions 3 i 4, 1993.

MARÇAL, Maria-Mercè. *Llengua abolida* (1973-1988). València: Poesia 3 i 4, 2a edició, 2000.

MIQUEL, Dolors. *El Musot*. Lleida: Pagès Editors, 2009.

MOIX, Terenci. *Lleonard o El sexe dels àngels*. Barcelona: Cercle de Lectors, 1992.

MONCADA, Jesús. «Revenja per a un difunt». A: *Històries de la mà esquerra*. Barcelona: La Magrana, 1988.

MONZÓ, Quim. «Redacció». A: *Olivetti, Moulinex, Chaffoteaux et Maury*. Barcelona: Quaderns Crema, 1980.

ROIG, Montserrat. *Digues que m'estimes encara que sigui mentida*. Barcelona. Edicions 62, 1991.

Solucionari

Llengua

La pregunta del milió

pàg. 15: No. En totes les llengües, la varietat del carrer és la col·loquial. L'estàndard és la varietat que s'aprèn sobretot durant l'escolarització i que s'utilitza en contextos formals (món acadèmic no universitari, mitjans de comunicació, etc.).

pàg. 28:

- «s'envien»: Ús recíproc del verb transitiu *enviar*. L'oració permet la prolongació «l'un a l'altre, mútuament»: «... s'envien missatges l'un a l'altre...».
- «tenen»: V. transitiu *tenir*.
- «dir-se»: Ús recíproc del verb transitiu *dir*.
- «es fan»: V. intransitiu *fer-se*, que regeix la preposició *amb* i té el significat de 'tractar-se' i, per extensió, avenir-se amb algú (cast. *llevarse bien*. NO: *Són amics:* ~~*es porten*~~ *molt bé.* → *Són amics: es fan molt,* **s'***avenen molt*).

pàg. 29: El mot *beguda* fa d'atribut en tots dos casos (respecte d'un subjecte sobreentès que desconeixem perquè el context és insuficient), però en (1) és un nom referit a un objecte (com si digués: «Això sembla un refresc...») i en (2) és un adjectiu atribuït a una persona de sexe femení (podria ser: «Ella sembla borratxa...»).

pàg. 30: Subjecte. El segment (una subordinada substantiva d'infinitiu) concorda amb el verb en persona i nombre i això es veu clarament quan el reduïm a un SN: *Resulta desagradable una cosa – Resulten desagradables unes coses.*

pàg. 32: És una veritat a mitges. La coma és obligatòria quan el complement es desplaça cap a la dreta: *No l'he vista, la Meritxell*; però és optativa quan es desplaça cap a l'esquerra: *La Meritxell(,) no l'he vista*, per bé que sí que cal posar-la-hi en cas d'emfatitzar aquest complement. (D'altra banda, l'afirmació no esmenta que la funció de l'element desplaçat s'ha de duplicar amb un pronom feble.)

pàg. 33: A l'italià.

pàg. 59:

- L'adjectiu *bucal* significa 'relatiu o pertanyent a la boca'. Ex.: *la higiene bucal.*
- L'adjectiu *vocal* vol dir, entre altres significats, 'relatiu o pertanyent a la veu' (ex.: *les cordes vocals*) i, com a nom, significa 'so o grafia vocàlica'.

pàg. 60: El joc lingüístic anomenat *lipograma* consisteix justament en un text en què s'han omès totes les paraules amb una determinada lletra o lletres. Màrius Serra, per exemple, utilitza una sola vocal en un fragment inclòs dins l'article «Em desesperes, Perec!» (*http://enigmisticamarius.blogspot.com.es/1995/09/em-desesperes-perec.html*). Hi ha la possibilitat d'escriure textos llargs d'aquestes característiques en la mesura que ho permetin els mots gramaticals de què disposem (*a, amb, la, ta...; de, des, en, per, el, els, les...*). Per tant, és plausible un lipograma llarg basat en la vocal *a* o en la vocal *e*, però és molt difícil basar-lo en les altres tres vocals gràfiques. D'altra banda, es pot escriure un text sense la vocal *u*, com fa M. Serra també en l'escrit que hem esmentat, ja que és la vocal menys usada si renunciem al subordinant *que*.

pàg. 62: A un home. *Infidel* també pot ser femení, però llavors caldria escriure *la infidel*, atès que tindríem l'article femení davant d'una *i* àtona, cas en què no es fa l'apostrofació. (Nota: Si l'adjectiu fos variable, seria més evident: *L'intrús – La intrusa.*)

pàg. 67: La diferència entre *escoltar* i *sentir* és paral·lela a la que hi ha entre *mirar* i *veure*, ja que els verbs *escoltar* i *mirar* impliquen atenció, i els altres dos, no. Per tant, en (*a*) hi ha intenció de rebre el missatge, però l'ona sonora no arriba amb un volum suficient; en (*b*), en canvi, l'ona es percep prou bé, però l'audiència no presta atenció al missatge, no hi mostra interès.

pàg. 69: L'oració (*a*) diu que hi ha uns auriculars en un indret alt (per exemple, en un pis superior o al prestatge de dalt) i l'emissor demana al seu interlocutor que els porti a un nivell inferior. En canvi, en (*b*) els auriculars no es mouen de lloc: l'únic que es demana és que se'n graduï el volum i es posi més baix, a menys potència.

pàg. 73:

a) La Cesca és a l'hospital de visita, de passada.

b) La Cesca hi està ingressada o hi treballa.

pàg. 75: Dient *aneu* (*a*) qui enraona no explicita si va o no al teatre. En canvi, sí que deixa clar que hi va fent servir el verb *venir* (*b*), amb el qual es pot pressuposar un interès per coincidir-hi amb els receptors.

pàg. 77: En la primera oració el pronom *es* és inadequat, perquè d'una banda el verb *callar* no és pronominal, i de l'altra no hi pot aportar cap valor impersonal, perquè ja hi ha un subjecte explícit: *Ell calla*. En la segona oració, en canvi, sí que permet que el verb s'usi amb valor impersonal, de manera que *Es calla massa sovint* vol dir *Un calla massa sovint* (o *Hom / La gent calla massa sovint*).

pàg. 83:

- El nom propi *Alemanya* (amb inicial majúscula) designa un estat europeu; en canvi, el nom o adjectiu femení *alemanya* (amb inicial minúscula) és el gentilici corresponent en femení (*alemany – alemanya*).
- El nom o adjectiu *suís*, amb accent, correspon al gentilici masculí de l'Estat europeu de Suïssa, mentre que la forma *suïs* correspon a la 2a pers. sing. del present de subjuntiu del verb *suar* (*jo suï, tu suïs, ell suï...*).

pàg. 119: La forma amb *-a* és un adjectiu (el femení de *darrer*) i, doncs, l'oració (*a*) equival a *Ella és última* (en una cursa, per exemple). La forma acabada en *-e*, en canvi, és un adverbi i, doncs, l'oració (*b*) equival a *Ella és al darrere* (al darrere de la casa, per exemple). (Nota: Com a adverbi, la forma en *-a* és obsoleta.)

pàg. 122: En (*a*) l'autor de la mort del drac és una persona santa anomenada Jordi; en (*b*), en canvi, la mort del drac té lloc el dia de Sant Jordi, és a dir, el 23 d'abril (però no se'ns diu qui va matar la fera).

pàg. 123: Com que no hi ha setmanes amb tres dijous, la primera oració equival a *No vindrà mai* (o *Vindrà l'any xeix*). La segona, en canvi, es refereix a un fet molt allunyat en el temps i equival a l'*any de la Maria Castanya*.

pàg. 124: En l'oració (*a*) l'adverbi *sincerament* fa de complement de manera del verb *dir*, que té com a subjecte una 3a pers. singular (*ell, ella* o *vostè* el·líptic), que és qui fa una acció (*dir*) *sincerament* (equival a *Ho va dir d'una manera sincera? = Ell/a va ser sincer quan ho va dir?*). En canvi, en (*b*) l'adverbi modifica el conjunt de l'oració i manifesta l'actitud sincera de l'emissor envers el contingut del que diu (equival a *Jo vull saber amb sinceritat si ell ho va dir*).

pàg. 126: Correctes: (*a*) i (*d*). En (*a*) sobreentenem *número* (*pàgina número trenta-u*) i, doncs, el numeral *trenta-u* té valor ordinal. La forma *trenta-una* de (*d*) és el femení del numeral cardinal *trenta-un*, que acompanya noms plurals.

pàg. 130: La coma indica que la preposició *de* no depèn dels determinants quantitatius *massa* i *força* (que no admeten tal preposició) i tots dos elements (coma i preposició *de*) sorgeixen en desplaçar el complement directe de les oracions. Així, en *Ha menjat massa pa* i *Té força diners*, podem dislocar el CD cap a la dreta o cap a l'esquerra, fet que comporta l'aparició de la preposició *de*, del pronom *en* (que no abasta els quantitatius) i de la coma: *N'ha menjat massa, de pa* o *En té força, de diners; De pa, n'ha menjat massa* o *De diners, en té força.* Cal recordar que la preposició *de,* lligada al pronom *en,* també apareix quan no volem substituir l'adjectiu d'un CD (*Tinc tres vestits negres.* → *En tinc tres de negres.*) o quan, en usos emfàtics, el pronom *en* representa atributs i complements predicatius: *N'és massa, de valenta. El riu en baixa força, de brut.*

pàg. 131: En (*a*) es diu que el fill no està inscrit en cap tipus d'estudi: no estudia res, és a dir, cap matèria; en (*b*), en canvi, fem saber que el fill sí que cursa alguna matèria o unes quantes, però que no dedica temps ni esforç a l'acte d'estudiar.

pàg. 164: Fals. En tot acte verbal es manifesten les tres dimensions dialectals (és a dir, s'hi troben trets propis d'un lloc, d'un temps històric o generació i d'una extracció social, grup o classe), però alhora el llenguatge hi adopta un determinat registre, és a dir, hi entren en joc uns usos lingüístics que s'adapten als factors que defineixen la situació comunicativa.

Preguntes d'autocomprovació

pàg. 15: Canal: oral. Grau de formalitat: alt.

pàg. 25: En trobarem molts exemples entre els CC de temps: *Aquesta setmana/mes/any... no vindré a veure-us.*

pàg. 28: Verb predicatiu: en les oracions de 5 i 6. Verb atributiu: en 4a.

pàg. 29: És falsa. Un verb (*traurà*) només pot tenir un subjecte (aquí *en Quim Nadal*, que està dislocat). Per la seva banda, el SN *aquest mes* hi fa la funció sintàctica de CC de temps, i el SN *la grossa*, la de CD.

pàg. 30: És falsa. La posició preverbal habitual no té lloc en cas de dislocació (*No és veritat, això*) i acostuma a no donar-se amb certs verbs (*agradar, convenir, impressionar...*) o en algunes construccions: en les passives pronominals (*Es lloguen pisos*) o en l'estructura *ser* + adj. + sub. substantiva d'infinitiu o completiva: És important tenir paciència. *És inútil que ens esperem més estona.*

pàg. 31: En la passiva pronominal o reflexa s'ha de fer concordar el verb amb el subjecte. Cal dir, doncs: *Avui dia es venen pocs apartaments a la platja.*

pàg. 59: No: tenim més sons vocàlics (fins a vuit) que vocals gràfiques (cinc).

pàg. 61: Aquesta oració conté un diftong decreixent (*Pau*) i els tres tipus de diftong creixent normativament reconeguts: amb la *i* o la *u* entre vocals, *feia;* a començament de mot, *ioga,* i amb la *u* darrere de *g*/*q*, *quatre*).

pàg. 65: Al francès.

pàg. 67: En (2*a*) el verb *ocupar-se de* significa 'dedicar-se a' o 'tenir-ne cura'. En (2*b*) *ocupar* vol dir 'instal·lar-s'hi temporalment per tal de fer pressió en una situació conflictiva'.

pàg. 69:
- Complement del nom especificatiu en 9*a*, 10*a* i 11*a*.
- Complement predicatiu en 9*b*, 10*b* i 11*b*.

pàg. 91-93: Nota: Hi ha altres possibles solucions per a 1-10.

(1) *La presidenta ha dit que es vol comprometre més amb el país assumint noves responsabilitats que millorin el benestar social.*

(2*a*) *Vaig veure el jutge que cantava en una sala de concerts.* O bé: *Vaig veure que el jutge tirava endavant una causa judicial contra una sala de concerts.*

(2*b*) *Avui rebran/impartiran classe de física i de química.* O bé: *Avui rebran/impartiran classe de l'assignatura de física i de química.*

(3) *És força probable que, tot i alguna vacil·lació (inicial), nomenin aviat la Sra. Josepa Suades presidenta de la comissió.*

(4) *En Pep no ha vingut a bàsquet: deu tenir alguna dificultat* (o bé *li deu haver sorgit algun entrebanc/problema...*).

(6) *El gerent va fer saber que havia decidit presentar la suspensió de pagaments de la seva empresa.*

(7) *Acabada la primera part del partit, es feia evident que els jugadors quedarien esgotats molt abans que l'àrbitre xiulés el final del matx* (o *competició*).

(8-9) *Quan la noia va baixar de l'autobús, m'hi vaig acostar per saludar-la. Va resultar que no era –com creia– la meva amiga, sinó una seva germana bessona.*

(10) *En Climent diu que, en general, res no va bé quan s'esmenta el finançament municipal.*

pàg. 103: 1. *Aquell conte, **el qual** estava molt ben escrit, ha estat premiat* (sub. relativa explicativa; *el qual*, subjecte); 2. *El pot **en el qual** hi havia les galetes s'ha trencat* (sub. relativa especificativa; *en el qual*, CC de lloc); 3. *El soci amb **el qual** vam fundar l'empresa és un pocavergonya* (sub. relativa especificativa; *amb el qual*, CC de companyia); 4. *El bar **en el qual** queden a les tardes ofereix tota mena de tes* (sub. relativa especificativa; *en el qual*, CC de lloc). Excepte la primera relativa, que és necessàriament explicativa, les altres tres són especificatives i es podrien passar a explicatives (anirien entre comes). El pronom relatiu compost *el qual* (*la qual*...) només va amb relatives especificatives si és precedit de preposició (i aquest no és el cas d'1, on *el qual* = *que*).

pàg. 108: (1) *després que;* (2) *sempre que;* (3) *com si;* (4) *ja que;* (5) *a fi que;* (6) *malgrat que;* (7) *a condició que.*

pàg. 121: CC de temps (subratllat): *A l'abril treballo a la nit: m'hi poso a les cinc!* És possible *per* en el cas dels mesos: *Per l'abril treballo...* NO: ~~*Per*~~ *la nit.*

pàg. 126: Llorenç > Eulàlia = Ona > Jofre (*bastant* i *força* són sinònims).

pàg. 152:
- bilabials: [m]
- labiodentals: les dents **de dalt** i el llavi **de baix**
- dentals: la llengua i les incisives **de dalt**: [t] [d]
- alveolars: la llengua i els alvèols **de dalt**: [ɾ] [n]
- palatals: [ɲ] [ʎ]
- velars: [g]

pàg. 154: Suposarem que van seguits de pausa absoluta: *àrab* [p], *sord* [t], *amarg* [k], *Molotov* [f], *mig* [tʃ].

pàg. 166: Només les varietats geogràfiques estan lligades a la manera de parlar d'una zona, no pas les dels altres dos tipus: les varietats històriques o generacionals i les varietats socials.

Frases fetes

pàg. 13: Posar fil a l'agulla. 'Començar una obra, fer-ne els treballs o gestions preliminars.'

pàg. 20: Ser tot orelles. 'Escoltar amb atenció.'

pàg. 34: Anar (o estar) peix. 'No haver estudiat, no saber una lliçó, una matèria, etc.'

pàg. 43: No tocar de peus a terra. 'Ser un il·lús, no adonar-se de les limitacions de la realitat.'

pàg. 57: Agafar el bou per les banyes. 'Encarar decididament una situació dolenta.'

pàg. 63: Anar amb el cor a la mà. 'Dir o obrar amb sinceritat.'

pàg. 80: Llevar-se la careta. 'Cessar de fingir.'

pàg. 87: Anar contra corrent. 'Anar en contra de l'opinió general.'

pàg. 105: No tenir ni cap ni peus. 'Ser absurd.'

pàg. 111: Ofegar-se en un got d'aigua. 'No saber afrontar petites dificultats.'

pàg. 117: Treure foc pels queixals. 'Estar molt enfadat.'

pàg. 128: Ser quatre gats. 'Ser poca gent.'

pàg. 131: Fer-ne un gra massa. 'Portar les coses massa enllà.'

pàg. 141: Estar a partir-se un pinyó. 'Avenir-se fins i tot en les coses més íntimes.'

pàg. 147: Tirar floretes. 'Galantejar, tirar la canya (a algú).'

pàg. 159: Córrer com un llamp. 'Córrer a una gran velocitat.'

pàg. 174: Veure les estrelles. 'Fer-se mal en donar-se un cop.'

pàg. 179: Donar carbassa. 'Rebutjar l'oferiment amorós.'

pàg. 180: Enfilar-se per les parets. 'Estar molt enrabiat.'

pàg. 183: Tallar el bacallà. 'Manar per damunt de tothom.'

Test de pronoms febles

pàg. 43: *a*4, *b*1, *c*3, *d*3, *e*4, *f*3, g2, *h*3, *i*2, *j*3, *k*3.

pàg. 88: *a*3, *b*1, *c*3, *d*4, *e*4, *f*3, *g*2, *h*2.

pàg. 141: *a*2, *b*2, *c*4, *d*1, *e*3, *f*3, *g*1, *h*1, *i*3, *j*3.

pàg. 183: *a*2, *b*3, *c*2, *d*1, *e*3, *f*1, *g*2, *h*4, *i* 1, *j*4.

pàg. 195: *a*1, *b*1, *c*2, *d*2, *e*1, *f*4, *g*2, *h*5, *i*3.

Test de lèxic

pàg. 212 (1): *a*2, *b*1, *c*3, *d*2, *e*2, *f*3, *g*1, *h*3, *i*2, *j*3.

pàg. 212 (2): *a*2, *b*1, *c*2, *d*3, *e*2, *f*4, *g*4, *h*1, *i*4, *j*3.

pàg. 212 (3): *a*3, *b*3, *c*1, *d*4, *e*2, *f*4, *g*4, *h*1, *i*3, *j*4.

pàg. 213 (4): *a*1, *b*3, *c*2, *d*1, *e*3, *f*2, *g*1, *h*2, *i*4, *j*1.

pàg. 213 (5): *a*1, *b*3, *c*3, *d*4, *e*1, *f*4, *g*4, *h*2.

Exercici de recapitulació

pàg. 219: *a*1, 2; *b*3, 4; *c*2, 4; *d*2, 5; *e*1, 3; *f*1, 2; *g*1, 4; *h*1, 4; *i*2, 5; *j*2, 5; *k*3, 4; *l*1, 3.

Brodem-la

Unitat 1 (pàg. 46)

Test:

a) V.

b) V.

c) F. En la llengua col·loquial o en publicitat, per exemple, són molt corrents les figures d'estil.

d) F. A casa es transmet sobretot la varietat col·loquial.

e) F. Existeix literatura de transmissió oral (des de molt abans que l'escrita).

f) F. El fonema no té significat.

g) V. Efectivament, hi ha oracions, com les impersonals, amb un sol mot: *Plou. Neva. Pedrega.*

h) F. A part de les passives pronominals, tenim subjectes postverbals en altres construccions, com les lligades amb verbs com *arribar, passar venir*... Ex.: *Han arribat / passat... tres cotxes.*

i) F. Només si considerem els verbs esmentats com a copulatius, l'afirmació és veritable. Però cal recordar que els verbs *ser* i *estar* poden ser també predicatius, cas en què van seguits de circumstancial. Ex.: *Són a casa. L'acte és a les sis. S'estan a Gandia.*

j) F. També tenim complements de l'adjectiu o de l'adverbi: *Està cansat d'esperar. Paral·lelament a la feina, fa gimnàstica.*

Joc verbal:

[Possibles solucions]

a) corall → coral → oral → ral → al → a

b) botxí → botí → bot → bo → o

c) altres → altes → alts → als → al → a

d) avariat → avaria → varia → vari → ari → ai → a / variat → varia...

e) beina → eina → ena → na → a / → bena → ena → na → a

f) cansat → casat → cast → cas → ca 'gos' → a

g) fruita → fuita → fita → fit (en *mirar de fit a fit*)→ fi → i / fita → fia → fi → i

h) aplomes → plomes → ploms → poms → oms → om → o

Unitat 2 (pàg. 90)

Test:

a) F. Hi ha fins a vuit sons vocàlics, depenent de la varietat geogràfica.

b) V. En català oriental, per exemple, la *o* es neutralitza en [u]. D'altra banda, també hi ha neutralitzacions amb les consonants (consulta la pàg. 156).

c) V. És freqüent que es pronunciï diftong creixent en casos com *Antònia* (però no en casos com *riera* o *camió*), tot i que la normativa doni per bona només la pronunciació amb hiat.

d) V.

e) F. Són transitius amb el prefix *a*-: *adormir, ajeure, asseure.*

f) F. El CD coexisteix sovint amb el CI, però ho fa amb el CRV amb verbs com *acostumar, acusar, advertir, alliberar, animar, assabentar, convèncer, deslliurar, engrescar, incitar, informar, obligar*, etc.

g) F. Els verbs *ser* i *estar* poden ser predicatius: *Ja soc aquí. M'estic a Badalona.*

h) V. El verb *haver-hi* es considera impersonal i, per tant, no va seguit de subjecte.

i) F. Exemples: *amoïnadíssim, heroïnòman; pingüí, conseqüència, seqüència*... (El que no és possible és tenir accent i dièresi sobre una mateixa *i, u*.)

j) F. La dièresi marca hiat i, en català, el hiat també es pot produir en posició àtona: *amoïnar, europeïtzant*...

k) V. Exemples: *cafeïna, cocaïna, Raül, Saül*...

l) F. Referida a dones seria *La innocent artista*, sense apostrofar *la* davant *(h)i, (h)u* àtones.

m) F. La ela geminada es divideix pel mig (*cel·la* → *cel-la*), contràriament a la ela doble, amb so palatal (*cella* → *ce-lla*).

Joc verbal:

- papa → Pepa → pipa → popa → pupa
- mal → me'l → mel → mil → molt → mul
- pit → pet → pot → put (v. *pudir*, 3a sing. pres. ind.)
- sac → sec → *sic* (llatinisme, 'així') → soc → suc
- pal → tal → cal (v. *caldre*) → val → gal → mal → ral → xal → sal
- pala → tala → cala → bala → gala → xala → sala → mala
- bany → pany → tany ('rebrot') → dany
- beca → peca (v. *pecar*) → teca → seca (f. de *sec*) → meca (f. de *mec* 'ximple')

Unitat 3 (pàg. 144)

Test:

a) F. Hi ha oracions compostes sense nexe (juxtaposades), com també oracions compostes amb més de dues proposicions.

b) V. El pronom relatiu *que* de les sub. adjectives especificatives de relatiu no es pot intercanviar per *el qual*, com tampoc els pronoms relatius en les substantives de relatiu.

c) F. Els adverbis d'afirmació, de negació o de dubte no tenen correspondència amb CC o amb subordinada; els CC de mitjà, d'instrument, etc., no tenen correspondència amb adverbi o amb subordinada; les subordinades comparatives o consecutives no tenen correspondència amb adverbi o CC.

d) F. L'afirmació només fora veritat en les subordinades interrogatives directes, però no en les indirectes.

e) F. És veritat en el cas dels nexes *ja que* i *com que*, però no sempre en el cas de *perquè*, que pot ser també una conjunció final.

f) V.

g) F. És cert que la preposició a cau davant que conjunció, però no ho és que canviï davant infinitiu.

h) V. Els quantificadors massa i força són invariables: *massa llet - massa pantalles* (NO: *masses pantalles*); *força oli - força teclats* (NO: *forces teclats*). Es diferencien dels substantius massa i força perquè aquells són invariables i, a més, no poden anar seguits de la preposició de: (NO: *força d'oli*; *massa de llibres*).

i) V. La construcció *Juga a bàsquet el dilluns* equival a *cada dilluns*; en canvi, l'expressió *Juga a bàsquet dilluns* significa que només jugarà el dilluns immediat posterior.

Joc verbal:

- gat → got → gol → col
- mort → mora → moda → mida → vida
- blau → brau → brou → broc → groc
- mocar → molar → solar → salar → salat → salut

Transcripció fonètica:

Amagada primavera

Havíem quedat a quarts de quatre a la plaça Felip Neri
on els carrers hi aboquen l'encanteri
asseguda a la font sota l'ombra dels arbres
ja m'esperaves amb un vestit de flors
que avui pels carrers de Barcelona
he vist maldestres traficants canviar llibres per roses de tant en tant

Era Barcelona com com com
mig primavera no floreix per tothom com com s'espera

Te'n vas de la ciutat m'ho han dit ja ho sé
però abaixant el cap em dius avui fem com si res
i en un segon i dos i tres tot va parar tot va desfer-se
quan un petó sense permís va tallar la conversa
que avui pels carrers de Barcelona
he vist maldestres traficants canviar llibres per roses de tant en tant
[*Tornada*]

Amagada primavera que t'ha portat gitana cada dona una flor
La ciutat que no t'espera dia a dia s'apaga, rosa a rosa mor
Benvinguda i passatgera que t'ha portat gitana cada dona una flor
Benvolguda viatgera que dus a la sang guerra que dus la llança al cor

Unitat 4 (pàg. 186)

Test:

a) F. Les vocals són totes sonores, i de consonants sordes n'hi ha moltes més (pàg. 154).

b) V. Són sonores en català, però sordes en castellà.

c) F. Encara que es diferencien per una sola lletra, tenen sons diferents: [bɾunzí] / [bɾuɲí].

d) F. La *-t* se sensibilitza, però continua sent sorda.

e) F. La *-r* és sensible només quan va seguida d'un pronom feble (*anar-hi, desar-la*).

f) V. En català la [s] no es gemina mai.

g) V.

h) F. Totes les varietats són igual d'importants i dignes.

i) V.

j) V.

Joc verbal:

A: tarda; E: després; I: sis; O: d'olor; U: lluny

Transcripció fonètica:

Soc de l'oest

M'he criat entre pagesos i carrinclons,
homes que s'aferren a les seves tradicions,
gent de terra i gent de foc.
En una frontera on la mentida no hi té lloc,
on es creuen els camins dels odis i els rancors
i els destins de les nacions.

Soc de l'oest de Catalunya,
la terra on es pon el sol,
més enllà de les muntanyes,
entre les valls i els aiguamolls.

On la botifarra encara es fa de ceba i sang
i la bota plena fa el camí del vianant
per indrets de pedra i fang.

On el blau del cel és tot el que tenim de mar,
penjat en l'horitzó un estel brillarà
en la fosca nit si el cel és clar.

[*Tornada*]

Regadius, hortes i terres de secà,
pluja quan Déu vol i tempestes sobre el pla
i la boira cobrint la vall.
Històries contades a la vora de la llar
quan la nit és llarga i les hores cal matar
esperant l'endemà.

[*Tornada*]

Literatura

La pregunta del milió

pàg. 224: El noucentisme es pot considerar un art burgès en el sentit que els intel·lectuals que en formen part pertanyen a la burgesia catalana o bé formen part del grup social que va estar implicat en l'ascens de la burgesia al poder, en concret, del partit de la Lliga Regionalista, i reflecteixen en l'estètica del moviment noucentista els ideals d'aquesta classe social: conservadorisme, tradició, ordre, civilitat, referents clàssics, etc.

pàg. 229: L'intens vitalisme, el to directe, la sinceritat i la seva força expressiva són característiques que l'acosten més a autors modernistes com Joan Maragall, de temperament més romàntic. D'altra banda, va utilitzar elements que no eren propis de l'avantguarda, com el lirisme i el costumisme.

pàg. 231: La crisi de la novel·la dels anys vint va ser deguda, bàsicament, a dos motius: d'una banda, la recerca de models que superessin la novel·la modernista i realista; i, de l'altra, el menysteniment que els noucentistes van mostrar envers el gènere de la novel·la, abocats, sobretot, a cultivar la poesia, que consideraven el gènere suprem.

pàg. 232: Les *Elegies de Bierville* (1942), nom del *château* situat prop de París on va passar els quatre primers mesos de l'exili.

pàg. 233: Al gènere del poema dramàtic.

pàg. 234: Tots dos són autors d'una obra ingent, tant per la magnitud (la quantitat d'obres que van escriure), com per la qualitat de la seva prosa.

pàg. 251: Carles Riba era el marit de Clementina Arderiu.

pàg. 266: Les circumstàncies que han de viure els vençuts durant la postguerra que no emigren i es queden a la Catalunya franquista.

pàg. 268: L'ambient refinat, aristocràtic, i també provincià, de la societat mallorquina que va conèixer.

pàg. 270: El punt de vista de l'obra recau en la veu de la protagonista, la Natàlia-Colometa, narradora en primera persona que explica a un destinatari desconegut el que ha viscut, amb un llenguatge aparentment senzill i col·loquial.

pàg. 270: L'estil de Rodoreda es caracteritza per la recerca d'un punt de vista versemblant, sovint subjectiu, d'un llenguatge aparentment col·loquial, molt poètic, del detallisme i de la utilització de símbols, especialment les flors.

pàg. 272: L'humor absurd, imaginatiu i aparentment innocent de Pere Calders li serveix per reflexionar sobre el comportament humà i les convencions del món contemporani.

pàg. 273: Pedrolo va produir una obra ingent en gèneres molt diversos, amb influències i estils molt diferents.

pàg. 274: *La pell de brau* (1960).

pàg. 275: La mort.

pàg. 276: D'un tipus de literatura més experimental, passa a un tipus d'obra compromesa amb la realitat del moment, el que s'ha anomenat «realisme històric».

pàg. 277: Sí. Els seus poemes visuals i els seus poemes objecte són dues mostres d'un artista amant de l'art total.

pàg. 278: Lírica que es caracteritza per utilitzar les anècdotes personals viscudes, sovint amoroses, com a punt de partida per fer-ne una reflexió moral, abstracta i profunda, amb un to planer, de realisme aparent, amb el recurs freqüent de l'el·lipsi i el rerefons de la referència culta.

Enigmes

Unitat 1

pàg. 10: Circ; 11: Graduades; 12: Nou; 13: Porto; 14: Hàbit; 15: Golf; 16: Castanyes; 17: Macarrònic; 18: Camell; 19: Roba; 20: Tàpies; 21: Magdalena; 22: Jota; 23: Capó; 24: Sopa; 25: Bateria; 26: Amargat; 27: Demora; 28: Rampa; 29: Sodi; 30: Detractor; 31: Correu; 32: Cuscús; 33: Soldats; 34: Cartera; 35: Mestalla; 36: Ratafia; 37: Deceps; 38: Desmai; 39: Músic; 40: Sol; 41: Maqueta; 42: Carpeta; 43: Salsa; 44: Fi; 45: Set; 46: Pop.

Taller d'escriptura

pàg. 47: Foto; 48: Delta; 49: Òpera; 50: Jordi (el mot grec *georgios* significa 'pagès', 'llaurador'); 51: Roma; 52: Pi.

Unitat 2

pàg. 54: Diacrític; 55: Gat; 56: Bacallà; 57: Do; 58: Rècord; 59: Son; 60: Sa; 61: Far; 62: Gens; 63: Falla; 64: Pixar; 65: Cor; 66: Bunyols; 67: Mes; 68: Cases; 69: Trinca; 70: Polígon; 71: Esquirol; 72: Totxo; 73: Romans; 74: Àlbum; 75: Vinyeta; 76: Pensió; 77: Gratis; 78: Passió; 79: París; 80: Premi; 81: Cangur; 82: Bengala; 83: Stop; 84: Au; 85: Bici; 86: Nua; 87: Piles; 88: Mina; 89: Caduca; 90: Cabra.

Taller d'escriptura

pàg. 91: Trio; 92: Nipó; 93: Ring; 94: Tàpia; 95: Pebrots; 96: Tecla.

Unitat 3

pàg. 98: Ranxo; 99: Revista; 100: Caravana; 101: Bacallà; 102: Fàbrica; 103: Tauler; 104: Gaudí; 105: Espacial; 106: Rom; 107: Granota; 108: Galtes; 109: Nen; 110: Roda; 111: Rave; 112: Rus; 113: Penques; 114: Bleda; 115: Nata; 116: Poliesportiu; 117: Tic; 118: Segadors; 119: Modest; 120: Banda; 121: Pilot; 122: Manat; 123: Conqueridor; 124: Enfila; 125: Barber (català oriental); 126: Levita; 127: Tenaços; 128: Escolta; 129: Tiberi; 130: Neta; 131: Rellotge; 132: Barrut; 133: Trompa; 134: Para; 135: Flamenc; 136: Brava; 137: Flota; 138: Danubi; 139: Maluc; 140: Tirà; 141: Ranci; 142: Tarda; 143: Desastre; 144: Dècada.

Unitat 4

pàg. 146: Oca; 147: Poc; 148: Destra; 149: Llarder; 150: Desprès; 151: Pensaments; 152: Fonda; 153: Podi; 154: Garfi; 155: Sàvia; 156: Rarament; 157: Ensurt; 158: Corint; 159: Gallet; 160: Macedònia; 161: Vinagreta; 162: Matriu; 163: Traça; 164: Ginebra; 165: Rutlla; 166: Bolonyesa; 167: Aturat; 168: Xiquets; 169: Bastard; 170: Mosquits; 171: Segell; 172: Moix; 173: Xat; 174: Vaticà; 175: Pap; 176: Talaia; 177: Gamba; 178: Ganxet; 179: Sorrut; 180: Creuer; 181: Mitjana; 182: Encens; 183: Fullet; 184: Simi; 185: Pastera; 186: Duc.

Arromanguem-nos-hi

pàg. 188: Sau; 189: Novici; 190: Bada; 191: Castell; 192: Reina; 193: Encants; 194: Parquet; 195: Poblet; 196: Aquari; 197: Baralla; 198: Espatlla; 199: Gralla; 200: Homenàs; 201: Llop / poll; 202: Dàlmata; 203: Sacre; 204: Magrana; 205: Estendard; 206: Escull; 207: Set; 208: Busca; 209: Retenció; 210: Bohèmia; 211: Dallà; 212: Reg; 213: Abats; 214: Docents; 215: Crac; 216: Suspens; 217: Turca; 218: Patum; 219: Fidel; 220: Morfina.

Unitat 5

pàg. 222: Carner; 223: Riba; 224: Pla; 225: Saborosos; 226: Salvat; 227: Trama; 228: Diari; 229: Salvador Dalí; 230: Llavis (al·lusió a l'obra de l'autor *El poema de la rosa als llavis*); 231: Sagarra; 232: Plató; 233: Nus; 234: Guillem; 235: Canigó; 236: Tirant; 237: Romeu; 238: Atlàntida; 239: Espiritual; 240: Rossinyol; 241: Rovelló; 242: Quixot; 243: L'emigrant (*L'emigrant* de Verdaguer fou musicada per A. Vives); 244: Auca; 245: Metge; 246: Apel·les Mestres; 247: Pàtria; 248: Columna; 249: Teide; 250: Baixa; 251: Robin; 252: Galdós; 253: Pastorets; 254: Maldà; 255: Odissea; 256: Serrallonga; 257: Sonet; 258: Twist (al·lusió a l'obra de l'autor *Oliver Twist*); 259: Jacint; 260: Quadern; 261: Prada; 262: Taverna (al·lusió a *La taverna d'en Mallol* de Sagarra).

Unitat 6

pàg. 264: Vaca; 265: Camèlies (al·lusió a l'obra de l'autora *El carrer de les camèlies*); 266: Diamant; 267: Quart; 268: Colla; 269: Fuster; 270: Oliver; 271: Marta; 272: Mecanoscrit (al·lusió a l'obra *Mecanoscrit del segon origen*, protagonitzada per l'Alba i el Dídac); 273: Dama; 274: Espriu; 275: Grotesc (al·lusió a l'obra de l'autor *Ariadna en el laberint grotesc*); 276: Brossa; 277: Milú (Milú = 1001, capicua); 278: Empordà; 279: Amades; 280: Apèndix; 281: Tom (al·lusió a l'obra *La cabana de l'oncle Tom*); 282: Rodoli/rodolí; 283: Solitud (al·lusió a l'obra homònima de l'autora modernista); 284: Veles (al·lusió al poema *Veles e vents*); 285: Robat; 286: Tramuntà; 287: Alba (al·lusió als personatges de l'obra *Mecanoscrit del segon origen*); 288: Vals (al·lusió a l'obra homònima de l'autor); 289: Prudenci; 290: Marc; 291: Pi; 292: Dringar; 293: Gandia; 294: *Serra d'Or*; 295: Alpina; 296: Bíblia; 297: Mercader (al·lusió a *El mercader de Venècia* de Shakespeare); 298: Vers; 299: Tirallonga; 300: Nàusea (al·lusió a l'obra de l'autor *La nàusea*); 301: Pa (al·lusió a l'obra *Pa negre*); 302: Metamorfosi (al·lusió al títol d'una obra homònima d'aquests escriptors i pintor); 303: Estellés; 304: Absurd (al·lusió a l'obra de teatre de l'autor *La cantant calba*); 305: Vent (el cantant Raimon cantava *Veles e vents* d'Ausiàs March, i també una cançó pròpia titulada *Al vent*); 306: Encreuats (Tísner anomena *enreixats* els mots encreuats); 307: Corrandes; 308: Diana.

Unitat 7

pàg. 310: *Ara*; 311: *Cavall Fort*; 312: Monsó / Monzó (fa referència a una obra de Quim Monzó); 313: Comissari (al·lusió a l'obra de l'autor *No emprenyeu el comissari*); 314: Ventalls; 315: *Sàpiens*; 316: Terenci; 317: Montserrat Roig; 318: Maria-Mercè Marçal; 319: Cabré; 320: Foix; 321: Benet i Jornet; 322: El Triangle; 323: Imaginari (al·lusió a l'obra de l'autor *El malalt imaginari*); 324: Misantrop (al·lusió a l'obra de l'autor *El misantrop*); 325: Càndid (al·lusió a l'obra homònima de l'autor); 326: Sumari; 327: Duros; 328: Faules; 329: Testament; 330: Balanguera (al·lusió a la cançó popular *La Balanguera*); 331: Alexandrí; 332: DOGC; 333: Somni; 334: Rector; 335: Jocs; 336: Trivial; 337: *L'escanyapobres*; 338: Paradís.

Índex analític

Q

R

S

T

V